A História Não Contada da Greve no Brasil

A História Não Contada da Greve no Brasil

Coordenador:

Jorge Luiz Souto Maior

Organizadores:

Helena Pontes dos Santos
José Carlos de Carvalho Baboin
Luana Duarte Raposo

LACIER

LACIER

Lacier Livraria e Editora
www.livrarialacier.com.br

Rua Doutor Quirino, 808 – Centro
CEP 13015-081 – Campinas, SP – Brasil

Outubro, 2022

Diretor: *Lacier José de Rezende*
Diretor assistente: *Eduardo Soares Aureliano*
Projeto de capa: *Fabio Giglio*
Projeto gráfico e editoração eletrônica: *Peter Fritz Strotbek – The Best Page*

Ficha Catalográfica

Dados Internacionais de Catalogação na Publicação (CIP)
(Câmara Brasileira do Livro, SP, Brasil)

H673 A história não contada da greve no Brasil / Coordenador: Jorge Luiz Souto Maior ; Organizadores: Helena Pontes dos Santos, José Carlos de Carvalho Baboin, Luana Duarte Raposo. – São Paulo : Lacier Editora, 2022.
370 p. ; 17x24 cm.

ISBN 978-65-88805-33-6
Vários autores

1. Relações trabalhistas — História — Brasil. 2. Trabalhadores — Atividades políticas — Brasil. 3. Greves (Brasil) . I. Souto Maior, Jorge Luiz. II. Santos, Helena Postes dos. III. Baboin, José Carlos de Carvalho. IV. Raposo, Luana Duarte. V. Título.

CDU 331.109.32:94(81)

Índice para o catálogo sistemático:

1. Greves — História — Brasil

Angela Schmidt da Rosa – Bibliotecária – CRB-14/1171

Sumário

Prefácio

Francisco Gérson Marques de Lima[1]

Recebi a honrosa incumbência de prefaciar o livro de coletânea contendo artigos de professore(a)s, doutrinadore(a)s e aluno(a)s da pós-graduação da Universidade de São Paulo sobre um dos temas mais incompreendidos do Direito: o direito de greve. Na verdade, incompreendido, resistido e rigorosamente punido.

A obra enriquece os debates ao apresentar perspectivas históricas, sociológicas, jurídicas e políticas, inclusive o exercício do direito sob a ótica moderna da organização dos trabalhadores, aproveitando os mecanismos que a tecnologia oferece e, lógico, os novos instrumentos de ataques à organização coletiva dos trabalhadores. Os artigos doutrinários não esqueceram de trazer a jurisprudência para situar o tratamento que o Estado confere à greve.

O resgate da memória dos movimentos sociais é fundamental para a história das greves e para a compreensão do contexto político-econômico em que se desenvolveram. E este é um dos grandes méritos da obra acadêmica que ora prefacio. De fato, os artigos de Luana Duarte Raposo, Helena Pontes dos Santos, Silvio Cesar Pasquini Oranges, Amanda de Souza Camargo, Flávio Malta Fleury, Laura Parisi, Gabriella Souza Cruz, Maria Paula Bebba Pinheiro, Thaís de Almeida, Antônio Augusto Galvão de França, Luciana Bárbaro Molina e Pedro Paulo de Azevedo Sodré Filho resgatam a história dos movimentos paredistas no Brasil, registrando as intempéries e os sacrifícios vividos pela classe trabalhadora. Ticiane Lorena Natale e Glória Trogo abordam o direito de greve no período do Presidente Jair Bolsonaro, enquanto Priscila Kühl Zoghbi trata de um tema muito mal compreendido pela jurisprudência brasileira, a greve política. Gabriel Valentim fez-me companhia no desenvolvimento de um estudo sobre a greve de trabalhadores em plataformas de aplicativos.

O artigo de Glória Trogo (Uma análise das greves sob o Governo de Jair Bolsonaro: entre a necessidade da resistência e a consciência da derrota), por exemplo, mostra quadros demonstrativos da redução das greves, nos anos de 2016 a 2020, em linha contínua de decréscimo, muito embora, neste período, a classe trabalhadora tenha perdido direitos, o trabalho formal haja reduzido e as condições de trabalho tenham piorado consideravelmente. Isso revela que continuaram subsistindo razões para as greves, mas que alguns fatores levaram à sua inviabilidade, como a nova metodologia do trabalho, a informalização da labuta e

(1) Doutor, Professor da Universidade Federal do Ceará, Subprocurador-Geral do Trabalho

a ausência de uma mobilização dos sindicatos, os quais viram todos os índices de organização coletiva caírem. É que o número de negociações diminuiu, o modelo de custeio sindical foi fortemente atingido (a contribuição sindical, antes obrigatória, chegou a 1% em 2021 do importe recebido no início de 2017) e os índices de filiação pioraram (11,2% em 2019) – confiram-se estes dados no nosso artigo Sindicatos em números: reflexões após 2017, disponível no *site* <www.excolasocial.com.br>, em "produção acadêmica". O mesmo artigo doutrinário constante da presente obra revela que, das greves deflagradas em 2020, 88,8% tiveram natureza defensiva, ao invés de visarem à conquista de novos direitos, num processo crescente nesta categoria de paralisações coletivas frente a anos anteriores. A queda nas reivindicações propositivas e o aumento nas paralisações de protesto revelam um quadro de desmanche dos direitos sociais e da organização coletiva dos trabalhadores, não obstante as previsões constitucionais.

Perante novas metodologias de trabalho, sem regulação pelo Estado, com o emprego formal sumindo e sem a proteção dos sindicatos, os trabalhadores ingressaram na informalidade e não puderam se organizar adequadamente. As empresas foram muito rápidas, no período da Covid-19, em se reorganizarem e implementarem novos mecanismos de funcionamento da atividade econômica, não ocorrendo o mesmo com o coletivo de trabalhadores. O instrumento de resistência coletiva da classe operária seria a greve, mas a hipossuficiência não permitiu aos trabalhadores organizá-la apropriadamente, enquanto a jurisprudência continuou castigando este direito. A greve dos correios de 2020, por exemplo, funcionou como álibi para que a discussão dos direitos fosse levada ao TST, o qual retirou, no Dissídio Coletivo respectivo (SDC, DCG 1001203-57.2020.5.00.0000), cerca de cinquenta cláusulas, de um total de setenta e nove, que os trabalhadores tinham historicamente firmado com a empresa. No julgamento, o TST invocou o entendimento do STF sobre a derrocada da ultratividade e outras ilações jurisprudenciais. Mudada a composição da Seção de Dissídios Coletivos do TST, parte das cláusulas retiradas foram restabelecidas em 2021 (TST/SDC, DCG 1001174-70.2021.5.00.0000).

As pesadas multas que os tribunais têm aplicado aos sindicatos, nas greves, viola as liberdades sindicais e os direitos dos trabalhadores consagrados na Constituição Federal, nos tratados internacionais e nas convenções da Organização Internacional do Trabalho. No Brasil, a Lei de Greve (Lei n. 7.783/89) ainda atribui aos sindicatos a responsabilidade pelas greves, inclusive no procedimento para sua deflagração. Assim, cria-se uma simbiose inseparável sindicato-greve, dando a entender que o direito de paralisação coletiva pertença aos sindicatos. Logo, se tirar o sindicato do procedimento, a greve tende, por si só, a ser ilegítima. Todavia, países como a França veem a greve como direito individual dos trabalhadores, conquanto sua expressão — e só sua expressão — seja coletiva. A diferença nestes modelos acarreta importantes consequências, não apenas teóricas, mas práticas. Destaque-se o seguinte aspecto: em modelos como o brasileiro, o enfraquecimento econômico-financeiro dos sindicatos e sua consequente impossibilidade de manter a greve é causa de inviabilizar o movimento paredista. Neste contexto, as elevadas multas aplicadas aos sindicatos comprometem a própria greve. Em modelos como o francês, em que os sindicatos não são os titulares do direito de greve, a aplicação de multas a tais entidades pode não surtir efeito algum ou, pelo menos, os efeitos esperados, já que a expressão coletiva pode se manifestar por outros sujeitos coletivos, por grupos de trabalhadores ou, mesmo, por comissões de greve. Na falta de um, o outro continua. E este é um dos pontos em que a Lei de Greve brasileira merece ser interpretada para assegurar o exercício real deste direito coletivo, não obstante o trabalho de sensibilização junto ao Judiciário para que seus magistrados compreendam e aceitam efetivamente a greve como direito humano, fundamental e social.

Em meio a estas ocorrências, a partir, sobretudo, de 2016 começaram a surgir novos movimentos de greve, em decorrência da transformação empresarial, que investiu pesado na tecnologia. A pandemia causada pela Covid-19 antecipou os projetos empresariais, implementou e aperfeiçoou a metodologia do trabalho na era digital, não mais apenas eletrônica. Este fato provocou uma grande mudança na economia e nas relações de trabalho, agora fortemente marcadas pelos trabalhadores de plataformas digitais, os uberistas, os autônomos nas redes sociais, os pejotizados que oferecem mão de obra escrava em aplicativos, as cooperativas digitais de motoristas e entregadores etc.

Nesta nova realidade empresarial e do mundo do trabalho, tem se verificado que a greve tradicional precisa de outros elementos para surtir eficácia, tanto de natureza operacional quanto política, econômica e social. Para isto, o apoio da população, por exemplo, nos boicotes às plataformas, tem grande relevância. Foi com base nesse paradigma que ocorreu o *"Apagão dos Apps"*, do dia 1º de abril de 2022, em que consumidores participaram do movimento boicotando os aplicativos de entrega no horário de almoço e do jantar, além de terem contribuído para a publicidade da causa desses profissionais, levantando hashtags em redes sociais em apoio à mobilização. A mobilização atingiu os Estados de São Paulo, Rio de Janeiro, Minas Gerais, Bahia, Pernambuco, Curitiba e Rio Grande do Sul. Os instrumentos para tornar eficaz greve no trabalho por plataformas também precisam assumir feições eletrônicas e digitais, como páginas específicas em redes sociais, complementarmente a outras ações ínsitas à luta dos trabalhadores.

Em uma economia que preza, cada vez mais, pela imagem das empresas, o uso de mecanismos telemáticos pode ser um facilitador para as denúncias públicas dos sindicatos, para a aproximação de outros movimentos sociais e para a sensibilização da sociedade. Deveras, as más condições de trabalho e de determinadas práticas que ocorrem dentro das empresas, em relação a seus trabalhadores, subordinados ou não, precisam ser levados ao conhecimento da população. E isso pode afetar sensivelmente a imagem empresarial, causando, em muitos casos, mais prejuízos do que uma paralisação, já que afeta diretamente a relação entre a empresa e os consumidores. A divulgação dessas iniquidades pode ser feita pelos sindicatos, com a velocidade natural das redes sociais e as facilidades que a própria tecnologia oferece, como o uso de fotografias, de pequenos vídeos e de entrevistas pontuais com os vitimados. Afinal, atualmente os celulares não são apenas instrumentos de comunicação à distância, mas, também, máquinas fotográficas sofisticadas, câmeras de vídeo, gravadores e que possibilitam a divulgação de fatos em tempo real. A própria tela dos aplicativos pode ser gravada, por "captura" direta ou pelo celular. A isto se alie, claro, a estratégia de cada situação e cada relação de trabalho.

Quando se fala em greve, na lida diária, comumente se coloca, falsamente, a luta do trabalhador em oposição à sociedade, figurando esta como vítima de uma manifestação irresponsável e virulenta dos sindicatos. É como se a sagrada paz social fosse mortal e injustamente rompida pelos grevistas. Assim, o conflito entre trabalhadores e empresa é levado a outro plano, o dos trabalhadores versus sociedade. O capital conseguiu este feito, transformando a sociedade em vítima das paralisações coletivas.

A grande mídia, cujos empresários também são empregadores, além de mantidos pelo capital, é uma das principais responsáveis por tal percepção da sociedade. No geral, não obstante seja sagrada a liberdade de imprensa, as notícias sobre greves correm paralelas à sustentação econômica dos jornais, das revistas, das televisões, dos sites etc. Logo, é natural que, no geral, a imprensa se alie aos demais empresários, grupo ao qual, afinal, pertence.

Não há ilegalidade nesta opção do empresário da imprensa, dentro do regime de liberdades e do modelo econômico adotado pelo Brasil. Nem, tampouco, esta observação despreza o relevante papel da imprensa livre, tão necessário quanto demonstrado em outros campos da informação, sendo fundamental em diversos momentos da história do Brasil e de outros países. Mas não se pode afirmar que as manifestações da imprensa sejam, sempre, imparciais ou compromissadas com os ideais de justiça, liberdade humana, verdade, dignidade e igualdade. Nem, muito menos, que ela seja simpática à causa trabalhista. As matérias jornalísticas, com certa frequência, pintam um quadro de horror em determinadas manifestações populares, superdimensionam os abusos e reduzem as causas, gerando assim um sentimento de repúdio social. Criam convincentes concepções do que seja "interesse público" e as confrontam com as reivindicações de ruas ou de trabalhadores. E, de repente, a sociedade se vê psicologicamente impelida a recriminar as manifestações, alienada sobre a verdade encoberta, não divulgada ou desvirtuada. É deste modo que se forma a opinião pública.

Afinal, a greve é um fato, um fato social. Mas este fato pode ser contado de várias formas e interpretado de inúmeras maneiras. Quem desempenha o competente papel de noticiar amplamente o fato e apresentar ao público uma versão muito peculiar é a mídia. E ela pinta o quadro grevista, geralmente, conforme a ótica do poder econômico a que serve e a que pertence. E a sociedade tende naturalmente a acreditar nestes veículos.

Esta inteligente vertente ideológica precisa ser desconstruída inteligentemente pelos trabalhadores, por seus sindicatos e pelos organismos da classe operária. Então, as mídias alternativas e as redes sociais são meios que podem ajudar na desmistificação das greves. É preciso saber usá-las.

A greve encontra resistências não só jurídicas e econômicas. A incompreensão atinge os próprios trabalhadores, quando não é sua categoria que se encontra de greve. Se os motoristas de ônibus fazem greve, muitos trabalhadores que dependem deste serviço reclamam, sem realizarem um juízo crítico das condições de trabalho e de salário dos grevistas. E o fenômeno se repete, mutatis mutandis, quando a situação se dá ao contrário. Isto significa a falta de compreensão política dos problemas que afetam a classe trabalhadora, eis que é reflexo da ausência de compreensão do todo. Os trabalhadores se fragmentaram, enquanto os sindicatos se encontram aturdidos, com muitos sindicalistas tendo se transformado em burocratas, uma das causas da perda de legitimidade sindical.

Analisando a reação da população às greves e o tratamento que as autoridades públicas lhe concedem, este prefaciador escreveu um ensaio, intitulado Greve, um direito antipático (Editora Premius, 2014). Após verificar o comportamento frequente de sindicalistas, de seus familiares, dos companheiros de labuta, dos empresários, das autoridades públicas e de outros sujeitos, o opúsculo conclui que a greve, de fato, é antipatizada por todos, em razão dos desafios, dos prejuízos, dos riscos, dos transtornos e das dificuldades de organização. Mas, apesar disso, ela é um direito constitucional e, como tal, deve ser respeitada, pois é o último recurso que os trabalhadores possuem para pressionar os patrões a ouvirem suas reivindicações e suas reclamações. Quando uma greve é deflagrada, muita coisa já ocorreu entre os trabalhadores e a empresa, muitas acusações foram trocadas, várias propostas foram rejeitadas ou nem terão sido ouvidas. Na verdade, a greve é consequencial, não é causal do conflito. Ela é, simplesmente, a eclosão de um conflito que vem a público.

Prefaciar uma obra com esta dimensão e com artigos doutrinários densos, resultantes de pesquisas sérias e grande empenho e qualidade de seus autores e autoras lança uma responsabilidade imensa ao prefaciador. Mas, ao mesmo tempo, revela a confiança dos organizadores e dos co-autores em alguém que também estuda e pesquisa o tema há anos, com experiência real em vários movimentos paredistas. O fruto desta complexa relação é o sentimento de honra que animo por ter sido eleito para elaborar o prefácio desta obra doutrinária.

O convite à leitura, então, é inescusável.

Brasília, agosto de 2022.

Apresentação

O livro que se encontra agora em suas mãos tem boa chance de mudar sua compreensão acerca da história da classe trabalhadora brasileira. "A história não contada da greve no Brasil" reúne pesquisas de professoras(es) e alunas(os) da Faculdade de Direito da Universidade de São Paulo que, sob a orientação do Professor Jorge Luiz Souto Maior, perceberam a necessidade de contar as histórias de resistências da classe trabalhadora brasileira a partir de movimentos grevistas.

O resultado ora apresentado é fruto do empenho de cada articulista, mas também do debate coletivo ocorrido no ano de 2021, durante as aulas, realizadas em ambiente virtual por conta da pandemia de Covid-19, da disciplina do Programa de Pós-Graduação da Faculdade de Direito da Universidade de São Paulo *História do Direito do Trabalho no Brasil: elementos para uma leitura marxista do Direito do Trabalho*, ministrada pelo referido professor.

Radicada em uma concepção dialética-materialista da história, a obra consiste em rigorosas pesquisas acerca do papel das(os) trabalhadoras(es) na construção da legislação trabalhista e da própria formação e desenvolvimento da sociedade brasileira. A obra lança olhares a partir dos verdadeiros protagonistas da história: as pessoas trabalhadoras. E assim o faz compreendendo que desde a invasão portuguesa em terras brasileiras já havia exploração de trabalho, primeiro das pessoas indígenas, depois por meio do sequestro de pessoas do continente Africano, para que fossem escravizadas em solo brasileiro.

A história não contada é que desde essa época já havia resistência organizada pelas(os) exploradas(os) ao sistema escravista, devendo ser rechaçada a ideia de docilidade ou passividade da população escravizada, sobretudo dos negros e negras africanas, sejam bantos (maioria dos trazidos durante o período nomeado por Clóvis Moura de escravismo pleno), seja as mais conhecidas, de malês e nagôs, durante o escravismo tardio.

Por isso, o livro inicia com abordagens acerca dos diversos movimentos grevistas que antecederam a abolição oficial da escravatura no Brasil, incluindo o período de transição em que o Brasil ultrapassa o escravismo colonial e assume posição de capitalismo dependente no sistema-mundo. A opção em denominar esses movimentos de "greves" está relacionada à compreensão do grupo sobre a necessidade de diferenciar a greve e o direito de greve. O direito de greve seria uma forma de captura, pela ordem jurídica, do espontâneo e organizado movimento de trabalhadores(as), buscando melhores condições de trabalho e de vida. A greve, assim, antecede ao direito de greve, sendo a verificação da correlação entre as diversas lutas, por meio da sua identificação como greves, um elemento essencial para a compreensão do percurso histórico da constituição e do desenvolvimento da classe trabalhadora no Brasil.

A obra segue apresentando as lutas das(os) trabalhadoras(es) nos primeiro anos da primeira república, apontando a opção do estado brasileiro por marginalizar a população recém liberta da escravidão, com políticas públicas de embranquecimento da classe trabalhadora impulsionadas pelo incentivo à imigração europeia. Nesse período as resistências não se davam apenas a partir de greves, mas também com a música: o samba, que fora criminalizado durante os anos 1920 e 1930, também configurava um ato de enfrentamento ao sistema.

A voz das(os) trabalhadoras(es) ecoou também na Era Vargas e na Quarta República, apesar das diversas leis que buscaram cercear o exercício das greves. Nem mesmo o sistema ditatorial-civil-militar-empresarial foi capaz de impedir que as pessoas trabalhadoras continuassem buscando melhores condições de vida, conforme apresentam os resultados das investigações materializadas nos artigos acerca desse período.

A obra não se furta, ainda, a destacar a história de mulheres na construção da classe trabalhadora brasileira, com especial destaque à Dona Laudelina de Campos Mello, negra, como a maioria, ainda nos dias atuais, das membras da categoria de trabalhadoras domésticas, que fundou o primeiro sindicato das empregadas domésticas no Brasil.

Ademais, os articulistas nos invocam a refletir sobre o papel dos sindicatos e das greves na retomada da democracia brasileira. As greves que sobrevieram após a promulgação da Constituição de 1988 — período em que a jurisprudência e doutrina se empenha em desmontar o estado de bem-estar social constitucionalizado — e durante os anos 1990, e aquelas que ocorreram durante os governos petistas estão muito bem retratadas na obra e conduzem os leitores às pesquisas seguintes que abrangem os movimentos paredistas após o golpe de 2016 e durante o governo Bolsonaro.

Sobre tempos mais recentes, pode-se conhecer mais sobre a luta dos trabalhadores em aplicativos (uberizados).

Finalmente, o livro levará o leitor a uma inquietação acerca da existência de um direito de greve no Brasil integrado, efetivamente, ao patrimônio jurídico da classe trabalhadora, ante uma política de Estado que visa, até hoje, a criminalização da luta e resistência das(os) trabalhadoras(es).

Trata-se, portanto, de um livro fundamental a todas e todos que estudam e manejam embates no campo jurídico, que têm muito a ganhar com as pesquisas aqui reunidas.

Boa leitura!

Campinas, setembro de 2022.

Jorge Luiz Souto Maior (Coordenador),
Helena Pontes dos Santos (Organizadora),
José Carlos de Carvalho Baboin (Organizador),
Luana Duarte Raposo (Organizadora).

Greves Negras: Contribuição para Uma Historiografia Crítica do Direito do Trabalho a Partir das Experiências de Lutas das Pessoas Negras Escravizadas

Luana Duarte Raposo(1)

1. Introdução

A famosa ópera brasileira *Lo schiavo* (O Escravo), do compositor Antônio Carlos Gomes, tem o tema baseado na obra do escritor Alfredo Taunay, cujo personagem central original era um escravo negro. Ocorre que o personagem principal foi substituído por um indígena e o momento histórico da ópera foi alterado do século XVIII, para o século XVI. Tal alteração, realizada pelo poeta Rodolfo Paravincini, nos ajuda a compreender o racismo institucional latente na sociedade brasileira e revela em um apagamento histórico das lutas das pessoas negras escravizadas. Clóvis Moura nos aponta como a intelectualidade elitista e preconceituosa é incapaz de retratar o negro como protagonista da história, "o negro tinha de ser na literatura, como nas artes em geral, aquela parte passiva, entrando como paisagem humana, aparecendo apenas para que o herói se destacasse"(2). É válido lembrar que todos os documentos públicos referente à escravidão brasileira foram queimados, 1891, por ordem do então Ministro das Finanças Rui Barbosa, sob a justificativa de apagar a "mancha negra" da história brasileira, destruindo dados relativos à compra, venda e transferência de escravizados no país (Circular n. 29 de 13 de maio de 1891)(3).

Pretende-se, portanto, mediante o presente artigo lançar luz à experiência das pessoas negras escravizadas no Brasil, compreendendo que ela não é apartada da história da formação da classe trabalhadora brasileira. Nesse sentido, esse artigo é um manifesto em defesa do não apagamento do povo negro brasileiro, o que passa por reconhecer suas batalhas e evidenciar o continuísmo das lutas desde o regime escravocrata para compreender a antropologia da

(1) Mestranda em Direito do Trabalho pela Faculdade de Direito da Universidade de São Paulo (USP).

(2) MOURA, Clovis. *Dialética Radical do Brasil Negro*. 3. ed. São Paulo: Anita Garibaldo, 2020. p. 241-242.

(3) NASCIMENTO, Abidias. *O genocídio do negro brasileiro:* processo de um racismo mascarado. 3. ed. São Paulo: Perspectivas, 2016. p. 58.

classe trabalhadora brasileira. O discurso do mito da democracia racial encobre a trágica realidade vivida pelo negro e pela negra no Brasil e o racismo estrutural utiliza dos aparelhos ideológicos do Estado[4] para veicular e reforçar práticas de discriminação.

> O sistema educacional é usado como aparelhamento de controle nessa estrutura de discriminação cultural. Em todos os níveis do ensino brasileiro — elementar, secundário, universitário — o elenco das matérias ensinadas [...] constitui um ritual da formalidade e da ostentação da Europa e, mais recentemente, dos Estados Unidos. Se a consciência é memória e futuro, quando e onde está a memória africana, parte inalienável da consciência brasileira? Onde e quanto a história da África, o desenvolvimento de suas culturas e civilizações, as características do seu povo foram ou são ensinadas nas escolas brasileiras? Quando há alguma referência ao africano ou ao negro, é no sentido do afastamento e da alienação da identidade negra.[5]

Na contramão do apagamento histórico da população negra brasileira, o professor Marcelo Badaró Mattos[6] propõe reunificar a história dos trabalhadores brancos e negros, vislumbrando a atuação concomitante da classe trabalhadora formada por trabalhadores e trabalhadoras negras cativas e libertas em conjunto com a classe industrial urbana branca.

Na seara trabalhista, de igual modo, verifica-se que os livros e manuais jurídicos que se dedicam a ensinar a história do Direito do Trabalho no Brasil, não raro, iniciam a abordagem após 1888 (marco abolicionista), ignorando toda a luta realizada ainda quando predominava o modo escravista de trabalho. Há exceções, felizmente. É o caso da obra de Jorge Luiz Souto Maior[7], que se dedica ao estudo da história do Direito do Trabalho no mundo e no Brasil e traz lucidez aos registros históricos da seara laboral.

Apesar do esforço da historiografia tradicional para determinar o nascimento da classe trabalhadora após a abolição, verificaremos que muito antes já se articulavam lutas por melhorias nas condições de trabalho. Essa concepção tradicional de cravar o início da formação da classe trabalhadora com a chegada de imigrantes, é irreal e tem função ideológica de esconder da classe trabalhadora a sua origem de luta e de relações conjuntas, de imigrantes, escravizados, ex-escravizados etc.

Para tanto, e nas palavras de Badaró Mattos, é fundamental "abandonar modelos predefinidos de classe trabalhadora, quase sempre construídos a partir da suposição do que teria

---

(4) Sobre aparelho ideológicos, Althusser modifica sutilmente a noção de ideologia de Marx. Para esse autor, a ideologia não é uma representação imaginária, mas a representação das relações imaginárias dos seres humanos com as condições sociais de existência.

(5) NASCIMENTO, Abdias. *O genocídio do negro brasileiro:* processo de um racismo mascarados. 3. ed. São Paulo: Perspectivas, 2016. 95.

(6) BADARÓ, Marcelo – 2010.

(7) MAIOR, Jorge Luiz Souto. *História do Direito do Trabalho no Brasil:* Curso de direito do trabalho, Volume I – Parte II. São Paulo: LTr, 2017.

sido a classe operária dos países de desenvolvimento industrial mais avançado, especialmente os europeus, para analisar, afinal, qual era a classe trabalhadora que se formou no Brasil"(8).

Na mesma linha, Antônio Luigi Negro (2012) afirma que "... *a história do trabalhador escravo não é uma experiência que não guarda relação alguma com o trabalho livre (inclusive assalariado) — em termos* étnicos, de gênero, no seu próprio tempo e lugar."(9). Daí a relevância de evidenciar as experiências de "greves" vivenciadas pelos trabalhadores e trabalhadoras negras. Afinal, "nem só de italianos viveram as primeiras lutas operárias do Brasil."(10)

Intenta-se, assim, através do presente artigo lançar olhares para os(as) escravizados(as), não enquanto *res*, tal como tratados pela legislação da época, mas como sujeitos da história que encamparam movimentos de resistência que forjaram a formação do estado brasileiro e também do Direito do Trabalho.

2. Fases do escravismo brasileiro e as características das resistências de cada período

Conforme ensina Abdias Nascimento(11), o início da história econômica do país tem como determinante o papel do negro escravizado, sobretudo porque o Brasil foi forjado sob o signo do parasitismo imperialista. Para o autor "O africano escravizado constituiu as fundações da nova sociedade com a flexão de quebra de sua espinha dorsal, quando ao mesmo tempo seu trabalho significava a própria espinha dorsal daquela colônia"(12). No mesmo sentido Jacob Gorender(13) nos ensina que a conquista portuguesa sobre o território brasileiro não ocorreu da maneira que tradicionalmente se esperava, com a transferência do modo de produção do país de origem ao país colonizado, pelo contrário, o escravismo colonial operou uma nova forma de dominação, sobretudo no Brasil.

> Ao invés de modo de produção secundário e periférico, qual o das ilhas atlânticas portuguesas, o escravismo, ao se prender à colonização do Brasil, adquiriu a natureza de modo de produção dominante, em escala imensamente superior, servindo de base a uma formação social historicamente nova.(14)

---

(8) Histórias de Trabalhadores: uma entrevista com Marcelo Badaró Mattos: depoimento. 2010. Revista de História, 2, 2, p. 109-113. Entrevista concedida à Igor Gomes Santos; *apud* GOIS, Tainã; MACHADO, Gustavo Seferian Scheffer. Os reflexos de quem somos: hipóteses acerca do trato racial e da auto-organização na constituição da classe operária e do direito do trabalho na primeira república. *Rev. Fac. Dir.* | Uberlândia, MG | v.45 | n.1 | p.21-45 | jan./jun. 2017 | ISSN 2178-0498.

(9) NEGRO, Antônio Luigi. Rodando a baia e interrogando um princípio básico do comunismo e da história social: O Sentido Marxista Tradicional de Classe Operária. *Revista Crítica Histórica*, ano III, n. 5, jul. 2012 ISSN 2177-9961.

(10) NEGRO, Antonio Luigi, GOMES, Flávio dos Santos. As greves antes da "grève": as paralisações do trabalho feitas por escravos no século XIX. *Cienc. Cult.*, vol. 65 n. 2, São Paulo, apr./june 2013. Disponível em: <http://cienciaecultura.bvs.br/scielo.php?script=sci_arttext&pid=S0009-67252013000200023>.

(11) NASCIMENTO, Abdias do. *O genocídio do negro brasileiro:* processo de um racismo mascarado. 3. ed. São Paulo: Perspectivas, 2016.

(12) *Ibidem*, p. 59.

(13) GORENDER, Jacob. *Escravismo Colonial.* 6. ed. São Paulo: Expressão Popular: Perseu Abramo, 2016.

(14) *Ibidem*, p. 145.

Clovis Moura destaca a existência de duas grandes etapas no modo de produção escravista: o escravismo pleno e o escravismo tardio. Cada uma dessas etapas comportaria determinadas formas de relação (e de lutas) entre as duas classes sociais fundamentais: os senhores e os escravos.

Para Moura[15] o escravismo pleno teria prevalecido do início da colonização até a extinção do tráfico negreiro, em 1850. Nesse período, as relações de produção escravista dominavam a dinâmica social, econômica e política. O fluxo permanente dessa mercadoria humana para o Brasil, graças ao tráfico intercontinental, garantia a reprodução do sistema. Registre-se que o número de pessoas escravizadas chegou a ultrapassar o de pessoas livres nas principais regiões da colônia. Nesse período, cerca de 10 milhões deles entraram no país. "Em 1818, (...), tinham entrado 350.000 escravos africanos, elevando, com isto, para 52,5% o seu percentual total da população".[16]

Alexandre de Freitas Barbosa explica que o Brasil participava significativamente na demanda total de escravos do continente americano. "Em 1770, quase um terço do estoque de escravos existentes no continente americano encontrava-se no Brasil (700 mil)". E entre 1811 e 1870, cerca de 60% dos escravos traficados neste continente se dirigiriam para o Brasil.[17]

No que se refere às formas de resistência, há registros de rebeliões, guerrilhas e a montagem de quilombos rurais. Toda a resistência era feita, praticamente, pelos próprios escravizados, sem apoio das frações das classes dominantes, haja vista que a necessidade de manutenção da escravidão era quase um consenso entre os homens livres, inclusive os mais pobres.

> Por outro lado, como reflexo imanente dessa realidade, as lutas entre senhores e escravos são um fato *normal* e se manifestam num sequência de módulos de resistência ao cativeiro que vão de intermitência nacional da quilombagem, às fugas, a suicídios, crimes individuais contra os senhores, feitores e prepostos, guerrilhas, assaltos nas estradas e engenhos, como também pela existência e prática de uma legislação terrorista que vai dos açoites à pena de morte imposta em contrapartida pelos senhores.[18]

O chamado escravismo tardio estaria compreendido entre o fim do comércio de pessoas escravizadas[19] até a abolição da escravatura em 1888. Essa fase marca o declínio do modo de produção escravista, que passou a ser vista como um "anacronismo berrante"[20] na esfera econômica, social e cultural nas regiões onde o capitalismo estava mais desenvolvido.

---

(15) MOURA, Clovis. *Dialética Radical do Brasil Negro.* 3. ed. São Paulo: Anita Garibaldi, 2020.

(16) *Ibidem*, p. 74.

(17) BARBOSA, Alexandre de Freitas. A formação do mercado de trabalho no Brasil. São Paulo: Alameda, 2008. p. 34.

(18) MOURA, Clovis. *Dialética Radical do Brasil Negro.* 3. ed. São Paulo: Anita Garibaldi, 2020. p. 76.

(19) A Lei Eusébio de Queiros, de 1850, tornou crime o tráfico de africanos e africanas escravizadas.

(20) MOURA, Clovis. *Dialética Radical do Brasil Negro.* 3. ed. São Paulo: Anita Garibaldi, 2020. p. 123.

Incrementou-se a modernização tecnológica no Brasil, com predominância de empresas estrangeiras, sobretudo inglesas, o que aumentou a dívida externa e dependência do país. Essa modernização do Brasil, contudo, não significou mudanças substanciais nas relações entre os homens no processo de trabalho.

A proibição do tráfico eliminou a possibilidade de aquisição, em grande escala, de força de trabalho escravizada, o que encareceu o comércio de africanos escravizados. Por outro lado, vislumbrou-se tráfico de escravos interprovincial, substituindo o internacional. Nesse período, setores da população livre, inclusive das classes dominantes, começaram a não ver mais perspectiva na manutenção da escravidão e passaram a apostar na sua gradual superação, substituída pelo trabalho livre dos imigrantes europeus.

A respeito dos movimentos de luta e resistência das pessoas negras escravizadas, Moura ensina-nos que houve alteração das estratégias utilizadas, na medida em que a ética do capitalismo se tornava dominante na sociedade brasileira. Assim, até aproximadamente 1850, na primeira fase da escravidão, os escravizados alcançavam a liberdade através de revoltas radicais, protagonizadas por eles próprios, "os escravos não eram libertados por outros grupos políticos porque eram sujeitos da ação histórica"(21). Na segunda fase, com a decomposição econômica, social e ética da escravidão, os escravizados são objeto de ação de "grupos radicais", que protagonizam, dessa feita, o controle dos níveis de ação(22). Nesse fase, os abandonos de fazendas e cidades pelas pessoas negras escravizadas não ocorria mais mediante confronto, mas mediante fugas.

> A sociedade brasileira havia passado no período que medeia entre *escravismo pleno* e o *tardio* por modificações substanciais, isto levou a que sofresse um processo de diversificação e de aumento de complexidade na divisão interna do trabalho, na composição da classe escrava e no bloco de poder. Os agentes econômicos que dinamizavam esse período já se situavam em outros patamares de ação quer ideológicos, quer econômicos e demográficos, e com isto os mecanismos de mediação impediam que os escravos assumissem a sua liderança.(23)

O objetivo final do escravizado e da escravizada não era mais a constituição de quilombos, mas a constituição de si mesmo em trabalhador (a) livre, integrado (a) à sociedade de classe num capitalismo em formação. Diferente dos quilombolas, nessa fase, havia os(as) negros (as) que não se contentavam em negar a sua condição de escravizados, buscavam o "trabalho livre" como objetivo.

Contudo, como sabemos, essa integração foi obstada por diversos mecanismos políticos e ideológicos, com especial destaque para a Lei n. 601 (Lei da Terra), de 1850, que garantiu a continuidade da propriedade de terras aos senhores de escravos e a inacessibilidade

---

(21) MOURA, Clovis. *Dialética Radical do Brasil Negro*. 3. ed. São Paulo: Anita Garibaldi, 2020. p. 146.

(22) *Idem*.

(23) *Ibidem*, p. 147.

aos escravizados; e para a política de imigração e embranquecimento promovida pelo estado Brasileiro.

Sobre esse assunto, Jorge Luiz Souto Maior relembra que o recurso ao trabalho do imigrante não se deu por mera questão quantitativa, "mas porque havia uma distensão muito forte entre a classe dominante conservadora e a massa popular", nessa linha, ao trazer trabalhadores imigrantes, evita-se um "empoderamento das classes populares"(24). Nesse sentido, Abdias Nascimento retrata que a imigração de europeus forjou um proletariado artificial com o objetivo de deslocar os negros do mercado de trabalho "livre", expulsando aqueles e aqueles recém libertos da escravização da classe trabalhadora.(25) Acrescenta-se que esse movimento de europeização se sustentava no receio da classe dominante de uma rebelião racial e antiescravista, sobretudo porque encontrava-se recente a rebelião do Haiti. Além disso, já se convivia com movimentos paredistas e levantes no Brasil que questionavam o estado de coisas, como os que trataremos a seguir.

3. Lutas dos Negras e das Negras Escravizadas — Quilombos e Paralisações Coletivas de Trabalho durante o período escravista

Jacob Gorender, citando a pesquisa de Louis Couty sobre o escravismo brasileiro, lembra que eram necessários "mais feitores para vigiar 300 escravos de uma fazenda de café do que contramestres para vigiar operários livres"(26), isso porque "no escravismo a oposição do trabalhador ao explorador se manifesta, mais do que em qualquer outro modo de produção, sob o aspecto de oposição ao próprio trabalho"(27).

Certo é que que a versão de docilidade do africano escravizado não tem reflexo na realidade, pois desde o início da escravidão, houve confronto à instituição. Embora seja verdadeira a afirmação de que os escravizados e as escravizadas eram "coisas" de acordo com as leis regentes à época, tal condição não retirou a sua condição de "ser". "Por mais desumana que fosse a escravidão, ele não perdia a sua interioridade humana"(28)e sua capacidade de cria "movimentos e atitudes de negação ao sistema."(29)

Rejeitando o mito da passividade das pessoas africanas escravizadas, Jorge Luiz Souto Maior escreve que

> ... havia no Brasil, desde as primeiras iniciativas de atividades extrativas e de povoamento, uma tensão social muito grande, dado o distanciamento entre a classe dominante e os dominados e explorados. A escravidão, primeiro do índio

(24) SOUTO MAIOR, Jorge Luiz. *História do Direito do Trabalho no Brasil:* Curso de direito do trabalho, volume I: parte II. São Paulo: LTr, 2017. p. 69.

(25) NASCIMENTO, Abdias. *O quilombismo.* 2. ed. Brasília/Rio de Janeiro: Fundação Palmares/OR Editor Produtor, 2002.

(26) GORENDER, Jacob. *Escravismo Colonial.* 6. ed. São Paulo: Expressão Popular: Perseu Abramo, 2016. p. 108.

(27) *Ibidem*, p. 109

(28) MOURA, Clovis. *Os quilombos e a Rebelião Negra.* São Paulo: editora Brasiliense, 1981, p. 8.

(29) *Idem.*

> e depois do negro, foi baseada na força, gerando conflitos muitas vezes violentos. Os escravizados não aceitaram pacificamente sua condição. Resistiram e lutaram, tanto que se sabe da formação de quilombos a partir de 1630.[(30)]

Os escravizados e as escravizadas recorreram a várias formas de protesto e recurso daquela condição que lhes fora imposta, entre as quais se incluíam o suicídio, o crime, a fuga, a insurreição, a revolta. O afrodescendente escravizado praticou, ainda, a forma não violenta ou pacifista de manifestar sua inconformidade com o sistema. Foi o mais triste e trágico tipo de rejeição, o "banzo" (um estado de depressão psicológica que tomava conta dos africanos escravizados assim que desembarcavam no Brasil e seria uma enfermidade crônica: a nostalgia profunda que levava os negros à morte).[(31)] Além disso, há registros da realização de paralisação coletiva de trabalho pelos escravizados, sobretudo a partir da segunda fase do escravismo brasileiro — escravidão tardia — quando estava em maior escala a introdução do sistema capitalista em terras tupiniquins.

Destacamos a organização das pessoas negras escravizadas, que não se resumiram à uma fuga ou reação ao escravismo, mas configuraram organizações sociais, com valorização e reafirmação de cultura e raça e a busca por um outro modo de organização de trabalho.

As primeiras formas de suspensão coletiva das atividades ficaram conhecidas como *paredes*. Sobre o assunto, Luís Antônio Negro e Flávio dos Santos Gomes explicam que a palavra greve sequer era conhecida no território brasileiro, daí porque as primeiras paralisações coletivas de trabalho eram conhecidas como paredes. Os autores atribuem ao mito do imigrante radical a omissão da historiografia acerca das "greves" capitaneadas por negro(a)s e indígenas escravizados e libertos, e o consequente omissão de que esses trabalhadores foram protagonistas da luta operária:

> Além disso, de acordo com esse mito do imigrante radical, a paralisação coletiva do trabalho seria algo tão inédito no Brasil que sequer haveria um termo disponível na língua portuguesa para nomear o fenômeno. Na falta dessa palavra, éramos obrigados a tomar de empréstimo aos franceses a palavra *grève*! No entanto, a paralisação do trabalho como forma de protesto e barganha foi sempre uma consequência tão espontânea e lógica da experiência dos trabalhadores que boa parte das línguas europeias possui uma palavra própria para designar o fenômeno. Assim, ingleses fazem *strike*. Já os espanhóis entram em *huelga*, enquanto que italianos, quando param o serviço, estão em *sciopero*. No Brasil do século XIX, as primeiras formas de suspensão coletiva das atividades ficaram conhecidas como paredes.[(32)]

---

(30) SOUTO MAIOR, Jorge Luiz. *História do Direito do Trabalho no Brasil:* Curso de direito do trabalho, volume I: parte II. São Paulo: LTr, 2017. p. 73.

(31) NASCIMENTO, Abdias. *O Genocídio do Negro Brasileiro:* processo de um racismo mascarado. 3. ed. São Paulo Perspectivas, 2016. p. 70-71.

(32) NEGRO, Luís Antônio; GOMES, Flávio dos Santos. *As greves escravas, entre silêncios e esquecimentos.* Disponível em <https://ceert.org.br/noticias/historia-cultura-arte/12581/as-greves-escravas-entre-silencios-e-esquecimentos?fb_comment_id=1034400699978531_1089016417850292>. Acesso em: 14 jan. 2022.

A seguir trataremos dos quilombos e das paralisações de trabalho — greves — ocorridas no período pré "abolição".

3.1. Os quilombos

A organização dos negros e das negras escravizadas através de quilombos, representou mais que uma reação à escravização, mas uma verdadeira busca por diferentes formas de organização social e de trabalho, com reafirmação de valores das culturas africanas. Nesse sentido, Beatriz Nascimento nos lembra que o quilombo "se forma mais na necessidade humana de se organizar de uma forma específica que não aquela arbitrariamente estabelecida pelo colonizador"(33). A autora chama a atenção para o fato de que outras formas negação do sistema colonial escravista eram colocadas em prática como "abortos, suicídios, assassínios de senhores e até mesmo de toda a sua descendência"(34). Dessa maneira, as fugas não se limitavam a negar a escravização, mas se postavam como alternativa à sobrevivência de uma outra forma de organização social.

Abdias Nascimento, tratando de Palmares, ao que chamou de "verdadeiro estado africano", ensina que ela significou "principalmente o grito desesperado dos africanos contra a desintegração da sua cultura nas estranhas terras do Novo Mundo"(35). Clovis Moura, por sua vez, descreve Palmares como o "mais sério obstáculo ao desenvolvimento da economia escravista da região"(36). A quantidade de pessoas que formaram Palmares (estima-se de vinte a trinta mil pessoas), a sua complexidade social (composta por diversos quilombos ou "cidades") e o tempo de resistência do quilombo (mais de um século) dão especial importância ao seu estudo, motivo pelo qual nos debruçaremos sobre aspectos da República de Palmares.

Inicialmente Palmares caracterizava-se, economicamente, como recoletora, na medida em que se limitava a colher ou recolher, para sua subsistência, bem como predominava o setor artesanal, com produções de cestos, pilões, tecidos, argila, material bélico (facas, flechas etc.), instrumentos musicais, dentre outros. "Da fauna e da flora dos Palmares, portanto, os negros retiravam grande parte do seu sustento, azeite, luz, a sua vestimenta, os materiais com que construíam as suas choças e as cercas de pau a pique com que se fizeram famosos na guerra."(37)

A medida que aumentava progressivamente a população do quilombo, a econômica simples foi "substituída pela agricultura intensiva, porém diversificada, ficando apenas como complementar, subsidiária, o setor recoletor e artesanal"(38) e, assim, os palmarinos transformaram-se em agricultores, desenvolvendo-se uma economia fundamentalmente agrícola

---

(33) NASCIMENTO, Beatriz. Quilombos: mudança social ou conservantismo? 1976. In: NASCIMENTO, Maria Beatriz. *Quilombola e Intelectual:* Possibilidades nos dias da destruição. Diáspora Africana: Editora Filhos da África, 2018. p. 70.

(34) *Ibidem*, p. 68.

(35) NASCIMENTO, Abadias. *O genocídio do negro brasileiro:* processo de um racismo mascarado. 3. ed. São Paulo: Perspectivas, 2016. p. 72.

(36) MOURA, Clovis. *Sociologia do Negro Brasileiro*. São Paulo: Perspectiva, 2019. p. 205.

(37) CARNEIRO, Edison. *O quilombo dos Palmares*. 2. ed. São Paulo: Companhia Editora Nacional, 1958. p. 48.

(38) MOURA, Clovis. *Sociologia do Negro Brasileiro*. São Paulo: Perspectiva, 2019. p. 210.

dando azo a excedentes econômicos para redistribuição interna e externa. Moura descreve como a a forma de trabalho exercida na República de Palmares se chocava com o modelo colonial do latifundiário escravista:

> A base desse trabalho era a policultura, produzida intensivamente, porém de forma comunitária. Plantavam principalmente o milho, que era colhido duas vezes por ano. Depois da colheita descansavam duas semanas. Plantavam ainda feijão, mandioca, batata-doce, banana (pacova) e cana-de-açúcar. Isso constituía a produção básica da agricultura palmarina, sendo o excedente distribuído entre os membros da comunidade para as épocas de festas religiosas ou de lazer, ou estocado para os tempos de guerra. O que sobrava era trocado com vizinhos, pequenos sitiantes e pequenos agricultores, por artigos que a República necessitava.(39)

Era, pois, uma economia de abundância, fundada na solidariedade e cooperação, repudiando-se o sistema latifundiário escravista. E foi por essa razão, por representar uma ameaça à sociedade escravista, mediante exemplo prático de consolidação de um outro modo de viver, que Palmares foi destruída(40).

> O que determinou, segundo pensamos, a empresa de destruir Palmares foi, exatamente, o seu exemplo de uma econômica alternativa, com ritmo de produtividade maior do que a colônia, desafiando, com isso, a outra econômica (escravista) em confronto com a economia comunitária praticada na República.(41)

Embora a proibição da escravidão tenha sido institucionalizada por lei, o fim daquele sistema não impediu a reprodução de práticas opressoras à população negra, daí porque a organização quilombola permanece resistindo até os dias de hoje e as formas de organização de trabalho ali existentes persistem rompendo com a sociedade oficial.

3.2. Ocupação da Fazenda Santana — Ilhéus/BA

Há registros de ocupação de fazendas pelos(as) escravizados(as) na fazenda Santana, em Ilhéus-Bahia, que datam de 1789. A insurreição, que durou dois anos, pautou-se em reivindicações por melhorias no trabalho, com exigências por redução da jornada e melhores condições de trabalho, "...controle das ferramentas do engenho, terreno para suas hortas, um barco para facilitar a venda em Salvador do excedente das suas plantações, e *last but not least* que os nomes indicados para feitores teriam de ser aprovados por eles."(42)

---

(39) MOURA, Clovis. *Sociologia do Negro Brasileiro*. São Paulo: Perspectiva, 2019. p. 211.

(40) *Ibidem*, p. 227

(41) *Ibidem*, p. 227

(42) *Apud* MOURA, Clovis. *Os quilombos e a rebelião negra*. São Paulo: Brasiliense, 1981. p. 72-73.

Conforme destaca Clovis Moura, o nível de reivindicação desses escravizados não se resumia a sua própria condição, e sim refletia uma tentativa de transformação do regime econômico social escravista.

> O que os escravos-rebeldes propõem, em suma, é a instauração de um novo regime social no qual eles cederiam a maior parte de seu tempo de trabalho em troca dos meios de produção de necessitam... e cuidariam da sua própria existência. (...) De fato esses cativos estavam dando um salto qualitativo no processo do conhecimento do seu nível de exploração, pois não mais se colocavam como escravos, mas como cidadãos, reivindicando direitos idênticos aos trabalhadores assalariados atuais.(43)

Embora essa ocupação tenha terminado com a prisão dos rebeldes e sem o atendimento das exigências, repercutiu sobre a consciência dos que vieram depois, tanto que em 1821 os escravizados da mesma fazenda realizaram nova revolta e permaneceram na propriedade até 1824. E houve nova tentativa de insurreição, na mesma fazenda, em 1828.

3.3. Fábrica de Pólvora de Ipanema

Negro e Gomes elucidam que já em 1820 há registro de greve realizada por trabalhadores escravizados cativos e livres na fábrica de Pólvora de Ipanema, com reivindicações por melhorias nas condições de trabalho, incluindo diárias e dieta alimentar.(44)

Outro exemplo de insurgência de escravizados por melhores condições de trabalho ocorreu no ano de 1839, no que ficou conhecido como "massacre da barca Laura II". Clovis Moura citando o historiador João Brígido relata que

> (...) A barca estava navegando havia mais de 49 dias e aportou em Fortaleza. Um dos escravos da tripulação vai à presença do comandante e fala do tratamento desumano, pois estavam famintos. Os marujos cativos não tinham praticamente nada para comer. O escravo havia quebrado, com isto o código de disciplina, pois exprimia descontentamento aos demais. E isto não era permitido. Em resposta ao que diz o escravo, o comandante mando-o chicotear diante dos seus companheiros. Em consequência desse ato, os marujos tramam a revolta em silencio. As 9 horas da noite do dia 10 de julho de 1839, Constantino (o escravo que falara em nome de todos) assume o comando e ordena o massacre. O comandante Francisco Ferreira, português, o contramestre, prático, dois marinheiros e um passageiro são lançados ao mar. O único branco que escapa, o marujo Bernardo ficou a serviço dos rebeldes. Desembarcam, são presos e condenados à forca.

---

(43) MOURA, Clovis. *Os quilombos e a Rebelião Negra*. São Paulo: Brasiliense, 198. p. 76.

(44) NEGRO, Luís Antônio; GOMES, Flávio dos Santos. *As greves escravas, entre silêncios e esquecimentos*. Disponível em <https://ceert.org.br/noticias/historia-cultura-arte/12581/as-greves-escravas-entre-silencios-e-esquecimentos?fb_comment_id=1034400699978531_1089016417850292>. Acesso em: 14 jan. 2022.

3.3. Fazenda Ponte das Tábuas — Nova Friburgo/RJ

Em 1849, conforme Luiz Alberto Couceiro, os escravos da fazenda Ponte das Tábuas, em Nova Friburgo, realizaram verdadeiro movimento grevista, ao refugiarem-se nas matas daquela propriedade e se recusaram a retornar ao trabalho enquanto o administrador da fazenda não fosse demitido pelo senhor. O episódio foi liderado pelo escravo Antônio Pernambuco, que, tendo dito aos demais escravos que "iria fugir" por não mais suportar os maus-tratos do administrador da fazenda, foi seguido por estes para o mato nos limites da fazenda. O pesquisar analisou o inquérito policial da época, onde constam os relatos dos trabalhadores escravizados, todos relatando os maus-tratos sofridos pelo administrador da fazenda como justificativas para a fuga. Interessa notar que as reivindicações tinham por fundamento o choque de tratamento vivenciado por aqueles escravizados que, vindos de outra região (Pernambuco) depararam-se com tratamentos diferentes, sobretudo com a utilização de práticas cruéis. Dessa maneira, Couceiro sustenta a importância dessa articulação para a região Sudeste, tendo restado evidenciada a inflexão de diálogos entre o grupo de escravos e o administrador, ao invés de fugas para quilombos, o que foi um sinal, segundo o autor, das rápidas mudanças nas relações de trabalho nas fazendas do Sudeste, que exigiriam a compreensão do senhor da fazenda de que novos perfis de trabalhadores nelas passariam a trabalhar, fundamentalmente nas grandes plantations de café.(45)

3.4. Fábrica de Velas e Sabão — Rio de Janeiro

Uma vez mais recorremos à pesquisa de Negro e Gomes para expor a greve de 1854, na Fábrica de Velas e Sabão, também no Rio de Janeiro, quando um grupo de escravos paralisou as atividades, com reivindicações pela sua imediata venda a outro senhor. A articulação terminou com a prisão dos escravizados.

> Um grupo de escravos "armados de achas de lenhas e facas" paralisou as atividades e reivindicou sua imediata venda para outro senhor. A decisão deles — ao que parece — não tinha motivo declarado. Há informações de que Rocha Paiva tentou negociar, propondo discutir o assunto no dia seguinte, enquanto alegava ser tarde da noite. Crioulos e africanos, na sua resposta, dirigiram-se ao proprietário "em tom alto". Esclareceram "que não queriam esperar por que aquilo era negócio de ser decidido logo". A decisão final do proprietário apareceu não num acordo, mas sim na rápida repressão policial de quase cem homens, que assustou os moradores da Corte, e chamou a atenção da imprensa. Chegando a força policial à fábrica, os escravos se entregaram às autoridades sem opor resistência. Talvez julgassem que, sendo presos, ficariam todos juntos, afastados daquela fábrica por algum tempo e depois poderiam ser vendidos, como desejavam.(46)

---

(45) COUCEIRO, Luiz Alberto. A greve dos escravos na fazenda Ponte das Tábuas em 1850 (Nova Friburgo, Rio de Janeiro). *Revista de Estudos de Conflito e Controle Social*, vol. 3, n. 8, p. 125-127, abr./maio/jun. 2010.

(46) NEGRO, Antonio Luigi, GOMES, Flávio dos Santos. As greves antes da "grève": as paralisações do trabalho feitas por escravos no século XIX. *Cienc. Cult.* [*on-line*]. 2013, vol. 65, n. 2, p. 56-59. ISSN 2317-6660. Disponível em: <http://dx.doi.org/10.21800/S0009-67252013000200023>.

3.5. Fábrica da Ponta d'Areia — Rio de Janeiro

Relatam os mesmos autores que a paralisação de serviços, ocorrida em 1857, em um dos maiores estabelecimentos da cidade do Rio de Janeiro, a Fábrica da Ponta d'Areia, realizada por trabalhadores escravizados pertencentes a Visconde de Mauá. A fábrica possuía 600 trabalhadores, sendo 150 deles escravizados. Vejamos o registro da época no jornal "A Pátria":

> Ontem (25.11.1857), das 11 horas para o meio dia, segundo nos informam, os escravos do estabelecimento da Ponta d'Areia levantaram e recusaram-se a continuar o trabalho, sem que fossem soltos três dos seus parceiros, que haviam sido presos por desobediência, às ordens do mesmo estabelecimento. Felizmente o levantamento não ganhou terreno, pois o Exmo. Sr. Dr. Paranaguá, apenas teve a notícia, dirigiu-se ao local e fez conduzir para a casa de detenção presos trinta e tantos amotinados.[47]

3.6. Greve dos Ganhadores — Salvador/BA

João José Reis, em seu livro "Ganhadores: a greve negra de 1857 na Bahia"[48], descreve a luta dos escravizados e libertos da Bahia, que trabalhavam nas ruas; eram chamados de ganhadores e ganhadeiras. Os ganhadores atuavam como operadores do sistema de transporte de gente e de carga da capital baiana, as ganhadeiras vendiam toda sorte de mercadorias. Esses ganhadores e ganhadeiras, quando escravos, dividiam-se numa dura e estafante dupla jornada entre o trabalho para seus senhores e o trabalho de ganho, na rua.

É importante lembrar que ante da chamada greve negra de 1857, os trabalhadores de rua já haviam participado de diversos movimentos coletivos e violentos que visavam à ruptura da ordem[49], com destaque para a Revolta dos Malês, em 1835. A revolta, porém, foi derrotada e desencadeou um maior controle da província Baiana sobre os ganhadores.

Em 1857, a Província novamente tentou controlar os ganhadores no espaço de trabalho, instituindo medidas para obrigar os africanos escravizados e libertos a se registrarem na Câmara Municipal, a pagarem um imposto profissional e a se submeterem a uma série de medidas de controle policial, incluindo a utilização de placa no pescoço. Nesse ponto, vale um destaque para registrar que as mulheres ganhadeiras já sofriam controle por parte da Província, pagavam "tributo de 20 mil-réis anuais à província, se eram ambulantes, ou este valor acrescido de 3 mil-réis mensais, no caso de trabalhar com tabuleiro fixo"[50]. Assim, a medida de 1857 foi destinada apenas aos ganhadores homens.

---

(47) *Apud* QUEIROZ, Mauricio Vinhas de. As primeiras lutas operárias no Brasil. *Revista do Povo*, ano II, n. 2, 1946, p. 32-3; 37-8. (*cit.*, p. 38.)

(48) REIS, João José. *Ganhadores*. A greve negra de 1857 na Bahia. São Paulo: Cia. das Letras. DOI: <https://doi.org/10.36449/rth.v24i2.23749>.

(49) *Idem*.

(50) *Idem*.

Pois bem, os ganhadores reagiram de modo inédito, realizando uma paralisação que durou "dez dias angustiantes para quem dependia do trabalho deles, ou seja, praticamente toda a população livre de Salvador"(51). O movimento recebeu uma adesão bem maior do que a experimentada pela Revolta dos Malês de 1835, e revelou-se uma experiência pacífica, caracterizada por protestos junto à Câmara Municipal com vistas a revogar as medidas controle. Para João José Reis a greve de 1857 foi o "primeiro movimento grevista envolvendo todo um setor sensível da classe trabalhadora urbana no Brasil"(52).

Por trás dessas medidas estava o propósito da Província Baiana de se livrar dos negros africanos, forçando-os a retornarem ao trabalho rural ou ao retorno ao continente Africano com as mãos abanando, isso porque eram vistos como perigosos sobretudo após protagonizarem a Revolta dos Malês. No entanto, visto que o trabalho daquelas pessoas era fundamental para a dinâmica da cidade, era preciso controlá-las.

> A tese que predominava era tanger os africanos da cidade — pelo menos aqueles dedicados aos ofícios mecânicos e ao ganho de rua — para que fossem servir de força de trabalho escravizada ou dependente e barata no campo. Falhando nesse objetivo, o plano seria coagir os libertos a abandonar o país, a retornar à África, e pressionar os senhores rurais na Baia, ou a exportá-los para fora da província. Contudo, o alvo principal de intolerância e perseguição eram mesmo os libertos.(53)

Não era revolta, não era quilombo, as formas clássicas de resistência escrava, não era sequer um protesto contra a escravidão, mas uma suspensão do trabalhador africano, e não apenas o escravizado, contra o Estado.(54) Vale lembrar que a topografia da capital baiana tornava o próprio comércio dependente do trabalho dos ganhadores, as ladeiras dificultavam "o uso generalizado de carro com tração animal"(55) Tanto é assim, que o movimento contou com o apoio dos comerciantes locais.

A greve, deflagrada em 01 de junho, persistiu até dia 12 de junho de 1857, e teve sucesso parcial com a derrubada da taxa de matrícula e modificação dos termos de fiança exigida dos libertos. Não lograram, no entanto, abolir o uso da chapa no pescoço. Sobre essa medida execrável, REIS explica que esse foi o motivo a greve durar tanto tempo, razão pela qual o movimento poderia ser denominado "Greve da Chapa" ou "Parede da Chapa". "Não ter conseguido abolir o uso do penduricalho fora, portanto, uma derrota considerável."(56)

---

(51) REIS, João José. *Ganhadores*. A greve negra de 1857 na Bahia. São Paulo: Cia. das Letras. DOI: <https://doi.org/10.36449/rth.v24i2.23749>.

(52) *Idem*.

(53) *Ibidem*, posição 1948

(54) *Ibidem*, posição 93

(55) REIS, João José. *Ganhadores*. A greve negra de 1857 na Bahia. São Paulo: Cia. das Letras. DOI: <https://doi.org/10.36449/rth.v24i2.23749>.

(56) *Idem*

A respeito das características do movimento de 1857, João José Reis o define como movimento híbrido de negação do estado de coisas e proposição de novas condições de trabalho. Teria sido uma greve fiscal e contra a violação de costumes estabelecidos.

3.6. Padeiros de São Paulo e Rio de Janeiro

Saindo do Recôncavo baiano, falaremos, ainda, das greves nas padarias ocorridas entre 1876 e 1878 nas províncias de São Paulo e Rio de Janeiro, onde ganha destaque o personagem João de Mattos, padeiro responsável pela organização de pelo menos três "levantes" de escravos padeiros. O primeiro registro desses levantes refere-se às padarias da cidade de Santos, em 1876, que promoveu a fuga dos trabalhadores escravizados padeiros mediante falsificação de cartas de alforria. Por ocasião desse levante, João de Mattos foi preso, mas, por falta de provas, foi posto em liberdade.

Em 1877, houve novo levante capitaneado por João de Mattos, que reuniu 12 padarias na cidade de São Paulo. Em 1878, o movimento envolveu padarias da cidade do Rio de Janeiro. Na ocasião, João de Mattos e seus companheiros criaram a organização "Bloco de Combate dos Empregados em Padarias", reunindo cerca de 100 associados, com sede, estatuto e lema: "Pelo pão pela liberdade". Essa organização realizou o levante de 1880, promovendo a fuga de diversos escravizados. João de Mattos foi novamente preso, tendo sido absolvido mais tarde.(57)

4. Considerações sobre a participação das Mulheres Negras nos movimentos de resistência ao sistema escravista

No início do sistema escravista, é certo que, em termos populacionais, o elemento masculino foi predominante. Entretanto, o sistema não suavizou o trabalho de mulheres, que trabalhavam tanto nas lavouras (eito) como nas casas dos senhores (mucamas), sendo submetidas a todos os castigos destinados aos homens, recaindo sobre elas o pior deles — o estupro. Além disso, coube às mulheres negras escravizadas a tarefa de doação de força moral para seu homem, seus filhos ou seus irmãos de cativeiro. Nas articulações em busca de melhores condições de vida e de trabalho, as mulheres tiveram papel igualmente importante, sobretudo na organização das fugas e muitas protagonizaram a liderança de quilombos.

A despeito da importância das mulheres negras no período escravista, seja para a economia, mas sobretudo nos movimentos de resistência ao sistema escravista e na articulação de um novo modo de vida, a historiografia a respeito delas é quase inexistente. Convém lembrar que no início da urbanização da cidade de São Paulo, por exemplo, "a partir do último quartel do século XVIII até as vésperas da Abolição, envolvia uma população majoritariamente feminina e, no entanto, poucas mulheres aparecem nas histórias da cidade"(58).

---

(57) MATTOS, Marcelo Badaró. Experiências comuns: escravizados e livres no processo de formação da classe trabalhadora no Brasil. *XXIV Simpósio Nacional de História-História e Multidisciplinaridade: territórios e deslocamentos. Anais eletrônicos*. São Leopoldo-RS: UNISINOS (2007): 01-10.

(58) DIAS, Maria Odila L.S. Mulheres sem história. In: *Revista Brasileira de História*, n. 114, jan./jun. 1983, p. 31-45, p. 31.

É certo que a estrutura patriarcal de família foi imposta ela colonização portuguesa, e "o preço dessa herança foi pago pela mulher negra, não só durante a escravidão"(59), é sentido até os dias atuais seja com a super exploração do corpo feminino negro no mercado de trabalho, seja em virtude do apagamento histórico do protagonismo dessas mulheres. Esse artigo pretende jogar luz a essas mulheres.

Uma forma de resistência, surgida ainda naquela época (final do século XVIII, início do século XIX) e que perdura até os dias de hoje é o Candomblé, religião afro-brasileira de origem iorubana e praticamente berço das demais religiões negras do Brasil. Seu grande centro de dispersão, como sabemos é o estado da Bahia, principalmente sua capital, a cidade de Salvador. Nessas comunidades, as mulheres negras e pobres assumem posições de dominação e poder.

> Nesses espaços observa-se a grande influência das mulheres negras, responsáveis pelos festejos públicos, que foram os precursores das primeiras casas de candomblé do Brasil. Foi dessa liberdade conquistada e de suas vivencias nos espaços públicos que as mulheres negras exerceram a liderança, por vezes nem experimentadas pelos homens negros, nem pelas mulheres brancas de sua época, que ficavam confinadas em suas casas.(60)

Vale dizer que o papel do candomblé não é só religioso, mas é de forjar a paz, de articular construções que unam pessoas de diferentes lugares e nações. O mecanismo de conversa são as famílias – é organização de pessoas através de famílias, que não são laços consanguíneos. Por isso, muitos dos movimentos de insurreição do povo negro escravizado foi articulado ou divulgado através e/ou com a participação dos terreiros.

Lélia Gonzales aponta, ainda, a importância da mãe preta como forma de resistência dos saberes africanos. Embora a ideologia oficial utilize a "mãe preta" como exemplos de integração e harmonia racial, supostamente existentes no Brasil, ela constituiu sim uma forma de resistência, ainda que passiva. Para Gonzales, a mãe preta e o pai-joão, com suas histórias, criaram uma espécie de "romance familiar" que teve uma importância fundamental na formação dos valores e crenças do povo. De maneira consciente, ou não, passaram para o brasileiro "branco" as categorias das culturas africanas de que eram representantes. Mais precisamente, coube à mãe preta, enquanto sujeito suposto saber, a africanização do português falado no Brasil — o *pretuguês* — e, consequentemente, a própria africanização da cultura brasileira.(61)

---

(59) NASCIMENTO, Abdias. *O Genocídio do Negro Brasileiro, Op. cit.*, p. 73.

(60) GUERRA, Debora Antoniazi Del Guerra; SOUTO MAIOR, Jorge Luiz; IZIDORO, Leila Giovana; COSTA, Mariana Benevides da; CUNHA, Paulo Fernando Nogueira; IEIRA, Sarah R. Vieira. *I. A história das mulheres no Brasil Colonial.* Em Mulheres em luta: a outra metade da história do Direito do Trabalho. SOUTO MAIOR, Jorge Luiz; VIEIRA, Regina Stela Corrêa Vieira. São Paulo: LTr, 2017.

(61) GONZALES, Lélia. *Por um feminismo afro-latino-americano:* ensaios, intervenções e diálogos. RIOS, Flávio; LIMA, Marcia (Orgs.). 1. ed. Rio de Janeiro: Zahar, 2020. p. 54.

No mesmo sentido Clóvis Moura enfatiza que as culturas africanas transformaram--se, no Brasil, em cultura de resistência social. Aponta a importância do desenvolvimento de um "dialeto das senzalas", comum às pessoas escravizadas, os quais possuíam origens em diferentes partes do continente Africano, com diferentes dialetos. O mesmo ocorreu com a indumentária, cozinha e religião africana, que forma transformados em instrumento de resistência social.

> Essa cultura de resistência, que parece amalgamar-se no seio da cultura dominante, no entanto desempenhou durante a escravidão (como desempenha até hoje) um papel de resistência social — o que muitas vezes escapa aos seus próprios agentes, uma função de resguardo contra a cultura e estrutura de dominação social dos opressores.(62)

Lembramos, ainda, que as mulheres negras foram fundamentais na articulação e organização da Revolta dos Malês, que visava, diferente dos demais, a efetiva tomada do poder pelos negros e negras escravizadas. Gonzales também aponta a participação heroica de Luísa Mahin, que não só participou da organização como também da luta armada contra a minoria branca dominante.(63)

No mesmo sentido, é extremamente relevante a articulação era feita pelas mulheres negras na greve dos ganhadores de 1857, na Bahia. Sobretudo em razão da topografia enladeirada da cidade baiana, enquanto os trabalhadores precisavam subir e descer, para fazer o transporte, as mulheres ficavam paradas vendendo quitutes nas esquinas, momentos em que conseguiam difundir e explicar o movimento.

5. Conclusão

São muitos os interesses para que não tenhamos uma historiografia protagonizada por negros e negras escravizadas, sobretudo para que não sejamos lidos como agentes de sua própria história, para sermos lidos como mártires e não como heróis e heroínas. A ideologia do branqueamento opera o monopólio do saber no Brasil e apaga a epistemologia de corpos racializados. Igualmente a hipócrita tese de democracia racial(64) faz com que esse apagamento histórico não seja tão prontamente notado. Não fosse tal a ideologia dominante, não haveria quem duvidasse que o sistema escravista de pessoas africanas, vigente por 400 anos no Brasil, construiu as fundações da sociedade brasileira. Nesse sentido, esse artigo pretendeu instigar uma reformulação do que se considera aceitável como relato da história do direito do

(62) MOURA, Clovis. *Dialética Radical do Brasil Negro.* 3. ed. São Paulo: Anita Garibaldi, 2020. p. 236-237.

(63) GONZALES, Lélia. *Por um feminismo afro-latino-americano:* ensaios, intervenções e diálogos. RIOS, Flávio; LIMA, Marcia (Orgs.). 1. ed. Rio de Janeiro: Zahar, 2020. p. 53.

(64) O mito da democracia racial, tese de autoria de Gilberto Freyre, serve para reforçar o ideal e não para celebrar a miscigenação de raças e a suposta harmonia racial. Opondo-se a essa tese, Florestan Fernandes lembra que o "negro permaneceu sempre condenado a um mundo que não organizou para trata-lo como ser humano e como 'igual" (FERNANDES, Florestan. *O negro no mundo dos brancos.* São Paulo: Difusão Europeia do Livro, 1972, p. 15*)*, assim a almejada democracia racial não passa de uma ficção com propósitos ideológicos.

trabalho e da classe trabalhadora, especialmente quanto ao que se encontra predominante em livros e manuais da seara do direito trabalhista.

Os movimentos paredistas realizados por trabalhadores negros escravizados e libertos durante o regime escravocrata demandam a nossa atenção e o empenho de pesquisadores e pesquisadoras no resgate histórico tão necessário. Isso porque cada uma dessas lutas forjaram a formação da classe trabalhadora no Brasil. Ao revés do que defende a historiografia tradicional, nem só de imigrantes europeus foram feitas as primeiras lutas de trabalhadores.

Tanto as greves de escravos quanto as demais formas de resistência dinamizadas por sujeitos escravizados são fatores de desgaste do sistema escravista e da passagem ao trabalho livre. E mais, sem a luta por liberdade e por melhores condições de vida e de trabalho dos escravizados e das escravizadas, em última análise, sem a luta pelo fim do trabalho forçado, não se poderia falar em direitos trabalhistas.

Não se trata, portanto, de afirmar a existência de um capitalismo colonial, mas de considerar que a ausência de condição jurídica do escravizado e da escravizada não os impediu de exercerem a sua humanidade plena, contrárias aos modos de vida da época, em busca de melhores condições de vida e de trabalho, inclusive engendrando movimentos paredistas que em nada deixam a dever para os que hoje são retratados em manuais de Direito do Trabalho (greves promovidas pelos imigrantes europeus).

Referências Bibliográficas

BARBOSA, Alexandre de Freitas. *A formação do mercado de trabalho no Brasil.* São Paulo: Alameda, 2008.

COUCEIRO, Luiz Alberto. A greve dos escravos na fazenda Ponte das Tábuas em 1850 (Nova Friburgo, Rio de Janeiro). *Revista de Estudos de Conflito e Controle Social*, vol. 3, n. 8, p. 125-127, abr./maio/ jun. 2010.

DIAS, Maria Odila L.S. Mulheres sem história. In: *Revista Brasileira de História*, n. 114, jan./jun. 1983, p. 31-45, p. 31.

FERNANDES, Florestan. *Significado do protesto negro.* 1. ed. São Paulo: Expressão Popular, 2017.

FERNANDES, Florestan. *O negro no mundo dos brancos.* São Paulo: Difusão Europeia do Livro, 1972.

GOIS, Tainã; MACHADO, Gustavo Seferian Scheffer. Os reflexos de quem somos: hipóteses acerca do trato racial e da auto-organização na constituição da classe operária e do direito do trabalho na primeira república. *Rev. Fac. Dir.*, Uberlândia, MG, v. 45, n. 1, p. 21-45, jan./jun. 2017, ISSN 2178-0498.

GONZALES, Lélia. *Por um feminismo afro-latino-americano:* ensaios, intervenções e diálogos. RIOS, Flávio; LIMA, Marcia (Orgs.). 1. ed. Rio de Janeiro: Zahar, 2020.

GORENDER, Jacob. *Escravismo Colonial.* 6. ed. São Paulo: Expressão Popular: Perseu Abramo, 2016.

MATTOS, Marcelo Badaró. *A Classe trabalhadora.* De Marx a nosso tempo. 1 ed. São Paulo: Boitempo, 2019.

MATTOS, Marcelo Badaró. Experiências comuns: escravizados e livres no processo de formação da classe trabalhadora no Brasil. *XXIV Simpósio Nacional de História-História e Multidisciplinaridade: territórios e deslocamentos. Anais eletrônicos.* São Leopoldo-RS: UNISINOS (2007): 01-10.

MOURA, Clovis. *Dialética Radical do Brasil Negro.* 3. ed. São Paulo: Anita Garibaldi, 2020.

MOURA, Clovis. *Os quilombos e a Rebelião Negra.* São Paulo: Brasiliense, 1981.

MOURA, Clovis. Sociologia do Negro Brasileiro. São Paulo: Perspectiva, 2019.

NASCIMENTO, Abdias do. *O genocídio do negro brasileiro: processo de um racismo mascarado.* 3. ed. São Paulo: Perspectivas, 2016.

NASCIMENTO, Abdias. *O quilombismo. 2.* ed. Brasília/Rio de Janeiro: Fundação Palmares/OR Editor Produtor, 2002.

NEGRO, Antônio Luigi. Rodando a baia e interrogando um princípio básico do comunismo e da história social: O Sentido Marxista Tradicional de Classe Operária. *Revista Crítica Histórica*, ano III, n. 5, jul. 2012, ISSN 2177-9961.

NEGRO, Antonio Luigi, GOMES, Flávio dos Santos. As greves antes da "grève": as paralisações do trabalho feitas por escravos no século XIX. *Cienc. Cult.*, vol. 65, n. 2, São Paulo, apr./june 2013. Disponível em: <http://cienciaecultura.bvs.br/scielo.php?script=sci_arttext&pid=S0009-67252013000200023>.

NEGRO, Luís Antônio; GOMES, Flávio dos Santos. *As greves escravas, entre silêncios e esquecimentos.* Disponível em: <https://ceert.org.br/noticias/historia-cultura-arte/12581/as-greves-escravas-entre-silencios-e-esquecimentos?fb_comment_id=1034400699978531_1089016417850292>. Acesso em: 14 jan. 2022.

REIS, João José. *Ganhadores.* A greve negra de 1857 na Bahia. São Paulo: Cia. das Letras. DOI: <https://doi.org/10.36449/rth.v24i2.23749>.

SOUTO MAIOR, Jorge Luiz. *História do Direito do Trabalho no Brasil:* Curso de direito do trabalho, Volume I – Parte II. São Paulo: LTr, 2017.

______, VIEIRA, Regina Stela Corrêa Vieira. *Mulheres em Luta:* o outro lado da história do Direito do Trabalho. São Paulo: LTr, 2017.

Movimentos Grevistas no Período de Transição do Escravismo Tardio para o Capitalismo em Posição Dependente no Brasil: Negritando os Primórdios da Organização da Classe Trabalhadora

Helena Pontes dos Santos[1]

Hoje a festa é nossa
Não temos muito para oferecer
Mas os atabaques vão dobrando
Com toda alegria de viver
(...)

E os quilombolas de hoje em dia
São candeia que nos alumia
E hoje nesta festa
Noventa anos de abolição
Quilombo vem mostrar que a igualdade
O negro vai moldar com a própria mão
(Com a própria mão)
Quem luta pelo seu lugar ao Sol
Não é só bom de samba e futebol
(...)

Nossa festa hoje é homenagem
À luta contra as injustiças raciais
Que vêm de séculos passados
E chega até os dias atuais

(*Noventa Anos de Abolição*, Nei Lopes e Wilson Moreira)

(1) Mestranda em Direito do Trabalho pela Faculdade de Direito da Universidade de São Paulo (USP). Especialista em Estudos Afrolatino-americanos e Caribenhos pelo Clacso e em Direito do Trabalho pela Universidade de São Paulo. Pesquisadora do Grupo de Pesquisa Trabalho e Capital (USP), da Equipe de Estudos em Direito do Trabalho e História (USP) e do Grupo de Estudos Intelectuais Negras Brasileiras (UNIFESP).

1. Introdução

O presente artigo é fruto dos debates desenvolvidos pelo coletivo de discentes na disciplina "História do Direito do Trabalho no Brasil: elementos para uma leitura marxista do Direito do Trabalho" ofertada no programa de pós-graduação *stricto sensu* da Faculdade de Direito da Universidade de São Paulo, proposta, coordenada e fomentada pelo Professor Dr. Jorge Luiz Souto Maior(2).

Ainda que seja o objetivo tratar sobre os movimentos paredistas, paralisações de trabalho ou greves realizadas do período compreendido de 1858 a 1902, ou seja, período que compreende o escravismo tardio(3) e a transição do país à posição de capitalista dependente, é necessário que se traga alguns elementos sob pena de se cair em omissões geralmente presente nas análises sobre esse momento da história brasileira.

É necessário então, antes de mais nada, negritar que no Brasil existiu exploração do trabalho humano desde que os portugueses invadiram essa terra e obrigaram os povos originários ao trabalho forçado e, depois, aos negros africanos. Assim como existiu a exploração, também existiu resistência a tal condição.

Ainda que seja dominante a ideia de que a organização e insurgência contra as condições de trabalho impostas somente estão presentes na história do trabalho no Brasil a partir da chegada dos imigrantes europeus a esta terra, em especial dos italianos e espanhóis influenciados por ideário anarquista e socialista, não é a essa concepção que se adere.

Apresentam-se elementos que demonstram que a história do trabalho no Brasil, como apontou Clóvis Moura, ainda está por ser escrita.

2. Notas sobre o período de transição

O período compreendido nesse artigo é chamado de período de transição. Nele o Brasil passa do escravismo colonial a posição de capitalista dependente no sistema-mundo, na divisão mundial do trabalho, passando da lavoura de monocultura a empresa agrícola. São os rendimentos advindos dessa última que possibilitará, futuramente, a industrialização.

A transição se deu pelas necessidades do capitalismo industrial e a organização nova da divisão internacional do trabalho. O capitalismo comercial se favoreceu do escravismo para acumular o capital necessário para a industrialização europeia e seguiria se valendo dele por mais alguns anos, porém gestando novas formas de exploração: a passagem no Brasil do

---

(2) O artigo partiu do seminário apresentado no terceiro encontro da disciplina, cujo preparo ficou a cargo de *Claudia Urano* de Carvalho Machado e Helena Pontes dos Santos e o tema proposto era "Transição do trabalho escravizado para o trabalho 'livre' (contratos de empreita, parcerias e locação de serviço). O trabalho industrial no período escravista e as primeiras reações: a greve dos tipógrafos".

(3) Escravismo tardio, segundo Clóvis Moura, compreende o período que vai desde proibição do tráfico de pessoas escravizadas pela Lei Euzébio de Queiroz até a abolição legal da escravização, que se deu em 1888, com o Decreto Imperial n. 3353.

escravismo colonial ao capitalismo dependente terá aqui no fio condutor as leis[(4)] aprovadas para que a transição não se desse de modo radical.

O escravismo colonial, segundo Gorender é o modo de produção diferenciado das demais experiências de escravismo, visto que nesse momento a economia do país segue a lógica da produção de valor — seja com a venda de vidas humanas negras escravizadas ou das mercadorias que essa força de trabalho escravizada produzia — totalmente inseridas no circuito do mercado mundial.

Ainda que no Brasil não se vejam os mesmos elementos que se observa na industrializada Inglaterra, é a condição presente aqui de exploração de recursos e força de trabalho escravizada que possibilita a industrialização lá.

Ao contrário do defendido por muitos intelectuais, não há que falar em feudalismo no Brasil no período de escravismo, uma vez que as pessoas escravizadas não detinham nenhum meio de produção ou era coproprietárias de terra. Não há, tampouco, qualquer margem de planejamento autônomo de seu trabalho nas plantagens, havendo coordenação direta do preparo da terra, passando pelo plantio e chegando à colheita. Ante a realidade brasileira, chega-se à conclusão de que o que houve aqui foi um modo de produção *sui generis*.

A compreensão desse ponto se faz importante para que não se romantize o modo como se dava a produção no Brasil (e nos demais países americanos invadidos pela Espanha), mas também porque não se pode compreender a estrutura social sem partir do modo de produção. Se partimos de um modo de produção que não corresponde a realidade, chegaremos também a uma análise equivocada do todo que buscamos olhar.

As legislações referentes a trabalho escravizado no final do império, no período compreendido como escravismo tardio, demonstram que a abolição não caiu do céu em 1888. Ela foi gestada e terá como fatores centrais, segundo Jacino[(5)], três pontos: a luta organizada das/os escravizadas/os que começou desde o início da escravização das pessoas negras; a dificuldade de se adquirir grandes contingentes de pessoas sequestradas de África e descendentes destas para escravização a partir da proibição do tráfico de escravizados; por fim, a própria lógica do capitalismo que impunha nesse momento a necessidade de se expandir.

No que se refere a lógica capitalista essa prevê que a compra da força de trabalho é mais barata do que a compra de um indivíduo, afinal aquela não empataria capital, diminuiria os custos que advinha da morte, adoecimento, fuga e queda natural da produtividade ante as exaustivas jornadas e trabalhos impostos às pessoas escravizadas. No capitalismo não há esse tipo de prejuízo uma vez que a pessoa trabalhadora ao criar dificuldades a sua exploração poderá ser prontamente descartada e substituída por outra rapidamente.

---

(4) O Ramatis Jacino em sua obra "*Transição e exclusão:* o negro no mercado de trabalho em São Paulo pós-abolição - 1912/1920" abordará no primeiro capítulo de seu estudo a transição pelo desenho que se projeta da legislação do período.

(5) JACINO, Ramatis. *Transição e exclusão:* o negro no mercado de trabalho em São Paulo pós-abolição 1912/1920. São Paulo: Nefertiti, 2015. p. 19.

Outro ponto é a necessidade de expansão do mercado consumidor aos produtos europeus que a manutenção da escravização não permitiria.

> O trabalho escravo seria a base da cafeicultura e responsável por sua expansão; todavia os produtores agrícolas teriam sido capazes de assimilar as tendências da economia mundial, integrando-se exitosamente à "divisão internacional do trabalho" e compreendido que, a partir de determinado patamar, o escravismo tornava-se impeditivo para seu crescimento. O sistema escravista impedia a formação do mercado consumidor e imobilizava o capital ao comprar o trabalhador e não sua força de trabalho que corria grande risco de perder-se devido às crescentes fugas e revoltas.(6)

Como desenvolve Jacino, o capitalismo passa a ter na escravização um impedimento de crescimento, razão pela qual passam os liberais a aderirem ao discurso abolicionista ao seu modo a fim de evitar rupturas da ordem que pudessem questionar diretamente o sistema, o que não lhes interessava.

Outro fator, atrelado ao primeiro, foi a diminuição de oferta de pessoas sequestradas para serem escravizadas, ante a proibição de tráfico que reafirmava a Lei Euzébio de Queiroz, fez com que o valor pago por pessoa escravizada saltasse do equivalente a 2 cavalos no final do século XVIII para 20 a 30 cavalos após a referida lei(7).

Assim, por conta do aumento do preço das pessoas escravizadas por conta da legislação, reforça a veracidade do ideário liberal em camadas antes pouco tocadas pela visão de humanidade da pessoa negra e absurdo da condição de escravizadas das mesmas, como colocado por Jacino,

> A compreensão de que a compra da força de trabalho era menos onerosa do que a compra do indivíduo, a assimilação da ideia que escravismo significava atraso e a importação de estrangeiros resolveria o problema de escassez de mão de obra, criaram uma "cultura" antiescravista, que seduziu não apenas setores médios intelectualizados influenciados pelas ideias liberais.(8)

As leis desse período referentes ao tema vêm para tutelar, nas balizas impostas pelo pensamento e necessidades liberais, a transição da exploração do trabalho de pessoas escravizadas para a exploração de pessoas que têm a liberdade de "escolherem" seus senhores para

---

(6) JACINO, Ramatis. *Transição e exclusão:* o negro no mercado de trabalho em São Paulo pós-abolição 1912/1920. São Paulo: Nefertiti, 2015. p. 21.

(7) *Ibidem*, p. 20.

(8) *Ibidem*, p. 22-23.

vender sua força de trabalho (se quiserem ter o que comer e o mínimo para sobreviverem) ou, nos termos de Marx,

> o sistema de trabalho assalariado é um sistema de escravidão e, mais precisamente, de uma escravidão que se torna mais cruel na medida em que as forças produtivas sociais do trabalho se desenvolvem sendo indiferente se o trabalhador recebe um pagamento maior ou menor.[9]

O outro fator, de suma importância, é a resistência de pessoas negras. Esse fator atrelado ao primeiro — as necessidades do capitalismo industrial dos países que passam a ocupar papel central no sistema-mundo — é ainda pouco explorado e explicitado no Direito do Trabalho Crítico[10].

Ainda que tenha ganhado notoriedade nas narrativas históricas o movimento abolicionista que acontecia nas cidades e conquistava ao longo dos anos corações e mentes dos jovens intelectuais para o abolicionismo, era no campo que essa luta se dava de modo mais radical[11],

> Há quem considere o movimento abolicionista urbano a vanguarda das agitações que se davam nas fazendas, caracterizando-o como "movimento popular", dirigido por negros livres e intelectualizados, apoiado pelos setores médios brancos. (...) Existe outra corrente, que reconhece o protagonismo dos escravizados das cidades, mas considera que o epicentro da luta teria sido o campo e não o ambiente urbano, pois possuía um movimento de maior radicalidade, contava com lideranças carismáticas de caráter messiânico, que lançavam mão de práticas mágicas, causando terror nos proprietários. Em decorrência, seriam objeto de extrema violência, bem superior à que foram submetidos os líderes abolicionistas urbanos que, não obstantes, foram considerados pela bibliografia os principais atores, por causa da visibilidade e moderação.

Era esse movimento do campo, sem mediações com a institucionalidade, que preocupava e despertava o medo da classe dominante brasileira, seja por sua organização, seja por seus notórios avanços no que se referem a condições de trabalho.

---

(9) MARX, Karl. *Crítica do programa de Gotha*. São Paulo: Boitempo, 2012. p. 39.

(10) Por muitos anos a história foi contada a partir do datado pelo vencedor e esse é quem elege os eventos históricos notórios, seus heróis sempre brancos, ao passo que relega a inominável os de menor importância segundo seus interesses. Deste modo, não raramente, se deixa de olhar a história propositalmente borrada da parte mais oprimida dos oprimidos, dos que sustentam a estrutura de exploração do trabalho humano de muitos por poucos: indígenas, negras, negros, brancas, dentre outras minorias. A estrutura econômica só explica os eventos históricos se essas omissões forem consideradas nas análises. É por isso que se faz necessário romper tanto com o determinismo econômico como com o silenciamento de vozes ancestrais vencidas, mas não menos importantes para a reação e prevenção dos dominadores com a criação e mobilização de mecanismos de exclusão, controle e fragmentação da classe trabalhadora.

(11) JACINO, Ramatis. *Transição e exclusão:* o negro no mercado de trabalho em São Paulo pós-abolição 1912/1920. São Paulo: Nefertiti, 2015. p. 82-83.

A necessidade de marginalização dos trabalhadores negros no processo de transição é oriunda da necessidade de se manter o controle econômico e político nas mãos da classe dominante brasileira. A experiência revolucionária haitiana já havia ocorrido para demonstrar que era possível.

Não só, pois que de muito antes são relatos da resistência dos angolares(12), que segundo Nei Lopes (amparado em Lara) foram pessoas que aprisionadas e sequestradas em Angola, por conta do naufrágio do navio que as levava para a escravização, se aquilombaram em São Tomé e em 1884 expulsaram definitivamente o inimigo e em 1895 era uma comunidade de 2 mil pessoas.

No Brasil, o trabalho realizado pelo escravo de eito, era violentamente controlado por ser demasiadamente mais destruidor da vida dessas pessoas. Ante as violentas respostas a isso, dadas pelos explorados, a maioria numérica desses e a escassez de mão de obra, necessitaram fazer concessões. Notemos aqui que essas flexibilizações arrancadas dos "senhores" não têm nada do "antagonismos por equilíbrios" freyriano que coloca como possível na esfera das relações sociais e culturais que se equilibre interesses antagônicos de classe.

Na urbe, no entanto, o negro escravizado não tinha de seus exploradores o controle radical de que eram vitimados suas irmãs e seus irmãos nas plantagens, o que não pode ser confundido e romantizado como sendo um modo ameno de escravização e tampouco que não havia controle e que essas pessoas eram livres, pois não eram,

> o controle se daria efetivamente, agora menos pelos entes privados e mais pelo Estado, que passaria a ter o papel de "feitozar" o trabalhador escravizado, na falta da efetividade do controle privado no novo ambiente. O negro de ganho ou de aluguel, a mais importante modalidade de escravidão no meio urbano, cumpriria o papel de mediação entre a escravidão pura e simples — do eito — e o trabalho assalariado, pois as ocupações da população negra nos centro urbanos, na condição de escravizados ou de livres, apresentavam várias semelhanças e proporcionavam adaptações culturais.(13)

Era o negro quem trabalhava em todas as atividades no Brasil no final do século XIX, não havendo trabalho, seja no campo ou na cidade, para o qual não tivesse expertise, seja na agricultura, no comércio, nos serviços ou na indústria. Mesmo pessoas brancas de poucas posses tinham uma pessoa escravizada a quem exploravam pois o trabalho manual era completamente desprezável.

A opção da classe dominante de trazer contingentes de indivíduos europeus camponeses expulsos do campo, pessoas analfabetas, que não dominavam as técnicas que pessoas negras no Brasil já dominavam e que não sabiam a língua portuguesa foi controle e não a propagada falta de competência da pessoa trabalhadora nacional negra recém liberta.

---

(12) LOPES, Nei. *Bantos, malês e identidade negra.* 4. ed. rev. e atual. Belo Horizonte: Autêntica, 2021. p.125-126.

(13) JACINO, Ramatis. *Transição e exclusão:* o negro no mercado de trabalho em São Paulo pós-abolição 1912/1920. São Paulo: Nefertiti, 2015. p. 36-37.

Óbvio que esta, ante todo o acúmulo de organização coletiva obtida no período anterior, não se submeteria às condições de trabalho que um indivíduo que não conhece o território, a língua, os costumes e está faminto e sem nenhuma perspectiva de vida se submeteria. Foram trazidos para o Brasil para ocupar os postos de trabalho ocupados pelas pessoas negras até então o lumpemproleriado europeu (nos termos trazidos por Marx em *18 Brumário de Luís Bonaparte*) a fim de transformar a massa de trabalhadores organizados e recém vitoriosos da luta abolicionista em "contingente 'flutuante' e 'latente' da superpopulação relativa, portanto como parte do proletariado"(14).

Para garantir que a hierarquia de ocupações se mantivesse no sistema produtivo pós 1888, ano do Decreto Imperial n. 3.353, de 13 de maio, foram importantes as legislações pretéritas, aprovadas durante o período de escravismo tardio no Brasil: Lei n. 581 de 4 de setembro de 1850; 14 dias após essa, em 18 de setembro de 1850 a Lei de Terras, que legitimava a sesmarias e permitia somente por meio de compra a aquisição de terras devolutas; a Lei n. 2040, de 28 de setembro de 1871, conhecida como Lei do Ventre Livre, que apesar de todas as dificuldades impostas à prole da mulher escravizada para exercer de fato a liberdade prometida, é a primeira lei a tratar da transição do trabalho escravizado para o livre; Lei n. 3.270, de 28 de setembro de 1885, Lei Saraiva/Cotegipe ou do Sexagenário previa a libertação do escravizado com mais de 60 anos, de baixa produtividade, portanto, ante os anos de trabalho escravizado, isentando de dívidas com a Fazenda Pública quem libertasse e também previa indenização, ao passo que trazia prevista política de imigração, com o custeio de transporte e meios de subsistência de colonas e colonos(15).

Assim, o que se nota é que além de ser a imigração uma tentativa da classe dominante nacional de fazer do lema ordem e progresso uma realidade ela foi custeada pelo trabalho das pessoas negras: a imigração é fruto da exploração de corpos negros, imigrantes somente puderam ser trazidos para essa terra para por seu "mérito" vencer na vida por conta da exploração do trabalho escravo e também devido às várias políticas públicas que interessavam ao capital a fim de evitar seu contato com trabalhadores negros nacionais que lhes pudessem contaminar as ideias, de certo.

Aliás, voltando à bandeira nacional, com a Proclamação da República se afixará o tal lema e esta segue com as cores dos Orleans de Bragança, a demonstrar que as mudanças nem aparentemente se queriam fazer gritantes, que dirá na realidade: mudando-se somente a forma de governo, mas não de mãos o poder.

Em outras palavras, longe de romper com o sistema-mundo, a independência das colônias significou uma reorganização de seu lugar, ao passar ao capitalismo dependente.

---

(14) MATTOS, Marcelo Badaró. *A classe trabalhadora:* de Marx ao nosso tempo. 1. ed. São Paulo: Boitempo, 2019. p. 132.

(15) JACINO, Ramatis. *Transição e exclusão:* o negro no mercado de trabalho em São Paulo pós-abolição 1912/1920. São Paulo: Nefertiti, 2015. p. 57-72.

Dentro do capitalismo, no entanto, manteve-se as hierarquias coloniais, tais como o racismo e o patriarcalismo pois, como traz Oliveira tratando no racismo nessa transformação

> a principal função do racismo é estabelecer as hierarquias de ocupação nos sistemas produtivos, sejam eles do modo de produção escravista colonial ou do assalariado. E, em termos mais gerais, isso significa acessos diferenciados à riqueza.(16)

Segundo Oliveira, amparado em Quijano, ao mesmo tempo que o sistema capitalista (com a exploração da força de trabalho e construção do mercado mundial) surge, persiste o colonialismo(17). Muito dos alicerces do colonialismo, como o racismo e o patriarcalismo, não é abandonado com a superação do escravismo colonial.

3. 1858 — Greve dos compositores tipográficos

Nos jornais nos idos de 1858 havia dois ofícios de suma importância: o dos compositores tipográficos e o dos impressores tipográficos. Embora os ofícios sejam ligados entre si, representavam profissões distintas. A greve de que trataremos aqui é o movimento paradista levado a cabo pelos compositores tipográficos, que ao longo do tempo ficaram mais conhecidos como tipógrafos e, depois, gráficos. Por esse motivo a greve ficou conhecida como Greve dos Tipógrafos.

A paralisação dos compositores tipográficos na Corte do Rio de Janeiro, teve início em 08 de janeiro de 1858, quando esses profissionais de três jornais diários (*Jornal do Commercio*, *Correio Mercantil* e *Diário do Rio de Janeiro*) paralisaram juntos suas atividades exigindo aumento salarial devido a carestia dos gêneros de primeira utilidade na época e a alta dos aluguéis na Corte.

Durante o período de paralisação, os compositores tipográficos construíram um mecanismo de comunicação contra hegemônico a fim de apresentar a população suas motivações para a paralisação e, assim, angariar apoios: os grevistas apresentavam seus argumentos e reivindicações através do *Jornal dos Typographos*, com circulação então diária. O *Jornal dos Typographos*, que passou a circular em 10 de janeiro de 1858, era uma pequena folha diária, de quatro páginas em cada número, possuindo todas as seções clássicas da época(18).

Nesse momento da história das lutas da classe trabalhadora em formação no Brasil se destaca a Associação Tipográfica Fluminense, que representava os compositores tipógrafos, sobrepujando o aspecto beneficente das funções de socorros mútuos aos associados e proteção às suas famílias em caso de falecimento, para efetivamente ser um ente operário de organização de resistência.

---

(16) OLIVEIRA, Dennis de. *Racismo Estrutural:* uma perspectiva histórico-crítica. 1. ed. São Paulo: Editora Dandara, 2021. p. 69.

(17) *Ibidem*, p. 68.

(18) VITORINO, Artur José Renda. Escravismo, proletários e a greve dos compositores tipográficos de 1858 no Rio de Janeiro. In: *Cadernos AEL*, v. 6, n. 10/11, 1999.

O *Jornal dos Typographos*, importante instrumento de organização nesse processo e de diálogo com a sociedade, só foi possível graças ao apoio financeiro da Associação Tipográfica Fluminense, que esvaziou seus cofres para tal: dos doze contos de réis que tinha, onze contos de réis foram empregados para a confecção do periódico da categoria.

Além disso, tratou o Conselho da Associação Tipográfica Fluminense de buscar interlocução com o augusto protetor da Imperial associação, Dom Pedro II, por meio de carta endereçada ao chefe supremo do Império, lhe explicando os motivos do movimento paradista empreendido pelos compositores tipográficos que levou à suspensão da circulação na corte de três dos jornais locais. No trecho que abaixo se transcreve podemos observar a justificativa do ato, bem como a demonstração da justeza das reivindicações dos artistas:

> Uma mocidade que envelhece e morre sob o rigor de um trabalho quotidiano, que se não interrompe para dar-lhe descanso de um dia sequer em cada semana, no domingo, que a igreja manda guardar; uma mocidade que dia e noite trabalha para tirar tão caro o pão da subsistência; que querendo viver com honra e decência precisa à sua classe, solicita um pequeno aumento de 1$ diários, porque não podia viver mais sem este auxílio; por certo que não deverá merecer desprezo, a indiferença de empresas que contam lucros fabulosos, que impõem a seu bel prazer ao público os preços da sua usura.

Deste modo buscou a associação, por meio de carta redigida pelos tipógrafos Manoel Affonso da Silva Lima, Candido José Soares de Pinho e Antonio José Ferreira Leite[(19)] manifestar sua posição favorável ao movimento paradista e reivindicar que servisse o Imperador como árbitro do conflito de classe configurado e ali apresentado, por ser sua competência, uma vez que os patrões, proprietários dos jornais em que houve paralisação, estavam agindo de modo incorreto, desprestigiando a boa-fé tanto para com o público, como para com o Imperador e os artífices da topografia.

Merece aqui destaque que, ante a ausência de legislação que regulamentasse a situação, a saída encontrada pelos operários é clamar ao Imperador para que, junto à sociedade, sirvam como juízes da situação que não se enquadrava na legislação da época. Não poderia se resolver a questão da greve com base no previsto na Lei n. 556/1850, o Código Comercial do Império, que regulava conflitos entre operários e empreiteiros, dos arts. 235 a 239, pois ali não estava prevista a possibilidade de paralisação dos serviços.

Clamam para que um foro fosse estabelecido, com o escopo de equilibrar as partes em visível desequilíbrio econômico, tendo a população e o Imperador como juízes do conflito ante o ineditismo da medida tomada, pautada na justeza de suas reivindicações e nas condições materiais de pauperização a que a usura dessa gente proprietária dos jornais os havia lançado.

---

(19) VITORINO, Artur José Renda. Escravismo, proletários e a greve dos compositores tipográficos de 1858 no Rio de Janeiro. In: *Cadernos AEL*, v. 6, n. 10/11, 1999, p. 76.

Os patrões, por sua vez, buscavam, com base no art. 235 c/c art. 2s38 da Lei n. 556/1850, obrigar legalmente que os operários lhes indenizassem pelos prejuízos causados pelo movimento paradista, visto que não entregavam os periódicos aos assinantes.

Os grevistas desse ataque se defendiam expondo que era o público, notadamente os assinantes com quem os seus patrões estabeleceram contratos para o fornecimento dos jornais, o único que mereceria indenização, daí se mobilizarem para o lançamento e distribuição do *Jornal dos Typografos*, para que o público não ficasse privado do serviço essencial.

Ante o impasse e sem a pretensão de ceder às reivindicações apresentadas pelos trabalhadores, foram os donos dos jornais atingidos pelo movimento paradista às portas do aparelho repressivo do Estado para clamar, em 11 de janeiro de 1858, por providências e penalização dos paradistas. Em resposta, foram trazidos à presença do chefe de polícia Isidro Borges Monteiro 20 dos trabalhadores em paralisação e ouvidos um de cada um dos veículos de imprensa. Verificando o chefe de polícia que o alegado pelos proprietários dos jornais não era verdade, providenciou a dispensa dos grevistas lhes recomendando cautela[(20)].

Outro recurso utilizado pelos proprietários dos três jornais foi buscar intervenção a seu favor junto ao Sr. Bernardo de Souza Franco, então Ministro da Fazenda, que prontamente os atendeu, colocando compositores da Tipografia Nacional à disposição dos jornais.

A Tipografia Nacional corresponde à Imprensa Nacional o que quer dizer que tais artistas tipógrafos se viram obrigados a prestar serviços a um empreendimento privado, sob a ameaça de incorrerem em desobediência caso não o fizessem. Ocorre que tal previsão contrariava a legislação, pois esses compositores haviam sido contratados para prestação de seus serviços ao Estado. A resistência inicial dos compositores da Tipografia Nacional foi vencida por tais ameaças odiosas, razão pela qual os grevistas exigiam explicações do Presidente do Conselho e do Império, Marquês de Olinda, no editorial do *Jornal dos Typographos* de 16 de janeiro de 1958.

Quanto ao desfecho da greve, pouco mais se sabe do que ter durado cerca de 3 meses e ter findado aos 12 dias de março de 1858, data da última tiragem do *Jornal dos Typographos*.

Tal movimentação que, independente de ser a primeira greve ou não do país, é parte incontestável do processo de formação da classe trabalhadora, junto com a Greve dos Ganhadores e tantas outras desse mesmo período. Como ressalta Badaró (2009), os compositores tipográficos ao se associarem para defender coletivamente sua dignidade de artistas e a possibilidade de terem condições mínimas dignas de subsistência, enfrentaram seus patrões de modo aberto e consciente de que esses eram seus inimigos de classe. Tal episódio guarda semelhanças com a formação da classe inglesa.

Talvez daí a resistência de alguns nacionais, ainda hoje e apesar de estudos robustos que comprovem movimentações negras paradistas anteriores, em reconhecer na paralisação

---

(20) VITORINO, Artur José Renda. Escravismo, proletários e a greve dos compositores tipográficos de 1858 no Rio de Janeiro. In: *Cadernos AEL*, v. 6, n. 10/11, 1999, p. 82.

negra da Bahia o início desse processo, visto que esse movimento não caberia no previsto nas formulações europeias (ainda que não eurocentradas, como é o caso do marxismo) que lhes davam norte.

4. 1876 — Greve dos padeiros de Santos

Tem início na cidade de Santos a história do líder dos trabalhadores de padaria João de Mattos, homem negro, submetido a exploração de sua força de trabalho como escravizado, como ricamente resgatado por Mattos.

Em 1876 os padeiros de Santos organizaram um levante devido às péssimas condições de trabalho a que eram submetidos — visto que recebiam severos castigos sem a mínima razão —, paralisando os trabalhos nas cinco padarias da cidade.

Liderados por João de Mattos, paralisaram os trabalhos e, empreendendo fuga, os escravizados desses estabelecimentos partiram para o interior do que hoje conhecemos como Estado de São Paulo à procura de trabalho como libertos pois tinham em seu poder cartas de alforria falsificadas.

O líder foi preso em São Bernardo do Campo e conduzido novamente para Santos, permanecendo aprisionado por três meses. Foi, dos trabalhadores participantes do movimento paradista dos padeiros, o único apreendido e, por conta disso, restou sem se comprovar que teria falsificado as cartas de alforria, do que estava sendo acusado.

Colocado em liberdade, no entanto, ficou proibido de retornar a Santos, tendo partido para a Capital, ou não tardou a novamente se organizar coletivamente com seus companheiros.

Em 1877, João de Mattos organizou na cidade de São Paulo levante em 11 ou 12 padarias com o mesmo modelo de organização e fuga que houve em Santos: cartas de alforrias preparadas e falsificadas para que os paradistas pudessem buscar trabalhar em outros locais como homens livres. Esses fugiram para o Rio de Janeiro.

No Rio de Janeiro após se estabelecerem, deram início a organização do Bloco de Combate dos Empregados de Padarias, que tinha sede, estatuto e lema: "Pelo pão e pela liberdade". Esta organização, que funcionava como clube de dança, de modo clandestino, estava organizada em 4 comissões, contava com cem associados e foi capaz de articular movimentos paradistas parciais na cidade.

Em 1880, organizaram uma nova paralisação geral. Os trabalhadores escravizados fugiram com suas cartas de alforria em direção a Barra do Piraí. Sendo delatado, acabou João Matos encaminhado às barras da justiça, quando foi absolvido por conta da defesa realizada Joaquim Saldanha Marinho(21).

(21) Conforme texto de Renata R. Francisco apresentado no 10º Encontro Escravidão e Liberdade no Brasil Meridional, em ambiente virtual (UNIFESP e UNESP), de 11 a 13 de maio de 2021 (anais completos do evento disponíveis em: <http://www.escravidaoeliberdade.com.br/>) sobre Joaquim Saldanha Marinho, bacharel em Direito Pernambucano, maçom, era envolvido com a causa republicana, bem como era dos defensores da abolição da escravidão dos negros, apesar de os considerar inferiores aos brancos.

Após a aprovação em Assembleia Geral e sanção da Princesa Isabel, Princesa Imperial Regente, Lei n. 3.353, em 13 de maio de 1888[22], a categoria, liderada por João Matos, seguiu em luta, agora como escravizado livre, visto que lhes cabia, na compreensão de seu líder, somente "o direito de escolher entre este e aquele senhor". Queriam a liberdade que a necessidade de venda de sua força de trabalho a um patrão não lhes dava.

Em busca da liberdade completa, a partir de 1890 passaram a se organizar na Sociedade Cooperativa dos Empregados em Padarias no Brasil, cujo lema, bem como objetivo, era "trabalhar para nós mesmos".

Através da proposta de se reunirem em cooperativa, eliminando o patrão, chegaram a reunir 400 padeiros associados somando contribuições para que pudessem adquirir uma padaria, não chegando a realizar o intento por ter o tesoureiro da entidade fugido com o dinheiro até então reunido.

A Sociedade Cosmopolita Protetora dos Empregados em Padarias, que tinha por lema "Trabalho, justiça e liberdade: sem distinção de cor, crença ou nacionalidade", foi fundada, a depender das fontes, em 1898 ou 1893 e que chegou a contar com mais de mil associados. Era uma associação mutualista, cujo escopo era prover auxílio mútuo em caso de doenças, mortes e incapacidades. Apesar de seu objetivo central ser o amparo em caso de infortúnio ao padeiro associado, possuía a entidade biblioteca e centro de educação próprios, assim como publicou o jornal O Panificador.

A entidade mutualista assumiu características de sindicato, levando adiante a luta pelas folgas aos domingos e jornada diária de oito horas de trabalho, encaminhando abaixo-assinados às autoridades, o que não resolveu a questão.

Quanto a João de Mattos, este foi vítima do que hoje chamamos de prática antissindical, não conseguindo mais trabalhar no setor no início do século passado devido ao seu envolvimento nas lutas coletivas por melhores condições de trabalho dos padeiros.

Os patrões, a fim de dividir o movimento, se ativaram de modo comprometido na criação da Liga Federal dos Empregados de Padarias. Apesar do nome, essa entidade servia aos interesses do patronato e protegia aos donos das padarias, não aos seus empregados.

Apesar de todo o estratagema da classe patronal, a Liga Federal dos Empregados de Padarias acabou sendo conquistada por militantes combativos, que unificaram as entidades.

---

(22) Em 1888, por conta da luta abolicionista iniciada pelos escravizados e que conquistará então corações e mentes de todas as classes, o assunto entrou em pauta quando da troca do gabinete imperial de Cotegipe por João Alfredo Correia de Oliveira. Conselheiro Antonio Prado apresentou aos 3 de maio na Assembleia Geral projeto de abolição que previa a indenização dos ditos proprietários dos escravizados, obrigando os trabalhadores até então escravizados a seguirem trabalhando gratuitamente por três meses para que fosse garantida a colheita de café e lhes proibindo a mudança de domicílio de uma província para outra pelo prazo de seis anos. A princesa Isabel e os liberais rejeitaram tal proposta, sendo encaminhada então projeto de André Rebouças, que libertava as pessoas até então escravizadas sem indenização aos exploradores, mas também sem lhes garantir reparação financeira pela exploração a que foi submetida pelo Império Brasileiro.

Dessa unificação resultou entidade representativa que contava em seus quadros com quatro mil afiliados. Essa entidade foi responsável por chamar a primeira greve geral dos trabalhadores de padaria do Rio de Janeiro.

A história de João de Mattos reforça o que o movimento negro há muito aponta: "nossos passos vêm de longe". Além disso, e tão importante quanto, comprovam que os passos iniciais dados no movimento de organização da classe trabalhadora, parte de ativa de sua constituição, longe de ser exclusivamente realizado por imigrantes europeus, contaram com passos de pés operários negros.

5. 1891 — Greve dos portuários de Santos

Na década de 1880 a cidade de Santos ficou conhecida por ser local de acolhimento de escravizados fugidos das fazendas de café no interior da província, contando com rede de pessoas engajadas na luta pela abolição da escravização e pela forma de governo republicana.

Já antes da aprovação pela Assembleia Geral e sanção da Princesa Isabel da chamada Lei Áurea, havia uma forte imigração de portugueses e espanhóis que, fugindo das péssimas condições de vida em seus países — continente ou ilhas, como Açores — vinham para o Brasil, assinando contratos de servidão(23).

Esses proletários, principalmente portugueses, chegados desde 1860 ao Rio de Janeiro e em Santos, começaram a estabelecer concorrência com as pessoas negras escravizadas colocadas para obter ganhos aos seus exploradores, os chamados "escravos de ganho" ou "negros de ganho"(24), bem como com os libertos e os que no Quilombo do Jabaquara buscavam acolhimento para reconstruírem suas vidas longe do jugo dos cafeicultores.

O convívio desses indivíduos ocorreu no início da segunda metade do século XIX até a falsa abolição da escravização de trabalhadores e trabalhadoras negras no Brasil, período em que a luta abolicionista, com protagonismo negro inegável nos dias atuais(25), exercia grande força atrativa e incentivava toda organização de quem lutava por liberdades nesse período histórico(26).

Por isso, inclusive, as organizações abolicionistas são responsáveis pela formação política de muitos dos futuros militantes das causas socialistas e operárias.

É no cotidiano da luta pela libertação de trabalhadores negros que, no Brasil, se forja a luta operária. Ocorre que, com o fito invisibilizar a contribuição negra e feminina, o pouco que aparece das histórias de luta operária tem exclusivamente como personagens homens brancos imigrantes europeus, construção ideal da elite nacional do proletariado.

---

(23) VITORINO, Artur José Renda. Escravismo, proletários e a greve dos compositores tipográficos de 1858 no Rio de Janeiro. In: *Cadernos AEL*, v. 6, n. 10/11, 1999, p. 101.

(24) *Ibidem*, p.100.

(25) Atualmente são vários os estudos e produções de intelectuais e militantes dos movimentos negros que comprovam que sempre houve resistência à escravidão, ao contrário da construção ideológica de que no Brasil os negros se adaptaram a condição de escravizados sem reação.

(26) MATTOS, Marcelo Badaró, Trajetórias entre fronteiras: o fim da escravidão e o fazer-se da classe trabalhadora no Rio de Janeiro. *Revista Mundos do Trabalho*, Florianópolis, v. 1, n. 1, p. 51-64, 2009, p. 64.

Não é, portanto, exagero dizer que é da encruzilhada de saberes negros, preceitos, regras, normas, concepções e conceitos desenvolvidos na luta abolicionista, com teorias trazidas pelos europeus — ainda que já experimentada pelos povos originários —, como o socialismo, o comunismo e o anarquismo, que se inicia os primeiros passos do movimento operário brasileiro, e na cidade de Santos não foi diferente[27].

Apesar disso, passada a falsa abolição, há um caso emblemático que marca a cisão entre a organização da população negra liberta e que busca se inserir no mercado de trabalho local dividido em poucas possibilidades para os que carregam em si a marca de terem tido sua força de trabalho explorada por meio da escravização de seus corpos: a Greve de maio de 1891.

Na história da formação da classe trabalhadora santista essa greve é contada cotidianamente até os dias atuais de maneira incompleta, privilegiando apenas uma das perspectivas dos envolvidos no conflito interno à classe trabalhadora. A visão perpetuada foi a de que a "turma dos homens de cor" foi organizada por Quintino de Lacerda para furar a greve dos portuários de 1891.

Busca-se passar uma visão de Quintino de Lacerda como a liderança negra contrária às lutas operárias e comprometida com a manutenção dos trânsitos sociais e dos laços de cooperação construídos em rede de apoio abolicionista com comerciante e a elite intelectual local para enfrentar o período de transição, incertezas e exclusão da população negra na reorganização da cidade e constituição do mercado de trabalho portuário no período de expansão do porto.

Porém durante o período de influência de Quintino de Lacerda na esfera pública santista, das greves realizadas, ao menos quatro de registro histórico (a de 1889, duas em 1891 e uma em 1897) somente se tem registro de sua participação em uma delas: greve portuária de maio de 1891.

No entanto, é possível perceber certa dificuldade por parte da bibliografia que estuda os movimentos operários em Santos, em considerar a população negra enquanto trabalhadores e trabalhadoras e membras da classe que tudo produz e a quem tudo pertence.

A historiografia tradicional sobre a formação do movimento operário santista, do final do século XIX e início do século XX, não aborda e desconsidera as contribuições e experiências da população trabalhadora negra na constituição da cidade, em especial neste período de grandes mudanças.

A instauração da Companhia Docas, exploração da Pedreira do Jabaquara para as reformas e construções realizadas na área portuária por esta empresa, que levará a expulsão do povo negro dos cortiços localizados na região central e portuária da cidade, não são tratados

(27) PEREIRA, Matheus Serva. Em busca da Cidadania: ex-escravos, negros, imigrantes e disputas por terra e trabalho no Jabaquara. In: *Revista África(s)*, v. 03, n. 06, p. 106-130, jul./dez. 2016, p. 120.

detidamente. Não consideram, inclusive, situação em trabalhos precarizados e subempregos a que essa população foi condicionada[28].

Partem, geralmente, de uma mítica organização operária que se inicia pela chegada dos europeus em solo nacional trazendo teorias revolucionárias, olvidando-se, inclusive, que a maioria dos que aqui desembarcavam eram ex-camponeses que não encontraram em solo europeu colocação na indústria, tendo as experiências de vida e de luta dos camponeses naquela região global, naquele período histórico. Atribuem exclusivamente a sua atuação em lutas a fama de combatividade do povo trabalhador santista.

Segundo PEREIRA os trabalhadores negros, ex-escravizados e moradores da região do Jabaquara não aderiam ao ideário socialista e anarquista sendo optantes à negociação. A pergunta que se faz aqui é se tinham outra opção que não essa, considerando o modo como se desenrolava a concorrência pelo mercado de trabalho em formação local.

Outra questão que merece que se pontue é que, ainda que não tivessem contato com as teorias socialistas, é do cotidiano nas organizações negras, desde muito antes da chegada de imigrantes, a divisão igualitária visto que dentro da cosmovisão africana não é possível que um indivíduo tenha tudo e não divida prontamente seu axé com a comunidade. Aliás, é da junção do que tem melhor cada um que se forma a força que impulsiona e se divide com cada membra e membro daquela comunidade. O que é um devir nas organizações de esquerda, seria prática já antiga nos terreiros e organizações negras?

Mais uma vez mostra-se que os passos da classe trabalhadora vêm de longe, e não é do continente europeu.

Mas, vamos à greve em destaque: segundo registro do jornal *Diário de Santos* de 12 de maio de 1891, cerca de trezentos estivadores entraram em greve[29] por melhoria no valor pago. A greve, em verdade, se inicia com os trabalhadores de prancha (quem transporta a mercadoria de terra para a embarcação), tendo, após, ganhada/conquistada a adesão dos trabalhadores da estiva (quem movimenta a carga dentro do navio) e dos doqueiros (trabalhadores da Companhia das Docas, operários da construção do cais do porto na época[30]).

Aos poucos a greve foi tomando outras categorias, como trabalhadores do cemitério, matadouro e obras particulares, conforme noticiado pelo *Correio Paulistano* de 16 de maio de 1891, chegando esse mesmo jornal a falar em dois mil trabalhadores parados.

A derrocada do movimento se dá a partir do momento em que a Companhia Docas compreende o processo de racialização presente na conformação da classe trabalhadora na cidade de Santos (mas não só) e a cisão entre trabalhadores competindo entre si por condições mínimas de subsistência.

---

(28) PEREIRA, Matheus Serva. Em busca da Cidadania: ex-escravos, negros, imigrantes e disputas por terra e trabalho no Jabaquara. In: *Revista África(s)*, v. 03, n. 06, p. 106-130, jul./dez. 2016, p. 120.

(29) Registra-se aqui que o jornal utiliza a expressão "declararam-se em greve" em sua edição de 12 de maio de 1891.

(30) Sobre a Companhia Docas e a concessão da exploração do Porto de Santos, ver SANTOS (2021, p. 227-233), na qual se aborda um pouco da história do processo de autorização dada pelo Decreto n. 9.979/1888 para a construção e permissão de exploração por mais de noventa anos do que veio a se tornar o maior porto da Améfrica Latina.

Os trabalhadores negros ameaçados pelos avanços da Companhia das Docas, por conta da exploração da Pedreira do Jabaquara em terras que cultivavam para sua sobrevivência, e sem condições de se inserirem no mercado de trabalho e serviços da época, monopolizado pelos trabalhadores imigrantes, para garantir condições de sobrevivência, convocados por Quintino de Lacerda, aceitam o trabalho oferecido.

Longe de ser uma postura de "defender interesses patronais", como afirma Pereira(31), estão os quilombolas do Jabaquara buscando garantir sua sobrevivência, como o estavam os imigrantes que vieram para o Brasil disputar com esses os postos de trabalho há muito por negras e negros ocupados, ou não?

Aos imigrantes era possibilitada a vivência de péssimas condições de trabalho, com salários rebaixados e que não permitiam a reprodução da vida, em lugares insalubres à morada, enquanto aos trabalhadores negros nem isso, e ainda enfrentavam processo de expulsão e constante ameaças de perda de território em que permaneciam como arrendatários, mas que era a melhor condição que encontraram naquele processo de exclusão social. A cidade berço do movimento abolicionista agora tratava o negro como ferida a ser escondida para ser esquecida.

O embate entre o tenente da Marinha e deputado constituinte eleito pelo Partido Operário do Rio de Janeiro, José Augusto Vinhaes e o líder negro Quintino de Lacerda é muito representativo do conflito desses dois agrupamentos que, amplamente explorados, não se reconhecem em suas igualdades e permitem que explorem o aprofundamento de seus pontos de divergência, perdendo oportunidade de fazer florescer a necessária solidariedade de classe, que não faltou somente de um lado.

Aos 17 de maio de 1891 chega à cidade o deputado para tomar conhecimento das ações dos trabalhadores em paralisação. Quintino de Lacerda à época era chefe da Pedreira do Jabaquara e, portanto, subordinado à Companhia das Docas. Segundo a edição do jornal de 20 de maio, o chefe do Quilombo do Jabaquara e ilustre cidadão santista Quintino de Lacerda havia se comprometido com o chefe de polícia de São Paulo, que se dirigira para a cidade portuária, que providenciaria homens para garantir o trabalho portuário e assim o fez.

Nesse mesmo dia acontece a discussão pública entre os representantes dos dois grupos explorados. O deputado Vinhaes não se furta a lançar a Quintino de Lacerda insultos racistas(32),

> Hoje, safado continua sendo uma injúria, porém, após um processo de valorização do negro no cenário nacional, chamar alguém pela alcunha da cor de sua pele não, necessariamente, causará a mesma reação que Quintino teve ao ser chamado de tal maneira. A questão central é que a partir do momento em

(31) PEREIRA, Matheus Serva. Em busca da Cidadania: ex-escravos, negros, imigrantes e disputas por terra e trabalho no Jabaquara. In: *Revista África(s)*, v. 03, n. 06, p. 106-130, jul./dez. 2016, p. 123.

(32) *Ibidem*, p.127.

> que Vinhaes teve como objetivo levantar impropérios a respeito de Quintino veio-lhe a boca chamá-lo de negro, tentando, assim, desmerecer a liderança por ligá-la à sua condição de cativo no passado recente escravista.

Após ofender o líder quilombola na cidade de berço da luta abolicionista, o deputado foi praticamente expulso da cidade. Resultado da greve foi a inserção de trabalhadores negros organizados por Quintino de Lacerda no porto, tendo após o incidente este sido procurado por chefes de turma objetivando a retomada do trabalho paralisado das pranchas e na estiva.

Não fosse o racismo expresso pelo representante do Partido Operário do Rio de Janeiro e a indignação narcísica presente dentro do operariado branco sobre as condições de vida seria a história diferente?

Se não é possível negar que os trabalhadores negros furaram a greve portuária, como contado ainda hoje por muitos, por que é possível escamotear o racismo e os capitais simbólicos do "ser branco" (utilizado pelos imigrantes europeus para colocar suas reivindicações como centrais no jogo de importâncias eleitas pelo movimento sindical em formação na cidade de Santos) o é?

6. Conclusão

Por todo o exposto, conclui-se que, ao revés do que empurra a história oficial anos a fio, a gana de trabalhadores de resistir, confrontar e lutar por condições dignas de vida é característica da luta do povo negro brasileiro que nunca aceitou pacificamente sua condição de exploração. Essa versão já denunciadas por intelectuais, brancos e negros comprometidos com a verdade porém ainda não se vê nos livros didáticos, ao arrepio do Lei n. 10.639, de 9 de janeiro de 2003.

Desde os Bantos, que ergueram a República de Palmares para se contrapor ao modelo colonial de produção, aos Nagôs da primeira greve do Brasil o que se observa é uma longa história de greves, organizações antissistêmicas de trabalhadoras e trabalhadores negras e negros.

Aliás, a própria forma de existir, resistir e se colocarem nas ruas das cidades lavadeiras e quitandeiras no final do século XIX e início do século XX, impondo suas vozes, saberes, falando palavrões, enfrentando e agindo como homens, seja por conta de sua independência financeira, seja pela matrifocalidade presente ainda nos dias de hoje na resistência e no cotidiano do povo tradicional de terreiro, comprova essa hipótese.

A luta negra pelo bem viver, assim, impregna as lutas dos trabalhadores e das trabalhadoras desse país: é da luta pela abolição de pessoas negras sequestradas em África e escravizadas no Brasil e de seus descendentes importantes lições aprendidas pelo futuro sindicalismo. Também é da forma de enfrentar o mundo, de estar no mundo do trabalho enfrentando o modelo sufocante da família tradicional burguesa que o feminismo branco bebe e é devedor da práxis de mulheres negras.

A luta por melhores condições de vida, por emancipação da tripla discriminação e por uma nova forma de se pensar tempo e trabalho de quem é explorado é mais uma das dívidas que essa sociedade tem com a população negra.

Referências bibliográficas

BRASIL. *Lei n. 3.353/1888.* Declara extinta a escravidão no Brasil.. Disponível em: <http://www.planalto.gov.br/ccivil_03/leis/lim/lim3353.htm>. Acesso em: 1º dez. 2021.

______. *Lei n. 556/1850.* Código Comercial. Disponível em: <http://www.planalto.gov.br/ccivil_03/leis/lim/lim556.htm>. Acesso em: 19 set. 2021.

FRANCISCO, Renata Ribeiro. Joaquim Saldanha Marinho: para além dos projetos educacionais. In: *Anais do 10º Encontro Escravidão e Liberdade no Brasil Meridional.* Maio 2021. Disponível em: <http://www.escravidaoeliberdade.com.br/site/images/10encontro/renata_francisco.pdf>. Acesso em: 05 maio 2022.

JACINO, Ramatis. *Transição e exclusão:* o negro no mercado de trabalho em São Paulo pós-abolição 1912/1920. São Paulo: Nefertiti, 2015.

LOPES, Nei. *Bantos, malês e identidade negra.* 4. ed. rev. e atual. Belo Horizonte: Autêntica, 2021.

MATTOS, Marcelo Badaró. *A classe trabalhadora:* de Marx ao nosso tempo. 1. ed. São Paulo: Boitempo, 2019.

______. Trajetórias entre fronteiras: o fim da escravidão e o fazer-se da classe trabalhadora no Rio de Janeiro. *Revista Mundos do Trabalho*, Florianópolis, v. 1, n. 1, p. 51-64, 2009. DOI: 10.5007/1984-9222.2009v1n1p51. Disponível em: <https://periodicos.ufsc.br/index.php/mundosdotrabalho/article/view/1984-9222.2009v1n1p51>. Acesso em: 20 dez. 2021.

OLIVEIRA, Dennis de. *Racismo Estrutural:* uma perspectiva histórico-crítica. 1. ed. São Paulo: Editora Dandara, 2021.

PEREIRA, Matheus Serva. Em busca da Cidadania: ex-escravos, negros, imigrantes e disputas por terra e trabalho no Jabaquara. In: *Revista África(s)*, v. 03, n. 06, p. 106-130, jul./dez. 2016.

SANTOS, Helena Pontes dos. Relações de Trabalho na Companhia Docas de Santos, de 1962 a 1965: análise do aumento de lucros alcançados pelos acionistas e as mudanças no contrato coletivo de trabalho. In: SOUTO MAIOR, Jore Luiz (Org.). *O direito do trabalho por especialistas, volume II.* Campinas/SP: Lacier Editora, 2021.

SOUTO MAIOR, Jorge Luiz. *História do Direito do Trabalho no Brasil:* curso de direito do trabalho, volume I: parte II. São Paulo: LTr, 2017.

VITORINO, Artur José Renda. Escravismo, proletários e a greve dos compositores tipográficos de 1858 no Rio de Janeiro. In: *Cadernos AEL*, v. 6, n. 10/11, 1999, p. 71-108.

As Lutas de Trabalhadores e Trabalhadoras nos Primeiros Anos da República: Exploração Capitalista e Construção de Uma Classe Operária Brasileira

Silvio Cesar Pasquini Oranges[1]

1. Introdução

A escravização no Brasil foi a base para as desigualdades vividas nos dias recentes. Muito se explica quanto a constituição do quadro social brasileiro por estarmos em terras calcadas no escravismo colonial e por sermos uma sociedade que se desenvolveu sobre o pilar da segregação de pobres, daqueles despossuídos, em detrimento dos detentores de posses, e estruturada no racismo, por alguns já até "cientificado" pelas teorias eugenistas (que, a exemplo do racismo estrutural, teve entre seus adeptos grandes formadores da ideologia[2] burguesa brasileira, como Monteiro Lobato). E os passos subsequentes à abolição explicam a construção gradativa da sociedade que se montou sobre os ombros da contínua exploração — embora em diferente qualidade — dos que vieram nas gerações seguintes, negros, negras, nacionais pobres, imigrantes livres, todos e todas trabalhadores.

O início da primeira República no Brasil, portanto, coincide com os primórdios da exploração do trabalho livre e da classe operária brasileira, ambos necessários ao modo de produção capitalista no país que, se não nascia com a abolição da escravidão, graças a ela ao menos dava seus primeiros passos mais firmes. As lutas da classe trabalhadora na República que se formava foram, na história — essa sempre intrinsecamente ligada ao modelo escravista de produção adotado no Brasil —, reiteradamente desprezadas em detrimento de conquistas que, segundo as narrativas mais conhecidas, vieram de cima para baixo, como concessões dos governos brasileiros. No entanto, o mito dessas concessões é desintegrado quando se busca nos registros históricos as movimentações da sociedade brasileira. Se não fosse através das lutas de classe, a penosa vida dos trabalhadores e trabalhadoras seria ainda mais penosa.

(1) Advogado. Mestrando em Direito pela Faculdade de Direito de Ribeirão Preto (USP-FDRP). Especialista em Direito Tributário (2017). Especialista em Direito Material e Processual do Trabalho (2019).

(2) Sobre ideologia burguesa, ver Louis Althusser, *Aparelhos ideológicos de estado*. Rio de Janeiro: Graal, 1992; e *Idem*, *Iniciação à filosofia para não filósofos*. Trad. Rosemary Costhek Abílio, São Paulo: WMF Martins Fontes, 2019.

2. A necessidade de se explorar a liberdade: o início do século XX

Para os primeiros anos de República o grande marco de determinação da sociabilidade brasileira foi a abolição formal do regime de escravidão. Tendo sido oficialmente declarado o fim da escravização no Brasil pela Lei Áurea, em abril de 1888[(3)], quase um ano antes da Proclamação da República em novembro de 1889, a abolição desemboca seus desdobramentos no início da vida republicana do país. Considerando que o Brasil detinha uma condição quase exclusivamente rural, sob o domínio de uma aristocracia dos poucos senhores de muitas terras sobre aqueles que nada tinham, e que exerciam essa dominação pela exploração de corpos negros e indígenas escravizados, quase não se havia experienciado o trabalho livre e menos ainda a formação de uma classe operária urbana.

> "Montado o regime de trabalho escravo, este só poderia gerar a exclusão daqueles que, sendo livres, não conseguiam ser senhores"[(4)]. Portanto aqueles que não estivessem inseridos na dinâmica da economia de produção agroexportadora (senhores e escravizados) homens e mulheres livres, negros e negras libertos, brancos e indígenas e suas famílias eram os "vadios", "indivíduos de várias origens sociais, cujo traço comum residia na sua desclassificação em relação às necessidades de grande propriedade agroexportadora."[(5)]
>
> País sem povo, porque entre senhores e escravos perdurava enorme massa de pessoas destituídas de propriedade e de instrumentos produtivos, desempenhando tarefas acessórias e ocasionais, sobrevivendo em pequenas glebas de terra ou vagando pelos campos e cidades sem função econômica estável e precisa.[(6)]

Com a abolição a forma da produção se modifica, e constitui-se juridicamente um novo perfil jurídico de habitantes em terras brasileiras: aquele grupo que, até aquele momento, era tratado como "coisa", objetos do direito de seus donos, e que agora eram, por força de lei, "sujeitos de direito". Um contingente de trabalhadores sem casa e sem sustento, sem terra, portanto, sem credibilidade na sociedade, agora, por força da Lei Áurea eram "iguais" a seus senhorios de ontem, homens e mulheres livres, possuidores da tal liberdade louvável e necessária àqueles que eram tratados como "coisa" ontem. Somavam-se então aos tantos "vadios" e, mais tarde, aos imigrantes que perfizeram a força de trabalho no país. As tais liberdade e a igualdade formais viriam como estratégia do próprio manejo do capital para se estabelecer com pés firmes no Brasil, se pautando da desigualdade material, no enorme abismo entre negros e patrões, antes senhores; entre pobres, os "vadios", e ricos; entre os possuidores e os despossuídos.

---

(3) BRASIL. *Lei n. 3.353, de 13 de maio de 1888.* Declara extinta a escravidão no Brasil. Rio de Janeiro. 1888.

(4) KOWARICK, Lúcio. *Trabalho e vadiagem:* a origem do trabalho livre no Brasil. 3. ed. São Paulo: Editora 34, 2019. p. 36.

(5) *Ibidem*, p. 34.

(6) *Ibidem*, p. 40-41.

Jonathan Erkert prefere não tratar como exploração capitalista o período da escravização no Brasil, e trata como "escravismo colonial"(7) pelo constrangimento do cativo à vontade do senhorio. Pauta-se na incongruência entre escravização e a necessária exploração de trabalho livre assalariado para a caracterização do capitalismo. Lúcio Kowarick, já sem a intenção de definir o modo de produção de cada período histórico, remonta o entendimento de Caio Prado Jr. quanto ao Brasil colonial como fator de acumulação primitiva das grandes metrópoles europeias, como Portugal e Inglaterra, indo então ao que de fato tem relevância no estudo, as consequências da escravização.

> Assim, o escravismo nas Américas — do qual o Brasil constitui caso exemplar — é expressão colonial do capitalismo europeu em expansão: como modalidade de exploração do trabalho engrenada plena e unicamente o processo de acumulação primitiva, o trabalho ativo torna-se elemento de fundamental importância na trajetória que leva ao avanço do capitalismo europeu. Dessa forma, enquanto peça fundamental da economia mercantil, o escravismo colonial não pode deixar de ser analisado como parte integrante e dinamizadora do capitalismo europeu em expansão. [...]. Mas é incorreto classificar um modo de produção a partir de um conjunto de atributos formais, cuja presença – ou não — facultaria definir determinada formação social como (plenamente) capitalista. Em outros termos, não se trata, simplesmente, de um "ser" ou de um "não ser", pois semelhante abordagem, na melhor das hipóteses, levaria a dúvidas ontológicas de estilo hamletiano.(8)

Não é central entender se havia ou não capitalismo no Brasil enquanto ainda se praticava a desumanização da escravidão, mas é certo que a abolição do regime escravista foi o rearranjo necessário ao capital para que escravizados se tornassem trabalhadores livres, "iguais" aos, agora, patrões, que antes foram seus senhores. Qualitativamente a exploração deixava de ser de escravização e tornava-se, de uma vez por todas, capitalista, e com isso a exploração prosseguiu, ainda que de outra maneira.

Fruto de lutas notórias de um povo à míngua da humanidade, ou mesmo parte estruturante do movimento de mercantilização das relações sociais do país, a abolição escancarou a necessidade de mão de obra livre no Brasil, e era mão de obra branca europeia que os possuidores de terra e o governo buscavam, já que além do estímulo ao chamado "branqueamento" da população(9), contratar trabalhadores brasileiros livres era empoderar as classes populares, consideradas pelas classes dominantes como perigosas.(10)

---

(7) Ver Jonathan Erkert, *Modos de produção no Brasil. Escravidão e forma jurídica*. São Paulo: Ideias e Letras, 2018. p. 138.

(8) KOWARICK, Lúcio. *Trabalho e vadiagem:* a origem do trabalho livre no Brasil. 3. ed. São Paulo, Editora 34, 2019. p. 29-30.

(9) BARROS, Lívia Cristina dos Anjos; COSTA, Luiz Rosado; SOUZA, José Eduardo Melo de. Um histórico da política migratória brasileira a partir de seus marcos legais (1808-2019). Corumbá: *Revista GeoPantanal UFMS/AGB*, n. 27, p. 167-184, jul./dez. 2019.

(10) SOUTO MAIOR, Jorge Luiz. *História do direito do trabalho no Brasil:* curso de direito do trabalho, volume I: parte II. São Paulo: LTr, 2017. p. 69.

Sociedades privadas, como a "Sociedade Central de Imigração"[(11)], e o governo do país estimulavam a imigração fundamentada na "criação de colônias baseadas no trabalho familiar em pequenas propriedades, para garantir a ocupação (e posse) de áreas com baixa densidade demográfica e o abastecimento do mercado interno"[(12)], embora somente em 1818 tenha sido constatada a entrada dos primeiros imigrantes — suíços e alemães — vindos em prol dessa política. Os primeiros contornos de trabalho produtivo[(13)] livre já se moldavam ali, ainda no início de 1800, com as parcerias de Colonos, governo e donos de terras.

> Esse quadro favoreceu a vinda de imigrantes no brasil, de forma mais intensa, a partir de 1880, mão de obra esta que foi aproveitada na agricultura do café. Como esclarece Boris Fausto: "Os fazendeiros paulistas não se voltaram para o imigrante porque acreditassem nas virtudes ou na maior rentabilidade do trabalho livre, mas porque a alternativa do escravo desapareceria e era preciso dar uma resposta".[(14)]

Portanto, é errado dizer que não houve política pública para adequar o país à nova realidade. Na verdade, houve uma política pública de cunho evidentemente discriminatória racial, pelo "branqueamento" da população com incentivo à abertura de portos aos imigrantes europeus brancos. As lutas dos povos escravizados e suas conquistas nos anos anteriores à abolição, então, se fundiram às contínuas balizas do governo brasileiro, que embora gradativamente caminhando em direção à libertação dos escravizados, os mantinha como marginalizados enquanto começava a esboçar a exploração de trabalho livre de imigrantes[(15)]. Logo em 1831 e 1850 proibia-se o tráfico negreiro pela "Lei Feijó"[(16)] e "Lei Eusébio de Queiroz"[(17)], mas a

(11) HUTTER, Lucy Maffei. *Imigração italiana em São Paulo (1880-1889, 1902-1914)*. 2. ed. São Paulo: Hucitec, 2018.

(12) AGUIAR, Cláudio, apud BARROS, Lívia Cristina dos Anjos; COSTA, Luiz Rosado; SOUZA, José Eduardo Melo de. Um histórico da política migratória brasileira a partir de seus marcos legais (1808-2019). Corumbá: *Revista GeoPantanal UFMS/AGB*, n. 27, 167-184, jul./dez. 2019. p. 170.

(13) Não se exime aqui a existência de outros trabalhos livres, especialmente os "capangas", os "cabos eleitorais", "posseiros" que prestavam serviços aos senhorios etc. Por isso refere-se a "trabalho produtivo livre" uma vez que o modo de produção era pautado no escravismo colonial e, segundo Lúcio Kowarick, aqueles que não se inseriam na produção como senhores ou escravos pouco tinham importância à sociabilidade da época, tratados como os "vadios" e vivendo de pequenas produções próprias ou pequenos trabalhos temporários. Sobre o tema, ver em Lúcio Kowarick, *Trabalho e vadiagem:* a origem do trabalho livre no Brasil. 3. ed. São Paulo: Editora 34, 2019. p. 25-41.

(14) FAUSTO, Boris, *apud* SOUTO MAIOR, Jorge Luiz. *História do direito do trabalho no Brasil:* curso de direito do trabalho, volume I: parte II. São Paulo: LTr, 2017. p. 69.

(15) A abertura de portos e concessões de vantagens à imigração era estratégica entre final de império e início de período republicano, em primeiro momento com finalidade de colonizar o país e depois de explorar a mão de obra assalariada. No entanto, não impediu a constante segregação dos imigrantes, legalizada, e nem a fase xenofóbica pela qual a repressão aos imigrantes se intensificou. Sobre isso, ver em Cynthia Soares Carneiro, Políticas Migratórias no Brasil e a Instituição dos "Indesejados": A Construção Histórica de um Estado de Exceção para Estrangeiros. Fortaleza: *Revista Opinião Jurídica*, ano 16, n. 22, p. 56-85, jan./jun. 2018.

(16) BRASIL. Lei de 7 de novembro de 1831. *Declara livres todos os escravos vindos de fôra do Imperio, e impõe penas aos importadores dos mesmos escravos*. Rio de Janeiro. 1831.

(17) BRASIL. *Lei n. 581, de 4 de setembro de 1850.* Estabelece medidas para a repressão do trafico de africanos neste Imperio. Rio de Janeiro. 1850.

fiscalização dos portos e a aplicação das leis, especialmente à primeira, gerou sua alcunha de "lei para inglês ver"; a "Lei do Ventre Livre"(18), declarava livres os filhos e filhas de mulheres escravizadas, no entanto não libertava suas mães para que os criassem longe do trabalho forçado e compelia que sua educação fosse dada pelos senhores daquelas mães, a quem lhes seria devida a autoridade até os 8 anos de idade. Após isso, os senhores poderiam exigir indenização do estado ou os trabalhos daquele "escravo livre"; a "Lei do Sexagenário"(19), também declarava livres aqueles escravizados que completassem 60 anos, mas não lhes dava onde morar, do que comer, mínimas formas de existir sem depender do mesmo trabalho forçado a que se submetiam, já que, como explica Souto Maior, criava uma espécie de obrigatoriedade para o trabalho "livre"(20): se quisesse morar, comer, se vestir, teria que se submeter ao trabalho "livre" sob a opção do Senhor de remunerá-lo ou não. O governo do Brasil, ainda antes de se tornar uma República, tratou assim de manter aqueles libertos ou nascidos livres, filhos e filhas de escravizados, em total relação de subalternidade, de dependência aos Senhorios, marginalizando — à margem de uma regulação, portanto — o povo negro e indígena pouco antes do início do século XX.

A abolição do regime escravista pela Lei Áurea de 1888 — louvável pelo fator evidentemente libertário àqueles que sofriam do mal da escravidão literalmente na carne — se montou não por bondade da Princesa Isabel, mas por necessidades comerciais e pressão popular abolicionista sobre o Império, e acabou por fundar uma nova fase do racismo que estrutura a sociabilidade brasileira, priorizando a exploração do trabalho livre de imigrantes. À exemplo disso, a República foi proclamada em novembro de 1889 e em dezembro daquele mesmo ano o novo governo mostrava que continuaria buscando o "branqueamento" da população, a "elevação civilizatória" pela via legislativa: nos três primeiros anos de República naturalizou os imigrantes que aqui residiam desde sua proclamação e permitiu a livre entrada no país sem passaporte em tempos de paz, excetuando aqueles oriundos da Ásia ou África.(21)(22)

Muito embora essa política pública tenha buscado estimular a segregação de brasileiros, a exploração do trabalho livre de negros, negras, indígenas, dos despossuídos, não sofreu impedimento. Especialmente na segunda metade para o fim de século XIX, a coexistência de trabalhadores livres e escravizados (destaque àqueles chamados por seus senhores como "escravos de ganho") nos ambientes urbanos, nos trabalhos fabris, dava os contornos da classe

---

(18) BRASIL. *Lei n. 2.040, de 28 de setembro de 1871.* Declara de condição livre os filhos de mulher escrava que nascerem desde a data desta lei, libertos os escravos da Nação e outros, e providencia sobre a criação e tratamento daquelles filhos menores e sobre a libertação annaul de escravos. Rio de Janeiro, 1871.

(19) BRASIL. *Lei n. 3.270, de 28 de setembro de 1885.* Regula a extincção gradual do elemento servil. Rio de Janeiro, 1885.

(20) SOUTO MAIOR, Jorge Luiz. *História do direito do trabalho no Brasil:* curso de direito do trabalho, volume I: parte II. São Paulo: LTr, 2017. p. 77.

(21) COLBARI, Antonia. Familismo e Ética do Trabalho: O Legado dos Imigrantes Italianos para a Cultura Brasileira. São Paulo: *Revista brasileira de História, On-line*, vol. 17, n. 34, p. 53-74, 1997.

(22) BARROS, Lívia Cristina dos Anjos; COSTA, Luiz Rosado; SOUZA, José Eduardo Melo de. Um histórico da política migratória brasileira a partir de seus marcos legais (1808-2019). *Corumbá: Revista GeoPantanal UFMS/AGB*, n. 27, p. 167-184, jul./dez. 2019.

operária e do começo de uma exploração de modelo fordista que se expandiria nos grandes centros do Brasil no início do século XX, tendo a repressão de movimentos de trabalhadores e o tratamento de feitio escravista dos patrões sobre empregados como grandes marcas. Como explica Jorge Souto Maior:

> Um dado pouco explorado sobre essa questão é o da coexistência entre escravizados e livres no ambiente de trabalho fabril antes mesmo do término jurídico da escravidão, que deixou marcas muito fortes do rebaixamento cultural do trabalho.
>
> Vale o destaque de que os escravizados, mesmo antes do término jurídico da escravidão, ocupavam-se em vários ofícios especializados nos grandes centros urbanos. [...].
>
> Embora na segunda metade do século XIX tenha havido uma diminuição do número de escravos nas fábricas, dada a opção pelo trabalho do imigrante, manteve-se uma relação social entre trabalhadores livres e escravizados nos espaços de moradia, reforçando um traço de identidade de classe trabalhadora no Brasil, que foi o das péssimas condições de vida e de trabalho, adicionado ao trato repressivo.(23)

Agora então, com a abolição, formava-se a massa de trabalhadores cosmopolita e despossuída, europeus e brasileiros, escravizados libertos e "vadios", que sofreria a exploração pelo trabalho assalariado, em especial os negros e negras que, junto à exploração e marginalização, sofrem até hoje do racismo em todas as suas facetas, escancarando aqui a estrutural.

3. Exploração dos grandes centros urbanos, a luta das operárias e a gota d'água da vacinação: primeiras greves das classes operárias da República

A população urbana ia se construindo nos grandes centros. No Rio de Janeiro, cidade portuária e capital federal, constituía-se por trabalhadores de várias nacionalidades e em vários ofícios ao redor das fábricas que começavam a despontar no início do século, exercendo seus trabalhos no comércio, nos transportes, em restaurantes e hotéis, na vida envolta das fábricas e do porto. Pela crescente expansão industrial no Brasil e a recente abolição do regime escravagista de trabalho, essa massa de trabalhadores se juntava nos grandes centros, como o Rio de Janeiro, cidade onde se concentrava a maior parte dos operários do país em 1903.(24)

Crescia a exploração do trabalho livre fabril e as indústrias têxteis foram as pioneiras no início do século no Rio de Janeiro e em São Paulo, sendo fruto de movimentos de trabalhadores dessas fábricas as principais greves registradas nos primeiros anos da República (ao

(23) SOUTO MAIOR, Jorge Luiz. *História do direito do trabalho no Brasil:* curso de direito do trabalho, volume I: parte II. São Paulo: LTr, 2017. p. 70.

(24) AZEVEDO, Francisca Nogueira de. *Malandros desconsolados:* o diário da primeira greve geral no Rio de Janeiro. Rio de Janeiro: Relume Dumará, 2005.

exemplo da greve geral de 1917, em São Paulo, e a dos têxteis, de 1903 no Rio). O desinteresse em regulamentações do trabalho urbano no fim do século XIX e início do XX é tanto causa quanto termômetro dessa exploração crescente, e tanto o foi que dificulta o lastro de qualquer ato legislativo oficial. Para se ter ideia, enquanto "No Rio de Janeiro, no período de 1890 a 1906, são catalogadas 106 greves, envolvendo 41 categorias de trabalhadores"[(25)], somente três legislações que regulam questões relacionadas a trabalho são encontradas nas bases de dados de sites oficiais do Governo Brasileiro, quais sejam o Decreto n. 1.313, de janeiro de 1891[(26)], que por uma série de dispositivos vedou o trabalho de menores de 12 anos nas fábricas do cariocas[(27)]; o Decreto n. 979 de janeiro de 1903[(28)], que fez previsão a sindicalização facultativa dos "profissionais da agricultura e industrias ruraes" para defesa e seus interesses, eloquentemente deixando de tratar dos grevistas urbanos; e o Decreto n. 1.162 de 1890[(29)], que alterava a redação dos arts. 205 e 206 do Código Penal, artigos que proibiam a greve.

Quanto à última, há de enfatizar a materialidade dos eventos históricos e a formalidade da legislação, somada à Constituição de 1891. Fátima de Azevedo e Gustavo Siqueira revelam que:

> Pela nova redação, a greve pacífica deixou de ser crime, persistindo o tipo penal apenas para a greve violenta, de modo que convocar trabalhadores para fazer greve sem ameaça e sem constrangimento era lícito. [...]
>
> Se a Constituição de 1891 garantia o direito de reunião (art. 72, § 8º), a liberdade de manifestação do pensamento (art. 72, § 12º), e de profissão (art. 72, § 24º), exercer greve, com a inexistência de um tipo penal, era um direito. Se o trabalhador podia trabalhar, também podia não trabalhar e se reunir para manifestar o seu pensamento. Desta forma, entender que a greve era um direito, ao que parece, é compatível com um Estado influenciado pelo liberalismo do início do século XX. [...].

---

(25) GOLDMACHER, Marcela, *apud* SOUTO MAIOR, Jorge Luiz. *História do direito do trabalho no Brasil:* curso de direito do trabalho, volume I: parte II. São Paulo: LTr, 2017. p. 127.

(26) BRASIL. *Decreto n. 1.313, de 17 de janeiro de 1891*. Estabelece providencias para regularisar o trabalho dos menores empregados nas fabricas da Capital Federal. Rio de Janeiro, 1891.

(27) "para alguns [...] foi a 'primeira lei de cunho social que os operários residentes no Brasil devem ao regime republicano', para outros, porém, esse decreto não passou de uma solene mentira pregada pela República nascente ao proletariado nacional, com o intuito cabotino de fazer crer, no estrangeiro, que os fundadores do novo regime compreendiam e desejavam, realmente, praticar a verdadeira democracia republicana", o que se extrai de BITTENCOURT, *apud* SOUTO MAIOR, Jorge Luiz. *História do direito do trabalho no Brasil:* curso de direito do trabalho, volume I: parte II. São Paulo: LTr, 2017. p. 105.

(28) BRASIL. *Decreto n. 979, de 6 de janeiro de 1903*. Faculta aos profissionais da agricultura e industrias ruraes a organização de sindicatos para defesa de seus interesses. Rio de Janeiro. 1903.

(29) BRASIL. *Decreto n. 1.162, de 12 de dezembro de 1890*. Altera a redacção dos arts. 205 e 206 do Codigo Criminal. Rio de Janeiro. 1890.

> A lei, a Constituição, a doutrina e a jurisprudência majoritária concordavam que a greve pacífica era um direito do trabalhador. Interessante era verificar que tal entendimento também era comungado pelos trabalhadores e pelos empregadores.[30]

As greves e movimentos sociais que desembocavam em paralisações do trabalho foram, ao contrário da formalidade legal, duramente reprimidas, invariavelmente com violência que causava a morte de trabalhadores. A "teoria marxista encara qualquer forma social como histórica. Ela, por isso, coloca como sendo sua tarefa elucidar aquelas condições materiais históricas que tornaram real esta ou aquela categoria"[31]. Sob a perspectiva material, portanto, a história demonstra que a legalização dos pleitos do operariado, quando assim normatizadas, não representou sua voz na maioria das vezes, e nesse início de século XX sequer foram respeitadas, seguindo o que dizia Edelman quanto a "segunda ilusão, tão tenaz quanto a primeira, é jurídica. Ela reside na crença obstinada de que a liberdade se transforma em direitos".[32]

3.1. Exploração, construção de um discurso e união de forças

Centro político do país, o Rio de Janeiro da *Belle Epoque*, romantizado na literatura e no cinema, teve uma das primeiras grandes greves registradas no país, a greve dos têxteis de 1903. O aumento das jornadas de trabalho (sobre o que já descrevia Karl Marx quase 40 anos antes como uma das formas de extração do mais-valor absoluto[33]) sob pagamento de salários baixos, deu início às movimentações de agosto daquele ano. A greve, considerada a primeira greve geral do Rio de Janeiro, teve início em 12 de agosto de 1903 na Fábrica de Tecidos Aliança, maior fábrica têxtil do Rio, no bairro das Laranjeiras, mas não se ateve ao centro e se espalhou pelos bairros do Rio de Janeiro. O que começou como uma greve dos trabalhadores da indústria têxtil, portanto, tendo como principais organizações a Federação Têxtil e Liga dos Alfaiates, rapidamente se espalhou pelo operariado carioca sob violenta repressão pela polícia, com agentes da cavalaria armados durante os confrontos com trabalhadores, espancamentos e demissões dos líderes dos movimentos.[34]

Enquanto os jornais de circulação da época, de oposição ao governo, ironizavam a situação da República e das greves, trabalhadores grevistas distribuiam panfletos pela cidade com os dizeres "Não recuaremos. Quando os encarregados de manter as leis as desrespeitam e rasgam, o povo também tem o direito de revoltar-se. Às vossas violências e arbitrariedades

---

(30) AZEVEDO, Fatima Gabriela Soares de; SIQUEIRA, Gustavo Silveira. O tratamento jurídico da greve no início do século XX: o direito e a violência na greve de 1906. Rio de Janeiro: *Revista Direito e Práxis, On.line*, vol. 4, n. 7, 2013, p, 76-78.

(31) PACHUKANIS, Evguièni B. *Teoria geral do direito e marxismo*. Tradução: Paula Vaz de Almeida. São Paulo: Boitempo, 2017. p. 119.

(32) EDELMAN, Bernard. *A legalização da classe operária*. Trad. Marcus Orione, São Paulo: Boitempo, 2016. p. 149.

(33) Ver Karl Marx. *O capital:* crítica da economia política. Livro I. São Paulo: Boitempo, 2020.

(34) AZEVEDO, Francisca Nogueira de. *Malandros desconsolados:* o diário da primeira greve geral no Rio de Janeiro. Rio de Janeiro: Relume Dumará, 2005.

responderemos com a dinamite e o petróleo"[(35)], e pelo governo, autoridades políticas, policiais e patronato era inaugurado o discurso que se repetiu por muitos anos durante o século XX e, em nova roupagem, até o presente, a narrativa maniqueísta de "bem e mal", de uns e outros que deveriam ser diferenciados: o Imigrante subversivo, anarquista, desordeiro, violento vs. o bom operário brasileiro, dócil, trabalhador.

Em 5 de setembro operários e donos de indústrias concordaram em entabular acordo para o fim da greve. Em "7 de setembro de 1903, o Rio de Janeiro pôde comemorar a Independência do Brasil com a volta ao trabalho de todas as categorias operárias"[(36)], com algumas categorias tendo pleitos de aumentos salariais concedidos, outras de redução de jornadas, e inegavelmente avançando rumo a uma vida "menos penosa" à classe operária.

Cabe destacar a relevante contribuição feita por Francisca Nogueira de Azevedo[(37)] ao expor duas pautas do movimento: a primeira, muito bem reforçada na obra da Autora "*Malandros desconsolados: o diário da primeira greve geral no Rio de Janeiro*", refere-se ao pleito de jornada de 8 horas, questão histórica na luta operária desde os primeiros pleitos de trabalhadores na Inglaterra que também se fazia presente na primeira greve geral da capital do Brasil e que foi central para tornar a greve dos têxteis numa greve geral, pela unificação de operários da alfaiataria, tecelões, sapateiros e até estivadores sob uma mesma luta; a segunda foi quanto ao pleito da greve para a recontratação de duas operárias demitidas de maneira arbitrária[(38)], que mostra a parte da história que tem se tentado apagar tanto quanto a luta de escravizados, qual seja a presença e o tratamento degradante das mulheres nas fábricas, a presença feminina nas greves e, em especial, na confabulação e na intensão dos movimentos — o caráter feminista dos movimentos grevistas que estava presente já na primeira grande greve do século XX no Brasil, embora ali ainda não se entendesse essa pauta como "feminista".

A repressão violenta, o discurso de degradação das greves, os pedidos de aumento de salário e redução de jornadas, tudo se repetiu nas principais greves dali em diante. Os passos dados pela classe trabalhadora eram rumo a uma vida menos dificultosa, menos árida. No entanto, qualitativamente a exploração do trabalho livre continuou nos anos seguintes, e conforme desenvolvia-se a estrutura do capital no Brasil no decorrer do século XX, o capitalismo dava seus passos para trás para dar seus saltos muito adiante.

Segundo Edelman[(39)] "Não existe o "direito do trabalho"; existe um direito burguês que se ajusta ao trabalho, ponto-final." O autor faz o seguinte alerta:

> A luta de classes não é simples, como bem se presume; e ela é menos simples na medida em que tudo concorre para embaralhar as coisas; e, quando digo "tudo", refiro-me, é claro, à ideologia "dominante"; e, quando digo ideologia

(35) AZEVEDO, Francisca Nogueira de. *Malandros desconsolados:* o diário da primeira greve geral no Rio de Janeiro. Rio de Janeiro: Relume Dumará, 2005. p. 69-70.

(36) *Ibidem*, p. 213.

(37) AZEVEDO, Francisca Nogueira de. *Malandros desconsolados:* o diário da primeira greve geral no Rio de Janeiro. Rio de Janeiro: Relume Dumará, 2005.

(38) *Idem*.

(39) EDELMAN, Bernard. A legalização da classe operária. Trad. Marcus Orione, São Paulo: Boitempo, 2016. p. 19.

> "dominante", com certeza não me refiro a uma "falsa consciência", a uma visão "invertida" que deveríamos colocar em pé, mas mais precisamente a um complexo de aparelhos (sindicatos, partidos, escola...), isso que Althusser chamava, não faz muito tempo, de "aparelhos ideológicos de Estado".
>
> Portanto, quando digo que "tudo" está ali para desviar a luta de classes, quero dizer, por exemplo, que as lutas operárias estão, elas mesmas, enclausuradas nesses aparelhos, elas se desenvolvem nessas estruturas e essas estruturas provocam efeitos sobre o combate da classe operária.
>
> É por isso que, se nos limitarmos a compreender o movimento operário por suas "conquistas" legais, não há dúvida de que faremos, então, a "história jurídica" e, desse modo, reproduziremos o ponto de vista da burguesia.[40]

3.2. Operárias na luta

Tratando das mulheres nesses movimentos cabe a importante menção às cigarreiras de Recife naquele mesmo ano de 1903, e dois relevantes alertas feitos por Jorge Luiz Souto Maior se fazem valer ao mencionar essa greve: o problema da generalização pela centralização das análises históricas entre Rio de Janeiro e São Paulo num país de vasto território como o Brasil; e a invisibilidade das mulheres e suas lutas.[41] Ambas situações contribuem para o apagamento histórico de fatos como a greve das cigarreiras de Recife.

> [...] na explicação do conflito capital e trabalho, tende-se a idealizar a classe operária como sendo possuidora de uma racionalidade humana elevada, sem qualquer tipo de vício. Ocorre que no aspecto específico de recorte de gênero, os operários homens reproduziam (e ainda o fazem, vale dizer) a lógica machista instaurada na sociedade.[42]

Os registros históricos das lutas operárias não sofrem menos consequências do machismo e do racismo estruturais do que a sociabilidade brasileira. Glaucia Fraccaro diz ser "possível contar a história do feminismo a partir das lutas empunhadas pelas próprias mulheres".[43] Crente nisso é, portanto, essencial que sejam lembradas as primeiras mulheres a integrar uma liga operária na cidade e que deflagraram e encabeçaram uma greve de operários e operárias de todas as fábricas de cigarro daquele outro grande centro, Recife.

> "Diante dos homens pobres, a maior parte das mulheres da mesma classe via-se em uma realidade de mercado de trabalho mais restrito, níveis de qualificação

---

(40) EDELMAN, Bernard. *A legalização da classe operária*. Trad. Marcus Orione. São Paulo: Boitempo, 2016. p. 18-19.

(41) SOUTO MAIOR, Jorge Luiz. *História do direito do trabalho no Brasil:* curso de direito do trabalho, volume I: parte II. São Paulo: LTr, 2017.

(42) *Ibidem*, p. 122.

(43) FRACCARO, Glaucia. *Os direitos das mulheres:* feminismo e trabalho no Brasil (1917 – 1937). Rio de Janeiro: FGV Editora. 2018. p. 16.

> mais baixos, sem participação em sociedades ou associações de classe e sem acesso a direitos políticos [...]."(44)

Mulheres que tinham de se sustentar sob a estrutura machista que as deixava invariavelmente com os piores trabalhos e sob menores remunerações ainda sofriam do estigma de "desleal competição" dado pelos homens que, em disputa por contratação — naquele imaginário não tão diferente do atual — seriam preteridos por serem mais bem remunerados.(45)

Até 1890 homens eram maioria nas fábricas da cidade, mas conforme avançava a estruturação do modo de exploração capitalista no país as novas relações de trabalho livre foram exigindo a necessidade de mais mão de obra, e mais mulheres foram contratadas, fato que não impediu a contínua repressão sofrida pelas alas femininas das fábricas nos anos que se seguiram, por seus patrões ou mesmo colegas de trabalho homens. Já em 1903 foram contabilizadas 260 operárias e 180 operários na sede da fábrica Lafayette.(46)

Dentre as cigarreiras da fábrica Lafayette surgiram as primeiras mulheres a se juntarem a uma liga operária em Recife. 04 das 06 cigarreiras que fundaram a Seção Feminina do Centro Operário foram, em razão disso, demitidas pelo proprietário da fábrica, Manoel Pontes, que afixou cartaz com os nomes das funcionárias na sessão feminina da fábrica informando sua demissão, com intuito de constranger todas as demais cigarreiras. As operárias, que somente souberam de suas demissões quando viram o cartaz, foram ofendidas verbalmente e ordenadas a saírem da fábrica ao questionarem o industrial Manoel Pontes quanto às demissões.

Bastou a mínima resistência das cigarreiras para que Pontes as agredisse fisicamente.

> Exaltado porque as operárias não se dobraram diante de suas ordens e ofensas, Pontes partiu para a força física, puxando Antonia pelo braço e forçando-a a descer a escada. Conforme relatos de testemunhas, publicados no jornal *A Província*, "o Sr. Pontes Moreira não se limitou aos puxões e ela [Antonia] foi espancada pelo mesmo senhor". O *Diário de Pernambuco* noticiou que Pontes "esbordoou" a operária.
>
> As mais de 250 cigarreiras que presenciaram a altercação reagiram de maneira enérgica. Ainda segundo A Província, aos gritos de "Viva o Centro Operário! Viva Adelaide dos Santos!", as operárias começaram a deixar a fábrica coletivamente e em extrema agitação, "derramando-se pelo pavimento tabuleiros e depósitos de fumo, cigarros, mortalhas e rótulos" e quebrando as vidraças do vasto salão onde até meia hora antes começariam mais um dia de trabalho ordeiro. Em meio à gritaria e ao quebra-quebra "algumas das operárias foram

(44) SOUZA, Felipe Azevedo e. As cigarreiras revoltosas e o movimento operário: história da primeira greve feminina do Recife e as representações das mulheres operárias na imprensa. Campinas: *Cadernos Pagu, On-line*, n. 55, p. e195513, 2019, p. 6.

(45) *Idem.*

(46) *Idem.*

acometidas de ataques de nervos e outras, espavoridas, saltaram das janelas para o telhado do prédio contíguo".[47]

Deflagrava-se assim a greve do setor feminino da fábrica, que alcançou outras fábricas cigarreiras de Recife nos dias seguintes e "Por mais de uma semana a produção de cigarros na cidade foi quase que completamente interrompida".[48]

Felipe Azevedo e Souza destaca tanto a crescente presença de mulheres nas ligas operárias recifenses e também nas greves seguintes da cidade, quanto a posição da mulher operária, instrumentalizada pelos anseios capitalistas do patrão que visava ao lucro pelo trabalho dela, mas que era subjugada por esse mesmo patrão quando questionadora. Violentadas e humilhadas, enquanto o proprietário daquele meio de produção teve a oportunidade de dar uma explicação pública quanto a suas ações violentas em longo artigo de jornal da época, e não teve de se reportar às autoridades policiais, às grevistas não foi dada sequer palavra pública. Subjugadas também pelo operariado masculino, dividiram opiniões dentro da estrutura machista da própria liga operária a qual buscaram pertencer e sofriam de ampla segregação pelo compartilhamento da ideia de que a mulher da fábrica haveria de ter corrompida a pureza e os bons hábitos do lar, de se esquecer de sua família[49], evidentemente na tentativa de "domesticação" da mulher.

Avançando cronologicamente a 1917, há de se falar também das operárias grevistas de São Paulo. Como revelam os trabalhos de Glaucia Fraccaro[50] e Luigi Biondi[51], naquele ano em que ocorria a primeira greve geral da cidade, movimento que teve como grande marca na história do Brasil ser o *germen* da organização sindical tanto operária quanto patronal, e da luta sindicalizada naquela que seria a maior e mais populosa cidade do país, teve como dirigente da Liga Operária do Belenzinho uma mulher, Maria Antônia Soares. Uma das principais ligas na greve deflagrada em junho, liga que mais tarde transformou-se em comissão organizadora da União Geral dos Trabalhadores (federação paulista) — essa que se filiou à Confederação Brasileira Operária. O jornal *Correio Paulistano* revelou que ao início da greve "Duas operárias fizeram parte de um pequeno grupo cuja tarefa era a de informar a imprensa sobre o estopim dos conflitos visitando as redações dos jornais da capital"[52]; na Crespi, cotonifício paulista onde a greve eclodiu, a maioria era de empregadas mulheres, e

---

(47) SOUZA, Felipe Azevedo e. As cigarreiras revoltosas e o movimento operário: história da primeira greve feminina do Recife e as representações das mulheres operárias na imprensa. Campinas: *Cadernos Pagu, On-line*, n. 55, p. e195513, 2019, p. 9-10.

(48) *Ibidem*, p. 12.

(49) *Idem.*

(50) FRACCARO, Glaucia. *Os direitos das mulheres:* feminismo e trabalho no Brasil (1917 - 1937). Rio de Janeiro: FGV Editora, 2018.

(51) BIONDI, Luigi. *Classe e Nação:* trabalhadores e socialistas italianos em São Paulo, 1890 - 1920. Campinas: Editora Unicamp, 2011.

(52) FRACCARO, Glaucia. *Os direitos das mulheres:* feminismo e trabalho no Brasil (1917 - 1937). Rio de Janeiro: FGV Editora. 2018.

nos pleitos gerais da greve havia o pedido de regulamentação dos trabalhos das mulheres(53); As mulheres do operariado paulista naquela época eram 34%, e no setor têxtil ainda em 1912 ultrapassavam a quantidade de homens em mais de 72%, e mesmo assim ainda recebiam menor remuneração.(54)

Já após o fim da greve de 1917 muitas das promessas patronais foram quebradas, e paralisações femininas com início na fábrica Mariângela, do famoso empresário paulista Mattarazzo, foram registradas pelo jornal *O Combate*. A primeira com o pleito de aumento em 20% nos salários das operárias, teve denunciadas operárias "fura-greve" em outra indústria têxtil, a Malharia Leão. Os jornais tentavam montar o padrão dos "fura-greves" às mulheres, mas os assim denunciados eram todos homens que, na realidade, alistavam-se para os postos de trabalhos deixados por aquelas mulheres e meninas que estavam em greve contra abusos do patrão.(55); pouco depois nova greve pleiteando a demissão do mestre de oficinas que "de acordo com as mais de mil mulheres em piquete, "as desrespeita até na hora do serviço", tendo ele perdido "a devida compostura"(56), piquete para o qual o delegado enviou cavalaria da polícia para dispersar.

A Liga do Belenzinho manteve-se mobilizada e aberta a reuniões operárias até que fosse alcançada a demissão pleiteada, além de outros pleitos como possibilidade de faltar ao trabalho quando doente — mesmo com desconto de vencimentos — e que os operários e operárias fossem tratados com respeito pelos patrões. Numa dessas reuniões houve a proibição de sua realização pelo delegado, que acabou por permitir somente a entrada vigiada de mulheres. A avaliação do jornal *O Combate* avaliou que o delegado pensara nas mulheres como "fracas" e "inconscientes" quando, na verdade, foram elas essenciais para a negociação dos conflitos. Em outra greve, também no cotonifício Crespi, as operárias paralisavam os trabalhos e iam à delegacia do Brás com o pleito de readmissão das mulheres demitidas em razão da grande greve geral de junho e julho. Essa comissão, composta por operários e operárias, acabou detida pelo delegado.(57)

Do cenário de guerra que se tornou São Paulo em 1917, em decorrência dos movimentos de trabalhadores, a Federação Operária do Estado de São Paulo (FOSP) foi reformulada e nos objetivos de sua formação estavam os pleitos das operárias como a igualdade entre salários de homens e mulheres e a garantia na manutenção dessa igualdade quando as operárias tivessem de parar de trabalhar no último período da gravidez ou após o parto.

> A bandeira "salário igual para trabalho igual" constava dos princípios do Comitê de Defesa Proletária, e na Federação Operária de São Paulo figurava uma proposta de licença depois do parto e a proibição do trabalho noturno de mulheres.

---

(53) BIONDI, Luigi. *Classe e Nação:* trabalhadores e socialistas italianos em São Paulo, 1890 - 1920. Campinas: Editora Unicamp, 2011.

(54) FRACCARO, Glaucia. *Os direitos das mulheres:* feminismo e trabalho no Brasil (1917 - 1937). Rio de Janeiro: FGV Editora, 2018.

(55) *Idem.*

(56) *Ibidem*, p. 46.

(57) *Idem.*

> Por outro lado, ao nos determos nas reivindicações das numerosas paredes e piquetes que duraram poucos dias ou algumas horas depois de julho de 1917, é possível notar que as queixas mais comuns, mesmo em fábricas com grande número de mulheres empregadas, eram relacionadas a abusos dos mestres e aumento dos salários. A greve de 30 de julho de 1917, na fábrica Mariângela, reivindicava aumento de salários, fim das condições ruins de trabalho e o fim do abuso por parte dos feitores.[58]

Quanto aos constantes abusos que sofriam as operárias, Glaucia Fraccaro ainda faz importante apontamento em sua pesquisa: a escolha, pelas mulheres, da sociabilidade na família e na vizinhança, já que questionadoras das relações de exploração no trabalho às quais eram submetidas. "A escolha da sociabilidade por esses dois critérios certamente promovia o conforto e alguma segurança para aquelas que tinham sua honra questionada a todo tempo".[59]

Mesmo essenciais nas lutas operárias, o apagamento histórico sofrido pelas mulheres é reflexo direto da estrutura machista social brasileira. A constituição da classe operária passa pelas vísceras da mulher, sendo ela a operária, a grevista, a subjugada, a brasileira, a imigrante, a dirigente de liga operária, a que tinha sua honra questionada pelo trabalho fabril em detrimento de uma domesticação, invariavelmente o *Outro do Outro*.[60]

Aqui fala-se em *Outro* com a licença de apropriar-se do *Outro* beauvoiriano, de Simone de Beauvoir, mais tarde utilizado por Grada Kilomba, categoria sobre a qual, no Brasil, é a filósofa Djamila Ribeiro[61] quem trabalha. Segundo Beauvoir "Os judeus são "outros" para o antissemita, os negros para os racistas norte-americanos, os indígenas para os colonos, os proletários para as classes dos proprietários".[62] A filósofa desvenda a mulher como o *Outro* e, segundo a explicação didática de Djamila:

> Para a filósofa francesa, a mulher foi constituída como o *Outro*, pois é vista como objeto, na interpretação que Beauvoir faz do conceito do "em si" sartreano. De forma simples, seria pensar na mulher como algo que possui uma função. Uma cadeira, por exemplo, serve para que a gente possa sentar, uma caneta, para que possamos escrever. Seres humanos não deveriam ser pensados da mesma forma, pois isso seria destituir-lhes de humanidade. Mas esse olhar masculino, segundo a pensadora, coloca a mulher nesse lugar, impedindo-a de ser um "para si", sujeito em linguagem ontológica sartreana. E isso também se

---

(58) WOLFE, Joel *apud* FRACCARO, Glaucia. *Os direitos das mulheres:* feminismo e trabalho no Brasil (1917 – 1937). Rio de Janeiro: FGV Editora, 2018. p. 48-49.

(59) *Ibidem*, p. 55.

(60) KILOMBA, Grada *apud* RIBEIRO, Djamila. *Lugar de fala*. São Paulo: Pólen, 2019.

(61) Sobre o *Outro e o Outro do Outro* ver em Djamila Ribeiro, *ibidem*, p. 33-51.

(62) BEAUVOIR, Simone de apud RIBEIRO, Djamila. *Lugar de fala*. São Paulo: Pólen, 2019. p. 36.

> dá porque o mundo não é apresentado para as mulheres com todas as possibilidades, sua situação lhe impõe esse lugar de *Outro.*[63]

Na mesma obra, Djamila Ribeiro traz a condição da mulher negra, como proposta por Grada Kilomba, de *Outro do Outro*, "posição que a coloca num local de mais difícil reciprocidade".[64]

> Por esse ponto de vista percebe-se o status das mulheres brancas como oscilantes, pois são mulheres, mas são brancas; do mesmo modo, faz a mesma análise em relação aos homens negros, pois esses são negros, mas são homens. Mulheres negras, nessa perspectiva, não são nem brancas e nem homens, e exerceriam a função de *Outro do Outro.*[65]

O que se pretende dizer aqui, portanto, é que partindo do olhar materialista da história, da história como a "história da luta de classes", de Marx e Engels[66], olhando para o modo de produção capitalista, o operário sempre foi o *Outro* com relação ao proprietário do meio de produção, tratado como objeto de seu maquinário de produção, e que a operária sempre foi o *Outro do Outro*. As mulheres acabaram por ter uma luta dentro da luta, sofrendo das mazelas do machismo — do patrão e dos próprios operários — e do capitalismo ao mesmo tempo. E valendo a menção, pior ainda foi e é a condição da operária negra.

3.3. A vacina e as reações adversas

Os primeiros anos de República foram de intensos e frequentes movimentos sociais. Nunca bastaram sequer as grandes greves para mudar o cenário de exploração. A vida urbana tornava-se menos difícil após as vitórias no campo das greves, é fato. Conquistas grevistas eram fruto da voz própria do povo explorado. Mas a exploração, em qualidade, se aprimorava no incipiente capitalismo que se formava no século XX. Novos pleitos sempre eram necessários, novas greves por dignidade no trabalho e na vida dos grandes centros, o operariado era submetido a novas repressões, e a história da luta de classes se seguia.

No Rio de Janeiro a vacinação obrigatória da população para controlar a varíola em 1904 tornou-se o estopim para eclodir o movimento chamado de "revolta da vacina". A capital do Brasil era, ainda em 1903, a cidade com maior número de operários, principal grande centro brasileiro, uma cidade portuária que permitia o convívio e a construção de uma população cada vez mais cosmopolita, composta pela massa daqueles "vadios"[67], ex-escravizados, imigrantes, que passavam ou ficavam, já que a posição geográfica do Rio de Janeiro,

(63) RIBEIRO, Djamila. *Lugar de fala*. São Paulo: Pólen, 2019. p. 36-37.

(64) *Ibidem*, p. 37.

(65) *Ibidem*, p. 38.

(66) Primeiras considerações de *O manifesto do partido comunista*, de Karl Marx e Friederich Engels, 5. ed. São Paulo: Paz e Terra, 1999.

(67) Ver Lúcio Kowarick. *Trabalho e vadiagem:* a origem do trabalho livre no Brasil. 3. ed. São Paulo: Editora 34, 2019.

com relação a Buenos Aires, Montevidéu e colônias britânicas do Pacífico, era favorável aos fluxos migratórios através do porto desde o início do século XIX[68], o que se intensificou com a industrialização da cidade. A despeito disso, já foi visto que um ano antes os têxteis paralisavam a capital.

O movimento que ficou conhecido como a revolta da vacina pode ser compreendido, quase de maneira poética, como a reação adversa à vacina obrigatória. O contexto social da cidade em 1904 era de repressões e violência contra a população pobre carioca, trabalhadores e trabalhadoras, postas em prática pelo plano de governo de Rodrigues Alves, advogado formado pela Faculdade de Direito do Largo São Francisco, Presidente da República de 1902 a 1906. A total ausência de política pública inclusiva de ex-escravizados na sociedade, sempre com lastro naquela herança racista do escravismo colonial, foi mais uma das razões para a marginalização da população das cidades. Era a própria política pública de omissão eloquente (que favorecia, por outro lado, a entrada de imigrantes brancos europeus) a fim de segregar, de manter os despossuídos nesse posto, e de aumentar o contingente de trabalho livre no Brasil. Somava-se ao nacional o imigrante, todos despossuídos, uns mais presentes no operariado paulista e outros mais no carioca e em momentos diversos todos "vadios" e despossuídos[69].

A revolta foi, portanto, luta da classe despossuída, trabalhadora, pobre, reação às ações de uma expansão do capitalismo no Rio de Janeiro pautada na acumulação, instrumentalizando o pretexto sanitarista para tal.

Rodrigues Alves revelou desde o início de sua jornada na presidência que teria como plano de governo o melhoramento sanitário e a reforma do porto do Rio de Janeiro. Os limites do cais e a pouca profundidade atrapalhavam o desembarque de mercadorias, provocando maiores custos, e se a estrutura colonial das docas era insuficiente para armazenar as mercadorias trazidas e levadas pelas embarcações, por essa mesma razão as ruas nos arredores do porto obstavam o escoamento de mercadorias para dentro e fora do porto. Já as doenças

(68) Ver trabalho de Julianna Costa e Rui Fernandes, "História da Imigração (1830-1880)" em *História da Imigração no Brasil*, REZNIK, Luiz (Org.). Rio de Janeiro: FGV Editora, 2020. p. 65-89.

(69) "à diferença do Rio de Janeiro, onde os nacionais estiveram presentes na indústria desde seus primórdios, inclusive negros e mulatos, em São Paulo, devido ao enorme afluxo de imigrantes, o sistema econômico, ao prescindir de uma utilização, não os fazia passar pela "escola do trabalho", em muitos casos jogando-os numa condição social e econômica de marginalização. Numa primeira etapa da expansão capitalista, a massa de imigrantes, em face das necessidades do sistema produtivo, foi suficientemente volumosa para criar o exército de trabalhadores ativos e sua própria reserva. [...]. Quando, posteriormente, patamares mais desenvolvidos e diversificados do processo de acumulação exigissem a incorporação de maiores montantes de mão de obra [...], os capitais agrícola e industrial lançar-se-iam em busca desse potencial deixado historicamente como reserva latente de trabalho. Enquanto isso não ocorresse, a mão de obra nacional permaneceria, nas regiões e setores econômicos de maior dinamismo, em boa parte desligada dos núcleos centrais do processo produtivo, principalmente a indústria, na qual o contingente negro e mulato, sobretudo, durante várias décadas do século XX, ficaria realizando tarefas as mais desprezadas e, no mais das vezes, mais mal remuneradas. Mais ainda: particularmente sobre eles continuava a desabar a pecha de imprestáveis para o trabalho". KOWARICK, Lúcio. *Trabalho e vadiagem:* a origem do trabalho livre no Brasil. 3. ed. São Paulo: Editora 34, 2019. p. 109-111.

endêmicas no Rio de Janeiro — febre amarela, varíola, peste bubônica, febre tifoide, impaludismo, tuberculose etc. – matavam a população de estrangeiros e migrantes de outros estados que por ali passavam, fato que alcunhou o Rio de "túmulo de estrangeiros".(70)

> "Eis como a circulação de mercadorias redefine o circuito dos cidadãos e o planejamento econômico interfere na política social."(71)

Não por ímpeto caridoso, mas por questões econômicas, o governo Rodrigues Alves começava em 1902 seu plano sanitário e arquitetônico para adequar o Rio de Janeiro aos anseios do capital estrangeiro que transitava pelo porto, e isso passava pelo necessário — ao capital — e constante processo de acumulação capitalista com o aumento das desapropriações dos despossuídos e intensificação da violência.

Por indicação de Rodrigues Alves tornou-se prefeito do Distrito Federal o engenheiro Francisco Pereira Passos, que também no pretexto de readequar o porto recebeu carta branca do Presidente através de um novo estatuto de organização do município, novo regimento chamado pela população de "ditadura Passos". A lei criou um "regime de exceção" no Rio de Janeiro por dispositivos que impediam revogação de atos administrativos, demolições, interdições, despejos, e embargos de obras, com relatos de demolições com famílias ainda dentro das casas.(72) Após dois anos desse regime autoritário na capital, em março de 1904 iniciam-se oficialmente as obras no porto e, no pretexto da erradicação das doenças endêmicas, duas leis são publicadas: uma em março, que permitia a invasão, vistorias forçadas, fiscalizações e demolições casas ou construções, sem a possibilidade de recursos à justiça comum, estabelecendo um foro próprio para tais questões; e outra em 09 de novembro regulamentando a vacinação obrigatória contra a varíola, deixando a população à deriva das autoridades públicas, que cumpriam a legislação à risca. Com Oswaldo Cruz sendo a mão médica da vacinação obrigatória, "A ameaça deu lugar ao gesto concreto e sensível à opressão"(73) e os interlocutores da oposição — dentre eles Rui Barbosa(74) — obstavam-se contra a truculência e invasão à

(70) SEVCENKO, Nicolau. *A Revolta da Vacina:* mentes insanas em corpos rebeldes. São Paulo: Editora Unesp, 2018.

(71) *Ibidem*, p. 63.

(72) *Idem*.

(73) *Ibidem*, p. 70.

(74) Rui Barbosa tomou partido contra a vacinação e em favor dos movimentos em seu início, segundo o trabalho de Nicolau Sevcenko (SEVCENKO, 2018, p. 19/22). No entanto, passou a discursar contra o movimento quando se ameaçou a instauração de estado de sítio — que veio a ocorrer na sequência — e a fomentar o discurso maniqueísta, que já se entoava na greve dos têxteis de 1903, fazendo diferença do "pacato", o que não está no movimento, e engrossando o coro entre os parlamentares contra o "mal" o grevista, o anarquista. Segundo a pesquisa de Christian Lynch "Na saia justa estava, ao contrário, o senador baiano Rui Barbosa, liberal progressista, crítico do regime oligárquico, que sempre combatera a interpretação conservadora do sítio e, ultimamente, a obrigatoriedade da vacina. Embora reconhecesse que a resistência popular ao arbítrio era justa sempre que não lhe deixavam a opção de se opor por meios pacíficos, Rui entendia que este deixara de ser o caso da revolta. Ela fora legítima enquanto espontânea, mas se desvirtuara pela politização promovida pelos jacobinos. Por esse motivo, Rui entendia não dever negar o sítio solicitado. Parecia-lhe que, naquele momento, era a ordem e não a liberdade que estava periclitando, por causa da rebelião militar que pretendia inaugurar a ditadura no país. Assim, embora mais progressista que os próceres do establishment, Rui partilhava a tese de que, tal como a vaia, a revolta popular era sempre negativa.

casa e à vida da população, e o caráter compulsório da vacinação, embora reconhecessem sua importância.

Enquanto alguns líderes de trabalhadores tentavam se organizar entre o operariado, a revolta não se deu de forma estritamente organizada. Mas foi o Centro das Classes Operárias que serviu de berço à "Liga Contra a Vacina Obrigatória", principal organização das reivindicações da classe, ainda em 05 de novembro. No entanto, o movimento foi encorpando e perdendo a "burocracia" de organização, tomando a população pobre do Rio de maneira geral, já que "Para os amotinados, não se tratava de selecionar líderes ou plataformas, e sim, mais crucialmente, de lutar por um mínimo de respeito à sua condição de seres humanos".(75)

O historiador Nicolau Sevcenko relata que em 10 de novembro, dia seguinte à publicação da lei que obrigava à vacinação, iniciaram os conflitos entre população e polícia que durariam até a 16 de novembro, intensificados dia após outro por força bruta na repressão e intervenção do Exército e da Marinha, inclusive de unidades que estavam entre São Paulo e Minas Gerais, e armando bombeiros para o combate à revolta. Carros, comércios, iluminação pública, calçamento, bondes, a cidade foi destruída pelos confrontos, houve assaltos às delegacias para roubo de armamentos e dinamites, e mortes entre manifestantes e militares. A arquitetura em construção da cidade fazia dela um grande canteiro de obras e a topografia propiciou as trincheiras e o campo de guerra formado entre população e repressores. "Os becos, as demolições, as casas abandonadas, a topografia acidentada da cidade, tudo propiciava aos insurretos a oportunidade de mil armadilhas, refúgios e tocaias".(76)

A ordem era para que os militares interviessem nos movimentos com truculência, utilizando de cavalaria armada e chegando à extrema ordem de bombardeio de bairros e regiões costeiras por navios de guerra. Segundo a Fundação Oswaldo Cruz(77), foram 945 prisões, 461 deportados, 110 feridos e 30 mortos.

Concomitante à insatisfação do povo havia a insatisfação de uma parcela dos militares, também descontentes com o governo de Rodrigues Alves (em especial descontentes com soldo). Já se movimentavam, sob financiamento de monarquistas que queriam tomar o poder do país — e que se aproveitaram dos movimentos populares para incentivar a agitação —, planejando um levante militar no dia simbólico de 15 de novembro, comemoração da proclamação da República — onde se apropriaram do discurso do povo insurreto de buscar uma "nova República" para depor o Presidente. O movimento não foi exitoso no dia programado exatamente pela revolta popular daqueles dias, mas se remontou em 14 de novembro, quando, segundo Sevcenko, generais, majores e um capitão decidiram "aproveitar-se do momento

---

Ele deixava transparecer uma imagem do povo ordeiro e trabalhador, que só se levantava como multidão sob a instigação da demagogia.". (LYNCH, Christian Edward Cyril. "A multidão é louca, a multidão é mulher": a demofobia oligárquico-federativa da Primeira República e o tema da mudança da capital. Rio de Janeiro: *História, Ciências, Saúde*, Manguinhos, v. 20, n. 4, out./dez. 2013, p. 1.502/1.503).

(75) SEVCENKO, Nicolau. *A Revolta da Vacina:* mentes insanas em corpos rebeldes. São Paulo: Editora Unesp. 2018. p. 30.

(76) *Ibidem*, p. 31

(77) Conforme informações do *site* da Fiocruz. Disponível em: <https://portal.fiocruz.br/noticia/revolta-da-vacina-2>.

turbulento que mantinha ocupadas as atenções do governo e tolhidas quase que todas as suas forças, para sublevar a mocidade das escolas militares [...]".[78]

Dividindo os esforços golpistas entre as escolas do Realengo e da Praia Vermelha, a tentativa de levante na Escola Militar do Realengo gerou a prisão do Major Gomes de Castro, sem gerar efetivo levante. A Escola Militar da Praia Vermelha se amotinou sob o comando do General Silvestre Travassos, e preparava-se para marchar rumo ao Palácio do Catete, mas uma série de equívocos de planejamento deu tempo suficiente para que o governo da República enviasse uma tropa para à praia vermelha para frear o avanço dos amotinados. A "forma desastrosa" na qual terminou o levante, como contado pelo *Jornal do Comércio*[79], foi o tiroteio no escuro entre militares culminando na morte e ferimento de vários deles.

Em 16 de novembro o governo decide revogar a vacinação obrigatória, o que, se por um lado esfriou o debate público e a guerra que se travava nas ruas cariocas, por outro preparou terreno para que mais pessoas morressem em decorrência da própria Varíola no ano seguinte. Embora cedendo o pleito estopim da revolta, Rodrigues Alves tinha a seu favor o pretexto que buscava para intensificar a acumulação capitalista que começou a planejar em 1902: com base no levante militar e na revolta popular, decretou estado de sítio no país.

O Governo tinha agora, por força constitucional, a condição de desterrar nacionais e deportar imigrantes detidos, apresentando a verdadeira face do sanitarismo que buscava. Os indesejados na reformada cidade portuária do Rio de Janeiro, detidos por quebrarem lampiões e postes nos dias de revolta, eram agora deportados para seus países ou desterrados para o Acre, recém anexado ao território brasileiro, sem que as famílias soubesses o que deles havia sido feito. O sanitarismo de Rodrigues Alves, portanto, não era para erradicar doenças endêmicas e vetores, ratos, mosquitos, mas para erradicar os pobres, como diziam as autoridades políticas e policiais quando afirmavam estar fazendo a limpeza da cidade, fomentados pelos discursos maniqueístas dos quais parlamentares e alguns jornais se apropriavam desde 1903 estigmatizando revoltos como "vagabundos" e "desocupados". Segundo Lima Barreto, "Havia a poeira de garotos e moleques; havia o vagabundo, o desordeiro profissional, o pequeno-burguês, empregado, caixeiro e estudante; havia emissários de políticos descontentes. Todos se misturavam, afrontavam as balas [...]".[80]

> O mundo do trabalho torna-se assim invisível para a sociedade burguesa. Ele é realizado longe dos seus olhos, em locais distantes; a energia elétrica flui em fios que estão a cima do seu campo de visão; a água corre em encanamentos subterrâneos; a coleta do lixo e os reparos nas instalações são feitos à noite; os alimentos são comprados embalados e esterilizados; os carros têm o motor encoberto e só os estofamentos luxuosos ficam à vista. Verifica-se toda uma

(78) SEVCENKO, Nicolau, *A Revolta da Vacina:* mentes insanas em corpos rebeldes. São Paulo: Editora Unesp, 2018. p. 44

(79) SEVCENKO, Nicolau. *A Revolta da Vacina:* mentes insanas em corpos rebeldes. São Paulo: Editora Unesp, 2018.

(80) BARRETO, Lima *apud* SEVCENKO, Nicolau. *A Revolta da Vacina:* mentes insanas em corpos rebeldes. São Paulo: Editora Unesp, 2018. p. 95-96.

> estratégia de ocultamento do universo do trabalho: os motoristas e condutores ficam isolados numa cabina à parte; os empregados públicos e domésticos são submetidos a uniformes que identificam a posição, as tarefas e o espaço que lhes cabe; as cozinhas e respectivos empregados desaparecem das vistas dos restaurantes, leiterias e confeitarias; a área de serviço passa a ser criteriosamente demarcada e separada da área social das residências, que adotam também portas e elevadores laterais exclusivos para seus serventes. É o sortilégio da exclusão: vive-se num mundo rico e exuberante, que se sustenta por si mesmo, embalado pelo tilintar melódico do metal precioso e rutilante.
>
> Evidentemente, nesse mundo em que não se deseja ver o trabalho, também não se suporta a visão da doença, da rebeldia, da loucura, da velhice, da miséria ou da morte, que são enclausuradas nos sanatórios, prisões, hospitais, asilos, albergues e necrotérios. Entra em vigor um estilo de vida novo e cosmopolita, que a burguesia vitoriosa implantou e definiu ao longo de sua trajetória consagradora, pelo século XIX afora, e que só se fixou com características mais marcantes no Brasil do início do século XX. Não é por acaso que as autoridades brasileiras recebem o aplauso unanime das autoridades internacionais das grandes potências, pela energia implacável e eficaz de sua política saneadora: moção de louvor ao Presidente do Brasil pelo Congresso Sanitário de Copenhague em 1904, medalha de ouro no Congresso Sanitário de Berlin em 1907, com elogios veementes no *The Times* de Londres e no *Le Figaro* de Paris.
>
> [...] Assim, uma questão socioeconômica relativa à disciplina e à exploração do trabalho aparece resolvida por um diagnóstico médico. A forma caricatural dessa concepção se apresenta, por exemplo, no personagem Jeca Tatu, de Monteiro Lobato".(81)

É possível notar outro uso do discurso de marginalizar dos despossuídos, também após os movimentos de 1904, quanto a geografia política da capital. Com a crescente urbanização da sociedade no eixo entre Rio de Janeiro e São Paulo as agitações populares ameaçavam a tranquilidade da elite política, e embora desde 1890 já se discutisse sobre a localização da capital ser fora desse eixo, a desenvoltura da revolta contra a vacinação obrigatória (que, como visto, teve na vacina o estopim de uma condição de exploração muito maior) reforçou a vontade parlamentar e do governo em interiorizar a capital. Ainda que essas mudanças tenham se efetivado somente nos anos 60, os discursos parlamentares de 1904 e dos anos seguintes foram marcados pela narrativa constante dos "marginalizados" da sociedade carioca, na verdade uma sociedade cosmopolita de população nada passiva à exploração, que causava incômodo às elites oligárquicas, então construtoras do discurso de que não se tratava do verdadeiro povo brasileiro, que nessa construção seria aquele do campo, interiorano, ponderado, e que no Rio haviam as massas.

---

(81) BARRETO, Lima *apud* SEVCENKO, Nicolau. *A Revolta da Vacina:* mentes insanas em corpos rebeldes. São Paulo: Editora Unesp, 2018. p. 102-107.

Importante dizer que o fim de 1904 e início de 1905 também mostrou as marcas da desigualdade no tratamento entre militares e civis, ao passo que os amotinados detidos pelo levante malsucedido ficaram presos, reclusos em prisões próprias, submetidos a julgamentos em processos disciplinares, respondendo a inquéritos e aguardando julgamento, enquanto o sanitarismo erradicava a "doença da cidade", o pobre, desterrado para o Acre.

4. A chibata da marinha brasileira e a greve dos imigrantes indesejados

Já passados 10 anos do início do século XX, passados mais de 20 anos desde a abolição do regime de escravização de negros e negras no Brasil, a herança colonial e racista do país continuava viva. A política pública de "branqueamento" da população(82) auxiliou na estruturação do racismo no país e na marginalização da população negra, somadas à total ausência de qualquer política pública inclusiva de ex-escravizados.

4.1. A herança escravista sobre o Almirante negro e a classe dos marujos

A carreira na Marinha foi o refúgio de muitos brasileiros que tentavam alguma perspectiva de trabalho num mercado competitivo. A estratégia política era o excedente de mão de obra e a utilização do trabalho imigrante, em primeiro momento, e somente depois o nacional foi retomado(83). O episódio da revolta da classe trabalhadora da marinha que ficou conhecido na história como "revolta da chibata" é o exemplo da fase republicana do Brasil que melhor conseguiu reunir as consequências do capitalismo em expansão com a herança escravista em um mesmo evento, tão correlacionados que se embaraçam.

Álvaro Pereira do Nascimento(84), em sua completa pesquisa, mostra que enquanto a Marinha Brasileira oferecia uma forma de ascensão aos homens negros, moradia, possibilidade de conhecer o mundo, também os submetia a açoites disciplinares, como chibatadas, palmatórias, prisão a ferros, solitária, trabalhos exaustivos e educação simplória. Os açoites eram institucionalizados e legalizados, decididos por uma comissão de oficiais e comandantes que, invariavelmente, eram homens brancos estudados nas melhores escolas. A classe da marujada era composta por pessoas pobres e marginalizadas socialmente, muitos enviados desde a infância para as Escolas da Marinha — pelos pais tutores legais, já que muitos eram órfãos — para que fossem educados e disciplinados. Esse imaginário popular da educação naval é outra herança desgrenhada do escravismo e da exploração capitalista incipiente no país.

> De forma rudimentar, a Marinha de Guerra oferecia oportunidades de moradia, alimentação, soldo, viagens para conhecer o mundo, alguma especialização profissional e estabilidade na atividade durante 6 a 15 anos (esse tempo era

(82) Ver mais sobre o tema no trabalho de BARROS, Lívia Cristina dos Anjos; COSTA, Luiz Rosado; SOUZA, José Eduardo Melo de. Um histórico da política migratória brasileira a partir de seus marcos legais (1808-2019). *Revista GeoPantanal*, UFMS/AGB. Corumbá: n. 27, 167-184, jul./dez. 2019; e na obra de Lúcio Kowarick, *Trabalho e vadiagem:* a origem do trabalho livre no Brasil. 3. ed. São Paulo: Editora 34, 2019.

(83) KOWARICK, Lúcio. *Trabalho e vadiagem:* a origem do trabalho livre no Brasil. 3. ed, São Paulo: Editora 34, 2019.

(84) NASCIMENTO, Alvaro Pereira do. "Sou escravo de oficiais da Marinha": a grande revolta da marujada negra por direitos no período pós-abolição (Rio de Janeiro, 1880-1910). São Paulo: *Revista Brasileira de História*, v. 36, n. 72, 2016.

> obrigatório. A evasão era entendida como crime de deserção). Não foi à toa que, ao longo do século XIX, escravos fugidos se candidatavam voluntariamente ao cargo de marinheiros, como se livres fossem, e dezenas deles foram encontrados por seus senhores a bordo dos navios da Marinha de Guerra, já recrutados [...]. As Forças Armadas poderiam, mesmo com seu vasto manancial de problemas, surgir como uma saída para aqueles que não tinham muitas oportunidades.(85)

A mesma pesquisa revela que já nas escolas navais os aspirantes a marujos sofriam abusos psicológicos, sexuais, tornando-se adultos ainda mais agressivos. A grande maioria era analfabeta e a maioria era de negros, muitos escravizados fugidos de seus senhores. A marginalização que os "vadios", de Kowarick(86), os ex-escravizados, os negros nascidos livres sofriam na sociedade era transportada para dentro dos navios quando a classe dos marujos era comparada a dos oficiais.

> a maior parte" dos marinheiros matriculados [em1908] teria nascido depois de 1888, com idades que variavam entre 17 e 22 anos. Muitos daqueles jovens poderiam ser netos e filhos de escravos. A cor era um grande indicativo disso. Segundo as observações do primeiro tenente José Eduardo de Macedo Soares (1911, p.85), nas "guarnições 50% são negros, 30% mulatos, 10% caboclos, 10% brancos ou quase brancos".(87)

O propósito nunca foi educar os marujos, mas de utilizar sua força de trabalho e submetê-los a exploração do trabalhador "livre" sob mesmas condições de escravizados. E se viessem brancos, assim também seriam submetidos pois despossuídos, pobres. João Cândido, o "Almirante negro" e líder do movimento de 1910, é exemplo da mudança qualitativa de exploração do corpo negro pela qual o Brasil passou entre escravismo colonial e consolidação do capitalismo. "O mais velho dos marinheiros envolvidos e processados foi o líder da revolta, o gaúcho negro João Cândido. Ele é um exemplo do que chamavam comumente de "ventre livre".(88) A escravidão era abolida, mas a exploração era rearranjada, os tons da suposta liberdade eram pincelados pela mão do carcereiro capitalismo, aprisionando a ralé à liberdade explorada que esse mesmo capitalismo exige para que se aprimore. Enquanto a chibata foi o símbolo dessa intersecção entre escravismo e capital na revolta dos marujos em 1910, o Brasil

(85) NASCIMENTO, Alvaro Pereira do. "Sou escravo de oficiais da Marinha": a grande revolta da marujada negra por direitos no período pós-abolição (Rio de Janeiro, 1880-1910). São Paulo: *Revista Brasileira de História*. v. 36, n. 72, 2016, p. 161.

(86) KOWARICK, Lúcio. *Trabalho e vadiagem:* a origem do trabalho livre no Brasil. 3. ed, São Paulo: Editora 34, 2019.

(87) ALMEIDA, Silvia Capanema P. de, *apud* NASCIMENTO, Alvaro Pereira do. "Sou escravo de oficiais da Marinha": a grande revolta da marujada negra por direitos no período pós-abolição (Rio de Janeiro, 1880-1910). São Paulo: *Revista Brasileira de História*. v. 36, n. 72, 2016, p. 162.

(88) *Idem.*

possuía reconhecimento internacional por seu potencial bélico marinho, navios alcunhados ironicamente de "esquadra branca" enquanto sua tripulação, as mãos que faziam a esquadra, era negra.(89)(90)

Havia 24 navios de guerra (São Paulo, Bahia, Minas Gerais, Deodoro etc.) e a Marinha brasileira era a terceira potência naval do mundo. Dois novos navios de guerra ingleses que foram trazidos ao Brasil (o "São Paulo" e o "Minas Gerais") eram as grandes "maravilhas" de guerra do momento. Já a tripulação não era suficientemente treinada, e nem havia a quantidade correta de marujos para os serviços que os navios exigiam, falta de contingente que aumentava a quantidade de trabalho para cada marujo e o número de açoites, motivados por supostas insubordinações nas execuções dos serviços. Além dos absurdos açoites disciplinares a imagem da chibata era a própria representação da escravização do negro marinheiro. Num episódio na Bahia, como narra Morel(91), um marujo foi açoitado com 300 chibatadas e acorrentado após uma briga de bar, e noutra viagem ao Chile foram relatadas mais de 900 insubordinações e inúmeros açoites, além de uma série de deserções de marujos no decorrer do percurso, insatisfeitos com o tratamento que recebiam.

O trabalho de Edmar Morel, jornalista brasileiro que em 1958 escreveu sua primeira edição de uma investigação sobre a revolta, foi primordial para entender o motim da classe dos marujos contra os castigos físicos e condições de trabalho. Já com mais de 6 edições atualmente, Morel entrevistou em sua obra — aquele que inclusive participou de noite de autógrafos do livro à época — o próprio João Cândido, líder da revolta da chibata que foi torturado, interrogado várias vezes nos anos seguintes ao levante, e apagado da memória como herói de guerra. Tendo morrido no ostracismo em 1969, após viver por 40 anos como vendedor de peixes no comércio do Rio de Janeiro, foi preso em 1910 por se rebelar e enviado a um hospício no início de em 1911, sendo solto somente em abril daquele ano. A Marinha brasileira repele até hoje a atuação de João Cândido como heróica, história que tentou se apagar nos períodos de ditadura no Brasil.(92)

O motim de João Cândido — elevado pela imprensa da época à "Almirante", fato que deixou os oficiais ainda mais insatisfeitos com a derrota — e da classe marujeira conseguiu dar fim ao açoite legalizado, tendo sua deflagração nas 250 chibatadas desferidas sobre o último marujo açoitado no Brasil, Marcelino Rodrigues. Em 22 de novembro de 1910 cerca de 2.300 marujos tomaram os dois navios de guerra "São Paulo" e "Minas Gerais", sob o comando de João Cândido e pela escrita de Francisco Dias Martins, enviando carta ao Presidente da República, Hermes da Fonseca, com as exigências dos amotinados: A adequada educação aos marujos (já que com a condição de marginalização e o ensino escolar ruim as brigas, espancamentos, abusos, eram frequentes); A substituição de oficiais (que exerciam

---

(89) ALMEIDA, Silvia Capanema P. de, *apud* NASCIMENTO, Alvaro Pereira do. "Sou escravo de oficiais da Marinha": a grande revolta da marujada negra por direitos no período pós-abolição (Rio de Janeiro, 1880-1910). São Paulo: *Revista Brasileira de História*. v. 36, n. 72, 2016, p. 162.

(90) MOREL, Edmar. *A Revolta da Chibata*. 6. ed. São Paulo: Paz e Terra. 2016.

(91) *Idem*.

(92) *Idem*.

forte repressão e açoitavam, não dando importância na relação da grande quantidade de trabalho para o menor número de marujos); o fim legal (proibição) das penas disciplinares violentas, como a chibata e todos os açoites.(93)(94)

> A mensagem enviada ao presidente, pelo conjunto de suas reinvindicações, expressa a consciência de grupo que aqueles marinheiros negros, em sua maioria, alcançaram. Os oficiais eram brancos, hierarquicamente superiores, educados nas melhores instituições de ensino, pertencentes a famílias abastadas e defensores do *esprit de corps*. Seus privilégios e imagens foram corrompidos naquele momento por marinheiros negros, pobres e de parca instrução — 70% eram analfabetos.(95)

No primeiro dia da greve os marujos bombardearam a costa aproveitando o forte poder bélico naval. Algumas casas foram destruídas e duas crianças foram mortas. João Cândido disse a Edmar Morel que nunca quis atingir a população com os disparos "Foi uma desgraça! Do miserável soldo que recebíamos arranjamos duzentos mil réis e mandamos à família para fazer o enterro dos meninos".(96) Nos demais dias os navios tomados ficaram cruzando as praias do Rio de Janeiro, aumentando a tensão. Com a disparidade de armas o Governo da República se rendeu à greve e anistiou os marujos, comandantes negros da "esquadra branca", no movimento que teve fim em 26 de novembro.

A esse ponto da história a obra de Edmar Morel pôde nos levar para dentro dos navios e a 1910 ao entrevistar João Cândido. Sobre a revolta, disse o líder do movimento:

> Pensamos no dia 15 de novembro. Acontece que caiu forte temporal sobre a parada militar e o desfile naval. A marujada ficou cansada e muitos rapazes tiveram permissão para ir à terra. Ficou combinado, então, que a revolta seria entre 24 e 25. Mas o castigo de 250 chibatadas do Marcelino Rodrigues precipitou tudo. O Comitê Geral resolveu, por unanimidade, deflagrar o movimento no dia 22. O sinal seria a chamada da corneta das 22 horas. O Minas Gerais, por ser muito grande, tinha todos os toques de comando repetidos na proa e na popa. Naquela noite o clarim não pediria silencio e sim combate. Cada um assumiu seu posto e os oficiais de há muito já estavam presos em seus camarotes. Não houve afobação. Cada canhão ficou guarnecido por cinco marujos, com ordem de atirar para matar contra todo aquele que tentasse impedir o levante.

(93) MOREL, Edmar. *A Revolta da Chibata*. 6. ed. São Paulo: Paz e Terra, 2016.

(94) NASCIMENTO, Alvaro Pereira do. "Sou escravo de oficiais da Marinha": a grande revolta da marujada negra por direitos no período pós-abolição (Rio de Janeiro, 1880-1910). São Paulo: *Revista Brasileira de História*, v. 36, n. 72, 2016.

(95) COELHO, Alberto Durão, *apud* NASCIMENTO, Alvaro Pereira do. "Sou escravo de oficiais da Marinha": a grande revolta da marujada negra por direitos no período pós-abolição (Rio de Janeiro, 1880-1910). São Paulo: *Revista Brasileira de História*, v. 36, n. 72, 2016, p. 156.

(96) CÂNDIDO, João, *apud* MOREL, Edmar. *A Revolta da Chibata*. 6. ed. São Paulo: Paz e Terra, 2016. p. 106.

> Às 22h50m, quando cessou a luta do convés, mandei disparar um tiro de canhão, sinal combinado para chamar à fala os navios comprometidos. Quem primeiro respondeu foi o São Paulo, seguido do Bahia. O Deodoro, a princípio, ficou mudo. Ordenei que todos os holofotes iluminassem o Arsenal de Marinha, as praias e as fortalezas. Expedi um rádio para o Catete informando que a Esquadra estava levantada para acabar com os castigos corporais. Os mortos, na luta, foram guardados numa improvisada câmara mortuária e, no outro dia, manhã cedo, enviei os cadáveres para terra. O resto foi rotina de um navio de guerra".(97)

O racismo sempre foi institucionalizado e, de repente, os oficiais e a classe política tinham que se curvar aos pleitos de marujos negros. Mesmo com a anistia concedida aos amotinados, o clima ficou extremamente desconfortável na Marinha enquanto os oficiais voltavam ao trabalho e tinham de conviver entre os anistiados nos navios e no Batalhão Naval da Ilha das Cobras.

Como no "sanitarismo" feito por Rodrigues Alves, em 28 de novembro editava-se Decreto que permitia a exclusão da Marinha daqueles marujos cuja "permanência se torna inconveniente à disciplina" e as prisões foram lotadas de "indesejados da marinha" sobre pretextos de conspirações. A anistia servira para acalmar os ânimos do levante, que encerrado, não apresentava mais ameaça. Agora que as armas voltavam às mãos opressoras de costume, o respeito às promessas não se fazia mais necessário, só a repressão. Nesse contexto, em 9 de dezembro uma nova revolta se levantava no Batalhão Naval da Ilha das Cobras, essa com desfecho de massacre aos amotinados. De terra e dos navios da esquadra, já nas mãos da Marinha novamente, foram lançadas bombas e tiros, deixando mortos, feridos e, quando vivos, todos presos.(98)(99) A inocência de João Cândido o fez posicionar-se contrário a esse segundo levante, mas o pretexto para sua prisão era evidente. Com isso, os principais líderes daquela luta de classe dos marujos foram presos, torturados e mortos, e assim como no levante popular e militar da vacina, de 1904, o Presidente da República aproveitou o inflame arquitetado para declarar estado de sítio.(100)

O destino de alguns dos insurretos foi o navio Satélite. A expedição enviou para os confins da Amazônia seringueira os e as indesejáveis, para serem escravizados e fuzilados em alto mar. Servidores públicos afeiçoados à revolta da chibata, mulheres e homens indesejados taxados como "ladrões, facínoras e desordeiros, marinheiros revoltosos, meretrizes", no que foi — junto à tortura de João Cândido e outros 17 marujos — um dos episódios de

---

(97) CÂNDIDO, João, *apud* MOREL, Edmar. *A Revolta da Chibata*. 6. ed. São Paulo: Paz e Terra, 2016. p. 86.

(98) MOREL, Edmar. *A Revolta da Chibata*. 6. ed. São Paulo: Paz e Terra, 2016.

(99) NASCIMENTO, Alvaro Pereira do. "Sou escravo de oficiais da Marinha": a grande revolta da marujada negra por direitos no período pós-abolição (Rio de Janeiro, 1880-1910). São Paulo: *Revista Brasileira de História*, v. 36, n. 72, 2016.

(100) MOREL, Edmar. *A Revolta da Chibata*. 6. ed. São Paulo: Paz e Terra, 2016.

maior desonra da Marinha brasileira, uma continuidade da erradicação dos indesejáveis de 1904.(101)(102)

Edmar Morel traz em sua obra os relatos de João Cândido somados às suas pesquisas. Por pressão de congressistas o destino de João Cândido não foi o Satélite, mas junto de 17 de seus colegas amotinados foi enviado a uma prisão no Batalhão da Ilha das Cobras onde na véspera e noite do natal de 1910 passaram pelo calvário: os 18 foram presos numa cela no subsolo que havia sido lavada com água e cal (utilizada para lavar locais nos navios onde os marinheiros defecavam). Com o forte calor, conforme secava a água a cal evaporava, intoxicando os marujos, que enlouqueciam e morriam. O Comandante do Batalhão fechou a grossa porta de madeira do local onde estavam os presos e foi passar o natal num clube militar. Os carcereiros que não podiam (e não queriam) entrar na cela, alertados pelos gritos de desespero e morte dos marujos ainda tentaram localizar o Comandante do Batalhão, que aproveitava sua noite de natal e não fora atender ao chamado, vindo a abrir a cela somente às 8h da manhã de 25 de dezembro.

João Cândido relata que informava aos carcereiros, por uma pequena fresta da porta, que alguns dos prisioneiros estavam mortos. "João Cândido está morto?", questionavam os carcereiros; quando a resposta era negativa, repetiam os chacais "Vocês estão todos aqui para morrer. Não conversem muito ou mando botar uma lata de querosene e atear fogo"(103). Naquele local morreram 16 marujos, sobrevivendo 2, entre eles João Cândido. O Médico da Marinha diagnosticou as mortes como "insolação", e o Comandante do Batalhão foi promovido e recebido em jantar pelo Presidente da República.

4.2. A organização do sindicalismo e os imigrantes indesejados

A urbanização do eixo Rio de Janeiro – São Paulo era a própria migração de trabalhadores do interior para as capitais somada à imigração, especialmente de europeus, aos centros. São Paulo, atualmente a maior cidade do país, foi foco de grande movimento migratório de italianos que deixavam as colônias (modelo que não teve grande êxito), as fazendas do interior e seu país, recém unificado e ainda sem uma identidade nacional consolidada — embora com população muito identificada em suas regiões —, todos em busca de trabalho e sujeitos a baixas remunerações.

Em 1914 eclodia a Primeira Guerra Mundial, com forte impacto na Europa, provocando a emigração de europeus e grandes números para países como Brasil e Argentina. Aqueles que já residiu no Brasil tiveram dificuldade para retornar à pátria mãe devido a guerra, e com a intensificação dessa emigração, a classe empresária da primeira República tomou proveito do excedente de mão de obra. A promessa de ascensão social que alguns imigrantes viam personificada em figuras como Matarazzo, grande industrial italiano da indústria têxtil

(101) MOREL, Edmar. *A Revolta da Chibata*. 6. ed. São Paulo: Paz e Terra, 2016.

(102) ALMEIDA, Silvia Capanema P. de. Do marinheiro João Cândido ao Almirante Negro: conflitos memoriais na construção do herói de uma revolta centenária. *Revista Brasileira de História*, vol. 31. n. 61. 2011.

(103) CÂNDIDO, João, *apud* MOREL, Edmar. *A Revolta da Chibata*. 6. ed. São Paulo: Paz e Terra, 2016.

brasileira, era sedutora para que viessem "fazer a América".[104] Àquele ponto do galopante capitalismo brasileiro a exploração sobre o operariado livre se intensificou, mas não significou o sofrimento calado da classe trabalhadora.

Movimentos sociais italianos começavam a tomar destaque. As Escolas Étnicas, criadas para difundir a "italianidade"[105] — a identidade nacional — e as Sociedades de Socorro Mútuo, agremiações de artesãos e operários italianos, apareciam em meio ao perfil urbano que ia moldando a sociedade. Registros apontam que na cidade de São Paulo as Sociedades de Socorro Mútuo atuaram na confabulação da Greve Geral de 1917, por exemplo, como analisou Biondi[106].

Nesse período que vai de 1890 a 1920 Luigi Biondi e João Fábio Bertonha[107] identificaram influências anarquistas e socialistas que percorriam os jornais italianos (muitos repreendidos pelo Estado) e mesmo nos de vertente mais rotineiramente fascistas, esses de livre circulação na cidade de São Paulo, como o *Fanfulla.* Essas correntes de pensamento político se espalhavam dentro do ambiente industrial, especialmente na cidade de São Paulo, dentro das primeiras associações sindicais do Estado Paulista, cuja presença italiana era maciça, e nas próprias Sociedades de Socorro Mútuo.[108] Nesse período "de todos os líderes sindicais identificados no Estado [de São Paulo], 82% eram estrangeiros e desses 61% eram italianos".[109]

De 1901 a 1940 somente na cidade de São Paulo foram registradas 215 greves.[110] Nesse período tem início a marca da força dos ideais imigrantes com a greve paulista dos ferroviários de 1906, na qual eram maioria, e na primeira greve geral de São Paulo em 1907.[111] Os movimentos daqueles anos resultaram na criação da Federação Operária do Estado de São Paulo (FOSP), que em 1917 seria reformulada após a greve geral.

---

(104) Sobre o tema, BIONDI, Luigi. A greve geral de 1917 em São Paulo e a imigração italiana: novas perspectivas. *Cadernos AEL*, vol. 15, n. 27, 4 maio 2009; *Ibidem*, *Classe e Nação:* trabalhadores e socialistas italianos em São Paulo, 1890 - 1920. Campinas: Editora Unicamp, 2011; BERTONHA, João Fábio. *Os Italianos*. 3. ed. São Paulo: Contexto, 2018; e HUTTER, Lucy Maffei. *Imigração italiana em São Paulo* (1880-1889, 1902-1914). 2. ed. São Paulo: Hucitec, 2018.

(105) PANIZZOLO, Cláudia. A escola étnica na cidade de São Paulo e os primeiros tons de uma identidade italiana (1887-1912). *Revista História da Educação, On+line*, vol. 24, p. e91636, 2020.

(106) BIONDI, Luigi. *Classe e Nação:* trabalhadores e socialistas italianos em São Paulo, 1890 - 1920. Campinas: Editora Unicamp. 2011.

(107) *Ibidem*; *Idem*, A greve geral de 1917 em São Paulo e a imigração italiana: novas perspectivas. *Cadernos AEL*, Vol. 15, n. 27, 4 de maio de 2009; e BERTONHA, João Fábio. *Os Italianos*. 3. ed. São Paulo: Contexto, 2018.

(108) BIONDI, Luigi. *Classe e Nação:* trabalhadores e socialistas italianos em São Paulo, 1890 - 1920. Campinas: Editora Unicamp, 2011

(109) ALVIM, Zuleika Maria Forcione, *apud* BARROS, Lívia Cristina dos Anjos; COSTA, Luiz Rosado; SOUZA, José Eduardo Melo de. Um histórico da política migratória brasileira a partir de seus marcos legais (1808-2019). *Revista GeoPantanal*, UFMS/AGB, Corumbá, n. 27, 167-184, jul./dez. 2019, p. 174.

(110) MATTOS, Marcelo Badaró, *apud* SOUTO MAIOR, Jorge Luiz. *História do direito do trabalho no Brasil:* curso de direito do trabalho, volume I: parte II. São Paulo: LTr, 2017.

(111) *Idem*.

Adolfo Gordo, parlamentar à época, notando a ligação da greve ferroviária de 1906 — cujo operariado era de maioria italiana — com os movimentos operários da capital paulista editou a "Lei Adolfo Gordo" em janeiro de 1907,(112) que autorizava a expulsão de estrangeiros (imigrantes), e o Decreto n. 1.637, também de janeiro(113), que obrigava que a diretoria dos sindicatos fosse composta por brasileiros natos ou naturalizados com até 5 anos de residência no país. A norma, que aparentemente serviria para regular a criação dos sindicatos, era pretexto para afastar imigrantes das lideranças. Legislação também foi editada concedendo incentivos aos imigrantes que voltassem ao campo(114), numa clara tentativa de tirá-los da vida urbana. "Começa a se delinear, juridicamente, os contornos da imigração indesejável e os meios institucionais de promoção da ilegalidade do imigrante, excluindo-o da proteção jurídica e ensejando sua saída compulsória do território".(115)

> [...] os imigrantes, apenas depois de 17 (dezessete) anos de sua chegada em massa no Brasil, sendo tratados como superiores, numa relação de quase amor, passaram a ser vistos, 0pela classe dominante, como inimigos, traidores, tendo sido assinada pelo Presidente da República, Affonso Penna, em 1907, o Decreto n. 1.641, de 7 de janeiro, que estabelecia a expulsão do território nacional de estrangeiros que "por qualquer motivo, comprometer a segurança nacional ou a tranquilidade pública".
>
> [...] Enfim, o que se verifica é que em nome da manutenção do projeto de dominação e exploração abandona-se até mesmo o ideário de branqueamento e europeização da sociedade brasileira, voltando-se ao elemento nacional, o que vai se intensificar na década de 30, demonstrando, mais uma vez, o traço de continuidade entre os dois períodos.(116)

É fato que o verdadeiro peso em número de operários e na organização dos movimentos tenha sido de imigrantes. Eram maioria dos habitantes e maioria entre os que tinham ocupação na cidade (fruto da herança do "branqueamento" do período anterior), além de alguns de seus elementos terem sido componentes de lutas na Itália(117), trazendo

(112) BRASIL. *Decreto n. 1.641, de 7 de janeiro de 1907.* Providencia sobre a expulsão de estrangeiros do territorio nacional. Rio de Janeiro, 1907.

(113) BRASIL. *Decreto n. 1.637, de 5 de janeiro de 1907.* Crea syndicatos profissionaes e sociedades cooperativas. Rio de Janeiro, 1911.

(114) Sobre o tema, ver em SOUTO MAIOR, Jorge Luiz. *História do direito do trabalho no Brasil:* curso de direito do trabalho, volume I: parte II. São Paulo: LTr, 2017.

(115) CARNEIRO, Cynthia Soares. Políticas Migratórias no Brasil e a Instituição dos "Indesejados": A Construção Histórica de um Estado de Exceção para Estrangeiros. Fortaleza: *Revista Opinião Jurídica, On.line*, ano 16, n. 22, p. 56-85, jan./jun. 2018.

(116) SOUTO MAIOR, Jorge Luiz. *História do direito do trabalho no Brasil:* curso de direito do trabalho, volume I: parte II. São Paulo: LTr, 2017, p. 114-117.

(117) Com destaque a Alceste de Ambris, revolucionário socialista italiano escritor no Jornal Fanfulla, mencionado na pesquisa de Luigi Biondi, *Classe e nação: trabalhadores e socialistas italianos em São Paulo, 1890 – 1920.* (Campinas, Editora Unicamp, 2011).

ideais anarquistas e socialistas (e fascistas) — participando da confecção de jornais e circulação dessas ideias. Mas não se perde de vista que havia nacionais nas greves de 1906, 1907 e 1917, e que esses elementos nacionais deram prosseguimento nas greves dos anos 1920 e 1930.[(118)] Seria o princípio da confecção de um sindicalismo revolucionário de caráter internacional. Um movimento internacional, de inspiração russa, para um que foi duramente reprimida no Brasil pelas forças policiais, e gerou, ao cabo, uma organização sindical e a apresentação das forças dos trabalhadores aos industriais e governo, de valorosas conquistas legislativas e arrefecimento de lutas, mas que não alcançou o fim da exploração capitalista das classes possuidoras sobre a proletária.

As pesquisas de Luigi Biondi[(119)] revelam a condição de exploração e os fatores que levaram a greve geral de 1917. Assim como os têxteis em 1903, os baixos salários e extensas jornadas de trabalho[(120)] expunham o operariado à exploração cada vez mais intensa, classe que era composta por homens, mulheres e crianças, pouquíssimo protegidas pela legislação e, quando protegidas (como o caso da proteção concedida pelo Código Sanitário sobre o trabalho de crianças menores de 12 anos) não havia fiscalização.[(121)] Eram frequentes as notícias de crianças com membros decepados pelo maquinário industrial enquanto trabalhavam.[(122)] A repressão estatal e policial às organizações de operários e aos organizadores de manifestações eram intensificadas ao longo dos últimos anos, e a Lei Adolfo Gordo era a legalização dessa repressão, que colocava sob pena de expulsão os grevistas estrangeiros, maioria em São Paulo.[(123)]

Com imigrantes em ambas as pontas da relação, Luigi Biondi[(124)] apresenta em suas obras que a maioria era de trabalhadores e alguns poucos eram grandes empresários, como Mattarazzo e Crespi, italianos que se tornaram os maiores industriais de São Paulo empregando e suas várias fábricas têxteis a grande maioria dos imigrantes da classe operária.

Esses setores da classe média e empresarial paulistana, aproveitando-se dessa identificação de pátria, dessa "italianidade", através do "Comitato Italiano Pro Pátria" cobravam uma "contribuição pró-pátria", compulsória, para auxílio à Itália na guerra. Aproveitava-se de uma organização que serviria de auxílio dos italianos aos italianos, esse advindo dos patrões —

(118) SOUTO MAIOR, Jorge Luiz. *História do direito do trabalho no Brasil:* curso de direito do trabalho, volume I: parte II. São Paulo: LTr, 2017.

(119) BIONDI, Luigi. A greve geral de 1917 em São Paulo e a imigração italiana: novas perspectivas. *Cadernos AEL*, vol. 15, n. 27, 4 maio 2009; *Idem, Classe e Nação:* trabalhadores e socialistas italianos em São Paulo, 1890 - 1920. Campinas: Editora Unicamp. 2011.

(120) Sobre mais-valor e mais valor absoluto, também de Karl Marx, ver em Jorge Grespan, *Marx:* uma introdução. São Paulo: Boitempo, 2021.

(121) BIONDI, Luigi. A greve geral de 1917 em São Paulo e a imigração italiana: novas perspectivas. *Cadernos AEL*, vol. 15, n. 27, 4 de maio de 2009.

(122) *Idem, Classe e Nação:* trabalhadores e socialistas italianos em São Paulo, 1890 - 1920. Campinas: Editora Unicamp. 2011.

(123) SOUTO MAIOR, Jorge Luiz. *História do direito do trabalho no Brasil:* curso de direito do trabalho, volume I: parte II. São Paulo: LTr, 2017.

(124) BIONDI, Luigi. A greve geral de 1917 em São Paulo e a imigração italiana: novas perspectivas. *Cadernos AEL*, vol. 15, n. 27, 4 de maio de 2009; e *Idem, Classe e Nação:* trabalhadores e socialistas italianos em São Paulo, 1890 - 1920. Campinas: Editora Unicamp, 2011.

mas de uma característica bem diversa, portanto, das Sociedades de Mútuo Socorro que imigrantes italianos estruturavam desde o século XIX —, para enaltecer o sentimento nacional dos empregados, que deveriam sentir-se auxiliando sua pátria. Os socialistas italianos, por meio de reuniões e circulação de suas ideias nos jornais (muitos em língua italiana), tentavam mostrar à classe operária que essa "italianidade" dos patrões os fazia ganhar com a exploração do seu próprio povo, exploração de uma classe sobre a outra.(125) A inflação crescente e prolongamento da Primeira Guerra Mundial prolongava tanto a cobrança da contribuição quanto a consciência da classe operária contrária à essa parcela compulsória, que era submetida ao constante aumento dos preços médios das mercadorias básicas das quais não conseguiam ter acesso, embora participassem de sua confecção.(126)(127)

> Quando cerca de 400 operários e operárias da seção têxtil do Cotonifício Crespi entraram em greve, depois que a diretoria da fábrica tinha se recusado a conceder um aumento de salário entre 15% e 20% e a abolição uma carga horária de trabalho noturno maior, não pensaram que talvez tivessem desencadeado o período de maior conflito da história do movimento operário paulista até aquele momento. Um período que, segundo muitos historiadores, começou naquele junho de 1917 e terminou com o início dos anos 1920, antes da onda do movimento tenentista.(128)

Em 09 de junho 400 operários e operárias do Cotonifício Crespi, fábrica têxtil de industrial italiano, deflagraram greve através de reunião feita junto à Liga Operária da Mooca, que representou a principal organização da greve geral — ainda que a greve tenha sido, em caráter geral, um movimento espontâneo(129). O movimento sofreu repressão violenta e alguns dos operários e operárias grevistas foram presos. Em 26 de junho 1.600 operários da fábrica Ipiranga, do industrial Nami Jafet, entraram em greve com reivindicações parecidas àquelas dos trabalhadores da Crespi, e mesmo quando tiveram atendidos os pleitos, após 10 dias de greve, mantiveram greve por solidariedade aos operários da Crespi, engrossando a massa grevista. Em união de pleitos e forças, em 7 de julho os empregados da indústria de bebidas Antártica deflagram greve com reivindicações parecidas àquelas vistas na Crespi.

---

(125) BIONDI, Luigi. A greve geral de 1917 em São Paulo e a imigração italiana: novas perspectivas. *Cadernos AEL*, vol. 15, n. 27, 4 de maio de 2009; e *Idem*, *Classe e Nação:* trabalhadores e socialistas italianos em São Paulo, 1890 – 1920. Campinas: Editora Unicamp, 2011.

(126) *Idem.*

(127) Sobre alienação, ver Karl Marx, *O capital:* crítica da economia política. Livro I. São Paulo: Boitempo, 2020.

(128) BIONDI, Luigi. *Classe e Nação:* trabalhadores e socialistas italianos em São Paulo, 1890 – 1920. Campinas: Editora Unicamp, 2011. p. 315.

(129) Fausto e Biondi deixam claras as confabulações do operariado, que instrumentalizaram as ligas operárias para unir forças à greve, mas sem destituir seu caráter espontâneo. Del Roio demonstra que o momento de maior organização dos movimentos foi sua própria decadência, quando a greve esfriava, se burocratizava e se resolvia parcialmente com o atendimento de alguns pleitos – seguidos de mais perseguições. Sobre o tema ver Boris Fausto, *Trabalho Urbano e Conflito Social:* 1890 – 1920. 2. ed. São Paulo: Cia. das Letras. 2016; BIONDI, Luigi. *Classe e Nação:* trabalhadores e socialistas italianos em São Paulo, 1890 – 1920. Campinas: Editora Unicamp, 2011; e DEL ROIO, José Luiz. *A greve de 1917:* os trabalhadores entram em cena. São Paulo: Alameda, 2017.

Crescia a massa grevista, crescia a repressão. Quando em 9 de julho um grupo de operários vai ao Brás protestar na porta da grande indústria Mariângela, de Matarazzo, o sapateiro espanhol de 21 anos, José Martinez, é atingido por um tiro no confronto violento entre grevistas e policiais, que deixou feridos em ambos os lados e resultou na morte de José Martinez em 10 de julho de 1917. Seu enterro, em 11 de julho, foi simbólico para a deflagração da greve geral entre as classes operárias de São Paulo, registrando-se um cortejo de 10 mil pessoas (até ali eram 15 mil grevistas, sendo 9.500 com reivindicações próprias e demais em solidariedade). Alguns operários tentariam libertar grevistas presos no caminho até o cemitério do Araçá, mas seriam repelidos pela polícia, que esperava combates grevistas e manteve-se à espreita nas ruas durante o enterro.(130)

A repressão policial intensa e a violência entre operários e policiais foram características da greve geral de 1917: a manutenção da exploração, a repressão policial e política e a comoção pela morte de José Martinez fizeram com que, entre 12 e 15 de julho, os grevistas se tornaram 45 mil segundo Luigi Biondi.(131) Paralisaram os bondes da Light and Power Co. e os serviços ferroviários da São Paulo Railway; assaltaram estabelecimentos comerciais; assaltaram ao Moinho Santista e ao Moinho Gamba para obter trigo, símbolo do "pão", da reivindicação de subsistência dos operários; quebraram veículos, vidraças de comércio e postes; invadiram de bondes. 7 mil policiais ocuparam São Paulo em 13 de julho, trazidos do interior, e dois navios de guerra atracavam no porto de Santos esperando para reação.

Importante mencionar o trabalho essencial de Glaucia Fraccaro(132) ao desvendar a atuação das mulheres da greve de 1917 e seguintes, 34% do operariado paulista àquele ponto. A pesquisadora destaca a presença delas nos movimentos, passando por seus pleitos, dentre os principais da greve, pela deflagração de novos movimentos na fábrica Mariângela em busca da readmissão de operárias grevistas não readmitidas após o fim da greve e demissão de um superior que as desrespeitava, chegando à dirigência da Liga Operária do Belenzinho por uma mulher, Maria Antônia Soares.

Quase 50 mil pessoas, dos 400 mil habitantes de São Paulo, aderiram à greve geral de 1917.(133) Significa dizer que aproximadamente 25% dos habitantes da cidade estavam nas ruas no ápice do movimento. Os trabalhadores formaram o Comitê de Defesa Proletária com alguns de seus representantes operários e da população em geral, levando reivindicações aos patrões e aos representantes do Estado. Da imprensa da época, principal fonte de informações das pesquisas (e que, nos textos, se mostra em geral favorável aos grevistas, mas critica os atos violentos da greve), tem destacado jornalistas que fariam o intermédio entre

(130) BIONDI, Luigi. A greve geral de 1917 em São Paulo e a imigração italiana: novas perspectivas. *Cadernos AEL*, vol. 15, n. 27, 4 de maio de 2009; e *Idem*, *Classe e Nação:* trabalhadores e socialistas italianos em São Paulo, 1890 – 1920. Campinas: Editora Unicamp, 2011.

(131) *Idem.*

(132) FRACCARO, Glaucia. *Os direitos das mulheres:* feminismo e trabalho no Brasil (1917 – 1937). Rio de Janeiro: FGV Editora, 2018.

(133) BIONDI, Luigi. A greve geral de 1917 em São Paulo e a imigração italiana: novas perspectivas. *Cadernos AEL*, vol. 15, n. 27, 4 de maio de 2009; e *Idem*, *Classe e Nação:* trabalhadores e socialistas italianos em São Paulo, 1890 – 1920. Campinas: Editora Unicamp, 2011.

as classes. Como mostra Biondi[(134)] em largos trabalhos feitos com base em documentos das ligas operárias e periódicos de 1917, os pedidos da greve geral eram de cessação da cobrança da "contribuição pró-pátria"; da garantia de trabalho aos empregados grevistas e de libertação daqueles que foram presos pelos movimentos; de aumento de salários em 20%; de redução das jornadas de trabalho a 8 horas diárias; fiscalização do trabalho infantil, que já era proibido pelo Código Sanitário mas não fiscalizado; proibição do trabalho noturno das operárias; proteção ao trabalho dos menores e proibição ao trabalho de menores de 14 anos; e de estudo sobre readequação aos preços dos produtos e sobre novas e melhores políticas de proteção a mulheres e menores. Também pleiteavam a garantia do trabalho aos grevistas e libertação dos operários presos nos movimentos que precederam a greve.

Em 15 de julho o Comitê aceita as propostas patronais e em 16 de julho um comício para 8 mil pessoas é feito pelo Comitê para anunciar o "fim da greve geral". Gradativamente as indústrias foram aderindo ao acordo e voltando às atividades, embora outras paralizações continuassem a acontecer.[(135)] No entanto, "A greve de 1917 representou o ápice do sindicalismo revolucionário e o início de seu declínio".[(136)] "A "participação" nunca esteve ausente da estratégia da burguesia, e há veneno em seus "presentes"".[(137)] Logo no mesmo ano o governo brasileiro acentuou a repressão aos sindicatos e aos imigrantes, tendo prendido e expulsado do país vários dos que organizaram as greves sob as acusações mais simplórias, ao exemplo da acusação de assalto de sacos de farinha.[(138)] Algumas promessas eram quebradas nas décadas seguintes, tanto quanto se aumentou a opressão.

A greve geral provocou a deflagração de outros movimentos, deu força às causas operárias e serviu para a reorganização das lutas sindicalizadas, tanto de operários quanto dos patrões, inclusive à reformulação da Federação Operária do Estado de São Paulo (FOSP) em agosto de 1917. Sindicatos tornaram-se, nos anos seguintes, órgãos representativos das classes, com burocracia interna, sedes etc. Ganharam a adesão de mais operários nos seus quadros de sindicalizados e se estruturaram em categorias industriais[(139)], enquanto as ligas operárias, hegemonia até 1917, eram agremiações de bairros, com categorias diversas em sua composição, especialmente em São Paulo, onde Boris Fausto fala em "organização autônoma da classe operária".[(140)] Daquele sindicalismo revolucionário de 1917 algumas lideranças rumaram para a criação do Partido Comunista do Brasil (PCB) em março de

---

(134) BIONDI, Luigi. A greve geral de 1917 em São Paulo e a imigração italiana: novas perspectivas. *Cadernos AEL*, vol. 15, n. 27, 4 de maio de 2009; e *Idem*, *Classe e Nação:* trabalhadores e socialistas italianos em São Paulo, 1890 – 1920. Campinas: Editora Unicamp, 2011.

(135) Ver Glaucia Fraccaro, *Os direitos das mulheres:* feminismo e trabalho no Brasil (1917-1937). Rio de Janeiro: FGV Editora, 2018.

(136) DEL ROIO, José Luiz. *A greve de 1917:* os trabalhadores entram em cena. São Paulo: Alameda, 2017.

(137) EDELMAN, Bernard. *A legalização da classe operária*. Trad. Marcus Orione. São Paulo: Boitempo, 2016.

(138) BIONDI, Luigi. A greve geral de 1917 em São Paulo e a imigração italiana: novas perspectivas. *Cadernos AEL*, vol. 15, n. 27, 4 de maio de 2009; e *Idem*, *Classe e Nação:* trabalhadores e socialistas italianos em São Paulo, 1890 – 1920. Campinas: Editora Unicamp, 2011.

(139) DEL ROIO, José Luiz. *A greve de 1917:* os trabalhadores entram em cena. São Paulo: Alameda, 2017.

(140) FAUSTO, Boris. *Trabalho Urbano e Conflito Social:* 1890 – 1920. 2. ed. São Paulo: Cia. das Letras, 2016

1922[141] A lei sobre acidentes de trabalho, de 1919, foi fruto tanto das reivindicações de 1917 quanto de outra greve, essa de 1919, que teve força graças àquela de dois anos antes. O Código Sanitário de 1917, embora reproduzindo muito do anterior por ele revogado, também proibiu o trabalho de menores de 12 anos, o trabalho noturno e no último mês de gestação às mulheres, pleitos da greve de 1917. Fruto da mesma greve, e alguns industriais cederam a aumentos salariais e jornadas de 8 horas diárias e 48 horas semanais.[142] A partir de 1917 foram deflagradas as discussões de legislação trabalhista entre os parlamentares, algumas bem-sucedidas e muitas sem grande sucesso, como a criação de um "Código do Trabalho", projeto que "foi bombardeado pelos industriais e pela maioria dos congressistas. Restou apenas a lei que regulava a indenização por acidentes de trabalho".[143]

O poder público passou a notar a causa como operária a partir dali, como movimento de ordem pública — um movimento de classe — enquanto antes tratava os movimentos da cidade somente como uma questão de não adaptação do imigrante.[144] Embora os movimentos tenham sido essenciais para mostrar a força operária, Bernard Edelman[145], ao trabalhar sobre movimentos proletários na França e Inglaterra, dizia:

> Muitas dessas "vitórias" foram necessárias para manter em "boa saúde" a classe operária, e Marx, em seu tempo, demonstrou que o Estado inglês foi muitas vezes obrigado a intervir contra os excessos de seus capitalistas. Um autor ingenuamente entrega o outro: "O legislador começou, com razão, a interessar-se pela saúde e pela vida do operário: as leis sobre o trabalho das crianças e das mulheres nas manufaturas (1874-1892), sobre a higiene e a segurança dos trabalhadores (1893) etc., refletem essa preocupação".
>
> Isso é bem conhecido. Mas o que é menos conhecido é que a classe operária pode ser "desencaminhada", precisamente por suas próprias "vitórias", que podem apresentar-se como um processo de integração ao capital.[146]

5. Conclusão

Os direitos de reunião presentes desde a Constituição de 1891, chegando à não proibição da greve pacífica pelo no Código Penal, foram contornados e pareceram quase figurativos no período estudado. A partir das mínimas manifestações de rebeldia das classes os movimentos eram repelidos com violência pelas autoridades policiais e patronais, a exemplo

(141) DEL ROIO, José Luiz. *A greve de 1917:* os trabalhadores entram em cena. São Paulo: Alameda, 2017.

(142) SOUTO MAIOR, Jorge Luiz. *História do direito do trabalho no Brasil:* curso de direito do trabalho, volume I: parte II. São Paulo: LTr, 2017.

(143) FAUSTO, Boris, *apud* SOUTO MAIOR, Jorge Luiz. *História do direito do trabalho no Brasil:* curso de direito do trabalho, volume I: parte II. São Paulo: LTr, 2017. p. 144.

(144) BIONDI, Luigi. *Classe e Nação:* trabalhadores e socialistas italianos em São Paulo, 1890 – 1920. Campinas: Editora Unicamp. 2011. p. 315-316.

(145) EDELMAN, Bernard. *A legalização da classe operária*. Trad. Marcus Orione. São Paulo: Boitempo, 2016.

(146) *Ibidem*, p. 18.

das prisões e espancamentos que se repetiram em todos os movimentos estudados. Segundo Bernard Edelman "Não existe o "direito do trabalho"; existe um direito burguês que se ajusta ao trabalho, ponto-final."[(147)]. Nesse ponto, o direito permitia a greve desde que não "fosse greve", ou seja, desde que não houvesse incômodo nem paralização real do trabalho, já que a chamada greve violenta era proibida (mas as repressões das greves de 1903 e 1917 foram exemplos de manifestações de violência iniciadas pela polícia contra grevistas pacíficos) e constranger trabalhadores para fazer greve, movimento chamado paredista atualmente, era ilícito, o que reduzia a eficácia das normas constitucionais e não proibição do Código Penal. Na prática, a violência era a solução para a dispersão dos movimentos de classe.

Ao final do escravismo o capitalismo tornou-se o meio de produção da vez, consolidando-se através dos últimos 12 anos de século XIX até ser plenamente aplicável o modelo fordista de exploração na metade do século XX. Nesse interim, a exploração do trabalho urbano e industrial se intensificou e teve como mão de obra uma massa trabalhadora em formação, com resquícios do escravismo colonial e do "branqueamento" da população iniciado ainda no século XIX, compondo uma classe operária de imigrantes, negros e negras, "vadios", a classe proletária brasileira. As operárias travaram sua luta dentro da luta, e não foram coadjuvantes dos movimentos. Sofrendo do machismo estrutural, suas lutas ficaram ainda mais submetidas ao apagamento histórico que o discurso maniqueísta — de "imigrante grevista *versus* trabalhador nacional pacato" — tentou aplicar sobre a força operária do nacional.

O imigrante, por sua vez, se sentiu tratado como escravo na virada do século e, quando se rebelou, tendo sua luta incrementada por ideais anarquistas e socialistas de outros que não se calavam à baila da exploração, deixou de oferecer vantagens aos patrões e governo brasileiro, tornando-se indesejado. A legislação tentou repelir a força dos imigrantes dos centros urbanos e do país, e dos industriais e discursos de autoridades foram construídas aquelas narrativas maniqueístas xenofóbicas, de trabalhador nacional "pacato", de verdadeiro trabalhador brasileiro, demonizando o imigrante a partir do momento no qual seu ônus para o desenvolvimento, já que revolucionário, foi maior que o bônus de sua mão de obra barata, tornando-se dispensável e voltando-se os olhos do capital para a exploração do trabalhador nacional. É fruto dessa narrativa que se pretendeu o apagamento histórico da presença dos nacionais dos movimentos, que como visto, estiveram ativamente presentes no Rio de Janeiro, em Recife e em São Paulo. No decorrer de vários desses movimentos as lutas de imigrantes, nacionais e operárias, uniu-se contra a exploração no trabalho, dando destaque à greve geral de 1917 em São Paulo, tendo os imigrantes um papel primordial na confabulação de ideias revolucionárias anarquistas e socialistas, e no início dos movimentos de organização sindical da cidade, sem perder de vista a presença do nacional na greve de 1917.

Esse período de intensos movimentos sociais e revoltas face à exploração foi o que constituiu o operariado no Brasil. Todos foram movimentos valorosos, que necessariamente devem ser vistos pela perspectiva materialista histórica, como luta de classe, portanto, já que em todos claramente tratava-se do povo, de trabalhadores e trabalhadoras, contrários aos

(147) EDELMAN, Bernard. *A legalização da classe operária*. Trad. Marcus Orione. São Paulo: Boitempo, 2016. p. 19.

arranjos do capital, seja nas greves propriamente ditas, na revolta da chibata — motim — ou na revolta da vacina. O estudo dos movimentos retira o véu sobre a narrativa das concessões, quase por amor à causa, por parte dos governantes e patronato, e desvenda as lutas de classes que levaram a conquistas, próprias de classes.

Embora tenham sido movimentos que mereçam o devido respeito da história, devem ser tratados também com a devida cautela na mesma perspectiva materialista. Pela legalidade rouba-se a voz da luta, que nunca alcança mudança maior do que quantitativa. Ainda que a quantidade menor de exploração seja melhor do que a espoliação anterior à luta, pela legalização conforma-se a luta à exploração capitalista. A forma-jurídica desencaminhou a luta de classe daquele primeiro operariado brasileiro e os readequou constantemente, a cada luta, à condição de explorados. As lutas tiveram na sua burocratização tanto seu ápice quanto o início de sua derrocada, consolidada pela legalização, ou em acordos com os patrões, dos pleitos daqueles trabalhadores, os afastando de qualquer mudança qualitativa em sua condição de explorados. Exemplo disso foram as consequências mediatas dos movimentos já que, pouco depois, prisões, expulsões, perseguições e, mais atualmente, reformas legislativas e mudanças de governo, readequaram a quantidade da exploração para tornarem os trabalhadores ainda mais explorados.

Não se deve esquecer que as lutas do operariado que se constituía naquele início de século XX tornaram suas vidas, ainda que sempre penosas, ao menos um pouco menos penosas. Os operários e operárias alcançaram gloriosas conquistas, mas as verdadeiras lutas de caráter revolucionário terminaram por contentarem-se, acordo após acordo, lei após lei, à continuidade da exploração capitalista, prendendo-os ao manejo burguês da legalização de suas lutas, segundo as perspectivas de Evguiène Pachukanis[(148)] e Bernard Edelman[(149)], especialmente num momento no qual a massa ainda se reunia com força revolucionária. Seguindo a crítica marxiana, quando o proletário poderia ter mudado rumos da escalada do capitalismo no Brasil, a ele foi se conformando, fato que se consolidou com o roubo da voz dos trabalhadores provocado pela esperta estratégia da legalização de seus pleitos pela CLT quase 30 anos depois.

Referências bibliográficas

ALMEIDA, Silvia Capanema P. de. Do marinheiro João Cândido ao Almirante Negro: conflitos memoriais na construção do herói de uma revolta centenária. *Revista Brasileira de História*, vol. 31, n. 61. 2011. Disponível em: <https://doi.org/10.1590/S0102-01882011000100004>. Acesso em: 10 jan. 2022.

ALTHUSSER, Louis. *Aparelhos ideológicos de estado.* Rio de Janeiro, Graal, 1992.

______. *Iniciação à filosofia para não filósofos.* Tradução: Rosemary Costhek Abílio. São Paulo: WMF Martins Fontes, 2019.

(148) Ver em Evguiène B. Pachukanis, *Teoria geral do direito e marxismo.* Trad. Paula Vaz de Almeida, São Paulo: Boitempo, 2017.

(149) Ver em Bernard Edelman, *A legalização da classe operária.* Trad. Marcus Orione. São Paulo: Boitempo, 2016.

AZEVEDO, Fatima Gabriela Soares de; SIQUEIRA, Gustavo Silveira. O tratamento jurídico da greve no início do século XX: o direito e a violência na greve de 1906. Rio de Janeiro: *Revista Direito e Práxis, On.line*, vol. 4, n. 7, 2013, p. 68 84. Disponível em: <https://www.e-publicacoes.uerj.br/index.php/revistaceaju/article/view/7285>. Acesso em: 10 jan. 2022.

AZEVEDO, Francisca Nogueira de. *Malandros desconsolados:* o diário da primeira greve geral no Rio de Janeiro. Rio de Janeiro: Relume Dumará, 2005.

BARROS, Lívia Cristina dos Anjos; COSTA, Luiz Rosado; SOUZA, José Eduardo Melo de. Um histórico da política migratória brasileira a partir de seus marcos legais (1808-2019). Corumbá: *Revista GeoPantanal UFMS/AGB*, n. 27, 167-184, jul./dez. 2019. Disponível em: <https://periodicos.ufms.br/index.php/revgeo/article/view/9733>. Acesso em: 10 jan. 2022.

BERTONHA, João Fábio. Entre Mussolini e Plínio Salgado: o Fascismo italiano, o Integralismo e o problema dos descendentes de italianos no Brasil. *Revista Brasileira de História*, São Paulo, vol. 21, n. 40, p. 85-105. 2001. Disponível em: <https://doi.org/10.1590/S0102-01882001000100005>. Acesso em: 10 jan. 2022.

BERTONHA, João Fábio. *Os Italianos.* 3. ed. São Paulo: Contexto, 2018.

BIONDI, Luigi. A greve geral de 1917 em São Paulo e a imigração italiana: novas perspectivas. *Cadernos AEL*, vol. 15, n. 27, 4 maio 2009.

______. *Classe e Nação:* trabalhadores e socialistas italianos em São Paulo, 1890 – 1920. Campinas: Editora Unicamp, 2011.

BRASIL. Lei de 7 de novembro de 1831. *Declara livres todos os escravos vindos de fôra do Imperio, e impõe penas aos importadores dos mesmos escravos.* Rio de Janeiro. 1831. Disponível em: <https://www2.camara.leg.br/legin/fed/lei_sn/1824-1899/lei-37659-7-novembro-1831-564776-publicacaooriginal-88704-pl.html>. Acesso em: 10 jan. 2022.

______. *Lei n. 581, de 4 de setembro de 1850.* Estabelece medidas para a repressão do trafico de africanos neste Império. Rio de Janeiro, 1850. Disponível em: <http://www.planalto.gov.br/ccivil_03/leis/lim/lim581.htm>. Acesso em: 1º jun. 2021.

______. *Lei n. 2.040, de 28 de setembro de 1871.* Declara de condição livre os filhos de mulher escrava que nascerem desde a data desta lei, libertos os escravos da Nação e outros, e providencia sobre a criação e tratamento daquelles filhos menores e sobre a libertação annaul de escravos. Rio de Janeiro, 1871. Disponível em: <http://www.planalto.gov.br/ccivil_03/leis/lim/lim2040.htm>. Acesso em: 1º jun. 2021.

______. *Lei n. 3.270, de 28 de setembro de 1885.* Regula a extincção gradual do elemento servil. Rio de Janeiro, 1885. Disponível em: <http://www.planalto.gov.br/ccivil_03/leis/lim/LIM3270.htm>. Acesso em: 1º jun. 2021.

______. *Lei n. 3.353, de 13 de maio de 1888.* Declara extinta a escravidão no Brasil. Rio de Janeiro, 1888. Disponível em: <http://www.planalto.gov.br/ccivil_03/leis/lim/lim3353.htm>. Acesso em: 1º jun. 2021.

______. *Decreto n. 1.162, de 12 de dezembro de 1890.* Altera a redacção dos arts. 205 e 206 do Codigo Criminal. Rio de Janeiro, 1890. Disponível em: <https://legis.senado.leg.br/norma/391335/publicacao/15630016>. Acesso em: 10 jan. 2022.

______. *Decreto n. 1.313, de 17 de janeiro de 1891.* Estabelece providencias para regularisar o trabalho dos menores empregados nas fabricas da Capital Federal. Rio de Janeiro, 1891. Disponível em: <https://www2.camara.leg.br/legin/fed/decret/1824-1899/decreto-1313-17-janeiro-1891-498588-publicacaooriginal-1-pe.html>. Acesso em: 10 jan. 2022.

______. *Decreto n. 979, de 6 de janeiro de 1903.* Faculta aos profissionais da agricultura e industrias rurais a organização de sindicatos para defesa de seus interesses. Rio de Janeiro, 1903. Disponível em: <http://www.planalto.gov.br/ccivil_03/decreto/antigos/d0979.htm>. Acesso em: 10 jan. 2022.

______. *Decreto n. 1.641, de 7 de janeiro de 1907.* Providencia sobre a expulsão de estrangeiros do territorio nacional. Rio de Janeiro, 1907. Disponível em: <https://www2.camara.leg.br/legin/fed/decret/1900-1909/decreto-1641-7-janeiro-1907-582166-publicacaooriginal-104906-pl.html>. Acesso em: 1º jun. 2021.

______. *Decreto n. 9.081, de 3 de novembro de 1911.* Dá novo regulamento ao Serviço de Povoamento. Rio de Janeiro, 1911. Disponível em: <https://www2.camara.leg.br/legin/fed/decret/1910-1919/decreto-9081-3-novembro-1911-523578-republicacao-102836-pe.html>. Acesso em: 1º jun. 2021.

______. *Decreto n. 1.637 de 5 de janeiro de 1907.* Crea syndicatos profissionaes e sociedades cooperativas. Rio de Janeiro, 1911. Disponível em: <https://www2.camara.leg.br/legin/fed/decret/1900-1909/decreto-1637-5-janeiro-1907-582195-publicacaooriginal-104950-pl.html>. Acesso em: 1º jun. 2021.

CARNEIRO, Cynthia Soares. Políticas Migratórias no Brasil e a Instituição dos "Indesejados": A Construção Histórica de um Estado de Exceção para Estrangeiros. Fortaleza: *Revista Opinião Jurídica, On.line*, ano 16, n. 22, p. 56-85, jan./jun. 2018. Disponível em: <https://periodicos.unichristus. edu.br/opiniaojuridica/article/view/1728>. Acesso em: 10 jan. 2022.

CARVALHO, José Murilo de. *Os bestializados:* o Rio de Janeiro e a República que não foi. São Paulo: Cia. das Letras, 2019.

CARVALHO, José Murilo de. Os bordados de João Cândido. *História, Ciências, Saúde* – Manguinhos II (2). 68 – 84. jul./out. 1995. Disponível em: <https://doi.org/10.1590/S0104-59701995000300005>. Acesso em: 10 jan. 2022.

COSTA, Julianna Carolina Oliveira; FERNANDES, Rui Aniceto Nascimento. História da Imigração (1830-1880). In: REZNIK, Luiz (Org). *História da Imigração no Brasil.* Rio de Janeiro: FGV Editora, 2020. p. 65-89.

COLBARI, Antonia. Familismo e Ética do Trabalho: O Legado dos Imigrantes Italianos para a Cultura Brasileira. São Paulo: *Revista brasileira de História*, *On-line*, vol. 17, n. 34, p. 53-74. 1997. Disponível em: <https://doi.org/10.1590/S0102-01881997000200003>. Acesso em: 1º jun. 2021.

DEL ROIO, José Luiz. *A greve de 1917:* os trabalhadores entram em cena. São Paulo: Alameda, 2017.

EDELMAN, Bernard. *A legalização da classe operária.* Tradução: Marcus Orione. São Paulo: Boitempo, 2016.

ENGELS, Friedrich; MARX, Karl. *O manifesto comunista.* 5. ed. São Paulo: Paz e Terra, 1999.

ERKERT, Jonathan. *Modos de produção no Brasil.* Escravidão e forma jurídica. São Paulo: Ideias e Letras, 2018.

FAUSTO, Boris. *Trabalho Urbano e Conflito Social:* 1890 – 1920. 2. ed. São Paulo: Cia. das Letras. 2016.

FRACCARO, Glaucia. *Os direitos das mulheres:* feminismo e trabalho no Brasil (1917 – 1937). Rio de Janeiro: FGV Editora, 2018.

GRESPAN, Jorge. *Marx:* uma introdução. São Paulo: Boitempo. 2021.

HUTTER, Lucy Maffei. *Imigração italiana em São Paulo (1880-1889, 1902-1914).* 2. ed. São Paulo: Hucitec, 2018.

KOWARICK, Lucio. *Trabalho e vadiagem:* a origem do trabalho livre no Brasil. 3. ed. São Paulo: Editora 34, 2019.

LEAL, Cláudia. Subversivos italianos em São Paulo: Vigilância e Controle de Policiais nos Anos de 1890. In: CARNEIRO, Maria Luiza Tucci; CROCI, Federico; FRANZINA, Emilio (Orgs.). *História do Trabalho e Histórias da Imigração:* Trabalhadores Italianos e Sindicatos no Brasil (Séculos XIX e XX). São Paulo: Editora da Universidade de São Paulo: Fapesp, 2010. p. 105-132.

LYNCH, Christian Edward Cyril. "A multidão é louca, a multidão é mulher": a demofobia oligárquico-federativa da Primeira República e o tema da mudança da capital. Rio de Janeiro: *História, Ciências, Saúde* – Manguinhos, v. 20, n. 4, out./dez. 2013, p. 1.491-1.514. Disponível em: <https://doi.org/10.1590/S0104-59702013000500004>. Acesso em: 10 jan. 2022.

MARX, Karl. *O capital:* crítica da economia política. Livro I: o processo de produção do capital [1867] Tradução: Rubens Enderle. 2. ed. São Paulo: Boitempo, 2020.

MOREL, Edmar. *A Revolta da Chibata.* 6. ed. São Paulo: Paz e Terra. 2016.

NASCIMENTO, Alvaro Pereira do. "Sou escravo de oficiais da Marinha": a grande revolta da marujada negra por direitos no período pós-abolição (Rio de Janeiro, 1880-1910). São Paulo: *Revista Brasileira de História*, v. 36, n. 72, 2016. Disponível em: <https://doi.org/10.1590/1806-93472016v36n72_009>. Acesso em: 10 jan. 2022.

PACHUKANIS, Evguièni B. *Teoria geral do direito e marxismo.* Tradução: Paula Vaz de Almeida. São Paulo: Boitempo, 2017.

PANIZZOLO, Cláudia. A escola étnica na cidade de São Paulo e os primeiros tons de uma identidade italiana (1887-1912). *Revista História da Educação, On.line*, Vol. 24, e91636, 2020. Disponível em: <https://seer.ufrgs.br/asphe/article/view/91636>. Acesso em: 10 jan. 2022.

RIBEIRO, Djamila. *Lugar de fala.* São Paulo: Pólen, 2019.

SEVCENKO, Nicolau. *A Revolta da Vacina:* mentes insanas em corpos rebeldes. São Paulo. Editora Unesp, 2018.

SOUTO MAIOR, Jorge Luiz. *História do direito do trabalho no Brasil:* curso de direito do trabalho, volume I: parte II. São Paulo: LTr, 2017.

SOUZA, Felipe Azevedo e. As cigarreiras revoltosas e o movimento operário: história da primeira greve feminina do Recife e as representações das mulheres operárias na imprensa. Campinas: *Cadernos Pagu, On-line*, n. 55, p. e195513, 2019. Disponível em: <https://periodicos.sbu.unicamp.br/ojs/index.php/cadpagu/article/view/8656375>. Acesso em: 10 jan. 2022.

"Pandeiro Era Proibido": Classe Trabalhadora, Repressão e Resistências no Brasil da Década de 1920[1]

Amanda de Souza Camargo[2]

O tal que inventou o trabalho
Só pode ter uma cabeça oca
Pra conceber tal ideias
Que coisa louca
O trabalho dá trabalho demais
E sem ele não se pode viver

Mas há tanta gente no mundo
Que trabalha sem nada obter
Somente pra comer...

(*Inventor do Trabalho*, samba de Batatinha)

1. Introdução

Em agosto de 2021, o Professor Jorge Luiz Souto Maior fez um convite às alunas e aos alunos do curso "Direito do Trabalho no Brasil: elementos para uma leitura marxista do direito"[3]: estudar a história do Direito do Trabalho pela perspectiva "não contada": a da classe trabalhadora.

(1) Relato do sambista João da Baiana sobre o período de repressão ao samba no início do século XX (VIEIRA, 2012, p. 33).

(2) Doutoranda em Direito pela Universidade de São Paulo, com projeto de pesquisa sobre as experiências recentes de organização sindical de imigrantes no Brasil sob uma perspectiva crítica marxista. Mestra em Direito e Relações Internacionais (UNIMEP). Especialista em Direito Constitucional Aplicado pela UNICAMP.

(3) O curso foi oferecido no Programa de Pós-graduação *stricto sensu* da Faculdade de Direito da Universidade de São Paulo (USP), no período de agosto a dezembro de 2021.

Desafiando as tendências "simplificadoras" da história do Direito do Trabalho e a narrativa de apagamento da classe dominante no Brasil(4), a proposta era de — em um esforço coletivo — buscarmos contribuir para a superação do paradigma limitante que reduz esse fenômeno às normas reguladoras das relações de trabalho ou mesmo da promulgação da Consolidação das Leis Trabalhistas (CLT) em 1940, isolando-o justamente daquilo que lhe é mais característico: o movimento dialético da história da luta de classes.

Assim, dando continuidade à brilhante iniciativa desenvolvida na obra *História do direito do trabalho no Brasil: curso de direito do trabalho*(5), e partindo da premissa compartilhada de que o surgimento e desenvolvimento do Direito Trabalho enquanto fenômeno social estão intimamente ligados à "formação do modelo capitalista" e à "própria história do Brasil" nesse contexto(6), nos lançamos as e os estudantes da disciplina para uma rica investigação das mobilizações, insurreições e greves da classe trabalhadora brasileira desde o período colonial até os dias de hoje, recuperando movimentos de resistência e ofensiva que deram forma e conteúdo ao Direito do Trabalho no país. Uma busca ativa "do outro lado" (não contado) da história.

Coube a mim(7) a instigante missão de refletir sobre a década de 1920. Eram os primeiros anos do séc. XX e no Brasil (como em boa parte do mundo), as trabalhadoras e trabalhadores estavam em conflito deflagrado com as violentas exigências da expansão capitalista sobre os corpos, expressões culturais, a organização do trabalho e tantas outras dimensões da existência da classe enquanto classe.

Neste trabalho, seguindo o exemplo das e dos demais colegas de empreitada, priorizei o debate sobre a formação da classe trabalhadora naquele momento histórico, com foco nas medidas que tinham como objetivo o disciplinamento dos e das trabalhadoras para a expansão da indústria que avançava a partir do acúmulo de capital gerado pela exploração de trabalho escravizado até o final do séc. XIX.

Em particular, dei atenção à criminalização do samba como forma de expressão cultural da classe que foi duramente reprimida nas primeiras décadas do séc. XX, momento em que as elites política e econômica no país buscavam construir o trabalho — até então desvalorizado e associado a símbolos negativos como forma de justificar a escravização de pessoas negras e indígenas — como um valor positivo para a sociedade.

---

(4) SOUTO MAIOR, Jorge Luiz. *História do direito do trabalho no Brasil:* curso de direito do trabalho, volume I: parte II. São Paulo: LTr, 2017. p. 11 e 18

(5) SOUTO MAIOR, Jorge Luiz. *História do direito do trabalho no Brasil*: curso de direito do trabalho, volume I: parte II. São Paulo: LTr, 2017.

(6) *Ibidem*, p. 12.

(7) Considerando a natureza única do exercício de reflexão provocado pelo Prof. Souto Maior e a distribuição de tarefas de pesquisa em nosso coletivo, tomo a liberdade neste momento do texto para usar a primeira pessoa do singular, apesar da prática consolidada de "dessubjetivação" acadêmica, também uma forma de "apagar" também as trabalhadoras e trabalhadores do fazer acadêmico, outra das armadilhas da ideologia positivista do direito. Vide BATISTA, Flávio Roberto. *Crítica da tecnologia dos direitos sociais:* uma contribuição materialista histórico-dialética. 2012. Tese de Doutorado. Universidade de São Paulo. p. 24.

No mesmo período, as trabalhadoras e trabalhadores no país se insurgiam. O ciclo de mobilizações e greves nas duas primeiras décadas do século, em especial a partir da greve geral de 1917, veriam, contudo, uma resposta estatal ainda mais violenta a partir de 1920, quando a repressão se intensificou consideravelmente.

Nesse sentido, também analisarei as principais medidas adotadas pelo Estado brasileiro para conter as lutas sociais que avançavam, bem como importantes resistências nessa trincheira, como o caso dos trabalhadores gráficos de São Paulo.

2. Contexto histórico do debate

Para refletirmos sobre a formação da classe trabalhadora brasileira no início do séc. XX, um processo de forja — a fogo quente — nas experiências concretas e compartilhadas daqueles que possuem apenas sua própria força de trabalho como subsistência[(8)], é essencial que situemos esse debate historicamente.

No mundo, era a ressaca da 1ª Guerra Mundial, que impactou tanto o centro como a periferia do capitalismo global, resultando no Brasil também em uma profunda crise econômica pela falta de matéria-prima e diminuição das exportações de café em razão da desorganização do mercado internacional[(9)].

Boa parte dos países ainda se recuperava das consequências socioeconômicas da gripe espanhola[(10)], que no Brasil atingiu principalmente São Paulo e Rio de Janeiro, os principais centros da produção fabril no país[(11)].

E o mundo também "se recuperava" da vitória bolchevique na Revolução Russa em 1917, quando a classe trabalhadora toma o poder e transforma em realidade o que até então era apenas uma promessa, uma afronta à "hegemonia do capital" que de certa forma "transbordou" as fronteiras da Rússia, afetando as relações sociais de produção em todo o mundo[(12)].

O Brasil vivia a terceira década como República[(13)], um período em que as elites agrárias escravocratas buscavam consolidar seu poder econômico, sem que houvesse verdadeira ruptura com as práticas de dominação no período monárquico.

---

(8) MARX, Karl. *O Capital:* crítica da economia política. Livro 1: o processo de produção do capital. São Paulo: Boitempo, 2013, p. 786.

(9) CANO, Wilson. Da Década de 1920 à de 1930: Transição Rumo à Crise e à Industrialização no Brasil. *Revista de Políticas Públicas*, v. 16, n. 1, p. 79-90, 2012.

(10) BRAINERD, Elizabeth; SIEGLER, Mark V. *The economic effects of the 1918 influenza epidemic.* Available at SSRN 394606, 2003.

(11) KIND, Luciana; CORDEIRO, Rosineide. Narrativas sobre a morte: a gripe espanhola e a Covid-19 no Brasil. *Psicologia & Sociedade*, v. 32, 2020.

(12) MACHADO, Gustavo S. S. Um dedo contendo o dilúvio: Alguns apontamentos sobre a Revolução Russa e a criação da OIT. In: BATISTA, Flávio Roberto; MACHADO, Gustavo Seferian Scheffer. *Revolução russa, Estado e Direito.* São Paulo: Dobradura Editorial, 2017. p. 145-191.

(13) SOUTO MAIOR, Jorge Luiz. *História do direito do trabalho no Brasil:* curso de direito do trabalho, volume I: parte II. São Paulo: LTr, 2017. p. 101.

Para preservar os interesses da classe dominante — os antigos escravocratas e proprietários de terra, em especial cafeicultores, a partir de 1902 é instituída a "Política do Café com Leite", definida como "um acordo não escrito entre SP e MG, iniciado no governo Campos Sales e que dura até o final do governo Washington Luís (1930)"(14), revezando-se no poder executivo federal representantes das oligarquias regionais desses estados nesse período.

A industrialização começava a avançar, com base no capital acumulado com o trabalho escravizado(15), mas ainda compunha pequena parcela da produção de riqueza do país. Apenas 13,8% da população empregada no Brasil em 1920 trabalhava na produção industrial, contra 66,7% dos habitantes economicamente ativos que trabalhavam no campo(16).

Como já foi abordado nos demais trabalhos desta obra, o trabalho escravizado havia sido abolido há pouco mais de 30 anos, sem que houvesse qualquer plano de inserção socioeconômica da população negra liberta e mantendo por completo o fundamento escravista, racista e colonial nas relações de trabalho. Assim a população negra liberta transformou-se em boa parte nos primeiros camponeses pobres sem-terra do país, e os trabalhadores urbanos nos primeiros contingentes de operários fabris(17).

Por outro lado, Souto Maior(18) sublinha como a mão de obra migrante — um investimento de Estado desde 1890, com o Decreto 528 de 1890 que regularizava o serviço da introdução e localização de migrantes e excluía de seu escopo os assim chamados "indígenas da Ásia e África" — cumpriu papel central no processo/projeto de branqueamento da força de trabalho no país. Contudo, submetidos às condições extremamente precárias de trabalho no campo e na cidade, bem como à repressão e violência próprias das relações de trabalho escravistas no Brasil, muitos imigrantes fugiram das colônias agrícolas para se estabelecerem nos centros urbanos, especialmente em São Paulo, passando a compor o enorme exército de reserva de mão de obra que então se estabelecia no Brasil e a se organizarem também em associações e sindicatos, o que levaria gradualmente à sua repressão e repúdio pelas elites, que passaram a identificar o "elemento estrangeiro" como aquele que "envenenava" os trabalhadores nacionais.

Em resposta à atividade militante de imigrantes no Brasil entre 1900 e 1920, com destaque para a corrente anarquista dentro do operariado urbano, houve uma série de reações, como o Decreto n. 1.641, de 1907, que autorizava a expulsão de estrangeiros que ameaçassem a segurança nacional ou a tranquilidade pública; a formação da Liga Nacionalista de São Paulo em 1916 (preocupada com os "subversivos" responsáveis pela corrupção dos costumes nacionais), a elaboração de listas de indesejáveis por parte dos industriais (buscando impedir trabalhadores de conseguir novos postos de trabalho se participassem de manifestações), dentre outros elementos que serão abordados mais adiante.

---

(14) SOUTO MAIOR, Jorge Luiz. *História do direito do trabalho no Brasil:* curso de direito do trabalho, volume I: parte II. São Paulo: LTr, 2017. p. 104-105.

(15) FAUSTO, Boris. *Trabalho urbano e conflito social:* 1890-1920. São Paulo: Cia. das Letras, 2016. p. 19-20.

(16) SOUTO MAIOR, Jorge Luiz. *História do direito do trabalho no Brasil:* curso de direito do trabalho, volume I: parte II. São Paulo: LTr, 2017. p. 124.

(17) *Ibidem*, p. 109-113.

(18) *Ibidem*, p. 114-119.

3. Classe trabalhadora em formação?

Quem trabalha é que tem razão
Eu digo e não tenho medo de errar
Quem trabalha é que tem razão
Eu digo e não tenho medo de errar

O bonde São Januário
Leva mais um otário
Só eu não vou trabalhar...

(*O Bonde de São Januário*, versão censurada,
Ataulfo Alves e Wilson Batista)

A proximidade entre as condições de exploração e reprodução social experimentadas por trabalhadores e trabalhadoras brancos(as) pobres e trabalhadores(as) negros(as) era considerável nesse momento histórico, criando um terreno fértil para construção de espaços de resistência em comum e "reforçando um traço de identidade da classe trabalhadora no Brasil": "o das péssimas condições de vida e de trabalho, adicionado ao trato repressivo"(19).

Mas o legado racista do período colonial, ressignificado no contexto da exploração de mão de obra livre, representaria desafios significativos na formação da classe trabalhadora. Com efeito, em 1920 já podiam ser observados os efeitos de 30 anos de abolição sem reparação e o legado escravista e racista na ocupação dos postos de trabalho(20).

Victor Pastore(21) aponta, em sua dissertação "Imprensa negra e imprensa operária: experiências, diálogos e tensões entre trabalhadores negros e imigrantes na São Paulo do pós-abolição (1915-1932)", que negros e imigrantes ocuparam espaços distintos no mercado de trabalho que se estabelecia no Brasil, ainda que compartilhassem de similaridades em sua experiência concreta enquanto trabalhadores e trabalhadoras.

Segundo o autor, isso ocorreu por força da ideologia racista que deu forma às relações de trabalho no país:

> Uma vez que os imigrantes foram considerados como os agentes do trabalho industrial por excelência, a estruturação do mercado de trabalho se deu de maneira combinada com a ideologia racista, a qual cumpriu papel fundamental em determinar quais grupos venceriam a competição capitalista por emprego. Essa ideologia, solidificada nos costumes da população branca, por vezes escondia-se atrás de outros discursos que não faziam menção à cor, mas apontavam de forma vaga a "aparência", a "vagabundagem", o "despreparo profissional", entre

(19) SOUTO MAIOR, Jorge Luiz. *História do direito do trabalho no Brasil:* curso de direito do trabalho, volume I: parte II. São Paulo: LTr, 2017. p. 110-112.

(20) *Ibidem*, p. 113

(21) PASTORE, Victor D. *Imprensa negra e imprensa operária:* experiências, diálogos e tensões entre trabalhadores negros e imigrantes na São Paulo do pós-abolição (1915-1932). 2020. Tese de Doutorado. Universidade de São Paulo.

> outros termos. Porém, em outros momentos, ela aparecia escancarada, como no caso dos anúncios de vagas de emprego nos jornais que traziam indicações como "prefere-se branco", "prefere-se italiano" ou "prefere-se estrangeiro".[(22)]

Retomando entrevistas de homens negros que viveram nessa época, o autor menciona que a experiência comum relatada é de começarem a trabalhar cedo com 8 ou 9 anos, em geral em serviços irregulares/intermitentes, tendo muita dificuldade em encontrar trabalho fixo e passando longos períodos sem nenhum emprego. Para os que conseguiam emprego regular, os relatos indicam que praticamente não existia a possibilidade de mobilidade ocupacional, uma espécie de barreira racial para ascensão social[(23)].

O relato de Abílio Rodrigues, militante e colunista do jornal *"O Kosmos"*, recuperado por Pastore, ilustra em detalhes a desigualdade racial no acesso às oportunidades de trabalho:

> Conforme escreveu o militante Abílio Rodrigues, no jornal *O Kosmos*, "nota-se em toda carreira da vida que o preto carece de um esforço triplo para chegar a conseguir uma posição melhor (...) Há corporações em que se impede que o negro suba aos postos de destaque e de comando" e a razão disso era "o preconceito que exclui, que humilha e que esmaga o homem de cor".[(24)]

Já as mulheres negras conseguiam empregos mais facilmente que os homens, em geral com serviços domésticos nas casas de famílias brancas. O relato de um militante da Frente Negra Brasileira novamente auxilia nosso estudo sobre a formação da classe trabalhadora a partir de sua materialidade à época:

> As mulheres trabalhavam como domésticas, cozinheiras, lavadeiras, passadeiras, enfim. A maior parte das mulheres era que arcava com as despesas da família, porque eram importantes na época as empregadas domésticas, principalmente as negras, pois sabiam lidar com a cozinha, com a limpeza. Elas encontravam emprego mais facilmente que os homens (...).[(25)]

Essas mulheres, como indica Pastore com base em entrevistas conduzidas por Teresinha Bernardo, começavam a trabalhar também muito jovens, aproximadamente com oito anos de

---

(22) PASTORE, Victor D. *Imprensa negra e imprensa operária:* experiências, diálogos e tensões entre trabalhadores negros e imigrantes na São Paulo do pós-abolição (1915-1932). 2020. Tese de Doutorado. Universidade de São Paulo, p. 109.

(23) *Ibidem*, p. 110.

(24) PASTORE, Victor D. *Imprensa negra e imprensa operária:* experiências, diálogos e tensões entre trabalhadores negros e imigrantes na São Paulo do pós-abolição (1915-1932). 2020. Tese de Doutorado. Universidade de São Paulo. p. 111

(25) BARBOSA, 1998, p. 35, citado por PASTORE, 2020, p. 112

idade, auxiliando a mãe ou outro membro da família e "muitas vezes não recebiam pagamento, pois eram consideradas 'como filhas' e moravam nas casas dos brancos"(26).

Esses relatos e a leitura de Pastore evidenciam as condições de trabalho da população negra no Brasil naquele momento, ao mesmo tempo em que revelam a perpetuação de práticas similares até os dias de hoje, como exploração das mulheres negras no trabalho doméstico(27).

Consideradas as similaridades e diferenciações que começavam a despontar na formação da classe trabalhadora na década de 1920, Mattos chama a atenção para o fato de que, embora seja "determinante que muitos indivíduos compartilhem uma experiência comum em termos de condição de vida e de trabalho", para que possamos considerar uma classe constituída (ou em constituição), isso não é suficiente(28).

Para este autor, é preciso ainda que:

> (...) os grupos de indivíduos identifiquem essa experiência como comum e seus interesses como convergentes entre si e opostos aos de outros grupos. Daí organizarem-se, em sindicatos ou partidos, por exemplo, para coletivamente defenderem tais interesses, expressos na crítica à sua situação e em propostas de mudança social, com sentido de classe.(29)

Sobre este tema, Ângela de Castro Gomes (2005), em sua obra "Invenção do Trabalhismo", coloca em diálogo as contribuições de E. P. Thompson e W. Sewell para analisar a formação da classe trabalhadora no Brasil. Para o primeiro, a constituição de uma classe trabalhadora é um "fato de história econômica" mas também de "história política e cultural" e, na visão do segundo, para que esse processo ocorra é central investigar o desenvolvimento histórico da consciência operária a partir de seu contexto, algo que na França ocorreu "mais segundo o ritmo da política do que do desenvolvimento econômico do país"(30).

Ambas as concepções enfatizam "o processo de formação da classe trabalhadora como um fenômeno histórico", indissociável da "histórica política de cada país", e a constituição histórica de uma "mentalidade" que permite aos trabalhadores se reconhecerem:

> (...) de uma nova forma, assumindo posições na sociedade informados por novos valores, e concebendo suas associações de classe a partir de uma nova

(26) PASTORE, Victor D. *Imprensa negra e imprensa operária:* experiências, diálogos e tensões entre trabalhadores negros e imigrantes na São Paulo do pós-abolição (1915-1932). 2020. Tese de Doutorado. Universidade de São Paulo, p. 112.

(27) FARIA, G. J. A. de; FERREIRA, M. da L. A.; COUTINHO, C. M. F. "A condição para quem nasce negra e mulher é ser doméstica?": desigualdade entre mulheres brancas e negras no trabalho doméstico. *PerCursos*, Florianópolis, v. 15, n. 28, p. 354 – 375, 2014. Disponível em: <https://www.periodicos.udesc.br/index.php/percursos/article/view/1984724215282014354>. Acesso em: 17 jan. 2022.

(28) MATTOS, Marcelo B. *Trabalhadores e sindicatos no Brasil.* São Paulo: Expressão Popular, 2009. p. 34.

(29) *Idem.*

(30) GOMES, Ângela de Castro. *A invenção do trabalhismo.* São Paulo: Editora FGV, 2005. p. 18.

> perspectiva. (...) Sewell chama este processo de construção de uma "palavra operária" (Sewell, 1981, p. 650), ressaltando a força constitutiva do discurso operário e sua relação com a viela política francesa e com as tradições culturais dos trabalhadores.(31)

Em sua análise, Gomes se aproxima da leitura de Mattos (2009) e sintetiza a possibilidade da formação da classe trabalhadora também a partir da "formação de uma identidade coletiva" que cria uma "área de igualdade", isto é, dispensa as diferenças e "enfatiza um conjunto de valores e tradições solidários, podendo inclusive se materializar em formas institucionais diversas como leis, organizações etc."(32).

Para que isso acontecesse realmente, havia, porém, uma série de desafios. O primeiro apontado por Mattos (2009) é a "imagem negativa do trabalho" que existia no Brasil, após quase quatro séculos de escravidão em que quem trabalhava era a pessoa negra escravizada ou a pessoa livre sem escravos (e, portanto, à margem do centro econômico-político da época).

Não havia no Brasil a noção disseminada liberal e europeia de que "o trabalho dignifica o homem". O caminho para garantir a disponibilidade de mão de obra no mercado de trabalho permaneceu, então, quase que inalterado entre o período escravista e o trabalho assalariado: as classes dominantes continuaram usando a repressão(33).

"A fórmula era simples: quem não trabalhasse deveria ser preso"(34). Daí o surgimento da criminalização da "vadiagem" pela Lei de Repressão à Ociosidade. Assim referia-se o deputado MacDowell ao projeto de lei discutido em 1888, conforme recuperado por Mattos:

> Votei pela utilidade do projeto, convencido, como todos estamos, de que hoje, mais do que nunca, é preciso reprimir a vadiação, a mendicidade desnecessária etc. (...) Há o dever imperioso por parte do Estado de reprimir e opor um dique a todos os vícios que o liberto trouxe de seu antigo estado, e que não podia o efeito miraculoso de uma lei fazer desaparecer, porque a lei não pode de um momento para o outro transformar o que está na natureza (...). A lei produzirá os desejados efeitos compelindo-se a população ociosa ao trabalho honesto, minorando-se o efeito desastroso que fatalmente se prevê como consequência da libertação de uma massa enorme de escravos, atirada no meio da sociedade civilizada, escravos sem estímulos para o bem, sem educação, sem os sentimentos nobres que só pode adquirir uma população livre e finalmente será regulada a educação dos menores, que se tornarão instrumentos do trabalho inteligente, cidadãos morigerados (...) servindo de exemplo e edificação aos outros da mesma classe social(35).

(31) GOMES, Ângela de Castro. *A invenção do trabalhismo*. São Paulo: Editora FGV, 2005. p. 18.

(32) *Ibidem*, p. 22-23.

(33) SOUTO MAIOR, Jorge Luiz. *História do direito do trabalho no Brasil:* curso de direito do trabalho, volume I: parte II. São Paulo: LTr, 2017. p. 110 e ss.

(34) MATTOS, Marcelo B. *A classe trabalhadora:* de Marx ao nosso tempo. São Paulo: Boitempo Editorial, 2019, p. 34.

(35) *Ibidem*, p. 35

Esse trecho retrata a mentalidade escravista da época e que determinaria as condições de repressão e opressão a que seria submetida a população negra pelas décadas subsequentes. Com efeito, desde a abolição e em especial até a década de 1930, boa parte das formas de organização, lazer e cultura dos trabalhadores e trabalhadoras negros e negras eram entendidas como "desviantes" da necessária disciplina e organização que se desejava implantar para consolidar as relações capitalistas de produção e, por isso, foram duramente reprimidas[36].

Desde a expulsão das pessoas pobres e negras dos cortiços centrais do Rio de Janeiro até a criminalização do samba e da capoeira, as iniciativas de "civilizar" os espaços e "moldar" de uma certa classe trabalhadora parecem ter esse caráter disciplinador de corpos e mentes às relações capitalistas de produção que se expandiam naquele contexto, marcadas pelo racismo no Brasil.

4. Samba e "vadiagem": conformação do trabalho livre e assalariado no Brasil

Delegado chico palha
Sem alma, sem coração
Não quer samba nem curimba
Na sua jurisdição...

(*"Delegado Chico Palha",*
samba de Tio Hélio e Nilton Campolino)

No início do século XX, o samba se enquadrava no crime de "vadiagem" (andar na rua e não comprovar que estava trabalhando rendia até 30 dias de prisão) e "a simples posse de um instrumento de percussão podia ser interpretada como indício de vagabundagem", nas palavras de Lira Neto[37].

Sobre a perseguição ao samba, Eduardo Brasil Barbosa em seu artigo "Samba e Polícia: resistência e crônicas cotidianas de um olhar contra-hegemônico na cidade do Rio de Janeiro" (2020) destaca que nas primeiras décadas do séc. XX:

> (...) os batuques só eram aceitos quando tocados por orquestras em roupagem folclórica e estilizada, nos teatros frequentados pela elite nacional. As rodas e batucadas improvisadas em bares, ou nas ruas da cidade do Rio de Janeiro, onde os sambistas negros e pobres tocavam tamborim, violão e pandeiro, eram tidas pela autoridade policial como vadiagem ou uma reunião de bandidos e desocupados. Muitas das vezes, seus participantes entre músicos e cantores, na sua grande maioria ex-escravos ou seus descendentes, acabavam sendo levados para a cadeia simplesmente por sambar.[38]

---

(36) VIEIRA, Juliana Lessa. *O samba e cultura da classe trabalhadora carioca (1900-1930).* Dissertação de Mestrado. Programa de Pós-Graduação em História. Universidade Federal Fluminense. Niterói, 2012.

(37) BBC. *Quando tocar samba dava cadeia no Brasil.* 2020. Disponível em: <https://www.bbc.com/portuguese/brasil-51580785>. Acesso em: 15 jan. 2022.

(38) BARBOSA, Eduardo Brasil. Samba e Polícia. Herança. In: *Revista de História, Património e Cultura*, v. 3, n. 2, p. 064-078, 2020, p. 67.

Segundo Renaldo Santos de Almeida(39), os sambistas eram enquadrados na lei "até mesmo quando tinham calos nos dedos ou quando eram flagrados em rodas de capoeira". Assim relata o sambista Donga, citado no trabalho de Juliana Lessa Vieira (2012), sobre o "Samba e a Cultura da Classe Trabalhadora Carioca (1900-1930)":

> (...) nós andávamos amolados com as perseguições da política. Era uma coisa horrível! Parecia até que você era comunista! (...) Nós temos que mostrar a essa gente que samba não é isso. Isso era uma coisa natural, era um despeito natural que nós tínhamos, justo. Você ver sua família... Por exemplo, dava um samba e daqui a pouco intimada a ir na delegacia — seu delegado quer saber o que era aquilo lá. (...) A ignorância era dessa forma.(40)

O sambista João da Baiana, por sua vez, conta que não só teve seu pandeiro apreendido, como também chegou a ser preso por causa de samba:

> Pandeiro era proibido. O samba era proibido e o pandeiro. Então, a polícia perseguia a gente. E eu tocava pandeiro na (Festa da) Penha, na época da (Festa da) Penha. A política me tomava o pandeiro. (...) Pois então não fui preso por pandeiro? Diversas vezes. Me tomavam o pandeiro e me prendiam. Eu tenho fotografia em casa, nas revistas, eu dentro do xadrez com o pandeiro (...) Prendiam para corrigir.(41)

Os relatos reproduzidos por Vieira e Barbosa demonstram as nuances da repressão. Em 9 de agosto de 1920, entre as "diversas ocorrências publicadas no jornal Correio da Manhã" trazendo a imagem de como a polícia e a imprensa enxergavam os sambistas, foi divulgado que naquele domingo vários "desocupados" "formaram um "ruidoso samba" na Rua Visconde de Niterói, ao pé do Morro da Mangueira, no Rio de Janeiro. Acionado, o delegado do 18° Distrito foi ao local com o inspetor e outros policiais e "conseguiram prender parte do pessoal do batuque". A notícia termina informando também que foram apreendidos cinco pandeiros e um tambor(42).

Para Barbosa (2020), isso ocorreria porque os sambas, a exemplo dos terreiros, eram "locais de sociabilidade, sincretismo, religiosidade e festa (...) espaços comunitários que subvertiam a sujeição dos corpos à lógica produtivista do mercado e à normatização dos comportamentos exigidos pelos novos tempos, ditos civilizados"(43).

---

(39) BBC. *Quando tocar samba dava cadeia no Brasil*. 2020. Disponível em: <https://www.bbc.com/portuguese/brasil-51580785. Acesso em: 15 jan. 2022

(40) Donga, citado por VIEIRA, Juliana Lessa. *O samba e cultura da classe trabalhadora carioca (1900-1930)*. Dissertação de Mestrado. Programa de Pós-Graduação em História. Universidade Federal Fluminense. Niterói, 2012, p. 33

(41) VIEIRA, Juliana Lessa. *Ibidem*, p. 33

(42) BARBOSA, Eduardo Brasil. Samba e Polícia. Herança. In: *Revista de História, Património e Cultura*, v. 3, n. 2, p. 064-078, 2020, p. 67.

(43) *Ibidem*, p. 68.

Do mesmo modo, para Vieira (2012), a perseguição ao samba e demais manifestações culturais da classe trabalhadora, majoritariamente negra, foi "um esforço da classe dominante de submeter a classe trabalhadora à nova lógica do capitalismo que se infiltrava no Brasil".

Nesse contexto, mais além de uma "simples rejeição estética" a esta prática cultural, quando contextualizada a criminalização do samba em relação às demais "reformas civilizadoras" em andamento na época, especialmente a reorganização do "espaço geográfico da cidade" a partir de um ideal de modernização burguesa, é possível observar que a repressão neste caso estava intimamente associada ao projeto de "civilização" das "classes perigosas", disciplinando-as às "novas relações de trabalho"(44).

As medidas "civilizatórias" da burguesia também tinham como finalidade "transformar o próprio trabalho em um valor moral positivo, destituindo-o da carga negativa que carregava dos tempos da escravidão", uma "nova ideologia do trabalho" formada por discurso e repressão, eixos fundamentais para "substituir as relações sociais de tipo senhorial-escravista pelas de tipo burguês-capitalista"(45).

Para Gomes (2005), tratava-se, naquele momento, da criação de um "mercado de trabalho livre" que demandava necessariamente também a criação de um "modelo de trabalhador" associado a "valores e medidas que obrigassem os indivíduos ao trabalho, quer fossem ex-escravos, quer fossem imigrantes"(46).

Nesse sentido, aponta Gomes:

> A preocupação com o ócio e a desordem era muito grande, e "educar" um indivíduo pobre era principalmente criar nele o "hábito" do trabalho. Ou seja, era obrigá-lo ao trabalho via repressão e também via valorização do próprio trabalho como atividade moralizadora e saneadora socialmente. O "pobre" ocioso era indubitavelmente um perigo para a ordem política e social segundo esta perspectiva, que não era advogada no seio da classe trabalhadora, como se verá com vagar a seguir.(47)

Essa mesma perspectiva de repressão ao ócio e disciplinamento da classe trabalhadora à lógica da exploração capitalista pode ser observada em 1925, nas discussões a respeito de projeto de lei que previa o direito a férias de 15 dias:

> Os lazeres, os ócios, representam um perigo iminente para o homem habituado ao trabalho, e nos lazeres ele encontra seduções extremamente perigosas, se não tiver suficiente elevação moral para dominar os instintos subalternos que

(44) VIEIRA, Juliana Lessa. *O samba e cultura da classe trabalhadora carioca (1900-1930).* Dissertação de Mestrado. Programa de Pós-Graduação em História. Universidade Federal Fluminense. Niterói, 2012. p. 33-34.

(45) *Ibidem*, p. 34.

(46) GOMES, Ângela de Castro. *A invenção do trabalhismo*. São Paulo: Editora FGV, 2005. p. 26.

(47) GOMES, Ângela de Castro. *A invenção do trabalhismo*. São Paulo: Editora FGV, 2005.

> dormem em todo ser humano (...) Que fará um trabalhador braçal durante quinze dias de ócio? Ele não tem o culto do lar, como ocorre nos países de climas inóspitos e padrão de vida elevado. Para o nosso proletário, para o geral do nosso povo, o lar é um acampamento – sem conforto e sem doçura. O lar não pode prendê-lo e ele procurará matar as suas longas horas de inação nas ruas. A rua provoca com frequência o desabrochar de vícios latentes e não vamos insistir nos perigos que ela representa para o trabalhador inactivo, inculto, presa fácil dos instinctos subalternos que sempre dormem na alma humana, mas que o trabalho jamais desperta. Não nos alongaremos sobre a influência da rua na alma das crenças que mourejam nas indústrias e nos cifraremos a dizer que as férias operárias virão quebrar o equilíbrio de toda uma classe social da nação, mercê de uma floração de vícios, e talvez, de crimes que esta mesma classe não conhece no presente.[48]

A repressão ao samba (e aos sambistas) durou até o início da presidência de Getúlio Vargas, mas ainda subsistiam formas de censura, como é o caso da música "Bonde de São Januário", de Ataulfo e Wilson Batista.

Marcada pela realidade do que era o trabalho no Brasil, sobretudo para a população negra, a música ironizava o trabalhismo do Estado Novo e, por esse motivo, teve um de seus trechos alterados: "O bonde São Januário/ leva mais um otário/ só eu não vou trabalhar". A palavra "otário" foi trocada por "operário" e o trecho seguinte, substituído por "sou eu que vou trabalhar"[49], o que apenas reforça os diferentes mecanismos discursivos e repressivos utilizados pelo Estado e a burguesia para construir um valor positivo para o trabalho e, ao mesmo tempo, disciplinar os e as trabalhadoras à lógica produtiva do capital por meio da repressão.

5. Resistências e repressão na década de 1920[50]

No final do séc. XIX e início do séc. XX, foram várias as experiências de resistência da classe trabalhadora assalariada em formação, tais como a greve dos tipógrafos no Rio de Janeiro, a revolta da Chibata, conforme já abordado nos trabalhos anteriores desta obra. Foram contabilizadas apenas entre 1890 a 1906, 106 greves em 41 categorias, além da criação de organizações políticas como o Partido Operário (1890), a Federação de Associações de

(48) SOUTO MAIOR, Jorge Luiz. *História do direito do trabalho no Brasil:* curso de direito do trabalho, volume I: parte II. São Paulo: LTr, 2017. p. 163.

(49) RODRIGUES, Marília Giselda *et al.* Ethos discursivo e sentidos sobre trabalho no samba. MOARA — *Revista Eletrônica do Programa de Pós-Graduação em Letras*, v. 1, n. 38, p. 113-125, 2013.

(50) Boa parte da historiografia sobre os movimentos operários da década de 1920, sobretudo fora do eixo São Paulo – Rio de Janeiro, ainda está bastante fragmentada, constituindo "ilhas" de informações à espera da construção de algumas "pontes" que as integrem, quando for o caso, em um único processo histórico. *Vide* PETERSEN, Silvia Regina Ferraz. Levantamento da produção bibliográfica e de outros resultados de investigação sobre a história operária e o trabalho urbano fora do eixo Rio-São Paulo. *Cadernos AEL*, 2009. Esse foi um dos desafios desta pesquisa, que busquei superar por meio da consulta extensiva à bibliografia especializada.

Classe (1903), a Federação dos Operários em Fábricas de Tecidos no Rio de Janeiro (1903) e a Confederação Operária Brasileira em 1908[(51)].

Em especial entre 1900 e 1920, o Brasil foi palco de uma série de revoltas e greves que refletiam o avanço da organização dos trabalhadores e também da formação da sua identidade como classe, dando visibilidade às pautas e temas da vida daqueles que trabalhavam no Brasil por meio de suas ações e de sua imprensa.

O ciclo iniciado pela greve geral de 1917 e que durou até 1920 é ainda uma referência nesse sentido, sendo o pano de fundo da aprovação em 1919 de legislação específica sobre acidentes de trabalho e das previsões sobre o trabalho de menores de 12 anos e noturno para mulheres, no Código Sanitário[(52)].

Após as greves, a realidade social e política do país mudou. Houve aumento de salários e os patrões prometeram estudar as demais exigências. Uma das principais conquistas, porém, foi o reconhecimento do movimento operário brasileiro como interlocutor legítimo nas relações capital/trabalho no Brasil. Em 1918, a Câmara dos Deputados criou a Comissão de Legislação Social, encarregada de redigir leis específicas de proteção aos trabalhadores, também como forma de cumprir o compromisso assumido pelo Brasil com o fim da 1ª Guerra. Entre essas leis incluíam-se as de acidente de trabalho (1919) e as de férias remuneradas (aprovada em 1925 e aplicada efetivamente a partir de 1930)[(53)].

Por essas razões, como aponta Coggiola: "nas primeiras duas décadas do século XX, o movimento operário brasileiro não fez senão crescer"[(54)] e a classe trabalhadora teve conquistas materiais que representaram avanços concretos na disputa por melhores condições de trabalho.

Em 1922, com a influência da Revolução Russa e após certo acúmulo de experiências na organização da classe trabalhadora no Brasil, surge o Partido Comunista Brasileiro[(55)], organização composta por antigos anarquistas e que tinha como finalidade lutar pela transformação radical da sociedade, superando o modo de produção capitalista. A fundação do PCB, além de consolidar uma forma de organização centralizada e nacionalizada, também deu corpo à uma corrente ideológica própria no movimento operário, que participaria de processos eleitorais como forma de propaganda de construção revolucionária (algo polêmico, sobretudo em relação aos movimentos anarquistas) e utilizando táticas de negociações para conquistas de curto prazo para o operariado — como o caso da lei de férias em 1926[(56)].

(51) SOUTO MAIOR, Jorge Luiz. *História do direito do trabalho no Brasil:* curso de direito do trabalho, volume I: parte II. São Paulo: LTr, 2017.

(52) COGGIOLA, Osvaldo Luis Angel. Origens do movimento operário e do socialismo no Brasil. *Germinal:* Marxismo e Educação em Debate, v. 7, n. 2, p. 51-91, 2015, p. 78-80.

(53) *Ibidem*, p. 82.

(54) *Ibidem*, p. 51-91.

(55) ABREU, Alzira A. Verbete: Partido Comunista Brasileiro (PCB). In: *Atlas Histórico do Brasil*. FGV, 2016. Disponível em: <https://atlas.fgv.br/verbete/6069>. Acesso em: 17 jan. 2022.

(56) BATALHA, C. O. *Movimento Operário na Primeira República*. Rio de Janeiro: J, 2001. p. 35.

Do ponto de vista das transformações econômicas, Cano (2012) indica que o início da década de 1920 marca a "transição econômica e social" do "velho padrão primário exportador" lastreado na produção cafeicultora, rumo a um "novo padrão de acumulação", a partir do chamado modelo primário exportador, rumo a novo padrão de acumulação por meio do avanço da industrialização, sobretudo no estado de São Paulo[(57)].

O autor aponta, ainda, que nesse período o Estado assumiria um papel interventor — tanto na economia como na sociedade — mais acentuado, com destaque para o papel da repressão estatal aos movimentos operários e, ao mesmo tempo, a introdução de regulamentações pontuais na relação de trabalho[(58)].

Aliada à transição do padrão de acumulação, portanto, estava a reação estatal ao avanço da organização da classe trabalhadora e suas conquistas no período que antecede a década de 1920[(59)].

Nessa linha, o período entre 1919 a 1921 é usualmente apontado como o momento de declínio do movimento operário e do anarquismo, sobretudo no Rio de Janeiro[(60)]. Para Astrojildo Pereira, um dos fundadores do Partido Comunista Brasileiro e liderança da época, "1921 foi um ano de pausa forçada, de balanço das batalhas perdidas, de revisão de métodos, de autocrítica e sobretudo de busca de novos caminhos"[(61)].

Assim, na década de 1920, como consequência desse processo histórico de lutas e para "evitar o avanço do exemplo russo", o papel repressivo desempenhado pelas instituições policiais também se desenvolveu, sobretudo para ser utilizado na imposição do trabalho e da ordem na produção capitalista. Aumentava a repressão aos trabalhadores e houve um refluxo nos movimentos operários[(62)].

Para conter a classe, houve ainda o que Gomes chama de "um amadurecimento de um conjunto de alianças" entre polícia e setores da elite política e intelectual da cidade, "com franco apoio da Igreja Católica"[(63)], demonstrando como burguesia e elites se associavam para a imposição do projeto de disciplinamento.

Foi no governo de Artur Bernardes (político mineiro que assumiu a Presidência entre 1922 e 1926) que a repressão se intensificou. "Censura à imprensa, torturas, e assassinatos se tornaram condutas frequentes" e a questão social era "uma questão de polícia", nas célebres palavras de Washington Luís[(64)]. Algumas das principais medidas de repressão de seu governo são destacadas a seguir.

---

(57) CANO, Wilson. Da Década de 1920 à de 1930: Transição Rumo à Crise e à Industrialização no Brasil. *Revista de Políticas Públicas*, v. 16, n. 1, p. 79-90, 2012, p. 80.

(58) *Ibidem*, p. 83

(59) BATALHA, C. O. Movimento Operário na Primeira República. Rio de Janeiro: J, 2001. p. 59.

(60) GOMES, Ângela de Castro. *A invenção do trabalhismo*. São Paulo: Editora FGV, 2005. p. 129.

(61) PEREIRA, Astrojildo. A imprensa operária no Brasil. *Revista Novos Rumos*, n. 18/19, 2012, p. 87.

(62) COGGIOLA, Osvaldo Luis Angel. Origens do movimento operário e do socialismo no Brasil. *Germinal: Marxismo e Educação em Debate*, v. 7, n. 2, p. 51-91, 2015.

(63) GOMES, Ângela de Castro. *A invenção do trabalhismo*. São Paulo: Editora FGV, 2005. p. 130.

(64) COGGIOLA, Osvaldo Luis Angel. Origens do movimento operário e do socialismo no Brasil. *Germinal: Marxismo e Educação em Debate*, v. 7, n. 2, p. 51-91, 2015, p. 85.

Em 1920, foi criada uma política — a Inspetoria de Investigação e Segurança Pública, que zelava pela "existência política e segurança interna da República" e mais tarde, já durante estado de sítio decretado por Artur Bernardes por meio da Lei n. 2.034/24, ela foi sucedida pela Delegacia de Ordem Política e Social (DEOPS). Esse órgão tinha como objetivo prevenir e reprimir delitos considerados de ordem política e social contra a segurança do Estado. Para isso, desenvolveu um grande aparato para monitoramento das atividades de pessoas e grupos considerados potencialmente perigosos à ordem vigente.

O DEOPS/SP permaneceu em atividade até 1983, atravessando distintas conjunturas políticas e econômicas. Para cada período de atuação, o seu arquivo revela quais os principais indivíduos e grupos temidos pela ordem: quando da criação do DEOPS, no governo de Arthur Bernardes, os anarquistas e comunistas operários constituíam a maioria dos fichados pela polícia política(65).

Outro conjunto de medidas repressivas ocorreram em janeiro de 1921, quando foram criadas duas leis que visavam a reprimir a dissidência política: o decreto 5.221, que regulava a entrada e a expulsão de estrangeiros, e o decreto 4.269, que previa a repressão ao anarquismo. Em 1926, entrou em vigência a Reforma da Constituição de 1891, que retirou do texto constitucional o art. 72. O artigo foi substituído pelo "novo" art. 72, § 33, que afirmava: "É permitido ao Poder Executivo expulsar do território nacional os súditos estrangeiros perigosos à ordem pública ou nocivos aos interesses da República".

Assim, segundo os dados do Anuário Estatístico, entre 1907 e 1925 foram expulsos, apenas pela listagem oficial, 578 imigrantes. Já de 1926 a 1930, 551 deixaram o Brasil de forma compulsória. Ou seja, em um período de cerca de quatro anos, foi expulsa quase a mesma quantidade de imigrantes em comparação com um período de aproximadamente 18 anos(66).

No governo de Artur Bernardes foram também criados campos de concentração e centros de tortura, nos quais morreram centenas de militantes e outro "indesejáveis" sob o ponto de vista do Estado e das demandas de expansão do capital. O caso mais conhecido é Clevelândia, localizado no Oiapoque, extremo norte do país e fronteira com a Guiana Francesa. Sobre esse campo de concentração, ainda pouco estudado, o historiador kawapó Edson Machado de Brito afirma:

> Sua fundação em 1922 tinha como objetivo funcionar como elemento "neutralizador" das influências francesas na região, abrigando camponeses originários do nordeste brasileiro (ALICINO; 1971). Assumindo o governo federal, porém, o presidente Arthur Bernardes (1922-1926) adotou uma política de brutal repressão, na qual, além do estado de sítio e da criação do Departamento de Ordem Política e Social (DEOPS), a vila de Clevelândia do Norte foi transformada numa prisão, para onde foram desterrados e assassinados centenas

(65) Governo do Estado de São Paulo. *DEOPS:* as várias faces de um acervo. 2013. Disponível em: <http://www.arquivoestado.sp.gov.br/memoriapolitica/edicoesanteriores.php?materia=1&edicao=1>. Acesso em: 15 jan. 2022.

(66) BONFÁ, Rogério Luis Giampietro. "Com lei ou sem lei": as expulsões de estrangeiros na Primeira República. *Cadernos AEL*, 2009.

> de indivíduos, entre eles, anarquistas, tenentistas, sindicalistas, trabalhadores suspeitos de causar a "desordem pública", indigentes, criminosos dos grandes centros urbanos e menores abandonados(67).

Segundo o mesmo autor, o número aproximado de mortos durante os dois anos de funcionamento do presídio de Clevelândia foi de mil pessoas. Por força da censura imposta à imprensa durante o mesmo período, pouco foi noticiado sobre a prisão. Após o fim do governo Bernardes e o fechamento da instituição, os extermínios e condições degradantes de Clevelândia foram gradualmente revelados(68).

Por fim, a aprovação da chamada Lei Celerada, em 12 de agosto de 1927 foi essencial para o projeto de repressão do Estado, colocando na clandestinidade o PCB e vários órgãos de imprensa operária. Essa lei tornava inafiançáveis os crimes definidos pelo Decreto n. 162, de 12 de dezembro de 1890, ou seja, "desviar os operários e trabalhadores dos estabelecimentos em que forem empregados, por meio de ameaças e constrangimento", assim como "causar ou provocar cessação ou suspensão de trabalho por meio de ameaças ou violências, para impor aos operários ou patrões aumento ou diminuição de serviço ou salário"(69).

Se o governo de Bernardes foi reconhecidamente um "momento de grande ofensiva de repressão", foi também nesse período que normas relevantes para a regulamentação das relações de trabalho foram aprovadas(70), como a já comentada lei de férias "para comerciários e operários industriais e o código de menores", um sinal da força da pressão dos trabalhadores. Essas legislações, contudo, não foram implementadas por anos, "sob forte bloqueio do patronato"(71).

Mesmo no contexto de repressão, os trabalhadores e trabalhadoras ainda buscavam se organizar. Gomes menciona a "agitação" do período, com grande protagonismo anarquista:

> Foram muitas as associações que se agitaram neste período, e em diversas delas a presença anarquista é inequívoca. Este é o caso da União dos Operários em Fábricas de Tecidos, que voltou a reivindicar junto ao patronato (...) também da Associação de Resistência dos Cocheiros, Carroceiros e Classes Anexas do Centro dos Operários Marmoristas e da União dos Operários da Construção Civil, redutos anarquistas fortes e ativos, e ainda da Aliança dos Operários em Calçados e Classes Anexas, que venceu em agosto de 1920 uma greve que se prolongou por 48 dias e terminou com a assinatura de uma nova tabela de preços por parte dos industriais do setor.(72)

---

(67) BRITO, Edson Machado de. Clevelândia do Norte (Oiapoque): tensões sociais e desterro na fronteira do Brasil com a Guiana Francesa. *Escritas: Revista do Curso de História de Araguaína*, v. 2, 2010, p. 2.

(68) *Ibidem*, p. 4.

(69) SOUTO MAIOR, Jorge Luiz. *História do direito do trabalho no Brasil:* curso de direito do trabalho, volume I: parte II. São Paulo: LTr, 2017. p. 136.

(70) BATALHA, C. O. *Movimento Operário na Primeira República*. Rio de Janeiro: J, 2001. p. 60-61.

(71) GOMES, Ângela de Castro. *A invenção do trabalhismo*. São Paulo: Editora FGV, 2005. p. 144-145.

(72) *Ibidem*, p. 132.

Na visão de Gomes, o motor propulsor do movimento grevista nesse período tão conturbado foi "um número significativo de greves parciais e de boicotes, geralmente muito bem-sucedidos", a maioria demandando jornada de trabalho de oito horas, estabelecimento de "uma tabela de salários" e a "presença de delegados das associações operárias nas fábricas[(73)].

Dentre as ofensivas bem-sucedidas estão as dos gráficos de São Paulo, como aponta Batalha (2001), que conseguiram emplacar duas greves vitoriosas, ainda que duramente reprimidas, nesta década permeada por resistências e repressão às lutas dos e das trabalhadoras no Brasil.

A respeito desses movimentos, Gualberto (2005) destaca que:

> As duas greves da categoria foram realizadas nos anos de 1923 e 1929, e estas devem ser consideradas marcos importantes na vida dos trabalhadores brasileiros. Ambas foram paralisações de destaque na imprensa oficial e operária, pela resistência apresentada e pela extensão de dias parados.[(74)]

Sabendo usar de forma estratégica o papel central assumido pela imprensa naquele momento do desenvolvimento industrial brasileiro, os trabalhadores gráficos, sobretudo por meio da União dos Trabalhadores Gráficos (UTG) e suas iniciativas de recenseamento para negociação de tabelas salariais, conduziram dois movimentos grevistas bem-sucedidos em um contexto extremamente delicado para as lutas da classe trabalhadora.

Na primeira greve de 1923, iniciada em 7 de fevereiro de 1923, a UGT reivindicava a adoção da tabela salarial e também jornada de trabalho de 8 horas diárias, descanso semanal remunerado e a proibição de trabalho noturno para menores e mulheres, uma vez que a classe patronal rejeitou as medidas pleiteadas.

O movimento vitorioso teve duração de 42 dias, "um marco na história das reivindicações operárias em São Paulo", com ações de solidariedade por várias outras organizações como a União dos Empregados em Cafés, a União dos Artífices em Calçados, dentre outras[(75)].

Já em julho de 1928, a UTG seguiu os mesmos passos de 1923: foi realizada uma campanha pela adoção de uma tabela salarial atualizada, com piso mínimo e elaborada com base em um novo levantamento dos diferentes salários da categoria[(76)].

Quando a maioria dos patrões não aceitou os termos propostos, em 22 de março de 1929 foi deliberada nova greve da categoria, uma paralisação que durou setenta e dois dias e é até hoje a mais duradoura da história dos trabalhadores gráficos organizados no Brasil[(77)].

---

(73) GOMES, Ângela de Castro. *A invenção do trabalhismo*. São Paulo: Editora FGV, 2005. p. 143.

(74) GUALBERTO, Edney dos Santos. *Vanguarda Sindical:* União dos Trabalhadores Gráficos de São Paulo (1919-1935). 2005. Tese de Doutorado. Universidade de São Paulo, p. 50.

(75) *Ibidem*, p. 53-55.

(76) *Ibidem*, p. 56.

(77) *Ibidem*, p. 56-57.

6. Conclusão

Esse trabalho representa uma resposta (dentre as muitas possíveis) ao desafio feito a mim e às minhas e meus colegas de recuperar a história do Direito do Trabalho sob a perspectiva da classe trabalhadora.

Refletindo sobre as mobilizações e greves desencadeados ao longo da década de 1920, busquei trazer à tona os principais aspectos relacionados àquele momento histórico e à formação da classe trabalhadora no Brasil naquele contexto, intensamente submetida a formas de disciplinamento e repressão da mão de obra livre e assalariada para atender às demandas da expansão capitalista industrial que começava a crescer no país.

Aqui, a criminalização do samba como crime de "vadiagem", associada às demais medidas disciplinadoras em curso na época, demonstram o projeto das elites agrícolas e industriais que se constituíram sobre o trabalho apropriado das pessoas escravizadas: incapazes de construir o trabalho como um valor positivo naquele momento, era preciso manter a lógica da escravidão ainda no contexto do trabalho "livre" e lançar mão da violência para conformar a classe à organização do trabalho adequada às demandas do capital.

A intensa reação repressiva do Estado às lutas sociais das duas primeiras décadas do séc. XX igualmente indicam como a estratégia da violência seria usada também para conter os avanços de organização e construção de identidade coletiva da classe trabalhadora enquanto tal.

Ainda assim, não seria possível apagar a história das insurreições, revoltas, greves e boicotes que ocorreram ao longo da Primeira República. Lastreados no potencial da mobilização dos trabalhadores, as greves dos gráficos de 1923 e 1929 são evidência de que a classe trabalhadora brasileira, ainda que duramente reprimida, avançava na sua autoconstrução e também nas conquistas materiais refletidas em legislações reguladoras das relações de trabalho.

Referências bibliográficas

ABREU, Alzira A. Verbete: Partido Comunista Brasileiro (PCB). In: *Atlas Histórico do Brasil.* FGV, 2016. Disponível em: <https://atlas.fgv.br/verbete/6069>. Acesso em: 17 jan. 2022.

BARBOSA, Eduardo Brasil. Samba e Polícia. Herança. In: *Revista de História, Patrimônio e Cultura*, v. 3, n. 2, p. 064-078, 2020.

BATALHA, C. O. *Movimento Operário na Primeira República.* Rio de Janeiro: J, 2001.

BATISTA, Flávio Roberto. *Crítica da tecnologia dos direitos sociais:* uma contribuição materialista histórico-dialética. 2012. Tese de Doutorado. Universidade de São Paulo.

BBC. *Quando tocar samba dava cadeia no Brasil.* 2020. Disponível em: <https://www.bbc.com/portuguese/brasil-51580785>. Acesso em: 15 jan. 2022.

BONFÁ, Rogério Luis Giampietro. "Com lei ou sem lei": as expulsões de estrangeiros na Primeira República. *Cadernos AEL*, 2009.

BRAINERD, Elizabeth; SIEGLER, Mark V. *The economic effects of the 1918 influenza epidemic.* Available at SSRN 394606, 2003.

BRITO, Edson Machado de. Clevelândia do Norte (Oiapoque): tensões sociais e desterro na fronteira do Brasil com a Guiana Francesa. *Escritas: Revista do Curso de História de Araguaína*, v. 2, 2010.

CANO, Wilson. Da Década de 1920 à de 1930: Transição Rumo à Crise e à Industrialização no Brasil. *Revista de Políticas Públicas*, v. 16, n. 1, p. 79-90, 2012.

COGGIOLA, Osvaldo Luis Angel. Origens do movimento operário e do socialismo no Brasil. *Germinal: Marxismo e Educação em Debate*, v. 7, n. 2, p. 51-91, 2015.

FARIA, G. J. A. de; FERREIRA, M. da L. A.; COUTINHO, C. M. F. "A condição para quem nasce negra e mulher é ser doméstica?": desigualdade entre mulheres brancas e negras no trabalho doméstico. *PerCursos*, Florianópolis, v. 15, n. 28, p. 354 – 375, 2014. Disponível em: <https://www.periodicos.udesc.br/index.php/percursos/article/view/1984724215282014354>. Acesso em: 17 jan. 2022.

FAUSTO, Boris. *Trabalho urbano e conflito social:* 1890-1920. São Paulo: Cia. das Letras, 2016.

GOMES, Ângela de Castro. *A invenção do trabalhismo*. São Paulo: Editora FGV, 2005.

Governo do Estado de São Paulo. *DEOPS:* as várias faces de um acervo. 2013. Disponível em: <http://www.arquivoestado.sp.gov.br/memoriapolitica/edicoesanteriores.php?materia=1&edicao=1>. Acesso em: 15 jan. 2022.

GUALBERTO, Edney dos Santos. *Vanguarda Sindical:* União dos Trabalhadores Gráficos de São Paulo (1919-1935). 2005. Tese de Doutorado. Universidade de São Paulo.

KIND, Luciana; CORDEIRO, Rosineide. Narrativas sobre a morte: a gripe espanhola e a Covid-19 no Brasil. *Psicologia & Sociedade*, v. 32, 2020.

KOWARICK, Lúcio. *Trabalho e vadiagem:* a origem do trabalho livre no Brasil. São Paulo: Brasiliense, 1987.

MACHADO, Gustavo S. S. Um dedo contendo o dilúvio: Alguns apontamentos sobre a Revolução Russa e a criação da OIT. In: BATISTA, Flávio Roberto; MACHADO, Gustavo Seferian Scheffer. *Revolução russa, Estado e Direito*. São Paulo: Dobradura Editorial, 2017. p. 145-191.

MARAM, Sheldon Leslie; MORETZSOHN, José Eduardo Ribeiro. *Anarquistas, imigrantes e o movimento operário brasileiro, 1890-1920*. Rio de Janeiro: Paz e Terra, 1979.

MARX, Karl. *O Capital:* crítica da economia política. Livro 1: o processo de produção do capital. São Paulo: Boitempo, 2013.

MATTOS, Marcelo B. *A classe trabalhadora:* de Marx ao nosso tempo. São Paulo: Boitempo, 2019.

______. *Trabalhadores e sindicatos no Brasil.* São Paulo: Expressão Popular, 2009.

PASTORE, Victor D. *Imprensa negra e imprensa operária:* experiências, diálogos e tensões entre trabalhadores negros e imigrantes na São Paulo do pós-abolição (1915-1932). 2020. Tese de Doutorado. Universidade de São Paulo.

PEREIRA, Astrojildo. A imprensa operária no Brasil. *Revista Novos Rumos*, n. 18/19, 2012.

PETERSEN, Silvia Regina Ferraz. Levantamento da produção bibliográfica e de outros resultados de investigação sobre a história operária e o trabalho urbano fora do eixo Rio-São Paulo. *Cadernos AEL*, 2009.

PINHEIRO, Luana *et al. Os Desafios do Passado no Trabalho Doméstico do Século XXI:* reflexões para o caso brasileiro a partir dos dados da PNAD Continual. Texto para Discussão, 2019.

RODRIGUES, Marília Giselda *et al.* Ethos discursivo e sentidos sobre trabalho no samba. *MOARA — Revista Eletrônica do Programa de Pós-Graduação em Letras*, v. 1, n. 38, p. 113-125, 2013.

SOUTO MAIOR, Jorge Luiz. *História do direito do trabalho no Brasil:* curso de direito do trabalho, volume I: parte II. São Paulo: LTr, 2017.

VIEIRA, Juliana Lessa. *O samba e cultura da classe trabalhadora carioca (1900-1930).* Dissertação de Mestrado. Programa de Pós-Graduação em História. Universidade Federal Fluminense. Niterói, 2012.

Greves e Mobilizações Trabalhadoras e Sindicais por Direitos e Transformações Sociais no Brasil das Décadas de 1930 e 1940

Flávio Malta Fleury[1]

1. Introdução

Este texto é fruto de uma provocação feita pelo professor Jorge Luiz Souto Maior no âmbito da disciplina *História do Direito do Trabalho no Brasil: elementos para uma leitura marxista do Direito do Trabalho*, por ele ministrada no programa de pós-graduação em direito da Universidade de São Paulo no segundo semestre letivo de 2021. Provocação para que nós, estudantes matriculadas e matriculados na disciplina, nos debruçássemos sobre a história do Brasil, sobre as experiências grevistas do passado. Com o objetivo de desafiar narrativas eurocentradas, racistas, sexistas e centro-sul brasileiro centradas de regulação jurídica do trabalho e da greve em nosso país, evidenciando a ocorrência de episódios e a existência de personagens pouco discutidos ou mesmo ignorados por uma série de estudiosas e estudiosos do direito do trabalho brasileiro. Mas cuja história é fundamental conhecer caso desejemos compreender, em profundidade e complexidade, a atual realidade social, política, jurídica, econômica e cultural de nosso país.

A mim coube me dedicar ao estudo sobre o período do primeiro governo de Getúlio Vargas, para compreender melhor as nuances da perseguição estatal promovida em relação a dirigentes sindicais e militantes comunistas, assim como sobre o período do governo de Eurico Gaspar Dutra, para entender a perpetuação de uma conduta estatal autoritária em relação a movimentos sindicais e comunistas a despeito da então recente redemocratização brasileira. Por se tratar de um período um tanto quanto temporalmente extenso e cheio de acontecimentos históricos marcantes e relevantes, eu tive de fazer uma série de escolhas sobre o que pesquisar e como pesquisar. Uma das minhas primeiras escolhas (e que se desdobrou em tantas outras escolhas a fazer) referiu-se a buscar greves trabalhadoras pouco abordadas por estudiosas e estudiosos do direito do trabalho ocorridas na década de 1930,

(1) Doutorando em Direito do Trabalho e da Seguridade Social pela Universidade de São Paulo (USP). Mestre em Direito e Justiça pela Universidade Federal de Minas Gerais (UFMG). Bacharel em Direito pela Universidade de Brasília (UnB).

nas quais movimentos e entidades comunistas, sindicais e trabalhadores se engajassem por transformações sociais significativas.

Em minhas buscas em repositórios de dissertações de mestrado e teses de doutorado, eu me deparei com a interessantíssima dissertação de mestrado da historiadora Claudia Monteiro intitulada *"Fora dos trilhos"*: as experiências da militância comunista na rede de viação Paraná-Santa Catarina (1934-1945), que reporta uma greve sobre a qual eu, ao menos, desconhecia: uma greve deflagrada em 1934 por cerca de sete mil ferroviárias e ferroviários de Santa Catarina e do Paraná; e cujo conhecimento acredito ser importante não só por revelar importantes detalhes sobre a construção e desenvolvimento do movimento grevista em sua complexidade, como por apontar que quaisquer reivindicações trabalhadoras por condições de trabalho e vida poderiam ser perseguidas e reprimidas pelo patronato e pelo estado por serem consideradas como subterfúgios para a defesa e a tentativa de implementação de um modelo societal alternativo, comunista.

Em relação ao período que se segue à lei de segurança nacional, de 4 de abril de 1935, mais conhecida como lei monstro, e se estende até o final do Estado Novo, a minha escolha foi em questionar um mito criado sobre a (falta de) atuação trabalhadora e sindical por transformações socioeconômicas, mito reverberado mesmo entre aquelas e aqueles que denunciaram e refutaram o mito da outorga varguista dos direitos trabalhistas, como Angela de Castro Gomes em seu livro *A invenção do trabalhismo* e Marcelo Badaró Mattos em *Trabalhadores e sindicatos no Brasil*. O mito da inação coletiva trabalhadora e sindical, segundo o qual, diante do peleguismo flagrante e da repressão varguista asfixiante, pouco ou nada se organizaram, mobilizaram e conquistaram as trabalhadoras e os trabalhadores em sua coletividade, foi denunciado, embora não com esse nome que aqui proponho, por Gustavo Siqueira em seu livro *História do Direito de Greve no Brasil (1890-1946): Criminalização, Mito da Outorga e Movimentos Sociais* e por Fátima Azevedo em seu artigo *Greves no Estado Novo: um processo de memória em disputa*, a partir de suas pesquisas com fontes primárias, como publicações da imprensa da época e processos do tribunal de segurança nacional.

Nos textos até então consultados a partir das escolhas até então feitas para compreender as nuances e particularidades da organização e da atuação comunista, sindical e coletiva trabalhadora nas décadas de 1930 e 1940, o protagonismo das lutas por diferentes e novas formas de viver a vida individualmente e em sociedade estava concentrado em figuras masculinas, muitas vezes figuras masculinas brancas, e em sua atuação no espaço público e produtivo, como no caso da dissertação de Claudia Monteiro. Nada ou pouco, nas obras consultadas, se mencionou especificamente a respeito da atuação de mulheres e, mais especialmente, de mulheres negras. Diante disso, lembrei do pouco que conhecia da história de Laudelina de Campos Mello e sua luta para conquista de direitos trabalhistas e previdenciários para as empregadas domésticas brasileiras, que também marcou a década de 1930 (embora não tenha se restringido a ela). Busquei, então, textos e produções acadêmicas que noticiassem a deflagração de greves entre empregadas domésticas brasileiras, mas não encontrei.

E, assim, percebi que restringir as possibilidades de luta por direitos e melhores condições de trabalho e de vida às greves poderia promover a invisibilização de outras estratégias de luta e de conjuntos e categorias de trabalhadoras e trabalhadores cuja dinâmica de trabalho impossibilita ou dificulta a deflagração de greves. Portanto, escolhi compartilhar um pouco da jornada de Laudelina e de suas estratégias para transformar as vidas e realidades das trabalhadoras domésticas remuneradas brasileiras, a partir da dissertação de Elisabete Pinto intitulada *Etnicidade, gênero e educação: a trajetória de vida de D. Laudelina de Campos Mello (1904-1991)* e da tese de doutorado de Joaze Bernardino-Costa (2007) *Sindicatos das trabalhadoras domésticas no Brasil: teorias de descolonização e saberes subalternos.*

Por fim, acreditei ser interessante abordar, ainda que breve e sucintamente, a partir do já citado livro de Gustavo Siqueira e da tese de doutorado de Sayonara Silva intitulada *Relações coletivas e configurações institucionais em um cenário de democracia: a atuação do Tribunal Superior do Trabalho na conformação dos direitos coletivos assegurados pela Constituição, na década de 1990*, a respeito da constitucionalização do direito de greve no Brasil através dos trabalhos desenvolvidos pela assembleia constituinte de 1946, em meio aos debates e dissensos sobre a necessidade ou a possibilidade de garantia constitucional de um direito de greve. Constitucionalização resultante, em parte, de reivindicações e pressões trabalhadoras pela garantia constitucional de seus direitos. Assim como decidi contrastar essa constitucionalização do direito de greve com uma atuação do governo Eurico Gaspar Dutra nada democrática no que se refere às possibilidades de atuação e organização coletiva e sindical de trabalhadoras brasileiras e trabalhadores brasileiros, comprometedora, portanto, da efetividade do direito de greve assegurado no texto constitucional brasileiro de 1946.

A escolha em tratar de alguns poucos episódios históricos específicos e abordar trechos das histórias de vida de algumas poucas personagens específicas de nossa história, da história trabalhadora de nosso país (para além de Laudelina, outras personagens serão mencionadas no decorrer do texto, ainda que seus nomes não sejam necessariamente explicitados), a partir de pesquisas desenvolvidas por outras pesquisadoras e pesquisadores (e muitas delas que se debruçaram sobre fontes primárias, diferentemente da que serviu de base para a produção deste texto), teve como objetivo complexificar nossa visão desse período histórico englobado pelo primeiro governo de Getúlio Vargas e pelo governo de Eurico Gaspar Dutra. Não se tratou de tentativa ou de proposta para a construção de uma nova metanarrativa histórica. Mas sim busquei me provocar e provocar a quem tiver o interesse e a disposição para ler este texto a visualizar com maior complexidade as experiências grevistas e outras formas de luta articuladas e promovidas por trabalhadoras, trabalhadores, militantes comunistas e lideranças sindicais nesse momento particular de nossa história contido pelas décadas de 1930 e 1940. Com maior complexidade do que esse período histórico costuma ser retratado nos manuais de direito do trabalho brasileiro.

Sei que muitas outras histórias e vivências que não as que decidi contar no decorrer das páginas que estão por vir poderiam ter sido nelas compartilhadas. Porém, creio que essas poucas que decidi relatar e reverberar servirão para instigar a busca por outras tantas para que possamos conhecer melhor nosso passado, a fim de compreender o nosso presente e nos articularmos e organizarmos melhor pelos futuros que desejamos para nós.

2. Sindicalismo e comunismo nas ferrovias do Paraná e de Santa Catarina

Em outubro de 1934, cerca de sete mil ferroviárias e ferroviários da Rede de Viação Paraná-Santa Catarina deflagraram uma greve por melhores condições de trabalho e de vida(2). A disciplinarização(3) intentada pelo modelo produtivo taylorista implementado nas linhas férreas paranaenses e catarinenses não foi suficiente para estabelecer o controle patronal desejado sobre as possibilidades de agência no ambiente de trabalho, como para além dele, atingindo as casas dessas trabalhadoras e desses trabalhadores, seu convívio familiar e outras relações sociais(4). A tentativa de eliminação dos tempos considerados mortos do trabalho, um dos elementos constitutivos e centrais do modelo taylorista, por exemplo, a despeito de tentar maximizar a produtividade trabalhadora e eliminar a existência de intervalos nos quais as ferroviárias e os ferroviários pudessem discutir reivindicações trabalhistas e envolvendo assuntos para além do cotidiano do trabalho, não impediu que, imediatamente antes ou depois das jornadas de trabalho ou em intervalos durante a execução dos ofícios, as linhas férreas e suas cercanias tenham se tornado espaços de construção e de articulação de lutas coletivas(5).

A formação de uma classe trabalhadora brasileira disciplinada interessava não só ao patronato brasileiro, como ao próprio estado (mesmo porque atuava a partir e em prol dos interesses patronais). Assim, o estado brasileiro buscou construir uma regulamentação jurídica do funcionamento e da atuação dos sindicatos brasileiros que impedisse uma maior combatividade por parte deles e seu engajamento por transformações socioeconômicas significativas, assim como buscou estimular um desempenho sindical de viés mais assistencialista(6). Para além disso, o estado brasileiro estabeleceu uma tentativa de controle em relação à produção cultural veiculada no cinema e no rádio com o propósito de estimular o trabalho entre brasileiras e brasileiros e uma cultura do trabalho característica do povo brasileiro(7). O estado brasileiro, ainda, em associação com o patronato, fomentou a formação de vilas operárias, sendo criadas vilas operárias para ferroviárias e ferroviários nas proximidades das linhas férreas ou em localidades cujo acesso aos ambientes de trabalho seria facilitado(8).

---

(2) MONTEIRO, Cláudia. *Fora dos trilhos:* as experiências da militância comunista na rede de viação Paraná-Santa Catarina (1934-1945). Dissertação de Mestrado defendida no Programa de Pós-Graduação em História da Universidade Federal do Rio Grande do Sul, Porto Alegre, 2007.

(3) FOUCAULT, Michel. *Vigiar e punir:* nascimento da prisão. Tradução de Raquel Ramalhete. 42. ed. Petrópolis: Vozes, 2014.

(4) MONTEIRO, Cláudia. *Fora dos trilhos:* as experiências da militância comunista na rede de viação Paraná-Santa Catarina (1934-1945). Dissertação de Mestrado defendida no Programa de Pós-Graduação em História da Universidade Federal do Rio Grande do Sul, Porto Alegre, 2007.

(5) *Idem.*.

(6) AREAS, Luciana Barbosa. *Consentimento e resistência:* um estudo sobre as relações entre trabalhadores e Estado no Rio de Janeiro (1930-1945). Tese de Doutorado defendida no Departamento de História da Universidade Estadual de Campinas, Campinas, 2000.

(7) SOUTO MAIOR, Jorge Luiz. *História do direito do trabalho no Brasil:* curso de direito do trabalho, volume I: parte II. São Paulo: LTr, 2017.

(8) MONTEIRO, Cláudia. *Fora dos trilhos:* as experiências da militância comunista na rede de viação Paraná-Santa Catarina (1934-1945). Dissertação de Mestrado defendida no Programa de Pós-Graduação em História da Universidade Federal do Rio Grande do Sul, Porto Alegre, 2007.

Assim não só o tempo de deslocamento de casa ao trabalho seria reduzido, como a concentração de um conjunto significativo de trabalhadoras e trabalhadores facilitaria a sua vigilância por parte do aparato policial e por representantes da empresa[9]. Além dessas vilas possibilitarem a autovigilância. Ou seja, a vigilância de moradoras e moradores das vilas operárias em relação às suas vizinhas e aos seus vizinhos[10]. Sempre com o propósito de, assim, evitar o planejamento e a prática de atividades consideradas imorais ou subversivas, como articulações de planos insurrecionais comunistas[11]. Para além de dificultar, também, as possibilidades de organização e articulação trabalhadoras e sindicais pela redução da duração do trabalho, por maiores salários e por melhores condições de trabalho[12]. Entretanto, a despeito de terem sido concebidas para atendimento preponderante dos interesses patronais e estatal, as "vilas operárias tornaram-se lugares de encontros, de convivência, de militância e de solidariedade"[13].

A greve das ferroviárias e dos ferroviários de 1934 foi mais uma das muitas greves deflagradas por trabalhadoras e trabalhadores da Rede de Viação Paraná-Santa Catarina desde a Proclamação da República brasileira por melhores condições de trabalho e de vida[14]. Foi, também, uma reação ao "esquecimento" de Getúlio Vargas em relação à contribuição do labor ferroviário para sua ascensão ao e manutenção no poder central, já que as trabalhadoras e os trabalhadores da Rede de Viação Paraná-Santa Catarina teriam promovido o transporte de militares do estado do Rio Grande do Sul para a realização da chamada "revolução de 1930" e, depois, para a repressão da revolução constitucionalista paulista[15]. Entretanto, nenhuma conquista foi assegurada às trabalhadoras e aos trabalhadores em questão, a despeito ainda das próprias promessas de transformações sociais feitas por parte de Getúlio Vargas e de seu governo[16]. As trabalhadoras e os trabalhadores da Rede de Viação Paraná-Santa Catarina continuaram, assim, a enfrentar uma situação degradante de penúria em razão das más condições de trabalho e dos baixos salários recebidos[17].

A eclosão da greve de 1934 foi possível graças ao trabalho de mobilização da categoria ferroviária promovido por militantes comunistas vinculados à aliança nacional libertadora ou a sindicatos que a integravam[18]. Como destaca Cláudia Monteiro, nos intervalos de descanso do trabalho e nas casas das vilas operárias, ferroviárias e ferroviários, como Claudemiro Batista, que era maquinista e membro do partido comunista, realizavam reuniões para discutir "fatos

(9) MONTEIRO, Cláudia. *Fora dos trilhos:* as experiências da militância comunista na rede de viação Paraná-Santa Catarina (1934-1945). Dissertação de Mestrado defendida no Programa de Pós-Graduação em História da Universidade Federal do Rio Grande do Sul, Porto Alegre, 2007.

(10) *Idem.*

(11) *Idem.*

(12) *Idem.*

(13) *Idem.*

(14) *Idem.*

(15) *Idem.*

(16) *Idem.*

(17) *Idem.*

(18) *Idem.*

relacionados à oficina e à organização de movimentos coletivos em prol das reivindicações dos trabalhadores"[19]. Além de distribuírem panfletos, com as reivindicações, e conclamarem colegas para organização e articulação coletivas em prol de seus objetivos, mobilizações que continuam a acontecer mesmo depois de finda a greve de 1934[20].

A greve tem seu início no mês de outubro e chegou a mobilizar cerca de sete mil trabalhadoras e trabalhadores. Entretanto, se o trabalho de mobilização de militantes comunistas foi essencial para seu início, é importante ponderar que não só militantes comunistas foram lideranças do movimento grevista. Como também o foram ferroviários com diferentes posicionamentos político-ideológicos, como Altino Borba, que se dizia liberal e que chegou a escrever um livro sobre a greve em questão chamado *7.000 ferroviários em greve* (ao qual apesar de muito tentar, não obtive acesso), e Alfredo Furiatti, que já havia até trabalhado como representante do ministério do trabalho brasileiro[21].

A greve de 1934 das ferroviárias e dos ferroviários da Rede de Viação Paraná--Santa Catarina foi apoiada por outras categorias de trabalhadoras e trabalhadores do Paraná, provocando, inclusive, a deflagração de greves de outras trabalhadoras e trabalhadores em solidariedade a ela, como aquelas e aqueles do tráfego marítimo e as trabalhadoras e os trabalhadores de armazéns da cidade paranaense de Antonina[22].

O movimento grevista se estendeu até o mês seguinte ao seu início, novembro de 1934, e teve fim com um acordo, que assegurou (ou prometeu assegurar) às trabalhadoras e aos trabalhadores: "aumento salarial, cumprimento da lei de férias, jornada diária de oito horas (salvo para quem trabalha em serviço de tráfego, tração e oficinas, cujo máximo semanal será de sessenta horas semanais)"[23], "respeitar o descanso dominical (com exceção do pessoal de tráfego e de tração), respeitar a lei de acidentes no trabalho"[24]; reconhecimento dos três sindicatos envolvidos na greve que representavam as ferroviárias e os ferroviários nos estados do Paraná e de Santa Catarina[25]; o compromisso de "fazer o desconto em folha de pagamento das mensalidades sindicais e demais contribuições autorizadas pelos Sindicatos"[26]; dentre outras.

A despeito de o acordo ainda estabelecer para o patronato o compromisso de que trabalhadoras e trabalhadores grevistas não seriam sancionadas e sancionados por sua participação na greve, a imprensa da época reportou que mais de setecentos operárias e operários

(19) MONTEIRO, Cláudia. *Fora dos trilhos:* as experiências da militância comunista na rede de viação Paraná-Santa Catarina (1934-1945). Dissertação de Mestrado defendida no Programa de Pós-Graduação em História da Universidade Federal do Rio Grande do Sul, Porto Alegre, 2007. p. 48.

(20) MONTEIRO, Cláudia. *Fora dos trilhos:* as experiências da militância comunista na rede de viação Paraná-Santa Catarina (1934-1945). Dissertação de Mestrado defendida no Programa de Pós-Graduação em História da Universidade Federal do Rio Grande do Sul, Porto Alegre, 2007.

(21) *Idem.*

(22) *Idem.*

(23) *Ibidem*, p. 74.

(24) *Idem.*

(25) *Idem.*

(26) *Idem.*

foram dispensadas e dispensados em razão de sua participação na greve(27). Algumas das lideranças da greve, sobretudo aquelas que eram militantes comunistas, vieram a ser presas no ano seguinte à greve, depois de editada a lei monstro e de acontecida a intentona comunista, em virtude de seus vínculos com o comunismo e com a realização desse movimento(28). Claudemiro Batista, por exemplo, foi preso com base na lei monstro. A privação de sua liberdade teve início em janeiro de 1936 e fim em junho do ano seguinte, quando retomou sua militância no partido comunista e foi inclusive recontratado pela Rede de Viação Paraná--Santa Catarina para continuar a trabalhar como maquinista, em razão deste ser um cargo qualificado de difícil preenchimento(29).

Em relação ao episódio da greve ferroviária de 1934, creio, por fim, ser importante destacar que a polícia política do estado brasileiro, através da delegacia de ordem política e social, afirmou, em seus relatórios, que o aumento salarial reivindicado não seria a principal demanda grevista, mas apenas um pretexto para "instigar a desordem e a insatisfação e conseguir novos adeptos para auxiliar a grande rebelião comunista"(30). Assim, na concepção da polícia política brasileira, a greve nada mais seria do que o resultado de uma incitação de "manipuladores que a partir de arraigadas convicções políticas envenenavam 'a alma simples do mourejador brasileiro, com teorias importadas de Moscou'"(31).

O combate ao comunismo promovido pelo estado brasileiro e o seu aparato policial, portanto, "servia como pretexto para prender os líderes do movimento operário, desarticular as organizações, tornar ilegal os sindicatos e conter a insatisfação das massas populares"(32). Qualquer reivindicação trabalhadora por aumento salarial, por redução da duração do trabalho poderia, assim, ser alvo de impedimento, censura e punição estatais, a pretexto de se evitar a implementação de um modelo de sociedade comunista, mas cujo propósito mais imediato era, também e talvez principalmente, assegurar a manutenção das condições sociais, econômicas, políticas, jurídicas e culturais que possibilitassem a um numericamente reduzido patronato promover uma intensa e degradante exploração capitalista da força de trabalho de uma disciplinada classe trabalhadora brasileira, sem que esta tivesse meios de lutar por melhorias significativas de suas condições de trabalho e também de vida.

3. Greves e mobilizações trabalhadoras e sindicais brasileiras durante o Estado Novo

O período histórico do Estado Novo — período que pode ser ampliado para desde antes de seu início formal em 1937, de modo a abranger a instauração do estado de exceção

(27) MONTEIRO, Cláudia. *Fora dos trilhos:* as experiências da militância comunista na rede de viação Paraná-Santa Catarina (1934-1945). Dissertação de Mestrado defendida no Programa de Pós-Graduação em História da Universidade Federal do Rio Grande do Sul, Porto Alegre, 2007.

(28) *Idem.*

(29) *Idem.*

(30) *Ibidem*, p. 59.

(31) *Ibidem*, p. 69-70.

(32) *Ibidem*, p. 97.

que ocorre no Brasil já a partir da edição da lei monstro e da reação estatal que se segue à intentona comunista — costuma ser representado pela historiografia brasileira, como afirma Gustavo Siqueira Silveira(33), como de baixa ou nenhuma mobilização coletiva e sindical trabalhadora. Nele, a greve, supostamente, deixaria de se revelar como uma estratégia possível da luta trabalhadora por direitos, em razão do forte aparato repressivo desenvolvido pelo estado brasileiro, que envolveu o aprisionamento de militantes sindicais e comunistas, sua tortura, além da expulsão de trabalhadoras estrangeiras e trabalhadores estrangeiros(34). Assim como em razão da ascensão de trabalhadoras pelegas e trabalhadores pelegos aos cargos de direção dos sindicatos(35). O historiador Marcelo Badaró Mattos, por exemplo, em seu livro *Trabalhadores e sindicatos no Brasil*, afirma que

> [e]ntre 1935 (antes mesmo do golpe de 1937) e 1942, vive-se uma fase de completa desmobilização. São elevados à direção dos sindicatos dirigentes completamente submissos às orientações do Ministério do Trabalho; não há greves por categorias e a participação das bases nas atividades propostas por essas entidades reduz-se a quase nada. (...) [Afinal, foi preciso que, a partir de 1935, as lideranças combativas fossem aniquiladas pela violenta repressão, para que o conformismo dos pelegos se instalasse.(36)

Entretanto, pesquisadoras e pesquisadores como Gustavo Siqueira(37) e Fátima Azevedo(38) têm contestado essa compreensão da historiografia brasileira, apresentando um cenário de intensa mobilização trabalhadora e sindical no período do Estado Novo, com a deflagração de inúmeras greves, que não teriam "desaparecido, mas tomado outras formas"(39). A desconfiança de que o período do Estado Novo teria sido marcado, também, por movimentos grevistas, diferentemente do afirmado pela historiografia brasileira, estaria associado às iniciativas varguistas de criminalizar a greve(40). Caso não fossem deflagradas greves, por que se preocuparia o governo em criminalizar o seu exercício? A lei monstro, por exemplo, criminalizou "a instigação ou a preparação de paralisação de serviços públicos e de

(33) SIQUEIRA, Gustavo Silveira. *História do Direito de Greve no Brasil (1890-1946):* Criminalização, Mito da Outorga e Movimentos Sociais. Rio de Janeiro: *Lumen Juris*, 2017.

(34) *Idem.*

(35) *Idem.*

(36) MATTOS, Marcelo Badaró. *Trabalhadores e sindicatos no Brasil*. São Paulo: Expressão Popular, 2009. p. 69, 70 e 73.

(37) SIQUEIRA, Gustavo Silveira. *História do Direito de Greve no Brasil (1890-1946)*: Criminalização, Mito da Outorga e Movimentos Sociais. Rio de Janeiro: Lumen Juris, 2017.

(38) AZEVEDO, Fátima Gabriela Soares. Greves no Estado Novo: um processo de memória em disputa. *In: Fronteiras e Debates*, Macapá, vol. 7, n. 2, 2020, p. 127-142.

(39) SIQUEIRA, Gustavo Silveira. *História do Direito de Greve no Brasil (1890-1946):* Criminalização, Mito da Outorga e Movimentos Sociais. Rio de Janeiro: Lumen Juris, 2017. p. 81.

(40) SIQUEIRA, Gustavo Silveira. *História do Direito de Greve no Brasil (1890-1946):* Criminalização, Mito da Outorga e Movimentos Sociais. Rio de Janeiro: Lumen Juris, 2017.

serviços privados quando o motivo da paralisação não estivesse ligado às condições de trabalho"[41], assim como a "oposição ao governo, penalizando as perturbações às ordens política e social, as incitações de ódio entre as classes e as organizações 'subversivas'"[42]. Criminalização operacionalizada pelo tribunal de segurança nacional, criado em 1936 para perseguir, "dentro da legalidade formal, os opositores do regime"[43].

Outro marco na criminalização varguista da greve foi a constituição de 1937, que apresenta a primeira menção na história constitucional à greve, afirmando-a como "recurso antissocial" e atentatório aos "interesses da produção nacional". Curiosamente (ou nem tanto assim), a inclusão do direito de greve no texto constitucional de 1934 foi objeto de discussão na assembleia constituinte de 1934, na qual prevaleceu o entendimento de que não faria sentido o reconhecimento desse direito em razão da criação de uma justiça voltada para a resolução de conflitos trabalhistas, a justiça do trabalho[44]. Em 1938, foi editado o Decreto-lei n. 431, que criminalizou a incitação à realização de greve em seu art. 3º. Em 1939, o Decreto-lei n. 1.237 puniu a realização de greves sem autorização judicial prévia em seu art. 81.

Em 1939, foi a vez do Decreto-lei n. 1.402, que permitiu a intervenção estatal em entidades sindicais em caso de conflito ou circunstâncias que interferissem em seu funcionamento (como estabelecido no art. 17). Em 1940, surge um novo código penal que, em seus arts. 200 e 201, "criminalizava a greve quando verificada a violência contra coisa ou pessoa"[45] ou quando "provocasse a interrupção de uma obra pública ou um serviço de interesse público"[46]. Em 1942, o Decreto-lei n. 4.766 definiu como crime contra a segurança do estado em tempo de guerra a participação em greve em indústria destinada à defesa nacional com a prática de violência contra pessoas ou bens (art. 33). Em 1943, a Consolidação das Leis do Trabalho previu, em seu art. 723, que:

> Os empregados que, coletivamente e sem prévia autorização do tribunal competente, abandonarem o serviço, ou desobedecerem a qualquer decisão proferida em dissídio, incorrerão nas seguintes penalidades:
>
> *a)* suspensão do emprego até seis meses, ou dispensa do mesmo:
>
> *b)* perda do cargo de representação profissional em cujo desempenho estiverem;
>
> *c)* suspensão, pelo prazo de dois anos a cinco anos, do direito de serem eleitos para cargo de representação profissional.

---

(41) SIQUEIRA, Gustavo Silveira. *História do Direito de Greve no Brasil (1890-1946):* Criminalização, Mito da Outorga e Movimentos Sociais. Rio de Janeiro: Lumen Juris, 2017. p. 66-67.

(42) *Idem.*

(43) *Ibidem*, p. 66.

(44) SIQUEIRA, Gustavo Silveira. *História do Direito de Greve no Brasil (1890-1946):* Criminalização, Mito da Outorga e Movimentos Sociais. Rio de Janeiro: Lumen Juris, 2017.

(45) *Ibidem*, p. 95.

(46) *Idem.*

Assim, diante de uma considerável produção normativa destinada a proibir a deflagração e a realização de greves trabalhadoras no Brasil e a fim de testar a sua hipótese, associada à essa produção normativa intensa, de que foram promovidas greves no curso do Estado Novo e de que houve sim significativa mobilização trabalhadora e sindical por direitos e transformações sociais, Gustavo Siqueira buscou se debruçar sobre fontes primárias, dentre as quais processos do tribunal de segurança nacional, órgão "a serviço do governo Vargas, até porque os juízes eram de livre nomeação do presidente da República e a possibilidade de existirem julgamentos secretos e sentenças sem recurso levava a tal presunção"(47). Alguns dos processos consultados por Gustavo Siqueira(48) evidenciaram que sua desconfiança fazia sentido e sua hipótese estava correta. Uma das greves por ele mapeadas nos processos judiciais do mencionado tribunal foi uma greve ocorrida em 1939, entre os meses de outubro e novembro, na cidade catarinense de Laguna.

Trabalhadoras e trabalhadores da Companhia de Mineração e Metalurgia Brasil (CoBrasil), que construíam um porto na cidade, deflagaram a greve "por melhorias salariais e pelo cumprimento do art. 137, alínea "d", da Constituição de 1937, que estabelecia o repouso semanal aos domingos"(49). Algumas das pessoas envolvidas na greve foram presas e 19 delas processadas e julgadas perante o tribunal de segurança nacional em 1940. O coronel Augusto Maynard Gomes, juiz do tribunal, compreendeu que o episódio ilustrou uma "paralisação pacífica de operários por melhores condições de trabalho"(50), que, por não ter "influência clara de organizações de esquerda e sem aliciamentos para adesão"(51), não poderia ser classificada como greve, mesmo porque as pessoas envolvidas na paralisação até "procuraram as autoridades no sentido de obter uma solução pacifica e amigável'"(52), determinando, assim, a absolvição das trabalhadoras e dos trabalhadores.

As publicações da imprensa, também, foram uma fonte primária para Gustavo Siqueira(53), sobretudo o jornal *A Classe Operária*, do partido comunista. O jornal em questão noticiou inúmeras greves no decorrer do Estado Novo, motivadas pela inflação, pelo alto custo de vida e pela redução (nominal ou real) dos salários(54). Como foi o caso de uma greve acontecida no dia "30 de novembro de 1937, a qual os estivadores do porto de Fortaleza (...) deflagaram 'por melhores condições de trabalho'"(55). Greve esta, que mesmo reprimida pela

(47) SIQUEIRA, Gustavo Silveira. *História do Direito de Greve no Brasil (1890-1946):* Criminalização, Mito da Outorga e Movimentos Sociais. Rio de Janeiro: Lumen Juris, 2017. p. 84.

(48) SIQUEIRA, Gustavo Silveira. *História do Direito de Greve no Brasil (1890-1946):* Criminalização, Mito da Outorga e Movimentos Sociais. Rio de Janeiro: Lumen Juris, 2017.

(49) SIQUEIRA, Gustavo Silveira. *História do Direito de Greve no Brasil (1890-1946):* Criminalização, Mito da Outorga e Movimentos Sociais. Rio de Janeiro: Lumen Juris, 2017. p. 85-86.

(50) *Idem.*

(51) *Idem.*

(52) *Idem.*

(53) SIQUEIRA, Gustavo Silveira. *História do Direito de Greve no Brasil (1890-1946):* Criminalização, Mito da Outorga e Movimentos Sociais. Rio de Janeiro: Lumen Juris, 2017.

(54) *Idem.*

(55) *Ibidem*, p. 87.

polícia, "'só cessou na base do compromisso do capitão do porto de atender às reinvindicações dos trabalhadores'"(56).

Em março de 1938, o jornal *A Classe Operária* noticiou uma greve em fábrica de Taubaté, "motivada por melhores salários, pagamento correto destes e más condições de assistência aos trabalhadores"(57). A greve foi judicializada e houve o entendimento judicial de que, a despeito da proibição constitucional, a greve não foi criminalizada, por não ter havido sido criado, ao menos até aquele julgamento, um tipo penal específico para sua prática (a lei monstro criminalizava greves deflagradas por motivos dissonantes de assuntos ou aspectos atinentes aos contratos de trabalho)(58). Além da própria referência às dificuldades sociais e econômicas enfrentadas por trabalhadoras e trabalhadores na cidade de Taubaté ser mencionada como motivo legitimador para a promoção da greve(59).

A outra pesquisadora que desafiou a compreensão historiográfica de que inexistiram greves e mobilização trabalhadora e sindical significativa no curso do Estado Novo foi Fátima Azevedo(60). Em seu artigo *Greves no Estado Novo: um processo de memória em disputa*, ela refuta tal compreensão a partir da análise de publicações da imprensa brasileira que noticiam a deflagração e a ocorrência de greves. Uma das primeiras pontuações que Fátima Azevedo(61) faz, a partir de sua análise das publicações da imprensa, é que a própria referência às greves não deixa de ser veiculada em um número considerável de jornais, sendo noticiadas experiências grevistas ocorridas em outros países que não o Brasil, além da utilização da expressão greve para nomear outros fenômenos e contextos, como greves de fome.

As greves trabalhadoras brasileiras, também, continuaram a ser noticiadas, porém, geralmente, em campos das publicações jornalísticas de menor destaque, como em notas de rodapé, e com destaque para a atuação repressora do estado em relação a elas, informando, assim, a intervenção estatal na diretoria dos sindicatos ou mesmo a cassação da carta de reconhecimento sindical promovida pelo ministério do trabalho(62). Fátima Azevedo cita, como exemplo, uma edição do *Correio da Manhã* de 19 de janeiro de 1939 que apresenta, "[e]scondida entre uma propaganda da Exposição Nacional do Estado Novo e uma da Fábrica Bangu"(63), notícia sobre uma greve no porto de Vitória deflagrada pelo sindicato de alvarengueiros. Greve punida pelo então ministro do trabalho com a cassação da carta de reconhecimento do sindicato, já que, ao invés de a entidade ter submetido suas demandas à

(56) SIQUEIRA, Gustavo Silveira. *História do Direito de Greve no Brasil (1890-1946):* Criminalização, Mito da Outorga e Movimentos Sociais. Rio de Janeiro: Lumen Juris, 2017. p. 87.

(57) *Ibidem*, p. 89.

(58) SIQUEIRA, Gustavo Silveira. *História do Direito de Greve no Brasil (1890-1946):* Criminalização, Mito da Outorga e Movimentos Sociais. Rio de Janeiro: Lumen Juris, 2017.

(59) *Idem.*

(60) AZEVEDO, Fátima Gabriela Soares. Greves no Estado Novo: um processo de memória em disputa. *In: Fronteiras e Debates*, Macapá, vol. 7, n. 2, 2020.

(61) *Idem.*

(62) *Idem.*

(63) *Ibidem*, p. 136.

comissão mista de conciliação, atuando como órgão colaborador do estado, preferiu fazer uso do recurso antissocial da greve, atentando contra o texto constitucional de 1937[(64)].

Fátima de Azevedo[(65)] destaca, ainda, a cobertura da edição do jornal *Correio da Manhã* de 4 de agosto de 1939 sobre greve de ferroviárias e ferroviários da Estrada de Ferro de Santa Catharina na cidade de Tubarão. Neste caso, o então ministro do trabalho entendeu que "o Sindicato atuou contra a greve e, portanto, somente pessoas deveriam ser perseguidas e eventualmente punidas"[(66)], tendo sido as lideranças do movimento grevista denunciadas ao tribunal de segurança nacional. A greve teria sido motivada pelo atraso de quatro meses no pagamento dos salários das trabalhadoras e dos trabalhadores da linha férrea. As trabalhadoras envolvidas e os trabalhadores envolvidos no movimento grevista, no entanto, foram absolvidas e absolvidos da prática do crime de greve, conforme noticiado na edição do jornal do dia 7 de outubro de 1939, solicitando o procurador responsável pelo caso a abertura de investigação policial para investigar a conduta patronal de atraso no pagamento dos salários[(67)].

Agora gostaria de apresentar uma outra greve ocorrida no curso do Estado Novo, mas desta vez contada por Gustavo Siqueira[(68)]. Trata-se de greve acontecida em agosto de 1943 e promovida por ferroviárias e ferroviários da Rede de Viação Paraná-Santa Catarina, trabalhadoras e trabalhadores cuja atuação já mencionei anteriormente ao abordar a greve realizada por elas e eles no ano de 1934. Essa nova greve de 1943 também foi motivada pela demanda de aumento salarial por parte das trabalhadoras e dos trabalhadores da rede. Entretanto, a sua eclosão foi seguida pela ocupação militar dos espaços de trabalho da rede, solicitada pela superintendência da mesma. O delegado da ordem política e social foi até o local em que as então grevistas e os então grevistas se encontravam e "[c]oncluía o delegado que 'nenhum indício se notava de interferência de elementos estranhos à Rêde' naquele protesto. Aparentemente, agiam por deliberação própria"[(69)]. Então,

> [o] delegado advertiu os trabalhadores de que eles "estavam fazendo uma greve, e, portanto, agindo fora da lei". Os trabalhadores "procuraram, imediatamente, fazer sentir que não estavam em greve, e, sim, haviam apenas querido protestar contra a situação de penúria em que se encontravam". A forma de protestar daqueles trabalhadores, classificados como "elementos desesperados e descrentes, na maioria ignorantes" pelo delegado do Dops, era parando de trabalhar.[(70)]

(64) AZEVEDO, Fátima Gabriela Soares. Greves no Estado Novo: um processo de memória em disputa. *In*: *Fronteiras e Debates*, Macapá, vol. 7, n. 2, 2020, p. 136.

(65) *Ibidem*, p. 138.

(66) *Idem*.

(67) *Idem*.

(68) SIQUEIRA, Gustavo Silveira. *História do Direito de Greve no Brasil (1890-1946):* Criminalização, Mito da Outorga e Movimentos Sociais. Rio de Janeiro: Lumen Juris, 2017. p. 82-83.

(69) *Ibidem*, p. 82.

(70) *Ibidem*, p. 82-83.

Gustavo Siqueira[71] questiona, então, se as trabalhadoras e os trabalhadores desconheceriam mesmo que o que fariam seria classificável como uma greve ou se se tratava de uma estratégia para perseguir seus objetivos sem atrair a repressão policial do estado brasileiro. No entanto, ele próprio não responde ao questionamento diante da falta de elementos que pudessem subsidiar qualquer esboço de resposta. A despeito da pergunta não poder ser respondida, a greve ferroviária de 1943 suscita em Gustavo Siqueira[72] a desconfiança de que a criminalização da greve e a sua repressão promovida pelo patronato e aparato policial do Estado Novo podem ter promovido transformações no próprio conceito de greve. De modo que, como a greve seria uma conduta vetada, proibida e estigmatizada, as trabalhadoras e trabalhadores que lutassem por melhores condições de labor "não faziam greves, apenas paravam de trabalhar por melhores condições"[73], o que pode ter reduzido inclusive o número de fenômenos que hoje classificaríamos como greves, mas que as trabalhadoras e os trabalhadores grevistas de então postulavam ser paralisações[74].

Portanto, afirmar que não houve greves ou mobilização trabalhadora e sindical significativa pela conquista de direitos e transformações sociais no período histórico do Estado Novo significa desconsiderar a complexidade em torno do que era ou não considerado greve diante das peculiaridades históricas, sociais, políticas, econômicas e jurídicas de então. Significa desconsiderar as diferentes formas de resistência trabalhadora ao peleguismo e à repressão policial estatal. Fosse através da publicação de jornais como *A Classe Operária*; ou através da realização de greves, que estratégica ou ideologicamente poderiam ser nomeadas simplesmente de paralisações, por aumentos salariais, pelo cumprimento de direitos já assegurados constitucional e legalmente, para a promoção de transformações sociais mais significativas. Significa desconsiderar o movimento de criminalização do fenômeno greve promovido pelo Estado Novo brasileiro. Significa perpetuar, de alguma forma, o mito da outorga varguista dos direitos trabalhistas[75], já que, segundo este, a criação da legislação trabalhista brasileira fora uma benesse paternal varguista em antecipação às próprias reivindicações trabalhadoras e em um contexto sem conflitos[76]. E as greves ocorridas no Estado Novo revelam que esse não foi um período de paz social, de conflitos apenas latentes, mas também de conflitos efervescentes.

(71) SIQUEIRA, Gustavo Silveira. *História do Direito de Greve no Brasil (1890-1946):* Criminalização, Mito da Outorga e Movimentos Sociais. Rio de Janeiro: Lumen Juris, 2017. p. 82-83.

(72) *Ibidem*, p. 83.

(73) *Idem.*

(74) SIQUEIRA, Gustavo Silveira. *História do Direito de Greve no Brasil (1890-1946):* Criminalização, Mito da Outorga e Movimentos Sociais. Rio de Janeiro: Lumen Juris, 2017.

(75) GOMES, Angela de Castro. *A invenção do trabalhismo*. São Paulo: Vértice/Editora Revista dos Tribunais; Rio de Janeiro: IUPERJ, 1988.

(76) CAMPANA, Priscila; BOSCHI, Olga Maria. A falácia do discurso da doação das leis trabalhistas: recuperando outras memórias históricas. In: *Revista de Informação Legislativa*, Brasília, ano 46, n. 181, jan./mar. 2009.

4. A luta de Laudelina de Campos Mello por direitos trabalhistas e previdenciários para as empregadas domésticas brasileiras

A greve representa um importante instrumento de luta de trabalhadoras e trabalhadores para assegurar a eficácia de direitos já conquistados, para conquistar novos direitos[77], para acessar melhores condições de trabalho e de vida, assim como para reivindicar transformações sociais mais radicais[78]. Entretanto, algumas categorias de trabalhadoras e trabalhadores podem ter dificuldades em fazer uso desse instrumento, como parece ser o caso das empregadas domésticas. Na medida em que a sua dinâmica de trabalho não envolve, tal como outras categorias trabalhadoras, a concentração em um mesmo espaço de um número considerável de trabalhadoras e trabalhadores ou, ainda, o estabelecimento de uma rede de comunicação entre diferentes trabalhadoras e trabalhadores. Estando as empregadas domésticas vinculadas, assim, a diferentes empregadoras e empregadores em um cenário de dispersão laboral que, a princípio, parece dificultar suas possibilidades de organização e atuação a nível coletivo.

Ao pesquisar sobre a mobilização trabalhadora e sindical ocorrida no Brasil nas décadas de 1930 e 1940, eu busquei mapear greves organizadas, deflagradas e promovidas por empregadas domésticas, mas não consegui localizar nenhuma (o que não significa que não tenham ocorrido). E assim o fiz (ou tentei fazer), já que a maioria das greves que até então havia conhecido e as quais relatei nestas páginas apresentaram como protagonistas homens, muitas vezes homens brancos, cujos labores eram desenvolvidos fora do espaço doméstico. Acredito que a minha dificuldade em encontrar greves realizadas por empregadas domésticas se deva às razões que relatei logo acima e que estão relacionadas com a própria dificuldade de mobilização dessa estratégia de luta pelas empregadas domésticas. Diante dessa impossibilidade minha de encontrar greves de empregadas domésticas e diante também da lembrança da figura de Laudelina de Campos Mello, importante ativista pelos direitos trabalhistas e previdenciários de empregadas domésticas e uma das pioneiras na organização e articulação coletivas dessa categoria, fui provocado a desconfiar que caso buscasse conhecer a(s) história(s) das trabalhadoras brasileiras e dos trabalhadores brasileiros não poderia tão somente procurar conhecer as greves por elas e eles promovidas.

Mas precisaria estar atento a outros instrumentos e estratégias de luta que poderiam e têm sido mobilizados pelas trabalhadoras e pelos trabalhadores no decorrer de seus itinerários e jornadas individuais e coletivos por melhores condições de trabalho e vida. Caso focasse apenas nas greves para conhecer a(s) história(s) das trabalhadoras e dos trabalhadores, especificamente no período compreendido entre as décadas de 1930 e 1940, correria o risco de promover um apagamento de uma série de trabalhadoras e trabalhadores e suas histórias, trabalhadoras e trabalhadores que, a despeito de terem dificuldades e empecilhos para recorrerem a greves, como parece ser o caso das empregadas domésticas, têm, desde há muito tempo, lutado por seus direitos e por vidas melhores. Assim, decidi me atentar para parte

---

(77) VIANA, Márcio Túlio. *Direito de resistência:* possibilidades de autodefesa do empregado em face do empregador. São Paulo: LTr, 1996.

(78) VIANA, Márcio Túlio. *Da greve ao boicote e outros pequenos estudos*. Belo Horizonte: RTM, 2017.

da história de vida de Laudelina de Campos Mello, cujo percurso de vida é fundamental conhecer para compreender como se deu a organização coletiva inicial das empregadas domésticas no Brasil(79).

Laudelina de Campos Mello trabalhou como empregada doméstica em diferentes cidades brasileiras, como Poços de Caldas, Santos, Campinas e São Paulo, ao longo de muitos anos de sua vida(80). Para além do trabalho remunerado, Laudelina militou em diferentes espaços políticos e partidários, como grupos recreativos para pessoas negras (nos quais havia discussões políticas), em associações de empregadas domésticas e no partido comunista, ao qual se filiou em 1936(81). Dialogando também, no decorrer de sua vida, com militantes de associações negras, como a frente negra brasileira(82). No ano de 1936, Laudelina fundou aquela que é considerada a primeira associação de trabalhadoras domésticas do Brasil: a Associação de Empregados Domésticos de Santos(83). A associação, "[p]ouco tempo depois de fundada, (...) foi fechada em função das restrições políticas do Estado Novo"(84), voltando a funcionar apenas a partir de 1946.

A associação em questão concedia auxílio a pessoas em situação de vulnerabilidade social, doando mantimentos para ex-empregadas domésticas e suas famílias por exemplo, além de oferecer cursos de alfabetização, assistência odontológica e médica e auxiliar na busca de empregos domésticas para as suas associadas(85). As atividades da associação eram custeadas com as mensalidades pagas por associadas, assim como através do dinheiro arrecadado em outras atividades promovidas pela associação como festas e jogos de futebol(86). As atividades assistenciais, culturais e lúdicas promovidas pela associação possuíam, como afirma Joaze Bernardino-Costa, "o objetivo de constituição, manutenção e fortalecimento da solidariedade política das trabalhadoras domésticas"(87).

(79) BERNARDINO-COSTA, Joaze. *Sindicatos das trabalhadoras domésticas no Brasil:* teorias de descolonização e saberes subalternos. Tese de Doutorado defendida no Departamento de Sociologia da Universidade de Brasília, Brasília, 2007.

(80) PINTO, Elisabete Aparecida. *Etnicidade, genero e educação:* a trajetoria de vida de D. Laudelina de Campos Mello (1904-1991). Dissertação de Mestrado defendida na Faculdade de Educação da Universidade Estadual de Campinas, Campinas, 1993. BERNARDINO-COSTA, *Op. cit.*

(81) PINTO, *Op. cit.* BERNARDINO-COSTA. *Sindicatos das trabalhadoras domésticas no Brasil:* teorias de descolonização e saberes subalternos. Tese de Doutorado defendida no Departamento de Sociologia da Universidade de Brasília, Brasília, 2007.

(82) *Idem*

(83) BERNARDINO-COSTA. *Sindicatos das trabalhadoras domésticas no Brasil:* teorias de descolonização e saberes subalternos. Tese de Doutorado defendida no Departamento de Sociologia da Universidade de Brasília, Brasília, 2007.

(84) *Ibidem*, p. 105.

(85) PINTO, *Op. cit.* BERNARDINO-COSTA, *Op. cit.*

(86) PINTO, Elisabete Aparecida. *Etnicidade, genero e educação:* a trajetoria de vida de D. Laudelina de Campos Mello (1904-1991). Dissertação de Mestrado defendida na Faculdade de Educação da Universidade Estadual de Campinas, Campinas, 1993.

(87) BERNARDINO-COSTA. *Sindicatos das trabalhadoras domésticas no Brasil:* teorias de descolonização e saberes subalternos. Tese de Doutorado defendida no Departamento de Sociologia da Universidade de Brasília, Brasília, 2007, p. 106.

Como reportado por Joaze Bernardino-Costa em sua tese de doutorado *Sindicatos das trabalhadoras domésticas no Brasil: teorias de descolonização e saberes subalternos* e Elisabete Pinto em sua dissertação de mestrado *Etnicidade, genero e educação: a trajetoria de vida de D. Laudelina de Campos Mello (1904-1991)*, Laudelina desejava, desde a fundação da associação, que ela se tornasse um sindicato, mesmo porque acreditava que o reconhecimento da possibilidade de formação de uma entidade desse tipo seria fundamental para a conquista por parte das empregadas domésticas de direitos trabalhistas e previdenciários já reconhecidos pelo estado brasileiro a outras trabalhadoras brasileiras e a outros trabalhadores brasileiros.

Assim, por exemplo, Laudelina viaja ao Rio de Janeiro em 1936 para participar do I Congresso dos Trabalhadores, que acaba por não acontecer em razão de pressão empresarial impulsionada pelo temor de que aquele evento fosse espaço para articulações grevistas e insurrecionais comunistas[(88)]. Em sua passagem pelo Rio de Janeiro, Laudelina se encontra com o então ministro do trabalho, para apresentar as reivindicações das empregadas domésticas por direitos trabalhistas e previdenciários, assim como pelo direito à sindicalização, mas ouviu dele que este direito não seria passível de ser estendido às empregadas domésticas em razão de não contribuírem para o desenvolvimento econômico nacional e pela impossibilidade de seu enquadramento classista e categorial[(89)].

A despeito dessas respostas, Laudelina e outras empregadas domésticas continuaram a lutar no decorrer do tempo para alcançar o direito à sindicalização e o direito a ter assegurados seus direitos trabalhistas e previdenciários, reclamando do estado e da sociedade brasileiros o reconhecimento da importância do trabalho doméstico remunerado para a sustentação das vidas individualmente e em sociedade. A luta de Laudelina nas décadas de 1930 e 1940 perpassou a criação de associações, a realização de atividades culturais com o propósito de fortalecer uma aliança doméstica coletiva por direitos, o diálogo com ativistas e outras lideranças trabalhadoras, assim como com representantes governamentais, de modo que, por mais que nenhuma greve tenha sido referenciada por Laudelina, as empregadas domésticas não deixaram de agir e reagir em busca de transformações de suas realidades sociais, de suas vidas.

5. A greve como direito constitucionalizado, mas de difícil exercício no governo Eurico Gaspar Dutra

A redemocratização do estado brasileiro com o fim do estado de exceção varguista pouco mudou o tratamento autoritário estatal empreendido com relação aos movimentos trabalhadores e sindicais nacionais. Apesar da inclusão do direito de greve na constituição de 1946, o governo Eurico Gaspar Dutra buscou, mediante a edição de uma série de atos normativos, restringir as circunstâncias nas quais esse direito poderia ser exercido, quais interesses poderia defender. Para além de interferir diretamente no funcionamento e na atuação das

(88) PINTO, Elisabete Aparecida. *Etnicidade, gênero e educação:* a trajetória de vida de D. Laudelina de Campos Mello (1904-1991). Dissertação de Mestrado defendida na Faculdade de Educação da Universidade Estadual de Campinas, Campinas, 1993.

(89) *Idem.*

entidades sindicais brasileiras, dificultando ainda mais a deflagração de greves que poderiam ser reconhecidas como lícitas (o que não significa a erradicação de movimentos grevistas do país no período do governo Dutra).

A inclusão do direito de greve na constituição de 1946 foi precedida de uma série de debates na assembleia constituinte de 1946 a respeito da possibilidade ou da necessidade de constitucionalização desse direito de greve, bem como a respeito dos eventuais limites para o seu exercício(90). Greves acontecidas naquele momento foram debatidas na assembleia, como uma deflagrada por bancárias e bancários, que, inclusive, "compareciam, por vezes, às galerias do plenário da Assembleia para reivindicar apoio de congressistas"(91), bem como para pleitear a constitucionalização do direito de greve. As discussões sobre o direito de greve na assembleia constituinte de 1946, de acordo com Gustavo Siqueira, eram marcadas, sobretudo, por dois tipos de posicionamento dentre parlamentares pertencentes a diferentes espectros políticos-ideológicos: "de um lado, estavam os defensores de uma positivação do direito de greve amplo e sem restrições e, de outro, aqueles que, apesar de reconhecerem o direito de greve, submetiam-no a diversas condições para o seu exercício."(92).

Em relação aos trabalhos da assembleia constituinte, Gustavo Siqueira, ainda, destaca — acredito que a título de curiosidade — que o sindicato dos advogados do Rio de Janeiro "encaminhou, na sessão de 29 de abril de 1946, um anteprojeto de Constituição que, em seu art. 8o, tratava do reconhecimento do direito de greve"(93), demonstrando, mais uma vez, o interesse de trabalhadoras e trabalhadores de assegurarem constitucionalmente o direito de greve. Antes mesmo de findos os trabalhos da assembleia constituinte, conforme afirmado por Sayonara Silva(94), Eurico Gaspar Dutra edita o Decreto-lei n. 9.070, de 15 março de 1946, buscando evitar a realização de greves trabalhadoras mediante o estabelecimento da compulsoriedade de submissão de litígios coletivos trabalhistas à justiça do trabalho ou à conciliação prévia, assim como por meio do estabelecimento de um amplo conjunto de atividades consideradas fundamentais — que poderia ser ampliado por decisão do ministério do trabalho — e nas quais o direito de greve não poderia ser sequer exercido(95).

A tentativa de impossibilitar a deflagração de greves revelou, parcialmente, a face autoritária do governo de Eurico Gaspar Dutra em relação aos movimentos trabalhadores e sindicais brasileiros, evidenciando que o "interregno democrático" entre a ditadura do Estado Novo e a ditadura civil-empresarial-militar, que teve início em 1964, não foi "exatamente

(90) SIQUEIRA, Gustavo Silveira. *História do Direito de Greve no Brasil (1890-1946):* Criminalização, Mito da Outorga e Movimentos Sociais. Rio de Janeiro: Lumen Juris, 2017.

(91) *Ibidem*, p. 129.

(92) *Ibidem*, p. 130.

(93) *Ibidem*, p. 129.

(94) SILVA, Sayonara Grillo Coutinho Leonardo da. *Relações coletivas e configurações institucionais em um cenário de democracia:* a atuação do Tribunal Superior do Trabalho na conformação dos direitos coletivos assegurados pela Constituição, na década de 1990. Tese de Doutorado defendida no Departamento de Direito da Pontifícia Universidade Católica do Rio de Janeiro, Rio de Janeiro, 2007.

(95) *Idem*.

democrático"(96), como afirma Sayonara Silva, para com o sindicalismo brasileiro, tendo continuidade o corporativismo autoritário fundado no Estado Novo. Ainda no ano de 1946, foi editado o Decreto-lei n. 9.502, de 23 de julho de 1946, que "proibiu o exercício de atividades partidárias nas dependências do sindicato e alterou as regras para eleições sindicais, cassou os mandatos das diretorias sindicais eleitas, estabeleceu novas datas para as eleições"(97), dentre uma série de outras intervenções em relação ao funcionamento de entidades sindicais no país.

Em 18 de setembro de 1946, foi promulgada a Constituição de 1946 que reconheceu o direito de greve em seu art. 158 e o direito à liberdade sindical e de associação profissional em seu art. 159, determinando que leis supervenientes os regulariam. A outorga ao poder legislativo da definição dos contornos de importantes pilares do sistema sindical brasileiro, já que o referido texto constitucional não fez opção expressa por um modelo de unicidade ou de pluralidade sindical, possibilitou, diante da omissão legislativa em regulamentar os dispositivos constitucionais, que tribunais brasileiros entendessem haver sido recepcionada a legislação sindical corporativista produzida no decorrer do Estado Novo, para além da validação dos autoritários decretos editados por Eurico Gaspar Dutra(98). Legitimando, assim, a crescente repressão governamental em relação aos movimentos trabalhadores e sindicais nacionais(99).

A suposta ameaça comunista e o contexto internacional de guerra fria foram instrumentalizadas como justificativas para que o governo Dutra promovesse a perseguição de militantes trabalhadoras, trabalhadores, sindicalistas e comunistas no país(100). Determinando o fechamento e a suspensão do funcionamento de coletivos e associações trabalhadoras que não detivessem autorização ou chancela estatal para funcionar ou, ainda, cuja organização não se encontrasse prevista juridicamente, como seria o caso da confederação geral dos trabalhadores do Brasil, fechada por meio da edição do Decreto n. 23.046, de 7 de maio de 1947(101). O que significou a afirmação de um esvaziado direito constitucional de greve já desde seu início, já que não houve um compromisso do governo Dutra com sua efetivação, mas, ao contrário, a tentativa de impedimento que as entidades sindicais brasileiras pudessem agir livremente ou postular livremente suas demandas perante o patronato, o estado e a sociedade brasileiros.

6. Considerações finais

Acredito que o objetivo que motivou a escrita deste texto foi cumprido. A partir da repercussão e reverberação nessas páginas dos achados de outras pesquisas, realizadas

---

(96) SILVA, Sayonara Grillo Coutinho Leonardo da. *Relações coletivas e configurações institucionais em um cenário de democracia:* a atuação do Tribunal Superior do Trabalho na conformação dos direitos coletivos assegurados pela Constituição, na década de 1990. Tese de Doutorado defendida no Departamento de Direito da Pontifícia Universidade Católica do Rio de Janeiro, Rio de Janeiro, 2007. p. 270-271.

(97) *Ibidem*, p. 260.

(98) SILVA, Sayonara Grillo Coutinho Leonardo da. *Relações coletivas e configurações institucionais em um cenário de democracia:* a atuação do Tribunal Superior do Trabalho na conformação dos direitos coletivos assegurados pela Constituição, na década de 1990. Tese de Doutorado defendida no Departamento de Direito da Pontifícia Universidade Católica do Rio de Janeiro, Rio de Janeiro, 2007.

(99) *Idem*.

(100) *Idem*.

(101) *Idem*.

sobretudo com fontes primárias, somadas a algumas breves e pontuais reflexões e provocações minhas, pudemos observar uma intensa mobilização trabalhadora e sindical, marcada por inúmeras greves (ou paralisações que as trabalhadoras e os trabalhadores recusavam reconhecer como greves), por direitos e transformações sociais no Brasil das décadas de 1930 e 1940, inclusive no decorrer do Estado Novo.

A despeito das tentativas estabelecidas pelos governos Vargas e Dutra, tanto em períodos de exceção como de suposta democracia, para controlar as possibilidades de organização, atuação e funcionamento de entidades sindicais, para sufocar coletivos, movimentos e partidos comunistas e de esquerda, bem como para impedir a mobilização da greve como estratégia de luta trabalhadora, vimos que as trabalhadoras e os trabalhadores continuaram a agir, individual e coletivamente, por vidas melhores.

Trabalhadoras e trabalhadores deflagaram greves (ou paralisações em razão das disputas em torno do significado da palavra greve) por melhores condições de trabalho e vida, como as ferroviárias e os ferroviários do Paraná e de Santa Catarina nos anos de 1934 e 1943, dentre outras tantas greves, algumas delas abordadas aqui e outras não. Mas não só as greves representaram instrumentos da luta trabalhadora por melhores condições de trabalho e de vida. Trabalhadoras articuladas e trabalhadores articulados coletivamente criaram veículos de imprensa, como *A Classe Operária*, vinculado ao partido comunista, para se oporem ao Estado Novo varguista e repercutirem as suas lutas e as suas conquistas.

Além disso, organizaram associações, promoveram atividades culturais e lúdicas a fim de construir uma solidariedade política entre empregadas domésticas, buscaram junto a autoridades governamentais assegurar direitos trabalhistas e previdenciários, como o fez Laudelina de Campos Mello. Pleitearam a guarida constitucional de um direito de greve, através da apresentação de proposta de esboço do texto constitucional ou a partir da pressão que exerceram em relação a parlamentares constituintes, como fizeram respectivamente o sindicato de advogadas e advogados do Rio de Janeiro e as trabalhadoras e os trabalhadores dos bancos.

E esses exemplos, definitivamente, não esgotam as nuances e os instrumentos mobilizados por trabalhadoras, trabalhadores, militantes comunistas e lideranças sindicais para apresentar suas demandas por um diferente sistema de regulação do trabalho e por um novo desenho e uma nova dinâmica de vida em sociedade. E, é por isso que renovo o convite que fiz na introdução: que as leitoras e os leitores deste texto se debrucem mais e mais sobre as fontes e pesquisas que abordam o período vivido nas décadas de 1930 e 1940 no Brasil, rejeitando metanarrativas e mitos, que escondem por detrás da uniformidade e de idealizações, ações e vozes que ecoam, de diferentes e complexas formas, em conquistas e na concretude das vidas trabalhadoras vividas contemporaneamente.

Referências bibliográficas

AREAS, Luciana Barbosa. *Consentimento e resistência:* um estudo sobre as relações entre trabalhadores e Estado no Rio de Janeiro (1930-1945). Tese de Doutorado defendida no Departamento de História da Universidade Estadual de Campinas, Campinas, 2000.

AZEVEDO, Fátima Gabriela Soares. Greves no Estado Novo: um processo de memória em disputa. In: *Fronteiras e Debates*, Macapá, vol. 7, n. 2, 2020, p. 127-142.

BERNARDINO-COSTA, Joaze. *Sindicatos das trabalhadoras domésticas no Brasil:* teorias de descolonização e saberes subalternos. Tese de Doutorado defendida no Departamento de Sociologia da Universidade de Brasília, Brasília, 2007.

BRASIL. *Decreto-lei n. 2.848, de 7 de dezembro de 1940.* Código Penal. Disponível em: <http://www.planalto.gov.br/ccivil_03/decreto-lei/del2848.htm>. Acesso em: 15 dez. 2021.

______. *Constituição dos Estados Unidos do Brasil, de 10 de novembro de 1937.* Disponível em: <http://www.planalto.gov.br/ccivil_03/constituicao/constituicao37.htm>. Acesso em: 13 dez. 2021.

______. *Constituição dos Estados Unidos do Brasil, de 18 de setembro de 1946.* Disponível em: <http://www.planalto.gov.br/ccivil_03/constituicao/constituicao46.htm>. Acesso em: 13 dez. 2021.

______. *Decreto-lei n. 431, de 18 de maio de 1938.* Define crimes contra a personalidade internacional, a estrutura e a segurança do Estado e contra a ordem social. Disponível em: <http://www.planalto.gov.br/ccivil_03/decreto-lei/1937-1946/del0431.htm#:~:text=DECRETO%2DLEI%20N%C2%BA%20431%2C%20DE%2018%20DE%20MAIO%20DE%201938.&text=Define%20crimes%20contra%20a%20personalidade,e%20contra%20a%20ordem%20social>. Acesso em: 19 dez. 2021.

______. *Decreto-lei n. 1.237, de 2 de maio de 1939.* Organiza a Justiça do Trabalho. Disponível em: <http://www.planalto.gov.br/ccivil_03/decreto-lei/1937-1946/del1237.htm#:~:text=DEL1237%2D39&text=DECRETO%2DLEI%20N%C2%BA%201.237%2C%20DE%202%20DE%20MAIO%20DE%201939.&text=Disposi%C3%A7%C3%B5es%20preliminares-,Art.,dirimidos%20pela%20Justi%C3%A7a%20do%20Trabalho>. Acesso em: 19 dez. 2021.

______. *Decreto-lei n. 1.402, de 5 de julho de 1939.* Regula a associação em sindicato. Disponível em: <http://www.planalto.gov.br/ccivil_03/decreto-lei/del1402.htm>. Acesso em: 19 dez. 2021.

______. *Decreto-lei n. 4.766, de 1º de outubro de 1942.* Define crimes militares e contra a segurança do Estado, e dá outras providências. Disponível em: <http://www.planalto.gov.br/ccivil_03/decreto-lei/1937-1946/del4766.htm>. Acesso em: 19 dez. 2021.

______. *Decreto-lei n. 5.452, de 1º de maio de 1943.* Aprova a Consolidação das Leis do Trabalho. Disponível em: <http://www.planalto.gov.br/ccivil_03/decreto-lei/del5452.htm>. Acesso em: 19 dez. 2021.

______. *Lei n. 38, de 4 de abril de 1935.* Lei de segurança nacional. Disponível em: <http://www.planalto.gov.br/ccivil_03/leis/1930-1949/l0038.htm>. Acesso em: 19 dez. 2021.

______. *Decreto-lei n. 9.070, de 15 março de 1946.* Dispõe sôbre a suspensão ou abandono coletivo do trabalho e dá outras providências. Disponível em: <http://www.planalto.gov.br/ccivil_03/decreto-lei/del9070.htm>. Acesso em: 19 dez. 2021.

______. *Decreto-lei n. 9.502, de 23 de julho de 1946.* Altera disposições da Consolidação das Leis do Trabalho, concernentes à organização sindical, e dispõe sôbre os mandatos sindicais e dá outras providências. Disponível em: <https://www2.camara.leg.br/legin/fed/declei/1940-1949/decreto-lei-9502-23-julho-1946-417589-norma-pe.html>. Acesso em: 19 dez. 2021.

______. *Decreto n. 23.046, de 7 de maio de 1947.* Suspende o funcionamento em todo o Território Nacional da "Confederação dos Trabalhadores do Brasil". Disponível em: <https://www2.camara.leg.br/legin/fed/decret/1940-1949/decreto-23046-7-maio-1947-401927-publicacaooriginal-1-pe.html>. Acesso em: 19 dez. 2021.

CAMPANA, Priscila; BOSCHI, Olga Maria. A falácia do discurso da doação das leis trabalhistas: recuperando outras memórias históricas. In: *Revista de Informação Legislativa*, Brasília, ano 46, n. 181, jan./mar. 2009.

FOUCAULT, Michel. *Vigiar e punir:* nascimento da prisão. Tradução de Raquel Ramalhete. 42. ed. Petrópolis: Vozes, 2014.

GOMES, Angela de Castro. *A invenção do trabalhismo*. São Paulo: Vértice/Editora Revista dos Tribunais; Rio de Janeiro: IUPERJ, 1988.

MATTOS, Marcelo Badaró. *Trabalhadores e sindicatos no Brasil*. São Paulo: Expressão Popular, 2009.

MONTEIRO, Claudia. *Fora dos trilhos:* as experiências da militância comunista na rede de viação Paraná-Santa Catarina (1934-1945). Dissertação de Mestrado defendida no Programa de Pós-Graduação em História da Universidade Federal do Rio Grande do Sul, Porto Alegre, 2007.

PINTO, Elisabete Aparecida. *Etnicidade, genero e educação:* a trajetoria de vida de D. Laudelina de Campos Mello (1904-1991). Dissertação de Mestrado defendida na Faculdade de Educação da Universidade Estadual de Campinas, Campinas, 1993.

SILVA, Sayonara Grillo Coutinho Leonardo da. *Relações coletivas e configurações institucionais em um cenário de democracia:* a atuação do Tribunal Superior do Trabalho na conformação dos direitos coletivos assegurados pela Constituição, na década de 1990. Tese de Doutorado defendida no Departamento de Direito da Pontifícia Universidade Católica do Rio de Janeiro, Rio de Janeiro, 2007.

SIQUEIRA, Gustavo Silveira. *História do Direito de Greve no Brasil (1890-1946):* Criminalização, Mito da Outorga e Movimentos Sociais. Rio de Janeiro: Lumen Juris, 2017.

SOUTO MAIOR, Jorge Luiz. *História do direito do trabalho no Brasil:* curso de direito do trabalho, vol. I: parte II. São Paulo: LTr, 2017.

VIANA, Márcio Túlio. *Da greve ao boicote e outros pequenos estudos*. Belo Horizonte: RTM, 2017.

VIANA, Márcio Túlio. *Direito de resistência:* possibilidades de autodefesa do empregado em face do empregador. São Paulo: LTr, 1996.

O Segundo Governo Vargas e a Ascensão das Greves até 1964

Laura Parisi[1]

1. Introdução

O presente artigo tem como objetivo apresentar algumas das principais greves ocorridas a partir do segundo governo Vargas (1951) até 1964, quando da ocorrência do golpe militar. Para tanto, faz-se necessária a apresentação de um breve contexto histórico.

O período estudado faz parte da República Populista, iniciada em 1945, com o fim do Estado Novo, e que se encerra com o golpe militar em 1964. A política populista é marca registrada de Getúlio Vargas, tendo acompanhado as suas gestões desde a década de 1930, e que, segundo Giannotti, está por trás de toda a legislação trabalhista e sindical.[2]

Com essa mesma característica populista, Vargas, deposto no fim de 1945, retorna ao poder em 1951, eleito pelo povo. Sua campanha eleitoral atraiu bastante a classe trabalhadora, pois, com forte discurso nacionalista, defendeu uma política de bem-estar social com a ampliação dos benefícios aos trabalhadores, a exemplo do aumento de 100% do salário mínimo — congelado desde 1942 — e a criação de um novo sistema de Previdência Social.[3]

A confirmação da candidatura de Getúlio foi precedida por muita manifestação popular, com "comícios relâmpagos, discursos queremistas nas tribunas parlamentares, paralisações de trabalho país afora"[4], tudo para que Vargas aceitasse ser candidato pelo Partido Trabalhista Brasileiro (PTB). O trabalho de Luís Costa evidencia como estava efervescente a esperança pela volta de Getúlio, que, embora já soubesse que se candidataria, não demonstrava ambição em voltar ao Palácio do Catete.[5]

---

(1) Mestranda em Direito pela Faculdade de Direito de Ribeirão Preto da Universidade de São Paulo/FDRP-USP. Bacharel em Direito pela PUC-Campinas.

(2) GIANNOTTI, Vito. *História das lutas dos trabalhadores no Brasil.* Rio de Janeiro: Mauad X, 2007. p. 157.

(3) *Ibidem*, p. 153.

(4) COSTA, Luís Ricardo Araújo da. *Bota o retrato do velho Getúlio outra vez:* a campanha presidencial de 1950 na imprensa do Rio de Janeiro. Dissertação de Mestrado (História) — Niterói: Universidade Federal Fluminense, 2014, p. 64.

(5) *Ibidem*, p. 66-70.

Sua candidatura contou com articulação de lideranças políticas, com destaque do então governador de São Paulo Adhemar de Barros, que decidiu continuar no cargo e não concorrer à presidência naquele ano. Vargas também foi beneficiado com o retorno do movimento queremista[(6)] de 1945, que, segundo Costa, resistiu à queda de Getúlio e "começou a borbulhar" no início das eleições de 1950.[(7)]

A grande imprensa fazia oposição à Vargas e criticava a sua possível volta, em razão da censura prévia imposta no Estado Novo.[(8)] As falas de Getúlio, que tratavam bastante de democracia, eram descredibilizadas pelos jornais antigetulistas, sendo apontadas por eles as violações de direitos fundamentais de seu primeiro governo, à luz da Constituição de 1946.[(9)]

No entanto, com forte apoio popular, de artistas e profissionais da rádio,[(10)] o boicote da grande imprensa era suprimido pelas manifestações do povo e da forte campanha[(11)] eleitoral de Vargas, que traçou o país e esteve presente em 77 municípios.[(12)] Sua campanha contava com cartilhas distribuídas pelos próprios eleitores; com músicas e produção de filmes, com imagens de sua campanha eleitoral pelos Estados e de momentos relevantes de seu primeiro governo.[(13)]

O trabalho das autoras Fernandes, Chagas e Dias mostra o apoio dos artistas e da *"Revista do Rádio"* para a volta de Getúlio ao poder. Ainda, Costa afirma que o jornal carioca *"O Radical"* era queremista expresso e, embora pequeno, confrontava os demais jornais cariocas contrários à volta de Getúlio.[(14)]

---

(6) Queremismo foi um movimento político desencadeado no Brasil, no início de 1945, que visava criar condições para a permanência do presidente Getúlio Vargas no poder e caracterizava-se pelo refrão "queremos Getúlio". Com as eleições de 1950, esse movimento retorna e colabora para a vitória eleitoral de Vargas.

(7) COSTA, Luís Ricardo Araújo da. *Bota o retrato do velho Getúlio outra vez:* a campanha presidencial de 1950 na imprensa do Rio de Janeiro. Dissertação de Mestrado (História) — Niterói: Universidade Federal Fluminense, 2014. p. 65.

(8) FERNANDES, Carla Montuori; CHAGAS, Genira Correia; DIAS, Lucia. Resistência e popularidade na campanha presidencial: o retorno de Getúlio Vargas à Presidência da República. *Revista Educação, Cultura e Comunicação*, v. 9, n. 17, jun. 2018, p. 139.

(9) COSTA, Luís Ricardo Araújo da. *Bota o retrato do velho Getúlio outra vez:* a campanha presidencial de 1950 na imprensa do Rio de Janeiro. Dissertação de Mestrado (História) — Niterói: Universidade Federal Fluminense, 2014. p. 103.

(10) FERNANDES, Carla Montuori; CHAGAS, Genira Correia; DIAS, Lucia. Resistência e popularidade na campanha presidencial: o retorno de Getúlio Vargas à Presidência da República. *Revista Educação, Cultura e Comunicação*, v. 9, n. 17, jun. 2018, p. 139.

(11) *Ibidem*, p. 141.

(12) COSTA, Luís Ricardo Araújo da. *Bota o retrato do velho Getúlio outra vez: a campanha presidencial de 1950 na imprensa do Rio de Janeiro*. Dissertação de Mestrado (História) — Niterói: Universidade Federal Fluminense, 2014. p. 99.

(13) FERNANDES, Carla Montuori; CHAGAS, Genira Correia; DIAS, Lucia. Resistência e popularidade na campanha presidencial: o retorno de Getúlio Vargas à Presidência da República. *Revista Educação, Cultura e Comunicação*, v. 9, n. 17, jun. 2018, p. 141.

(14) COSTA, Luís Ricardo Araújo da. *Bota o retrato do velho Getúlio outra vez:* a campanha presidencial de 1950 na imprensa do Rio de Janeiro. Dissertação de Mestrado (História) — Niterói: Universidade Federal Fluminense, 2014. p. 120.

Este pequeno jornal, entretanto, era manifestadamente anticomunista, e atacava Luís Carlos Prestes, líder do Partido Comunista do Brasil (PCB)[(15)], o qual continuava na clandestinidade. O PCB não apoiou Vargas nas eleições e manifestou-se pelo voto em branco.[(16)]

Souto Maior afirma que, de volta ao poder em 1951, Getúlio estava comprometido com a causa dos trabalhadores, e que essas eleições significaram uma ascensão política da classe trabalhadora.[(17)] Neste governo, "são efetuadas alterações na CLT, que, paradoxalmente, vão diminuir direitos, mas também ampliar a liberdade de atuação do sindicato".[(18)]

O discurso de Vargas em 1º de maio de 1951 no Estádio São Januário, do Clube de Regatas Vasco da Gama, no Rio de Janeiro, demonstrava sua política de forte apelo aos trabalhadores. Evidente no trecho mais conhecido do longo discurso:

> Preciso de vós, trabalhadores do Brasil, meus amigos, meus companheiros de uma longa caminhada. Preciso de vós tanto quanto precisais de mim. Preciso de vossa união, preciso que vos organizeis sobriamente em sindicatos. Preciso que formeis um bloco forte e coeso ao lado do governo, para que este possa dispor de toda força que necessita para resolver os próprios problemas.[(19)]

Assim, percebe-se que o governo Vargas incentivava a organização dos trabalhadores em sindicatos, e desde o início do mandato o Ministério do Trabalho promovia campanhas de sindicalização.[(20)]

A partir de setembro de 1952, foi finalmente abolida a exigência do "atestado de ideologia"[(21)] para as eleições sindicais, sendo exigido, no entanto, um atestado de boa conduta, prova de nacionalidade e de efetivo exercício da profissão na base territorial dois anos antes ao registro da candidatura.[(22)] O Partido Comunista do Brasil (PCB), em 1952, decidiu voltar a atuar na estrutura sindical.[(23)] Também houve a promulgação da Lei n. 18, de 1951, "que anistiou os condenados e processados por motivo de greve".[(24)]

---

(15) Nesse momento histórico, o PCB se chama Partido Comunista do Brasil. Com o racha posterior, em 1958, um lado fica com a sigla PCB e o outro com o nome Partido Comunista do Brasil (PCdoB).

(16) COSTA, Luís Ricardo Araújo da. *Bota o retrato do velho Getúlio outra vez:* a campanha presidencial de 1950 na imprensa do Rio de Janeiro. Dissertação de Mestrado (História) — Niterói: Universidade Federal Fluminense, 2014, p. 152.

(17) SOUTO MAIOR, Jorge Luiz. *História do Direito do Trabalho no Brasil* — parte 2. São Paulo: LTr, 2017. p. 266.

(18) *Ibidem*, p. 267.

(19) Discurso de Getúlio Vargas em 1º de maio de 1951.

(20) LEAL, Murilo. *A reinvenção da classe trabalhadora (1953-1964)*. Campinas: Editora da Unicamp, 2011. p. 236.

(21) O atestado de ideologia foi um instrumento de controle social e político criada no primeiro governo Vargas para intervir na estrutura sindical, evitando-se qualquer postura ideológica de esquerda nos sindicatos, a fim de afastar os militantes comunistas.

(22) LEAL, Murilo. *A reinvenção da classe trabalhadora (1953-1964)*. Campinas: Editora da Unicamp, 2011. p. 236.

(23) *Ibidem*, p. 237.

(24) *Ibidem*, p. 236.

Em contraponto a essas medidas, em janeiro de 1953 era aprovada a Lei de Segurança Nacional, que definia como "crime contra o estado e a ordem política e social, por exemplo, a convocação de comício ou reunião pública desobedecendo às autoridades competentes e a distribuição 'inequivocamente dolosa' de boletins ou panfletos subversivos".(25) Ainda, vigorava o Decreto n. 9.070, de março de 1946, que praticamente proibia a paralisação do trabalho.

As prisões e repressões eram constantes no segundo governo Vargas quando se trata das greves deflagradas no período. Assim, Giannotti diz que a política de Vargas era contraditória: "Reprimia com violência as greves, segundo a linha anticomunista e antipopular imposta pelos EUA, e, ao mesmo tempo, concedia aumento de 100% no salário-mínimo e chamava os trabalhadores para apoiarem o seu governo."(26)

Murilo Leal, que estudou a classe trabalhadora de 1953 a 1964, diz que o novo governo Vargas se aproximava muito de um governo "bonapartista", que buscava legitimar-se atendendo a diferentes classes ou grupos sociais.(27)

Na economia, o cenário é de crise. A taxa de inflação se eleva ano após ano, e os preços de itens de primeira necessidade sobem 2,5 vezes, enquanto o salário não chega a dobrar.(28) O auge da crise econômica foi em 1953, quando houve o primeiro declínio da produção industrial desde 1947.(29) É neste contexto que surge o movimento conhecido como a Passeata ou Marcha da Panela Vazia, com reivindicações contra a carestia e congelamento de preços. Essas passeatas ocorreram em 1952 e 1953,(30) majoritariamente encabeçadas por mulheres, sendo a mais conhecida em 18 de março de 1953, próximo ao estopim da Greve dos 300 Mil.

Os trabalhadores e trabalhadoras,(31) na época, de acordo com Souto Maior, se unem na atuação sindical em defesa da legislação trabalhista, em busca de melhores condições de trabalho — e de vida — por meio do exercício do direito de greve.(32)

---

(25) LEAL, Murilo. *A reinvenção da classe trabalhadora (1953-1964)*. Campinas: Editora da Unicamp, 2011. p. 237.

(26) GIANNOTTI, Vito. *História das lutas dos trabalhadores no Brasil*. Rio de Janeiro: Mauad X, 2007. p. 154.

(27) LEAL, Murilo. *A reinvenção da classe trabalhadora (1953-1964)*. Campinas: Editora da Unicamp, 2011. p. 237.

(28) *Ibidem*, p. 237-238.

(29) MOISÉS, José Álvaro. *Greve de Massa e crise política (Estudo da Greve dos 300 Mil em São Paulo – 1953/54)*. Coleção Teoria e História, 3. São Paulo: Polis, 1978. p. 68.

(30) *Ibidem*, p. 74.

(31) Importante ressaltar que há uma ausência de recorte de raça nas pesquisas que tratam deste período, embora a pauta racial e os movimentos da população negra sejam fortes e crescentes. Cita-se organizações como a Associação Cultural do Negro (ACN), criada em 1954; o Teatro Experimental do Negro (TEN), que atuou de 1944 a 1961 – comandado por Abdias do Nascimento no Rio de Janeiro e por Geraldo Campos de Oliveira em São Paulo; a criação do Conselho Nacional de Mulheres Negras em 1950; uma forte imprensa negra, com jornais e periódicos como Alvorada, Cruzada Cultural, O Mutirão, Quilombo, O Novo Horizonte, entre muitos outros. A época é tomada pelo mito da democracia racial, de modo que mesmo os partidos de esquerda não tratavam da prioridade dessa luta. Em 1951, a Lei Afonso Arinos insere no rol de contravenções penais a prática de atos resultantes de preconceito de raça ou cor, sendo a primeira legislação a tratar de racismo no país. No entanto, é bastante criticada pela motivação de sua criação e ausência de função prática. Pessoas chaves para o movimento negro estavam presentes na luta nesse período histórico, como Abdias do Nascimento, Carlos Marighella, Clovis Moura, José Correia Leite, Maria Nascimento e Lélia Gonzalez. Assim, embora ausente da literatura específica que trata das greves, as pessoas negras trabalhadoras estavam presentes e atuavam também a partir de diversas organizações políticas e sociais.

(32) SOUTO MAIOR, Jorge Luiz. *História do Direito do Trabalho no Brasil* — parte 2. São Paulo: LTr, 2017. p. 275.

Algumas das relevantes greves do período e que não serão tratadas neste capítulo, são: greve da categoria bancária de São Paulo em 1951; greve das tecelãs e tecelões de São Paulo, em Pernambuco e na Paraíba, em 1952; e greve no Rio de Janeiro em 1953, movida pelos trabalhadores e trabalhadoras têxteis e que envolveu também os portuários e trabalhadores da construção civil. Ao longo de 1951 e 1952, houve 264 greves, segundo dados de Jover Telles no livro de Moisés.[33] Em 1953, foram deflagradas mais de 800 greves, segundo Giannotti.[34]

Mattos afirma que o crescimento das mobilizações grevistas entre o fim da década de 1950 e 1960 é um fato indiscutível.[35]

Nestes anos de República Populista, temos João Goulart assumindo o cargo de Ministro do Trabalho em 1953, após conflitos e insatisfações da classe trabalhadora com o Ministro Segadas Vianna na Greve dos 300 Mil, bem como na Greve dos Marítimos.

Em março de 1954, após anunciar um aumento de 100% do salário mínimo, Goulart é demitido do Ministério em março, em razão da forte pressão das empresas e dos militares.[36] 82 coronéis assinam o famoso "Manifesto dos Coronéis", em que afirmavam, ao final, o aumento do salário mínimo em 100% ser uma subversão aos valores profissionais, pois as pessoas trabalhadoras passariam a receber remuneração equivalente à de um segundo-tenente do Exército.[37]

No entanto, mesmo com a saída de Goulart do Ministério, Vargas anuncia um aumento do salário mínimo em 1º de maio, o que gera revolta da oposição. Assim, com a exigência dos opositores quanto à renúncia do cargo, acusações de corrupção, e toda a situação agravada pelo atentado a Carlos Lacerda, Getúlio suicida-se em 24 de agosto com um tiro no peito, deixando uma carta ao povo brasileiro. O vice-presidente Café-Filho assume a presidência.

Foi instaurado estado de sítio no país em novembro de 1955 até fevereiro de 1956, quando Juscelino Kubitschek (JK) já ocupava o cargo máximo da República. Os anos de JK são conhecidos pelo seu Plano de Metas, um programa de industrialização e modernização que alterou substancialmente os rumos do trabalho no Brasil.

Em 1961, assumiu a presidência Jânio Quadros, o candidato da direita, e João Goulart (Jango), com o apoio da esquerda, ocupou o cargo de vice-presidente. Giannotti afirma que a atuação de Jânio era confusa e contraditória, e, que, numa jogada arriscada, renunciou ao cargo, "sonhando ser levado 'pelos braços do povo' de volta ao poder".[38]

---

(33) MOISÉS, José Álvaro. *Greve de Massa e crise política (Estudo da Greve dos 300 Mil em São Paulo – 1953/54)*. Coleção Teoria e História. 3. ed. São Paulo: Polis, 1978. p. 78.

(34) GIANNOTTI, Vito. *História das lutas dos trabalhadores no Brasil*. Rio de Janeiro: Mauad X, 2007. p. 154.

(35) MATTOS, Marcelo Badaró. *Trabalhadores e sindicatos no Brasil*. 1. ed. São Paulo: Expressão Popular, 2009. p. 94.

(36) GIANNOTTI, Vito. *História das lutas dos trabalhadores no Brasil*. Rio de Janeiro: Mauad X, 2007. p. 156.

(37) LAMARÃO, Sérgio. *Manifesto dos coronéis*. Verbete temático, FGV CPDOC.

(38) GIANNOTTI, Vito. *História das lutas dos trabalhadores no Brasil*. Rio de Janeiro: Mauad X, 2007. p. 167.

No entanto, não foi o que aconteceu. A renúncia foi aceita pelo Congresso, o que faria com que Goulart assumisse a presidência. Campanhas, manifestações e greves ocorreram nessa época, lideradas por Leonel Brizola, para garantir a posse de Goulart, que a direita e os ministros militares tentavam impedir, inclusive com a tentativa de um golpe.

Aqui surge o Instituto de Pesquisa e Estudos Sociais (IPES) e o Instituto Brasileiro de Ação Democrática (IBAD), entidades formadas pela elite, empresários e militares, com apoio da grande mídia e financiadas pelos Estados Unidos. Segundo Pastore, "o ponto de união entre esses empresários nacionais, de empresas multinacionais e os militares, que formavam o IPES/IBAD, era o anticomunismo e a necessidade de adequar o Estado aos seus interesses"[(39)].

No entanto, as verdadeiras intenções desses institutos eram escondidas. De acordo com a autora, alegavam que sua função seria "fazer estudos que pudessem melhorar a realidade do Brasil. No entanto, o seu verdadeiro objetivo era se infiltrar e desestabilizar os movimentos de esquerda, como o movimento camponês e estudantil, e agir diretamente no Congresso".[(40)]

O complexo IPES/IBAD agiu com forte influência sobre as mulheres, com a criação de organizações femininas que serviriam de base para mobilizar as mulheres nas marchas pró-golpe em 1964.[(41)]

Com a posse de Goulart em 1961, a alternativa encontrada pela oposição foi impor uma alteração no sistema de governo, passando ao parlamentarismo, o que limitaria os poderes de Jango na presidência.

Dois anos depois, num plebiscito, seria restituído o caráter presidencialista da República, possibilitando a Goulart trazer à tona as Reformas de Base, já muito reivindicadas pela classe trabalhadora. De acordo com Giannotti:

> Estas reformas se opunham aos privilégios seculares das elites, da burguesia: reforma agrária, bancária, tributária, urbana, política, universitária e administrativa. Todas iam no sentido de uma maior justiça social, uma melhor distribuição de renda e um desenvolvimento independente do país. Eram a síntese da luta da esquerda: PCB, UNE, CGT, esquerda do PTB e independentes.[(42)]

Em 13 de março de 1964, Goulart assina um decreto que inicia parte dessas reformas, o que causa revolta na oposição, incluídas as classes dominantes. Dias depois, o golpe civil-empresarial-militar se instauraria.

---

(39) PASTORE, Bruna. Complexo IPES/IBAD, 44 anos depois: Instituto Millenium? *Revista Aurora*, v. 5, n. 2, 2012, p. 59.

(40) *Idem*.

(41) TELES, Maria Amélia de Almeida. Violações dos direitos humanos das mulheres na ditadura. *Revista Estudos Feministas*, v. 23, dez. 2015, p. 1.003-1.004.

(42) GIANNOTTI, Vito. *História das lutas dos trabalhadores no Brasil*. Rio de Janeiro: Mauad X, 2007. p. 177.

Passado esse breve relato histórico, será iniciada a apresentação de algumas das greves desse período de República Populista, em que muitos acontecimentos históricos importantes revelaram-se, e no qual a classe trabalhadora teve um papel central.

2. Greve dos 300 mil em 1953

A Greve dos 300 Mil em São Paulo foi, sem dúvidas, uma das greves mais importantes do período. De acordo com Badaró, "ela representou um marco na retomada das organizações operárias após o descenso iniciado no governo Dutra".(43)

A greve teve início com a negativa dos empregadores da categoria da indústria têxtil(44) em atender as reivindicações trazidas pelas trabalhadoras e trabalhadores em 10 de março, numa assembleia que reuniu 8 mil tecelões e tecelãs.(45)

Naquele momento, a categoria tentava um acordo pacífico. As reivindicações eram expressas e foi entregue uma lista de exigências aos empregadores, dentre as quais estava um aumento de 60% no salário. O aumento foi negado pelos patrões sob a justificativa da crise econômica enfrentada.(46)

Em razão da negativa, o sindicato da indústria têxtil decidiu pelo encaminhamento da greve, a qual se solidarizou e aderiu o sindicato dos metalúrgicos, pois também teve negadas as suas reivindicações.(47)

Assim, em 26 de março, iniciava-se oficialmente a Greve dos 300 Mil.

A paralisação durou quase um mês, e teve adesão posterior de trabalhadores e trabalhadoras das categorias de carpintaria, marcenaria, vidraçaria, gráfica, bem como das indústrias de tinta, cerveja e calçados. Além disso, expandiu-se para além da cidade de São Paulo, atingindo inicialmente Osasco,(48) chegando a Taubaté, Santos, Sorocaba, Jundiaí, Ribeirão Preto, São Caetano e Santo André.(49) Tem-se informação de que 276 empresas foram paralisadas.(50)

Importante papel nesta greve e que permaneceu nas seguintes foi desempenhado por comissões, observadas principalmente nos sindicatos dos metalúrgicos e têxteis. Comissões "de salário", "de solidariedade" e "de fábrica" tiveram destaque. Esta última era organizada dentro das próprias empresas, por trabalhadores e trabalhadoras da base.

As comissões de salário, segundo Leal, foram eleitas em todas as campanhas salariais para apoiar as diretorias. Exerciam um controle das bases sobre os diretores e "canalizavam,

---

(43) MATTOS, Marcelo Badaró. *Trabalhadores e sindicatos no Brasil*. 1. ed. São Paulo: Expressão Popular, 2009. p. 87.

(44) A força de trabalho da indústria têxtil era majoritariamente composta por mulheres, categoria que iniciou a primeira greve geral do país. As mulheres atuaram em todas as greves aqui estudadas de maneira fundamental.

(45) MOISÉS, José Álvaro. *Greve de Massa e crise política (Estudo da Greve dos 300 Mil em São Paulo – 1953/54)*. Coleção Teoria e História, 3. ed. São Paulo: Polis, 1978. p. 81.

(46) *Ibidem*, p. 81-82.

(47) *Ibidem*, p. 82.

(48) *Ibidem*, p. 87.

(49) *Ibidem*, p. 88-89.

(50) LEAL, Murilo. *A reinvenção da classe trabalhadora (1953-1964)*. Campinas: Editora da Unicamp, 2011. p. 239.

de maneira provavelmente mais ágil e efetiva, as inúmeras iniciativas surgidas no decorrer das lutas".(51) Também teve forte atuação as chamadas comissões de solidariedade, que faziam a comunicação e relação entre as categorias envolvidas na greve, organizando, assim, as mesmas reivindicações.(52)

Ainda, cada categoria possuía a sua Comissão Central de Greve, formada por líderes do movimento e que constituiriam, em 10 de abril, o Comitê Intersindical de Greve, que em 1954 se tornaria no Pacto de Unidade Intersindical (PUI).(53)

Leal aponta um comunicado do Departamento de Ordem Política e Social (Dops) que evidencia uma forte organização das pessoas trabalhadoras, de modo que o autor afirma constituir um "verdadeiro sistema de autogestão do movimento". Embora o documento possa ter exagerado em apresentar a complexidade das organizações, nele consta a presença de comissões como as de organização, finanças, abastecimento, propaganda, juvenil e feminina — evidenciando o envolvimento das mulheres na luta —, piquetes, higiene e cozinha, informações e intersindical,(54) e ainda, departamentos subordinados às comissões de greve, como social e de assistência médica.

A greve ficou marcada por essa organização das bases em comissões, bem como por suas passeatas, que foram no mínimo seis. As mulheres ocupavam a "comissão de frente", carregando a bandeira do Brasil. Três nomes femininos são trazidos no estudo de Leal, sendo Mariana Grigaites, tecelã chamada a compor o primeiro Comitê Central de Greve; Erondina Arruda e Maria Sallas, todas ligadas ao PCB.(55) Mas um número muito expressivo de mulheres esteve presente nesta greve, pois a categoria tecelã era composta majoritariamente por mulheres. Inclusive, as trabalhadoras participavam ativamente dos piquetes da greve. Moisés relata um momento em que doze mulheres foram presas por atacar um caminhão que conduzia um grupo de fura greves para o trabalho.(56)

Como se pode perceber, essa greve não foi livre de repressões. Pelo contrário, desde o início houve choque entre a polícia e as pessoas manifestantes, e o Estado parecia não estar ao lado dos trabalhadores e trabalhadoras grevistas, pois a Delegacia Regional do Trabalho tentou caracterizar a greve como ilegal, nos termos do Decreto 9.070.(57) As pessoas em greve, por sua vez, julgavam o decreto inconstitucional.

Muitas das repressões ocorreram em manifestações que não eram organizadas pelos sindicatos, mas sim por uma movimentação dos trabalhadores e trabalhadoras a qual Moisés

(51) LEAL, Murilo. *A reinvenção da classe trabalhadora (1953-1964).* Campinas: Editora da Unicamp, 2011. p. 323.

(52) *Ibidem*, p. 325.

(53) GIANNOTTI, Vito. *História das lutas dos trabalhadores no Brasil.* Rio de Janeiro: Mauad X, 2007. p. 155.

(54) LEAL, Murilo. *A reinvenção da classe trabalhadora (1953-1964).* Campinas: Editora da Unicamp, 2011. p. 240.

(55) *Ibidem*, p. 244 e 248.

(56) MOISÉS, José Álvaro. *Greve de Massa e crise política (Estudo da Greve dos 300 Mil em São Paulo – 1953/54).* Coleção Teoria e História, 3. São Paulo: Polis, 1978. p. 89-90.

(57) *Ibidem*, p. 83.

chamou de uma "tendência espontânea" da classe de agir,(58) com uma atuação independente dos grevistas e das grevistas, e outras evidentemente organizadas pelo PCB.

Dois sindicalistas ligados ao PCB que tomaram a frente desta greve são o têxtil Antônio Chamorro, que discursou na manifestação de 10 de março,(59) e o metalúrgico Eugenio Chemp.

Em 31 de março houve uma manifestação na Praça da Sé que resultou em quatro horas de conflito e centenas de prisões.(60) De acordo com o jornalista Mário Magalhães, em 9 de abril ocorria um dos confrontos mais sangrentos entre manifestantes e a polícia, que atiraram contra Eugenio Chemp, líder do protesto. Chemp conseguiu escapar, mas a manifestação foi "dispersada a tiros de metralhadora",(61) ferindo vários civis. Sabe-se que uma tecelã foi atingida na perna e um tiro fraturou o joelho de um professor.(62)

Quanto ao desenrolar da greve, em uma semana do seu início, os empresários fizeram uma primeira oferta, de 20% de aumento no salário, que foi recusada pelos trabalhadores e trabalhadoras.(63) A Delegacia Regional do Trabalho, em seguida, apresenta uma proposta conciliatória de 23% de aumento, que é recusada tanto pela classe trabalhadora, que exigia os 60% iniciais, quanto pelos empregadores, que mantinham os 20%.(64)

O governador do estado, em 2 de abril, pede que os trabalhadores e trabalhadoras aceitem os 23%, o que causou uma tensão no movimento, em razão de os diretores dos sindicatos tenderem a aceitar o apelo. No entanto, essa tendência foi derrotada em assembleia.(65) A greve seguia.

Numa nova tentativa, os representantes do Tribunal Regional do Trabalho (TRT) apresentaram uma proposta de 28% de aumento, momento em que se iniciou uma negociação, na qual os trabalhadores propuseram de volta um aumento de 50%.(66)

Era nesse momento que a greve se expandia para fora de São Paulo, de modo a aumentar a tensão com o governo federal. Vargas, em encontro com o governador de São Paulo, expressa o desejo de aumentar o salário mínimo, conflitando seu Ministro do Trabalho Segadas Vianna.(67)

---

(58) MOISÉS, José Álvaro. *Greve de Massa e crise política (Estudo da Greve dos 300 Mil em São Paulo – 1953/54)*. Coleção Teoria e História, 3. São Paulo: Polis, 1978. p. 83.

(59) *Ibidem*, p. 81.

(60) *Ibidem*, p. 85.

(61) *Ibidem*, p. 88.

(62) MAGALHÃES, Mário. *Marighella* — O guerrilheiro que incendiou o mundo. São Paulo: Cia. das Letras, 2012. p. 153.

(63) MOISÉS, José Álvaro. *Greve de Massa e crise política (Estudo da Greve dos 300 Mil em São Paulo – 1953/54)*. Coleção Teoria e História, 3. São Paulo: Polis, 1978. p. 84.

(64) *Ibidem*, p. 84-86.

(65) *Ibidem*, p. 86-87.

(66) *Ibidem*, p. 88.

(67) *Ibidem*, p. 89.

Enquanto as lideranças iniciavam as negociações, a base radicalizava as manifestações. Queriam continuar na luta pelos 60%.(68) Em dado momento, os trabalhadores e trabalhadoras começam a considerar um acordo de 32% de aumento, com exceção da categoria gráfica que adere à greve reivindicando 75%.(69)

O desfecho da greve seria um acordo com base na proposta do TRT de 32%, com algumas condições apresentadas pelo Comitê Intersindical, como: 1) o acordo salarial ser feito para o conjunto da classe trabalhadora e não para os ramos industriais em separado; 2) a libertação das pessoas presas; 3) não haver descontos nos salários por causa da greve; e 4) garantia contra as represálias após o fim do movimento.(70)

Nestes termos terminaria, na teoria, a grande greve, com um reajuste de 32% às categorias têxtil e metalúrgica, e aumentos que variavam entre 20% e 70% a depender da categoria.(71) Os acordos com os principais sindicatos da greve seriam estendidos às cidades do interior do estado de São Paulo.(72)

No dia 23 de abril, quando alguns setores já começaram a retornar ao trabalho, houve uma última passeata, em que "as mulheres se vingaram, devolvendo a um grupo de policiais em minoria as agressões sofridas nas passeatas anteriores."(73)

O setor têxtil afirmava ainda haver presos políticos, e por isso retornaram apenas no dia seguinte. A categoria da indústria gráfica continua paralisada até o dia 26 – ou até dia 27, segundo Murilo Leal(74) – e consegue um aumento de aproximadamente 70%.(75)

Ocorre que, embora constasse no acordo a garantia contra as represálias, "o fim da greve não seria o fim da luta",(76) pois trabalhadoras e trabalhadores dos ramos têxtil e metalúrgico acabaram sendo demitidos, e muitas empresas se recusaram a pagar o aumento.

Por fim, embora não tenham conquistado os 60%, "a memória coletiva do movimento permaneceu viva e com sinal positivo"(77), e Corrêa afirma que os frutos dessa mobilização seriam colhidos depois, com um grande número de pessoas trabalhadoras se associando aos sindicatos. Ainda, essa forma de organização teria sido a base para as próximas greves.(78)

---

(68) MOISÉS, José Álvaro. *Greve de Massa e crise política (Estudo da Greve dos 300 Mil em São Paulo – 1953/54).* Coleção Teoria e História, 3. São Paulo: Polis, 1978. p. 88.

(69) *Ibidem*, p. 89.

(70) *Ibidem*, p. 90.

(71) GIANNOTTI, Vito. *História das lutas dos trabalhadores no Brasil. Rio* de Janeiro: Mauad X, 2007. p. 155.

(72) MOISÉS, José Álvaro. *Greve de Massa e crise política (Estudo da Greve dos 300 Mil em São Paulo – 1953/54).* Coleção Teoria e História, 3. São Paulo: Polis, 1978. p. 91.

(73) LEAL, Murilo. *A reinvenção da classe trabalhadora (1953-1964).* Campinas: Editora da Unicamp, 2011. p. 244 e 247.

(74) *Ibidem*, p. 239.

(75) MOISÉS, José Álvaro. *Greve de Massa e crise política (Estudo da Greve dos 300 Mil em São Paulo – 1953/54).* Coleção Teoria e História, 3. São Paulo: Polis, 1978. p. 90.

(76) LEAL, Murilo. *A reinvenção da classe trabalhadora (1953-1964).* Campinas: Editora da Unicamp, 2011. p. 253.

(77) *Ibidem*, p. 254.

(78) CORRÊA, Larissa Rosa. A Greve contra a Carestia*:* trabalhadores em busca de um acordo coletivo na Justiça do Trabalho – São Paulo, setembro de 1954. *ANPUH XXIV – Simpósio Nacional de História*, 2007. p. 2.

3. Greve de 2 de setembro de 1954

A greve de 2 de setembro de 1954 foi uma paralisação de 24 horas, ocorrida na cidade de São Paulo, e algumas das reivindicações eram parecidas com a Greve dos 300 Mil, embora a conjuntura política houvesse mudado radicalmente.(79) Dessa vez, em relação ao aumento dos salários, os trabalhadores e trabalhadoras decidiram elaborar uma tabela única de reajuste salarial,(80) para que não houvesse diferença e favorecimento de uma categoria para outra.

É nesse momento que o Comitê organizado na Greve dos 300 Mil se denomina como Pacto de Unidade Intersindical (PUI), que organiza e toma a frente das negociações com a Federação das Indústrias do Estado de São Paulo (Fiesp). O chamado "Pacto de Unidade" foi a marca desta greve, havendo um compromisso de não assinar acordos em separado. De acordo com Leal: "O eixo de luta apresentado era a defesa de uma tabela única, sem teto, sem a exigência da assiduidade, sem desconto de alimentação 'ou quaisquer outras cláusulas restritivas'".(81)

As trabalhadoras e os trabalhadores também reivindicavam o congelamento de preços dos itens de primeira necessidade(82) e a aplicação do novo salário mínimo com reajuste de 100%, que havia sido anunciado em 1º de maio de 1954 por Getúlio Vargas. O aumento foi proposto inicialmente por Jango, o que causou uma crise no governo, resultando na sua saída do Ministério do Trabalho. Vargas, no entanto, declarou posteriormente o aumento salarial, que entrou em vigor em 5 de julho, após uma decisão do Supremo Tribunal Federal sobre a constitucionalidade do decreto.(83)

A classe trabalhadora se valeu da experiência com a Greve dos 300 Mil, e cinco meses antes, os sindicatos começaram a se articular pra que as negociações assumissem um caráter coletivo, pra que todas as categorias conquistassem o mesmo reajuste.(84)

De acordo com Leal, começou-se a falar em greve geral desde junho de 1954 nas assembleias metalúrgicas e têxteis, muito em razão de parte do empresariado não aplicar o valor ajustado referente ao salário mínimo.(85)

Trabalhadores destacados nessa greve são os sindicalistas Antônio Chamorro, Eugênio Chemp e José de Araújo Plácido, que trabalharam na organização antecipada do movimento e conseguiram o apoio de mais de trinta sindicatos.(86) Em 12 de agosto, João Goulart faz uma visita que impulsiona o movimento, segundo Corrêa.(87)

---

(79) LEAL, Murilo. *A reinvenção da classe trabalhadora (1953-1964)*. Campinas: Editora da Unicamp, 2011. p. 254.

(80) *Ibidem*, p. 256.

(81) LEAL, Murilo. *A reinvenção da classe trabalhadora (1953-1964)*. Campinas: Editora da Unicamp, 2011. p. 257.

(82) CORRÊA, Larissa Rosa. A Greve contra a Carestia: trabalhadores em busca de um acordo coletivo na Justiça do Trabalho – São Paulo, setembro de 1954. *ANPUH XXIV — Simpósio Nacional de História*, 2007. p. 2-3.

(83) LEAL, Murilo. *A reinvenção da classe trabalhadora (1953-1964)*. Campinas: Editora da Unicamp, 2011. p. 256.

(84) CORRÊA, Larissa Rosa. A Greve contra a Carestia: trabalhadores em busca de um acordo coletivo na Justiça do Trabalho – São Paulo, setembro de 1954. *ANPUH XXIV — Simpósio Nacional de História*, 2007. p. 4.

(85) LEAL, Murilo. *A reinvenção da classe trabalhadora (1953-1964)*. Campinas: Editora da Unicamp, 2011. p. 255.

(86) CORRÊA, Larissa Rosa. A Greve contra a Carestia: trabalhadores em busca de um acordo coletivo na Justiça do Trabalho – São Paulo, setembro de 1954. *ANPUH XXIV — Simpósio Nacional de História*, 2007, p. 5.

(87) *Idem*.

Murilo Leal aponta que o jornal "Notícias de Hoje" informava sobre a participação das mulheres na greve, da seguinte forma: "uma das características do atual movimento grevista é a enorme combatividade demonstrada pelas mulheres, especialmente nas fábricas têxteis. Em diversas fábricas, elas foram as primeiras a constituir piquetes e comissões de greve".(88)

Interessante observar essa "surpresa" do jornal com a participação feminina, pois, considerando o histórico da categoria têxtil, bem como visto na Greve dos 300 Mil, sempre houve manifestação da combatividade e luta dessas mulheres, estando essas características presentes em todas as greves, das mais diversas formas, apesar da invisibilidade trazida pela escrita masculina universalizante.

A proposta de uma greve de 24 horas foi do metalúrgico Eugenio Chemp, aprovada em assembleia no dia 1º de agosto.(89) Ocorre que, em meio à organização da greve, no dia 24 de agosto, ocorre o suicídio de Getúlio Vargas.

Com a notícia, inicia-se uma forte movimentação da classe trabalhadora, com piquetes paralisando as fábricas já no dia 24 de agosto.(90) Parte dos trabalhadores queria decretar greve imediatamente, outra preferia manter para o dia 02 de setembro. Por fim, decidiu-se pela manutenção da greve no dia 02, podendo esta ser decretada a qualquer momento caso algum dirigente sindical fosse preso, como estava ocorrendo no Rio Janeiro.(91)

Nos dias que antecederam a greve, houve forte mobilização dos trabalhadores e trabalhadoras para que toda a cidade estivesse ciente da greve e se sensibilizasse com as reivindicações, em especial com a de congelamento dos preços. Essa intensa organização, no dia 02 de setembro, finalmente valeria a pena. Segundo Leal, a população reconheceu o poder dos sindicatos "decretarem feriado", e a cidade parou.(92) O líder da categoria têxtil, Antônio Chamorro, afirmou que São Paulo parecia um cemitério.(93)

Corrêa afirma que o fechamento do comércio teve forte impacto para o sucesso da greve, o que foi possível pois, segundo Chamorro, os pequenos comerciantes aderiram ao movimento apoiando a campanha de congelamento de preços.(94)

Jover Telles afirma que participaram da greve cerca de 1 milhão de trabalhadores e trabalhadoras, sendo "a maior, até então, na história do movimento operário brasileiro".(95) Assim, foi dado aos patrões o prazo de 50 dias para atenderem as reivindicações, sob a ameaça de retomada da greve.(96)

---

(88) LEAL, Murilo. *A reinvenção da classe trabalhadora (1953-1964)*. Campinas: Editora da Unicamp, 2011. p. 258.

(89) *Ibidem*, p. 256.

(90) *Ibidem*, p. 258.

(91) *Ibidem*, p. 259.

(92) *Ibidem*, p. 261.

(93) CORRÊA, Larissa Rosa. A Greve contra a Carestia: trabalhadores em busca de um acordo coletivo na Justiça do Trabalho – São Paulo, setembro de 1954. *ANPUH XXIV — Simpósio Nacional de História*, 2007. p. 4.

(94) *Ibidem*, p. 8.

(95) PEREIRA NETO, Murilo Leal. *A reinvenção do trabalhismo no "vulcão do inferno"*: um estudo sobre metalúrgicos e têxteis de São Paulo. A fábrica, o bairro, o sindicalismo e a política (1950-1964) Vol. I. 2006. 499 f. Tese (Doutorado em História) – Universidade de São Paulo, 2006, citando Jover Telles. p. 263.

(96) LEAL, Murilo. *A reinvenção da classe trabalhadora (1953-1964)*. Campinas: Editora da Unicamp, 2011. p. 262.

O resultado das negociações, no entanto, prosseguiu separadamente e não se deu com a tabela única como haviam exigido. Segundo Murilo Leal, a categoria têxtil aprovou uma proposta patronal de reajuste de 25% no salário, e aos da indústria metalúrgica, foi aceita uma proposta que aumentava 880 cruzeiros no salário.(97) Mas a categoria da indústria têxtil ainda sofreu com o não cumprimento do acordo por algumas empresas, chegando a mais de 2 mil processos na Justiça do Trabalho.(98)

4. Greve dos 400 mil em 1957

A greve dos 400 mil ocorreu em outubro de 1957, e se dá num contexto em que Jânio Quadros ocupa o cargo de governador do estado de São Paulo e Juscelino Kubitschek o de presidente da República. Leal afirma que a conjuntura política era extremamente favorável à mobilização, o que não se repetiria.(99)

Uma das razões de ser favorável era porque Jânio, Juscelino, João Goulart (vice-presidente da República) e Adhemar de Barros, que era o prefeito de São Paulo na época, disputavam o apoio operário,(100) inclusive com concessões reais aos grevistas.(101) Um exemplo é um projeto de lei aprovado na Câmara dos Vereadores de São Paulo e sancionado por Adhemar, que concedeu 1 milhão de cruzeiros em auxílio às pessoas em greve.(102)

Antes de deflagrada a greve, o PUI convocou uma reunião para 3 de outubro de 1957, em que participaram os sindicatos das categorias têxtil, metalúrgica, gráfica, mestres e contramestres da indústria de fiação e tecelagem, trabalhadores em curtumes e papeleiros.(103) Nessa assembleia intersindical, decidem reivindicar um aumento salarial de 45% e medidas de controle de preços e combate à carestia.(104)

No entanto, os empregadores recusaram-se a negociar, o que culminou na deflagração da greve em 15 de outubro. Um manifesto lido pelo presidente do sindicato dos gráficos foi marcante e expressava a indignação da classe: "Paralisamos o trabalho porque lutamos por um pedaço a mais de pão para nossos filhos. Paralisamos o trabalho porque os patrões, não querendo tocar em seus grandes lucros, nos negam a migalha que pedimos".(105)

No dia anterior à greve, os presidentes dos sindicatos dos metalúrgicos e dos gráficos conversaram com o governador Jânio Quadros, que recomendou aos sindicalistas a realização de uma greve pacífica, e atribuiu aos trabalhadores e trabalhadoras a manutenção da ordem.(106)

---

(97) LEAL, Murilo. *A reinvenção da classe trabalhadora (1953-1964)*. Campinas: Editora da Unicamp, 2011. p. 262.

(98) CORRÊA, Larissa Rosa. A Greve contra a Carestia: trabalhadores em busca de um acordo coletivo na Justiça do Trabalho – São Paulo, setembro de 1954. *ANPUH XXIV — Simpósio Nacional de História*, 2007. p. 9.

(99) LEAL, Murilo. *A reinvenção da classe trabalhadora (1953-1964)*. Campinas: Editora da Unicamp, 2011. p. 266.

(100) *Idem*.

(101) *Ibidem*, p. 265.

(102) *Idem*.

(103) FONTES, Paulo; MACEDO, Francisco. *Piquetes como repertório:* organização operária e redes sociais nas greves de 1957 e 1980. Topoi (Rio de Janeiro), v. 18, n. 34, 2017. p. 26.

(104) *Idem*.

(105) LEAL, Murilo. *A reinvenção da classe trabalhadora (1953-1964)*. Campinas: Editora da Unicamp, 2011. p. 278.

(106) *Ibidem*, p. 264.

Assim, a greve iniciou-se "com policiamento praticamente inexistente", segundo o jornal *Última Hora*.(107) A ausência de policiamento foi um fator determinante para os eventos que viriam a ocorrer.

Já no segundo dia de greve, dia 16, a paralisação cresceu e começou a ganhar ares de rebelião popular,(108) escapando do controle dos sindicatos. Um ponto de tensão entre as direções dos sindicatos foi justamente a expansão da greve para além das categorias iniciais, pois os sindicatos pareciam não querer que a mobilização tomasse rumos de uma greve geral.(109)

Assim, o ambiente pacífico do dia anterior se transforma, com fábricas depredadas e embate dos piquetes com seguranças das empresas, que resultaram em mais de 50 feridos.(110) Com o surgimento desses conflitos, em 18 de outubro Jânio restabelece o policiamento na cidade e se diz "traído" pelas lideranças sindicais, que não teriam sabido manter a disciplina da greve.(111)

Os piquetes tiveram uma atuação inédita e muito relevante, sendo a sua movimentação a maior característica da Greve dos 400 Mil. Fontes e Macedo relatam essa experiência e afirmam que os piquetes tomaram conta das ruas de São Paulo, alguns formados por milhares de funcionários e funcionárias, que percorriam as ruas da cidade convencendo os operários e operárias a paralisar o trabalho.(112)

A organização dos piquetes se deu inicialmente pela direção sindical, mas segundo os autores, eles "rapidamente alcançaram uma dimensão e participação voluntária impressionante [...], que assustou as próprias lideranças sindicais e políticas".(113) Os sindicatos passaram a emitir carteirinhas de identificação a partir do terceiro dia de greve, a fim de controlar a proliferação dos piquetes, evidenciando que a mobilização tomou proporções que nem eles imaginavam.(114)

O relato de um piqueteiro experiente expõe que a maior dificuldade era fazer com que os novos reconhecessem o caráter pacífico do movimento.(115)

A pesquisa de Fontes e Macedo também apresenta o papel "pedagógico" dos piquetes, com o relato de um ativista metalúrgico identificado como "Loiro". Ele conta como uma certa violência moderada por parte dos piquetes era tolerada por ter esse papel pedagógico.

(107) LEAL, Murilo. *A reinvenção da classe trabalhadora (1953-1964)*. Campinas: Editora da Unicamp, 2011. p. 263.

(108) FONTES, Paulo; MACEDO, Francisco. *Piquetes como repertório:* organização operária e redes sociais nas greves de 1957 e 1980. Topoi (Rio de Janeiro), v. 18, n. 34, 2017, p. 32.

(109) LEAL, Murilo. *A reinvenção da classe trabalhadora (1953-1964)*. Campinas: Editora da Unicamp, 2011. p. 274.

(110) FONTES, Paulo; MACEDO, Francisco. *Piquetes como repertório:* organização operária e redes sociais nas greves de 1957 e 1980. Topoi (Rio de Janeiro), v. 18, n. 34, 2017, p. 28.

(111) LEAL, Murilo. *A reinvenção da classe trabalhadora (1953-1964)*. Campinas: Editora da Unicamp, 2011. p. 263.

(112) FONTES, Paulo; MACEDO, Francisco. *Piquetes como repertório:* organização operária e redes sociais nas greves de 1957 e 1980. Topoi (Rio de Janeiro), v. 18, n. 34, 2017, p. 28.

(113) *Ibidem*, p. 32.

(114) *Ibidem*, p. 33.

(115) *Idem*.

Traz o exemplo de sua cunhada, que não participava de nenhum movimento grevista, mas ao ser pega pelas companheiras na saída com uma "surra de guarda-chuva", ficou tão assustada que passou a ser a primeira a parar.(116)

Essa greve não teve tantas passeatas quanto a dos 300 Mil, mas dos dias 21 a 23 de outubro, contou com a realização de assembleias conjuntas com a presença de 20 a 50 mil pessoas.(117)

No dia 24 de outubro, seriam julgados os dissídios das categorias envolvidas na greve no Tribunal Regional do Trabalho, e as trabalhadoras e trabalhadores e concentraram na Praça Roosevelt para esperar o julgamento.(118)

O resultado foi de um aumento geral de 25% no salário, eliminado ainda o teto de reajuste, o que causou uma verdadeira festa na praça. Leal diz que as sombrinhas coloridas e os vestidos estampados das tecelãs compunham o "caleidoscópio de um carnaval operário". O jornal Última Hora noticiava a vitória: "operários(119) dançam em praça pública".(120)

Todavia, em janeiro de 1958, o Tribunal Superior do Trabalho acolhe um recurso dos empresários e reduz o reajuste de 25% para 18%, estabelecendo o teto de 1.500 cruzeiros.

5. Greve do 13º salário em 1961 (e 1962)

Quando falamos na mobilização que resultou no 13º salário, é importante destacar que há duas grandes greves, e que ao buscar informações sobre a greve do 13º salário, geralmente aparece apenas a greve ocorrida em 5 de julho de 1962. No entanto, houve muita luta anterior a esta data, como a verdadeira e emblemática greve geral pela aprovação do 13º, em 14 de dezembro de 1961.

O "abono de Natal" já era uma gratificação que vinha sendo concedida por algumas empresas por reivindicação dos trabalhadores e trabalhadoras, e os primeiros registros que se tem notícia são de 1921.(121) A partir da década de 1940 começa a se observar greves para o pagamento desse abono.

A pesquisa de Larissa Corrêa apresenta uma fala do líder sindical Antônio Chamorro, sobre como conquistaram ano após ano uma melhor gratificação. O sindicalista diz que, da primeira vez que conversaram com o patrão, receberam sacos de laranja. No ano seguinte: um tecido ruim e muito quente para o clima da época. No outro ano, pediram um tecido mais

---

(116) FONTES, Paulo; MACEDO, Francisco. *Piquetes como repertório:* organização operária e redes sociais nas greves de 1957 e 1980. Topoi (Rio de Janeiro), v. 18, n. 34, 2017, p. 34-35.

(117) LEAL, Murilo. *A reinvenção da classe trabalhadora (1953-1964).* Campinas: Editora da Unicamp, 2011. p. 280.

(118) *Ibidem*, p. 282.

(119) Note-se que ainda que tenha havido participação expressiva das mulheres nesta greve, presentes na praça no momento da vitória, o jornal – a opinião pública, e portanto, registros da história – retratam apenas "operários", invisibilizando a participação das mulheres nesses momentos históricos.

(120) LEAL, Murilo. *A reinvenção da classe trabalhadora (1953-1964).* Campinas: Editora da Unicamp, 2011. p. 283.

(121) *Ibidem*, p. 291.

leve, e finalmente foram contemplados.[122] Assim as gratificações foram conquistadas com o decorrer do tempo.

Em 1951 já vinha tramitando um projeto de lei do deputado Muniz Falcão que tratava sobre a gratificação natalina, mas foi classificado como inconstitucional, por "considerar [...] que a Constituição Federal não permite a interferência do Estado nos encargos financeiros dos particulares", o que apresentava, como bem menciona Leal, uma visão estritamente liberal.[123]

Como dito, na década de 1940 iniciaram as paralisações por causa do abono, e, apenas em 1951, 19 empresas metalúrgicas paralisaram visando o pagamento do abono de Natal.[124]

Assim, o abono já era um assunto recorrente dos sindicatos. As categorias têxtil e metalúrgica tentavam colocar a gratificação de Natal nos acordos salariais, mas sempre sem sucesso.[125] Não obstante, a articulação dos trabalhadores e trabalhadoras durante os anos, até a aprovação do projeto de lei, foi bastante forte, inclusive com a criação de comissões específicas para esse fim.

Em 1959, o deputado Aarão Steinbruch, advogado trabalhista filiado ao PTB, finalmente apresentava o Projeto de Lei (PL) n. 440/59, que instituiria o pagamento do 13º salário. Em dezembro de 1960, começava uma movimentação sindical para pressionar o Congresso a aprovar esse PL.[126] Em 1961, ocorreu um Encontro Sindical Nacional, em que se colocou um prazo para o Congresso aprovar o projeto: 30 de novembro. Em São Paulo, trabalhadores e trabalhadoras chegaram a coletar mais 200 mil assinaturas pra serem enviadas à Câmara.[127]

Sem a aprovação, decidiu-se pelo início de uma greve geral em 13 de dezembro.[128] Foram enviados telegramas à Câmara e ao Senado "comunicando o início da greve por tempo indeterminado até a aprovação do Projeto de Lei n. 440."[129]

Acontece que, na véspera da greve, o Ministro da Justiça declarou o movimento ilegal e houve forte repressão do Estado, visto que o governador de São Paulo acatou as exigências da Fiesp para garantir que as pessoas trabalhadoras comparecessem ao trabalho.[130]

Ainda assim, estima-se que 300 mil pessoas aderiram à greve. Com a repressão, foram presas cerca de 1.300 a 2 mil pessoas, levadas a quartéis militares, no presídio do Hipódromo

(122) CORRÊA, Larissa Rosa. Abono de Natal: Gorjeta, prêmio ou direito? *Trabalhadores têxteis e a Justiça do Trabalho.* Esboços: histórias em contextos globais, v. 13, n. 16, 2006, p. 250-251.

(123) LEAL, Murilo. *A reinvenção da classe trabalhadora (1953-1964).* Campinas: Editora da Unicamp, 2011. p. 291.

(124) *Ibidem*, p. 292.

(125) *Ibidem*, p. 294.

(126) *Ibidem*, p. 296.

(127) *Idem.*

(128) *Ibidem*, p. 297.

(129) *Ibidem*, p. 297.

(130) *Ibidem*, p. 298.

e outros.(131) Corrêa chega a falar em 6 mil pessoas presas.(132) Um chefe de piquete, detido, conta que foi jogado numa cela com mais 46 homens, e que os policiais estavam prendendo "a olho". Até pessoas alheias à greve foram presas.(133)

Todavia, a maior marca da repressão nesta greve ocorreu no sindicato dos metalúrgicos, que foi cercado por 240 policiais, com mais de 50 sindicalistas mantidos praticamente em "cárcere privado"(134) durante 3 dias e 3 noites.(135)

Relato do vereador Aurelino Andrade, do Partido Social Progressista (PSP), aparece no livro de Leal, no qual aponta que os trabalhadores e trabalhadoras não tinham contato com seus familiares e nem o abastecimento necessário para o seu sustento.(136)

Em uma assembleia têxtil, no dia 15 de dezembro, foi aprovada a proposta de suspensão temporária da greve, em razão da forte repressão. O Comando Geral de Greve, contudo, em menos de um mês, já se mobilizava para continuar a luta pela aprovação do projeto de lei.(137)

Finalmente, em 05 de julho de 1962, em meio a conflitos políticos, acontece mais uma greve geral, a qual resultou na sanção da lei do 13º salário. Ocorre que esta não era uma greve especificamente sobre o 13º salário, mas sim uma greve política, que reivindicava a renúncia do primeiro ministro. Era nesse momento que o país vivia um regime parlamentarista. A greve, portanto, era para interferir nesse conflito político, mas incluiu na pauta de reivindicações o 13º salário.(138)

Essa greve durou oito dias e, em 13 julho de 1962, o projeto foi aprovado no Congresso e sancionado por João Goulart. Como afirma Corrêa: "Mais de uma década de negociações e, finalmente, a classe operária havia conquistado legalmente o direito ao abono."(139) No entanto, como bem pontuado por Leal:

> O direito adquirido nos locais de trabalho e nas ruas com muito sofrimento entrara no mundo das leis. Uma vitória dos trabalhadores, autores da conquista. A longa história das lutas instituintes da lei seria depois esquecida. O dispositivo legal, uma consequência, passou a apresentar-se como causa, e os verdadeiros sujeitos de sua feitura, como objetos de uma benesse.(140)

(131) LEAL, Murilo. *A reinvenção da classe trabalhadora (1953-1964)*. Campinas: Editora da Unicamp, 2011. p. 298.

(132) CORRÊA, Larissa Rosa. Abono de Natal: Gorjeta, prêmio ou direito? *Trabalhadores têxteis e a Justiça do Trabalho*. Esboços: histórias em contextos globais, v. 13, n. 16, 2006, p. 253.

(133) LEAL, Murilo. *A reinvenção da classe trabalhadora (1953-1964)*. Campinas: Editora da Unicamp, 2011. p. 300.

(134) *Ibidem*, p. 298.

(135) *Ibidem*, p. 300.

(136) *Ibidem*, p. 298-299.

(137) *Ibidem*, p. 301-302.

(138) *Ibidem*, p. 302-303.

(139) CORRÊA, Larissa Rosa. Abono de Natal: Gorjeta, prêmio ou direito? *Trabalhadores têxteis e a Justiça do Trabalho*. Esboços: histórias em contextos globais, v. 13, n. 16, 2006, p. 253.

(140) LEAL, Murilo. *A reinvenção da classe trabalhadora (1953-1964)*. Campinas: Editora da Unicamp, 2011, p. 303.

As palavras de Leal expressam o inconformismo em razão do esquecimento de muitas lutas que resultaram nas conquistas dos direitos trabalhistas da atualidade. A positivação traz a ideia de algo dado, como se a classe trabalhadora tivesse sido passiva nesse contexto histórico e político. Por isso a importância de apresentar as greves e a organização dos trabalhadores e trabalhadoras como essenciais para as conquistas dos direitos.

6. Greve dos 700 mil em 1963

O contexto econômico e político do Brasil, no momento em que ocorre a Greve dos 700 Mil, são, novamente, de crise. A economia do país sofre com alta inflação herdada do governo de JK, e é agravada por um bloqueio de créditos realizado pelo Fundo Monetário Internacional (FMI) e pelo governo dos EUA, em razão das ações políticas de João Goulart.(141)

Em setembro de 1963, em São Paulo, é formado o Pacto de Ação Conjunta (PAC), que congregava quatro federações e 80 sindicatos de trabalhadores e trabalhadoras(142) e surge com a ideia de "uma campanha salarial unificada de várias categorias, apesar das datas-bases diferentes".(143)

A greve dos 700 Mil foi comandada pelo PAC, em conjunto com o Comando Geral dos Trabalhadores (CGT)(144) e a Confederação Nacional dos Trabalhadores na Indústria (CTNI),(145) e foi mobilizada por 14 categorias, atingindo, assim, 700 mil trabalhadores e trabalhadoras. Algumas reivindicações eram, segundo Murilo Leal:

> [...] reajuste salarial de 100% a partir de 1º de novembro de 1963, revisão quadrimestral dos salários de acordo com o custo de vida, igualdade de remuneração pros trabalhadores admitidos depois do acordo, adicional de 5% por quinquênio de serviço na mesma empresa, férias em dobro.(146)

Ainda, reivindicava-se o livro exercício da atividade dos delegados sindicais nos locais de trabalho e, principalmente, a realização de acordo direto entre a Federação das Indústrias do Estado de São Paulo (FIESP) e a CTNI.(147)

---

(141) LEAL, Murilo. *A reinvenção da classe trabalhadora (1953-1964)*. Campinas: Editora da Unicamp, 2011. p. 304.

(142) BARROS, Rogério. Clodesmidt Riani. Verbete biográfico, FGV CPDOC.

(143) LEAL, Murilo. *A reinvenção da classe trabalhadora (1953-1964)*. Campinas: Editora da Unicamp, 2011. p. 305.

(144) De acordo com o verbete da FGV/CPDOC, o CGT foi uma "Organização intersindical de trabalhadores, de âmbito nacional, não reconhecida pelo Ministério do Trabalho, criada durante o IV Congresso Sindical Nacional dos Trabalhadores realizado em São Paulo em agosto de 1962, com o objetivo de orientar, coordenar e dirigir o movimento sindical brasileiro."

(145) De acordo com o verbete da FGV/CPDOC, o CNTI é uma "Associação sindical de trabalhadores, de âmbito nacional, [...] constituída a 19 de julho de 1946 e reconhecida [...] como entidade coordenadora dos interesses profissionais dos trabalhadores na indústria em todo o território nacional, na conformidade do regime instituído pela Consolidação das Leis do Trabalho (CLT)."

(146) LEAL, Murilo. *A reinvenção da classe trabalhadora (1953-1964)*. Campinas: Editora da Unicamp, 2011. p. 307.

(147) *Idem*.

Ocorre que a legislação sindical brasileira impedia que as confederações firmassem acordos salariais, o que foi reforçado pelos empregadores, que recusaram-se a negociar.(148) O dissídio foi levado ao Tribunal Regional do Trabalho.

Diversas assembleias eram realizadas enquanto ocorriam as tentativas de negociação, a fim de organizar a luta pelo reajuste salarial. Em 06 de outubro, com setenta e nove sindicatos presentes e as quatro federações que compunham a CNTI, declararam assembleia permanente por todos os sindicatos e agendaram uma nova assembleia no dia 18 de outubro para discutir, dentre outros assuntos, a conveniência da greve.(149)

Em 25 de outubro, o Ministro do Trabalho veio a São Paulo para "tentar convencer a FIESP a aceitar a negociação conjunta."(150) Já em 27 de outubro, ocorreu uma expressiva assembleia intersindical, que reuniu 15 mil trabalhadores e trabalhadoras, 5 mil apenas acompanhando do lado de fora do Cine São José do Belém, considerada a "casa do parlamento operário".(151) Segundo Leal, naquele dia estavam sendo realizadas, simultaneamente, assembleias sindicais em mais de 50 municípios.(152)

A vontade da maioria era deflagrar a greve naquele dia. No entanto, decidiu-se em dar mais dois dias para a FIESP atender as reivindicações. Assim, aproveitariam o dia seguinte para fazer uma publicidade maior da greve.(153)

Alguns trabalhadores e trabalhadoras anteciparam a greve, paralisando na noite do dia 28 de outubro. No dia 29, 70% das categorias estavam paralisadas. Para entender a magnitude desta greve, Leal aponta que, "de 8 mil indústrias metalúrgicas, apenas 2 grandes funcionavam parcialmente (com 40% da força de trabalho)."(154) Não apenas a cidade de São Paulo estava paralisada. No interior, 43 cidades haviam aderido à paralisação no dia 29 de outubro.

No dia 31 de outubro, o TRT pronunciou-se pela legalidade da greve, iniciando-se as audiências. Mas no mesmo julgamento, o Tribunal decidiu pela ilegitimidade da representação da CNTI, por 4 votos a 3, significando uma perda para a classe trabalhadora. O interessante é que "a diretoria da CNTI foi convidada a participar de todas as audiências",(155) de modo a haver um reconhecimento, pelo presidente do Tribunal, da relevância da confederação naquele momento.

No dia 04 de novembro, a greve se encerrou oficialmente com a decisão do TRT, com uma conquista dos trabalhadores e trabalhadoras de 80% de reajuste, mais 25% a partir do primeiro dia do 7º mês de vigência do acordo.(156)

---

(148) LEAL, Murilo. *A reinvenção da classe trabalhadora (1953-1964)*. Campinas: Editora da Unicamp, 2011. p. 307.

(149) *Ibidem*, p. 308.

(150) *Ibidem*, p. 310.

(151) *Ibidem*, p. 308.

(152) *Ibidem*, p. 310.

(153) *Ibidem*, p. 311.

(154) *Ibidem*, p. 312.

(155) *Ibidem*, p. 312-313.

(156) *Ibidem*, p. 313.

Percebe-se que essa greve foi bem arquitetada pelas entidades sindicais, mas que não angariou a participação popular como as outras greves analisadas. Segundo Murilo Leal, "A greve parece ter sido mais ampla e mais bem organizada, porém menos popular e menos mobilizadora do que as anteriores".(157)

A vitória não significa, no entanto, que a mobilização foi livre de repressões. O cenário político não estava nada favorável às pessoas trabalhadoras, como havia estado anteriormente. Nessa greve, houve evidente alteração no comportamento dos políticos, que antes prestavam amplo apoio e solidariedade às pessoas em greve, até mesmo com concessões financeiras. Não se viu esse mesmo comportamento na Greve dos 700 Mil, com exceção de alguns poucos vereadores que manifestavam indignação pela intensa violência policial e apontavam a ameaça democrática. Parte dos parlamentares criticava a greve, tratando-a como greve política, orquestrada pelo governo de João Goulart.(158)

Tem-se notícia de que cerca de 2 mil pessoas trabalhadoras foram encarceradas no presídio do Hipódromo ou no Dops e por volta de 8 mil sofreram espancamentos.(159) Leal aponta que teve destaque as formas de repressão e as técnicas empregadas pelos policiais, que estavam diferentes, o que teria relação com um treinamento policial norte-americano.

Já não se conseguia mais dialogar com os soldados como nas greves anteriores. A postura evidentemente havia mudado. "Mais do que reprimir uma greve, a direita se preparava para o golpe".(160)

Assim, embora tenha sido bem sucedida no sentido da paralisação e da conquista de um alto reajuste salarial, esta greve ficou marcada pela tensão política e repressão bastante violenta, o que já demonstrava sinais de uma ruptura democrática.

7. A greve (massacre) de Ipatinga

Nesse momento saímos do eixo São Paulo e vamos a Minas Gerais para tratar de uma greve que, na verdade, resultou numa chacina, conhecida como o massacre de Ipatinga, ocorrida em outubro de 1963. É essencial trazer todo o contexto em que o massacre ocorre.

No final da década de 50 e início da década de 60, estava sendo construída a primeira unidade de produção da siderúrgica Usiminas, em Ipatinga. O historiador Marcelo Rocha conta que essa construção fazia parte do Plano de Metas do governo de JK, de 50 anos em 5,(161) fazendo com que a cidade de Ipatinga, que no final da década de 50 contava com um povoado de cerca de 60 casas e 300 habitantes,(162) passasse a abrigar mais de 20 mil pessoas

(157) LEAL, Murilo. *A reinvenção da classe trabalhadora (1953-1964)*. Campinas: Editora da Unicamp, 2011. p. 319.

(158) *Ibidem*, p. 316.

(159) *Ibidem*, p. 314.

(160) *Ibidem*, p. 318.

(161) ROCHA, Marcelo de Freitas Assis. Não foi por acaso: a história dos trabalhadores que construíram a Usiminas e morreram no massacre de Ipatinga. *Anais eletrônicos do X Encontro Nacional de História Oral*. Recife, v. 26, p. 2.

(162) FREITAS, Geraldo Vinícius Ribeiro. *Entre divisas, divisores e um massacre*: a emancipação da não construída cidade de Ipatinga-MG. 2012. 166 f. Dissertação (Mestrado em Ciências Humanas) – Universidade Federal de Uberlândia, Uberlândia, 2012. p. 39.

vindo de todo o Brasil para trabalhar tanto diretamente para a Usiminas quanto para as empreiteiras que prestavam serviço para a Usiminas.(163)

Relatos apontam que a Usiminas convocou pessoas para trabalhar das mais diversas formas, uma delas sendo o envio de correspondências ao Serviço Nacional de Aprendizagem Industrial (SENAI) de Minas Gerais. O diretor do SENAI/MG fez uma convocação e muitos trabalhadores e ex-alunos do SENAI foram trabalhar, inclusive jovens menores de idade.(164)

Muitas pessoas que nem estavam no estado foram para Ipatinga, pois a notícia era de que haveria uma grande construção na região, que geraria boas oportunidades de emprego. Os dados de gênero que se tem sobre o período é de que as pessoas trabalhadoras, nesta situação, eram majoritariamente homens. Nas pesquisas que tratam de Ipatinga e da construção da Usiminas, as mulheres são retratadas como as esposas dos trabalhadores, quando estes vinham com a família, colocadas em situações bastante precárias.

Além disso, há informações sobre a prostituição na cidade, sendo esta uma outra forma de trabalho das mulheres. No documentário "Senta a Pua", realizado em 2014, aparece Dinah Resende, uma mulher enfermeira, que relata o que lembra do dia do massacre.(165)

De acordo com Geraldo Freitas, as mulheres eram minoria absoluta em Ipatinga,(166) e há o relato de uma senhora, Maria Aparecia, que narra o seguinte:

> Aqui era uma loucura, mulher num podia andar aqui não, sabe porque, andar sim, mas tinha que ficar calada, porque era muita gente é desordenada, peões estranhos, de outros, é... outros Estados que vieram trabalhar aqui, pegava a gente aqui a qualquer hora, até com sol quente...(167)

Constata-se, assim, o medo das mulheres em transitar por Ipatinga e questiona-se os abusos que lá podem ter ocorrido.

Com o foco na construção da siderúrgica, a construção da cidade em si, Ipatinga, ficou totalmente em segundo plano. Não havia infraestrutura pra abrigar aqueles trabalhadores e suas famílias, de modo a atingir uma situação caótica no auge da chegada da mão de obra.(168)

---

(163) SOUZA, Renato João de. *Da informação à representação:* o papel do jornal escrito mineiro nos anos 1963 e 1964. 128 f. Dissertação (Mestrado em História) – Universidade Federal de Juiz de Fora, Juiz de Fora, 2012. p. 53.

(164) FREITAS, Geraldo Vinícius Ribeiro. *Entre divisas, divisores e um massacre:* a emancipação da não construída cidade de Ipatinga-MG. 2012. 166 f. Dissertação (Mestrado em Ciências Humanas) – Universidade Federal de Uberlândia, Uberlândia, 2012, p. 63-64.

(165) LAGE, Nilmar; MOREIRA, Thiago. *Senta a Pua.* FIXA Imagem & Memória, 2014.

(166) FREITAS, Geraldo Vinícius Ribeiro. *Entre divisas, divisores e um massacre:* a emancipação da não construída cidade de Ipatinga-MG. 2012. 166 f. Dissertação (Mestrado em Ciências Humanas) – Universidade Federal de Uberlândia, Uberlândia, 2012. p. 88.

(167) Entrevista com Maria Aparecida Lott, *in:* FREITAS, Geraldo Vinícius Ribeiro. *Entre divisas, divisores e um massacre:* a emancipação da não construída cidade de Ipatinga-MG. 2012. 166 f. Dissertação (Mestrado em Ciências Humanas) – Universidade Federal de Uberlândia, Uberlândia, 2012. p. 85.

(168) ROCHA, Marcelo de Freitas Assis. Não foi por acaso: a história dos trabalhadores que construíram a Usiminas e morreram no massacre de Ipatinga. *Anais eletrônicos do X Encontro Nacional de História Oral.* Recife, v. 26. p. 3.

Segundo informações obtidas por Freitas, as condições de alimentações, transporte e alojamento desses trabalhadores eram muito precárias. Nos alojamentos, eram empilhados em beliches, com quartos totalmente sem segurança.(169)

Luiz Verano, Chefe Geral da Construção da Usina e da cidade de Ipatinga, diz que foram feitos alojamentos onde "moravam cem pessoas de cada vez", e ainda admite que houve uma espécie de "regime militar" pra definir o que ocorreu na cidade.(170)

Esse regime militar se traduzia na forte repressão sofrida pelos trabalhadores, tanto do corpo de vigilantes da empresa quanto dos soldados da Polícia Militar.(171) Há um relato, do capitão da PM à época, que diz que "Os homens eram carregados como porcos para trabalhar em caminhões, parecendo lata de sardinha".(172) Ainda, há depoimentos que "apontam casos de trabalhadores que morreram atropelados porque caíram do caminhão no momento do embarque ou desembarque".(173)

De acordo com a *"Revista Ipatinga Ano 20"*, muitos incidentes violentos ocorriam entre os trabalhadores das empreiteiras, funcionários da Usiminas e a população local, principalmente com furtos nos alojamentos e também dentro da usina.(174)

Sobre o início da greve em si, embora os dados sejam um pouco conflitantes, será feita a união das informações mais concretas e convergentes. De acordo com Freitas, na manhã no dia 6 de outubro de 1963, houve uma assembleia dos trabalhadores em um dos refeitórios da Usiminas, para discutir um reajuste salarial.(175) Os operários já estavam há tempos insatisfeitos com as condições de trabalho e de vida a que eram submetidos.

A vigilância havia se tornado mais rigorosa, e nenhum trabalhador podia sair da Usina sem ser revistado. Um ponto central do incidente foi os trabalhadores não mais poderem levar leite para casa. Um fato simples, mas que somado a tantas insatisfações, gerou um enorme conflito no dia 6 de outubro. Segundo Freitas, alguns confrontos já haviam ocorrido por conta disso.(176)

Na saída de turno daquele dia, houve um desentendimento entre operários e vigilantes, do qual se constatam dois motivos: não deixarem um operário sair com uma sacola de leite e os trabalhadores pularem a cerca da usina por temerem perder o ônibus/caminhão que estava se movimentando, não se submetendo, portanto, à revista obrigatória.(177)

---

(169) FREITAS, Geraldo Vinícius Ribeiro. *Entre divisas, divisores e um massacre:* a emancipação da não construída cidade de Ipatinga-MG. 2012. 166 f. Dissertação (Mestrado em Ciências Humanas) – Universidade Federal de Uberlândia, Uberlândia, 2012. p. 104.

(170) ROCHA, Marcelo de Freitas Assis. Não foi por acaso: a história dos trabalhadores que construíram a Usiminas e morreram no massacre de Ipatinga. *Anais eletrônicos do X Encontro Nacional de História Oral*. Recife, v. 26. p. 3.

(171) *Idem*.

(172) *Ibidem*, p. 4.

(173) *Idem*.

(174) FREITAS, Geraldo Vinícius Ribeiro. *Entre divisas, divisores e um massacre:* a emancipação da não construída cidade de Ipatinga-MG. 2012. 166 f. Dissertação (Mestrado em Ciências Humanas) – Universidade Federal de Uberlândia, Uberlândia, 2012. p. 104.

(175) *Ibidem*, p. 24.

(176) *Ibidem*, p. 112.

(177) *Ibidem*, p. 24.

Esse conflito não terminou na saída da Usiminas. Os vigilantes chamaram a polícia, que foi até o alojamento Chicago Bridge (de uma das empreiteiras), onde houve mais violência, tortura, cerca de 100 a 300 prisões e a morte de um operário[(178)] dentro de seu próprio barraco.[(179)]

De acordo com Marcelo Rocha, o alojamento de Santa Mônica teve notícia das prisões e os trabalhadores se dispuseram a enfrentar a polícia. Com a situação bastante caótica, os policiais chamaram o vigário de Ipatinga para intermediar um acordo, no que foi bem sucedido. Os trabalhadores presos seriam soltos e no dia seguinte haveria uma reunião entre representantes dos trabalhadores e da empresa.[(180)]

O dia 07 amanheceu com a greve declarada. Enquanto acontecia a reunião no interior da empresa, os trabalhadores decidiram não entrar e formaram piquetes em frente aos portões da usina, com a adesão de vários outros funcionários. Foi redigida uma lista de exigências, dentre elas a substituição da PM por tropas federais.[(181)]

"Um acordo tava praticamente fechado. A empresa havia se comprometido a analisar as reclamações dos trabalhadores quanto às deficiências na infraestrutura."[(182)] Porém, a polícia já havia chegado logo pela manhã para conter a greve, com uma metralhadora e um tripé instalado em um caminhão.[(183)] Sem mais explicações, os policiais dispararam nos grevistas durante 15, 20 ou 40 minutos, não se sabe ao certo.[(184)]

Os números oficiais são de 60 pessoas feridas e 8 mortas, incluindo uma criança de 3 meses no colo da mãe,[(185)(186)] mas acredita-se — e há evidências de — que o número seja bem maior.[(187)]

---

(178) O nome desse trabalhador não foi encontrado. Os relatos desse conflito contém dados divergentes. Renato de Souza, citando Marilene Ramalho, autora do livro "Massacre de Ipatinga: mitos e verdades", aponta a morte do operário. Já Geraldo Freitas traz como "suspeita" de morte.

(179) SOUZA, p. 54; FREITAS, p. 24; e ROCHA, p. 4.

(180) ROCHA, Marcelo de Freitas Assis. Não foi por acaso: a história dos trabalhadores que construíram a Usiminas e morreram no massacre de Ipatinga. *Anais eletrônicos do X Encontro Nacional de História Oral*. Recife. v. 26, p. 5.

(181) SOUZA, Renato João de. *Da informação à representação:* o papel do jornal escrito mineiro nos anos 1963 e 1964. 128 f. Dissertação (Mestrado em História) – Universidade Federal de Juiz de Fora, Juiz de Fora, 2012. p. 54.

(182) ROCHA, Marcelo de Freitas Assis. Não foi por acaso: a história dos trabalhadores que construíram a Usiminas e morreram no massacre de Ipatinga. *Anais eletrônicos do X Encontro Nacional de História Oral*. Recife, v. 26, p. 5.

(183) SOUZA, Renato João de. *Da informação à representação:* o papel do jornal escrito mineiro nos anos 1963 e 1964. 128 f. Dissertação (Mestrado em História) – Universidade Federal de Juiz de Fora, Juiz de Fora, 2012. p. 54.

(184) FREITAS, Geraldo Vinícius Ribeiro. *Entre divisas, divisores e um massacre:* a emancipação da não construída cidade de Ipatinga-MG. 2012. 166 f. Dissertação (Mestrado em Ciências Humanas) – Universidade Federal de Uberlândia, Uberlândia, 2012. p. 24-25.

(185) Veja-se que embora se trate de uma greve com maior presença de trabalhadores homens, uma mãe estava em frente à empresa, participando da greve, demonstrando que havia apoio das mulheres aos grevistas trabalhadores da Usiminas.

(186) SOUZA, Renato João de. *Da informação à representação:* o papel do jornal escrito mineiro nos anos 1963 e 1964. 128 f. Dissertação (Mestrado em História) – Universidade Federal de Juiz de Fora, Juiz de Fora, 2012. p. 55.

(187) De acordo com Marcelo Rocha (2010, p. 14), um motorista da usina afirma que teria buscado 32 caixões em Belo Horizonte no dia seguinte ao massacre; e vários funcionários nunca mais foram vistos.

Depois desse confronto, os operários seguiram por três dias em rebelião. Destruíram "a guarita da vigilância, o caminhão de onde a metralhadora foi acionada, a delegacia e a cadeia pública".(188) Diante da gravidade, autoridades estaduais vieram negociar com os trabalhadores, que apresentaram suas reivindicações, sendo além daquelas de melhoria de infraestrutura, as seguintes: "o afastamento da polícia militar; a substituição dos vigilantes por funcionários designados pelos sindicatos; pensão para as viúvas dos operários mortos; nenhum tipo de punição para os operários que participaram do movimento e assistência aos feridos".(189)

As reivindicações, no geral, foram atendidas. Acontece que, pouco tempo depois, viria o golpe de 1964, que prejudicou algumas conquistas dos trabalhadores. Os policiais envolvidos foram inocentados e integrantes do movimento operário da região foram presos, acusados de serem comunistas.(190) A ditadura fez o papel de silenciar completamente esse massacre.

8. "A greve que não ocorreu", em 1964

A última greve a ser tratada neste capítulo é conhecida como "a greve que não ocorreu", em razão de muitos autores e autoras julgarem o fato de a greve não ter sido bem sucedida, ou melhor, não ter tido os resultados finais esperados, como uma "não ocorrência". No entanto, não é esse o entendimento que temos com a mobilização do dia 31 de março de 1964.

Neste dia, houve sim uma paralisação dos trabalhadores, convocada pelo CGT. O que se discute por muitos autores e autoras é a oportunidade da greve naquele momento.

Alguns dias antes do golpe, em 13 de março de 1964, foi realizado o Comício da Central do Brasil, com mais de 300 mil trabalhadores e trabalhadoras presentes, em que Jango finalmente apresentou as reformas de base, pauta da classe trabalhadora há anos, e cuja luta se intensificou a partir de 1962, com a criação do CGT.

Neste dia, Jango definiu como prioritárias as pautas de reforma agrária e assinou a nacionalização de seis refinarias de petróleo,(191) o que provocou uma forte reação da oposição. Importante destacar o papel do IPES, cujo objetivo era organizar o empresariado nacional e fazer a disputa ideológica da sociedade,(192) influenciando inclusive as Forças Armadas.(193) A reação da oposição, portanto, contou também com uma reação direta orquestrada pelo IPES.

---

(188) SOUZA, Renato João de. *Da informação à representação:* o papel do jornal escrito mineiro nos anos 1963 e 1964. 128 f. Dissertação (Mestrado em História) – Universidade Federal de Juiz de Fora, Juiz de Fora, 2012. p. 54.

(189) *Idem.*

(190) *Ibidem*, p. 55.

(191) GIANNOTTI, Vito. *História das lutas dos trabalhadores no Brasil.* Rio de Janeiro: Mauad X, 2007. p. 177.

(192) Segundo Pastore (2012, p. 63): "O IPES tinha toda uma estrutura para atingir a população ideologicamente. Com seus vários grupos e pessoas capacitadas semeou o terror em torno do 'perigo vermelho' na população, acusando o governo de João Goulart de comunista, sendo que na verdade as políticas desse governo eram reformistas e não visavam constituir um país comunista em função das reformas que o mesmo preconiza."

(193) Ainda segundo Bruna Pastore (2012, p. 68): "Já ação do complexo IPES/IBAD dentro das Forças Armadas foi no intuito de neutralizar a adesão de militares à esquerda ou de dar apoio ao governo de João Goulart, além de fomentar a insatisfação em relação a esse governo, conseguindo assim amplo apoio das forças militares para a sua deposição."

De acordo com Maria Amélia Teles, jornalista e militante política do PCB na época:

> Como resposta, a direita mostrou o seu lado mais enganoso e manipulador: com o apoio da Igreja, empresários e latifundiários, devidamente instruídos por entidades financiadas pelos Estados Unidos como o Instituto Brasileiro de Ação Democrática (IBAD), Instituto de Pesquisas e Estudos Sociais (IPES), mobilizou mulheres para serem usadas como base social dos golpistas que passaram a se vangloriarem de ter uma sustentação política com "forte apoio popular".(194)

Assim, a autora apresenta como a direita manipulou as mulheres(195) e organizou marchas em diversas cidades, tendo sido realizadas 49 manifestações em todo país, com a presença majoritária de mulheres.(196) Ainda de acordo com a autora:

> As mulheres do campo progressista ou mesmo da esquerda não se encontravam organizadas de maneira autônoma e consciente na defesa dos seus próprios direitos, o que possibilitou que as forças mais retrógradas não encontrassem dificuldades para se aproximar das mulheres das camadas populares, atemorizando-as com os perigos demoníacos dos comunistas.(197)

É neste contexto que ocorre a "Marcha da Família com Deus pela Liberdade", no dia 19 de março, com faixas "pedindo um golpe que 'reinstaurasse a democracia'".(198) Assim, já se anunciava o que estava por vir.

Mattos afirma que, com as agitações golpistas percebidas, o CGT articulou estratégias de resistência durante todo o mês de março, mas estavam contando com o apoio do "dispositivo militar" (militares considerados de confiança do governo Goulart).(199)

Finalmente, em 31 de março de 1964, o CGT convocou uma greve geral contra o golpe cívico-militar. Segundo Leal, mesmo em meio à tensão, houve tempo para lançar um manifesto, o qual dizia ao final:

> [...] Conclamamos os trabalhadores para que se mantenham em estado de alerta, reunidos em assembleias permanentes em seus sindicatos, preparados para cumprir a palavra de ordem do CGT, para deflagração da greve geral em

---

(194) TELES, Maria Amélia de Almeida. O protagonismo de mulheres na luta contra a ditadura militar. *Revista Interdisciplinar de Direitos Humanos*, v. 2, n. 1, 3 jul. 2014, p. 10.

(195) A autora explica (2014, p. 10): "Uso a expressão 'manipuladas', porque entendo que esta quantidade de gente que foi para as ruas, o fez de forma enganada, foi dominada por uma falsa propaganda de que havia o perigo vermelho ou o perigo comunista. Assim forjou-se uma ameaça de caos, o que levou às Marchas, principalmente a grande quantidade de mulheres pobres, negras e das periferias."

(196) TELES, Maria Amélia de Almeida. O protagonismo de mulheres na luta contra a ditadura militar. *Revista Interdisciplinar de Direitos Humanos*, v. 2, n. 1, 3 jul. 2014, p. 10.

(197) *Ibidem*, p. 11.

(198) GIANNOTTI, Vito. *História das lutas dos trabalhadores no Brasil*. Rio de Janeiro: Mauad X, 2007. p. 178.

(199) MATTOS, Marcelo Badaró. *Trabalhadores e sindicatos no Brasil*. 1. ed. São Paulo: Expressão Popular, 2009. p. 98-99.

defesa das liberdades democráticas e sindicais, determinando que o golpeamento do mandato do Presidente seja imediatamente respondido com a total paralisação do trabalho.(200)

O estudo de Badaró Mattos toma como base a experiência das pessoas trabalhadoras do Rio de Janeiro. O autor diz que as avaliações sobre essa greve são polêmicas, e que nem mesmo os militantes comunistas que participaram entraram num consenso sobre ela.(201)

Isso porque a greve "foi tomada [...] como maior índice das características e limitações do movimento sindical — e da esquerda em geral — naquela conjuntura".(202) De fato, esse foi o acontecimento que faria o movimento sindical olhar para as suas limitações e questionar a sua forma de atuação na época.

O desenrolar da greve se daria com a paralisação dos transportes no dia 31 e ao longo do dia 1º de abril. Mattos relata que no dia 1º, circularam tanques golpistas pela Avenida Rio Branco, e que esses tanques foram recebidos com palmas pelas pessoas manifestantes que ali estavam, pois "acreditavam tratar-se de tropas fiéis a Jango retomando o controle da situação".(203) Os trabalhadores e trabalhadoras mantinham esperança e confiança de que o governo Jango resistiria ao golpe, com apoio das Forças Armadas.

Um militante do PCB, Sr. Pompeu, em entrevista à Mattos, faz uma avaliação dura dessa greve, afirmando que, ao convocá-la, "o CGT esvaziou o centro da cidade, inviabilizando uma resistência popular massiva". Segundo o depoente, a cidade estava deserta, de modo que "os únicos transportes [...] eram os tanques de guerra que consumavam o início da ditadura...".(204) Ainda, informou que os militantes mais mobilizados ficaram isolados na área central, tornando-se "presas fácil da repressão".

Outro grevista da época, "Batistinha", que concedeu entrevista à Mattos, entende de modo diverso a oportunidade da greve, afirmando que "existia um 'esquema' montado para resistir a uma possível intervenção militar". Mas esse "esquema" possuía a expectativa de que as Forças Armadas atuariam ao lado do governo para impedir o golpe.(205)

Tentou-se, de fato, articular uma resistência armada ao golpe, de modo que algumas pessoas militantes se refugiaram aguardando armas para a luta. No entanto, os trabalhadores e trabalhadoras resistiram sozinhos. Por falta de ordem expressa da presidência, as unidades isoladas das Forças Armadas que estavam dispostas a partir para o enfrentamento — pois a adesão dos militares ao golpe não foi absoluta —, não apresentaram resistência.(206)

---

(200) LEAL, Murilo. *A reinvenção da classe trabalhadora (1953-1964)*. Campinas: Editora da Unicamp, 2011. p. 319.

(201) MATTOS, Marcelo Badaró. Trabalhadores e sindicatos na conjuntura do pré-64: a experiência carioca. *Lutas Sociais*, n. 6, 1999, p. 83.

(202) *Idem.*

(203) *Ibidem*, p. 84.

(204) *Idem.*

(205) *Idem.*

(206) MATTOS, 2009, p. 99 e MATTOS, 1999, p. 85.

No estado de São Paulo, a cidade de Santos paralisou-se totalmente, segundo Mattos.(207) Leal dá destaque à categoria dos ferroviários e aos portuários da cidade, "além dos metalúrgicos da Cosipa, que sustentaram uma greve nos dias 1º e 2 de abril com a usina ocupada militarmente".(208) No Rio de Janeiro, a paralisação também foi total:(209) as categorias ferroviária, portuária, metalúrgica, têxtil e bancária estavam em greve.(210)

Desse modo, pode-se dizer que houve sim uma greve, pois houve uma mobilização forte da classe trabalhadora contra o golpe, e segundo Mattos, "ao menos na Guanabara, foi tão expressiva quanto qualquer outra greve geral convocada pelo CGT".(211) Houve paralisação do trabalho e as pessoas trabalhadoras estavam ali em estado de alerta, mobilizadas e com a esperança de que a greve, assim como as outras, ajudasse a sustentar a resistência do governo.(212) No entanto, como dito, a classe trabalhadora resistiu sozinha.

O texto de Badaró Mattos aponta a posição dura dos autores José A. Moisés e Weffort sobre o "fracasso" da greve, indicando que:

> O tom amargo da análise é a mais nítida demonstração da decepção com a derrota. A greve é tomada como inexistente não exatamente porque as "bases faltaram", mas porque do movimento sindical se esperava a resistência organizada ao golpe de estado. Se o golpe foi dado sem maiores problemas, falhou a greve, falharam as lideranças, pôs-se a nu a fragilidade de um sindicalismo tido como o índice mais amplo da ascensão política das massas organizadas.(213)

Assim, esperava-se do movimento sindical uma organização que conseguisse resistir ao golpe, tendo a sua "falha" escancarado a fragilidade do que era tido como o "quarto poder".(214) De modo crítico, Mattos também aponta que um dos limites do sindicalismo brasileiro da época foi ter se lançado:

> [...] com vigor numa pauta política de reformas comandada por um segmento da classe dominante brasileira comprometido com a proposta de conciliação de classes e, por isso mesmo, incapaz de tomar a frente de um processo de resistência popular efetiva à violação da constitucionalidade e à ditadura.(215)

(207) MATTOS, Marcelo Badaró. *Trabalhadores e sindicatos no Brasil*. 1. ed. São Paulo: Expressão Popular, 2009. p. 99.

(208) LEAL, Murilo. *A reinvenção da classe trabalhadora (1953-1964)*. Campinas: Editora da Unicamp, 2011. p. 320.

(209) MATTOS, Marcelo Badaró. *Trabalhadores e sindicatos no Brasil*. 1. ed. São Paulo: Expressão Popular, 2009. p. 99.

(210) LEAL, Murilo. *A reinvenção da classe trabalhadora (1953-1964)*. Campinas: Editora da Unicamp, 2011. p. 320.

(211) MATTOS, Marcelo Badaró. Trabalhadores e sindicatos na conjuntura do pré-64: a experiência carioca. *Lutas Sociais*, n. 6, 1999, p. 85.

(212) LEAL, Murilo. *A reinvenção da classe trabalhadora (1953-1964)*. Campinas: Editora da Unicamp, 2011. p. 320.

(213) MATTOS, Marcelo Badaró. Trabalhadores e sindicatos na conjuntura do pré-64: a experiência carioca. *Lutas Sociais*, n. 6, 1999, p. 86.

(214) *Idem*.

(215) MATTOS, Marcelo Badaró. *Trabalhadores e sindicatos no Brasil*. 1. ed. São Paulo: Expressão Popular, 2009. p. 100.

As críticas ao movimento operário da época são necessárias para promover uma reflexão do que poderia ter sido diferente e para mostrar o caminho mais coerente para se atingir os reais objetivos da classe trabalhadora.

A repressão à classe operária viria forte com a Ditadura Militar. Vito Giannotti elenca algumas das medidas tomadas pelos militares, como: a greve ser considerada crime contra o Estado, a exclusão das pessoas comunistas dos sindicatos, a destruição do CGT e das outras articulações dos trabalhadores e trabalhadoras, a prisão, tortura e desaparecimento de vários líderes sindicais, e o início de uma fase de arrocho salarial.(216)

Ainda, Souto Maior informa que o governo revogou a nacionalização das refinarias de petróleo e revogou a desapropriação de terras, frutos do decreto que dava início às reformas de base. Ademais, o governo militar cassou e suspendeu os direitos políticos de Jango, Juscelino e Jânio Quadros, de seis governadores e 55 membros do Congresso Nacional. Demitiu 40 mil funcionários públicos, instaurou mais de cinco mil inquéritos contra 40 mil pessoas, e rompeu as relações diplomáticas com Cuba.(217)

Assim, tem-se início o período mais obscuro da história recente do país.

9. Considerações finais

O presente estudo teve como objetivo apresentar algumas das greves ocorridas a partir do segundo governo Vargas, mais especificamente de 1953 a 1964, quando ocorre o golpe civil-empresarial-militar.

Com a acentuação da crise econômica em 1953, as greves se intensificaram de maneira bastante considerável. Evidenciou-se, neste trabalho, uma forte articulação dos trabalhadores e trabalhadoras e da organização dos sindicatos. Foi nesta época que se constituiu um Comitê Intersindical de Greve em São Paulo, que mais tarde se transformaria no Pacto de Unidade Sindical, o PUI.

Importante observar a atuação dos trabalhadores e trabalhadoras dentro e fora das fábricas, nas diversas comissões organizadas, bem como a atuação dos piquetes, especialmente na Greve dos 400 mil. Essa organização, desde 1953, foi essencial e serviu como base para as greves posteriores.

Com o passar dos anos, verificou-se uma atuação intersindical cada vez mais fortalecida, embora haja críticas sobre um abandono das bases, com concentração das decisões nas direções dos sindicatos.

A repressão e violência policial foram marcas das greves estudadas, e restou evidenciado como a conjuntura política foi capaz de interferir no contexto das greves e na intensidade das repressões, como na Greve do 13º salário e na Greve dos 700 mil.

---

(216) GIANNOTTI, Vito. *História das lutas dos trabalhadores no Brasil.* Rio de Janeiro: Mauad X, 2007. p. 179-180.

(217) SOUTO MAIOR, Jorge Luiz. *História do Direito do Trabalho no Brasil* — parte 2. São Paulo: LTr, 2017. p. 281.

A brutalidade policial e o descaso com a vida dos trabalhadores foram escancaradas com o massacre de Ipatinga, e chegando em 1964, a classe operária se viu sozinha na resistência ao golpe que levaria o país a uma ditadura civil-empresarial-militar.

Desta forma, finaliza-se um breve um resgate histórico a partir das greves do período da República Populista. Vale constar que se observou uma ausência de recorte de raça nas pesquisas estudadas, algo que seria de extrema importância para uma melhor visualização da realidade e para a realização de outros trabalhos.

Referências bibliográficas

BARROS, Rogério. *Clodesmidt Riani.* Verbete biográfico, FGV CPDOC. Disponível em: <http://www.fgv.br/CPDOC/ACERVO/dicionarios/verbete-biografico/riani-clodesmidt>. Acesso em: 29 nov. 2021.

CALICCHIO, Vera; MARQUES, Ana Amélia Duarte. *Confederação Nacional dos Trabalhadores na Indústria (CNTI).* Verbete temático, FGV CPDOC. Disponível em: <http://www.fgv.br/cpdoc/acervo/dicionarios/verbete-tematico/confederacao-nacional-dos-trabalhadores-na-industria-cnti>. Acesso em: 29 nov. 2021.

CORRÊA, Larissa Rosa. A Greve contra a Carestia: trabalhadores em busca de um acordo coletivo na Justiça do Trabalho – São Paulo, setembro de 1954. *Anais do XXIV Simpósio Nacional de História.* 2007. Disponível em: <http://snh2007.anpuh.org/resources/content/anais/Larissa%20Rosa%20Correa.pdf>. Acesso em: 06 jan. 2022.

______. Abono de Natal: Gorjeta, prêmio ou direito? Trabalhadores têxteis e a Justiça do Trabalho. *Esboços:* histórias em contextos globais, v. 13, n. 16, p. 249-277, 2006. Disponível em: <https://periodicos.ufsc.br/index.php/esbocos/article/view/132>. Acesso em: 06 jan. 2022.

COSTA, Luís Ricardo Araújo da. *Bota o retrato do velho Getúlio outra vez:* a campanha presidencial de 1950 na imprensa do Rio de Janeiro. 2014. 186 f. Dissertação (Mestrado em História) – Niterói: Universidade Federal Fluminense, 2014. Disponível em: <https://www.historia.uff.br/stricto/td/1956.pdf>. Acesso em: 28 dez. 2021.

FERNANDES, Carla Montuori; CHAGAS, Genira Correia; DIAS, Lucia. Resistência e popularidade na campanha presidencial de 1950: O retorno de Getúlio Vargas à Presidência da República. *Educação, Cultura e Comunicação*, v. 9, n. 17, 2018. Disponível em: <http://publicacoes.fatea.br/index.php/ECCOM/article/view/426>. Acesso em: 28 dez. 2021.

FONTES, Paulo; MACEDO, Francisco. *Piquetes como repertório: organização operária e redes sociais nas greves de 1957 e 1980.* Topoi (Rio J.), Rio de Janeiro, v. 18, n. 34, p. 23-47, jan./abr. 2017. Disponível em: <http://www.scielo.br/scielo.php?script=sci_arttext&pid=S2237-101X2017000100023&lng=pt&tlng=pt>. Acesso em: 08 jan. 2022.

FREITAS, Geraldo Vinícius Ribeiro. *Entre divisas, divisores e um massacre: a emancipação da não construída cidade de Ipatinga-MG.* 2012. 166 f. Dissertação (Mestrado em Ciências Humanas) – Universidade Federal de Uberlândia, Uberlândia, 2012. Disponível em: <https://repositorio.ufu.br/handle/123456789/16423>. Acesso em: 08 jan. 2022.

GIANOTTI, Vito. *História das lutas dos trabalhadores no Brasil.* Rio de Janeiro: Mauad X, 2007.

KORNIS, Mônica. *Comando Geral dos Trabalhadores (CGT).* Verbete temático, FGV CPDOC. Disponível em: <http://www.fgv.br/cpdoc/acervo/dicionarios/verbete-tematico/comando-geral-dos-trabalhadores-cgt>. Acesso em: 29 nov. 2021.

LAGE, Nilmar; MOREIRA, Thiago. *Senta a Pua*. FIXA Imagem & Memória, 2014. 1 vídeo (42 min). Disponível em: <https://www.youtube.com/watch?v=-kM_Fq5P2B0>. Acesso em: 29 nov. 2021.

LAMARÃO, Sérgio. *Manifesto dos coronéis*. Verbete temático, FGV CPDOC. Disponível em: <http://www.fgv.br/cpdoc/acervo/dicionarios/verbete-tematico/manifesto-dos-coroneis>. Acesso em: 29 nov. 2021.

LEAL, Murilo. *A reinvenção da classe trabalhadora (1953-1964)*. Campinas: Ed. Unicamp, 2011.

MAGALHÃES, Mário. *Marighella* — O guerrilheiro que incendiou o mundo. São Paulo: Cia. das Letras, 2012.

MATTOS, Marcelo Badaró. Trabalhadores e sindicatos na conjuntura do pré-64: a experiência carioca. *Lutas Sociais*, n. 6, p. 83-96, 1999. Disponível em: <https://revistas.pucsp.br/index.php/ls/article/view/18881>. Acesso em: 06 jan. 2022.

MATTOS, Marcelo Badaró. *Trabalhadores e sindicatos no Brasil*. 1. ed. São Paulo: Expressão Popular, 2009.

MOISÉS, José Álvaro. *Greve de Massa e e crise política* — Estudo da Greve dos 300 Mil em São Paulo, 1953/54. Coleção Teoria e História, 3. São Paulo: Polis, 1978.

PASTORE, Bruna. Complexo IPES/IBAD, 44 anos depois: Instituto Millenium? *Revista Aurora*, v. 5, n. 2, p. 57-80, 2012. Disponível em: <https://revistas.marilia.unesp.br/index.php/aurora/article/view/2351>. Acesso em: 08 jan. 2022.

PEREIRA NETO, Murilo Leal. *A reinvenção do trabalhismo no "vulcão do inferno"*: um estudo sobre metalúrgicos e têxteis de São Paulo. A fábrica, o bairro, o sindicalismo e a política (1950-1964) Vol. I. 2006. 499 f. Tese (Doutorado em História) – Universidade de São Paulo, 2006. Disponível em: <https://www.teses.usp.br/teses/disponiveis/8/8138/tde-06072007-115417/pt-br.php>. Acesso em: 29 nov. 2021.

ROCHA, Marcelo de Freitas Assis. Não foi por acaso: a história dos trabalhadores que construíram a Usiminas e morreram no massacre de Ipatinga. *Anais eletrônicos do X Encontro Nacional de História Oral*. Recife, v. 26. Disponível em: <https://www.encontro2010.historiaoral.org.br/resources/anais/2/1270359016_ARQUIVO_NAOFOIPORACASO-MarcelodeFreitasAssisRocha.pdf>. Acesso em: 12 dez. 2021.

SOUTO MAIOR, Jorge Luiz. *História do Direito do Trabalho no Brasil*. Curso de Direito do Trabalho, Vol. I – Parte II. São Paulo: LTr, 2017.

SOUZA, Renato João de. *Da informação à representação:* o papel do jornal escrito mineiro nos anos 1963 e 1964. 2012. 128 f. Dissertação (Mestrado em História) – Universidade Federal de Juiz de Fora, Juiz de Fora, 2012. Disponível em: <https://www2.ufjf.br/ppghistoria//files/2012/04/Renato-Jo%c3%a3o-de-Souza.pdf>. Acesso em: 06 jan. 2022.

TELES, Maria Amélia de Almeida. O protagonismo de mulheres na luta contra a ditadura militar. *Revista Interdisciplinar de Direitos Humanos*, v. 2, n. 1, p. 9-18, 3 jul. 2014. Disponível em: <https://www3.faac.unesp.br/ridh/index.php/ridh/article/view/173>. Acesso em: 06 jun. 2022.

______. Violações dos direitos humanos das mulheres na ditadura. *Revista Estudos Feministas*, v. 23, p. 1001–1022, dez. 2015. Disponível em: <https://periodicos.ufsc.br/index.php/ref/article/view/41946>. Acesso em: 06 jun. 2022.

Ditadura, Greve e Resistência Feminina: A Participação Feminina nas Greves de Contagem/MG e Osasco/SP

Gabriella Souza Cruz[1]

1. Introdução

O Brasil foi governado por um regime militar ditatorial de 1964 a 1985. Ao longo desses 21 anos, diversos cidadãos brasileiros tiveram seus direitos políticos cassados e os direitos civis suspensos, a imprensa e a produção cultural do país foram censuradas, os partidos políticos até então vigentes foram extintos, as forças políticas progressistas foram lançadas à clandestinidade e todos e todas que, individual ou coletivamente, ousavam se opor ao regime foram presos/as, torturados/as e executados/as.

Acima de toda essa estrutura de repressão, havia uma política econômica voltada a atender os interesses da elite empresarial do país. O corte de gastos públicos, o controle do reajuste salarial da classe trabalhadora e a abertura desenfreada ao capital estrangeiro foram elementos que marcaram a economia desse período e denunciaram a participação do empresariado não apenas no golpe de Estado ocorrido em 1964, mas também e, sobretudo, na manutenção desse novo sistema de governo[2].

A violência em que se pautou o governo militar, no entanto, não impediu que os trabalhadores e as trabalhadoras identificassem esse projeto de economia contrário à classe trabalhadora e se organizassem para enfrentá-lo. O ano de 1968 foi marcado por mobilizações operárias nesse sentido e duas greves com ocupações de fábricas se tornaram símbolos de resistência contra a ditadura, uma ocorrida em Contagem-MG e outra em Osasco-SP.

O presente artigo tem o objetivo de debater o sentido do golpe militar de 64 para a classe trabalhadora, a partir das experiências desses dois movimentos grevistas, com destaque

(1) Advogada. Especialista e Direito do Trabalho e Previdenciário pela PUC Minas (2022). Mestranda em Direito do Trabalho e da Seguridade Social na USP.

(2) HORIE, Leandro; MARCOLINO, Adriana; SERRAO, Rafael. As violações econômicas e sociais durante a ditadura militar (1964-1985): a questão salarial. In: *Relatório da Comissão Nacional da Memória, Verdade e Justiça da CUT*. São Paulo: Central Única dos Trabalhador (CUT), 2015, p. 87. Disponível em: <http://cedoc.cut.org.br/cedoc/livros-e-folhetos/4950>. Acesso em: 11 jan. 2022.

para a perspectiva feminina sobre cada um deles. Assim, em um primeiro momento será feita uma breve retomada sobre os principais aspectos que marcaram esse novo governo imposto à população brasileira, em especial sua política econômica recessiva. Em seguida, serão relatadas as condições em que ocorreram as greves de Contagem e Osasco, as forças envolvidas na organização de ambos os movimentos e a resposta do Estado para cada um deles.

Depois disso, visando dar visibilidade a uma participação por diversas vezes negligenciada e silenciada nos estudos acadêmicos sobre o tema, serão apresentadas as narrativas de mulheres que participaram, direta ou indiretamente, dessas duas greves que marcaram a história do país. Por fim, serão tecidas algumas considerações finais sobre o debate proposto, com vistas a expor a centralidade da questão trabalhista no governo da ditadura e a relevância do papel da classe trabalhadora no enfrentamento desse regime e na defesa da democracia, bem como a importância da participação feminina na construção dessa resistência.

2. Golpe de 1964: um projeto político econômico e social contra a classe trabalhadora

O golpe de Estado que deu início a um dos períodos mais sombrios da história do Brasil foi concretizado no dia 1º de abril de 1964, com a deposição do então Presidente da República, João Goulart, eleito democraticamente pela população brasileira(3). Ao longo dos anos, os estudos que se dedicaram a compreender a relação do governo Goulart com o golpe de 64 apresentaram diversos enfoques, mas em todos é possível identificar a centralidade da política econômica do então presidente na crise democrática vivenciada naquele momento(4).

A tradição historiográfica coloca o modelo econômico proposto por João Goulart como sendo o aprofundamento do projeto "nacional-desenvolvimentista" ou "trabalhista", concebido inicialmente nos governos de Getúlio Vargas, porém com foco na substituição de importações e em reformas estruturais, as denominadas Reformas de Base(5). Tais Reformas tinham como objetivo a promoção de um crescimento econômico nacional com melhor distribuição de renda e justiça social, incluindo modificações nos âmbitos administrativo, agrário, eleitoral, bancário, cambial, educacional, urbano, tributário e orçamentário(6).

---

(3) Nas eleições de 1960, se sagraram vencedores Jânio Quadros (PDC), como Presidente da República, e João Goulart (PTB), como Vice-Presidente. No entanto, após setes meses de mandato, Jânio Quadros renunciou ao cargo e João Goulart assumiu o posto como seu sucessor, sob a condição de alteração do regime de governo para o parlamentarismo, uma vez que os militares e as elites do país eram contra a sua posse.

(4) Sobre o tema, alguns estudos com enfoques diversos: DREIFUSS, René Armand. *1964:* a conquista do Estado. Petrópolis: Vozes, 1981; IANNI, Otávio. *O colapso do populismo no Brasil.* 4. ed. Rio de Janeiro: Civilização Brasileira, 1978; FIGUEIREDO, Argelina C. *Democracia ou reformas?* Alternativas democráticas à crise política: 1961-1964. Rio de Janeiro: Paz e Terra, 1993; SOARES, Gláucio Ary. "O golpe de 64". In: SOARES, Gláucio Ary; D'ARAUJO, Maria Celina (Orgs.). *21 anos de regime militar:* balanços e perspectivas. Rio de Janeiro: Ed. FGV, 1994.

(5) Para mais detalhes sobre o projeto econômico do governo de João Goulart, cf. MOREIRA, Cássio Silva. *O projeto de nação do governo João Goulart:* o plano trienal e as reformas de base (1961-1964). Tese de Doutorado – Universidade Federal do Rio Grande do Sul. Porto Alegre, 2011. Disponível em: <http://acervo.paulofreire.org:8080/jspui/bitstream/7891/2686/2/FPF_PTPF_17_0038.pdf>. Acesso em: 09 jan. 2022.

(6) MOREIRA, Cássio Silva. *O projeto de nação do governo João Goulart:* o plano trienal e as reformas de base (1961-1964). Tese de Doutorado – Universidade Federal do Rio Grande do Sul. Porto Alegre, 2011. p. 261.

A implementação desse projeto, no entanto, entrou em choque com outra proposta de desenvolvimento econômico que as elites econômica e militar do país tinham interesse em dar continuidade, a do "desenvolvimentismo associado-dependente", promovida durante o governo de Juscelino Kubitscheck(7). Uma economia cada vez mais aberta ao capital externo e a contenção dos avanços das forças populares em busca de melhorias sociais foram essenciais para a implementação e manutenção desse projeto e, justamente por isso, são apontadas por grande parte dos estudiosos do tema como as motivações centrais do golpe ocorrido em abril de 1964(8).

Esse cenário nacional estava em harmonia com os caminhos traçados pelos países capitalistas centrais naquele período de Guerra Fria, no qual a divisão internacional do trabalho sofreu grandes modificações e, sob as diretrizes da hegemonia estadunidense, se iniciou um processo de "contrarrevolução preventiva" em escala mundial(9). Nesse contexto internacional, o Brasil e a América Latina como um todo sofreram intervenções dos Estados Unidos com a finalidade de extirpar do continente americano qualquer possibilidade de um governo socialista.(10)

A Revolução Cubana, que se sagrou vitoriosa em 1º de janeiro de 1959, foi um fato que acirrou ainda mais as investidas dos Estados Unidos na América Latina(11). De um lado, havia a Cuba Revolucionária que oferecia apoio político e material aos movimentos organizados em diversos países latino-americanos na década de 60, inclusive no Brasil; de outro, os Estados Unidos, interferindo nesses países através de programas como a "Aliança para o Progresso" e de iniciativas clandestinas(12). O golpe ocorrido no Brasil em 1964 foi uma decorrência desse cenário.

---

(7) MOREIRA, Cássio Silva. *O projeto de nação do governo João Goulart:* o plano trienal e as reformas de base (1961-1964). Tese de Doutorado – Universidade Federal do Rio Grande do Sul. Porto Alegre, 2011. p. 167.

(8) LARA, Ricardo; SILVA, Mauri Antônio da. A ditadura civil-militar de 1964: os impactos de longa duração nos direitos trabalhistas e sociais no Brasil. *Serviço Social & Sociedade*, p. 275-293, 2015, p. 277.

(9) "Na entrada dos anos 1960, a política externa norte-americana empreendeu uma escalada mundial para deter e reverter a erosão da sua hegemonia — passou a operar uma contrarrevolução preventiva, de modo a impedir a constituição de quaisquer alternativas à *pax americana*, sobretudo se tais alternativas apontassem para vias socialistas. E o fez combinando ações diplomáticas (chantagem e pressão econômicas), desestabilização de governos e patrocínio a golpes de Estados (tal como no Brasil em 1964 e, de forma sangrenta, na Indonésia, em 1965), e também se envolvendo em operações de guerra aberta (de que a derrotada tentativa de subordinar o Vietnã seria exemplar)". PAULO NETTO, José. *Pequena história da ditadura militar brasileira (1964-1985).* São Paulo: Cortez, 2014. p. 31.

(10) "(...) no quadro da guerra fria, a política norte-americana construiu dois novos instrumentos para garantir a sua hegemonia no subcontinente: o Tratado Interamericano de Assistência Recíproca/TIAR (1947) e a Organização dos Estados Americanos/OEA (1948)". PAULO NETTO, José. *Op. cit.*

(11) "É verdade que até hoje os Estados Unidos não conseguiram seu intento — no entanto, desde então, armaram contrarrevolucionários em Miami, patrocinaram a fracassada invasão da Baía dos Porcos (1961), sabotaram pelos mais variados meios (inclusive o terrorismo) a vida cubana, promoveram várias tentativas de assassinato de dirigentes revolucionários, excluíram o país da OEA e impuseram um infame bloqueio comercial à Cuba (1962)". PAULO PAULO NETTO, José. *Pequena história da ditadura militar brasileira (1964-1985).* São Paulo: Cortez, 2014. p. 32-33.

(12) PAULO NETTO, José. *Pequena história da ditadura militar brasileira (1964-1985).* São Paulo: Cortez, 2014. p. 33.

A deposição de João Goulart, portanto, não se resumiu a um golpe militar, se tratou de um golpe de nítido caráter de classe, podendo ser qualificado como um golpe civil-militar(13) ou civil-empresarial-militar(14), no qual a instrumentalização das forças armadas serviu aos interesses do grande capital, nacional e estrangeiro(15). Sob essa perspectiva, esse fato histórico representou uma crise política, mas, acima de tudo, significou "a liquidação da possibilidade de reverter a dependência e a vinculação da economia brasileira aos interesses imperialistas"(16).

Instaurado o regime, de imediato, foram revogadas a nacionalização das refinarias de petróleo e a desapropriação de terras, foram cassados e suspensos os direitos políticos de 378 pessoas — dentre elas, os ex-presidentes Juscelino Kubitschek, Jânio Quadros e João Goulart —, cerca de 40 mil funcionários públicos foram demitidos e foram rompidas relações diplomáticas com Cuba(17). Além disso, organizações de esquerda foram colocadas na ilegalidade, a exemplo da União Nacional dos Estudantes (UNE) e das Ligas Camponesas, bem como cerca de 400 entidades sindicais sofreram intervenção e diversos dos seus líderes foram presos(18).

Diante da inflação que assolava a economia do Brasil à época, se buscou uma solução que atendesse aos interesses das principais forças articuladoras do golpe — o capital, nacional e estrangeiro, e o latifúndio(19). As principais condições para esse novo programa econômico que viria a ser implementado eram: ampliar a liberdade de inserção do capital estrangeiro na economia nacional(20) e conter as mobilizações da classe trabalhadora que surgiriam em contraponto a esse novo sistema de produção capitalista(21).

---

(13) "O regime derivado do golpe do 1º de abril sempre haverá de contar, ao longo da sua vigência, com a tutela militar; mas constitui um grave erro caracterizá-lo tão somente como uma ditadura militar — se esta tutela é indiscutível, constituindo mesmo um dos seus traços peculiares, é igualmente indiscutível que a ditadura instaurada no 1o de abril foi o regime político que melhor atendia aos interesses do grande capital: por isto, deve ser entendido como uma forma de autocracia burguesa (na interpretação de Florestan Fernandes) ou, ainda, como a ditadura do grande capital (conforme a análise de Octavio Ianni)". PAULO NETTO, José. *Pequena história da ditadura militar brasileira (1964-1985)*. São Paulo: Cortez, 2014. p. 67.

(14) Termo utilizado por Jorge Luiz Souto Maior ao tratar do período no capítulo VI doa obra SOUTO MAIOR, Jorge Luiz. *História do direito do trabalho no Brasil:* curso de direito do trabalho, volume I: parte II. São Paulo: LTr, 2017.

(15) Para um debate mais aprofundado sobre as contribuições da elite econômica para o golpe de 1964, cf. DREIFUSS, René Armand. *1964:* a conquista do Estado. Petrópolis: Vozes, 1981.

(16) PAULO NETTO, José. *Op. cit.*, p. 70.

(17) ARRUDA, José Jobson de A.; PILETTI, Nelson. *Toda a História* — História Geral e História do Brasil. São Paulo: Ática, 2002. p. 431, *apud* SOUTO MAIOR, Jorge Luiz. *História do direito do trabalho no Brasil:* curso de direito do trabalho, volume I: parte II. São Paulo: LTr, 2017. p. 281.

(18) SOUTO MAIOR, Jorge Luiz. *Op. cit.*, p. 281.

(19) PAULO NETTO, José. *Op. cit.*, p. 70.

(20) Elementos fundantes do modelo fordista-keynesiano, após algumas décadas, colocaram os países capitalistas avançados em direção a uma condição generalizada de superacumulação e a solução encontrada para esse problema foi a expansão desse modelo de acumulação para as economias periféricas. Para mais detalhes sobre o tema, cf. HARVEY, David. *Condição pós-moderna:* uma pesquisa sobre as origens da mudança cultural. São Paulo: Loyola, 1998.

(21) PAULO NETTO, José. *Op. cit.*, p. 70.

E assim foi feito. O Programa de Ação Econômica do Governo 1964/1966 (PAEG), implementado logo após o golpe de 64, apontava como as principais causas para a alta inflação: os déficits públicos, a expansão de crédito e o crescimento dos salários acima da produtividade[22]. Dentro dessa lógica, a crise seria superada através do corte de gastos públicos, restrição de crédito às empresas nacionais e controle dos reajustes salariais.

Tais medidas, aliadas à abertura desenfreada da economia do país ao capital externo, evidenciam quem pagou pela conta da crise inflacionária — o povo e a classe trabalhadora — e quem se beneficiou com o novo regime instaurado no país — sobretudo, o capital estrangeiro. Especificamente sobre a política salarial, explicam Horie, Marcolino e Serrao:

> Política salarial: negociação coletiva substituída por uma regra que contemplava uma revisão anual com base no salário médio dos últimos 24 meses, somado a um "resíduo" inflacionário projetado para os próximos 12 meses e um indicador de produtividade do ano anterior. Instituiu o Conselho Nacional de Política Salarial, que teria papel de administração desta política salarial, que contemplaria todos os salários e não somente o salário mínimo (incluindo também o setor privado).[23]

Calcula-se que, entre os anos de 1964 e 1967, houve uma redução de 12% do salário real em decorrência dessa nova política de arrocho[24]. Ademais, a Lei n. 4.923/65[25], inserida nessa lógica de desintegração do salário, autorizou a redução salarial em decorrência da redução da jornada de trabalho. O dispositivo legal em questão fez parte de uma política de arrocho salarial, absolutamente prejudicial à classe trabalhadora e que tinha como objetivo garantir a superexploração da mão de obra operária como fonte de expansão do lucro do empresariado[26].

Outras duas leis de grande importância nesse contexto foram a Lei n. 4.330/64, conhecida como "Lei Antigreve"[27], e a Lei n. 5.107/66, que instituiu o Fundo de Garantia

---

(22) HORIE, Leandro; MARCOLINO, Adriana; SERRAO, Rafael. As violações econômicas e sociais durante a ditadura militar (1964-1985): a questão salarial. In: *Relatório da Comissão Nacional da Memória, Verdade e Justiça da CUT.* São Paulo: Central Única dos Trabalhador (CUT), 2015, p. 87. Disponível em: <http://cedoc.cut.org.br/cedoc/livros-e-folhetos/4950>. Acesso em: 11.01.2022.

(23) *Idem.*

(24) *Idem.*

(25) Brasil. *Lei n. 4.923, de 23 de dezembro de 1965.* Brasília, DF: Coleção de Leis do Brasil – 1965, p. 227, vol. 7. Disponível em: <https://www2.camara.leg.br/legin/fed/lei/1960-1969/lei-4923-23-dezembro-1965-368275-norma-pl.html>. Acesso em: 10 jan. 2021.

(26) PAULO NETTO, José. *Pequena história da ditadura militar brasileira (1964-1985).* São Paulo: Cortez, 2014. p. 92.

(27) Brasil. Lei de Greve. *Lei n. 4.330, de 1º de junho de 1964.* Brasília, DF: Coleção de Leis do Brasil – 1964, p. 62, vol. 3. Disponível em: <https://www2.camara.leg.br/legin/fed/lei/1960-1969/lei-4330-1-junho-1964-376623-norma-pl.html>. Acesso em: 10 jan. 2021.

do Tempo de Serviço (FGTS)(28). A primeira foi criada com o objetivo de conter os movimentos grevistas, ao proibir expressamente as greves no setor público e impor condições que tornaram praticamente impossível exercer o direito legal de greve no setor privado(29); a segunda surgiu para eliminar do contexto trabalhista a figura da estabilidade decenal e, por consequência, retirou poder de barganha da classe trabalhadora(30).

A escolha militar pela retirada dos direitos da classe trabalhadora provocou a insatisfação dos trabalhadores e das trabalhadoras do país e a repressão ao movimento sindical, bem como a existência de uma lei que criminalizava as greves, não foram suficientes para conter a força da oposição ao regime. Nesse contexto, duas greves se tornaram marcos históricos de resistência sindical à ditadura civil-empresarial-militar, uma ocorreu em Contagem (MG) e outra em Osasco (SP), ambas no ano de 1968, as quais se passa a detalhar com mais profundidade a seguir.

3. Greve de Contagem e a conquista do reajuste salarial

A cidade de Contagem foi planejada para impulsionar a industrialização no estado de Minas Gerais e, apesar de iniciada em 1940, atingiu seu ápice na década de 60, chegando a abrigar, no ano de 1968, mais de 100 indústrias e 28 mil trabalhadores(31). Referida por Juscelino Kubitcheck como um "salto de sete léguas para o futuro", Contagem se mostrou um sonho da elite econômica mineira financiado à custa da superexploração da mão de obra operária.

A cidade foi preparada para gerar riqueza, mas não oferecia condições mínimas de uma vida digna aos trabalhadores que nela residiam. Além das jornadas exaustivas e dos salários baixos, os trabalhadores enfrentavam a precariedade de se viver em um polo industrial, conforme relata Miranda:

> Áreas ainda desocupadas pelas indústrias, ruas não urbanizadas, beiradas de córregos, terrenos pantanosos viraram favelas para os trabalhadores que não conseguiam realizar o sonho da casa própria autoconstruída nos bairros da região. Bom para o patronato que não precisava remunerar moradia e transporte nos salários deprimidos. Os bairros novos recebem os trabalhadores sem ruas asfaltadas, com transporte público precário; falta tudo, escola, saúde, lazer, energia.(32)

---

(28) Brasil. Lei do FGTS. *Lei n. 5.107, de 13 de setembro de 1966.* Brasília, DF: Coleção de Leis do Brasil – 1966, p. 73, vol. 5. Disponível em: <https://www2.camara.leg.br/legin/fed/lei/1960-1969/lei-5107-13-setembro-1966-368498-norma-pl.html>. Acesso em: 10 jan. 2021.

(29) SOUTO MAIOR, Jorge Luiz. *História do direito do trabalho no Brasil:* curso de direito do trabalho, volume I: parte II. São Paulo: LTr, 2017. p. 283.

(30) *Ibidem*, p. 320-325.

(31) MIRANDA, Nilmário. Contagem: a cidade operária símbolo. *Revista Teoria e Debate*, Especial maio 1968, São Paulo, 2008. Disponível em: <https://teoriaedebate.org.br/2008/05/01/contagem-a-cidade-operaria-simbolo/>. Acesso em: 11 jan. 2022.

(32) *Idem.*

A revolta pelas condições precárias de sobrevivência, a insatisfação com a política econômica do arrocho salarial e a presença de interventores do regime nos principais sindicatos impulsionaram o surgimento de correntes políticas clandestinas em Contagem. Além dos militantes do Partido Comunista Brasileiro (PCB), duramente atingido após o golpe de 64, havia trabalhadores organizados em correntes como a Ação Popular (AP), a Política Operária (POLOP), o Comando de Libertação Nacional (COLINA) e a Corrente Revolucionária (CORRENTE), além daqueles que atuavam de maneira independente(33).

Os integrantes dessas organizações se dedicavam a um intenso trabalho de base, debatendo as contradições do capitalismo e distribuindo boletins com o objetivo de denunciar as condições precárias de vida e de trabalho em Contagem(34). Com isso, em que pese as correntes políticas tivessem algumas divergências, os trabalhadores foram construindo um movimento forte e amplo, fundado no enfretamento ao inimigo em comum: a ditadura e o arrocho salarial.

Assim, quando a Delegacia Regional do Trabalho autorizou a retomada das eleições sindicais, surgiram chapas de oposição ao regime. No Sindicato dos Metalúrgicos, a eleição realizada em agosto de 1967 contou com duas chapas, a Chapa Azul, apoiada pelos interventores, e a Chapa Verde, de oposição(35). Foi eleita a Chapa Verde e o sindicalista Ênio Seabra foi designado para assumir a presidência do sindicato, porém, antes mesmo de tomar posse teve seu nome impugnado pelo Ministério do Trabalho:

> Ênio Seabra: Houve uma eleição, em 1967, e nós organizamos a Chapa Verde. A deles era a Chapa Azul. Escolhemos os companheiros para a formação da chapa, mas quando fomos registrá-la, junto ao Delegado do Trabalho, ele, de cara impugnou.
>
> **ENTREVISTADOR(A):** impugnou a chapa toda?
>
> Ênio Seabra: Não, impugnou alguns da chapa para impedir que concorrêssemos às eleições, eu e mais uns quatro (...)
>
> **ENTREVISTADOR(A):** Processo? Recurso?
>
> Ênio Seabra: Recurso para que eu pudesse continuar, porque os argumentos do Delegado do Trabalho valiam também para a outra chapa. Então, a justiça concedeu uma liminar, garantindo que eu poderia concorrer às eleições e os outros também. Nós concorremos às eleições e ganhamos, mas imediatamente sofremos outra impugnação, do meu nome e dos outros também. Aí, não tive

(33) SCARPELLI, Carolina Dellamore Batista; SILVA, Débora Raiza Carolina Rocha. Narrativas femininas e ditadura militar: a atuação das mulheres na greve operária de 1968 em Contagem/MG. *XII Encontro Nacional de História Oral: política, ética e conhecimento.* Teresina, 2014, p. 10.

(34) SCARPELLI, Carolina Dellamore Batista; SILVA, Débora Raiza Carolina Rocha. Narrativas femininas e ditadura militar: a atuação das mulheres na greve operária de 1968 em Contagem/MG. *XII Encontro Nacional de História Oral: política, ética e conhecimento.* Teresina, 2014.

(35) *Idem.*

> como tomar posse. Mas os demais membros da chapa tomaram posse. A chapa ficou um pouco desequilibrada, mas foi em frente. Nós conseguimos ainda manter o pessoal com certa luta, com muita dificuldade.(36)

O relato do sindicalista Ênio demonstra que mesmo com toda a perseguição política sofrida por eles, os trabalhadores de Contagem continuaram se mobilizando em resistência à ditadura. Após as eleições de 1967, sob a compreensão de que os sindicatos estavam comprometidos e não poderiam contribuir muito para a organização da classe trabalhadora, começaram a se formar as comissões de fábrica, células que atuavam no seio das fábricas mobilizando os trabalhadores para a luta e que foram cruciais para o êxito do movimento grevista.(37)

No mês de março de 1968, cerca de dois mil trabalhadores da Secretaria de Saúde (Minascentro) daquela cidade industrial criaram um Comitê Intersindical Anti-Arrocho(38). Em 16 de abril de 1968, 1.600 trabalhadores da Companhia Siderúrgica Belgo-Mineira pararam as máquinas e ocuparam as fábricas, dando início à primeira greve com ocupação de fábrica desde que iniciada a ditadura civil-militar(39).

Em sequência, cerca de três dias depois, os trabalhadores de diversas outras empresas aderiram à greve — Mannesmann, Sociedade Brasileira de Eletrificação, RCA-Victor, Demisa, Industam, dentre outras —, alcançando o total de 20 mil trabalhadores em greve naquele parque industrial(40). A principal reivindicação era o aumento salarial no importe de 25%.(41)

O então ministro do trabalho, coronel Jarbas Passarinho, compareceu a Contagem para negociar com os grevistas e apresentou uma contraproposta de reajuste de apenas 10%, a qual os trabalhadores não aceitaram(42). Diante disso, o ministro iniciou uma forte repressão

---

(36) OLIVEIRA, Carlindo Rodrigues de; NORONHA, Eduardo Garuti (orgs.). *Greves no Brasil(de 1968 aos dias atuais):* depoimentos de lideranças. São Paulo: Cortez, 2015. p. 33-34.

(37) SCARPELLI, Carolina Dellamore Batista; SILVA, Débora Raiza Carolina Rocha. Narrativas femininas e ditadura militar: a atuação das mulheres na greve operária de 1968 em Contagem/MG. *XII Encontro Nacional de História Oral:* política, ética e conhecimento. Teresina, 2014. p. 10.

(38) MIRANDA, Nilmário. Contagem: a cidade operária símbolo. *Revista Teoria e Debate*, Especial maio 1968, São Paulo, 2008. Disponível em: <https://teoriaedebate.org.br/2008/05/01/contagem-a-cidade-operaria-simbolo/>. Acesso em: 11 jan. 2022.

(39) *Idem.*

(40) PORTUGAL, Augusto; ASSUMPÇÃO, San Romanelli. Repressão às greves e às liberdades sindicais durante a ditadura militar. In: *Relatório da Comissão Nacional da Memória, Verdade e Justiça da CUT. São Paulo:* Central Única dos Trabalhador (CUT), 2015, p. 102. Disponível em: <http://cedoc.cut.org.br/cedoc/livros-e-folhetos/4950>. Acesso em: 12 jan. 2022.

(41) RUY, Carolina Maria. *1968 – Contagem e Osasco:* o ressurgimento do sindicalismo. Disponível em: <https://fsindical.org.br/memoria-sindical/1968-contagem-e-osasco-o-ressurgimento-do-sindicalismo/>. Acesso em: 11 jan. 2022.

(42) MIRANDA, Nilmário. Contagem: a cidade operária símbolo. *Revista Teoria e Debate*, Especial maio 1968, São Paulo, 2008. Disponível em: <https://teoriaedebate.org.br/2008/05/01/contagem-a-cidade-operaria-simbolo/>. Acesso em: 11 jan. 2022.

sobre os grevistas, o que levou ao fim do movimento, mas não sem que o reajuste de 10% fosse assegurado aos trabalhadores de Contagem e, posteriormente, expandido para a classe trabalhadora de todo o país.[43]

A força demonstrada pelos grevistas de Contagem inspirou trabalhadores por todo o país e teve influência direta na organização de outra greve que também se tornou um marco de resistência sindical à ditadura civil-empresarial-militar, a greve realizada pelos operários de Osasco/SP, naquele mesmo ano de 1968. A seguir serão abordados os principais aspectos desse movimento.

4. Greve de Osasco e a forte repressão do regime militar

Osasco inicialmente se tratava de um bairro do subúrbio da capital paulista. Durante as décadas de 50 e 60, o baixo custo dos terrenos da região e a proximidade com a ferrovia atraíram diversas empresas que expandiram sua atuação ao longo do processo de industrialização e modernização do país e acabaram por transformar Osasco em um polo industrial.[44]

A presença das fábricas, como é comum ocorrer, provocou a migração de trabalhadores de outras regiões do Brasil — em especial do Nordeste e do Sul —, o que modificou o perfil dos moradores do bairro, inicialmente formado por imigrantes, majoritariamente italianos e seus descendentes[45]. Sucede que, o crescimento demográfico e econômico de Osasco não foi acompanhado pelo devido investimento público da Prefeitura de São Paulo, o que provocou insatisfação entre os moradores da região e impulsionou um processo político de emancipação.[46]

Em 1962, foi realizado um plebiscito no qual a população votou a favor da separação do então bairro da cidade de São Paulo e, a partir disso, Osasco se tornou um município distinto[47]. Osasco, portanto, é uma cidade que, mesmo antes de 1968, ano em que ocorreu uma greve que a tornou um símbolo de resistência contra o regime ditatorial, já contava com um histórico de lutas políticas.

O processo que culminou com a emancipação da região contribuiu para a construção e o fortalecimento de uma comunidade politicamente engajada, que contava com a participação ativa de operários, estudantes, integrantes de associações de bairros, dentre outros[48]. A presença da igreja nesse período também era forte, as Comunidades Eclesiais de Base

---

(43) PORTUGAL, Augusto; ASSUMPÇÃO, San Romanelli. *Op. cit.*

(44) ROVAI, Marta Gouveia de Oliveira. *Osasco 1968:* A greve no feminino e no masculino. Tese de Doutorado. São Paulo: USP, 2012, p. 28.

(45) *Ibidem*, p. 29.

(46) *Ibidem*, p. 31-32.

(47) *Ibidem*, p. 32.

(48) WEISSHEIMER, Marco Aurélio. Osasco: Movimento deixou raízes profundas. *Revista Teoria e Debate*, Especial maio 1968, São Paulo, 2008. Disponível em: <https://teoriaedebate.org.br/2008/05/01/osasco-movimento-deixou-raizes-profundas/>. Acesso em: 14 jan. 2022.

exerciam papel político e social de grande relevância no sentido de promover uma militância cristã humanizada e voltada aos mais necessitados[(49)].

Dessa conjunção de fatores surgiram forças populares de relevância para a organização da classe trabalhadora. A Frente Nacional do Trabalho (FNT), de raízes cristãs, é um exemplo disso. Segundo Francisco Weffort, a comissão de fábrica da Cobrasma — que foi crucial na deflagração da greve de 1968 —, é uma das conquistas dessa frente:

> A "comissão", nascida do processo de modernização em que a empresa começava a empenhar-se, foi um acontecimento marginal do sindicato recém-fundado e surgiu de certo modo contra ele. Em fins de 1962, alguns operários da FNT tomaram a iniciativa de formar uma comissão de 10 membros para apresentar suas reivindicações (adicional de insalubridade para uma seção e medidas de segurança) diretamente à direção da empresa. (...) a direção da empresa, que se encontrava em recomposição e havia recentemente admitido um diretor administrativo com opiniões liberais sobre as relações de trabalho, recebeu bem a ideia da formação de uma comissão que via como um meio adequado para resolver seus problemas com os operários através de negociações diretas e rápidas.[(50)]

Além da FNT, outra organização que ganhou hegemonia em Osasco ao longo do tempo foi o denominado "Grupo de Esquerda" ou "Grupo de Osasco", formado majoritariamente pelos trabalhadores que, durante o dia, cumpriam seus turnos nas fábricas, e, durante a noite, frequentavam o curso secundário[(51)]. Segundo Roque Aparecido da Silva, um dos membros do Grupo de Esquerda, eles e a FNT convergiam quanto à necessária democratização do movimento sindical através das comissões de fábrica e quanto à luta contra o arrocho salarial e a repressão, porém, se distinguiam no ponto em que a FNT tinha uma atuação focada na reivindicação de direitos trabalhistas, ao passo que o Grupo de Esquerda se empenhava em construir um movimento social mais amplo de enfrentamento à ditadura.[(52)]

A organização estudantil em Osasco também era significativa. A União dos Estudantes de Osasco (UEO) contribuiu para a construção da base política da greve de 1968, "denunciando vereadores corruptos, apoiando greves, promovendo passeatas em que operários discursavam e debatiam com os estudantes os direitos trabalhistas, o cenário político mundial, o conservadorismo dos políticos locais e a conduta do Partido Comunista"[(53)]. Existia,

(49) ROVAI, Marta Gouveia de Oliveira. *Op. cit.*, p. 33.

(50) WEFFORT, Francisco. Participação e conflito industrial: Contagem e Osasco, 1968. São Paulo: *Cadernos CEPRAB*, n. 5, 1972, p. 61-62.

(51) SILVA, Roque Aparecido da. Osasco – Os mesmos ideais. *Revista Teoria e Debate*, Especial maio 1968, São Paulo, 2008. Disponível em: <https://teoriaedebate.org.br/2008/05/03/osasco-os-mesmos-ideiais/>. Acesso em: 14 jan. 2022.

(52) *Idem*

(53) ROVAI, Marta Gouveia de Oliveira. *Osasco 1968:* A greve no feminino e no masculino. Tese de Doutorado. São Paulo: USP, 2012. p. 35.

de fato, uma comunidade política em rede, que pensava o futuro de Osasco coletivamente e que foi duramente atacada após o golpe de 1964.

As mobilizações, no entanto, não pararam. Em outubro de 1967, foi criado no estado de São Paulo o Movimento Intersindical Antiarrocho (MIA), formado por mais de quarenta sindicatos paulistas com o objetivo principal de pressionar o governo para acabar com a política do arrocho salarial(54). O movimento programou cinco concentrações até o dia 1º de maio de 1968, porém, por conflitos internos, acabou se dissolvendo e uma comissão foi criada para organizar a manifestação de 1º de maio(55).

O ato foi realizado na Praça da Sé e evidenciou a disposição dos trabalhadores à radicalização da luta por direitos. A greve ocorrida em Contagem era tida como um exemplo e estimulou a classe operária paulista a conclamar os operários para entrarem em greve também(56). Ocorre que o episódio de Contagem não apenas estimulou os trabalhadores como alertou as autoridades sobre a insatisfação dos trabalhadores com relação à política do arrocho salarial. Assim, caso surgissem novos movimentos grevistas a partir dali os militares estavam mais preparados para agir rapidamente e foi o que ocorreu em Osasco.

A greve se iniciou no dia 16 de julho de 1968 com a ocupação da Cobrasma, uma indústria metalúrgica que, à época, contava com cerca de três mil operários(57). A organização da greve se deu a partir da comissão de fábrica e o primeiro setor a parar foi o de limpeza e acabamento, logo em seguida os trabalhadores ocuparam os postos-chave da empresa, dominaram a guarda, prenderam chefes e engenheiros e realizaram uma Assembleia Geral na qual foi definido que ocupariam a fábrica por prazo indeterminado.(58)

Algumas horas após a ocupação da Cobrasma, os operários de outras empresas aderiram à greve, primeiro os da Barreto Keller e depois os da Lonaflex(59). Representantes do Ministério do Trabalho compareceram às fábricas na tentativa de negociar com o comando de greve, porém a disposição do Estado para negociações, em Osasco, não foi a mesma observada em Contagem. Ao longo do dia, enquanto o Ministério do Trabalho tentava iniciar

---

(54) RUY, Carolina Maria. *1968 – Contagem e Osasco:* o ressurgimento do sindicalismo. Disponível em: <https://fsindical.org.br/memoria-sindical/1968-contagem-e-osasco-o-ressurgimento-do-sindicalismo/>. Acesso em: 11 jan. 2022.

(55) *Idem.*

(56) Segundo Rizek, uma das palavras de ordem do ato de 1o de maio de 1968, em SP, era "Minas é o exemplo". Cf. Rizek, Cibele Saliba. *Osasco:* 1968, a Experiência de um Movimento. Dissertação de Mestrado, Curso de Ciências Sociais da Pontifícia Universidade Católica de São Paulo, 1988, *apud* WEISSHEIMER, Marco Aurélio. Osasco: Movimento deixou raízes profundas. *Revista Teoria e Debate*, Especial maio 1968, São Paulo, 2008. Disponível em: <https://teoriaedebate.org.br/2008/05/01/osasco-movimento-deixou-raizes-profundas/>. Acesso em: 15 jan. 2022.

(57) WEISSHEIMER, Marco Aurélio. Osasco: Movimento deixou raízes profundas. *Revista Teoria e Debate*, Especial maio 1968, São Paulo, 2008. Disponível em: <https://teoriaedebate.org.br/2008/05/01/osasco-movimento-deixou-raizes-profundas/>. Acesso em: 15 jan. 2022.

(58) *Idem.*

(59) *Idem.*

as tratativas, os donos das empresas paralisadas e o governo militar articularam uma resposta violenta.(60)

Os operários da Lonaflex foram os primeiros a enfrentar a tropa de choque enviada para sufocar a greve e os operários concordaram em desocupar a fábrica, desde que ninguém fosse preso; logo em seguida, os grevistas da Cobrasma enfrentaram essa mesma tropa com uma resistência pacífica, porém os militares invadiram a fábrica e houve um conflito generalizado que deixou vários feridos(61). Por volta de sessenta operários da Cobrasma foram presos e permaneceram encarcerados por alguns dias, porém José Campos Barreto, uma das lideranças do movimento, foi o que que ficou preso por mais tempo, noventa e oito dias, e nesse período foi duramente torturado(62).

Na história da greve de Osasco se torna ainda mais evidente a importância das comissões de fábrica para a construção da resistência trabalhadora ao regime militar instaurado em 1964. Corroborando isso, o relato de João Batista Cândido, principal líder da Frente Nacional do Trabalho em Osasco:

> A comissão de fábrica foi o que sustentou o movimento depois de 1964. Com a intervenção, o sindicato ficou totalmente esvaziado. Foram as comissões que sustentaram o movimento até 1968. Quando teve a intervenção no Sindicato dos Metalúrgicos, nós avaliamos que não valia a pena, vamos dizer assim, ter as lideranças na frente do sindicato. Naquele momento, era mais importante ter as lideranças dentro de fábricas. A gente achava que isso era fundamental, como realmente foi.(63)

Os operários de Osasco, da mesma maneira que os de Contagem, conseguiram construir movimentos grandes de resistência ao pacto estabelecido entre o empresariado e os militares do país. Mesmo com os sindicatos comprometidos pela intervenção e pela vigilância do regime, os trabalhadores e as trabalhadoras encontraram uma maneira de se organizar coletivamente e fazer frente à política do arrocho salarial e todas as outras medidas de repressão adotadas pelo governo da época.

Sucede que, por mais que os trabalhadores dessas duas cidades mereçam todo o reconhecimento por deflagrarem duas greves que entraram para a história do país como episódios de resistência ao regime militar, há contribuições que foram essenciais para o êxito do movimento e que, em regra, não são mencionadas. Isso porque, conforme destaca Magda

---

(60) WEISSHEIMER, Marco Aurélio. *Op. cit.*

(61) WEISSHEIMER, Marco Aurélio. Osasco: Movimento deixou raízes profundas. *Revista Teoria e Debate*, Especial maio 1968, São Paulo, 2008. Disponível em: <https://teoriaedebate.org.br/2008/05/01/osasco-movimento-deixou-raizes-profundas/>. Acesso em: 15 jan. 2022.

(62) *Idem.*

(63) *Idem.*

Neves, a memória das greves no espaço público é masculina e a participação feminina é relegada a um lugar de cuidado com os maridos grevistas(64), tarefa essa que também teve peso importantíssimo para a resistência ao regime militar, mas que é recorrentemente secundarizada nos estudos e registros sobre os movimentos grevistas.(65)

O papel das mulheres nas greves de Contagem e Osasco foi crucial e, buscando incorporar a história feminina a esses dois movimentos, serão apresentadas a seguir as narrativas de algumas dessas mulheres. Para tanto, serão utilizados os dados coletados por pesquisas que, diante do silêncio da historiografia majoritária, se valeram do recurso teórico-metodológico da história oral para analisar as greves de Contagem e Osasco também a partir da experiência feminina.(66)

5. Mulheres e a resistência invisível

As mulheres tiveram participação fundamental nas greves de Contagem e Osasco, não apenas de forma direta, atuando na mobilização dos trabalhadores, mas também na construção da estrutura que amparou esses trabalhadores antes, durante e após a ocupação das fábricas. Ambos os papeis tiveram a sua importância para que mencionadas greves ocorressem e, por isso, serão apresentados exemplos de mulheres que atuaram nas duas frentes.

Maria Imaculada Conceição foi uma das lideranças da greve de Contagem. Militante do Partido Comunista Brasileiro e depois integrante da dissidência política do partido, a Corrente Revolucionária de Minas Gerais(67). Conceição era operária da metalúrgica Santo Antônio e foi a primeira mulher a compor a diretoria do sindicato dos metalúrgicos, na posição de secretária-geral(68). Ela atuava diretamente no trabalho de base com os operários da cidade industrial de Contagem:

> A gente trabalhava de dia e a noite ia para o cinema escrever os jornais. Às quatro, cinco da manhã a gente distribuía o jornal do Partido e fazia pichação de muro. Depois a gente fazia uma distribuição mais legal, na porta da fábrica, e já entrava para trabalhar.(69)

Conceição sofreu perseguição política do regime militar, foi presa diversas vezes e, em uma prisão que durou de abril de 1969 até o início de 1971, foi trocada pelo embaixador da

---

(64) NEVES, Magda de Almeida. *Trabalho e cidadania:* as trabalhadoras de Contagem. Petrópolis: Vozes, 1994.

(65) SCARPELLI, Carolina Dellamore Batista; SILVA, Débora Raiza Carolina Rocha. Narrativas femininas e ditadura militar: a atuação das mulheres na greve operária de 1968 em Contagem/MG". *XII Encontro Nacional de História Oral:* política, ética e conhecimento. Teresina, 2014. p. 12.

(66) SCARPELLI, Carolina Dellamore Batista; SILVA, Débora Raiza Carolina Rocha. Narrativas femininas e ditadura militar: a atuação das mulheres na greve operária de 1968 em Contagem/MG". *XII Encontro Nacional de História Oral:* política, ética e conhecimento. Teresina, 2014.

(67) *Ibidem*, p. 4.

(68) BRANCO, Andréa Castello. A história contada pelos protagonistas. São Paulo: *Revista Teoria e Debate* (Especial maio 1968), 2008.

(69) *Idem.*

Suíça, sequestrado pela Vanguarda Popular Revolucionária(70). Depois desse fato, se tornou exilada política no Chile.(71)

Delsy Gonçalves da Paula, também conhecida como "Sisse", era uma estudante de serviço social que abandonou a universidade para trabalhar em Contagem como professora(72). Integrante da Ação Popular, Sisse contribuía com a politização dos operários não apenas a partir do trabalho de panfletagem e discussão coletiva, mas também através das suas aulas de português(73). Nas suas palavras:

> Eu fazia o seguinte, eu dava aula de português, isso em 1966, pra todas as turmas da noite. 99% dos meus alunos trabalhavam na Cidade Industrial, naquelas fábricas da Cidade Industrial. Então eu comecei a criar um método, pra poder trabalhar ao mesmo tempo que eu trabalhava a língua, e a capacidade de expressão e de escrita, ao mesmo tempo eu politizava. Com base nos rudimentos que eu tinha aprendido lá do Paulo Freire. Então, primeira coisa, eu não adotei livro. Eu tinha um trabalho enorme, aí eu tive que largar a universidade inclusive porque eu não tinha tempo pra poder estudar. [...] Então ao mesmo tempo que ele aprendia o texto ele tava trabalhando a consciência, a consciência política.(74)

A militante também sofreu perseguição política e passou por duas prisões, entre 1969 e 1973, uma na cidade de Belo Horizonte e outra em Porto Alegre, sendo, em ambos os casos, transferida para a penitenciária de Linhares, em Juiz de Fora(75). No momento em que esteve encarcerada, Sisse foi submetida à tortura física e psicológica e quando deixou a cadeia, em 1973, saiu da Ação Popular(76).

As mulheres de Contagem também estiveram presentes no "Comitê de Apoio à Greve", criado para contribuir com o movimento através da arrecadação de dinheiro e alimentos, além de a elaboração de boletins voltados a denunciar a situação dos operários e defender o movimento grevista(77). Tanto essas mulheres, que compunham essa rede de solidariedade, como as militantes que atuaram diretamente no movimento grevista tiveram a sua importância para tornar a greve de 1968 possível.

---

(70) SCARPELLI, Carolina Dellamore Batista; SILVA, Débora Raiza Carolina Rocha. *Op. cit.*, p. 13-14.

(71) *Idem*..

(72) *Ibidem*, p. 7-8.

(73) BRANCO, Andréa Castello. A história contada pelos protagonistas. São Paulo: *Revista Teoria e Debate* (Especial maio 1968), 2008.

(74) SCARPELLI, Carolina Dellamore Batista; SILVA, Débora Raiza Carolina Rocha. Narrativas femininas e ditadura militar: a atuação das mulheres na greve operária de 1968 em Contagem/MG". *XII Encontro Nacional de História Oral:* política, ética e conhecimento. Teresina, 2014, p. 7-8.

(75) *Ibidem*, p. 13-14.

(76) *Idem*.

(77) NEVES, Magda de Almeida. *Trabalho e cidadania:* as trabalhadoras de Contagem. Petrópolis: Vozes, 1994. p. 153-154.

Marta Gouveia, na tese de doutorado intitulada "Osasco 1968: a greve no feminino e no masculino" apresentou análise sobre o impacto do movimento grevista sobre a vida das mulheres osasquenses, em especial daquelas que eram esposas, mães e irmãs dos grevistas. A maioria dessas mulheres, segundo a autora, tem a greve de 1968, sobretudo a repressão a esse movimento, como um marco de transformação das suas próprias trajetórias individuais.(78)

Primeiro, ainda que completamente alheias ao debate político, elas tiveram o ambiente doméstico invadido pela organização dos grevistas no período que antecedeu à greve, pois muitas reuniões eram feitas nas casas dos próprios operários(79). Em um segundo momento, após o movimento eclodir e ser brutalmente reprimido, essa ignorância política se transformou em medo pelo futuro desses homens e da sua própria família(80). O relato de Teresinha Gurgel, esposa de Inácio Pereira Gurgel, operário da Cobrasma e um dos participantes da greve, exprime bem a experiência feminina nesse contexto:

> Eu esperava ele morto! Era viúva de marido vivo, na ocasião. Era uma viúva de marido vivo! Sem ter comida, sem ter salário! Eu não sabia de nada. Eu não sabia, porque eu estava sempre contra o Inácio estar indo muito, ficar muito no sindicato! Então, eu não estava interessada! Sabia que ele estava no sindicato. Quando a greve estourou de uma vez, que a notícia correu, que a cavalaria entrou na Cobrasma, aí me perguntei: "Cadê o meu marido?! Onde? Desapareceu! Sumiu!" Né? E dali só depois de 48 dias que fiquei sabendo! Aí, eu acompanhei todo o desenrolar da greve, com as duas crianças...
>
> O Inácio desapareceu, não voltou pra casa! Não voltou. (...) Com as notícias que corriam, eu não esperava que ele chegasse com vida.(81)

Embora não tenham participado do movimento grevista, a repressão à greve também as atingiu e as impulsionou à vida pública. As mulheres que eram esposas e parentes dos grevistas passaram a ser alvo de perseguição política, tendo suas casas vigiadas e constantemente invadidas e depredadas pelos militares que buscavam informação dos seus maridos ou parentes grevistas(82). Algumas mulheres, sobretudo as esposas, viviam em situação de quase clandestinidade, mudando constantemente de casa para proteger a si mesmas e aos seus filhos, além de terem tido que começar a trabalhar após o provedor da casa desaparecer.(83)

Essas mulheres, a partir de então, passaram por um intenso processo de isolamento, tanto por parte da sociedade como de suas famílias, em razão do subjugo moral ao qual os

(78) ROVAI, Marta Gouveia de Oliveira. *Osasco 1968:* A greve no feminino e no masculino. Tese de Doutorado. São Paulo: USP, 2012. p. 189.

(79) *Ibidem*, p. 189-190.

(80) *Ibidem*, p. 189.

(81) *Idem*.

(82) *Ibidem*, p. 197.

(83) *Idem*.

grevistas e todos que, de alguma maneira se conectavam a eles, foram submetidos[84]. Conforme aponta Gouveia Rovai, "involuntariamente elas se tornaram visíveis publicamente e vigiadas pela sociedade"[85].

Diante dessa realidade, o medo antes presente na vida delas se transformou em força política e essas mulheres construíram uma rede de solidariedade para se apoiarem entre si, bem como para ajudar os homens que agora viviam na clandestinidade[86]. Elas então passaram a se valer da condição de esposas, mães, filhas e irmãs para construir uma resistência ao regime militar que não se apresentava às claras ao governo.

Fazer buscas incessantes por seus parentes e maridos nos órgãos da ditadura, passar recados dentro dos presídios para os presos e deles para os seus familiares, foram algumas das ações adotadas pelas mulheres com vistas a minar a estrutura de repressão da ditadura. Com isso, fazendo uso das representações de família e de gênero convencionalmente estabelecidas pela sociedade, as mulheres "tornaram-se a base invisível da proteção e do protesto" e interferiram significativamente na dinâmica ditatorial.[87]

6. Considerações finais

A resistência construída pela classe trabalhadora em face da ditadura militar iniciada no Brasil em 1964 foi uma consequência direta do projeto político, econômico e social desse regime. Desde a concretização do golpe até os últimos dias da ditadura, a questão trabalhista esteve na centralidade da atuação desse governo, tanto sob a perspectiva de controle da ordem a partir do sufocamento das mobilizações, como sob o ponto de vista de manutenção de um projeto econômico que intensificou a exploração da força de trabalho brasileira.

As greves de Contagem/MG e Osasco/SP foram movimentos que denunciaram o pacto entre os militares e o empresariado brasileiro como pilar de sustentação da ditadura e, ao mesmo tempo, demonstraram a importância da luta da classe trabalhadora para o enfrentamento de sistemas antidemocráticos. A importância histórica adquirida por essas greves é fruto da grandeza dessa luta política, que extrapolou a esfera da reivindicação por reajuste salarial e alcançou a disputa pelos fundamentos de um regime verdadeiramente democrático.

No entanto, essa história, que normalmente é contada no masculino, não foi escrita apenas pelos homens operários das cidades industriais de Contagem e Osasco, mas também teve participação significativa das mulheres. Tanto aquelas diretamente inseridas no mundo do trabalho fabril, como as relegadas ao espaço doméstico desses homens grevistas, contribuíram para o êxito desses movimentos e para o enfrentamento da repressão que se seguiu a eles.

---

(84) ROVAI, Marta Gouveia de Oliveira. *Osasco 1968:* A greve no feminino e no masculino. Tese de Doutorado. São Paulo: USP, 2012, p. 199.

(85) *Ibidem*, p. 200.

(86) *Ibidem*, p. 204-205.

(87) *Ibidem*, p. 229.

Contar a história da classe trabalhadora que enfrentou um dos momentos mais sombrios e violentos já vivenciados pelo Brasil é contar a história de homens e mulheres que, movidos pela coragem, encontraram na organização coletiva a força para enfrentar um Estado contrário ao seu próprio povo. As greves de Contagem e Osasco representam isso e ocupam merecidamente o posto de exemplos de organização política e de força da classe trabalhadora brasileira.

Referências bibliográficas

BRANCO, Andréa Castello. A história contada pelos protagonistas. São Paulo: *Revista Teoria e Debate* (Especial maio 1968), 2008.

Brasil. *Lei de Greve. Lei n. 4.330, de 1º de junho de 1964.* Brasília, DF: Coleção de Leis do Brasil – 1964, p. 62, vol. 3. Disponível em: <https://www2.camara.leg.br/legin/fed/lei/1960-1969/lei-4330-1-junho-1964-376623-norma-pl.html>.

______. Lei do FGTS. *Lei n. 5.107, de 13 de setembro de 1966.* Brasília, DF: Coleção de Leis do Brasil – 1966, p. 73, vol. 5. Disponível em: <https://www2.camara.leg.br/legin/fed/lei/1960-1969/lei-5107-13-setembro-1966-368498-norma-pl.html>.

______. *Lei n. 4.923, de 23 de dezembro de 1965.* Brasília, DF: Coleção de Leis do Brasil – 1965, p. 227, vol. 7. Disponível em: <https://www2.camara.leg.br/legin/fed/lei/1960-1969/lei-4923-23-dezembro-1965-368275-norma-pl.html>.

DREIFUSS, René Armand. *1964:* a conquista do Estado. Petrópolis: Vozes, 1981.

IANNI, Otávio. *O colapso do populismo no Brasil.* 4. ed. Rio de Janeiro: Civilização Brasileira, 1978.

FIGUEIREDO, Argelina C. *Democracia ou reformas?* Alternativas democráticas à crise política: 1961-1964. Rio de Janeiro: Paz e Terra, 1993.

HARVEY, David. *Condição pós-moderna:* uma pesquisa sobre as origens da mudança cultural. São Paulo: Loyola, 1998.

HORIE, Leandro; MARCOLINO, Adriana; SERRAO, Rafael. As violações econômicas e sociais durante a ditadura militar (1964-1985): a questão salarial. In: *Relatório da Comissão Nacional da Memória, Verdade e Justiça da CUT.* São Paulo: Central Única dos Trabalhador (CUT), 2015. Disponível em: <http://cedoc.cut.org.br/cedoc/livros-e-folhetos/4950>.

LARA, Ricardo; SILVA, Mauri Antônio da. A ditadura civil-militar de 1964: os impactos de longa duração nos direitos trabalhistas e sociais no Brasil. *Serviço Social & Sociedade*, p. 275-293, 2015.

MIRANDA, Nilmário. Contagem: a cidade operária símbolo. *Revista Teoria e Debate*, Especial maio 1968, São Paulo, 2008. Disponível em: <https://teoriaedebate.org.br/2008/05/01/contagem-a-cidade-operaria-simbolo/>.

MOREIRA, Cássio Silva. *O projeto de nação do governo João Goulart:* o plano trienal e as reformas de base (1961-1964). Tese de Doutorado – Universidade Federal do Rio Grande do Sul. Porto Alegre, 2011. Disponível em: <http://acervo.paulofreire.org:8080/jspui/bitstream/7891/2686/2/FPF_PTPF_17_0038.pdf>.

NEVES, Magda de Almeida. *Trabalho e cidadania:* as trabalhadoras de Contagem. Petrópolis: Vozes, 1994.

OLIVEIRA, Carlindo Rodrigues de; NORONHA, Eduardo Garuti (Orgs.). *Greves no Brasil (de 1968 aos dias atuais):* depoimentos de lideranças". São Paulo: Cortez, 2015.

PAULO NETTO, J. *Pequena história da ditadura militar brasileira (1964-1985)*. São Paulo: Cortez, 2014.

PORTUGAL, Augusto; ASSUMPÇÃO, San Romanelli. Repressão às greves e às liberdades sindicais durante a ditadura militar. In: *Relatório da Comissão Nacional da Memória, Verdade e Justiça da CUT*. São Paulo: Central Única dos Trabalhador (CUT), 2015. Disponível em: <http://cedoc.cut.org.br/cedoc/livros-e-folhetos/4950>.

ROVAI, Marta Gouveia de Oliveira. *Osasco 1968:* A greve no feminino e no masculino. Tese de Doutorado. São Paulo: USP, 2012.

RUY, Carolina Maria. *1968 – Contagem e Osasco:* o ressurgimento do sindicalismo. Disponível em: <https://fsindical.org.br/memoria-sindical/1968-contagem-e-osasco-o-ressurgimento-do-sindicalismo/>.

SCARPELLI, Carolina Dellamore Batista; SILVA, Débora Raiza Carolina Rocha. Narrativas femininas e ditadura militar: a atuação das mulheres na greve operária de 1968 em Contagem/MG. *XII Encontro Nacional de História Oral: política, ética e conhecimento*. Teresina, 2014.

SILVA, Roque Aparecido da. Osasco – os mesmos ideais. *Revista Teoria e Debate*, Especial maio 1968, São Paulo, 2008. Disponível em: <https://teoriaedebate.org.br/2008/05/03/osasco-os-mesmos-ideiais/>.

SOARES, Gláucio Ary. O golpe de 64. In: SOARES, Gláucio Ary; D'ARAUJO, Maria Celina (Orgs.). *21 anos de regime militar:* balanços e perspectivas. Rio de Janeiro: Ed. FGV, 1994.

SOUTO MAIOR, Jorge Luiz. *História do direito do trabalho no Brasil:* curso de direito do trabalho, volume I: parte II. São Paulo: LTr, 2017.

WEISSHEIMER, Marco Aurélio. Osasco: Movimento deixou raízes profundas. *Revista Teoria e Debate*, Especial maio 1968, São Paulo, 2008. Disponível em: <https://teoriaedebate.org.br/2008/05/01/osasco-movimento-deixou-raizes-profundas/>.

WEFFORT, Francisco. Participação e conflito industrial: Contagem e Osasco, 1968. São Paulo: *Cadernos CEPRAB*, n. 5, 1972, p. 61-62.

Greves no ABC Paulista: Uma Análise das Reivindicações dos Trabalhadores e suas Projeções no Plano Jurídico-Normativo

Maria Paula Bebba Pinheiro(1)

Thaís de Almeida(2)

"É nosso dia companheiro
Nosso é o trabalho de nossas mãos
Nossas máquinas que movemos
Nossos os frutos da produção
Já vou me esperam os companheiros
Irmãos de classe para lutar
Parando as máquinas falaremos
E a nossa voz se ouvirá"

Hino dos Grevistas, 1979.

1. Introdução

A empreitada de estudar os meandros dos movimentos dos trabalhadores no Brasil e em especial a partir das greves não é tarefa fácil, mas é cada vez mais fundamental. Alinhado com a exigência do momento histórico, o presente texto busca descortinar alguns aspectos fundamentais das greves do chamado ABC paulista, com o intuito de contribuir para a construção de uma percepção adequada dos juristas a respeito da história das greves no Brasil.

(1) Mestranda em Direito do Trabalho pela Faculdade de Direito da USP. Advogada graduada pela Universidade Federal do Rio Grande do Sul.

(2) Doutoranda em Direito do Trabalho e da Seguridade Social pela Universidade de São Paulo – USP. Mestre em Direitos Humanos e Democracia pela Universidade Federal do Paraná – UFPR. Professora de Direito do Trabalho e Direito Processual do Trabalho.

Nessa perspectiva, o presente estudo volta-se especificamente para a análise das greves do ABC paulista, reconhecido como o "berço" do chamado novo sindicalismo e se divide em três partes: a contextualização do movimento, situando-o na conjuntura político-econômica do país, passando pelos principais fatos que culminaram nas grandes greves do ABC e seu significado. Na sequência, passa-se a uma análise sobre o chamado 'novo sindicalismo' e suas principais características, para então analisar em que medida suas principais demandas trabalhistas presentes nas Resoluções da I Conferência Nacional da Classe Trabalhadora (CONCLAT) se concretizaram no plano jurídico.

A primeira seção aborda as greves ocorridas no final da década de 1970 e início da década de 1980, com ênfase nos fatos que marcaram a mobilização no ABC paulista. A escolha desse objeto se justifica na medida em que o movimento sindical do ABC foi inédito em termos de amplitude e mobilização e suas lideranças atuaram de modo decisivo para a construção de pautas ampliadas para outras categorias — tal como o ocorreu no CONCLAT; para a construção de entidades gerais de trabalhadores (a exemplo da CUT e da CGT) e também de um partido que, em sua origem, reunia as pautas e reivindicações dos trabalhadores (Partido dos Trabalhadores — PT).

No segundo capítulo, busca-se elucidar as razões que levaram à emergência de um modelo de atuação sindical capaz de ser nomeado *novo sindicalismo*. Busca-se compreender, assim, as características específicas deste momento histórico e os elementos que diferenciam as formas de mobilização dos trabalhadores e de formulação de suas demandas. Para tanto, apoia-se nas análises do movimento elaboradas especialmente por Jorge Luiz Souto Maior, Ricardo Antunes, Marco Aurélio Santana, Ana Carolina Marques e Paulo Yamamoto. Optou-se, ademais, por estudos que apontam a peculiaridade e participação ativa dos trabalhadores, e não apenas que situam o surgimento do chamado novo sindicalismo nas mudanças ocorridas nos modelos de organização do capitalismo. Assim, utilizou-se também as análises elaboradas por Ruy Braga e por Kátia Paranhos, esta última em obra que analisa o discurso sindical em São Bernardo do Campo.

Por fim, investigou-se em que medida as pautas dos trabalhadores presentes em reivindicações de greves se concretizaram no plano jurídico. Para tal intento, foram analisadas as Resoluções da I CONCLAT, documento em que consta uma série de pautas e no plano de luta e ação dos trabalhadores, analisando em que medida tais reivindicações foram acolhidas no plano normativo.

Trata-se, portanto, de uma pesquisa que almeja entrelaçar os elementos políticos e jurídicos do fenômeno da greve a partir da análise das greves ocorridas no ABC paulista nas décadas de 1970 e 1980. A história permite esse recorte analítico, na medida em que o caldo político e social conduziu os trabalhadores para a organização de um partido político e que, posteriormente, participou da Assembleia Constituinte e sempre esteve presente nas legislaturas federais subsequentes.

2. Breves apontamentos sobre as greves no Brasil nas décadas de 1970 e 1980

Compreender o direito de greve no Brasil passa pela análise dos grandes movimentos paredistas ocorridos nos anos 1970 e 1980 e do contexto político e econômico que permitiu a ascensão de um modelo de atuação sindical com perfil específico e características próprias, que ficou conhecido como *novo sindicalismo*. Considerando que as greves realizadas no ABC paulista são tidas como o grande marco desse movimento, e que muitas das lideranças que lá atuavam posteriormente tornaram-se expoentes na política nacional, a análise será centrada nesse marco espacial e temporal.

A adequada compreensão desse contexto passa pela análise do momento político e econômico instaurado no Brasil a partir do golpe de 1964, que deu início a um longo período de repressão aos movimentos da classe trabalhadora, e representou um expressivo abalo à sua organização(3). Apesar disso, é importante lembrar que os movimentos de resistência não foram totalmente vencidos — basta recordar, por exemplo, da relevância das greves de Contagem e Osasco ocorridas em 1968, e que acabaram por servir de pretexto para o acirramento da repressão que culminou na edição do AI 5 em 13 de dezembro de 1968.(4)

Dentre as principais medidas que foram adotadas pelo regime militar, pode-se destacar o intenso controle sobre os sindicatos com grande intervenção sobre suas direções(5). O acirramento da repressão não permitia que o movimento sindical exercesse pressão sobre a ditadura pelos mesmos canais utilizados anteriormente, razão pela qual o movimento sindical deparou-se com um dilema: acomodar-se ao assistencialismo ou voltar-se para as bases para fortalecer sua representatividade. Como aponta Ruy Braga, frente a esse dilema, o sindicalismo de São Bernardo do Campo redirecionou sua atuação, inicialmente voltada para a barganha com a ditadura, para a busca da mobilização dos metalúrgicos.(6)

---

(3) Uma noção da dimensão da escalada repressiva sobre os trabalhadores pode ser obtida a partir dos seguintes dados levantados por Kátia Paranhos: "O golpe militar de 1964 significou a mais intensa e profunda repressão política que a classe trabalhadora enfrentou na história do país. Foi um vendaval de intervenções, prisões, ameaças, silêncio imposto pelo terror. Entre 1964 e 1970, o Estado efetuou 536 intervenções sindicais, sendo 483 em sindicatos, 49 em federações e 4 em confederações. Desse total, 433 foram efetuadas entre 1964 e 1965. Além disso, muitos trabalhadores foram perseguidos e presos, alguns mortos, e realizaram-se vários inquéritos militares para punir os envolvidos na movimentação política anterior a 1964. Algumas fábricas tiveram seu espaço ocupado por tropas militares." PARANHOS, Kátia Rodrigues. *Era uma vez em São Bernardo:* o discurso sindical dos metalúrgicos. Campinas: Editora da Unicamp: 2011. p. 27-28.

(4) SOUTO MAIOR, Jorge Luiz. *História do direito do trabalho no Brasil:* curso de direito do trabalho, volume I: parte II. São Paulo: LTr, 2017. p. 328-329.

(5) "A característica principal desses interventores era seu compromisso com o governo militar. Assim sendo, com a Portaria n. 40, os candidatos a dirigentes sindicais eram obrigados a apresentar atestados de antecedentes às Delegacias Regionais do Trabalho e assinar uma carta na qual se comprometiam a acatar a autoridade do novo governo. A tarefa dos interventores foi a intenção de afastar da vida sindical os trabalhadores comprometidos com o governo João Goulart ou os que demonstrassem qualquer iniciativa de luta e compromisso com a classe trabalhadora". PARANHOS, Kátia Rodrigues. *Era uma vez em São Bernardo:* o discurso sindical dos metalúrgicos. Campinas: Editora da Unicamp: 2011. p. 29.

(6) BRAGA, Ruy. *A política do precariado: do populismo à hegemonia lulista.* São Paulo: Boitempo, 2012. p. 144.

Vale lembrar que, do ponto de vista normativo, foi editada uma nova legislação sobre a greve, materializada na Lei n. 4330/1964, que reintroduziu sua proibição em âmbito nacional. Além disso, em 1965 adotou-se uma política salarial que fixava os índices de reajuste anual a ser pago a cada categoria de trabalhadores, o que acabou por reduzir significativamente os espaços reivindicatórios dos trabalhadores — esta política, posteriormente, foi o mote principal das primeiras greves do ABC, no final da década de 1970.(7)

Esse cenário, marcado pelo descontentamento com as condições de trabalho e com os níveis salariais, somado à repressão violenta sobre as manifestações acabou por viabilizar uma aproximação entre a cúpula sindical e as bases, contribuindo para o desenvolvimento das mobilizações da categoria nos anos seguintes.(8)

Durante a primeira metade dos anos 1970, as iniciativas da direção sindical de São Bernardo do Campo concentraram-se em negociações por melhores salários e condições de trabalho nas fábricas(9), marcadas pela cobrança excessiva de horas extras, rotatividade de mão de obra, acidentes de trabalho etc. Porém, a baixa qualificação da maior parte dos operários e a crescente automação da indústria automobilística possibilitaram a adoção de uma política de rotatividade de mão de obra, o que acarretava um desinteresse das indústrias em negociar com os operários. Esse período, portanto, é marcado mais profundamente por ações de resistência.(10)

O cenário passou por uma significativa mudança a partir de 1978, quando a partir das grandes greves do ABC paulista, o trabalho ressurgiu na cena social e política, insurgindo-se contra o arrocho salarial imposto pela política econômica do governo, a legislação repressiva à atuação sindical que, dentre outras coisas, atrelava sua atuação ao Estado.

É importante salientar que as reivindicações salariais tinham destaque na pauta apresentada pelos metalúrgicos desde 1974 — em diversas oportunidades, o resultado obtido nas negociações resumia-se à atualização de acordo com os índices oficiais do governo, com o desconto de antecipações no reajuste seguinte.

Em 1977, um fator relevante passou a compor o cenário das reivindicações trabalhistas: o jornal *Folha de S. Paulo* divulgou, na edição de 31 de julho, um relatório secreto do Banco Mundial contendo dados sobre a política econômica praticada pelo governo brasileiro. Este relatório questionava de modo explícito a validade dos índices oficiais de inflação de 1973.(11) Além disso, como aponta Kátia Paranhos,

(7) PARANHOS, Kátia Rodrigues. *Era uma vez em São Bernardo:* o discurso sindical dos metalúrgicos. Campinas: Editora da Unicamp: 2011. p. 28

(8) BRAGA, Ruy. *A política do precariado:* do populismo à hegemonia lulista. São Paulo: Boitempo, 2012, p. 146

(9) *Ibidem*, p. 146-148.

(10) ANTUNES, Ricardo. *O novo sindicalismo no Brasil*. Campinas: Pontes, 1995. p. 12

(11) "De acordo com o Banco Mundial, a variação de preços internos e dos de atacado, naquele ano, foi igual a 22,5%, bem acima das variações divulgadas pelo governo: 14,9% e 12,6%. Tentando contestar a taxa de 22,5%, que considerou 'arbitrária', o Instituto Brasileiro de Economia da Fundação Getúlio Vargas, Ibre/FGV, órgão oficial de fixação dos índices do governo, fez uma revelação ainda mais surpreendente: em virtude de uma 'revisão das contas nacionais', a partir do mês de junho de 1977, a inflação para o ano de 1973 passaria a ser oficialmente de 20,5% e não de 15%. Ora, era o reconhecimento público da manipulação das estatísticas. (...)" PARANHOS, Kátia Rodrigues. *Era uma vez em São Bernardo:* o discurso sindical dos metalúrgicos. Campinas: Editora da Unicamp: 2011. p. 73-74.

> veio à tona um documento confidencial elaborado pelo então ministro Mário Henrique Simonsen, da Fazenda, no começo do Governo Geisel (1974), que continha números muito mais decisivos. Na realidade, o aumento global do índice do custo de vida em 1973 foi de 26,6%, quase o dobro dos cálculos das 'idôneas' instituições Ibre/FGV e do Instituto de Pesquisas Econômicas da Universidade de São Paulo, cujos resultados foram, respectivamente, 13,7% e 14,4%.(12)

A divulgação desses dados provocou uma ampla mobilização de diversas categorias, que passaram a reivindicar ao Departamento Intersindical de Estatística e Estudos Socioeconômicos (DIEESE) o cálculo da perda salarial decorrente da manipulação dos dados. Para os metalúrgicos, a perda salarial foi fixada em 34,1% – o que motivou a diretoria do sindicato de São Bernardo do Campo a dar início a uma campanha de reposição salarial.(13) A movimentação dos sindicatos no país nesse momento foi a mais expressiva desde as greves de Osasco e Contagem em 1968(14), e a mobilização no sindicato de São Bernardo do Campo chamou a atenção da imprensa e gerou uma reportagem no Jornal O Estado de São Paulo exaltando o modelo de condução das negociações.(15)

Por tais fatores, a campanha salarial de 1977 pode ser considerada um dos marcos do movimento sindical do ABC. Como aponta Ruy Braga,

> Em 1977, a euforia com o 'milagre econômico' já havia passado. Ao contrário, atingidos pela carestia e submetidos a duras condições de trabalho, os metalúrgicos experimentaram o aumento da desigualdade promovido pelo modelo de desenvolvimento. (...) Além disso, a experiência com as eleições parlamentares de 1974, quando o oposicionista Movimento Democrático Brasileiro (MDB) inesperadamente venceu a Aliança Renovadora Nacional (ARENA) por ampla margem de votos, deixou claro que mesmo uma vitória da oposição parlamentar não seria suficiente para alterar a situação dos operários. O desinteresse dos metalúrgicos pela eleição de 1978 mostrou que eles distanciavam-se de uma solução parlamentar para os impasses do regime.(16)

Os trabalhadores identificaram, assim, a necessidade de mobilizar seus companheiros para a conquista de melhores condições de vida e trabalho por meio de ações próprias. Nesse sentido, a mobilização se deu muito através de inovações no setor de comunicação do

(12) PARANHOS, Kátia Rodrigues. *Era uma vez em São Bernardo:* o discurso sindical dos metalúrgicos. Campinas: Editora da Unicamp: 2011, p. 74.

(13) *Ibidem*, p. 74-75.

(14) *Ibidem*, p. 76.

(15) *Ibidem*, p. 76-77.

(16) PARANHOS, Kátia Rodrigues. *Era uma vez em São Bernardo:* o discurso sindical dos metalúrgicos. Campinas: Editora da Unicamp: 2011, p. 162

sindicato e reestruturação de jornais de boletins, que adotaram uma nova linguagem, contendo quadrinhos, charges e cartuns, além de personagens identificados com o cotidiano dos metalúrgicos, tudo com o intuito de atrair a atenção dos trabalhadores para a reflexão sobre os problemas da categoria(17). Como aponta Ruy Braga, o resultado é que houve um maior interesse dos operários e as assembleias tornaram-se bastante concorridas e essa mobilização repercutiu também no interior das fábricas(18).

Com os trabalhadores mobilizados, os metalúrgicos apresentaram uma extensa pauta de reivindicações contendo 33 itens, que foi aprovada em uma assembleia na qual compareceram cerca de 1500 metalúrgicos. Uma das principais reivindicações era o reajuste salarial em índice superior ao estabelecido pela política salarial do governo. O discurso empresarial relativo à crise no setor automobilístico e a dispensa de vários trabalhadores causou inquietação na categoria. Não houve negociação e o dissídio foi levado ao Tribunal Regional do Trabalho da 2ª Região, que estabeleceu um reajuste de 40%, equivalente ao índice oficial posteriormente fixado, porém com a compensação dos reajustes anteriores. O sindicato recorreu ao Tribunal Superior do Trabalho, mas negou-se provimento ao recurso.(19)

Em 2 de setembro de 1977, foi realizada uma nova assembleia, na qual compareceram 2780 trabalhadores. Na ocasião, verificou-se já a intenção de realizar um intenso trabalho de propaganda a fim de angariar uma expressiva adesão. A imprensa já noticiava a mobilização como "um novo sindicalismo".(20)

Quatro dias após a assembleia, representantes de quatro entidades sindicais e do DIEESE são recebidos por quatro ministros de Estado, em reunião para tratar da reposição salarial,(21) e recebem negativa do governo. Paranhos apontou que "os ministros da área econômica declararam que a perda ocorrida em 1973 havia sido recompensada pelos reajustes dos anos subsequentes, todos eles fixados acima do custo de vida"(22).

Em resposta, representantes do sindicato de São Bernardo do Campo, Santo André e da Baixada Santista emitiram comunicado à imprensa manifestando a intenção de esgotar todas as possibilidades de entendimento direto com as empresas, e, em caso de insucesso das negociações, a intenção de instaurar dissídio coletivo. Algumas empresas manifestaram disposição de negociar, outras recusaram-se ou sequer se manifestaram. De acordo com Kátia Paranhos,

> O TRT julgou, em novembro, o primeiro pedido de reposição, que havia chegado aos tribunais movido pelos metalúrgicos de Osasco, como uma inviabilidade

(17) Sobre a comunicação do sindicato e a construção do discurso sindical dos metalúrgicos, ver PARANHOS, *Op. cit.*

(18) BRAGA, Ruy. *A política do precariado:* do populismo à hegemonia lulista. São Paulo: Boitempo, 2012.

(19) PARANHOS, Kátia Rodrigues. *Era uma vez em São Bernardo:* o discurso sindical dos metalúrgicos. Campinas: Editora da Unicamp: 2011. p. 72-73.

(20) *Ibidem*, p. 76-77.

(21) *Ibidem*, p. 79-80.

(22) *Ibidem*, p. 80.

jurídica. Os juízes consideraram a reivindicação "inoportuna e impropria". No ABC o desfecho não foi muito diferente. Após mais dois meses de conversas e tentativas de negociação, apenas algumas empresas concederam antecipações de 10% a 20%, a serem descontadas no reajuste seguinte."[23]

A campanha salarial de 1978 previa, além das reivindicações de caráter social e dos reajustes salariais, modos de prosseguimento na disputa pelo reajuste de 34,1%. A opção dos trabalhadores, todavia, foi por adotar um caminho diverso do que se tinha adotado até então. As bases altamente mobilizadas desde as campanhas anteriores e a direção dos sindicatos sentiam que haviam chegado num limite no modelo de luta pelas suas reivindicações[24].

A categoria, assim, resolveu adotar um plano audacioso: decidiu não incluir qualquer índice de reajuste salarial na pauta do dissídio coletivo e optou por uma negociação direta com as empresas sem a interferência do governo, estratégia que, em sua visão, poderia redundar em um acordo em melhores condições. Tal intuito revela uma tentativa de conseguirem melhores reajustes das empresas em condições de concedê-los.[25]

De acordo com Ruy Braga,

> A campanha salarial de 1978 representou para a burocracia sindical uma oportunidade ímpar, não apenas de consolidar o nível de mobilização conquistado em ano anterior, mas também de atrair os operários mais ativos na base. A campanha enfatizou a inutilidade de negociações com o governo, afirmando que para reaver as perdas salariais os metalúrgicos devem paralisar a produção. (...) As reivindicações espalharam-se de forma rápida pela empresa, evidenciando um processo avançado de auto-organização das bases. Apesar da disposição demonstrada pela burocracia sindical de São Bernardo de estreitar os vínculos com o jovem precariado metalúrgico, a eclosão ao de um forte movimento grevista enraizado no chão de fábrica apanhou até mesmo a diretoria recém eleita de surpresa. Nesse momento, o papel do sindicato limitou-se a intermediar os conflitos entre os operários grevistas e as empresas.[26]

---

(23) PARANHOS, Kátia Rodrigues. *Ibidem*o discurso sindical dos metalúrgicos. Campinas: Editora da Unicamp: 2011. p. 81.

(24) *Ibidem*, p. 84-85.

(25) *Ibidem*, p. 85-86.

(26) BRAGA, Ruy. *A política do precariado:* do populismo à hegemonia lulista. São Paulo: Boitempo, 2012, p. 163. Sobre o tema, escreve também Katia Paranhos: "Começaram a surgir sintomas de que dessa vez os trabalhadores não estavam dispostos a aceitar novamente pura e simples negação de suas reivindicações. Em março, 'os operários de três seções da Mercedes (transportes, ferraria e manutenção) paralisaram o trabalho em protesto aos aumentos por méritos concedidos arbitrariamente pelas chefias a alguns trabalhadores'. Em 3 de maio, 'cerca de cem operários da seção de estamparia da Ford paralisaram o trabalho, exigindo 15% de reajuste além do índice oficial'. No dia 10 de maio, '400 trabalhadores das seções de ferramentaria, inspeção e estamparia da Ford paralisaram suas atividades, reivindicando aumento imediato de 15% ou o não desconto das antecipações de 10% e 5% concedidas respectivamente em novembro de 1977 e janeiro de 1978".

A reação do patronato, todavia, não foi a esperada — recusaram-se a participar das negociações diretas. O dissídio foi submetido a julgamento pelo TRT, que determinou a aplicação do índice fixado pelo governo (39%), o que gerou grande insatisfação entre os trabalhadores.(27)

Nesse cenário, o discurso da necessidade de novas táticas de enfrentamento ganhou força entre os operários e verificou–se uma aproximação entre a base e a burocracia sindical. No dia 12 de maio de 1978, os operários da Scania pararam e foram seguidos por trabalhadores de diversas outras indústrias do setor metalúrgico. Houve pressão imediata para o retorno ao trabalho antes de qualquer negociação, com ameaças de dispensa e utilização de forças policiais — porém algumas empregadoras, como era o caso da Ford, foram obrigadas a negociar com as máquinas ainda paradas.(28) O sindicato, que não havia deflagrado a greve, assumiu as negociações e, na visão da diretoria, saiu vitorioso.(29)

Avaliando o cenário posterior à greve de 1978, Ruy Braga aponta que:

> Além dos ganhos salariais, o movimento de 1978 serviu para pôr fim a um período de dez anos de intenso controle exercido pela aliança empresarial-militar sobre os operários e seus sindicatos. Certos direitos sociais, como o próprio direito de greve foram estabelecidos na prática ao longo das jornadas grevistas e a liderança sindical metalúrgica do ABCD acumulou enorme prestígio, alcançando uma inédita projeção nacional e sem mencionar a decisão da burocracia sindical, sob a pressão de agrupamentos marxistas, em discutir a criação do PT e da CUT.(30)

A greve de 1978 abriu caminhos para análises e discussões sobre o futuro do sindicalismo brasileiro. Nos dias 24 a 29 de julho de 1978 foi realizado no Rio de Janeiro o II Congresso Nacional dos Trabalhadores da Indústria, no qual foram debatidas questões pertencentes aos seguintes eixos temáticos: problemas nacionais, política nacional de desenvolvimento, organização e ação sindical; Justiça e direito do Trabalho(31). Percebe-se, pela temática dos debates, a inserção dos metalúrgicos nas principais questões políticas e sociais do Brasil naquele momento.

---

(27) PARANHOS, Kátia Rodrigues. *Era uma vez em São Bernardo:* o discurso sindical dos metalúrgicos. Campinas: Editora da Unicamp: 2011. p. 86.

(28) BRAGA, Ruy. *A política do precariado:* do populismo à hegemonia lulista. São Paulo: Boitempo, 2012. p. 165.

(29) Conforme aponta Kátia Paranhos, "o resultado do acordo efetuado pelo sindicato de São Bernardo do Campo foi que, em 1º de junho de 1978, os trabalhadores teriam 3,5% de aumento; em 1º de agosto, 4,5% como antecipação; em 1º de outubro, 5,5% como aumento; em 1º de dezembro, 4,5% como antecipação; e, em 1º de fevereiro de 1979, 4,5% como antecipação".

(30) BRAGA, Ruy. *A política do precariado:* do populismo à hegemonia lulista. São Paulo: Boitempo, 2012. p. 152-153.

(31) PARANHOS, Kátia Rodrigues. *Era uma vez em São Bernardo:* o discurso sindical dos metalúrgicos. Campinas: Editora da Unicamp: 2011. p. 140.

Em outubro do mesmo ano, foi realizado no Guarujá o III Congresso dos Metalúrgicos, nos dias 6, 7, 8, 14 e 15 de outubro, em que seria debatida a questão da estrutura sindical brasileira. Participaram do Congresso cerca de 400 trabalhadores e também dirigentes de outras categorias e metalúrgicos vinculados a outros sindicatos. Desse congresso, saiu o denominado "Eis o projeto do novo sindicalismo", contendo as seguintes resoluções: autonomia e liberdade sindical, contrato coletivo, cumprimento da Convenção n. 87 da OIT, pleno exercício do direito de greve, unidade e pluralidade sindical, sindicatos únicos em cada ramo de produção ou serviços, criação de uma central única dos trabalhadores, comissões de empresa e delegados sindicais, eleições sindicais diretas e fim do imposto sindical.[32] Conforme lição de Kátia Paranhos,

> O que podemos salientar é que após as greves de maio, os enunciados e as imagens sindicais destacam frequentemente a força organizativa dos trabalhadores nos 'lugares de luta', inclusive destacando a importância da participação política dos trabalhadores nas eleições de 1978 para deputados e senadores (...) O ano de 1978 produziu a movimentação na prática dos enunciados e das imagens de luta propostos pelas lideranças sindicais desde o início dos anos 1970. Mesmo após a agitação das greves de 1978, o sindicato continuava promovendo atividades (vide III Congresso) e nunca perdendo de vista a 'menina dos olhos' dos dirigentes sindicais: a fábrica.[33]
>
> Para a diretoria do sindicato, era fundamental a manutenção da mobilização nas fábricas para garantir algum sucesso nas negociações salariais de 1979. Na campanha salarial, as principais reivindicações eram as seguintes: reajuste de 78,1%, piso de três salários mínimos, garantia no emprego, 40 horas semanais e estabilidade para os acidentados.[34]

As empresas não se mostraram dispostas a negociar, o que foi se evidenciando ao longo dos encontros entre metalúrgicos e empresários. Na verdade, não se tratava meramente de sucesso nas negociações: o patronato estava disposto a derrotar o movimento dos trabalhadores e cobravam dos militares o retorno à normalidade[35]. Diante do impasse, os

---

(32) PARANHOS, Kátia Rodrigues. *Era uma vez em São Bernardo:* o discurso sindical dos metalúrgicos. Campinas: Editora da Unicamp: 2011. p. 141.

(33) *Ibidem*, p. 141.

(34) SOUTO MAIOR, Jorge Luiz. *História do direito do trabalho no Brasil:* curso de direito do trabalho, volume I: parte II. São Paulo: LTr, 2017. p. 344.

(35) "Até a deflagração da greve de 1979, haviam sido realizados três encontros públicos entre metalúrgicos e empresários e 40 horas aproximadamente de negociações secretas. Desde o início, a atitude dos empresários nas negociações visava retardar um possível acordo, Eles apostavam na debilidade do interior em contraste com o ABC, o que dividiria a categoria, Confirmando a afirmação anterior, logo na primeira reunião pública — mesmo tendo conhecimento da proposta dos metalúrgicos — os patrões não apresentaram nenhuma contraproposta, deixando claro que não estavam disposto a aceitar a estabilidade do delegado sindical", p.149.

metalúrgicos decidiram fixar uma data limite para as negociações: os empresários tinham até 12 de março para apresentar uma proposta adequada, sob pena de deflagração da greve.(36)

Porém, a partir de 12 de março, os Sindicatos do ABC passaram a bancar a decisão de manutenção da greve praticamente sozinhos, juntamente com os sindicatos de Santa Bárbara e da Baixada Santista, já que os demais sindicatos do interior formalizaram acordo por meio da Federação dos Metalúrgicos do Estado de São Paulo, prevendo um reajuste de 44%.(37)

A greve teve início em 13 de março de 1979, e se iniciou com a interrupção do trabalho dos ferramenteiros da Volkswagen, culminando em uma paralisação quase total em São Bernardo do Campo, Santo André e São Caetano do Sul. Em São Bernardo do Campo, mais de 80 mil trabalhadores se reúnem no estádio de Vila Euclides, que se transformou no local das reuniões dos trabalhadores durante a greve.(38)

Por iniciativa da Federação das Indústrias do Estado de São Paulo (FIESP), foi proposto dissídio coletivo perante o Tribunal Regional do Trabalho da 2ª Região. A greve foi considerada ilegal e o Tribunal declarou a validade do acordo firmado entre as Federações. A despeito dessa decisão, os metalúrgicos de São Bernardo do Campo deliberaram pela manutenção da Greve em uma Assembleia realizada em um estádio, com 80 mil trabalhadores(39). Houve intervenção no sindicato e os diretores foram afastados, o que não acabou com a mobilização dos metalúrgicos, que mantiveram a concentração nas portas das fábricas, nos bairros e na Igreja Matriz de São Bernardo do Campo, que passou a ser utilizada como sede no movimento.(40)

Após dez dias de greve, pairava o receio de ampliação da repressão e se avizinhava a ameaça de intervenção no Sindicato. A direção sindical encaminhou então uma proposta de retomada do trabalho, que foi rejeitada em assembleia por mais de 90 mil trabalhadores. Como reação, em 23 de março, o governo determinou imediatamente a intervenção nos três sindicatos dos metalúrgicos do ABC, gerando enfrentamento entre os trabalhadores e a polícia nas ruas de São Bernardo do Campo, Santo André e São Caetano do Sul.

No dia 27 de março, os metalúrgicos acataram a proposta do então presidente do sindicato dos metalúrgicos de São Bernardo do Campo, Luiz Inácio Lula da Silva, de suspensão da greve por 45 dias para dar encaminhamento à discussão de três pontos fundamentais: a retomada dos sindicatos pelos metalúrgicos, o pagamento integral dos dias de paralisação e a exclusão do desconto de 11% relativo ao aumento concedido na greve de 1978.(41) Nesse

(36) PARANHOS, Kátia Rodrigues. *Era uma vez em São Bernardo:* o discurso sindical dos metalúrgicos. Campinas: Editora da Unicamp: 2011. p. 86.

(37) *Ibidem*, p. 152.

(38) *Ibidem*, p. 151

(39) SOUTO MAIOR, Jorge Luiz. *História do direito do trabalho no Brasil:* curso de direito do trabalho, volume I: parte II. São Paulo: LTr, 2017. p. 344.

(40) *Idem*.

(41) PARANHOS, Kátia Rodrigues. *Era uma vez em São Bernardo:* o discurso sindical dos metalúrgicos. Campinas: Editora da Unicamp: 2011. p. 152.

período de trégua, a diretoria do sindicato passou a se reunir no Salão Paroquial da Igreja Matriz de São Bernardo do Campo, onde desenvolveu uma série de atividades de mobilização e encontros culturais, além de angariação de fundos.

As comemorações de 1º de maio ocorreram justamente nesse momento marcado pela trégua no movimento grevista e marcado pela intervenção no sindicato dos metalúrgicos de São Bernardo dos Campos e Diadema. Sob a direção deste sindicato, mais de 60 entidades participaram da organização do evento, que apresentava as seguintes bandeiras: (i) fim da intervenção nos sindicatos do ABC; (ii) salário mínimo real e unificado; (iii) garantia de emprego; (iv) liberdade e autonomia sindical; (v) direito de greve; (vi) luta contra a carestia. Os metalúrgicos demonstraram seu apoio ao sindicato ao reunir mais de 150 mil pessoas no evento em São Bernardo do Campo.

Porém, a greve prosseguiu mesmo com a diretoria presa e a proibição de reuniões no Estádio de Vila Euclides. Mesmo com o fim da greve e sem conquistas imediatas, verificou-se nessa ocasião um intenso apoio da categoria ao sindicato com a presença de cerca de 150 mil no ato de comemoração de 01 de maio em São Bernardo do Campo, demonstrando inequivocamente a força do movimento.

Em 12 de maio, foi firmado um acordo, aprovado na Assembleia no dia seguinte. Na sequência, foram revogados os atos de intervenção nos sindicatos de São Bernardo do Campo, Santo André e São Caetano do Sul.

Como bem destaca Ruy Braga:

> O processo grevista de março mostrou ao patronato e ao regime militar que não seria fácil desmobilizar o ativismo do ABCD. Ao mesmo tempo, a greve de 1979 serviu para eliminar quaisquer dúvidas a respeito do papel desempenhado pelo Estado naqueles conflitos industriais do final dos anos 1970. A imagem de uma aliança empresarial-militar forjada com operários foi se consolidando na consciência metalúrgica. No tocante à burocracia sindical, a lição era clara: não seria possível alcançar concessões sem o recurso às greves[(42)].

Já em 1980 havia um consenso sobre a necessidade de modificação das estratégias de atuação sindical. Os metalúrgicos realizaram uma assembleia em 16 de março, novamente no Estádio de Vila Euclides e decidiram iniciar a greve no dia 1º de abril, caso não houvesse um desfecho satisfatório para as negociações. Inicialmente a Federação assumiu a direção das negociações representando a maioria dos sindicatos — exceto sete deles, incluindo o de São Bernardo do Campo, que tentavam negociar diretamente com as empresas. O cenário se apresentava mais árido para os trabalhadores se comparado com o ano anterior, porque não houve unidade desde o início das negociações.[(43)] Ainda assim, a greve se iniciou em 1º de abril com paralisação de cerca de 70% dos trabalhadores.

---

(42) BRAGA, Ruy. *A política do precariado:* do populismo à hegemonia lulista. São Paulo: Boitempo, 2017. p. 167-168.

(43) PARANHOS, Kátia Rodrigues. *Era uma vez em São Bernardo:* o discurso sindical dos metalúrgicos. Campinas: Editora da Unicamp: 2011. p. 171.

No dia seguinte, foi ajuizada ação no Tribunal Regional do Trabalho buscando a declaração de ilegalidade do movimento. O Tribunal, entretanto, declarou-se incompetente para tanto e ainda propôs um reajuste que significaria um ganho de natureza economica para a categoria. A proposta, todavia, foi rejeitada pelos trabalhadores, que consideravam que outras propostas integrantes da pauta eram necessárias para assegurar melhoria na qualidade de vida, tais como: estabilidade no emprego durante um ano, reconhecimento dos delegados sindicais e redução da jornada de trabalho.(44)

Diante da pressão vinda do governo e das empresas, todavia, no dia 15 de abril o TRT decretou a ilegalidade do movimento, afirmando que houve modificação da situação inicial, relativa a 1 de abril, já que dos 35 sindicatos em greve restaram apenas o de São Bernardo do Campo, Diadema e Santo André. Não podendo recorrer ao AI 5, que fora revogado em 1º de janeiro de 1979, a ditadura fez uso da Lei de Segurança Nacional para sustentar uma nova intervenção no sindicato e promover a prisão de vários dos seus líderes(45).

Apesar disso, a greve continuou — os metalúrgicos, a essa altura, haviam angariado apoio de diversos setores da sociedade civil, incluindo artistas e intelectuais e parte da Igreja Católica, o que foi fundamental para a constituição de um Fundo de Greve. O cerco da repressão todavia, ia se fechando, com a prisão de líderes e proibição da utilização de praças públicas e a consequente redução do número de trabalhadores presentes nas assembleias gerais.(46)

Em 28 de abril, a assembleia decidiu realizar uma manifestação no dia 1º de maio. O evento, confrontando a proibição do governo, reuniu em uma passeata cerca de 200 mil pessoas. Havia um grande contingente de militares preparados para impedir sua realização, todavia na última hora o dispositivo militar foi defeito.

Porém, já cansados e sem perspectivas, em 11 de maio uma assembleia realizada na Igreja Matriz de São Bernardo do Campo decidiu, após 41 dias de embate, encerrar a greve. Inicia-se ai, na perspectiva de Ricardo Antunes(47), um movimento de refluxo do movimento grevista, que perdurou até 1983.

Analisando as razões desse fenômeno, o sociólogo aponta, primordialmente, as seguintes: a derrota da greve de 41 dias no ABC paulista, o avanço da recessão econômica e a nova política salarial introduzida pelo governo militar — que tinha por objetivo justamente. conter os movimentos reivindicatórios, introduzindo a semestralidade nos reajustes de salário com correção pelo INPC, além de faixas salariais diferenciadas e possibilidade de

(44) PARANHOS, Kátia Rodrigues. *Era uma vez em São Bernardo:* o discurso sindical dos metalúrgicos. Campinas: Editora da Unicamp: 2011. p. 172-173.

(45) SOUTO MAIOR, Jorge Luiz. *História do Direito do Trabalho no Brasil:* Curso de Direito do Trabalho Vol. I – Parte II. São Paulo: LTr, 2017. p. 346.

(46) PARANHOS, Kátia Rodrigues. *Era uma vez em São Bernardo:* o discurso sindical dos metalúrgicos. Campinas: Editora da Unicamp: 2011.

(47) ANTUNES, Ricardo. *O novo Sindicalismo no Brasil.* Campinas: Pontes, 1995. p. 13.

negociação direta a respeito de produtividade. Para o autor, o intuito dessa política era afastar o movimento da amplitude das bases[48]

Apesar do refluxo no movimento, alguns acontecimentos importantes tiveram lugar no período compreendido entre 1980 e 1983. Aprofundou-se, nesse momento, a consciência da necessidade de criação de um organismo "sindical, operário e assalariado, urbano e rural, de amplitude nacional, capaz de unificar suas lutas."[49]

A partir dessa perspectiva, foi realizado em 1981 em Praia Grande – SP, a I CONCLAT — Conferência Nacional da Classe Trabalhadora, que contou com a presença de 1091 entidades sindicais e 5.036 delegados representando entidades vinculadas a diversos setores. Esse encontro, como se verá adiante, representou um importante passo para a futura constituição das primeiras centrais sindicais.[50]

Já a partir de 1983, o movimento grevista teve novo fôlego. A segunda metade da década foi marcada por grandes greves por categorias, que teve como um de seus principais expoentes a greve dos bancários[51], a dos professores universitários (realizada entre maio e junho de 1985), e também por outras categorias, como a dos portuários marítimos, médicos, professores secundários, trabalhadores rurais 'boias frias', funcionários da previdência social, entre outras[52]

O período também foi marcado pelo ressurgimento das greves gerais, que buscavam assumir dimensão nacional, tais como a deflagrada em 21 de julho de 1983, contra a intensificação das medidas de arrocho salarial materializadas nos Decretos-leis ns. 2.024 e 2.036. Essa greve paralisou cerca de 3 milhões de trabalhadores Em 1986, a CUT e a CGT apresentaram uma nova proposta de greve geral, em resposta ao descongelamento de preços que foi anunciado logo após as eleições. Também em 1987, nova greve geral foi convocada, porém a paralisação foi pouco expressiva, se comparada com a do ano anterior.

3. O novo sindicalismo

Neste capítulo, pretende-se explorar as razões pelas quais os movimentos dos trabalhadores na década de 1970 e 1980 ficaram conhecidos para a posteridade como *novo sindicalismo*. O movimento operário voltou à centralidade da pauta política, passados os anos de chumbo[53] da ditadura civil-empresarial-militar e a ocorrência do "milagre econômico" no Brasil.

Há um certo consenso na literatura especializada sobre o movimento sindical que a mobilização dos trabalhadores no período compreendido entre o final dos anos 1970 e o

(48) ANTUNES, Ricardo. *O novo Sindicalismo no Brasil*. Campinas: Pontes, 1995. p. 13.

(49) *Ibidem*, p. 28.

(50) *Ibidem*, p. 28.

(51) *Ibidem*, p. 16.

(52) *Idem*.

(53) Da edição do AI 5 até o fim do governo Médici, em 1974.

início dos anos 1980 tem características peculiares. Uma das vertentes presentes no movimento sindical nesse período é o que se denominou novo sindicalismo, e que teve um papel fundamental na definição dos contornos do sindicalismo brasileiro nesse período e nos subsequentes.

Como afirma Ricardo Antunes:

> Pode-se dizer que, no período que se abriu com o vigoroso movimento grevista do ABC paulista em maio de 1978, até o fim da década de oitenta, inúmeras transformações ocorreram: a retomada das ações grevistas, a explosão do sindicalismo dos assalariados médios e do setor de serviços, o avanço do sindicalismo rural, o nascimento das centrais sindicais, as tentativas de de consolidação da organização dos trabalhadores nas fábricas, os aumentos dos índices de sindicalização, as mudanças e as conservações no âmbito da estrutura sindical pós-Constituição de 1988, etc, só para mencionarmos, no universo do mundo do trabalho e, em especial, no âmbito sindical, as diversas alterações vivenciadas.(54)

Verifica-se, assim, que a luta travada pelos trabalhadores nas décadas de 1970 e 1980 recolocaram a figura do trabalhador no centro de ação, quando comparados ao período anterior. Como dito, a repressão policial e política sofrida pela população brasileira de 1968 a 1974 não foi capaz de impedir que houvesse grandes movimentos de trabalhadores na época, como ocorreu em Osasco e Contagem. Contudo, havia, no movimento que tinha se iniciado na greve da Scania, uma diferença entre as lutas sindicais que a antecederam.

As pautas das greves no período de 1970 a 1980 contribuíram para essa percepção. As lutas se deram, inicialmente, contra a superexploração do trabalho (e a conquista de um salário digno através da reposição salarial), a legislação repressiva à ação sindical (expressa no Título V da CLT — Da organização sindical e em atos do governo contra os sindicatos) e contra o sindicalismo atrelado ao Estado(55).

O ABC paulista estabeleceu-se, inequivocamente, como o principal epicentro das estratégias do novo sindicalismo. No dizer de Eder Sader:

> No curso da década de 1970, o Sindicato dos Metalúrgicos de São Bernardo tornou-se um efetivo centro de elaboração das experiências dos operários nas indústrias metalúrgicas da região, moldando uma linha de resistência coletiva que terminou por alterar profundamente as relações de trabalho nessas empresas e influenciar o conjunto do país. De uma entidade vazia — expressão da perda de funções do sindicato no início da década —, ele se transformará

(54) ANTUNES, Ricardo. *O novo Sindicalismo no Brasil*. Campinas: Pontes, 1996. p.11.

(55) *Ibidem*, p. 12.

numa agência de organização e mobilização dos trabalhadores na defesa de seus direitos.[56]

Nessa linha, já há indícios da importância que a literatura dá para os movimentos paredistas e toda a organização político-social ocorrida naquele período. As estratégias de atuação sindical analisadas na seção anterior concretizam uma "alteração discursiva e prática"[57] no seio do movimento sindical em comparação às estratégias adotadas em períodos anteriores no Brasil, especialmente em razão da ditadura civil-empresarial-militar. Como aponta Ruy Braga, as circunstâncias motivaram a modificação das estratégias de atuação sindical: diante da impossibilidade de pressão pelos mesmos canais anteriores em razão do acirramento da repressão, o movimento sindical precisou orientar-se em direção às suas bases na busca pelo fortalecimento de sua representatividade.[58]

Se, como dito, as circunstâncias aproximaram as bases da cúpula sindical, é certo que alguns desencontros também estavam presentes. Havia, por um lado, uma ênfase na melhoria da comunicação com os trabalhadores, além de uma grande eficiência nos serviços assistenciais, como forma de aproximação ao sindicato. Porém, a ênfase na busca por soluções jurídicas, dentro da legalidade, dificultava a aproximação entre as bases e a cúpula.[59]

Esse modelo, autodenominado "novo sindicalismo" ou sindicalismo combativo, posicionava-se criticamente em relação ao movimento sindical atuante em especial no período 1945-1964. Essa diferenciação, em relação ao "velho sindicalismo" deu-se na disputa sindical, conforme ensina Marco Aurélio Santana[60]:

> A disputa no interior da esfera sindical se dava, de forma mais relevante, entre dois blocos. De um lado, o autodenominado bloco "combativo", formado pelos sindicalistas ditos "autênticos" — reunidos em torno dos sindicalistas metalúrgicos do ABC, aos quais se agregavam sindicalistas de diversas categorias e partes do país — e pelas chamadas Oposições Sindicais. O segundo bloco, a Unidade Sindical, agrupava lideranças tradicionais no interior do movimento sindical, muitas vinculadas aos setores denominados "pelegos", e os militantes de setores da chamada "esquerda tradicional", que incluía o PCB, o Movimento Revolucionário 8 de Outubro (MR-8) e o Partido Comunista do Brasil (PC do B).

(56) SADER, Eder. *Quando novos personagens entram em cena* — Experiências e lutas dos trabalhadores da grande São Paulo 1970-1980. Rio de Janeiro: Paz e Terra, 1988. p. 277.

(57) SANTANA, Marco Aurélio. Entre a ruptura e a continuidade: visões da história do movimento sindical brasileiro. In: *Revista Brasileira de Ciências Sociais*, vol. 14, n. 41, 1999.

(58) BRAGA, Ruy. *A política do precariado: do populismo à hegemonia lulista.* São Paulo: Boitempo, 2012. p. 144.

(59) *Ibidem*, p. 147.

(60) SANTANA, Marco Aurélio. Entre a ruptura e a continuidade: visões da história do movimento sindical brasileiro. In: *Revista Brasileira de Ciências Sociais*, vol. 14, n. 41, 1999.

De acordo com o autor, a Unidade Sindical foi marcada pela estratégia de "colaboração de classes", e sua experiência, forjada nas práticas sindicais pré-1964 eram consideradas negativas pelo "bloco combativo"(61). O novo sindicalismo e as oposições sindicais consideravam que as táticas mantidas pelo PCB conduziram os setores populares à derrota do golpe militar ocorrido em 1964(62).

Dentre suas principais estratégias do novo sindicalismo, pode-se enfatizar o aumento de greves por empresas, em contraposição às greves gerais por categoria. De acordo com Ricardo Antunes, essa tática permitiu o surgimento do "sindicalismo de resultados", que possibilitava a maior participação do sindicato nas negociações, bem como tinha sua pauta direcionada à realidade vivida pelos trabalhadores daquela empresa especificamente. A possibilidade de negociação diretamente com os patrões era acentuada nessa modalidade de ação.(63)

A tendência que se observou é que, a partir de 1980, a mobilização confluiu para a realização de greves gerais por categoria, tais como a greve nacional dos bancários, ocorrida em 1985 e a greve nacional dos professores universitários, organizada pela Associação Nacional dos Docentes do Ensino Superior (ANDES).(64) Ainda, ressurgiram as greves gerais de dimensão nacional, com destaque para a primeira delas, ocorrida em 21 de julho de 1983, contra medidas do governo que intensificaram o arrocho salarial(65).

Outra tendência destacada por Ricardo Antunes é a ocorrência de greves com ocupação de fábricas. Nesse modelo, os trabalhadores poderiam seguir sua jornada de trabalho normalmente em regime de revezamento, a fim de que a unidade de produção mantivesse sempre a presença de empregados. Historicamente, tais greves foram marcadas por episódios de violência estatal, representada tanto pela polícia militar como pelo exército e resistência dos trabalhadores dentro dos ambientes de trabalho.(66)

De acordo com Antunes, o conflito entre essas duas correntes foi nítido na I CONCLAT: de um lado, a defesa de um sindicalismo de perfil mais combativo e classista, representado especialmente pelo novo sindicalismo e pelas oposições sindicais, e de outro um movimento mais moderado e pautado na conciliação, denominado Unidade Sindical, marcado pela presença dos setores mais tradicionais da esquerda, como PCB, MR-8 e alguns sindicalistas ligados ao PC do B.(67)

Ressalva-se que não se pretende, neste trabalho, a avaliação qualitativa dos métodos das correntes que compuseram o período histórico analisado; contudo, não se pode ignorar que as disputas políticas dentro do próprio movimento tiveram contornos na conjuntura

(61) SANTANA, Marco Aurélio. Entre a ruptura e a continuidade: visões da história do movimento sindical brasileiro. In: *Revista Brasileira de Ciências Sociais*, vol, 14, n. 41, 1999, p. 2.

(62) *Idem.*

(63) ANTUNES, Ricardo. *O novo Sindicalismo no Brasil.* Campinas: Pontes, 1996. p. 14.

(64) *ANTUNES, Ricardo. O novo Sindicalismo no Brasil. Campinas: Pontes, 1996*, p. 16.

(65) *Idem.*

(66) *Ibidem*, p. 18-19.

(67) *ANTUNES, Ricardo. O novo Sindicalismo no Brasil. Campinas: Pontes, 1996*, p. 30.

nacional, com a participação da CUT, formada pelo novo sindicalismo e pelas oposições sindicais, em diversos processos, e da Unidade Sindical em outros.

De todo modo, como dito, o método de ação é muito bem delineado: o ressurgimento das greves por empresa, contribuindo para a imprevisibilidade do patronato e a possibilidade maior de negociação direta com o sindicato e a confluência para o ressurgimento das greves gerais foram marcas desse período histórico. A *greve* em si é o elemento que denota a principal característica do período vivenciado entre as décadas de 1970 e 1980 para os trabalhadores, conforme aponta Ricardo Antunes:

> Na concretude grevista dos anos oitenta, a enorme onda grevista teve como objetivo norteador a quebra das leis do arrocho. Este elo unificava os distintos e diferentes movimentos, dando-lhes uma força social de compulsão geral, que transcendia a sua causação primeira, de luta econômica *stritu sensu* e dava-lhe uma dimensão política. Econômica na sua forma inicial de ser, política na sua significação mais profunda, visto que na particularidade brasileira dos anos oitenta era difícil a disjunção entre estes níveis, aquelas greves vivenciaram formas articuladas de ação, ora marcadas por uma dimensão mais espontânea, ora marcadas por uma espontaneidade que, entretanto, se combinava com a ação orgânica a nível sindical. Houve, na verdade, um pêndulo do movimento grevista, onde estes elementos acima aludidos foram mais ou menos presentes.[(68)]

É certo que um movimento dessa magnitude não passa imune a críticas. Dentre as principais críticas formuladas ao novo sindicalismo, pode-se citar, por exemplo, Ruy Braga, que o sindicato de São Bernardo do Campo, ao mesmo tempo que apoiava as reivindicações das bases, "se esforçava para construir uma imagem confiável perante as empresas"[(69)]. Um estilo sindical que, em muitos aspectos, "flertava com o *business union* estadunidense, não fossem por duas diferenças: a resistência do patronato brasileiro em negociar e a influência exercida pelas organizações marxistas".[(70)] A própria crença na negociação coletiva, como único instrumento de busca por melhores condições de trabalho, acabava por fazer coro ao discurso patronal acerca da inutilidade da legislação do trabalho.[(71)]

Assim, a despeito das críticas, fica evidente a importância que as greves lideradas pelo novo sindicalismo e as forças que atuaram no movimento tiveram para os trabalhadores naquele período, principalmente para trazer à tona novamente o debate da superexploração do trabalho, através das campanhas de reposição salarial. Mas não só isso, também ressurgiram os debates da autonomia sindical, autonomia de organização da classe trabalhadora e recolocaram a classe trabalhadora no centro das discussões, passados os anos de chumbo da ditadura militar.

---

(68) ANTUNES, Ricardo. *O novo Sindicalismo no Brasil*. Campinas: Pontes, 1996. p. 26.

(69) BRAGA, Ruy. *A política do precariado:* do populismo à hegemonia lulista. São Paulo: Boitempo, 2012. p. 166.

(70) *Idem*.

(71) SOUTO MAIOR, Jorge Luiz. *História do Direito do Trabalho no Brasil:* Curso de Direito do Trabalho Vol. I – Parte II. São Paulo: LTr, 2017. p. 335.

Nessa linha, Ana Carolina Marques e Paulo Yamamoto interpretam a atuação dos movimentos grevistas deste período histórico como forma de luta contra a ordem política e econômica daquele cenário:

> Sob este ponto de vista, propomos a interpretação dos movimentos grevistas da transição democrática como expressão da luta contra as esferas política e econômica que estavam postas. No espectro econômico, os sindicatos, enquanto sujeitos de direito, exigiam a liberdade contratual fundante do sistema capitalista. Já no espectro político, exigiam a liberdade de organização depreendida da autonomia intrínseca ao sujeito de direito.(72)

A sequência de greves relatada no capítulo anterior cativou a simpatia da população brasileira. Conforme ensina Jorge Luiz Souto Maior, os atos foram capazes de proporcionar um sentimento de solidariedade entre as classes sociais:

> Como a reivindicação dos trabalhadores, feita de forma organizada por meio de greves, expunha, abertamente, as falácias do modelo econômico e as repressões do Estado, produziu-se como efeito que o movimento dos trabalhadores foi posto "no centro do debate político nacional". Desse modo, a reivindicação dos trabalhadores se encaixa, perfeitamente, nos desejos de toda a nação, gerando grande união entre os trabalhadores e as demais classes sociais do país. Há, por assim dizer, a formação de uma solidariedade que transborda o limite dos interesses imediatos, pontuais, da classe trabalhadora.(73)

Resta-nos, portanto, analisar as demandas do novo sindicalismo em matéria trabalhista, avaliando o presente e a sua concretização ou não no ordenamento jurídico pátrio.

4. Demandas trabalhistas do novo sindicalismo e sua (não) concretização no plano jurídico

O movimento iniciado nas greves do ABC constitui, de certo modo, a gênese de uma série de ações da classe trabalhadora. Dentre essas, está a realização de um evento que buscasse reunir trabalhadores e trabalhadoras de todo Brasil discutir, em um mesmo espaço, as demandas da classe para a construção de um novo horizonte. Foi realizada, assim, a 1ª Conferência Nacional das Classes Trabalhadoras (CONCLAT), em 21, 22 e 23 de agosto de 1981 na Praia Grande, litoral paulista. Reuniram-se mais de 5 mil sindicalistas no evento.

---

(72) MARQUES, Ana Carolina Bianchi Rocha Cuevas; YAMAMOTO, Paulo de Carvalho. Trabalhadores, ditadura e greve: uma interpretação crítica da influência do movimento operário para a transição democrática brasileira. In: SOUTO MAIOR, Jorge Luiz. *O mito:* 70 anos da CLT: um estudo preliminar. São Paulo: LTr, 2013.

(73) SOUTO MAIOR, Jorge Luiz. *História do Direito do Trabalho no Brasil:* Curso de Direito do Trabalho Vol. I – Parte II. São Paulo: LTr, 2017. p. 348.

A necessidade de um encontro nacional da classe trabalhadora já havia surgido desde 1977. Na época, uma comissão de sindicalistas se reuniu com o ditador Ernesto Geisel reivindicando o direito dos trabalhadores de realização de congressos nacionais, a exemplo do Congresso das Classes Produtoras (CONCLAP), reunião da classe patronal. Contudo, o governo não se posicionou expressamente a respeito da reivindicação. Em 1978, foi editada a Portaria n. 3.337/1978, que proibia a existência de central sindical, que foi revogada somente em 1985.

Passados alguns anos, em 1981, o projeto da CONCLAT foi concretizado. De acordo com os arts. 1º, 2º e 3º do regimento interno, a Conferência tem como objetivo "discutir amplamente as condições de vida, trabalho e salário dos trabalhadores da cidade e do campo", "fixar posições unitárias e as formas de luta dos trabalhadores na defesa de seus interesses" e "avançar nas formas de organização dos trabalhadores visando adequar o movimento sindical unitário à nova realidade política, social e econômica".

Do ponto de vista metodológico, elegeu-se as resoluções oficiais da I Conclat como documento que reúne as demandas da classe trabalhadora do período analisado. Isso se justifica na medida em que foi um evento de grande magnitude — reuniram-se mais de 5 mil sindicalistas — e as pautas congregam não apenas as demandas dos trabalhadores homens urbanos, mas também demandas relacionadas ao trabalhador do campo, das mulheres trabalhadoras, dos crianças e adolescentes, de pessoas com deficiência, de trabalhadores domésticos e inclusive relacionada a necessidade de uma reforma agrária.

Além disso, também é importante ressaltar que a estrutura da conferência, bem como os objetivos expostos no regimento interno, garantiram que as propostas passassem por um processo democrático de debates metodológicos e estratégicos. Sem dúvidas, os princípios que nortearam a CONCLAT foram objeto de grandes discussões, inclusive sob a perspectiva de ação para a construção de uma sociedade mais justa para a classe trabalhadora.

Por fim, evidencia-se que os princípios elencados pela CONCLAT tiveram grande influência na reconstrução do ordenamento jurídico no período democrático, principalmente se observado que diversos sindicalistas presentes na CONCLAT participaram como deputados constituintes na elaboração da Constituição Federal de 1988[(74)], documento que inaugura a democracia no Brasil, depois de passados 21 anos de ditadura civil-empresarial-militar, e eleva ao status de direito social inúmeras garantias à classe trabalhadora.

Destaca-se, também, que no primeiro CONCLAT estavam presentes as forças do sindicalismo combativo – o *novo* sindicalismo – e da Unidade Sindical, força de oposição. Após a I CONCLAT, a Unidade Sindical "rompeu a verdadeira unidade sindical e existente e não participou da criação da Central Única de Trabalhadores".[(75)]

---

(74) PORTAL DA CONSTITUIÇÃO CIDADÃ: Deputados Constituintes. [*S. l.*], 2022. Disponível em: <https://www2.camara.leg.br/atividade-legislativa/legislacao/Constituicoes_Brasileiras/constituicao-cidada/constituintes/parlamentaresconstituintes/deputados-constituintes>. Acesso em: 14 jan. 2022.

(75) ANTUNES, *op.cit.*, p. 30.

Desse modo, mostra-se de extrema importância a análise das resoluções oficiais da I CONCLAT, em que foram elencadas inúmeras reivindicações da classe trabalhadora para a construção de uma sociedade mais justa e como, ou, e se, essas reivindicações integraram o ordenamento jurídico brasileiro posteriormente.

4.1. Plena revogação do Título V — DA ORGANIZAÇÃO SINDICAL da CLT

As primeiras reivindicações da CONCLAT foram a elaboração de uma Constituição e a elaboração de um Código Nacional do Trabalho (CNT). Em relação à Constituição, essa deveria "garantir os direitos fundamentais da classe trabalhadora; que o trabalho produtivo é socialmente útil para todos; (...) a plena liberdade sindical, inclusive o direito de greve amplo e irrestrito"(76). Quanto ao CNT, esse deveria considerar as discussões já ocorridas no meio sindical sobre o tema.

Enquanto não existisse o CNT, reivindicaram a revogação imediata do Título V da CLT, bem como o pleno cumprimento dos dispositivos de proteção aos trabalhadores e revogação de todo e qualquer instrumento jurídico que limitasse os direitos dos trabalhadores e sua ação sindical.

O que se verifica, na atualidade, é que nem o CNT foi redigido e nem o Título V da CLT foi revogado na sua integralidade. Neste último, a mais significativa alteração na atualidade foi o fim da contribuição sindical (alteração do art. 579 da CLT). Contudo, conforme ensinam Severo, Souto Maior e Yamamoto, a supressão da contribuição sindical sem a efetiva alteração em todo o sistema organização sindical constitui uma afronta ao princípio da liberdade sindical:

> A breve incursão histórica acerca dos conceitos de categoria profissional, sindicato e imposto sindical revela que tais conceitos estão intimamente conectados. Não há como manter a mesma lógica na realidade jurídica atual, pois a contrapartida principal conferida pelo Estado aos sindicatos para o atrelamento, que lhe foi imposto, era justamente a contribuição sindical obrigatória. Mantido o controle sem essa contrapartida o que se teria seria uma afronta à organização sindical que nunca se viu em toda a história do Brasil, nem mesmo nos períodos assumidamente ditatoriais: de 1937 a 1945; e de 1964 a 1985. Assim, dentro dos padrões jurídicos determinados pela suposta modernização das relações de trabalho trazida pela Lei n. 13.467/17, os trabalhadores poderão se organizar livremente em sindicatos, sem qualquer parâmetro obrigatório de categorização, bastando a identidade de interesses e a liberdade do trabalhador de se associar a um sindicato.(77)

---

(76) MAMAN, Armando. *Tudo sobre a I CONCLAT:* à caminho da central única. CIDAS (Centro de Informação, Documental e Análise Sindical): 1982.

(77) MAIOR, Jorge Luiz Souto; SEVERO, Valdete Souto; YAMAMOTO, Paulo de Carvalho. *Quem tem medo de mudanças e da liberdade sindical.* 22 fev. 2019. Disponível em: <https://www.jorgesoutomaior.com/blog/quem-tem-medo-de-mudancas-e-da-liberdade-sindical>. Acesso em: 17 jan. 2022.

O fim da contribuição sindical obrigatória privilegia, portanto, a liberdade sindical em uma análise principiológica, mas não faz sentido sem uma verdadeira reestruturação dos sistema de organização sindical. Trata-se de privilegiar os princípios insculpidos na Constituição de 1998 e nas Convenções ns. 87 e 98 da OIT[78].

4.2. Reconhecimento de todas as relações de trabalho como vínculos empregatícios

Em relação ao Direito ao Trabalho, os trabalhadores reunidos da I CONCLAT demandavam "o reconhecimento e garantia de que toda relação de trabalho gera um vínculo empregatício, gerando direitos e acesso aos benefícios sociais, assim como direito à sindicalização"[79]. Além disso, reivindicavam a eliminação da locação de mão de obra e o direito ao trabalho independentemente de acusações em órgãos de segurança.

Nesse sentido, dispõe o *caput* do art. 7º da Constituição: São direitos dos trabalhadores urbanos e rurais, além de outros que visem à melhoria de sua condição social (...). Em seu inciso I, é previsto o direito à relação de emprego protegida contra despedida arbitrária ou sem justa causa (...).

Contudo, em que pese a expressa previsão constitucional acerca da relação de emprego enquanto direito, não há como ignorar que, a partir do fim da década de 1980, o neoliberalismo avança sobre as conquistas trabalhistas. Isso significa, na prática, o incremento da superexploração do trabalho e aumento dos empregos precarizados, redução da porosidade do trabalho e dos tempos ociosos através da delegação do controle para o empregado e não pagamento da integralidade do tempo à disposição e redução dos salários. Essas táticas conduziram à terceirização, informalidade e flexibilidade[80].

4.3. Estabilidade no emprego

Outra reivindicação da I CONCLAT foi a "estabilidade no emprego a todas os trabalhadores a partir da contratação e extinção dos contratos de experiência e os empregos temporários", bem como que "a automação e mudanças tecnológicas não constituem causas para dispensa"[81].

Quanto a esse tema, a Constituição Federal de 1988 definiu como direito dos trabalhadores a proteção contra a despedida arbitrária ou sem justa causa, na forma do art. 7º, inciso I: "*I – relação de emprego protegida contra despedida arbitrária ou sem justa causa, nos termos de lei complementar, que preverá indenização compensatória, dentre outros direitos*".

---

(78) MAIOR, Jorge Luiz Souto; SEVERO, Valdete Souto; YAMAMOTO, Paulo de Carvalho. *Quem tem medo de mudanças e da liberdade sindical.* 22 fev. 2019. Disponível em: <https://www.jorgesoutomaior.com/blog/quem-tem-medo-de-mudancas-e-da-liberdade-sindical>. Acesso em: 17 jan. 2022.

(79) MAMAN, Armando. *Tudo sobre a I CONCLAT:* à caminho da central única. CIDAS (Centro de Informação, Documental e Análise Sindical): 1982

(80) ANTUNES, Ricardo. *O privilégio da servidão:* o novo proletariado de serviços na era digital. São Paulo: Boitempo, 2018.

(81) MAMAN, Armando. *Tudo sobre a I CONCLAT:* à caminho da central única. CIDAS (Centro de Informação, Documental e Análise Sindical): 1982.

Em que pese a demanda histórica dos trabalhadores, o inciso nunca foi regulamentado por lei complementar, conforme sua expressa previsão.

Em 05 de janeiro de 1995, o Brasil ratificou a Convenção n. 158 da OIT, que dispõe sobre a proteção contra a despedida arbitrária. No art. 4ª da Convenção, é disposto que "não se dará término à relação de trabalho de um trabalhador a menos que exista para isso uma causa justificada relacionada com sua capacidade ou seu comportamento ou baseada nas necessidades de funcionamento da empresa, estabelecimento ou serviço". Contudo, a referida Convenção foi denunciada em 20 de dezembro de 1996[(82)].

É importante pontuar que juristas compreendem a inconstitucionalidade da denúncia da Convenção n. 158, na medida em que foi denunciada sem a anuência do Poder Legislativo[(83)], bem como não foram respeitados os prazos estipulados para tanto[(84)]. A partir disso, desde 1997 tramita no STF a Ação Direta de Inconstitucionalidade n. 1625, que discute, justamente, a inconstitucionalidade da denúncia. O julgamento está suspenso desde 2016, em um pedido de vistas do ministro Dias Toffoli, e cinco ministros já se manifestaram pela procedência total ou parcial da ação

4.4. Seguro-desemprego até o retorno ao emprego

A I CONCLAT reivindicou a implementação de um seguro-desemprego, na seguinte forma:

> — enquanto o Estado brasileiro não garantir o direito ao trabalho;
>
> — instituição do seguro-desemprego cobrindo o pagamento salarial até que o trabalhador tenha outro emprego;
>
> — o seguro-desemprego será devido após 30 dias do desligamento do emprego;
>
> — criar um fundo-desemprego gerido e administrado pelos sindicatos, ouvida a assembleia-geral da categoria;
>
> — as empresas e o Estado contribuirão paritariamente com o valor de 2% calculado sobre o faturamento das empresas, sem permissão do repasse aos preços de venda.[(85)]

---

(82) ORGANIZAÇÃO INTERNACIONAL DO TRABALHO. *Convenção n. 158, de 23 de novembro de 1985.* Término da Relação de Trabalho por Iniciativa do Empregador. 1985. Disponível em: <https://www.ilo.org/brasilia/convencoes/WCMS_236164/lang--pt/index.htm>. Acesso em: 16 jan. 2022.

(83) ADI n. 1.625: o papel da Presidência na revogação de tratados. *Conectas Direitos Humanos*, 5 fev. 2020. Disponível em: <https://www.conectas.org/litigiopt/adi-1625-o-papel-da-presidencia-na-revogacao-de-tratados/>. Acesso em: 17 jan. 2022.

(84) MAIOR, Jorge Luiz Souto. *Isso não é uma defesa da multa de 40% sobre o FGTS.* 22 fev. 2019. Disponível em: <https://www.jorgesoutomaior.com/blog/isso-nao-e-uma-defesa-da-multa-de-40-sobre-o-fgts>. Acesso em: 17 jan. 2022.

(85) MAMAN, Armando. *Tudo sobre a I CONCLAT:* à caminho da central única. CIDAS (Centro de Informação, Documental e Análise Sindical): 1982. p. 30.

Atualmente, o seguro-desemprego tem previsão constitucional. Conforme o art. 7º, inciso II, é direito dos trabalhadores urbanos e rurais, além de outros que visem à melhoria de sua condição social, seguro-desemprego, em caso de desemprego involuntário. A previsão constitucional foi uma conquista, ainda que mais restritiva do que reivindicado, na medida em que restringe às hipóteses de rescisão contratual involuntária.

Além disso, também foi instituída a Lei n. 7.998/1990, que regula o programa do seguro-desemprego, instituído a partir do Fundo de Amparo ao Trabalhador (FAT). De acordo com o art. 4º da referida Lei, o seguro-desemprego será concedido no máximo em 5 parcelas, e não até que o trabalhador tenha outro emprego, como reivindicaram os trabalhadores reunidos na I CONCLAT.

4.5. Mudanças no Fundo de Garantia do Tempo de Serviço (FGTS)

Da mesma forma, os trabalhadores reunidos na I CONCLAT reivindicaram mudanças no sistema do FGTS, da seguinte maneira:

> — coexistência do FGTS com a estabilidade, garantida sempre no pedido de demissão, aposentadoria ou falecimento, a equivalência entre a indenização e os depósitos fundiários;
>
> — o FGTS constitui, independentemente de opção, um fundo financeiro a ser gerido pelos trabalhadores;
>
> — a utilização dos depósitos do FGTS como pecúlio ou pensão para atendimento das necessidades dos trabalhadores mediante autorização dos sindicatos;
>
> — em caso de rescisão admitida de contrato, o empregador deverá indenizar o trabalhador com o valor do depósito acrescido da devida correção monetária;
>
> — repúdio às tentativas de extensão do FGTS aos trabalhadores rurais;
>
> — possibilidade de levantamento imediato do FGTS pelo trabalhador em caso de pedido de dispensa;
>
> — elevação do depósito do FGTS de 8% para um doze avos da remuneração mensal recebida pelo empregado.(86)

O FGTS foi instituído pela Lei n. 5.107/66, como uma pedida para atacar a estabilidade no emprego. A Lei foi publicada em 13 de setembro de 1966 e logo no dia seguinte, em 14 de setembro de 1966, já sofreu alterações no Decreto-lei n. 20, ato exclusivo de Poder Executivo(87). Pelo disposto neste

(86) MAMAN, Armando. *Tudo sobre a I CONCLAT:* à caminho da central única. CIDAS (Centro de Informação, Documental e Análise Sindical): 1982. p. 30.

(87) MAIOR, Jorge Luiz Souto. *História do Direito do Trabalho no Brasil:* Curso de Direito do Trabalho Vol. I – Parte II. São Paulo: LTr, 2017. p. 324.

Decreto, os contratos de trabalho com mais de dez anos poderiam ser rescindidos, convencionada uma indenização[88].

Desse modo, sempre foi uma pauta histórica da classe trabalhadora no Brasil o retorno da estabilidade no emprego; contudo, a partir da criação do FGTS, devem ser concomitantes os dois institutos, na medida em que a indenização possibilita constitui uma segurança para quem vive do próprio trabalho.

Fato é que, conforme pontuado por Jorge Luiz Souto Maior, o FGTS foi criado como medida liberal como um facilitador da despedida[89]. A demanda dos trabalhadores, por sua vez, é justamente em sentido contrário, para que seja assegurado e efetivado o direito ao trabalho.

4.6. Direito de Greve

Em relação ao direito de greve, os trabalhadores reunidos no I CONCLAT reivindicaram "legislação assegurando o princípio constitucional do amplo e irrestrito direito de greve, inclusive na administração pública" e "abolição de todas as leis restritivas ao direito de greve".

A Constituição Federal de 1988 assegura aos trabalhadores, em seu art. 9º, o direito de greve. Diz o texto constitucional:

> Art. 9º É assegurado o direito de greve, competindo aos trabalhadores decidir sobre a oportunidade de exercê-lo e sobre os interesses que devam por meio dele defender.
>
> § 1º A lei definirá os serviços ou atividades essenciais e disporá sobre o atendimento das necessidades inadiáveis da comunidade.
>
> § 2º Os abusos cometidos sujeitam os responsáveis às penas da lei.[90]

A intenção do texto constitucional foi justamente a de conferir maior amplitude ao direito de greve, ressalvados os abusos e as atividades essenciais. Contudo, pouco após a promulgação da Constituição, é sancionada a Lei n. 7.783/1989, a atual Lei de Greve. A lei estabelece diversos requisitos para a greve, como a necessidade de notificação da entidade patronal (art. 3º, §único), a necessidade de convocação de assembleia geral na forma do estatuto da entidade sindical (art. 4º), a imposição da previsão de quórum para a aprovação da greve no estatuto do sindicato (art. 4º, §1º), entre outros.

A imposição desses requisitos restringe, sem sombra de dúvidas, diversas possibilidades de ação dos trabalhadores. Greves surpresas, operações tartaruga, ou outras modalidades

(88) MAIOR, Jorge Luiz Souto. *História do Direito do Trabalho no Brasil:* Curso de Direito do Trabalho Vol. I – Parte II. São Paulo: LTr, 2017. p. 324.

(89) *Ibidem*, p. 325.

(90) BRASIL. *Constituição da República Federativa do Brasil de 1988*. Brasília, DF: Presidência da República. Disponível em: <http://www.planalto.gov.br/ccivil_03/constituicao/constituicao.htm>. Acesso em: 05 jun. 2022.

de luta que não estejam circunscritas nos exatos termos do art. 2º da Lei n. 7.783/89 (a suspensão coletiva, temporária e pacífica, total ou parcial, de prestação pessoal de serviços a empregador) são consideradas ilícitas pelo ordenamento jurídico, ainda que essa não seja a literalidade do texto constitucional.

4.7. Salário-mínimo Real Unificado

A I CONCLAT definiu como reivindicação a "fixação do salário-mínimo real unificado, cobrindo as necessidades em alimentação, saúde, educação, lazer, habitação, transporte e vestuário, do trabalhador e de sua família".

A Constituição Federal de 1988 consagra, no art. 7º, inciso IV, "salário mínimo, fixado em lei, nacionalmente unificado, capaz de atender a suas necessidades vitais básicas e às de sua família com moradia, alimentação, educação, saúde, lazer, vestuário, higiene, transporte e previdência social, com reajustes periódicos que lhe preservem o poder aquisitivo, sendo vedada sua vinculação para qualquer fim".

Em que pese a previsão constitucional, os valores reais do salário mínimo não dão conta da totalidade das necessidades básicas da pessoa trabalhadora e de sua família previstas na Constituição. Atualmente, o salário mínimo é de R$ 1.212,00(91), valor reajustado em relação ao salário mínimo de 2021, que foi de R$ 1.100,00. De acordo com o DIEESE, o salário mínimo necessário para o mês de dezembro de 2021(92) foi de R$ 5.800,98(93).

Há, portanto, uma disparidade entre os valores reais e aqueles que o instituto de pesquisa DIEESE considera necessário para garantia e efetivação das conquistas constitucionais.

5. Considerações finais

A partir do presente estudo, pode-se compreender a complexidade de todo o movimento sindical e suas implicações no ordenamento jurídico, a partir da análise histórica de suas articulações, debates, discursos e também de suas reivindicações.

Verificou-se, pela revisão bibliográfica realizada, que as greves do ABC paulista foram o ponto de partida de uma série de reivindicações trabalhistas no país. Antes disso, o golpe de 1964 havia representado um grande abalo para a organização trabalhista como um todo, que, mesmo sob os anos de chumbo, fez acontecer grandes manifestações, como Osasco e Contagem. Os movimentos de resistência não foram completamente vencidos, mas arrefeceram diante da repressão ditatorial vivenciada nacionalmente.

---

(91) ATOS DO PODER EXECUTIVO. *Medida Provisória n. 1.091, de 31 de dezembro de 2021.* Dispõe sobre o valor do salário mínimo a vigorar a partir de 1º de janeiro de 2022. Disponível em: <https://www.in.gov.br/en/web/dou/-/medida-provisoria-n-1.091-de-30-de-dezembro-de-2021-371512885>. Acesso em: 17 jan. 2022.

(92) Até a data de conclusão do presente artigo, esta foi a última atualização do DIEESE.

(93) DIEESE, Departamento Intersindical de Estatística e Estudos Socioeconômicos. *Salário mínimo nominal e necessário.* Pesquisa nacional da Cesta Básica de Alimentos. 31. dez. 2021. Disponível em: <https://www.dieese.org.br/analisecestabasica/salarioMinimo.html#2020>. Acesso em: 17 jan. 2022.

Apesar da repressão política e de medidas jurídico-políticas tomadas pelo Estado para controlar a atuação política dos trabalhadores, o arrocho salarial e a superexploração incendiaram, novamente, as mobilizações da classe trabalhadora. O trabalho ressurge na cena social e política, contando com o apoio das camadas populares e enfrentamento direto com o aparelho repressivo da ditadura militar.

As iniciativas do movimento sindical partiram das políticas salariais e se expandiram para a reunião em uma grande conferência (a I CONCLAT), em que o intuito de traçar estratégias de solução para a classe trabalhadora brasileira. Cientes de que as soluções não partiriam do Poder Judiciário ou da legislação, a elaboração de um plano de lutas, com as reivindicações centrais do movimento foi uma das estratégias para pautar a construção de uma alternativa de vida para os trabalhadores.

Esse conjunto de peculiaridades desse momento histórico — a luta pela reposição salarial, contra a legislação repressiva à ação sindical —, a magnitude das greves, que em determinado ano somaram mais de 3 milhões de trabalhadores em greve, entre outras características próprias do movimento, fizeram surgir o chamado "novo sindicalismo". Em que pese as disputas políticas dentro do próprio movimento, a história foi feita, e até hoje se vivencia o reflexo das lutas daquele período.

Diante disso, a análise das pautas conduz para a compreensão da importância do movimento grevista. As reivindicações analisadas (e também as que não puderam ser detalhadas) pautaram a redação do texto constitucional e muitas demandas passaram a compor o rol de direitos sociais dos trabalhadores. Ainda que seja possível verificar posteriormente intensos ataques às garantias dos trabalhadores — como é exemplo a Lei n. 13.467/2017 —, é inegável a potência do novo sindicalismo na construção da democracia brasileira.

Referências bibliográficas

ADI n. 1.625: o papel da Presidência na revogação de tratados. Conectas Direitos Humanos. 5 fev. 2020. Disponível em: <https://www.conectas.org/litigiopt/adi-1625-o-papel-da-presidencia-na-revogacao-de-tratados/>. Acesso em: 17 jan. 2022.

ANTUNES, Ricardo. *O novo Sindicalismo no Brasil.* Campinas: Pontes, 1995.

BRAGA, Ruy. *A política do precariado: do populismo à hegemonia lulista.* São Paulo: Boitempo, 2012.

BRASIL. Constituição (1988). *Constituição da República Federativa do Brasil.* Brasília: Centro de Documentação e Informação (CEDI), 2013. 464 p. Disponível em: <http://www.planalto.gov.br/ccivil_03/constituicao/constituicao.htm>. Acesso em: 05 jun. 2022.

______. *Medida Provisória n. 1.091, de 31 de dezembro de 2021.* Dispõe sobre o valor do salário mínimo a vigorar a partir de 1o de janeiro de 2022. Diário Oficial da União, Atos do Poder Executivo, Brasília, DF, 31 dez. 2021. Disponível em: <https://www.in.gov.br/en/web/dou/-/medida-provisoria-n-1.091-de-30-de-dezembro-de-2021-371512885>. Acesso em: 17 jan. 2022.

______. *PORTAL DA CONSTITUIÇÃO CIDADÃ:* Deputados Constituintes. [S. l.], 2022. Disponível em: <https://www2.camara.leg.br/atividade-legislativa/legislacao/Constituicoes_Brasileiras/constituicao-cidada/constituintes/parlamentaresconstituintes/deputados-constituintes>. Acesso em: 14 jan. 2022.

DIEESE, Departamento Intersindical de Estatística e Estudos Socioeconômicos. *Salário mínimo nominal e necessário*. Pesquisa nacional da Cesta Básica de Alimentos. 31 dez. 2021. Disponível em: <https://www.dieese.org.br/analisecestabasica/salarioMinimo.html#2020>. Acesso em: 17 jan. 2022.

MAMAN, Armando. *Tudo sobre a I CONCLAT:* à caminho da central única. CIDAS (Centro de Informação, Documental e Análise Sindical): 1982.

MARQUES, Ana Carolina Rianchi Rocha Cuevas; YAMAMOTO, Paulo de Carvalho. Trabalhadores, ditadura e greve: uma interpretação crítica da influência do movimento operário para a transição democrática brasileira. In: SOUTO MAIOR, Jorge Luiz. *O mito:* 70 anos da CLT: um estudo preliminar. São Paulo: LTr, 2013.

MAIOR, Jorge Luiz Souto. *História do Direito do Trabalho no Brasil:* Curso de Direito do Trabalho Vol. I – Parte II. São Paulo: LTr, 2017.

______. *Isso não é uma defesa da multa de 40% sobre o FGTS*. 22 fev. 2019. Disponível em: <https://www.jorgesoutomaior.com/blog/isso-nao-e-uma-defesa-da-multa-de-40-sobre-o-fgts>. Acesso em: 17 jan. 2022.

______; SEVERO, Valdete Souto; YAMAMOTO, Paulo de Carvalho. *Quem tem medo de mudanças e da liberdade sindical.* 22 fev. 2019. Disponível em: <https://www.jorgesoutomaior.com/blog/quem-tem-medo-de-mudancas-e-da-liberdade-sindical>. Acesso em: 17 jan. 2022.

ORGANIZAÇÃO INTERNACIONAL DO TRABALHO. *Convenção n. 158, de 23 de novembro de 1985*. Término da Relação de Trabalho por Iniciativa do Empregador. 1985. Disponível em: <https://www.ilo.org/brasilia/convencoes/WCMS_236164/lang--pt/index.htm>. Acesso em: 16 jan. 2022.

PARANHOS, Kátia Rodrigues. *Era uma vez em São Bernardo:* o discurso sindical dos metalúrgicos. Campinas: Editora da Unicamp: 2011.

SADER, Eder. *Quando novos personagens entram em cena:* experiências e lutas dos trabalhadores da grande São Paulo 1970-1980. Rio de Janeiro: Paz e Terra, 1988.

SANTANA, MARCO AURÉLIO. Entre a ruptura e a continuidade: visões da história do movimento sindical brasileiro. In: *Revista Brasileira de Ciências Sociais*, vol. 14, n. 41, 1999.

Neoliberalismo e a Greve Petroleira de 1995 — Uma História do Realismo Capitalista no Brasil

Antônio Augusto Galvão de França[1]

1. Introdução

A greve dos petroleiros e petroleiras de 1995 foi um movimento ocorrido em meio a uma série de greves que a classe trabalhadora desencadeou contra o avanço do neoliberalismo no Brasil e, sendo assim, para melhor expor e compreender suas dimensões, afigura-se necessário não apenas apreender a conjuntura social e política no Brasil do início e meados dos anos 1990, como também balizar historicamente aquilo que se entende por neoliberalismo. Nessa linha, procuraremos estabelecer uma genealogia do conceito, apresentando sua evolução desde o período imediatamente anterior ao da Segunda Guerra Mundial, passando pelo período fordista e finalmente o da virada para o pós-fordismo, indicando as condicionantes sociais e geopolíticas que permitiram sua ascensão como modelo regulatório hegemônico do capitalismo em sua fase tardia e da ideologia que lhe é correlata, a qual o teórico Mark Fisher denominou como realismo capitalista. Somente então, após tal balizamento e fixado adequadamente o pano de fundo sobre o qual os eventos se desdobraram, apresentaremos a história da greve dos petroleiros de 1995, também conhecida como "A Greve do Fim do Mundo" ou "A Grande Batalha".

2. O Neoliberalismo

Como grande parte dos conceitos políticos, neoliberalismo é um termo com múltiplas acepções, sendo ele próprio objeto de disputa política, havendo ainda, nos dias de hoje, quem chegue a questionar sua própria existência, qualificando-o com uma expressão sem cientificidade, por meio da qual os atores do espectro da esquerda tentam enquadrar negativamente a ação daqueles à direita. Dentre os critérios de análise e classificação do neoliberalismo, reputamos como mais adequado, principalmente em nossa tarefa, na qual serão equacionadas as condicionantes sociais, de subjetividade e geopolíticas, aquele proposto por Reinhardt Koselleck, exposta em sua obra *História dos Conceitos*, o qual assim destaca o caráter ilusivo das definições:

> As precondições conceituais e as realidades mudam em ritmos diferentes, com o que se geram tensões e até mesmo contradições entre os conceitos e o que é

(1) Juiz de Direito e Mestre em Filosofia e Teoria Geral do Direito — FADUSP.

> conceituado, e se produzem distorções, antecipações e reinterpretações retroativas. São essas diferenças entre linguagem e estado de coisas que nos permitem fazer avaliações divergentes sobre a história da sociedade civil, que não por isso teriam de estar erradas.(2)

Portanto, não apenas a linguagem muda, mas também o próprio estado das coisas, ensejando constantes tensões e reinterpretações conceituais, o que somente reforça a importância da análise histórica, à luz da própria história do conceito.

Em linhas gerais e como ponto de partida, é possível afirmar que há três acepções possíveis de neoliberalismo, já aqui admitindo e defendendo sua efetiva existência. Em um sentido mais estrito, neoliberalismo pode ser tido como uma série de recomendações ou políticas econômicas aos países endividados e em desenvolvimento, cristalizadas no receituário estadunidense formulado no final dos anos 1980, conhecido como Consenso de Washington. Outra acepção é a da linha teórica, política e econômica, adotada pelo grupo de pensadores vinculados ou simpatizantes dos ideais defendidos pela Sociedade Mont Pèlerin, dentre os quais os mais notórios são Friedrich Hayek e Milton Friedman.

Por fim, há aquele que é o significado mais articulado e debatido nos tempos atuais, principalmente pelos teóricos do campo crítico e progressista. Segundo esses, o neoliberalismo consubstanciaria a linha política e econômica reguladora do capitalismo em sua fase pós-fordista, caracterizado pela flexibilização das relações de trabalho, ideal de Estado mínimo, fim das redes de proteção e de assistência social, garantia do livre mercado com ênfase na atividade financeira e balizamento da vida social por meio da privatização de responsabilidades e do ideário do "empresário de si mesmo". Fundamentalmente é sobre esse neoliberalismo que iremos tratar e que, sinteticamente e em referência à conhecida expressão "socialismo realmente existente", poderia ser chamado de "neoliberalismo realmente existente".

No entanto, antes de avançarmos, cabe darmos um passo atrás, procedendo a um recuo histórico e etimológico. Afinal, como a própria estrutura da palavra "neoliberalismo" sugere, nos vemos diante da contingência em primeiramente estabelecer o que é "liberalismo", eis que, conforme veremos um pouco mais adiante, o neoliberalismo surgiu como uma reação conservadora ou reacionária de restauração do liberalismo dito "clássico", o qual se via ameaçado pela concorrência com outras linhas políticas e econômicas que foram se desenvolvendo no início e meados do século XX. Ademais, para além disso, também se mostra relevante a distinção entre liberalismo e neoliberalismo, na medida em que, atualmente, diante da conotação negativa da expressão neoliberalismo, muitos dos seus adeptos vêm se camuflando como seguidores do "liberalismo clássico", surgindo daí o aludido discurso escamoteador de que o neoliberalismo não existe.

Grosso modo, o liberalismo pode ser definido como a ideologia legitimadora do modo de produção capitalista quando de sua consolidação, imediatamente após o advento da Revolução Industrial, da Revolução Francesa e da Revolução Americana, tendo como precursores

(2) KOSELLECK, Reinhart. História dos Conceitos. Rio de Janeiro: Contraponto, 2020. p. 437.

pensadores como Locke, Montesquieu e Kant, os quais podem ser designados como proto-liberais. Nessa tradição, o termo liberal ou liberalismo efetivamente surge na Espanha, no início do século XIX, em meio ao debate político que acabou culminando com o advento da Constituição Espanhola de 1812, conhecida como Constituição de Cádiz, rapidamente se disseminando pelo restante da Europa e de lá para as Américas.

Nesse contexto, o liberalismo passa a designar, em termos gerais, uma orientação política que tem como pedra angular a liberdade dos indivíduos, nela incluída a liberdade de contratar, aliada a preceitos de direito natural relacionados à propriedade privada. Já no plano político, o liberalismo se apresenta como defesa da democracia representativa e, simultaneamente, como limitador de possíveis abusos da maioria. Finalmente, no campo internacional, o liberalismo projeta aqueles atributos individualistas e de política interna, resultando nos preceitos de autodeterminação, internacionalismo e do livre mercado internacional.

Na medida em que "liberalismo" também é um conceito político, cabe aqui a mesma ressalva de mutabilidade, tanto por conta da temporalidade, quanto pelas disputas políticas envolvendo a abrangência de seu significado, o que inclui os objetos por ele designados. Afinal, logo após sua disseminação, ainda no curso do próprio século XIX, surgiram duas grandes correntes do liberalismo, cada qual avocando a preferência ou exclusividade do termo, uma mais à direita, que pode ser designada como liberalismo conservador e outra mais à esquerda, conhecida como liberalismo social, que ganha muita força a partir da segunda metade do século XIX.

Já o termo neoliberalismo começa a surgir nos anos 1920, em um contexto de reação conservadora não apenas contrária ao liberalismo social, mas também, e principalmente, contra o socialismo, então recém implantado com a Revolução Russa de 1917 e a subsequente criação da União Soviética em 1922. No entanto, a discussão acerca do liberalismo foi elevada a um patamar ainda mais intenso com a crise econômica que se materializou com o *crash* da Bolsa de Valores de Nova Iorque em 1929.

Já naquela época, em meio ao debate, havia o consenso de que a crise fora desencadeada pela ausência de regulação dos mercados — *laissez faire, laissez passer* — que até então preponderava, típica do liberalismo do século XIX, fosse ele conservador ou social, sendo que a grande questão que se impunha era sobre qual linha econômica e política seria mais eficiente, não só como resposta imediata à crise, como também para evitar que um novo evento como esse ocorresse.

Diante do problema, houve a condensação de três respostas políticas distintas. Uma delas era a do socialismo já implantado na União Soviética, a qual demonstrou pujança econômica e até mesmo certa imunidade à crise, em parte decorrente do próprio isolamento que lhe fora imposto pelos países centrais do capitalismo. Outra resposta foi a do intervencionismo de viés fascista, emergente principalmente na Itália e Alemanha. Finalmente, houve aquela pertinente à estratégia adotada pelos Estados Unidos diante da crise, consistente no *New Deal* de Franklin Delano Roosevelt, implementada a partir de 1933, balizada pelas ideias econômicas de John Maynard Keynes.

Portanto, o problema que então se apresentava aos conservadores era de como o "liberalismo clássico" poderia responder à crise, eis que sua dimensão econômica calcada no *laissez-faire*, isto é, na crença de autorregulação e harmonização dos mercados, demonstrou-se equivocada ou insuficiente para lidar com as especificidades do capitalismo já na sua fase monopolista. Em suma, o grande impasse no qual se encontravam os liberais conservadores era de como criar respostas mais eficientes ou convincentes que aquelas de viés intervencionista que efetivamente estavam sendo implementadas pelos países, fossem elas de cunho autoritário (fascista), liberal social (keynesianas) ou de planificação total (socialistas).

Foi em tal conjuntura que, na década de 1920 e 1930, começaram a surgir, pontualmente, alguns textos e trabalhos acadêmicos que procuravam enaltecer as qualidades do "liberalismo clássico", opondo-se à ideia de planificação ou intervenção econômica estatal, com alguns já fazendo referência ao termo neoliberalismo. No entanto, caso o neoliberalismo tivesse uma certidão de nascimento, seria razoável supor que nela estivesse a inscrição "Paris, agosto de 1938". Trata-se do local e do ano de realização do Colóquio Walter Lippmann, organizado pelo filósofo francês Louis Rougier.

O evento teve como premissa a exposição e os debates acerca das concepções de Lippmann, externadas no livro *The Good Society* (1937), que por sua vez era francamente inspirado no pensamento de Hayek, e teve como objetivo estimular a criação de uma rede de intelectuais, voltada à restauração do liberalismo. Foi justamente no Colóquio que ocorreu o debate acerca da designação do nome dessa nova linha política e econômica restauradora, chegando-se então ao termo "neoliberalismo". Em tal ocasião, estavam presentes, além do próprio Lippmann e Hayek, pensadores como Ludwig von Mises, Alexander Rüstow, Wilhelm Röpke, Michael Polanyi, dentre outros.

No entanto, o advento da Segunda Guerra Mundial interrompeu a empreitada de criação da organização que serviria como baluarte do neoliberalismo, a qual somente foi retomada em 1947, no encontro realizado numa localidade suíça denominada Mont Pèlerin, nascendo então a Sociedade Mont Pèlerin e que, desde então até os dias de hoje, articula toda uma rede de teóricos, realizando encontros bianuais, com o último ocorrido em novembro de 2021, na Guatemala. No evento fundador, estavam presentes muitos dos teóricos que participaram do Colóquio, tais como Hayek e Mises, cabendo agora destacar a presença de Karl Popper e Milton Friedman, sendo Hayke eleito o primeiro diretor da sociedade.

A Sociedade Mont Pélerin se caracterizou pela transdisciplinaridade, com sua doutrina original se alinhando a vários pontos do "liberalismo clássico", principalmente o do enaltecimento da liberdade individual e da crítica aos alegados malefícios da economia planificada, fosse ela keynesiana ou socialista, malefícios esses que extrapolariam o campo econômico e que importariam em efeitos deletérios para a própria sociabilidade e subjetividade. Contudo, como diferencial em relação ao liberalismo, o neoliberalismo também surgia como crítico do *laissez faire*, defendendo ou admitindo a necessidade de intervenção do Estado na economia, mas exclusivamente como mantenedor dos mercados livres, isto é, o Estado não concorreria ou preencheria lacunas nas atividades econômicas, mas apenas serviria como garantidor dos mercados, atuando como entidade terceira e estabilizadora. Portanto, grosso modo, o Estado não deveria participar da contenda dos mercados, agindo simplesmente como uma espécie de árbitro, fixando e aplicando as regras do jogo, com a disputa totalmente a cargo da livre iniciativa.

3. Do Fordismo ao Pós-Fordismo — A Ascensão Mundial do Neoliberalismo

Não obstante a organização e sistematização da doutrina neoliberal, capitaneada pela Sociedade Mont Pèlerin, da qual faziam parte conhecidos teóricos, muitos deles vinculados a renomadas universidades dos países do capitalismo central, fato é que, em termos quantitativos, a doutrina neoliberal, durante muito tempo, foi francamente minoritária, sendo que décadas se passaram desde suas primeiras concepções nos anos 1920 até o neoliberalismo se tornar o modo de regulação preponderante do capitalismo em sua fase tardia ou pós-fordista.

Com o fim da Segunda Guerra Mundial, os Estados Unidos surgem como grande vencedor, não somente do ponto de vista bélico e geopolítico, mas também em termos econômicos. Nesses quadrantes, cabe repisar que, como resposta à crise de 1929, os Estados Unidos adotaram uma linha política e econômica do tipo social liberal e intervencionista, tendo por principal expoente a figura do economista britânico John Maynard Keynes, o qual defendia a ideia de que a economia deveria ser vetorizada pela demanda, de modo que a demanda criaria sua própria oferta.

Diante disso, sob a ótica econômica dos Estados Unidos, a Segunda Guerra Mundial, pode ser tida como uma contingência absolutamente favorável, vez que de um lado foi instaurada uma situação de elevadíssima demanda agregada, típica das guerras totais, ao mesmo tempo em que o território continental estadunidense, suas indústrias e população civil, eram poupados de ataques diretos, blindados por dois oceanos que os isolavam dos cenários de guerra.

A essa preponderância bélica e econômica se acoplou toda uma articulação política hegemônica, estabelecedora de uma nova regulação geopolítica, simbolizada por uma série de tratados e instituições, sendo a mais notória a ONU — Organização das Nações Unidas, mas também havendo outras de central importância, como o Banco Mundial e o FMI — Fundo Monetário Internacional, cuja atuação tinha como tônica a elevação do dólar à categoria de moeda mundial, conforme estabelecido nos Acordos de Bretton Woods, que criou o padrão dólar-ouro. Assim, na prática, os Estados Unidos emergiram da Segunda Guerra como o grande garante não apenas da "paz", como também da regularidade e solvabilidade da economia mundial.

Desse modo, legitimada por seu sucesso no plano interno como resposta razoavelmente eficiente à crise de 1929 e agora respaldada por sua condição de vetor de uma nova ordem mundial, o keynesianismo e seu liberalismo social, conformou um ideário de intervenção direta do Estado como elemento impulsionador da economia, notadamente na geração de empregos e renda, bem como na criação de redes de proteção e de bem-estar social, o que incluía previdência social, serviços públicos e gratuitos de saúde e educação, dentre outros.

Tal modulação passou a servir de paradigma para todos os demais países do mundo capitalista, sendo que, de outro lado, já no contexto da Guerra Fria, instaurada com a Doutrina Truman em 1947, a União Soviética capitaneava o bloco dos países socialistas, também servindo de modelo alternativo na disputa pela influência junto aos países ditos neutros ou não alinhados.

Do ponto de vista econômico e considerando a terra arrasada dos cenários da Segunda Grande Guerra, principalmente na Europa e na Ásia, houve um grande salto de recuperação e desenvolvimento nas décadas seguintes, notadamente nas economias capitalistas centrais, com destaque aos países diretamente beneficiados pelos planos de recuperação promovidos pelos Estados Unidos, tais como Reino Unido, França, Alemanha Ocidental e Japão. Portanto, nesse período e nos anos que se seguiram da era conhecida como fordista, também ilustrativamente designada como Trinta Anos Gloriosos ou como a Era de Ouro do Capitalismo, o keynesianismo se manteve como a linha econômica da ordem, não deixando muito espaço para tentativas de implementação concreta da doutrina neoliberal, a qual, ainda que de modo latente, continuava a ser desenvolvida pelos membros da Sociedade Mont Pèlerin, notadamente Hayek e Fridman, esse último conhecido como grande referência da chamada Escola de Chicago.

Contudo, já no final dos anos 1960, os arranjos fordistas começaram a apresentar sinais de falhas e insuficiências. As economias dos países centrais reduziram o ritmo de desenvolvimento. Além disso, os Estados Unidos sofriam com a concorrência de países como Alemanha Ocidental e Japão, cujas economias ele próprio havia ajudado a desenvolver, ao mesmo tempo que suportava o alto custo que lhe cabia na estabilidade monetária internacional, no sentido de ter que manter a garantia do padrão dólar-ouro, com suas reservas em ouro cada vez mais distantes do volume de dólares em circulação. A tudo isso se somaram os custos e o desgaste político decorrentes de sua temerária aventura imperialista no Vietnã.

De certo modo, a figura de Richard Nixon, bem personifica essa tripla crise: hegemônica, econômica e moral, tanto no que diz respeito à crise propriamente dita, como também no que tange às tentativas de recuperação estadunidense no início dos anos 1970, as quais, não obstante malfadadas, abriram caminho para o avanço neoliberal.

No âmbito da geopolítica e das relações internacionais, já em 1969, primeiro ano de seu governo, Nixon anuncia aquela que passaria ser conhecida como Doutrina Nixon, na qual se comprometia a não mais empregar tropas americanas em eventuais incursões em outros países, cujo apoio, em casos como o do Vietnã, não mais incluiria soldados estadunidenses. Também se iniciou uma retórica multilateralista e o abandono, ainda que do ponto de vista das aparências, de um anticomunismo sistemático, o que foi muito bem simbolizado pela missão diplomática de Kissinger na China em 1971 – e depois do próprio Nixon em visita a Mao Tse Tung em 1972.

Entretanto, a mais impactante medida de Nixon foi anunciada em 15 de agosto de 1971. Tratava-se do fim de Bretton Woods, com a ruptura, unilateral, pelos Estados Unidos, da cláusula do padrão dólar-ouro, cabendo aqui trazer alguns trechos pertinentes de seu discurso:

> Devemos proteger o Dólar do ataque dos especuladores internacionais, que lucram com as crises que eles próprios ajudaram a criar[...] Determinei ao Secretário do Tesouro que adote as medidas necessárias para defender o Dólar contra os especuladores, determinei a suspensão temporária da convertibilidade do dólar em ouro ou de qualquer outro tipo de ativo [...] vamos constituir um novo sistema monetário mundial. Estabilidade e tratamento isonômico são coisas que dizem respeito aos melhores interesses de todos. Vamos equilibrar nossa balança de pagamentos e aumentar a oferta de emprego para os americanos [...] ao final da Segunda Guerra Mundial, a economia das nações industriais da Europa e da Ásia estavam destroçadas. Para ajudá-las e colocá-las de pé, os Estados Unidos forneceram, ao longo dos últimos 25 anos, mais de 143 bilhões de dólares em auxílio, o que então foi a coisa correta a fazer. Hoje essas nações retomaram sua vitalidade e se tornaram nossos fortes competidores. Nós damos boas-vindas ao seu sucesso, mas agora elas são economicamente fortes, essas nações devem suportar com seu fardo proporcional na defesa da liberdade mundial. As taxas de câmbio devem ser corrigidas, para que as grandes nações disputem como iguais e assim os Estados Unidos não mais irão disputar os mercados com uma mão amarrada nas costas.(3)

Em termos simbólicos, esse discurso anunciava o começo do fim de uma ordem internacional e de uma fase regulatória do capitalismo, mas sem apresentar, por outro lado, qual sistema ficaria em seu lugar. Afinal, o Choque Nixon se apresentava errático, com uma mão desregulamentando os mercados internacionais, mas, ao mesmo tempo, adotando medidas protecionistas e intervencionistas, algumas ainda tipicamente keynesianas. Assim, por exemplo, Nixon deliberou pelo aumento dos impostos de importação, criação de linhas de créditos estatais para fomento da atividade industrial e congelamento de preços e salários, sendo esta última intervenção motivo de contundentes críticas por parte dos economistas neoliberais, os quais, por outro lado, apoiavam o fim do padrão dólar-ouro.

Porém, as medidas de Nixon não se mostraram suficientes para a superação da crise, a qual se agravou drasticamente a partir do final de 1973, quando do Primeiro Choque do Petróleo, artificialmente desencadeado pela OPEP – Organização dos Países Exportadores de Petróleo, em retaliação ao apoio estadunidense a Israel no contexto da Guerra do Yom Kipur. Os preços do barril de petróleo dispararam, aumentando a já elevada pressão inflacionária, gerando desabastecimento e instabilidade financeira nos mercados internacionais. Em paralelo a isso, a situação política nos Estados Unidos se deteriorava no plano interno com o escândalo do Caso Watergate, que culminou com a renúncia de Nixon em agosto de 1974 face à iminência de seu impeachment, com a situação no plano internacional também

(3) NIXON, *The Chalenge of Peace*, 15 ago. 1971, tradução nossa.

apresentando ares de derrocada com a chocante tomada de Saigon pelo Vietnã do Norte e as cenas da evacuação de emergência da embaixada estadunidense, ensejando aos EUA um vexatório final para aquele conflito.

Entretanto, apesar de toda essa conjuntura crítica do final do Governo Nixon, esse conseguiu deixar dois relevantes legados ao neoliberalismo. O primeiro diz respeito à mencionada quebra do padrão dólar-ouro, medida que já de muito era defendida pelos neoliberais, notadamente Friedman, resultando no câmbio flutuante e na desregulamentação do mercado financeiro internacional. A outra, que somente veio integralmente à tona em tempos mais recentes, fora concebida nos porões da Casa Branca, onde se articulou o golpe no Chile contra o governo socialista de Salvador Allende, cujos maiores pecados, na perspectiva de Nixon, eram ter sido eleito democraticamente e ter ousado expropriar ativos de empresas estadunidenses.

Assim, com o patrocínio da CIA, em 11 de setembro de 1973, o Palácio La Moneda, sede da presidência do Chile, é bombardeado por tropas golpistas. É o fim de Allende e de seu governo, que dá lugar à ditadura de Pinochet. Nesse contexto autoritário, ocorre a primeira experiencia efetivamente neoliberal, capitaneada por discípulos de Friedman, formados na Escola de Chicago, cabendo destacar que o próprio Friedman (1975) e Hayke (1977) foram ao Chile para avaliar e enaltecer as reformas econômicas, prestigiando a ditadura.

Em paralelo ao desenvolvimento do neoliberalismo no Chile, as políticas desse cunho começaram a ganhar cada vez mais força nos países centrais, culminando com sua chegada efetiva com a eleição de Margaret Thatcher no Reino Unido (maio de 1979) e de Ronald Reagan (janeiro de 1981), ambos declaradamente apoiadores da doutrina neoliberal, notadamente quanto à desregulamentação dos mercados, e críticos do liberalismo social do estilo *New Deal*, sendo que as vitórias eleitorais de Thatcher e Reagan são comumente apontadas como marcos da virada neoliberal e do fim do período de regulação do tipo fordista.

Contudo, há também quem mencione uma data específica como sendo a mais representativa do início do pós-fordismo ou da efetiva regulação neoliberal. Nesse sentido, são as ponderações de Mark Fisher, com referência a Christian Marazi:

> De acordo com o economista marxista Christian Marazzi, pode-se conceder uma data bem específica para a mudança do fordismo para o pós-fordismo: 6 de outubro de 1979. Foi nessa data que o FED, banco central dos Estados Unidos, aumentou a taxa de juros em 20 pontos, preparando terreno para a economia centrada na oferta [*supply-side economics*], que hoje constitui a "realidade econômica" na qual estamos imersos. O aumento serviu não só para conter a inflação, mas também possibilitou uma nova organização dos meios de produção e distribuição. A rigidez da linha de produção fordista deu espaço a uma nova "flexibilização", um termo de dar calafrios na espinha de qualquer

trabalhador hoje em dia. Essa flexibilização foi definida por uma desregulamentação do capital e do trabalho, com a força de trabalho sendo precarizada.[4]

Fisher está se referindo ao evento conhecido como Choque Volcker, em referência a Paul Volcker, economista, nomeado por Jimmy Carter para a presidência do do FED e lá mantido por Ronald Reagan. Ao assumir o cargo, Volcker se deparou com a conjuntura de negociações multilaterais envolvendo o FMI, em que buscava um consenso sobre parâmetros mínimos cambiais pertinentes ao valor do dólar. Não concordando com os caminhos seguidos naquele debate e considerando, na sua percepção, que as outras nações tentavam impor políticas muito desfavoráveis aos interesses estadunidenses, Volcker abandonou as negociações, bem como iniciou uma escalada da taxa básica de juros, que tinha por objetivo declarado estancar a inflação e a crise nos Estados Unidos.

Aqui, cabe fazer um pequeno reparo acerca das considerações de Fisher sobre o vínculo entre o choque dos juros e a desregulamentação das relações de trabalho. De fato, as novas tecnologias, notadamente da computação, possibilitaram novos paradigmas produtivos, do tipo *just-in-time* (ajuste entre produção e demanda em tempo real) e de "gestão de qualidade total", maximizando a extração do mais valor da força de trabalho, tanto em termos absolutos, quanto relativos. Tais técnicas viabilizavam a fragmentação da classe trabalhadora, notadamente por meio da terceirização e de uma suposta horizontalidade, refletindo o ideal do "empresário de si mesmo". No entanto, o aumento da taxa de juros não mantém um vínculo causal imediato com tais modelos. Na verdade, o que Volcker propiciou, ainda que inadvertidamente, foi um enorme fortalecimento do governo norte-americano, tanto no âmbito externo, quanto interno, fosse ele neoliberal ou não. No entanto, ainda que por uma contingência, foi o governo neoliberal de Ronald Reagan, iniciado quando a escalada de juros já havia sido instaurada, que auferiu os louros da retomada hegemônica. Em outras palavras, a ofensiva econômica formulada por Volcker, que se mostrou apta a conter a inflação e estabilizar a economia dos Estados Unidos forneceu capital político e força incontrastável ao Governo Reagan para, no âmbito interno, adotar as medidas de flexibilização das relações de trabalho, bem como para impor, no campo internacional, as medidas econômicas que, adiante, seriam sintetizadas no Consenso de Washington, sendo muito mais uma condição ou pressuposto para a ascensão do neoliberalismo, do que propriamente um evento desencadeador imediato.

Ainda com relação à restauração hegemônica dos Estados Unidos, cabe trazer as considerações de Maria da Conceição Tavares feitas em seu importante artigo de referência sobre o tema:

> A partir desta reviravolta, Volcker subiu violentamente a taxa de juros interna e declarou que o dólar manteria sua situação de padrão internacional e que a hegemonia da moeda americana iria ser restaurada. Esta diplomacia do dólar forte custou aos Estados Unidos mergulhar a si mesmos e a economia mundial

(4) FISHER, Mark. *Realismo Capitalista:* é mais fácil imaginar o fim do mundo do que o fim do capitalismo? São Paulo: Autonomia Literária, 2020. p. 36-37.

> numa recessão contínua por três anos. Quebraram inclusive várias grandes empresas e alguns bancos americanos, além de submeterem a própria economia americana a uma violenta tensão estrutural. O início da recessão americana e a violenta elevação da taxa de juros pesaram decisivamente na derrota popular de Carter. Além disso, levaram à beira da bancarrota os países devedores, e forçaram os demais países capitalistas a um ajuste recessivo, sincronizado com a política americana. Por outro lado, ao manter uma política monetária dura e forçar uma sobrevalorização do dólar, o FED retomou na prática o controle dos seus próprios bancos e do resto do sistema bancário privado internacional [...] A partir daí o sistema de crédito interbancário orientou-se decisivamente para os Estados Unidos, e o sistema bancário passou a ficar sob o controle da política monetária do FED, que dita as regras do jogo [...] A partir do início dos anos 1980, todos os grandes bancos internacionais estão em Nova York, não apenas sob a *umbrella* do FED, mas também financiando obrigatoriamente — porque não há outra alternativa — o déficit fiscal americano.[5]

No Reino Unido, em paralelo, mas guardadas as devidas proporções, também se verificou uma retomada da força estatal, durante a égide de um governo neoliberal, o que foi viabilizado pela Guerra das Malvinas. Esse conflito decorreu de uma malfadada incursão promovida pela ditatorial Junta Militar Argentina, que, em abril de 1982, invadiu as Ilhas Malvinas — Falklands na denominação britânica — com o intuito de se fortalecer politicamente, por meio de um discurso nacionalista, direcionando a nação contra um inimigo externo, levando às vias de fato a histórica reivindicação que os argentinos já faziam em relação àquelas ilhas. No entanto, literalmente, o tiro saiu pela culatra. Margaret Thatcher foi rápida em montar uma poderosa força tarefa aeronaval em proporções não vistas desde o fim da Segunda Guerra Mundial. Tal força assegurou uma rápida vitória aos Britânicos, com a constrangedora rendição argentina ocorrendo pouco mais de dois meses após o início do conflito. Com isso, a popularidade de Thatcher aumentou vertiginosamente, assegurando a vitória dos conservadores e sua reeleição em 1983, bem como o cacife político para retomar as privatizações e as demais medidas neoliberais, derrotando os mineiros na conhecida greve de 1984-1985, ocasião em que essa categoria, então tida como a mais representativa e poderosa no Reino Unido, se opunha ao fechamento das minas estatais de carvão, bem como também defendia o Estado de bem-estar social contra o ideário neoliberal.

Nesse ponto, cabe uma pequena digressão acerca da greve dos mineiros, na medida em que há diversos estudos que relacionam parametricamente esse movimento com a greve dos petroleiros de 1995, dentre os quais cabe destacar a tese de Frederico Lisboa Romão, intitulada A Greve do Fim do Mundo: Petroleiros 1995 — A expressão fenomênica da crise

---

(5) TAVARES, Maria da Conceição. *Maria da Conceição Tavares:* vida, ideias, teorias e políticas. Maria da Conceição Tavares; Hildete Pereira de Melo (Orgs.). São Paulo: Fundação Perseu Abramo / Expressão Popular / Centro Internacional Celso Furtado; 2019. p. 218-219.

fordista no Brasil, que posiciona ambos os movimentos como de resistência ao avanço do neoliberalismo, também relacionando as estratégias adotadas respectivamente pelos Governos Thatcher e FHC, que tinham como elemento comum o mote "não há alternativa", ou seja, de não haver reais negociações, tendo por finalidade oculta quebrar a espinha dorsal da classe trabalhadora representada, respectivamente, pelos mineiros e petroleiros, que eram tratados como "inimigo interno", garantindo assim o avanço neoliberal.

Segundo Mark Fisher, a derrota dos mineiros consubstanciou o momento em que a ideologia neoliberal se tornou dominante no Reino Unido, na forma do que o teórico inglês denominou como realismo capitalista, o qual apresentamos em outra ocasião nos seguintes termos:

> Essa desconstrução do ideal de bem-estar social veio acompanhada por uma específica mudança do discurso ideológico, sintetizado por outro slogan típico da era Thatcher: "não há alternativa!", ou seja, diferentemente daquele espírito fordista, no qual o capitalismo era vendido como melhor sistema econômico-político, a ideia então passou a ser a de incutir nas pessoas a percepção de que não se trata apenas do melhor sistema, mas sim do único sistema viável. Portanto, as pessoas não deveriam pensar em utopias ou modos alternativos de sociabilidade para além do capitalismo, mas sim deveriam ser "realistas", sendo essa uma das facetas da ideologia que o teórico inglês Mark Fisher denominou como realismo capitalista.[6]

Aqui cabe registrar que entendemos ser relevante e pertinente a referência ao realismo capitalista, pois, conforme veremos quando tratarmos diretamente da greve dos petroleiros, foi essa ambiência ideológica que se instaurou no Brasil em 1995.

Retomando os desdobramentos da conjuntura internacional, no início dos anos 1980, o neoliberalismo então despontou como doutrina praticamente oficial do governo dos Estados Unidos e da Inglaterra, ambos com suas posições no tabuleiro geopolítico revigoradas, passando a impor e a servir de paradigmas para o restante do mundo, o que incluiu, para a perplexidade das esquerdas, muitos governos socialdemocratas ou socialistas, como o de François Mitterrand na França (1981-1995) e o de Felipe González na Espanha (1982-1996).

Porém, ainda mais impactante que essa disputa na Europa Ocidental, a virada neoliberal passa a afetar os países do Leste Europeu e a própria União Soviética. Era o ano de 1985, quando Gorbachov assume o governo da URSS em um momento já crítico, no qual o país sofria com a queda do preço do petróleo ocorrida a partir de 1983, com sua economia também pressionada pelo aumento do orçamento militar em resposta à nova Guerra Fria promovida na era Reagan, que retomou a dianteira da corrida nuclear, com o Projeto Guerra nas Estrelas, que pretendia tornar inútil o arsenal balístico da URSS.

(6) FISHER, Mark. *Realismo Capitalista:* é mais fácil imaginar o fim do mundo do que o fim do capitalismo? São Paulo: Autonomia Literária, 2020. p. 3.

É certo que, diante de crises anteriores, a União Soviética se defendia por meio de seus mecanismos de planificação, ou seja, buscava retornar a uma zona de conforto inerente ao socialismo realmente existente. No entanto, não foi esse o caminho adotado por Gorbachov, o qual possuía fortes inclinações liberais e desburocratizantes, o que se refletiu, no plano econômico, na política de desestatização conhecida como *Perestroika* e na de reformulação institucional e ideológica designada *Glasnost*.

Tais medidas foram bem-vindas aos olhos da comunidade internacional capitalista. No entanto, na mesma medida em que Gorbachov se aproximava do ideal das democracias liberais, abandonava antigos aliados, extinguindo ou minorando linhas de crédito e outros apoios materiais aos demais países socialistas, historicamente isolados na comunidade internacional, sendo exemplar o caso de Cuba e o enorme desabastecimento lá verificado no final dos anos 1980. Além disso, a URSS passou a adotar uma política de convergência sistemática com a maioria do Conselho de Segurança, gerando ainda mais instabilidade no bloco socialista, desencadeando a dissolução de praticamente todos os regimes do Leste Europeu no segundo semestre de 1989, culminando com a emblemática queda do muro de Berlin.

No entanto, para além dos efeitos nocivos aos demais regimes socialistas, a estratégia de abertura de Gorbachov mostrou-se desastrosa para seu próprio país, servindo de catalisador da deterioração política e econômica da URSS, processo que atingiu seu ápice no golpe de Estado contra o dirigente soviético no final de 1991, que após uma série de reviravoltas, propiciou a ascensão de Boris Ieltsin como presidente da Rússia e a subsequente dissolução da União Soviética em 25 de dezembro de 1991.

Os fatos que desencadearam a queda da URSS são extremamente complexos e não caberia aqui um maior aprofundamento acerca das demais causas de seu desmantelamento, sendo que, para efeito da presente reflexão, o mais relevante são as consequências geopolíticas e ideológicas que se espraiaram pelo mundo, incluindo o Brasil.

Nesse sentido, do ponto de vista estratégico, o fim da URSS importou na consolidação dos Estados Unidos como poder bélico incontrastável, o que já fora sinalizado ao mundo naquele mesmo ano de 1991, com a Primeira Guerra do Golfo e seu "show" de mísseis de cruzeiro e bombas lançadas por aviões do tipo *stealth*, transmitido ao vivo e via satélite pela CNN. Já no campo ideológico, disseminou-se a ideia de "fim da história", ou seja, de que o mundo havia atingido seu ápice organizacional e político com o capitalismo liberal e sua democracia representativa, que agora tendia à então denominada globalização, ambiência altamente deletéria do ponto de vista das esquerdas, o que é bem sintetizado por Paulo Fagundes Visentini:

> Nas esquerdas do mundo inteiro, como forma de consolo, forjou-se a narrativa que considerava o fato como "fim do estalinismo" e a abertura de novas oportunidades políticas. Mas o que ocorreu foi uma deserção generalizada, o abandono de princípios e estratégias básicas ou o entrincheiramento autista em um discurso voltado ao passado.(7)

---

(7) VISENTINI, Paulo Fagundes. *O caótico século XXI*. Rio de Janeiro: Alta Books, 2015. p. 25.

Voltando ao pensamento de Fisher, do mesmo modo que a derrota dos mineiros representou a ascensão do realismo capitalista em termos hegemônicos no Reino Unido, a queda da URSS foi o símbolo de sua instauração em termos absolutos, pois, não obstante o neoliberalismo já se apresentara como a linha dominante nos EUA e no Reino Unido desde início dos anos 1980, ao longo dessa década ainda havia a União Soviética como representante de uma "alternativa", a qual, com seu colapso, deixou de existir:

> Nos anos 1980, o "socialismo real" ainda persistia, mesmo que na fase final de seu colapso. Na Inglaterra, as linhas de fratura do antagonismo de classes estavam completamente expostas, em razão de conflitos como a Greve dos Mineiros de 1984-1985. A derrota desse movimento foi um momento importante no desenvolvimento do realismo capitalista [no Reino Unido], tão ou mais significante em sua dimensão simbólica quanto em seus efeitos práticos. O fechamento das minas foi defendido precisamente com base no argumento de que mantê-las abertas não era "economicamente realista", e os mineiros foram retratados como os últimos atores de um romance proletário fracassado. Os anos 1980 foram o período no qual o realismo capitalista se estabeleceu, com muita luta, e criou raízes. Foi a época em que a doutrina de Margaret Thatcher de que "não há alternativa" — um slogan tão sucinto para o realismo capitalista quanto se poderia querer — se transformou em uma profecia autorrealizável brutal.(8)

Em síntese, o panorama global do início da década de 1990, indicava o neoliberalismo como único modo de regulação viável do capitalismo, sendo que o próprio capitalismo, por seu turno, passou a ser tido como único caminho possível de organização social. Tudo isso se acoplava ao discurso do "não há alternativa", ensejando a atmosfera ideológica que Mark Fisher denominou como "realismo capitalista". Como se não bastasse, em termos estratégicos, o neoliberalismo tinha como maior baluarte os Estados Unidos, com sua hegemonia financeira totalmente recuperada desde o início da década de 1980, emergindo nos anos 1990, após a queda da URSS, como única superpotência militar e com rápida capacidade de intervenção em qualquer ponto do mundo. Era nessa conjuntura que o neoliberalismo e seu realismo capitalista — rodando com força total — aportava no Brasil.

4. O Neoliberalismo e o Realismo Capitalista no Brasil

Na análise do neoliberalismo no Brasil, cabe de pronto destacar duas peculiaridades intimamente vinculadas às especificidades de temporalidade do caso brasileiro. A primeira delas diz respeito ao atraso de praticamente dez anos na ascensão de um governo neoliberal em relação às nações centrais. A segunda concerne à força de sua chegada, que ocorreu de modo aparentemente abrupto e contundente. Essas duas peculiaridades irão pautar as considerações que formularemos a seguir e que também terão como fio condutor a alegoria geopolítica de José Luís Fiori acerca do conceito por ele denominado como "síndrome de Babel".

---

(8) FISHER, Mark. *Realismo Capitalista:* é mais fácil imaginar o fim do mundo do que o fim do capitalismo? São Paulo: Autonomia Literária, 2020. p. 9.

Conforme lembra Fiori a partir do texto bíblico, Deus criou uma institucionalidade a partir da unicidade de linguagem dada aos seres humanos, mas quando essa institucionalidade ameaça seu poder ele próprio a desconstrói:

> O "mito da Torre de Babel" conta a história dos homens que se multiplicam, depois do Dilúvio, unidos por uma mesma linguagem e um mesmo sistema de valores, propondo-se a conquistar o poder de Deus através da construção de uma torre. E conta como Deus reagiu ao desafio dos homens, dividindo-os e dispersando-os, dando a cada nação uma língua e um sistema de valores diferentes, de forma que não pudessem mais se entender nem se fortalecer conjuntamente.(9)

Tal conceito também se coaduna com a ideia de soberano em Carl Schmitt. Para o jurista alemão, soberano é aquele que tem o poder sobre a "exceção", ou seja, para além de ser o ente que cria ou mantém uma determinada institucionalidade, o soberano é melhor identificado como sendo aquele que pode decretar o Estado de exceção, isto é, suspender ou mesmo destruir uma institucionalidade, para repô-la ou recriá-la em novas bases e regras. Segundo a leitura de Fiori, agora já no plano internacional, tal figura soberana se apresenta na forma de *hegemon*, ou seja, o Estado dominante, aquele que detém a hegemonia, com capacidade para destruir a própria ordem que criou.

De certo modo, em síntese, é disso que tratamos na análise das condicionantes geopolíticas que permitiram a ascensão do neoliberalismo. Aqui, cabe relembrar, foram os próprios Estados Unidos — instituidor e garante do sistema internacional baseado nas cláusulas de Bretton Woods — que, no momento representado pela declaração de Nixon de agosto de 1971, implodiu a "Torre de Babel" da era fordista, abrindo espaço para que o neoliberalismo avançasse, bem como projetando de forma antecipada para o campo do internacional o individualismo e a fragmentação inerente à ideologia neoliberal, adotando medidas protecionistas, ao mesmo tempo que sinalizava para uma multipolaridade, antecipando-se à globalização.

Assim, na medida em que o neoliberalismo avançava no interior dos próprios Estados Unidos, ele também ensejava novos arranjos no campo internacional. Isso pôde ser sentido, por exemplo, na relação dos Estados Unidos com as ditaduras latino-americanas. Já pontuamos que a atuação de Nixon foi central para o golpe de Estado contra Salvador Allende e a ascensão de Pinochet. De igual modo, naquele tempo, correspondente ao mais rigoroso momento da ditadura no Brasil, época do Governo Médici, a relação entre a Casa Branca e a ditadura brasileira era altamente harmônica, inclusive com o Brasil servindo de grande aliado nos desdobramentos do golpe no Chile.

Porém, essa relação começou a mudar pouco tempo depois, já no Governo Carter, que utilizava o discurso dos direitos humanos para atacar as ditaduras latino-americanas pela "esquerda", mas, ao mesmo tempo, impunha medidas econômicas imperialistas, o que, em

(9) FIORI, José Luís. *A síndrome de Babel e a disputa do poder global*. Petrópolis: Vozes, 2020. p. 61.

último grau, transferia a conta da crise estadunidense para a classe trabalhadora dos países periféricos, avançando pela "direita". Tanto assim o foi que, em termos pragmáticos, era possível verificar que a ditadura brasileira já se encontrava num viés de abertura, ainda que, na expressão de Geisel, "lenta, gradual e segura", o que até mesmo mantinha um certo aspecto paramétrico com a mudança da política internacional de Nixon em relação a Carter.

No entanto, o que não se admitia de fato pelos Estados Unidos, muito mais do que os ainda presentes abusos inerentes à ditadura, era a manutenção da postura desenvolvimentista do governo brasileiro, principalmente no período Geisel, que avançava no campo internacional em meio à instabilidade hegemônica do imperialismo estadunidense em meados e final dos anos 1970. Nesses termos, bem pondera Maria da Conceição Tavares:

> O projeto do governo de Geisel foi de caráter nitidamente ofensivo. Tentou enfrentar a potência no Continente Sul, no vácuo da suposta decadência norte-americana, desde a ruptura do sistema de Bretton Woods e da perda de competitividade para o Japão e a Alemanha. Desse projeto geopolítico decorreram: o projeto nuclear com a Alemanha, a ruptura do pacto militar Brasil-Estados Unidos, a diplomacia africana, o reatamento das relações com a China e a mudança diplomática em Cuba. Num mundo que se desenhava multipolar — com a Alemanha e o Japão desempenhando novamente um papel geoeconômico relevante —, o Brasil deveria ocupar o seu lugar no concerto das grandes nações. Deveria ampliar também suas relações geoeconômicas e políticas com o chamado Terceiro Mundo.[(10)]

Tais embates e atritos ocorreram em um momento de uma certa anomia na ordem internacional. Afinal, como vimos, o momento de retomada hegemônica, com uma nova institucionalidade no sistema mundial, ocorreu no final dos anos 1970 e início dos anos 1980, com o Choque Volcker e com a subsequente eleição do governo neoliberal de Ronald Reagan. Porém, o espraiamento do neoliberalismo para outras nações, dentre as quais o Brasil, teve como fator de resistência a própria institucionalidade anterior constituída pelos Estados Unidos e que ainda se protraía por meio dos atores e instituições criadas ou fomentadas sob a égide do sistema anterior, que ainda possuíam aspirações desenvolvimentistas, ao mesmo tempo que acreditavam, ainda que por interesses patrimonialistas, na maior intervenção do Estado na economia e nos paradigmas de bem-estar social do período fordista.

Assim, nos anos 1980, não obstante a força dos países centrais, em especial dos Estados Unidos e do Reino Unido, então defensores absolutos das concepções neoliberais, e do crescimento dessa doutrina na política brasileira, ainda remanescia uma considerável corrente desenvolvimentista e liberal social, o que possibilitou a formatação de uma Constituição Federal em moldes típicos da era fordista e do Estado de bem-estar social, sendo possível,

(10) TAVARES, Maria da Conceição. *Maria da Conceição Tavares:* vida, ideias, teorias e políticas / Maria da Conceição Tavares; Hildete Pereira de Melo (organizadora) – São Paulo: Fundação Perseu Abramo / Expressão Popular / Centro Internacional Celso Furtado; 2019. p. 285-286.

por exemplo, mencionar os dispositivos atinentes aos direitos sociais fundamentais, os da criação do Sistema Único de Saúde, da garantia da função social da propriedade, bem como a manutenção dos monopólios de setores estratégicos, como os da exploração do petróleo e o das telecomunicações.

Nesse ponto, acerca da divisão da classe política brasileira no período da constituinte, entre um neoliberalismo ascendente e um desenvolvimentismo que, apesar de declinante, ainda era bastante representativo, cabível trazer as reflexões de Camila Rocha:

> Na época da Constituinte o cenário político nacional estava marcado pela crise do nacional-desenvolvimentismo, aprofundada pela crise da dívida e pela espiral inflacionária. Tal conjuntura dividia a maior parte dos políticos entre aqueles que apostavam no abandono das políticas desenvolvimentistas e aqueles que defendiam sua continuação com certas modificações. Os primeiros, mais identificados com propostas de cunho neoliberal, apostavam na abertura da economia, na integração do país nas redes do capitalismo globalizado, no enxugamento da máquina estatal e na eliminação de "entraves" para estimular os investimentos estrangeiros. Já os segundos procuravam dar continuidade ao legado do desenvolvimentismo, no que tange à manutenção das empresas estatais e à defesa do "patrimônio nacional", mas com certas modificações que incluíam a adoção de reformas socializantes que visassem a redistribuição da renda e da propriedade urbana e agrária, bem como de medidas democratizantes que possibilitassem maior participação política e liberdade de organização por parte das classes trabalhadoras.[11]

Todavia, apesar dessa divisão, até o advento da Constituição de 1988, ainda que em termos relativos e por uma pequena margem, preponderou o espírito desenvolvimentista e de bem-estar social, consoante também observa Nelson da Silva Junior:

> Apesar de estar em franca decadência, tal política ainda foi forte o bastante para barrar uma virada súbita ao neoliberalismo com a Constituição de 1988, redigida sob uma chave fortemente ligada ao nacional-desenvolvimentismo. De fato, apenas no Governo Fernando Henrique Cardoso, iniciado em 1994, o governo brasileiro deu passos decisivos para aderir aos princípios neoliberais.[12]

No entanto, consoante já pontuamos, as condicionantes geopolíticas foram determinantes para a subsequente virada neoliberal no Brasil, com o desmantelamento do pacto político que propiciou a "Constituição Cidadã". Nesse sentido, cabe lembrar, o quão impactante

(11) ROCHA, Camila. *Menos Marx, mais Mises*. O liberalismo e a nova direita no Brasil. São Paulo: Todavia, 2021. p. 40.

(12) SILVA JUNIOR. O Brasil da barbárie à desumanização neoliberal: do "Pacto edípico, pacto social" de Hélio Pellegrino, ao "E daí?" de Jair Bolsonaro. In: SAFATLE, Vladimir; SILVA JUNIOR, Nelson; DUNKER, Christian (Orgs.). *Neoliberalismo como gestão do sofrimento psíquico*. Belo Horizonte: Autêntica, 2020. p. 264

foi o ano de 1989, com a queda do Muro de Berlim, o colapso do Leste Europeu e a formulação do Consenso de Washington, que, essencialmente, foi a receita estadunidense que constrangia os países periféricos a arcarem com a conta da crise da dívida criada ou estimulada pela própria política monetária estadunidense da alta de juros.

Foi nessa conjuntura que, no final de 1989, Fernando Collor se elege presidente da República, o primeiro eleito diretamente depois de mais de vinte anos de ditadura militar. Logo no início de seu governo, em 16 de março de 1990, é baixado o Plano Collor, o qual, além do traumático bloqueio das cadernetas de poupança, foi acompanhado de uma série de medidas econômicas e, principalmente, com a instituição de um maciço plano de privatizações, precedido da sistemática demissão de funcionários do setor público, medidas essas que, ao menos em um primeiro momento, não sofreram maior resistência da sociedade brasileira, traumatizada pela crise da dívida externa e da inflação, potencializada pelo insucesso dos diversos planos econômicos, nomeadamente os planos Sarney, Verão e Bresser.

Nesse sentido, quanto aos efeitos anestesiantes do choque das dívidas em países como o Brasil, bem observa Naomi Klein, em sua obra *A Doutrina do Choque*:

> Nos países em desenvolvimento, que carregam pesadas dívidas, o Choque Volcker — também conhecido como o "choque da dívida" ou "crise da dívida" — funcionou com uma gigantesca arma do tipo "*teaser*" disparada de Washington, fazendo com que o mundo em desenvolvimento entrasse em convulsão. O aumento das taxas de juros significava pagamentos de juros mais altos sobre a dívida externa e, muitas vezes, os pagamentos mais altos só podiam ser atendidos com a contratação de mais empréstimos. A espiral da dívida nasceu [...] Foi depois do Choque Volcker que a dívida do Brasil explodiu, dobrando de US $ 50 bilhões a $ 100 bilhões em seis anos.(13)

E prossegue a autora, agora tratando do avanço do neoliberalismo nos países em desenvolvimento, sob o patente patrocínio do FMI:

> O princípio era simples: os países em crise precisam desesperadamente de ajuda de emergência para estabilizar suas moedas. Quando as políticas de privatização e livre comércio são empacotadas junto com o resgate financeiro, os países têm pouca escolha a não ser aceitar o pacote completo. A parte realmente inteligente é que os próprios economistas sabiam que o livre comércio não tinha nada a ver com o fim de uma crise, mas essa informação foi habilmente ocultada.(14)

Tudo isso facilitou a aceitação pela população de medidas, que, numa situação de normalidade, seriam absolutamente impopulares, tais como o bloqueio das poupanças, que

---

(13) KLEIN, Naomi. *The shock douctrine:* The rise of disaster capitalism. New York: Picador, 2007. p. 199. (tradução nossa)

(14) *Ibidem*, p. 206.

peculiarmente foram objeto de temor nas eleições anteriores no caso da vitória de candidatos da esquerda, mas que acabaram sendo tomadas justamente por Collor, que, em seu primeiro dia de governo, conclamou a população a apoiar aquele que ficou conhecido como Plano Collor.

Nesse ponto, cabem destacar os seguintes trechos do discurso de Collor, proferido quando do anúncio de seu plano econômico, os quais revelam a ideologia do realismo capitalista e seu mote "não há alternativa":

> "A livre iniciativa é a única via para o crescimento sustentado e progressista [...] nossa sociedade necessita de menos Estado, porém mais governo [...] de pouco serve a confiança do paciente no médico se esse não dispuser do equipamento indispensável ao tratamento [...] a máquina governamental exige reformas dramáticas [...] o governo vai liderar, a partir de agora, um enorme esforço para retirar o Estado de onde jamais deveria ter entrado, ou de onde já não precisa estar, para pô-lo em ação onde nunca esteve ou onde sua presença jamais se achou à altura das necessidades mais elementares da população, essa não é uma opção ideológica, é uma imposição da realidade e uma decisão majoritária do povo brasileiro [...] Não temos alternativas, o Brasil não aceita mais derrotas. Agora é vencer ou vencer."(15)

Contudo, o Governo Collor, que pode ser tido como fruto de um arranjo improvisado da burguesia nacional para não permitir a ascensão de um governo de esquerda, demonstrou-se absolutamente inconsistente e incapaz de fazer decolar as medidas neoliberais. O escândalo de corrupção de seu governo, que veio à tona em 1992, propiciou a cirúrgica remoção de Collor por um rápido, porém traumático, processo de impeachment.

Assim, ainda conforme as reflexões de Klein acerca da estratégia neoliberal em aproveitar momentos críticos sofridos pelas populações — fossem crises econômicas, políticas, guerras ou desastres naturais — para fazer avançar suas reformas, cabe acrescentar que o choque no Brasil ainda teve a especificidade do choque do *impeachment* de Collor, ou seja, a população brasileira se viu na contingência de apoiar o afastamento do primeiro presidente democraticamente eleito após mais de vinte anos de ditadura, o que serviu de elemento potencializador do trauma da dívida e da inflação.

Nesse contexto, ao final de 1992, Itamar Franco assume a presidência e com ele formata-se um novo arranjo de inclinação neoliberal, com Fernando Henrique Cardoso nomeado ministro das Relações Exteriores e, em seguida, ministro da Fazenda. Foi em 1994, sob o comando do então ministro FHC, que se iniciou a implementação do Plano Real, que tinha por meta imediata estancar a elevada inflação que se protraia desde o final dos anos 1970. O Plano mostrou-se prontamente eficiente para o controle da inflação, cacifando FHC como nome natural para sucessão de Itamar, de modo a levar adiante as medidas que Collor não fora capaz de implementar.

---

(15) 16 de março de 1990.

E foi assim, com os auspícios dos interesses do capital, que FHC vence as eleições de outubro de 1994, com a esquerda novamente derrotada, mas agora de forma ainda mais contundente, visto que FHC vence Lula já no primeiro turno. O discurso pertinente ao Plano Real é de que as medidas adotadas eram técnicas, eram realistas, e que por isso funcionavam, não se tratando de uma escolha política, mas sim da melhor solução possível a partir de critérios técnicos e científicos, em relação aos quais não haveria alternativa. Enfim, era o realismo capitalista legitimando o rolo compressor neoliberal, que avançava diante de uma população majoritariamente anestesiada pelos choques da dívida, da inflação e do impeachment. Porém, em 1995, a vanguarda da classe trabalhadora, da qual faziam parte os petroleiros, ainda mostrou força para resistir.

5. A Greve Petroleira de 1995

A "Greve do Fim do Mundo", também designada "A Grande Batalha", foi a denominação pela qual ficou conhecida aquela realizada pelas petroleiras e petroleiros no período de 3 de maio de 1995 a 2 de junho de 1995. No entanto, em termos de uma causalidade e conjuntura imediata, podemos entender o movimento como sendo um desdobramento daquele iniciado em agosto de 1994, ou seja, algumas semanas antes das aludidas eleições que viriam a ocorrer em outubro daquele ano. Assim, tal como a Greve dos Mineiros do Reino Unido de 1984-1985, a "Greve do Fim do Mundo" deve ser interpretada em um sentido ampliado, como movimento de longa duração.

Nesses termos, cabe pontuar que em 1994, no ápice da corrida à presidência, a recém-criada FUP — Federação Única dos Petroleiros já tinha a correta dimensão do que representava a candidatura de Fernando Henrique Cardoso no contexto do avanço neoliberal e do consequente retrocesso dos direitos e garantias trabalhistas. Nesse sentido, são os registros e reflexões de Frederico Lisboa Romão:

> Como dissemos, esta foi uma etapa e, certamente, os arautos do neoliberalismo e seus asseclas não se darão por vencidos. A meta de estabelecimento de um Estado mínimo, sem poder de interferência nos mecanismos de concentração de renda, será perspectiva sombria que se construirá através da candidatura FHC, representante maior de todos os setores conservadores do Brasil. Clara está a comprovação deste projeto através do Plano de Estabilização Econômica em que, mais uma vez, atribui-se aos salários a responsabilidade pelos altos índices inflacionários permitindo, por outro lado, total liberdade de preços [...] Derrotar FHC significa denunciar o plano econômico que é a base de sustentação de sua candidatura. Se isso não ocorre, a implementação dos planos neoliberais vai levar miséria e fome ao povo brasileiro [...] A ação do movimento sindical petroleiro nesta conjuntura deve ser estratégica, pois o futuro do monopólio estatal do petróleo, o conceito e o papel do Estado, entre outras questões estará em disputa nas eleições.(16)

---

(16) ROMÃO, Frederico Lisbôa. *A greve do fim do mundo:* petroleiros 1995 — expressão fenomênica da crise fordista no Brasil. Tese de doutoramento apresentada à Universidade Estadual de Campinas/IFCH. Campinas, SP, 2006. p. 333-334.

Assim, quando da aproximação da data-base da categoria, estabelecida para 1º de setembro de 1994, as petroleiras e petroleiros já tinham uma boa perspectiva da conjuntura e do desafio que se avizinhava. Em 26 de agosto, a categoria apresentou suas reivindicações, dentre as quais: 112% de reajuste; 26% de reposição decorrente dos expurgos de correção monetária dos planos econômicos; pagamento dos turnos extraordinários como horas extras. Por seu turno, a Petrobrás responde com uma contraproposta muito aquém, timidamente formulada com base na justificativa de observância às determinações do Plano Real, assim ofertando apenas a correção do período, que seria de 13% pelo IPC-r.

Ato contínuo, a FUP convoca plenária nacional, a qual rejeita a proposta e marca o início da greve para 27 de setembro. Nessa mesma data, acaba ocorrendo audiência de conciliação junto ao TST — Tribunal Superior do Trabalho, a qual resta infrutífera. Na sequência, no dia 30, o TST reputa a greve ilegal, determinando o fim do movimento, fixando multa cominatória de R$ 50.000,00 por dia de descumprimento em detrimento dos sindicatos para o caso de não retomada ao trabalho.

Fora a multa, o governo articulou uma forte campanha no sentido de taxar a greve como abusiva e eleitoreira, com a categoria sendo apontada como privilegiada por seu padrão remuneratório e, também, egoísta, por dar causa ao desabastecimento dos derivados de petróleo, notadamente gás de cozinha, colocando em risco o próprio Plano Real. Não obstante tudo isso, foi dada continuidade à greve.

Em meio ao movimento, no dia 2 de outubro, ocorrem as eleições, com as pesquisas e projeções apontando a vitória de FHC já no primeiro turno. No dia 5 de outubro, com FHC virtualmente eleito, o presidente Itamar Franco, atendendo à solicitação de Vicentinho — Presidente da CUT — Central Única dos Trabalhadores, aceita receber representantes dos petroleiros, convidando-os para o evento que ficou conhecido como Encontro de Juiz de Fora, realizado no Hotel Ritz daquele município.

A reunião foi conduzida pelo próprio presidente Itamar Franco. Além dele, pelo Governo, estavam os ministros Delcidio Amaral (Minas e Energia), Marcelo Pimentel (Trabalho), Ciro Gomes (Fazenda) e Mauro Duarte (Secretaria Geral da Presidência). Já pelo lado dos trabalhadores, faziam-se presentes Vicentinho (CUT), Antônio Carlos Spis (coordenador geral da FUP), Geraldão e Mauricio (dirigentes da FUP) e Moia (dirigente sindical de Cubatão). O encontro, que durou cerca de duas horas, resultou em um acordo provisório, que ficou conhecido como "Termo de Entendimento", pelo qual os trabalhadores e trabalhadoras aceitaram a proposta de reajuste da Petrobrás, à qual se somavam a readmissão de sete sindicalistas demitidos, bem como os pagamentos das horas-extras-turno e abertura de negociações acerca das cláusulas sociais não atingidas pela decisão do TST do dia 30 de setembro, estipulando-se ainda a criação de uma comissão para discussão do passivo trabalhista.

Ainda em relação ao encontro, cabe destacar uma situação que foi muito explorada pela mídia, servindo de fator de desgaste não somente em relação à opinião pública, mas também entre as bases e os dirigentes da categoria. Segundo depoimento de Antônio Carlos

Spis, após encerrar o acordo, que foi concluído em um restaurante da cidade de Juiz de Fora, algum dos presentes, não se sabe se do governo ou não, propôs um brinde e, até por reflexo, todos acabaram brindando. A foto do brinde foi parar nas capas de revistas e jornais, sendo que a ideia passada, segundo o próprio Spis foi de que "a greve terminou em chopp" (A Greve, 2015, 18min).

Contudo, para além dos desdobramentos midiáticos do evento, contrariando o acordado, a Petrobrás e o Governo não retomaram as negociações, havendo ainda instauração de processos administrativos para apurar responsabilidades de trabalhadores pelas paralisações. Em vista disso, uma nova plenária da FUP ocorre em 30 de outubro, aprovando-se nova greve a ser iniciada em 10 de novembro, exigindo o cumprimento do "Termo de Entendimento".

No dia 09 de novembro, houve uma nova reunião entre Delcídio Amaral, Ministro das Minas e Energia, representando o Governo e a Petrobrás, e Spis, representando a FUP. Nessa ocasião, foi estabelecido um novo pactuado, agora denominado "Termo de Acordo", por meio do qual haveria o pagamento de parte das perdas dos expurgos inflacionários do Plano Bresser, a ser efetivada na forma da "antecipação" de dois salários, pagamentos esses que deveriam ocorrer em dezembro daquele ano de 1994 e em janeiro de 1995. Também a segunda parcela do 13º salário (a primeira já havia sido paga no primeiro semestre) ocorreria já com a recomposição das perdas inflacionarias derivadas da criação da URV. Além disso, o Governo se comprometeu a anistiar os dirigentes sindicais anteriormente punidos, bem como encerrar qualquer medida tendente à punição de trabalhadores pela greve anterior, com o compromisso de manter as negociações das chamadas cláusulas sociais.

Logo após a formatação desse novo acordo, ocorreram críticas na opinião pública, notadamente pela grande mídia, apontando risco de efeito cascata para outras categorias, o que comprometeria o próprio Plano Real, principalmente por conta da inclusão das perdas da URV na conversão do 13º salário. Assim, Itamar Franco reabre as discussões ministeriais para debater internamente esse último acordo.

Em paralelo ao debate no Executivo, o TST profere uma nova decisão, revogando enunciados do próprio Tribunal, os quais, até então, asseguravam as reposições pelos expurgos inflacionários dos planos econômicos, incluindo as perdas do Plano Bresser. Com base nessa oportuna revogação de enunciados, Itamar rompe, unilateralmente, o "Termo de Acordo", ou seja, a partir da suposta ilegalidade de uma única cláusula — cuja validade poderia ser obviamente defendida a partir de preceitos elementares de segurança jurídica e do ato jurídico perfeito — é revogado todo o pactuado.

Nova greve é articulada para o dia 21 de novembro, sendo efetivamente instaurada no dia 22, por tempo indeterminado. No dia 25, ocorre audiência de conciliação junto ao TST e é celebrado novo acordo, agora denominado "Protocolo", por meio do qual a Petrobrás e o Governo se comprometeram a seguir com as negociações e garantir reajustes para recompor os níveis salariais. As negociações, segundo o "Protocolo", deveriam ser reabertas em 20 dias.

Contudo, isso não ocorre, sendo que os representantes, tanto do Governo, quanto da Petrobras, passam a se esquivar de reuniões e tratativas. Era o final do Governo Itamar Franco e, naquele apagar das luzes, não havia tempo para mais nada, nem greves ou negociações, tudo deveria ser reaberto na era do Governo FHC.

Porém, essas idas e vindas, com rupturas e desrespeito aos acordos — e à própria categoria — serviram para energizar o movimento para o ano seguinte, espírito esse que pode ser extraído do seguinte texto divulgado pelo movimento em dezembro de 1994, o qual bem resume a conjuntura:

> O governo FHC retomará com mais ímpeto o programa de privatização, de quebra dos monopólios estatais, de corte de funcionários, de retomada da Revisão, de ataque aos direitos dos trabalhadores, entre outros projetos, de cunho neoliberal, defendidos pelo "Consenso de Washington". Urge, portanto, que estejamos conscientes desses desafios, para que possamos enfrentá-los organizados e decididos. Se muito vale o já feito, mas vale o que será. Avante petroleiros![17]

Essa avaliação dos petroleiros e petroleiras mostrou-se correta. De fato, o novo governo não demonstrou as mesmas oscilações e posturas erráticas de negociações dos tempos de Itamar ou qualquer abalo na determinação em fazer passar as reformas neoliberais. Logo após assumir a presidência, FHC começou a articular várias propostas de emendas constitucionais, notadamente a da reforma da previdência e, também, diversas privatizações em importantes setores, as quais dependiam de prévias reformas constitucionais, o que incluía a reformulação do conceito de empresa nacional, bem como a quebra dos monopólios estatais das telecomunicações e da exploração do petróleo.

Em abril de 1995, com vários projetos na iminência de serem votados, a classe trabalhadora se articulava, pretendendo não apenas a reposição das perdas dos últimos anos, como também se posicionando contra as privatizações. A articulação maior das diversas categorias ficou a cargo da CUT. No entanto, a grande categoria de vanguarda foi a dos petroleiros, que, por meio da recém-criada FUP, conseguia mobilizar rapidamente os diversos sindicatos dos petroleiros existentes no País, tendo também destaque pela importância econômica e geopolítica, decorrentes da relevância do petróleo e da própria Petrobrás, que então era a maior empresa do país, tanto em valor de mercado, quanto em receita. Por tudo isso, os petroleiros vetorizavam as demais categorias.

Nesse ponto, cabe repisar que a categoria petroleira também estava altamente energizada para a greve, notadamente por conta do sentimento de traição e aviltamento gerados pelos diversos acordos não cumpridos no final do Governo Itamar. Contudo, para além disso,

---

(17) Movimento, RN/Dezembro de 1994, *apud* ROMÃO, Frederico Lisbôa. *A greve do fim do mundo:* petroleiros 1995 — expressão fenomênica da crise fordista no Brasil. Tese de doutoramento apresentada à Universidade Estadual de Campinas/IFCH. Campinas, 2006. p. 346.

foi o próprio Governo FHC, que, às vésperas das greves de maio de 1995, baixou outras cartas na mesa, revelando novos intentos de desconstrução da Constituição de 1988 e dos direitos sociais nela previstos. Isso ocorreu sintomaticamente no dia 1º de maio de 1995, Dia do Trabalhador e da Trabalhadora, quando justamente o Ministro do Trabalho, Paulo Paiva, anunciou seu intento em formular uma nova proposta de emenda constitucional, para desconstitucionalizar diversos direitos sociais, como férias, licença maternidade, dentre outros, possibilitando a sua relativização por meio de leis ou acordos trabalhistas.

Nesse clima de elevada efervescência política e de ameaça a direitos sociais historicamente conquistados e de desmantelamento do patrimônio nacional, na virada do dia 2 para o dia 3 de maio de 1995, na chamada troca de turno da "zero hora", inicia-se a "Greve do Fim do Mundo", com os petroleiros e petroleiros fazendo-se acompanhar por diversas outras categorias, tais como aquelas dos setores de fornecimento de energia elétrica, atividade previdenciária, das universidades, da Saúde, Infraero, metroviárias e metroviários de São Paulo, dentre outras.

Logo no primeiro dia, dez das onze refinarias do país, aderem à paralisação. Além disso, gradativamente, as plataformas petrolíferas vão aderindo à greve, chegando a uma paralização de 25 plataformas de um total de 36. Por seu turno, o Governo, que já havia demonstrado sua disposição em não ceder às reivindicações, notadamente no que tange às reformas constitucionais, prontamente reagiu ao movimento.

Ainda naquele primeiro dia, FHC determina o corte do ponto de todos servidores e servidoras estatais que aderissem às greves. Em paralelo, Raimundo Brito, Ministro das Minas e Energia, pasta responsável pela maioria dos servidores em greve, ordena o ajuizamento de ações no TST para barrar o movimento. Por sua vez, o Tribunal também age rapidamente. Ainda naquele 3 de maio, o presidente do TST, José Ajuricaba da Costa e Silva, o qual em diversas ocasiões já havia publicamente expressado simpatia para com as medidas neoliberais[(18)], marca a audiência de conciliação com os petroleiros para o dia 6 de maio, bem como concede liminar determinando a manutenção do efetivo mínimo de 30% dos trabalhadores em serviço, sob pena de multa diária no patamar de R$ 100.000,00 em detrimento de cada sindicato, orientando a Petrobrás para a convocação nominal dos funcionários para o trabalho.

Quando da audiência, a Petrobrás não faz qualquer oferta significativa, demonstrando seu intuito em ampliar a liminar já concedida para obstar totalmente o movimento. Infrutífera a audiência, o TST marca o julgamento da greve para o dia 09 de maio. Em paralelo, o Governo pauta junto aos meios de comunicação a narrativa já usada no ano anterior, de que a greve é "política" e que a categoria já possui remuneração privilegiada, com salários muito acima das demais.

(18) Com relação às diversas declarações e à orientação neoliberal assumida não apenas pelo então presidente do TST, como de outros membros daquela corte, relevante apontar o mapeamento feito por Jorge Luiz Souto Maior acerca de depoimentos e decisões de membros do Judiciário por ocasião do período da Greve Petroleira de 1995 (SOUTO MAIOR, Jorge Luiz. *História do direito do trabalho no Brasil:* curso de direito do trabalho, volume I: Parte II. São Paulo: LTr, 2017. p. 396-401).

Nesse ponto, cabe trazer a compilação de notícias e manchetes feita por Romão, publicadas naquele dia 09 de maio:

> Gás já começa a faltar em São Paulo (*FSP*, 09 maio 1995). Estoque de gás da Petrobrás termina sexta (*O Povo*, 09 maio 1995). Indústria sofre com falta de gás (*Gazeta Mercantil*, 09 maio 95). Estoque de gás pode acabar antes de sexta no Rio de Janeiro (*A Tarde*, 09 maio 95) Estoque de gás de cozinha é muito baixo (*FSP*, 09.05.95). Greve pode provocar falta de gás em Mossoró (*O Mossoroense*, 09 maio 95). Sindicato: gás está chegando ao fim (*Vale Paraibano*, 09 maio 95).(19)

Nessa ambiência midiática, ocorre o julgamento no TST, o qual, por 11 votos a 1, declara a greve abusiva e, por 9 votos a 3, declara nulo o "Termo de Acordo", sob o fundamento de vício na representação da empresa, porquanto o Ministro das Minas e Energia, Delcidio Amaral, não teria poderes legais para atuar como preposto da Petrobrás. Além disso, houve determinação para que os petroleiros encerrassem imediatamente a greve, sob pena de multa diária, naquele patamar de R$ 100 mil por sindicato, autorizadas as demissões por justa causa e descontos dos dias parados.

Mais do que a declaração de abusividade da greve e das medidas punitivas, o que mais indignou os petroleiros foi o não reconhecimento da validade do acordo, cabendo aqui ressaltar que o excessivo formalismo da decisão do TST desconsiderou princípios elementares do Direito do Trabalho, como o da primazia da realidade e o da boa-fé, ignorando ainda a teoria da aparência, dentre diversos outros institutos jurídicos que, de forma muito mais substanciosa, militavam em favor da validade do pactuado.

Os petroleiros e petroleiras, no entanto, não recuam. Ao contrário, deliberam pela paralização total da produção. Em contrapartida, o Governo mantém sua intransigência, agora com sua posição chancelada jurídica e ideologicamente pelo TST. Assim, mais do que uma decisão política ou administrativa, as demissões e outras medidas são agora encampadas por um discurso de necessidade de observância às decisões judiciais.

Em paralelo, a ambiência midiática potencializava o discurso antigreve, com ataques não apenas aos petroleiros e petroleiras, como também em detrimento das demais categorias:

> A paralisação do metrô provoca mais um dia de caos (*TJ Brasil*). A greve transforma o dia em São Paulo num caos (*Jornal da Record*). Greve no metrô: inferno na volta para casa (*Aqui Agora*, do *SBT*). Greve provoca o maior congestionamento da história de São Paulo (telejornal da *CNT*). E milhões de brasileiros enfrentam um dia de agonia com greves de trem e de metrô (*JN*). Petroleiros, eletricitários, ferroviários, mais o pessoal das telecomunicações, da

(19) ROMÃO, Frederico Lisbôa. *A greve do fim do mundo*: petroleiros 1995 — expressão fenomênica da crise fordista no Brasil. Tese de doutoramento apresentada à Universidade Estadual de Campinas/IFCH. Campinas, 2006. p. 369.

saúde, das universidades. São 300 mil funcionários federais em greve, segundo a CUT (*TJ Brasil*).[20]

Nesse sentido, é bastante representativa a fotografia de capa do caderno de economia do jornal *O Estado de S. Paulo* de 10 de maio de 1995, a qual retrata uma criança, acompanhada de sua mãe, empurrando um botijão de gás, utilizando um velocípede.

Essa mesma linha foi adotada pelos principais telejornais da época, tais como, respectivamente, o *TJ Brasil* do *SBT* e o *Jornal Nacional* da *Globo*:

> Não é possível que toda uma população continue refém de uma categoria que resolveu fazer uma greve contra o fim dos monopólios, pergunte a quem está carregando bujões de gás nas costas ou está sem gás ou gasolina, o que ela acha da greve e o que ela acha agora do monopólio da Petrobrás (Boris Casoy, *TJ Brasil*, *SBT*, 25 maio 1995, "A Maior Greve", 5min30s).
>
> Vinte e um dias de greve e confronto e até agora ninguém ganhou nada! Perdem os petroleiros, a Petrobrás, o consumidor e a nação (Cid Moreira, *Jornal Nacional*, *Globo*) [...] O corte do gás para as indústrias afeta as exportações brasileiras e, mais do que isso, afeta o emprego de outros trabalhadores. A greve dos petroleiros se insurgiu contra a Justiça do Trabalho, contra o Executivo e contra o Legislativo, que está aprovando as reformas contra as quais a greve começou. Mas o maior problema não é com os Três Poderes, é com o maior dos Poderes, o Povo! Povo que agora está encontrando tempo nas filas de gás para pensar sobre os monopólios.[21]

Diante das multas aplicadas aos petroleiros e a outras categorias e da intensa campanha midiática negativa, os demais movimentos grevistas perdem força. Importantes categorias, como os metroviários de São Paulo, encerram suas greves já em meados de maio. Por seu turno, o Governo reage aos petroleiros e radicaliza em suas estratégias. Diante da paralisação total da produção, são traçados planos de racionamento e recrutados cerca de duzentos técnicos e engenheiros aposentados, bem como feitas sondagens em petrolíferas na Argentina, Peru e Venezuela, buscando equipes para substituir os grevistas.

Ainda nessa linha do "não há alternativa", no dia 24 de maio, FHC determina ao Exército a ocupação de quatro refinarias (Araucária, Paulínia, São José dos Campos e Mauá). A justificativa era a de impedir piquetes e permitir a entrada de eventuais petroleiros que decidissem abandonar a greve e voltar ao trabalho. No entanto, a estratégia utilizada foi patentemente intimidatória, típica da "diplomacia das canhoneiras", principalmente por conta do desvirtuamento das funções do Exército, lançando mão de dispositivos de GLO — Garantia

---

(20) LISBÔA, Frederico. *A greve do fim do mundo:* petroleiros 1995 — expressão fenomênica da crise fordista no Brasil. Tese de doutoramento apresentada à Universidade Estadual de Campinas/IFCH. Campinas, 2006. p. 380.

(21) GARCIA, Alexandre, *Jornal Nacional, Globo,* 25 maio 1995. *A Maior Greve dos Petroleiros, Sindipetro PR/SC,* 2005 (16min). Disponível em: <https://youtu.be/uAbv0l1ZdAw, 2min35s>.

da Lei e da Ordem para intervir em relações eminentemente trabalhistas, sem mínima justa-causa para tanto e com flagrante desproporcionalidade do número de tropas e dos equipamentos empregado, tais como tanques e metralhadoras, posicionados diante de um pequeno número de trabalhadores desarmados, que se manifestavam de forma pacífica.

Ao invés de denunciar todas essas arbitrariedades, os meios de comunicação chancelam a ação militar, enaltecendo a firmeza do Governo, o que também ocorre por meio da ampla divulgação de uma pesquisa feita junto aos Metalúrgicos de São Paulo, dando conta de que a maior parte desses trabalhadores estaria contra a greve dos petroleiros por ser essa "política", sendo ainda favoráveis a medidas enérgicas para que esses retomassem ao trabalho e à produção.

Ainda nessa linha, a central Força Sindical, de flagrante inclinação favorável às medidas neoliberais, também se posiciona contrariamente à greve dos petroleiros, sendo significativa a entrevista do presidente da Força Sindical, Luís Antonio de Medeiros, feita ao *Jornal Nacional* do dia 25 de maio:

> O nosso apelo é para que os petroleiros voltem ao trabalho, produzam gás para a população, gasolina para a população, e voltem a negociar com o governo [...] a negociação deve ser reivindicatória e não política com o governo.(22)

Sintomaticamente, cabe destacar que, no mesmo dia da ocupação das refinarias, passa em primeiro turno, na Câmara dos Deputados, a emenda constitucional de quebra dos monopólios das telecomunicações. Além disso, ao mesmo tempo que as reformas neoliberais avançam, as demissões continuam e os contracheques do mês de junho vêm zerados, vulnerabilizando ainda mais a categoria que, há tempos, já sofria com a ausência dos devidos reajustes e reposições.

Junho de 1995 assim se inicia, com a categoria já isolada no contexto de greve, com seus sindicados sob ataque, notadamente na forma de multas cominatórias milionárias, as quais começavam a ser cobradas, com bloqueios de suas contas e subsequente penhora das sedes. Diante dessa conjuntura e em meio a uma ambiência ideológica hegemonicamente desfavorável, parte dos trabalhadores começa a voltar a seus postos de trabalho. A greve já não mais se sustenta e, em 2 de junho, a Direção da FUP comunica às bases sua decisão de suspendê-la, o que, na prática, importa no fim da greve.

O Governo sai vitorioso, nenhuma das reivindicações da categoria é atendida e, dias depois, em 7 de junho, passa em primeiro turno, na Câmara dos Deputados, por 364 votos favoráveis e 141 contrários, a quebra do monopólio do petróleo, que seria definitivamente aprovada no segundo semestre de 1995, na forma da Emenda Constitucional n. 09/1995. Além dela, também no segundo semestre de 1995, são efetivamente aprovadas as demais emendas propostas pelo Governo, dentre as quais a EC n. 05/1995, que determinava o fim

(22) *1995 – A Maior Greve dos Petroleiros*, Sindipetro PR/SC, 2005 (16min). Disponível em: <https://youtu.be/uAbv0l1ZdAw, 3min45s>.

do tratamento diferenciado das empresas de capital nacional, permitindo a empresas de capital estrangeiro acesso a concessões de extração de recursos minerais e a EC n. 08/1995, que estabeleceu a quebra do monopólio estatal das telecomunicações.

6. Considerações finais

A Greve Petroleira de 1995 foi um movimento inserido em toda uma articulação maior da classe trabalhadora, a qual se posicionou contrariamente ao avanço do neoliberalismo, que então aportava no Brasil em meio às transformações internacionais. Tal avanço, muito mais que representativo de uma linha econômica específica, consubstanciava um novo modo de regulação do capitalismo, que vinha sendo gestado desde a década de 1920 e que começou a ser efetivamente implementado a partir do início dos anos 1970 em substituição ao fordismo e seu paradigma do Estado de bem-estar social, significando a adoção do ideal de Estado mínimo e de flexibilização e desregulamentação das relações trabalhistas, visando não apenas ganhos do capital, como também o enfraquecimento dos sindicatos, propiciando maior controle sobre a classe trabalhadora.

Nesse contexto, a ação da categoria petroleira se distinguiu, não apenas pela importância da Petrobrás e do petróleo para toda a economia nacional e o dia a dia da população, mas também por sua capacidade de organização, estruturada por uma série de sindicatos, que então passaram a ser articulados pela então recém-criada FUP. Além disso, as petroleiras e petroleiros, evidenciando apurada consciência de classe, se mostraram bem cientes da conjuntura que estavam enfrentando, de ameaça não apenas aos interesses diretos da classe trabalhadora, mas também em termos comprometimento de segurança energética e, consequentemente, da soberania nacional.

Porém, não obstante esses diferenciais, a categoria enfrentou forças e circunstâncias absolutamente desfavoráveis. Afinal, a ambiência neoliberal já se fazia preponderante nos países centrais, notadamente nos Estados Unidos, o qual, por sua vez, estava com sua condição hegemônica mais que restaurada, elevada, após o colapso da URSS, à qualidade de única hiperpotência mundial. Em tais quadrantes, os Estados Unidos foram capazes de impor seu modelo econômico neoliberal, fazendo-o em termos que melhor se alinhavam com seus interesses, sintetizados no receituário do Consenso de Washington.

Fora isso, o discurso das políticas neoliberais também aqui se apresentou na sua forma do "não há alternativa", impondo-se pelo argumento de que as medidas eram objetivas e não políticas, lastreadas simplesmente pelo horizonte daquilo que era possível, manejando uma retórica que apresentava o politicamente aceitável como sendo a realidade possível, discurso esse que corresponde, em termos ideológicos, ao que o teórico inglês Mark Fisher denominou de realismo capitalista. Foi justamente essa atmosfera de ideias que efetivamente pautou o tratamento que o Governo e seus aparatos ideológicos deram à greve, não negociando e fazendo questão de quebrar a espinha dorsal da classe trabalhadora, utilizando a categoria petroleira como exemplo às demais, aplicando multas milionárias aos seus sindicatos, impondo descontos de salários ao ponto dos contracheques virem zerados e demitindo dezenas de funcionários e funcionárias, principalmente aquelas e aqueles mais engajados na militância.

Outro aspecto que merece destaque, concerne à própria estratégia da greve, porquanto as paralisações, na medida em que avançavam, comprometendo o fornecimento dos derivados de petróleo, tinham seus efeitos metabolizados e capitalizados pela narrativa do Governo, que taxava os trabalhadores como privilegiados e egoístas em face do sofrimento da população, notadamente no que tange ao fornecimento do gás de cozinha, o que fazia com que os petroleiros e petroleiras fossem perdendo o apoio da sociedade.

Nesse ponto, cabe destacar que houve diversas acusações por parte da categoria de que o Governo, alinhado com certas empresas distribuidoras, gerou ou potencializou artificialmente a falta de gás. Contudo, ainda isso não tenha sido verdade, essa possível tática do governo teria apenas feito uso de um dos nexos causais elementares da interrupção da produção, não fazendo sentido que os mesmos trabalhadores que efetivaram uma paralisação em 100% passassem a afirmar, em sua defesa, não serem culpados pela falta do produto que decorre de sua atividade, gerando assim uma inconsistência de narrativa.

Em contrapartida, também há relevantes aspectos positivos da greve que merecem ser destacados. Nessa linha, apesar dos reveses imediatos, a greve de 1995 deve ser lida dentro de uma chave histórica, de luta de classes e de defesa da soberania nacional, cumprindo lembrar que a Petrobrás foi criada dentro de um espírito anti-imperialista e desenvolvimentista que, até hoje, permanece vivo, sendo muito representativo que, apesar da quebra do monopólio, a empresa tenha se mantido à frente da exploração, refino e distribuição do petróleo, vanguarda essa que atingiu seu ápice com a descoberta do pré-sal e que sobreviveu ao severo ataque institucional sofrido no âmbito da Operação Lava Jato.

É certo que, após o golpe de 2016, o desvirtuamento da Petrobrás ganhou nova dimensão, com a política de preços adotada durante o governo Temer e chancelada nestes tempos de neoliberalismo autoritário do governo Bolsonaro. Segundo essa política, o preço do petróleo e dos seus derivados é estabelecido de modo automático pelo mercado internacional e pela variação do dólar. Na prática, isso importa na total inocuidade do histórico investimento feito pelo país na Petrobrás e no cancelamento de todo seu potencial estratégico, eis que tal política seria virtualmente aquela adotada por qualquer multinacional petrolífera que aqui se instalasse, caso a empresa nacional jamais tivesse sido criada. Outro aspecto do grave momento atual, é a privatização camuflada da Petrobrás, que prossegue por meio de terceirizações e vendas de ativos, como gasodutos, fábricas e subsidiárias.

Apesar das incessantes investidas neoliberais, a FUP vem sistematicamente denunciando e combatendo esses ataques, tal como o fez por ocasião da greve de 2020, quando da demissão em massa de funcionárias e funcionários da Petrobrás alocados na Fafen — Fábrica de Fertilizantes Nitrogenados do Paraná e das medidas anunciadas pelo governo Bolsonaro, de venda das diversas fábricas de fertilizantes da Petrobrás para empresas do capital estrangeiro. Outra frente de luta da FUP, que se acopla a de outras entidades como AEPET — Associação dos Engenheiros da Petrobrás, diz respeito à defesa pública da revisão das privatizações, por meio da completa reestatização de empresas como a Petrobrás e a Vale do Rio Doce, como condição necessária para a retomada do desenvolvimento nacional e garantia da soberania econômica do país.

No entanto, para além desse contexto de tradição viva de luta, a épica Greve Petroleira de 1995 merece estudos mais aprofundados no campo da subjetividade, na medida em que se apresentou como *locus* privilegiado de articulação das lutas emancipatórias, inclusive por permitir e estimular novas formas de sociabilidade. Afinal, assim como ocorreu no âmbito da Greve Mineira do Reino Unido de 1984, a Greve Petroleira de 1995 somou aspectos de longa duração com articulação sindical sofisticada, criando ou permitindo o surgimento de espaços nos quais se desenvolveram experiências de ação coletiva. Em tais quadrantes, é possível mencionar, por exemplo, o estimulo dos sindicatos para que as trabalhadoras e trabalhadores trouxessem seus maridos, esposas e familiares para as assembleias e demais eventos sindicais. Tal iniciativa, que em um primeiro momento visava proteger ou isolar os familiares do assédio da empresa e do governo, que encaminham cartas e telefonavam para as residências, ameaçando as funcionárias e funcionários de demissão, também estimulava a politização de suas famílias, criando não apenas consciência de classe, como também a consciência de grupo, no âmbito da costura classe/raça/gênero(23).

Nessa linha, cabe de antemão destacar que apesar de a categoria petroleira ser majoritariamente composta por homens, já na greve de 1995 havia uma forte presença feminina, inclusive na direção dos sindicatos(24). Porém, para além disso, a presença das famílias dava visibilidade e valorizava as atividades de cuidado e afeto, o que, em certa medida, muito bem se acopla às lutas feministas, principalmente aquelas de tradição crítica ou marxista, voltadas a dar uma dimensão de valor aos cuidados domésticos e de afeto(25).

Nesse sentido, cabe aqui trazer o paradigmático e muito ovacionado discurso da companheira de um petroleiro, proferido em uma das assembleias de encerramento da greve. Em tal ocasião, a companheira(26) tomou posse da tribuna e diante da assembleia, na presença das trabalhadoras, trabalhadores e suas famílias, assim disse:

> Tomei a palavra sem ter sido credenciada por ninguém. Meu sentimento é o sentimento de todas as mulheres de petroleiros e de maridos de petroleiras.

---

(23) A simples criação de espaços de discussão política, com abertura de fala, seja em grupos de apoio, sindicatos, ocupações ou partidos políticos, possibilita, por si só, o desenvolvimento da consciência de classe e consciência de grupo, tal como bem articula Nancy Hartsock em sua obra *The Feminist Standpoint Revisited and Other Essays* (Westview Press, 2019).

(24) Dados levantados a partir de registros do *blog* do Coletivo Nacional de Mulheres Petroleiras. Disponível em: <https://fup.org.br/tag/coletivo-nacional-de-mulheres-petroleiras/>.

(25) Dentre os movimentos feministas críticos que buscam dar visibilidade à relevância do trabalho doméstico, reprodutivo e de afetos, cabe destacar o WHC — Wages for Houseworking Campaign (Salários Contra o Trabalho Doméstico), cuja atuação e importância é bem descrita por uma de suas antigas integrantes, a teórica Silvia Federici, em sua obra *O Ponto Zero da Revolução* — Trabalho Doméstico, Reprodução e Luta Feminista (Editora Elefante e Coletivo Sycorax, 2019).

(26) Infelizmente, nos documentários consultados não há indicação do nome das pessoas que prestavam os depoimentos, havendo apenas referências nos créditos finais dos vídeos, mas sem contextualizar quem disse o que. Cabe então destacar a importância de novos estudos, para a complementação desses registros históricos, com a identificação de dirigentes, trabalhadoras, trabalhadores e seus familiares, creditando-se devidamente as autores e autores das falas.

> Gostaria de dizer que o sentimento é de muito orgulho de todos vocês. Estou emocionada, pelo poder de resistência de vocês, pela coragem de vocês de encarar esse governo e tudo o que ele vem fazendo e pela consciência dos direitos que vocês têm. Nós temos muito orgulho! Parabéns, petroleiros![27]

A longa duração e organização do movimento também fomentava práticas materiais alternativas e de ação coletiva, as quais eram essenciais para sua manutenção, como, por exemplo, a criação de cozinhas coletivas, o que, para além de assegurar alimentação das trabalhadores e trabalhadores, forjava vínculos de solidariedade e de camaradagem com outros movimentos, dando visibilidade e revelando a importância dos trabalhos de cuidado e afeto. Dentre os exemplos de camaradagem, cumpre destacar a atuação do MST, que, a partir de diversas ocupações, organizou o fornecimento de cestas básicas aos petroleiros. Nesse ponto, cabe trazer o depoimento de uma dirigente do Sindipetro Campinas:

> Nós tivemos um momento lindo, que foram os Sem Terra de Sumaré, que era uma ocupação que existia nas proximidades de Campinas, que foi apoiada pelo Sindipetro Campinas desde o seu nascimento. Eles armaram no sindicato, naquela área que tem a churrasqueira, uma grande feira de distribuição de cestas básicas, usando os produtos que eles mesmos plantavam.[28]

Na mesma linha, há os registros de outros dois dirigentes petroleiros:

> Dos Sem Terra houve um negócio marcante. Camarada, marcante porque tudo simboliza alguma coisa. O que fizeram, do ponto de vista financeiro, não foi tão relevante quanto o dinheiro que veio de outros sindicatos, mas acho que o simbolismo dos Sem Terra trazendo alimento para ajudar foi particularmente o que mais me marcou.[29]
>
> A importância dessa solidariedade, que não é só no econômico, mas é também no político é a grande questão. Saber que você não está sozinho![30]

Todas essas articulações das lutas emancipatórias consubstanciam importante paralelo entre a Greve Petroleira de 1995 e a Greve Mineira do Reino Unido, a qual somente conseguiu se sustentar por longo período por meio do Grupo de Apoio de Mulheres, organizado por esposas e companheiras de mineiros, que montaram cozinhas comunitárias e o sistemático

(27) *1995 — A Maior Greve dos Petroleiros*, Sindipetro PR/SC, 2005 (16min). Disponível em: <https://youtu.be/uAbv0l1ZdAw>. 10min47s.

(28) A Greve do Fim do Mundo — 20 anos da Greve de 1995, *TV Petroleiros*, 2015 (86min). Disponível em: <https://youtu.be/_LtUVo0lmG8>. 51min10s.

(29) A Greve do Fim do Mundo — 20 anos da Greve de 1995, *TV Petroleiros*, 2015 (86min). Disponível em: <https://youtu.be/_LtUVo0lmG>. 51min40s.

(30) A Greve do Fim do Mundo — 20 anos da Greve de 1995, *TV Petroleiros*, 2015 (86min). Disponível em: <https://youtu.be/_LtUVo0lmG>. 52min.

fornecimento de alimentos para as famílias grevistas, bem como arrecadação para fundos para a greve, compensando o corte de salários(31), o que veio a aglutinar e até mesmo motivar a formação de outros coletivos e movimentos emancipatórios, dentre os quais cabe destacar a ação LGSM(32) (Lesbians and Gays Support the Miners), que culminou na criação da organização do mesmo nome e de uma série de outros coletivos que mesclavam as lutas sindicais com as de diretriz Lgbtqia+.

Em suma, ambos os movimentos paredistas podem ser interpretados como últimas trincheiras, em seus respectivos países, de resistência ao avanço das medidas econômicas e do ideário neoliberal, os quais, para além das disputas eminentemente trabalhistas, sinalizaram a possibilidade de novas formas de subjetividade e de sociabilidade, contrárias ao individualismo e à fragmentação social típicas do realismo capitalista, que realçaram a importância do trabalho doméstico e afetivo, bem como da camaradagem como local de pertencimento político(33). Diante disso, afigura-se altamente necessários estudos mais aprofundados sobre as formas de sociabilidade e de subjetividade surgidas a partir das experiências paredistas, não apenas para energizar e orientar as lutas do presente, mas também com visando a dimensão estratégica, de superação da própria sociabilidade capitalista.

Referências bibliográficas

ARRIGHI, Giovanni. *O longo século XX:* Dinheiro, poder e as origens do nosso tempo. Rio de Janeiro: Contraponto, 2013.

BERCOVICI, Gilberto; COSTA, José Agusto Fontoura. *Nacionalização:* necessidade e possibilidades. São Paulo: Editora Contracorrente, 2021.

CORREGLIANO, Danilo Uler. *O sistema de controle das greves no Brasil.* Dissertação de mestrado apresentada à FADUSP – Faculdade de Direito da Universidade de São Paulo. São Paulo, 2014.

DARDOT, Pierre; CHRISTIAN, Laval. *A Nova Razão do Mundo:* Ensaio sobre a sociedade neoliberal. São Paulo: Boitempo, 2016

DRUCK, Maria da Graça. *Terceirização:* (des)fordizando a fábrica: Um estudo do complexo petroquímico. São Paulo: Boitempo, 1999.

FIORI, José Luís. *A síndrome de Babel e a disputa do poder global.* Petrópolis: Vozes, 2020.

(31) ROMÃO, Frederico Lisbôa. *A greve do fim do mundo:* petroleiros 1995 — expressão fenomênica da crise fordista no Brasil. Tese de doutoramento apresentada à Universidade Estadual de Campinas/IFCH. Campinas, 2006. p. 324.

(32) O movimento LGSM foi retratado no filme *Orgulho e Esperança (Pride)*, de 2014, o qual registra belas passagens da articulação da luta sindical com as lutas emancipatórias do tempos depois veio a se cristalizar na forma do movimento Lgbtqia+. Essa passagens englobam uma inicial resistência dos mineiros em aceitar a ajuda, demonstrando forte preconceito inerente ao patriarcado da estrutura familiar tipicamente fordista, resistência essa que vai cedendo diante do espírito de camaradagem da iniciativa do LGSM e que culmina na solidária retribuição do NUM (National Union of Mineworkers), em especial por parte das comunidades mineiras de Gales do Sul, o qual se juntou ao LGSM à frente da Marcha do Orgulho Gay de Londres ocorrida em junho de 1985, em seguida resultando no apoio do NUM ao apelo à igualdade entre lésbicas e gays, na Conferência do Partido Trabalhista e no Congresso Sindical de 1985 (disponível no *site* do movimento LGSM: <http://lgsm.org/about-lgsm>).

(33) Importante contribuição para o resgate da camaradagem como local de pertencimento político foi feita por Jodi Dean em sua obra *Camarada* (editora Boitempo, 2021).

FISHER, Mark. *Realismo Capitalista:* é mais fácil imaginar o fim do mundo do que o fim do capitalismo? São Paulo: Autonomia Literária, 2020.

FLECK, Amaro. *Curso Livre de Filosofia Política.* Neoliberalismo. Disponível em: <https://youtube.com/playlist?list=PLdyzExOKeyTzeWwhNqjN5mjHcspgw4ojT>.

FREEDEN, Michael. Liberalism: *A very short introduction.* New York: Oxford University Press, 2015.

JONES, Daniel Stedman. *Master of the universe.* Hayke, Fridman, and the birth of neoliberal politics. New Jersey: Princenton University Press, 2014.

JUNIOR, Nelson; DUNKER, Christian (Orgs). *Neoliberalismo como gestão do sofrimento psíquico.* Belo Horizonte: Autentica, 2020.

KLEIN, Naomi. *The shock douctrine:* The rise of disaster capitalism. New York: Picador, 2007.

KOSELLECK, Reinhart. *História dos Conceitos.* Rio de Janeiro: Contraponto, 2020.

MASCARO, Alysson Leandro. *Estado e forma política.* São Paulo: Boitempo, 2013.

MONIZ BANDEIRA, Luiz Alberto. *Fórmula para o caos: Ascensão e queda de Salvador Allende.* Rio de Janeiro: Civilização Brasileira, 2008.

PRASHAD, Vijay. *Balas de Washington: Uma história da CIA, Golpes e assassinatos.* São Paulo: Expressão Popular, 2020.

ROCHA, Camila. Menos Marx, mais Mises. *O liberalismo e a nova direita no Brasil.* São Paulo: Todavia, 2021.

ROMÃO, Frederico Lisbôa. *A greve do fim do mundo:* petroleiros 1995 – expressão fenomênica da crise fordista no Brasil. Tese de doutoramento apresentada à Universidade Estadual de Campinas/IFCH. Campinas, 2006.

SILVA JUNIOR. *O Brasil da barbárie à desumanização neoliberal:* do "Pacto edípico, pacto social" de Hélio Pellegrino, ao "E daí?" de Jair Bolsonaro. In: SAFATLE, Vladimir; SILVA.

SOUTO MAIOR, Jorge Luiz. *História do direito do trabalho no Brasil:* Curso de direito do trabalho, volume I: Parte II. São Paulo: LTr, 2017.

VISENTINI, Paulo Fagundes. *O caótico século XXI.* Rio de Janeiro: Alta Books, 2015.

TAVARES, Maria da Conceição. *Maria da Conceição Tavares:* vida, ideias, teorias e políticas. Maria da Conceição Tavares; Hildete Pereira de Melo (Org.). São Paulo: Fundação Perseu Abramo / Expressão Popular / Centro Internacional Celso Furtado, 2019.

Documentários

A Greve do Fim do Mundo – 20 anos da Greve de 1995, *TV Petroleiros*, 2015 (86min). Disponível em: <https://youtu.be/_LtUVo0lmG8>.

1995 – A Maior Greve dos Petroleiros, Sindipetro PR/SC, 2005 (16min). Disponível em: <https://youtu.be/uAbv0l1ZdAw>.

Podcast

Viracasacas: #240 "Mont Pèlerin e as origens do neoliberalismo. Entrevistado: Amaro Fleck. Entrevistadores: Gabriel Divan, Felipe Abal. Disponível em: <https://open.spotify.com/episode/5rDqEgRAmS9QpAKB7BzPc5?si=XSE0_vHHTASe-B2Qd3Wz7g>.

A Mobilização Sindical nos Governos Petistas (2003 - 2016)

Luciana Bárbaro Molina[1]

Pedro Paulo de Azevedo Sodré Filho[2]

1. Introdução

Entendemos prudente fazer alguns registros de ordem geral, de modo a contextualizar o texto que segue. De início, observamos que a atualidade dos eventos abordados, em comparação com outros recortes históricos alcançados nesta obra coletiva, não permite divisar as categorias e as suas interconexões com a mesma precisão que em outros mais antigos, pois ainda não ocorreu uma sedimentação derivada do acúmulo de reflexão teórica sobre esses eventos cuja produção acaba de uma maneira ou outra por fornecer reconhecidos pontos de partida para a análise, mesmo que seja para ao final confrontá-los.

Por sua vez, a ascensão do Partido dos Trabalhadores — PT ao poder executivo federal em 2003 marca a vitória de um partido político cuja história é indissociável do *novo sindicalismo* e suas lideranças, que fundaram a Central Única dos Trabalhadores — CUT e dirigiram diversos sindicatos em momentos de mobilizações de trabalhadoras e trabalhadores e manifestações populares que estiveram no centro dos acontecimentos e que expressaram desde o desgaste do governo ditatorial (militar, civil e empresarial) e sua incapacidade de arbitrar o conflito social em favor da elite política e econômica, isto é, da classe burguesa[3], até a mudança de regime assinalada pelo processo constituinte iniciado em 1985 e concluído em 5 de outubro de 1988. Nesse sentido, alguém poderia esperar que os governos que tiveram

---

(1) Professora da Educação Básica. Mestranda em Direito pela Faculdade de Direito de Ribeirão Preto, da Universidade de São Paulo (USP-FDRP).

(2) Advogado e pesquisador. Mestrando em Direito pela Faculdade de Direito, da Universidade de São Paulo (USP-FD).

(3) Os termos "classe burguesa" e "classe operária", ou "classe proletária" são usados para identificar as classes sociais antagônicas estabelecidas a partir das relações de produção próprias ao modo de produção capitalista, embora a divisão da sociedade em classes não seja uma exclusividade da reflexão marxista (HARNECKER, Marta. *Conceitos Elementais do Materialismo Histórico*. São Paulo: Global Editora e Distribuidora, 1983. p. 159-164). Na obra, a autora registra passagem atribuída a Lênin, para quem *as classes sociais correspondem a grandes grupos de pessoas que se diferenciam entre si pelo lugar que ocupam em um sistema de produção historicamente determinado e pelas relações em que se encontram face os meios de produção* (*Idem, Ibidem*, p. 161).

início em 1º de janeiro de 2003 (renovando-se em 2007) e em 1º de janeiro de 2011 (renovando-se em 2015) representassem um ponto de inflexão na direção imprimida à regulação da exploração do trabalho humano que marca o direito então vigente, marcadamente após a abertura comercial e maior inserção do país na economia internacional promovida nos anos noventa. Certo é que essas expectativas não se concretizaram, o que denota importante contradição que marca o período abordado. De qualquer sorte, promoveu-se um novo arranjo político entrelaçando as classes sociais, o que reverberou nas mobilizações sindicais no período, justificando a adoção do recorte histórico destacado no título deste artigo.

Com essa perspectiva abordamos alguns dados e informações sobre paralisações marcantes no período, a exemplo de greves e mobilizações populares como ocorridas na zeladoria e limpeza urbanas na cidade do Rio de Janeiro, em 2014, nas grandes obras ligadas ao Programa de Aceleração do Crescimento — PAC, como em Jirau/RO, Santo Antônio/RO, inauguradas em 2012, e em Belo Monte/PA, inaugurada em 2016, e naquelas relacionadas à realização da Copa do Mundo de futebol masculino do Brasil, de 2014, e das Olimpíadas de verão do Rio de Janeiro, em 2016. Ressaltamos também os movimentos grevistas havidos em setores com tradição em organização sindical (construção civil, educação, administração pública federal) e naqueles sem essa tradição, seja por efeito da terceirização, que se ampliou demasiadamente no período, seja por expressa proibição no ordenamento jurídico (policiais e bombeiros militares). Finalmente, debatemos alguns conceitos e categorias que mais nos chamaram a atenção nas mobilizações repassadas e concluímos o estudo apontando alguns aspectos atuais e tendenciais para a política e o direito.

2. Conjuntura e Expectativas

Iniciamos por uma breve digressão sobre a conjuntura política e econômica internacional, salientando os efeitos que a crise financeira de 2008 provocaram no mundo e no país, abordando as expectativas gestadas com a eleição de Luiz Inácio Lula da Silva no final de 2002, passando pelas manifestações de junho de 2013, fenômeno que constitui verdadeiro marco das ciências sociais.

2.1. Notas sobre economia e política internacional

As relações econômicas internacionais de fins dos anos de 1990, em que se insere o Brasil de modo estrutural e profundamente integrado são dominadas por práticas neoliberais — aplicadas em resposta às crises capitalistas desde a década de 1970 —, em cujas políticas despontam a *hiperfinanceirização*, as *privatizações* e a *desregulamentação de regras trabalhistas, fiscais e tributárias*, articuladas em um *imperialismo agressivo*(4). A partir do governo de Fernando Collor de Mello a economia brasileira alinhou-se às diretrizes do neoliberalismo que irradiava dos países centrais do capitalismo (Estados Unidos da América—EUA e Reino Unido, a que se agrega posteriormente a União Europeia), prosseguindo no governo seguinte com

(4) TONELO, Iuri. *No entanto, ela se Move:* a crise de 2008 e a nova dinâmica do capitalismo. São Paulo: Boitempo; Iskra, 2021, p. 80-2.

intensa transferência do patrimônio público para a iniciativa privada — companhias de telecomunicações (Telebrás), de distribuição de energia elétrica (Eletrobrás), de mineração (Cia. Vale do Rio Doce) e petróleo (Petrobrás)(5). A onda neoliberal que varreu a política econômica desde a extinção da União das Repúblicas Socialistas Soviéticas provoca impopularidade na América do Sul e a partir dos anos 2000 ascendem ao poder governos com plataformas populares e progressistas, como ocorre na Venezuela (1999), na Argentina (2003), no Uruguai (2005), na Bolívia (2006) e no Equador (2007), além do Brasil (2003), indicando o tensionamento da luta de classes(6).

No que diz respeito às relações multilaterais no período, vale registrar a formação em 2009 de um bloco de países compostos por Brasil, Rússia, Índia e China, ao qual aderiu posteriormente a África do Sul, conhecido pela sigla BRICS, de início festejado como modalidade de oposição à hegemonia estadunidense e ao padrão de relacionamento global entre países de capitalismo central e os de capitalismo periférico. Todavia, no mesmo sentido da contradição que se manifestou na aplicação de políticas neoliberais pelos governos petistas, o BRICS acabou por se mostrar um mecanismo de maior integração das economias nacionais nos circuitos globais de valorização do valor, hegemonizados pelos centros capitalistas(7). No mais, a quebra do Lehman Brothers (2008) perdurará como símbolo da crise que se alastrou nos mercados mundiais e que acabou por expor a fragilidade de um sistema orientado pela busca incessante de menores custos de produção e de ganhos de produtividade e pela garantia muitas vezes violenta do acesso a fontes de matérias-primas, com aplicação de tecnologia de ponta voltados a abastecer as regiões geográficas nas quais se localiza seu mercado consumidor(8). A explosão de bolhas de investimentos financeiros tem consequências sentidas até hoje e ainda sem previsão de retorno aos patamares anteriores à crise do *subprime* no mercado de hipotecas sobre bens imóveis. As normas jurídicas de direito de trabalho então estruturadas são tensionadas pela concorrência internacional apesar de sua dicção constitucional, embora a desregulamentação das regras de proteção da exploração do trabalho humano fosse um cânone do neoliberalismo antes da crise financeira de 2008, com esta o processo se aprofunda violentamente, intensificando-se por outro lado a luta entre as classes sociais. São exemplos

---

(5) Não deixamos de registrar que o entrelaçamento da economia brasileira com a economia mundializada pelo capitalismo vem, propriamente, desde a colonização europeia do território no século XVI, sendo objeto de questionamentos teóricos o caráter capitalista ou pré-capitalista da economia doméstica. Nesse sentido, cf. SARTORI, Vitor Bartoletti. O Direito e o Estado Czarista de encontro com a comuna rural russa: uma análise da possibilidade de "uma revolução russa" a partir de Marx e Engels. BATISTA, Flávio Roberto; MACHADO, Gustavo Seferian Scheffer Machado (Orgs.). *Revolução Russa, Estado e Direito*. São Paulo: Dobradura Editorial, 2017. p. 15-51.

(6) Entre parênteses o ano em que, respectivamente, Hugo Chávez, Néstor Kirchner, Tabaré Vásquez, Evo Morales e Rafael Correa assumiu pela primeira vez a chefia do poder executivo de seu país.

(7) ROBINSON, William I. The transnational state and the BRICS: a global capitalism perspective. *Third World Quarterly*, 36:1, 2015, p. 1-21.

(8) BELLUZZO, Luiz Gonzaga. *O Capital e suas Metamorfoses*. 1. reimpr. São Paulo: Editora UNESP, 2013. p. 125-62. "O jogo da grande empresa é jogado no tabuleiro em que a mobilidade do capital impõe conjuntamente a liberalização do comércio, o controle da difusão do progresso técnico (leis de patentes etc.) e o enfraquecimento da capacidade de negociação dos trabalhadores. Assim, as "novas" formas de concorrência escondem, sob o diáfano véu da liberdade, o aumento brutal da centralização do capital, a concentração do poder sobre os mercados, a enorme capacidade de ocupar e abandonar territórios e de alterar as condições de vida das populações." (*Idem, Ibidem*, p. 133-4).

dessa intensificação os movimentos 15M, na Espanha (2011), e *Occupy Wall Street*, nos EUA (2011), bem como as manifestações na Grécia contra as políticas de austeridade e o referendo de 2015.

Destacamos, por fim, o levantamento efetuado pela Organização Internacional do Trabalho — OIT(9), catalogando e sistematizando as reformas legislativas no direito de trabalho realizadas em 111 países entre 2008 e 2014, que identificou 643 modificações na regulação do mercado de trabalho com um pronunciado viés para a redução do nível de proteção das trabalhadoras e dos trabalhadores nos países investigados(10). O referido estudo buscou identificar o efeito dessas modificações no mercado de trabalho no curto prazo e as conclusões foram que os efeitos são negativos na redução do desemprego, tanto em países em desenvolvimento como em países desenvolvidos(11).

Em relação ao Brasil, pensamos não haver exageros em correlacionar a crise de 2008 ao aprofundamento da redução de proteção social e ganhos remuneratórios da classe operária, que culminou na promulgação das Leis 13.429 e 13.467, de 31 de março e 13 de julho de 2017, respectivamente, ainda durante o segundo governo de Dilma Vana Rousseff, mas após o golpe de 2016, que levou ao poder Michel Temer. O Brasil não deixou de ser impactado pela crise de 2008, que aqui chegou "[...] com efeitos similares aos que atingiram outros países emergentes: contração do crédito, queda no preço das *commodities* e, com a forte saída de capitais estrangeiros, desvalorização do real em relação ao dólar." segundo Laura Carvalho, que conclui em seguida; "[o] resultado foi uma contração substancial da demanda doméstica e dois trimestres consecutivos de queda do PIB."(12). É em torno dessas condicionantes concretas das relações de produção na sociedade brasileira que pensamos deve começar a análise das mobilizações sindicais e populares no período, frisando que a classe operária não é expectadora dos eventos históricos, mas protagonista e agente transformadora da realidade, tanto que as modificações na legislação trabalhista podem (e devem) ser compreendidas nos modos por que se manifesta a luta de classes, como o faz com muita competência Jorge Luiz Souto Maior, por exemplo, ao expor a conexão entre o surgimento da legislação de acidentes

---

(9) Adascalitei, Dragos; Pignatti Morano, Clemente. *Labour market reforms since the crisis: drivers and consequences*. International Labour Office, Research Department. Geneva: ILO, 2015 (Research Department working paper; n.. 5).

(10) "Overall, a total number of 643 changes to labour market regulation have been registered between 2008 and 2014 in the 111 countries covered by the compendium. A clear increase in the number of policy interventions has occurred with time. [...] Overall, a trend towards relaxing existing levels of workers' protection can be identified. Indeed, 56 per cent of the total interventions have reduced existing levels of regulation [...]. The trend towards relaxing labour market regulation has also increased over the period under consideration. Indeed, the share of reforms decreasing existing levels of employment protection has gone from 47 per cent of the total number of reforms in 2008 to 73 per cent in 2011 and 66 per cent in 2012 – before stabilizing at 48 per cent in 2013 and decreasing to 39 per cent in 2014." (*Ibidem*, p. 3).

(11) "The paper also looks at the short-term effects of the reforms on labour market outcomes. The results show that developed countries that relaxed existing levels of workers' protection experienced a temporary increase in the unemployment rate; while the effect was not statistically significant in developing countries. However, in both groups of economies deregulation is associated with a fall in the employment rate in the following year. These findings point towards negative short-term effects of deregulatory labour market reforms — while the medium to long-term effects cannot be explored at this point with the data at hand." (*Idem*, *Ibidem*, p. 13).

(12) CARVALHO, Laura. *Valsa Brasileira:* do boom ao caos econômico. Todavia. Edição do Kindle (p. 27).

de trabalho de 1919 e a greve geral de 1917[(13)], entre outros eventos históricos nacionais em suas conexões com o direito do trabalho.

2.2. A esperança venceu o medo?

A vitória do PT para a presidência do Brasil, em 2002, na pessoa de um representante da classe operária, alimentou a esperança de um governo capaz de modificar o panorama das desigualdades sociais e conter o avanço do neoliberalismo no país. A candidatura de Luís Inácio Lula da Silva, já em 1989, "representava uma força política contra a ordem, referenciada nos interesses da classe trabalhadora"[(14)]. A história do PT é indissociável da história da classe trabalhadora no mesmo período; contudo, "enquanto seu ponto de partida objetivava uma síntese da luta de classes, seu ponto de chegada se define pela sua antítese"[(15)].

Num ensaio, de 1995, sobre Lula, Florestan Fernandes capta o momento da inflexão afirmando que 'duas tendências fortes do PT ou levam à social democracia ou ao socialismo revolucionário', ou fazem uma 'revolução dentro da ordem' ou uma 'revolução contra a ordem'.

> Àquela altura dos acontecimentos, Florestan observa que o PT, no melhor dos casos, seria um partido "democrático radical". O realismo quase pessimista da análise que ele faz do PT na ocasião não decorre somente das condições políticas do período senão dos reflexos social e economicamente negativos que a classe trabalhadora começa a sofrer da ofensiva neoliberal no Brasil, nos anos de 1990: reestruturação produtiva, desemprego crescente e precarização. Ou seja, o refluxo imposto à classe já se fazia sentir no interior do partido em seu encaminhamento pela linha de menor resistência.
>
> Se vivo estivesse, Florestan lamentaria, mas certamente não se surpreenderia com a função social que o PT e sua criatura inseparável — o lulismo —, de fato, cumpriram no decorrer da sua história. Não deram vida nem a uma nem a outra forma de contestação necessária à ordem. Pelo contrário, ao completarem 10 anos no alto da administração do Estado brasileiro, podem gabar-se de atingir, num só golpe, a objetividade e a subjetividade da classe de suas próprias origens, manejando, com sucesso, a mais enganosa das alianças políticas de nossa história: a relação entre capital e trabalho. O ardil vem se aprimorando na arte de conceber a mais competente, profunda e espúria reforma política, as tais contrarreformas ou desregulamentações tão necessárias à reprodução destrutiva do capital neoliberal ora em curso no país, sob o nome de neodesenvolvimentismo.

---

(13) SOUTO MAIOR, Jorge Luiz. Os movimentos operários na Primeira República e a influência da revolução russa de 1917.In: BATISTA, Flávio Roberto; MACHADO, Gustavo Seferian Scheffer Machado (Orgs.). *Revolução Russa, Estado e Direito*. São Paulo: Dobradura Editorial, 2017. p. 192-211.

(14) MATTOS, Marcelo Badaró. A multidão nas ruas: construir a saída de esquerda para a crise política, antes que a reação imprima sua direção. *Correio da Cidadania*, 25 jun. 2013.

(15) PINASSI, Maria Orlanda. *O PT e os trabalhadores brasileiros:* lutas, conciliação, desregulamentação. 2013. Disponível em: <http://marxismo21.org/10-anos-de-governos-do-pt-natureza-de-classes-e- neoliberalismo>. Acesso em: 15 jul. 2013, p. 1.

Quando finalmente o PT venceu as eleições presidenciais de 2002, o partido já não deixava dúvidas sobre seu papel na administração da sociabilidade capitalista e seus conflitos inerentes. Foi preciso uma transformação, expressa em alianças e concessões ao programa de 1989, para que o partido nascido da classe proletária participasse das regras da democracia dominada pela classe burguesa, ao final não cumprindo a expectativa de ruptura ao mesmo tempo em que atuava na contenção das lutas populares(16). Marcelo Badaró Mattos destaca que os governos do PT acabaram por aperfeiçoar os mecanismos de construção de consensos e de exercício da coerção sobre o conjunto de trabalhadoras e trabalhadores, como funções de estabilização da dominação de classes(17). Com relação aos setores mais organizados da classe operária, deu-se um panorama expressivo de incorporação de dirigentes sindicais na administração pública. Quanto à fração mais precarizada da classe proletária, os governos petistas ampliaram as políticas sociais para o combate à miséria, por meio do aumento real do salário mínimo, expansão de programas de transferência de renda e amplificação do crédito, melhorando suas condições materiais. Simultaneamente, a violência institucional voltada para as camadas da população periférica e racializada também foi empregada pelos órgãos de repressão para a contenção da luta de classes, jungida à exaltação de ditas virtudes do empreendedorismo e da ascensão social fruto unicamente do esforço individual. Aprofundou-se o desmantelamento das demais políticas de proteção social, como na saúde pública e na previdência social, mantendo-se a fórmula neoliberal, fiadora da estabilidade política, granjeada pelo apoio do capital financeiro e pelo consenso das organizações trabalhistas e das classes mais precarizadas(18), num explícito programa de conciliação de classes e de desorganização das frações mais combativas do proletariado.

Ao fim dos primeiros quatro anos com o PT a frente do governo federal, as políticas capitaneadas pelo executivo expressaram fortes golpes nos direitos sociais, p. ex., com a defesa de uma dura reforma constitucional na previdência social do funcionalismo (Emenda Constitucional n. 41/2003) e com a aprovação de arcabouços jurídicos relevantes para o funcionamento dos mercados, quais sejam a lei de falências e de recuperação judicial (Lei n. 11.101/2005) e a nova regulamentação para pequenas e médias empresas (Lei Complementar n. 123/2006)(19). "Paradoxalmente, os mandatos presidenciais do principal líder sindical dos metalúrgicos no ABC paulista na década de 1980 cumpriram um papel decisivo no retrocesso da consciência de classe largamente construída desde aquele período"(20).

(16) FERNANDES, Luis Eduardo da Rocha Maia; CASSIN, Marcia Pereira da Silva. Os governos petistas e a conciliação de classe: breve balanço e perspectivas para as políticas sociais. In: *Revista Praia Vermelha*, Rio de Janeiro, v. 28, n. 1, p. 13-41, 2018.

(17) MATTOS, Marcelo Badaró. A multidão nas ruas: construir a saída de esquerda para a crise política, antes que a reação imprima sua direção. *Correio da Cidadania*, 25 jun. 2013.

(18) FERNANDES; CASSIN. *Op. cit.*

(19) MATTOS, Marcelo Badaró. *Dez anos de governo petista e a consolidação da dominação burguesa no Brasil*. 2013. Disponível em: <http://marxismo21.org/10-anos-de-governos-do-pt-natureza-de classes-e-neoliberalismo>. Acesso em: 06 jun. 2015.

(20) FERNANDES; CASSIN. *Op. cit.*, p. 19.

O resultado foi a persistência da "via única" neoliberal e o escoamento da esperança contra-hegemônica da esquerda pelos movimentos sociais, colaborando significativamente para o seu isolamento político e social e volteando a luta de classes ainda mais para a direita, como se deu na eleição de Dilma Vana Rousseff para presidência do país em 2010, adotando medidas neoliberais extremadas logo no começo de seu mandato.

Diante das dificuldades econômicas postas — piora das contas nacionais, aumento da inflação, redução do ritmo de crescimento do produto interno bruto, queda da produção industrial —, o governo federal cortou gastos no setor público, aumentou a taxa básica de juros, alienou para a iniciativa privada a operação dos serviços públicos aeroportuários e concedeu empréstimos por via de bancos públicos para a viabilização das obras, fazendo o mesmo na concessão de rodovias federais e usinas hidrelétricas; igualmente, concedeu incentivos tributários e ampliou novos investimentos para o setor industrial(21). Além disso, propôs-se a implementar mais uma reforma da previdência social, com a equiparação do teto de benefícios dos servidores públicos ao dos trabalhadores da iniciativa privada(22). A violência dos órgãos de repressão do Estado dirigida contra movimentos sociais e suas formas de luta seguiu aprofundando-se, como foi visto na greve dos estudantes da USP, em novembro de 2011, e na expulsão de famílias de ocupantes da área do Pinheirinho, em São José dos Campos/SP (janeiro de 2012). O recrudescimento da atuação dos aparelhos estatais repressivos manifestou-se tanto na criminalização da atuação de líderes dos movimentos sociais, como na declaração da ilegalidade de greves de acordo com restrições por condições infraconstitucionais não atreladas à disposição normativa do art. 9º do texto constitucional e na aplicação de multas aos sindicatos em patamares desproporcionais(23).

A crise de 2008 acaba revelando a fragilidade da indústria nacional e os limites das políticas de renúncia fiscal e de expansão do crédito mediante promoção estatal, insuficientes para assegurar a continuidade do ciclo de crescimento econômico, enquanto o processo inflacionário corroía os ganhos das frações baixa e média da classe operária(24). As manifestações

(21) MACIEL, D. *A crise atual no Brasil*. 2015. Disponível em: <http://marxismo21.org/wpcontent/uploads/ 2015/05/Conjuntura-David-Maciel.pdf>. Acesso em: 27 out. 2021

(22) *Idem*.

(23) *Idem*.

(24) CARVALHO, Laura. Valsa Brasileira: do boom ao caos econômico. Todavia. Edição do Kindle. (p. 27). "Um segundo limite importante que marca o modelo de crescimento com distribuição de renda é o seu caráter inflacionário. Os setores de serviços que mais cresceram nesse período têm duas peculiaridades. Primeiro, são setores muito intensivos em trabalho, cujo principal custo é a contratação de mão de obra. Além disso, em sua maior parte, não sofrem tanta concorrência internacional e podem, portanto, repassar os aumentos de custos de mão de obra para os preços sem perder mercado. Essas duas características fizeram com que os salários cada vez maiores, que marcaram o processo de redistribuição de renda do Milagrinho [2006 a 2010], tenham se transformado em inflação de serviços. [...] Em particular, os preços nos setores de alimentação fora de casa (restaurantes) e serviços pessoais (lavanderias, cabeleireiros, tratamentos de beleza, entre outros) cresceram a um ritmo próximo do dobro do IPCA durante a segunda metade dos anos 2000. Esse tipo de inflação, causado por ganhos salariais de certas categorias de trabalhadores, foi sentido sobretudo pelos trabalhadores cujos salários cresciam menos — aqueles que se encontravam no meio da pirâmide. Não à toa, são essas as classes sociais que começam a queixar-se do

populares que tomaram o país no ano de 2013 aparecem como uma consequência da interrupção do processo de crescimento econômico e redução de ganhos. Contudo, a compreensão das jornadas de junho de 2013 passa não só pelas determinações materiais objetivos, como também pelo papel das direções da vanguarda de trabalhadoras, trabalhadores e estudantes; a luta de classes mais uma vez na história tomava as ruas e extravasava os locais de trabalho e de ensino, em um quadro de revoltas que colocaram em xeque o projeto de conciliação de classes e o esgarçamento, para além do PT, do próprio pacto fundamental adotado em 5 de outubro de 1988. Nota-se que as consignas brandida pelas massas em junho de 2013, como transporte, saúde e educação gratuitas, p. ex., coincidem com o conceito de Estado Social, peculiar ao pensamento jurídico e à ciência política[25].

Jorge Luiz Souto Maior afirma que de 2003 em diante "[...] inaugura-se um novo período que, efetivamente, freia a linha de eliminação completa dos direitos trabalhistas, mas não enseja, ao menos na perspectiva legislativa, uma direção em sentido contrário ao das retrações"[26]. O autor segue a periodização: de 2003 a 2010, a desconstrução dos direitos sociais aconteceu em menor ritmo que nos governos anteriores; de 2011 a 2013 houve alguns ganhos setoriais, como no caso de motoristas profissionais e motofretistas; e, finalmente, de 2014 em diante, prossegue a supressão de direitos sociais agora em ritmo mais acelerado — edição das Medidas Provisórias ns. 664/2014, 665/2014 e 680/2015, por exemplo[27].

3. Notas Conceituais e Estatísticas das Greves no Período

Não obstante o endurecimento no tratamento dos movimentos sociais e suas formas de luta, as greves foram numerosas durante o período analisado, com uma tendência de aumento a partir de 2008 que chega aos patamares históricos de 2.050 greves em 2013; 2.085, em 2014; 1.964, em 2015; e 2.093, em 2016[28]. Os índices apontados ultrapassaram aqueles relativos aos movimentos paredistas deflagrados durante os governos de José Sarney de Araújo Costa (1985–1989) e de Fernando Collor de Mello (1990–1992), que tiveram, respectivamente, como médias anuais 1.102 e 1.126 greves — período considerado então o auge do ciclo das greves[29], chegando ao total de 1.773 greves em 1989[30].

---

encarecimento do trabalho doméstico, dos cabeleireiros da construção civil. Nesse sentido, o descontentamento dessas classes e a participação delas nos protestos de junho de 2013 e nas manifestações em favor do *impeachment* da presidente Dilma Rousseff em 2015 e 2016 têm bases materiais. Ainda que todas as classes tenham se beneficiado do processo de crescimento dos anos 2000, sua posição relativa mudou. Em alguma medida, o que era inflação para uns, foi ganho de renda para outros." (*Idem. Ibidem*, p. 35-6).

(25) SOUTO MAIOR, Jorge Luiz. *História do Direito do Trabalho no Brasil:* curso de direito do trabalho: vol. I: parte 2. São Paulo: LTr, 2017. p. 408 e ss.

(26) *Ibidem*, p. 414.

(27) *Ibidem*, p. 408-78.

(28) DIEESE, 2019.

(29) NORONHA, Eduardo. *Ciclo de greves, transição política e estabilização:* Brasil, 1978-2007. 2009. Lua Nova, 76. p. 119-68.

(30) MARCELINO. *Op. cit.*

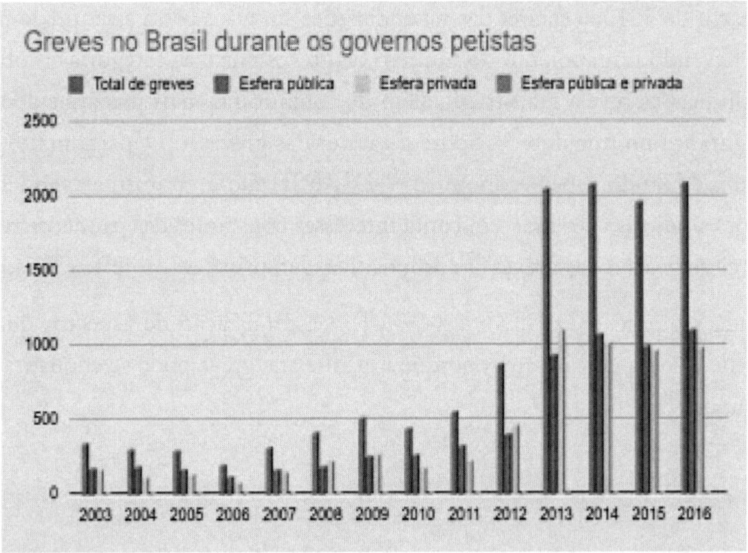

Fonte: Gráfico elaborado pelos autores, por meio de dados retirados do site do DIEESE, publicação Balanço das greves.

Segundo Marcelino(31), o período entre 2003 e 2013 é assinalado pela recuperação da luta grevista e por greves bem-sucedidas no plano econômico. Há uma maior ofensiva(32) das reivindicações encampadas pelo movimento sindical, ao contrário das greves dos anos de 1990, que possuíam um caráter defensivo. Há ainda que ser considerado que depois da posse de Fernando Henrique Cardoso, o número de greves caiu em relação aos anos de 1980, o que atribuímos a elementos políticos e conjunturais, como a derrota das candidaturas progressistas nas eleições presidenciais, a maior difusão da ideologia neoliberal, o aumento do desemprego, a reestruturação produtiva e o controle rígido da inflação, os quais podem ser considerados motivos para o arrefecimento da atividade sindical naquele período. Partindo do conceito de ciclos de greves(33), Danilo Uler Corregliano acompanha a hipótese de que um novo ciclo de greves teve início no Brasil em 2004, "[...] cuja fase inicial de aquecimento perdurou até 2010 quando, a partir de então, ocorreu a explosão do número de greves [...]"(34), alertando adiante ser "[...] mais acertado supor que os fatores econômicos não explicam sozinhos os movimentos de ascensão e refluxo das greves, apesar de sua importância no que tange ao estudo das percepções"(35).

(31) MARCELINO, Paula. Sindicalismo e neodesenvolvimentismo: analisando as greves entre 2003 e 2013 no Brasil. *Tempo Social* [*on-line*]. 2017, v. 29, n. 3, p. 201-227. Disponível em: <https://doi.org/10.11606/0103-2070.ts.2017.125952. ISSN 1809-4554>. Acesso em: 8 set. 2021.

(32) *Ibidem*. De acordo com Marcelino, o caráter ofensivo significa o avanço sobre os lucros das empresas ou os recursos do Estado por meio da conquista de melhorias salariais, maior participação nos lucros e resultados e novos benefícios de contrato e condições de trabalho.

(33) CORREGLIANO. *Op. cit.*, p. 117 e ss.

(34) CORREGLIANO. *Op. cit.*, p. 120.

(35) CORREGLIANO. *Op. cit.*, p. 122. Ainda, segundo o autor, o primeiro ciclo de greves aconteceu entre 1978 e 1997.

A partir de 2013, o caráter das reivindicações sindicais passa a ser predominantemente defensivo, havendo um aumento do número de greves entre as categorias profissionais cujo histórico sindical se revela mais frágil, além de conjunturas mais precárias de remuneração, saúde e segurança no trabalho[(36)]. Sobre o caráter das greves, o Departamento Intersindical de Estatística e Estudos Socioeconômicos—DIEESE adota, conforme a tendência geral das mobilizações sindicais e levando em conta interesses constantes das pautas de reivindicações, a seguinte classificação das greves[(37)]: propositiva, defensiva, de protesto e de solidariedade.

Ainda segundo o DIEESE (2019), "[...] a totalização de aspectos qualitativos das greves excede a soma de cada item porque uma mesma greve pode se enquadrar em mais de um dos grupos"[(38)].

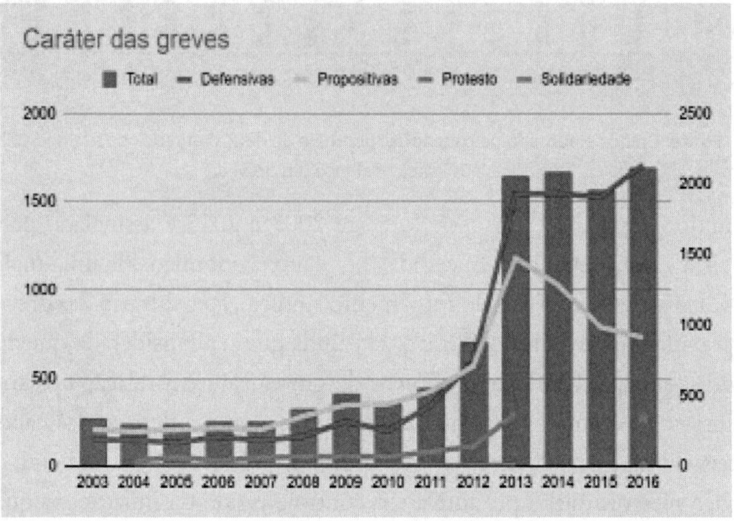

Fonte: gráfico elaborado pelos autores, por meio de dados retirados do site do DIEESE, publicação Balanço das greves. Não há análise de dados relativos aos anos de 2014 e 2015, quanto às greves de protesto e solidariedade.

---

(36) MARCELINO, Paula. Sindicalismo e neodesenvolvimentismo: analisando as greves entre 2003 e 2013 no Brasil. *Tempo Social* [*on-line*]. 2017, v. 29, n. 3, p. 201-227. Disponível em: <https://doi.org/10.11606/0103-2070.ts.2017.125952>. ISSN 1809-4554. Acesso em: 8 set. 2021

(37) DIEESE. 2019, *Estudos e Pesquisas* n. 89: Balanço das greves em 2018. Disponível em <https://www.dieese.org.br/balancodasgreves/2018/estPesq89balancoGreves2018.html>. Acesso em: 15 out. 2021. Segundo essa classificação, as greves podem ser; propositivas: paralisações por novas conquistas ou avanços nas condições vigentes. Defensivas: paralisações adotadas em caso de descumprimento de lei ou recusa à renovação ou manutenção de condições vigentes. As greves defensivas estão subdivididas da seguinte forma: descumprimento de direitos — contra o descumprimento de normas trabalhistas estabelecidas em lei, acordo ou convenção coletiva de trabalho; manutenção de condições vigentes — pela manutenção ou renovação de condições vigentes, em face de ameaça de extinção ou redução. De protesto: paralisações que ocorrem por motivos que ultrapassam o âmbito das relações trabalhistas. Consideram-se de protesto as greves assim declaradas pelo comando. De solidariedade: são as greves em apoio a movimentos de trabalhadores de outras categorias, empresas ou setores. Ao encabeçar mobilizações desta natureza, os grevistas não podem ter interesse imediato nos itens da pauta defendida pelos trabalhadores a quem apoiam. Consideram-se de solidariedade greves assim declaradas pelo comando., conforme.

(38) *Ibidem*, p. 29.

Danilo Uler Corregliano, com base nessa classificação, afirma que "[...] em 2012, um percentual de 64,4% das pautas de reivindicação era considerado de caráter ofensivo, almejando-se novas conquistas ou ampliação dos direitos já conquistados [...]", percentual que cai "[...] para 57,4% em 2013 e para 34,4% em 2016. Ou seja, [conclui o autor], em 2013 inicia-se uma tendência em que preponderaram as reivindicações defensivas: entre 2012 e 2016, as reivindicações defensivas passam de 67,3% para 80,9%"[(39)]. Observa-se que essa classificação quanto ao caráter da greve não é peculiar ao direito do trabalho, que opera em termos de legalidade e ilegalidade do movimento paredista. É certo que a dogmática jurídica tem dificuldades em adequar o direito às ações sindicais e, assim, enquadrar a dinâmica da vida da classe proletária e dos seus meios e métodos de sua luta à normatividade e ao Estado, como bem demonstram as pesquisas de José Carlos de Carvalho Baboin[(40)] e de Danilo Uler Corregliano[(41)].

Conquanto não seja objeto deste texto traçar um histórico das tentativas de captura da luta de classes pelo direito, por ora será suficiente registrar que o disposto no art. 9º da Constituição de 1988 não restringe os interesses que pela greve operários e operárias podem defender[(42)], sendo assim adequado, do ponto de vista normativo, a classificação adotada pelo DIEESE, já mencionada, tal como a definição adotada pela OIT, segundo a qual greve é qualquer paralisação temporária do trabalho, mesmo que por poucas horas, buscando impor os interesses do conjunto das trabalhadoras e trabalhadores paralisados, ou reagir a medidas reputadas prejudiciais por elas e eles[(43)].

4. Um Mapa Histórico das Greves no Período

A seguir, destacamos algumas greves do período de 2003 a 2016, em razão de sua duração, de seus efeitos para a população ou, ainda, por suas consequências no âmbito jurídico e político. As greves destacadas o foram independentemente da apreciação de sua legalidade ou ilegalidade pelos órgãos do poder judiciário, tampouco adentramos o debate acerca do pertencimento à classe proletária de agentes dos corpos militares de repressão e consequente caráter sindical das mobilizações de policiais e bombeiros[(44)].

(39) CORREGLIANO. *Op. cit.*, p. 130.

(40) BABOIN, José Carlos de Carvalho. *O Tratamento Jurisprudencial da Greve Política no Brasil.* 2013. Dissertação (Mestrado em Direito do Trabalho) – Faculdade de Direito, Universidade de São Paulo, São Paulo, 2013, *passim*. O autor utiliza-se da expressão greves atípicas, embora não deixe de considerá-las greves.

(41) CORREGLIANO. *Op. cit.*, p. 59 e ss. O autor refere-se a greves que em língua inglesa são denominadas *wildcat strikes* e as *débrayages* do direito francês, também chamadas de greves selvagens. O autor identifica os tipos de greves e suas motivações em mais de uma passagem da tese (p. 65-67, 92 e 129).

(42) CRFB/88. Art. 9º É assegurado o direito de greve, competindo aos trabalhadores decidir sobre a oportunidade de exercê-lo e sobre os interesses que devam por meio dele defender.

(43) CORREGLIANO. *Op. cit.*, p. 31.

(44) Isto é, registramos greves de policiais e bombeiros militares e de policiais civis no artigo, mas não nos posicionamos sobre se aqueles que compõem efetivamente o aparelho de repressão do Estado são membros da classe operária.

4.1. O ano de 2003

Apresenta-se, desde o início, uma tendência para "arrumação da casa", com a aplicação de medidas severas para a classe proletária, de acordo com o que exigia o capital financeiro naquele momento(45). Em 2003, a reforma da previdência é a primeira medida do governo cujos principais atores atingidos seriam as servidoras e os servidores públicos, o que fez com que os sindicatos representativos se mobilizassem contra a taxação dos inativos, contra a paridade entre ativos e inativos e contra a criação de fundos de pensão(46). Segundo documento da FENAJUFE, "Vinte anos na defesa dos trabalhadores do Judiciário Federal e do Ministério Público da União" (2012)(47), houve uma ampla greve do funcionalismo público contra a proposta de Emenda Constitucional (que após aprovada e promulgada pelo Congresso Nacional recebeu o n. 40), com duração de 50 dias e participação de servidores em vários estados brasileiros, culminando com uma marcha para Brasília, em 6 de agosto de 2003, que contou com a participação de setenta mil pessoas, o que, no entanto, não impediu a sua aprovação e promulgação. Em que pese a participação de vários sindicatos filiados, a CUT opôs sua ida a esta marcha, iniciando, a partir desse ato, um movimento de dispersão da Central e da própria esquerda: ANDES (Sindicato Nacional dos Docentes das Instituições de Ensino Superior) se desfilia, há o rompimento do PSTU e a fundação do CONLUTAS — CENTRAL SINDICAL E POPULAR (2004), ocorre a expulsão de integrantes do PT por votarem contra a reforma da previdência, o que resultou na construção de um novo partido, o PSOL(48). Em 2003, 340 greves foram realizadas, totalizando 15.805 horas paradas de acordo com o DIEESE(49).

4.2. O ano de 2004

Em 2004, o DIEESE registrou 302 greves, com interrupção de sua atividade produtiva em mais de 23 mil horas, sendo que 61% das paralisações ocorreram na esfera pública e 38%, na esfera privada(50). Destaca-se a greve dos trabalhadores rurais do Vale do Rio São Francisco, que, em apenas uma única paralisação, reuniu cinquenta mil pessoas, o que representou 4% do total de grevistas no ano de 2004(51). Segundo o jornal "O Estadão", noticiando a paralisação destes trabalhadores, a reivindicação se referia ao aumento no valor do piso

(45) CAMPOS, C. V. As relações entre o movimento sindical e os governos petistas (2003-2016). *Temáticas*, Campinas, SP, v. 27, n. 53, p. 185–224, 2019. DOI: 10.20396/tematicas.v27i53.11606. Disponível em: <https://econtents.bc.unicamp.br/inpec/index.php/tematicas/article/view/11606>. Acesso em: 20 set. 2021.

(46) *Idem.*

(47) VINTE anos na defesa dos direitos dos trabalhadores do Judiciário Federal e do MPU. *Revista Fenajufe*, Edição Comemorativa – 20 anos. 2012. Disponível em: <https://www.fenajufe.org.br /imagesb/10-12-2012_fenajufe_final_web.pdf>. Acesso em: 4 nov. 2021.

(48) CAMPOS. *Op. cit.*

(49) DIEESE, 2019.

(50) DIEESE, 2005.

(51) Segundo dados do DIEESE (2005).

salarial da categoria[52]. Conforme Silva[53] essa foi a última greve desses trabalhadores, que intencionavam um salário mínimo de R$ 330,00, superior aos R$ 260,00 que recebiam. A greve durou uma semana, sendo finalizada com a intermediação dos órgãos regionais do Ministério do Trabalho e Emprego, com a elevação do salário para R$ 268,00. O aumento se deu de acordo com o Índice Nacional de Preço ao Consumidor — INPC. De 2004 a 2016 a categoria não se mobilizou em novas paralisações, já que os reajustes salariais anuais negociados permaneceram acima do Índice Nacional de Preços (INPC-IBGE).

4.3. O ano de 2005

Em 2005, foram registradas 299 greves, que paralisaram 19.475 horas de atividades produtivas. Destacam-se, dentre essas mobilizações, 50 paralisações motivadas por protesto, compreendendo 17% do total das greves, incluindo-se, na maioria delas, além dos protestos, reivindicações propositivas ou de defesa de direitos, concentrando-se no setor público, como as greves de professores, que, além de demandarem aumento salarial, protestam em face de melhorias no sistema educacional[54]. Já no setor privado, destacaram-se três greves de protesto: em 19 de abril, 20 mil trabalhadores de 25 empresas do setor metalúrgico da Região Metropolitana de São Paulo paralisaram as atividades, por uma hora, contra a política de juros do Banco Central; em 18 de maio, trabalhadores da GM de São Caetano do Sul/SP, paralisaram as atividades por duas horas e meia, contra o Programa de Demissão Voluntária aberto pela empresa, além da pauta contra a política de juros; e, por fim, a greve dos trabalhadores e das trabalhadoras do transporte coletivo de Cuiabá/MT que protestaram por providências de segurança pelas autoridades, em razão da morte de um motorista baleado durante o trabalho[55].

Neste ano, na USP, trabalhadoras e trabalhadores terceirizados do setor de limpeza e asseio paralisaram suas atividades em razão do inadimplemento das obrigações trabalhistas pelo empregador, recebendo apoio do corpo discente e do Sindicato Representativo dos Trabalhadores da USP (SINTUSP), atuação esta rechaçada pelo Sindicato Representativo de Trabalhadores em Serviços de Limpeza, Conservação e Asseio (SIEMACO), que foi compelido a intermediar o conflito e a buscar o adimplemento das verbas devidas pelo empregador diante da força da luta das trabalhadoras e trabalhadores terceirizados[56].

---

(52) GREVE atinge polo de fruticultura no Vale do São Francisco. *Estadão, Agência Estado,* 13 mar. 2004. Política. Disponível em: <https://politica.estadao.com.br/noticias/geral/greve atinge-polo-de-fruticultura-no-vale-do-sao-francisco,20040313p32264>. Acesso em: 24 set. 2021.

(53) SILVA, Guilherme José Mota. *Os frutos da resistência:* sindicalismo e luta dos assalariados da fruticultura irrigada no Submédio São Francisco. 221f. (Dissertação de Mestrado) Programa de Pós-Graduação em Ciências Sociais, Centro de Humanidades, Universidade Federal de Campina Grande, Campina Grande – Paraíba – Brasil, 2016.

(54) DIEESE. 2006. *Estudos e Pesquisas* n. 20: Balanço das greves em 2005. Disponível em: <https://www.dieese.org.br/balancodasgreves/2005/estpesq20_greves2005.html.> Acesso em: 15 out. 2021.

(55) *Idem.*

(56) Sobre essa luta de trabalhadoras e trabalhadores terceirizados da USP, no seminário indicamos dois vídeos curtos, em que podem ser ouvidas as próprias trabalhadoras em luta e suas demandas, disponível em: <http://www.youtube.com/watch?v=1AkB4BfWqg4> e <http://www.youtube.com/watch?v=iu5Xhu82 fzc>, além do livro organizado por Diana Assunção. *A Precarização tem Rosto de Mulher:* a luta das trabalhadoras e trabalhadores terceirizados da USP. 3. ed. Iskra: São Paulo, 2020.

4.4. O ano de 2006

Em 2006, o DIEESE registrou 320 greves, destacando-se as greves dos metroviários de São Paulo, dos fiscais da Agência Nacional da Vigilância Sanitária — ANVISA e de trabalhadoras e trabalhadores da Volkswagen em São Bernardo do Campo/SP(57).

A greve dos metroviários de São Paulo, em 2006, teve como motivação um protesto contra a licitação da Linha-4-Amarela e o descumprimento de liminar concedida em favor do Sindicato dos Trabalhadores em Empresas de Transporte Metroviários de São Paulo, suspendendo a abertura dos envelopes de propostas das empresas concorrentes no certame. A greve foi discutida e aprovada em assembleia realizada pelo sindicato, em 10 de agosto de 2006, e marcada para o dia 15 de agosto do mesmo ano. Diante do anúncio de greve, a Companhia do Metropolitano de São Paulo — Metrô ajuizou ação cautelar inominada, requerendo a continuidade dos serviços em 100% em horário de pico e 80% em horários normais do transporte, sob as alegações de essencialidade do transporte e prejuízos à população. Não obstante a decisão do Tribunal Regional do Trabalho da 2ª Região acatando o pedido e determinando multa de 100 mil reais para o caso de descumprimento, a greve ocorreu sem que nenhuma linha funcionasse durante todo o dia(58). Posteriormente, a greve foi julgada abusiva pelo referido tribunal por não estar vinculada a nenhuma reivindicação relativa ao contrato de trabalho, além de não atender à decisão judicial de manutenção mínima dos serviços. Interposto recurso pelo sindicato, o Tribunal Superior do Trabalho apenas reduziu o valor da multa para cinquenta mil reais, mantendo a decisão de origem(59). A mídia noticiou a paralisação destacando os prejuízos à população. O jornal "*Folha de S. Paulo*" publicou matéria intitulada "Metrô pára e prejudica 1,6 mi de usuários", e o *lead* noticiava que o congestionamento havia chegado a 188 km, às 9h da manhã(60). Já o portal de *internet G1* noticiou a paralisação com a manchete "Greve pára metrô. São Paulo pára junto"(61).

Em 21 de fevereiro de 2006, os fiscais da ANVISA decidiram entrar em greve reivindicando a equiparação salarial entre servidores antigos e novos(62). O editorial do jornal "*Folha de S. Paulo*" de 20 de abril de 2006 denominou, em letras garrafais, que se tratava de

(57) DIEESE, 2019.

(58) PINHEIRO, Pedro Henrique. *A greve dos metroviários de São Paulo de 2006 e as dificuldades do poder judiciário na afirmação da greve como direito fundamental*. 2015. 60 f. Monografia (Bacharelado em Direito) – Universidade de Brasília, Brasília, 2015.

(59) Segundo José Carlos Carvalho Baboin, em sua já referida dissertação de mestrado, não há restrição quanto ao objeto defendido em uma greve, apenas a necessidade de uma reivindicação que, no caso, tratava-se de uma defesa política contra a Parceria Público-Privada (PPP) para a operação da Linha 4-Amarela.

(60) METRÔ para e prejudica 1,6 mi de usuários. *Folha de S. Paulo*, São Paulo, 16 ago. 2006, Cotidiano. Disponível em: <https://www1.folha.uol.com.br/fsp/cotidian/ff1608200601.htm.> Acesso em: 28 set. 2021.

(61) GREVE pára metrô. São Paulo pára junto. *G1*, São Paulo, 15 ago. 2006a. São Paulo. Disponível em: <http://g1.globo.com/Noticias/SaoPaulo/0,,AA1249437-5605,00.html> Acesso em: 28 set. 2021.

(62) NOSSA, Leonencio. Sindicato Nacional confirma trégua na greve da Anvisa. *Sinagências*, Brasília, 29 abr. 2006. Notícias. Disponível em: <https://sinagencias.org.br/noticias/sindicato-nacional-confirma-tregua-na-greve-da-anvisa/>. Acesso em: 20 out. 2021.

uma greve irresponsável. Afirmou que a greve é um direito constitucional e que os trabalhadores têm legitimidade para pleitear aumentos de salários, mas que direitos geram responsabilidades e isso estaria faltando aos trabalhadores da agência, cujas atividades estavam paralisadas há 60 dias da data de publicação do editorial, que ainda salientou que o movimento paredista já provocava falta de medicamentos (drogas contra *Alzheimer*, doença de *Parkinson*, hipertensão, diabetes, câncer) e falta de insumos para sua fabricação, pois basicamente todos são importados e precisam da liberação da ANVISA nos portos, aeroportos e fronteiras terrestres para passagem pela alfândega e, assim, com essa paralisação, os trabalhadores estariam deixando de cumprir *obrigação legal, moral e humanitária*, tratando-se de serviços essenciais, como a distribuição e comercialização de medicamentos, e que, portanto, seria o caso de considerar a liberação dessas cargas independentemente da vontade dos trabalhadores e das trabalhadoras integrantes do movimento paredista(63).

Ainda no dia 20 de abril, por decisão do juízo da 25ª Vara Federal Cível da Justiça Federal de São Paulo, foi determinada a manutenção de um efetivo mínimo de 30% dos serviços de vigilância sanitária em portos, aeroportos e fronteiras em todo o país, concedendo liminar na ação cautelar interposta pela ANVISA em face da Federação Nacional dos Sindicatos de Trabalhadores em Saúde, Trabalho e Previdência Social — FENASPS, do Sindicato Nacional dos Servidores das Agências Reguladoras — SINAGÊNCIAS, da Confederação dos Trabalhadores no Serviço Público Federal — CONDSEF, da Associação Nacional de Servidores da Vigilância Sanitária — ANSEVS, e da Confederação dos Trabalhadores em Seguridade Social da Central Única dos Trabalhadores — CNTSS, sob o argumento de que, apesar de ser direito fundamental das trabalhadoras e dos trabalhadores no Brasil, a greve precisa ser exercida dentro de parâmetros infraconstitucionais, o que não ocorreu no caso, já que os serviços ou atividades essenciais não poderiam ser interrompidos(64).

No dia 25 de abril, o juízo da 2ª Vara da Justiça Federal em Santos/SP, determinou o fim da paralisação no Porto de Santos, sob pena de multa de 10 mil reais por dia de descumprimento. Em razão desta decisão e de uma promessa de negociação por parte do governo, quando a greve já completava 64 dias as funcionárias e os funcionários da ANVISA de São Paulo e de outros estados decidiram por uma trégua de dez dias em assembleia(65). A greve dos trabalhadores e das trabalhadoras da ANVISA teve duração de 70 dias, mas foi encerrada sem negociação e a categoria tornou a discutir novas paralisações(66).

---

(63) GREVE irresponsável. *Folha de S. Paulo*, São Paulo, 20 abr. 2006b. Opinião. Disponível em: <https://www1.folha.uol.com.br/fsp/opiniao/fz2004200603.htm>. Acesso em: 4 nov. 2021.

(64) JUSTIÇA Federal suspende greve da vigilância sanitária. *Justiça Federal*, Seção Judiciária de São Paulo. São Paulo, 25 abr. 2006. Disponível em: <https://www.jfsp.jus.br/comunicacao publica/indice-noticias/noticias-2006/25042006-justiça-federal-suspende-greve-da-vigilancia-sanitária>. Acesso em: 5 out. 2021.

(65) NOSSA. *Op. cit.*

(66) VIRGÍLIO, Paulo. Servidores da Anvisa poderão retomar greve na próxima quarta-feira. *Agência Brasil*. Empresa Brasileira de Comunicação. 20 maio 2006. Disponível em: <http://memoria.ebc.com.br/agenciabrasil/noticia/2006-05-20/servidores-da-anvisa-poderao-retomar- greve-na-proxima-quarta-feira>. Acesso em: 30 dez. 2021.

Por sua vez, a greve decretada pelos trabalhadores da Volkswagen de São Bernardo do Campo/SP, em 29 de agosto de 2006, foi aprovada por dez mil empregados e empregadas em assembleia, tendo como motivação a comunicação por carta do encerramento de 1.800 postos de trabalho, no curso da reestruturação da empresa, anunciada anteriormente por sua diretoria, em maio daquele ano.

A informação das demissões ocorreu um dia após a suspensão do empréstimo de R$ 497.100,00 para a empresa, pelo BNDES. A carta informava que as demissões seriam efetivadas em novembro, quando teria fim o acordo de estabilidade, firmado em 2003, durante as greves de resistência diante das tentativas anteriores de reestruturação da empresa(67). O acordo ampliava incentivos ao plano de demissão voluntária e garantia qualificação remunerada a empregados afastados até o primeiro semestre de 2006(68). A greve teve fim em 4 de setembro, após decisão da empresa de suspender as demissões comunicadas. Segundo matéria do portal G1, doze mil trabalhadores e trabalhadoras paralisaram suas atividades durante os seis dias de greve, afetando a produção nas unidades de São José dos Pinhais/PR, Taubaté/SP e São Carlos/SP(69).

4.5. O ano de 2007

Em 2007 foram registradas 316 greves no Brasil, com paralisação de 29 mil horas de trabalho, das quais 161 foram realizadas por trabalhadores e trabalhadoras do setor público, 149 da esfera privada e 6 que envolveram ambos os setores público e privado(70). Destaca-se, novamente, a greve dos metroviários e metroviárias de São Paulo, que paralisaram parcialmente suas atividades por dois dias, em 2 e 3 de agosto, reivindicando aumento da participação nos lucros e resultados. Após o fim da greve, em razão dela ter sido julgada abusiva pelo Tribunal Regional do Trabalho da 2ª Região, o governo estadual de José Serra determinou a demissão de 61 funcionários, por desempenho inadequado aos padrões do Metrô, segundo o Secretário dos Transportes Metropolitanos, José Luiz Portella, que afirmou não se tratar de retaliação(71). Outra greve que deve ser destacada no ano de 2007 foi a dos metalúrgicos da empresa Fris MolduCar, em São Bernardo do Campo/SP(72).

---

(67) ROLLI, Cláudia. Volks demite; trabalhadores iniciam greve. *Folha de S. Paulo*, 2006. Disponível em: <https://www1.folha.uol.com.br/fsp/dinheiro/fi3008200602.htm>. Acesso em: 28 set. 2021.

(68) RAMALHO, José Ricardo e RODRIGUES, Iram Jácome, Sindicalismo do ABC e a Era Lula: contradições e resistências. *Lua Nova:* Revista de Cultura e Política, 2018, n. 104, p. 67-96. Disponível em: <https://doi.org/10.1590/0102-067096/104>. Acesso em: 28 set. 2021.

(69) GREVE, 2006b.

(70) DIEESE, 2008.

(71) SEABRA. Cátia; CREDÊNCIO, José Ernesto. Após greve, Serra demite 61 no Metrô. *Folha de S. Paulo*. Cotidiano. 7 ago. 2007. Disponível em: <https://www1.folha.uol.com.br/ fsp/cotidian/ff0708200701.htm>. Acesso em: 28 set. 2021.

(72) "O movimento foi deflagrado pelos cerca de 270 empregados da empresa, que acamparam no local, em 21 de fevereiro de 2007, e se estendeu para além do fim de 2007 (pelo menos até 19 de março de 2008). O motivo da greve foi o não pagamento do 13º salário de 2006 e dos salários de janeiro e fevereiro de 2007, do valor integral das rescisões contratuais dos trabalhadores que aderiram ao Plano de Demissão Voluntária no fim de 2006 e o não recolhimento de FGTS e INSS havia cinco anos, além do descumprimento de outros direitos trabalhistas. Em 13

4.6. O ano de 2008

Em 2008, o DIEESE registrou 411 greves, salientando que as no setor privado (224) ultrapassaram as do setor público (188) pela primeira vez em cinco anos[73]. Três paralisações conjugaram trabalhadores dos setores público e privado. Duas greves do setor privado se destacam pelo número de grevistas e nas quais reivindicavam a aprovação da Proposta de Emenda Constitucional 393/2001, que reduzia a jornada de trabalho de 44 para 40 horas semanais: uma que envolveu 150.000 trabalhadores da indústria e dos serviços, interrompendo as atividades por duas horas e outra em que 110.000 metalúrgicos interromperam a produção no estado de São Paulo, também por duas horas.

A greve dos policiais civis do estado de São Paulo, em 2008, mobilizou 53% do efetivo na capital e 97% no interior paulista e teve duração de 59 dias. O movimento estava marcado para 13 de agosto, porém foi suspenso após uma audiência de conciliação no Tribunal Regional do Trabalho da 2ª Região, sendo transformada em estado de greve. Assim, a paralisação foi iniciada efetivamente em 16 de setembro e foi motivada por reajustes salariais, conforme informações extraídas do site do Sindicato dos Investigadores de Polícia do Estado de São Paulo — SIPESP[74].

Em 16 de outubro, por volta das 16h, nas proximidades do Palácio dos Bandeirantes, sede do governo paulista, em passeata que marcava um mês de paralisação e pedia ao então governador, José Serra, que recebesse uma comissão de grevistas, ocorreu um sério confronto entre policiais civis em greve e policiais militares, resultando em 35 feridos. O confronto foi transmitido ao vivo para todo o Brasil e teve repercussão internacional[75]. Além disso, mobilizou policiais civis de todo o país, que, em solidariedade, prometeram uma paralisação nacional de duas horas[76].

Em 12 de novembro, sobreveio decisão do Ministro do Supremo Tribunal Federal, Eros Roberto Grau, negando seguimento ao Mandado de Injunção n. 774/DF, ajuizado pelo SIPESP e outros, em razão da omissão de regulamentação do direito de greve dos servidores públicos, sob o fundamento de o direito constitucional de greve dos servidores públicos não amparar todas as categorias e carreiras, excepcionando policiais, cuja paralisação traz enormes

---

de março de 2007, o sindicato dos trabalhadores pediu a falência da empresa, para que o pagamento dos direitos trabalhistas fosse priorizado. Em 22 de novembro de 2007, após a Justiça decidir pela recuperação judicial da empresa, os trabalhadores decidiram levantar o acampamento e prosseguir a luta via ações judiciais. Em 19 de março de 2008, o sindicato pediu à Justiça a rescisão indireta dos contratos de trabalho, a fim de que os trabalhadores pudessem se empregar em outras empresas enquanto esperavam o pagamento de seus direitos.". DIEESE, 2008, p. 4

(73) DIEESE. 2009. *Estudos e Pesquisas* n. 45: Balanço das greves em 2008. Disponível em: <https://www.dieese.org.br/balancodasgreves/2008/estPesq45balancoGreves2008.html>. Acesso em: 21 out. 2021.

(74) GREVE da polícia civil completa dez anos. *SIPESP*, São Paulo, 18 out. 2018. Disponível em: <http://sipesp.org.br/greve-da-policia-civil-completa-dez-anos/>. Acesso em: 28 set. 2021.

(75) ARO, Christiano. ADEPESP. 16/10 – Um dia para não ser esquecido. *Youtube*, 12 nov. 2018. Disponível em: <https://youtu.be/RMqY9UHPJp0. Acesso em: 28 set. 2021.

(76) POLICIAIS civis de todo Brasil prometem parar em apoio a grevistas de São Paulo. *Correio Brasiliense*, 17 out. 2008, Brasil. Disponível em: <https://www.correiobraziliense.com.br/ app/noticia/brasil/2008/10/17/internabrasil,41365/policiais-civis-de-todo-brasil-prometem-parar-em-apoio-a-grevistas-de-sao paulo.shtml.> Acesso em: 13 out. 2021.

prejuízos à segurança e tranquilidade públicas, havendo decisão do plenário do tribunal, inclusive, equiparando os policiais em geral, quanto ao exercício do direito de greve, aos militares, proibidos, de exercê-lo. A decisão foi mantida em Agravo Regimental(77). Desta forma, em 13 de novembro, os policiais civis de São Paulo encerraram a greve, aceitando o reajuste de 6,5%, a reestruturação da carreira de delegados e a exigência de nível superior para ingresso nas carreiras de Investigador e Escrivão de Polícia(78).

Em 9 de setembro, trabalhadores da empresa Dell, em Hortolândia/SP, paralisaram suas atividades, reivindicando, entre outras pautas, o fim da imposição do banco de horas, a imediata efetivação dos trabalhadores temporários, o pagamento de PLR de forma igualitária para todos os trabalhadores e trabalhadoras da empresa, implantação do Plano de Cargos e Salários e fim de assédio moral praticado pela gerência. Segundo informações extraídas do site do Sindicato dos Metalúrgicos de Campinas e Região(79):

> Um trabalhador chega a produzir mais de 14 computadores por hora, das 8h às 19h30, de pé e, em épocas de fechamento do trimestre, até à meia-noite, parando apenas 30 minutos para tomar lanche. Os trabalhadores não têm jornada fixa de trabalho – precisam ligar na empresa para saber quando e por quanto tempo irão trabalhar, ficam a mercê das necessidades da empresa. E as horas trabalhadas a mais não são computadas como extras, elas vão para o Banco de Horas. No caso de não haver demanda da empresa, o trabalhador fica em casa, esperando um chamado. O Sindicato já denunciou esse problema ao Ministério Público do Trabalho. Grande parte dos trabalhadores é contratada por três meses, sendo demitidos após esse período.

Após 21 dias de paralisação, em 30 de setembro, a greve chega ao fim com um acordo realizado com o empregador, negociada a estabilidade de seis meses aos participantes da greve, efetivação dos temporários grevistas, anulação de demissões realizadas no período da greve, pagamento de 50% dos dias parados e a promessa de discussão dos itens da pauta. Segundo o sindicato, a greve repercutiu na matriz, localizada nos EUA(80). O Partido Comunista Brasileiro — PCB pontuou a importância da greve, em razão de ter sido a primeira encarada

---

(77) STF – MI 774-DF, relator: Min. GILMAR MENDES, Data de Julgamento: 31.03.2014, Data de Publicação: *DJe*-066 DIVULG 02.04.2014 PUBLIC 03.04.2014.

(78) 16 de outubro: um dia histórico para a Polícia Civil. *SIPESP* – Sindicato dos Investigadores de Polícia Civil do Estado de São Paulo, São Paulo, 16 out. 2020. Notícias, últimas notícias. Disponível em: <http://sipesp.org.br/16-de-outubro-um-dia-historico-para-a-policia-civil/>. Acesso em: 13 out. 2021.

(79) TRABALHADORES da Dell continuam em greve. Sindicato dos metalúrgicos de Campinas e região. *Notícias*. 15 set. 2008. Disponível em <http://www.metalcampinas.org.br/2008/09/15/trabalhadores-da-dell-continuam-em-greve/>. Acesso em: 29 set. 2021.

(80) APÓS 21 dias, greve na Dell termina com acordo vitorioso. Sindicato dos metalúrgicos de Campinas e região, Campinas, 1º out. 2008. Notícias. Disponível em: <http://www.metalcampinas.org.br/2008 /10/01/apos-21-dias-greve-na-dell-termina-com acordo-vitorioso/>. Acesso em: 30 set. 2021.

pela multinacional Dell no mundo e que seria um sinal de não aceitação, pelo operariado, das atuais condições de trabalho impostas pelo neoliberalismo(81).

Outra greve que se destaca também em razão da declaração de sua ilegalidade foi a dos servidores do Departamento Nacional de Infra-Estrutura de Transportes — DNIT, ocorrida em 6 de outubro. Entre as reivindicações estavam a realização de concurso público, a revisão da tabela de remuneração e melhores condições de trabalho. Os servidores alegavam, ainda, que o acordo firmado anteriormente com o governo para reajuste dos salários não havia sido respeitado(82).

No julgamento, em março de 2021, a greve foi declarada ilegal pela 3ª Seção do Superior Tribunal de Justiça por violação ao disposto no art. 3º, da Lei n. 7.783/1989, e abuso do direito de greve, já que a Confederação Brasileira dos Trabalhadores no Serviço Público Federal — CONDSEF teria deixado de tentar solucionar o conflito antes de optar pela greve, conforme entendimento do Ministro João Otávio de Noronha, que considerou, ainda, não ter havido quebra de acordo coletivo, pois os servidores estavam recebendo mais do que o constante no acordo e que, portanto, a greve havia sido deflagrada na vigência de norma coletiva(83).

4.7. O ano de 2009

Segundo o DIEESE, em 2009, foram realizadas 518 greves, 26% a mais que em 2008. As greves dos trabalhadores da esfera privada superaram a da esfera pública, o que não acontecia desde 2004(84).

A greve dos funcionários da USP, que durou 57 dias, foi iniciada em 5 de maio e considerada vitoriosa pelo SINTUSP, pois teve parte de suas reivindicações atendidas, como o aumento do auxílio-alimentação, a futura discussão do plano de carreira, o auxílio para trabalhadores e trabalhadoras com filhos com necessidades especiais, além da regularização dos funcionários de creches e nova nomenclatura para "professores de ensino básico"(85).

Outra greve que se destacou em 2009 foi a dos trabalhadores da Sinter Futura, uma empresa fabricante de sabonetes, cosméticos e higiene pessoal e medicinais, localizada em Monte Mor/SP. A empresa possuía 330 trabalhadores à época. O destaque se dá em razão

---

(81) A RETOMADA das greves em 2008. *PCB — Partido Comunista Brasileiro*, 30 dez. 2008. Disponível em: <https://pcb.org.br/portal2/223/a-retomada-das-greves-em-2008/>. Acesso em: 30 set. 2021.

(82) TERCEIRA Seção declara ilegal greve dos servidores do DNIT em 2008 e fixa indenização em R$ 100 mil. STJ, Brasília, 22 mar. 2021. *Notícias*. Disponível em: <https://www.stj.jus.br/sites/portalp/Paginas/Comunicacao/Noticias/22032021-Terceira-secao-declara-ilegal-greve-dos-servidores-do- DNIT-em-2008-e-fixa-indenizacao-em-R--100-mil.aspx>. Acesso em: 29 set. 2021.

(83) *Idem*.

(84) DIEESE. 2012. *Estudos e Pesquisas* n. 60: Balanço das greves em 2009 e 2010. Disponível em: <https://www.dieese.org.br/balancodasgreves/2010/estPesq60balGreves20092010.html>. Acesso em: 22 out. 2021.

(85) FUNCIONÁRIOS da USP decidem terminar greve após 57 dias de paralisação. *UOL Educação*, São Paulo, 30 jun. 2009. Todas. Disponível em: <https://educacao.uol.com.br/ultnot/2009/06/30/ ult105u8323.jhtm>. Acesso em: 22 out. 2021.

da substituição dos trabalhadores em greve por operários terceirizados e que contou com a ajuda da Polícia Militar para garantir a entrada de um ônibus com 90 homens e mulheres na empresa, a fim de executarem o trabalho dos grevistas(86). A greve teve início em 7 de outubro e fim em 14 de outubro, com o atendimento das reivindicações dos trabalhadores (trabalho em sábados alternados, aumento na PLR, abono para terceirizados, não desconto dos dias de greve e estabilidade de 60 dias no emprego para os participantes do movimento)(87).

Os servidores do DETRAN do Distrito Federal anunciaram, para o dia 23 de novembro, uma paralisação por tempo indeterminado por reajuste salarial e aumento do auxílio alimentação. No entanto, a greve não durou mais que duas horas, porque o governo fez uma proposta, que foi aceita pela categoria(88).

4.8. O ano de 2010

Em 2010, o DIEESE constatou a ocorrência de 446 greves, sendo 176 na esfera privada e 269 na esfera pública(89). Conquanto não sejam mobilizações circunscritas ao ano de 2010, faremos nesse tópico o registro de greves no setor da construção civil em obras vinculadas ao PAC, lançado pelo governo petista em 2007 com o propósito expresso de gerar renda, criar empregos, diminuir desigualdades, dando atenção a áreas reputadas estratégicas para a economia nacional. Até o ano de 2010, o PAC havia trazido impactos na criação de empregos na construção civil, extrativismo mineral, comércio e serviços, com média de ocupação dos postos de trabalho gerados nas obras do PAC maior que a média dos outros empregos(90).

Grandes obras como as das usinas hidroelétricas de Jirau/RO (início em 2009; término em 2013; inauguração em 2012), Santo Antônio/RO (início em 2008; término em 2016; inauguração em 2012) e Belo Monte/PA (início em 2011; término em 2019; inauguração em 2016)(91) movimentaram o mercado de trabalho no setor de construção civil, junto com obras em outras áreas, como transportes, petroquímico e naval(92), cujos projetos foram realizados no âmbito de ações lideradas pelo poder público nas áreas de infraestrutura social, urbana, logística

(86) SINTER Futura e Polícia Militar cometem crimes contra a organização dos trabalhadores. *CTB – Central dos Trabalhadores e Trabalhadoras do Brasil*, 13 out. 2009, Brasil. Disponível em: <https://ctb.org.br/noticias/brasil/sinter-futura-e-pola-militar-cometemcrimes-contra-a-organiza-dos-trabalhadores/>. Acesso em: 22 out. 2021.

(87) GREVE garante conquistas na Sinter Futura, em Monte Mor. *Sindicato Químicos Unificados*, 15 out. 2009. Disponível em: <https://quimicosunificados.com.br/campanhas salariais/campanha-salarial- 2009/greve-garante-conquistas-na-sinter-futura-em-monte mor/>. Acesso em: 22 out. 2021

(88) SERVIDORES do Detran suspendem greve. *Correio Brasiliense*, 23 nov. 2009. Cidade. Disponível em: <https://www.correiobraziliense.com.br/app/noticia/cidades/2009/11/23/interna_cidadesdf156367/servidores-do-detran-suspendem-greve.shtml>. Acesso em: 22 out. 2021.

(89) DIEESE. 2012a. *Estudos e Pesquisas* n. 60: Balanço das greves em 2009 e 2010. Disponível em: <https://www.dieese.org.br/balancodasgreves/2010/estPesq60balGreves20092010.html>. Acesso em: 22 de out. de 2021

(90) CORREGLIANO. *Op. cit.*, p. 86-87.

(91) Sozinhas, essas obras mobilizaram o trabalho de quase 50.000 pessoas na região dos rios Madeira e Xingu, na Floresta Amazônica.

(92) CORREGLIANO. *Op. cit.*, p. 85 e ss. O autor fornece outros exemplos: complexo industrial de Suape, Porto de Açu, a refinaria Abreu e Lima e o complexo petroquímico do Rio de Janeiro.

e energética do Brasil[(93)] e cumpridas pela iniciativa privada, que é alçada a responsável pelos investimentos diretos diante do endividamento público e da redução da sua margem de investimentos com a manutenção de políticas neoliberais, ainda que com alguma mitigação.

As obras relativas aos grandes eventos esportivos sediados pelo país em 2014 (Copa) e 2016 (Olimpíadas) também foram atingidas por mobilizações sindicais da construção civil e serão relatadas separadamente. Com respeito às obras em Jirau e Santo Antonio, Danilo Uler Corregliano identificou paralisações sindicais em setembro de 2009, março e abril de 2011, março e abril de 2012, abril de 2013 e abril de 2015, sendo que nas greves ocorridas em 2011 e 2012 houve confrontos violentos com incêndios e destruição de máquinas e meios de transporte do empregador, surgindo a liderança no seio do próprio movimento de cuja deflagração não havia participado o sindicato[(94)]. Já nas obras em Belo Monte o mesmo autor detalha cinco greves entre 2011 e 2013 (ressalvando que mídia local registrou a ocorrência de 17 paralisações no mesmo período, além de uma mobilização popular e indígena em fevereiro de 2016, com o início do alagamento do reservatório); em novembro de 2011, com interdição da Rodovia Transamazônica; em maio e abril de 2012 e na data-base em novembro de 2012, em razão de acordo coletivo negociado pelo sindicato sem consulta aos trabalhadores e trabalhadoras, em um movimento explosivo que somente foi desarticulado com a presença de tropa de choque da polícia militar e da Força Nacional de Segurança. Em abril de 2013 e em novembro do mesmo ano, houve novas paralisações, sendo este último processo dirigido totalmente pelo sindicato[(95)]. As negociações com o poder público federal resultaram na melhoria de algumas condições do trabalho e da sua fiscalização, com a convocação dos aprovados no último concurso para Auditoria-Fiscal do Trabalho, além de ganhos salariais e intervalos para visitas a familiares em outros municípios.

4.9. O ano de 2011

Em 2011, o DIEESE registrou 554 paralisações, das quais 325 no setor público e 227 no setor privado, sendo considerado o maior registro desde 1997, quando foram registradas 631 greves[(96)].

O Corpo de Bombeiros Militar do Rio de Janeiro deflagrou um dos movimentos grevistas que mais repercutiu em todo o país no ano de 2011. O movimento teve início, em 14 de abril, com o encaminhamento, pelo coletivo "SOS Bombeiros", das reivindicações da categoria — reajuste salarial e melhores condições de trabalho — ao órgão hierarquicamente superior (Secretaria estadual de Saúde e Defesa Civil do Rio de Janeiro). Posteriormente, o primeiro ato público foi uma caminhada pela orla de Copacabana, no qual os guarda-vidas pediram ajuda à população carioca, em uma estratégia persuasiva, utilizando-se de faixas com dizeres como: "Bombeiros pedem socorro! População carioca, precisamos de vocês!".

(93) *Ibidem*, p. 92 e ss.

(94) CORREGLIANO. *Op. cit.*, p. 92 e ss, p. 99-100.

(95) CORREGLIANO. *Op. cit.*, p. 100-3.

(96) DIEESE. 2012b. *Estudos e Pesquisas* n. 63: Balanço das greves em 2010-2011. Disponível em: <https://www.dieese.org.br/balancodasgreves/2011/estPesq63balGreves2010_2011.html>. Acesso em: 22 out. 2021.

Vários atos se seguiram (acampamentos em frente ao quartel, piquetes e passeatas) e como retaliação foram transferidos 36 bombeiros[(97)].

Em 13 de maio, o Ministério Público do Estado do Rio de Janeiro solicitou a prisão preventiva de cinco bombeiros (major Luiz Sérgio Lima, capitães Alexandre Machado Marchesini e Lauro César Botto, 1º sargento Valdelei Duarte e o cabo Benevenuto Daciolo Fonseca dos Santos[(98)]) identificados como organizadores do movimento, porque incitavam a prática de crimes militares, o que foi acatado pela Auditoria da Justiça Militar do Estado do Rio de Janeiro. Tentativas de deslegitimação do movimento e, ainda, a abertura de negociação entre alguns deputados da Assembleia Legislativa do Estado do Rio de Janeiro — ALERJ e líderes do movimento arrefeceram, por um momento, os protestos, revogando-se, inclusive, a prisão dos cinco bombeiros, porém as reivindicações não foram atendidas, declarando-se estado de greve[(99)].

O final do mês de maio foi marcado por negociações fracassadas e movimentações na ALERJ, imprensa, além de provocações do governador do Rio de Janeiro à época, Sérgio Cabral. O cabo Daciolo convoca a categoria para comparecer à ALERJ, no dia 3 de junho, e o movimento anuncia a manifestação como o "Dia D"[(100)]. Bombeiros e familiares se reúnem nas escadarias da ALERJ, seguindo em passeata por avenidas do centro da cidade, concentrando-se em frente ao Quartel Central da Corporação. Posteriormente, à noite, centenas de manifestantes tomaram o prédio e ameaçaram uma paralisação por tempo indeterminado. Na manhã do dia 4 de junho, o Batalhão de Choque da polícia militar e o Batalhão de Operações Especiais foram acionados, retomando o quartel e detendo 439 bombeiros[(101)].

O governador, em entrevistas coletivas, chamou os manifestantes de vândalos e irresponsáveis, motivando a reorganização da pauta de reivindicações, na qual se colocou como prioridade a libertação dos presos[(102)]. Uma carta aberta à população foi escrita pelos bombeiros, descrevendo suas condições de trabalho e o que os levara a desafiar a corporação e o governo do Rio de Janeiro. Um movimento de solidariedade da população começou a crescer com campanhas de artistas e lideranças: *Dignidade aos bombeiros cariocas*, *Rio Vermelho*, *SOS Bombeiros RJ* entre outras campanhas e *hashtags* se multiplicaram por todo o Brasil[(103)].

---

(97) SILVA, Sayonara Grillo Coutinho Leonardo da; GONDIM, Thiago Patrício. Conflitos Coletivos De Trabalho: Implicações Institucionais e Evidências Empíricas Sobre a Greve dos Bombeiros Militares do estado do Rio de Janeiro. *Revista da Faculdade Mineira de Direito*, Belo Horizonte, v. 20, n. 39, p. 28-60, out./abr. 2017. Disponível em: <http://200.229.32.55/index.php/Direito/article/view/14331>. Acesso em: 14 out. 2019.

(98) MELGAÇO, Gabriel Pitta Pinheiro de Souza. *Uma história do direito, a partir da luta do movimento SOS Bombeiros, no Rio de Janeiro durante o ano de 2011*. 2016. 167 f. Dissertação (Mestrado em Direito Civil Constitucional; Direito da Cidade; Direito Internacional e Integração Econômica; Direito) – Universidade do Estado do Rio de Janeiro, Rio de Janeiro, 2016.

(99) SILVA; GONDIN. *Op. cit.*

(100) MELGAÇO. *Op. cit.*

(101) VALLEY, Saulo. Brasil: Rio Veste Vermelho em Apoio a Bombeiros. *Global Voices*, 11 jun. 2011. Américas. Disponível em: <https://pt.globalvoices.org/2011/06/11/brasil-rio-vestevermelho-em-apoio-a-bombeiros-grevistas/>. Acesso em: 13 out. 2021.

(102) SILVA; GONDIN. *Op. cit.*

(103) VALLEY. *Op. cit.*

Além do mais, não havia estrutura para o aprisionamento dos 439 bombeiros, os quais ficaram detidos em ônibus, quadras esportivas de quartéis, salas de batalhões, com precário acesso à higiene, água e alimentação, cujas notícias não eram bem recebidas pela opinião pública[(104)]. O movimento ganhou força e em 10 de junho o pedido de *Habeas Corpus* Coletivo, impetrado por três deputados federais, foi concedido e os bombeiros foram soltos provisoriamente, bem como algumas reivindicações foram atendidas (troca do Comando-Geral do Corpo de Bombeiros do estado, proposição de projeto de lei para antecipar majoração remuneratória)[(105)].

Em 12 de junho, Copacabana é tomada por uma onda vermelha: carros com fitas vermelhas, toalhas vermelhas nas sacadas dos prédios, bandeiras penduradas e a imprensa passa a relatar os fatos com maior isenção e, em 29 de junho, o governador Sérgio Cabral, em entrevista à rádio CBN, pede desculpas pela maneira como tratou os bombeiros e anuncia que sancionará a lei estadual de anistia, o que, de fato, ocorre. Posteriormente, algumas reivindicações da categoria são atendidas, mas a maior parte delas foi deixada de lado, impulsionando o entendimento da categoria de transformar o movimento "SOS Bombeiros" em uma associação. O movimento passa, então, a ser organizado de forma mais politizada e as manifestações continuam, entretanto pontuais e espaçadas, com as consignas pela "Anistia dos Bombeiros" e pela "PEC 300" (garantia de teto de remuneração não inferior ao do Distrito Federal) e, no dia 7 de setembro, as arquibancadas do desfile comemorativo do Dia da Independência são pintadas de vermelho. No dia 14 de setembro, o cabo Daciolo e o capitão Marchesini anunciaram uma greve de fome, pela qual receberam voz de prisão por crime de desobediência[(106)].

Ainda em 2011, a Lei n. 12.505/2011 (alterada pela Lei n. 13.293/2016), concedeu anistia aos policiais e bombeiros militares dos estados de Alagoas, de Goiás, do Maranhão, de Minas Gerais, da Paraíba, do Piauí, do Rio de Janeiro, de Rondônia, de Sergipe, do Tocantins, da Bahia, do Ceará, de Mato Grosso, de Pernambuco, do Rio Grande do Norte, de Roraima, de Santa Catarina, do Amazonas, do Pará, do Acre, de Mato Grosso do Sul, do Paraná e do Distrito Federal, em razão das greves ocorridas entre 1997 até 1º de junho de 2016[(107)]. O ano de 2011 chega ao fim, mas o movimento dos bombeiros se estende por 2012 e se espalha por vários estados.

Também tiveram destaque em 2011 as inúmeras greves de professores de vários estados (Amapá, Rio de Janeiro, Pará, Tocantins, Piauí, Paraíba, Ceará, Maranhão, Espírito Santo, Rio Grande do Norte, Minas Gerais, Santa Catarina), que cruzaram os braços por

(104) MELGAÇO. *Op. cit.*

(105) SILVA; GONDIN. *Op. cit.*

(106) MELGAÇO. *Op. cit.*

(107) BRASIL. *Lei n. 12.505, de 11 de outubro de 2011.* Concede anistia aos policiais e bombeiros militares dos Estados de Alagoas, de Goiás, do Maranhão, de Minas Gerais, da Paraíba, do Piauí, do Rio de Janeiro, de Rondônia, de Sergipe, do Tocantins, da Bahia, do Ceará, de Mato Grosso, de Pernambuco, do Rio Grande do Norte, de Roraima, de Santa Catarina, do Amazonas, do Pará, do Acre, de Mato Grosso do Sul, do Paraná e do Distrito Federal. (Redação dada pela Lei n. 13.293, de 2016). Disponível em: <http://www.planalto.gov.br/ccivil_03/_ato2011-2014/2011/lei/L12505.htm>. Acesso em: 18 out. 2021.

melhorias salariais. A duração das greves em cada estado foi variável, com destaque para a greve em Minas Gerais, que durou 112 dias, e Rio Grande do Norte, com duração de 80 dias, na qual foi proferido o depoimento da professora Amanda Gurgel, em audiência pública na Assembleia Legislativa estadual, que ressoou no país, por exigir respeito aos professores e declarar suas condições de trabalho. Muitas unidades federativas em greve sequer pagavam o piso salarial federal(108).

4.10. O ano de 2012

Em 2012 o número de greves registradas deu um salto em relação ao ano anterior, foram 873 greves, o que confirma a tendência de alta, a partir de 2008. Na esfera privada, foram 461 paralisações (330, no setor industrial), ao passo que na esfera pública o número foi de 409. Contabilizaram-se 86.900 horas paradas, maior índice desde 1991(109).

Destaca-se, no período, a greve dos docentes da quase totalidade das Universidades Federais do país, com duração de quatro meses, reivindicando a reestruturação da carreira e melhores salários, contando também com a adesão de funcionários técnico-administrativos e de estudantes. A paralisação teve início em 17 de maio de 2012, chegando a atingir 56 das 59 Universidades Federais em 13 de julho, quando, enfim, o governo apresentou a sua proposta de reestruturação da carreira e aumento salarial, a qual, no entanto, foi unanimemente rejeitada pela categoria, uma vez que, entre outras, condicionava o aumento salarial ao aumento de carga horária trabalhada em sala de aula, diminuindo assim o tempo para pesquisa. A proposta do governo fez com que mais duas Universidades integrassem o movimento, chegando ao número de 58 Universidades Federais paralisadas(110). A greve foi encerrada em 16 de setembro com a assinatura do acordo prevendo reajustes de 25% a 40% até 2015, além da diminuição de níveis de carreira, porém os sindicatos da categoria declararam permanecer com mobilizações para enfrentamento dos ataques à Educação Pública Federal(111).

Outra mobilização sindical importante em 2012 foi a dos policiais militares da Bahia, iniciada em 31 de janeiro. Uma assembleia da Associação de Policiais e Bombeiros do Estado da Bahia decidiu pela deflagração da paralisação da categoria em todo o estado, reivindicando o cumprimento da Lei n. 7.145/1997, que dispunha sobre pagamento de gratificação por atividade policial, além de demandarem a incorporação desta gratificação à remuneração, a regulamentação do pagamento de auxílio-acidente e adicionais de periculosidade e insalubridade(112).

---

(108) CRUZ, Diego. 2011: o ano em que os professores foram à luta. *PSTU*, 23 nov. 2011. Notícias. Disponível em: <https://www.pstu.org.br/2011-o-ano-em-que-os-professores-foram-a luta/>. Acesso em: 14 out. 2021.

(109) DIEESE. 2013. *Estudos e Pesquisas* n. 66: Balanço das greves em 2012. Disponível em: <https://www.dieese.org.br/balancodasgreves/2012/estPesq66balancogreves2012.html>. Acesso em: 30 out. 2021.

(110) PINTO, João Alberto da Costa. Os significados históricos da greve dos professores nas universidades federais em 2012. *Germinal:* marxismo e educação em debate, Salvador, v. 4, n. 2, p. 58-68, dez. 2012.

(111) APÓS quase quatro meses, professores de universidades federais encerram greve. *Uol*, São Paulo, 16 set. 2012. Educação. Disponível em: <https://educacao.uol.com.br/noticias/2012/09/16/ professores-de-federais-encerram-greve.htm>. Acesso em: 14 out. 2021.

(112) HORA, Iolanda Silva. *A Greve da PMBA no Ano de 2012 e suas Repercussões no Comportamento Disciplinar da Tropa*. Monografia (Curso de Especialização de Políticas e Gestão em Segurança Pública). Escola de Administração, da Universidade Federal da Bahia, Salvador, 2017. Disponível em: <http://dspace.mj.gov.br/handle/1/4105>. Acesso em: 18 out. 2021.

Já neste primeiro dia, o prédio da Assembleia Legislativa da Bahia foi invadido por um grupo de policiais e outros grupos interditaram o trânsito de locais movimentados de Salvador e, no dia seguinte, a greve foi declarada ilegal pelo poder judiciário da Bahia. Contingentes da Força Nacional de Segurança e do Exército brasileiro chegaram para trabalhar no policiamento, substituindo os grevistas, sucedendo-se vários confrontos entre os policiais que aderiram à greve e os que não aderiram. Houve, ainda, o registro do aumento de assassinatos e ataques ao comércio[113]. Entre os dias 1º e 11 de fevereiro ocorreram diversos incidentes; incêndios provocados em ônibus, fechamento do comércio, suspensão de aulas, cancelamento de eventos, arrastões e homicídios, culminando com a prisão de 12 policiais militares foi decretada[114].

O movimento durou 12 dias, encerrando-se com a aceitação de um reajuste de 6,5%. Os policiais grevistas que tiveram suas prisões decretadas foram anistiados pela Lei n. 13.293/2016, que alterou a Lei n. 12.505/2011. O cabo Daciolo aparece como personagem de destaque desta greve, sendo detido após a divulgação de conversas telefônicas com os grevistas da Bahia, bem como a difusão do movimento para outros estados[115], inclusive no Rio de Janeiro em que a greve foi deflagrada, mas adiada para depois do carnaval. Tanto o cabo Daciolo como mais outros 12 bombeiros militares cariocas foram expulsos da corporação em 12 de março de 2012. Após sua expulsão, Daciolo filiou-se ao PSOL, sendo eleito Deputado Federal pelo Rio de Janeiro, nas eleições subsequentes, obtendo mais de quarenta mil votos[116], além de ter concorrido à Presidência da República, em 2018, pelo Patriota.

4.11. O ano de 2013

O ano marca a explosão no número de greves, como apontou Danilo Uler Corregliano sobre o conceito de um 2º ciclo de greves no Brasil. Em 2013 foram registradas 2.050 paralisações. Em relação a 2012, houve um crescimento de 134%. Foram 111.027 horas paradas, movimentando cerca de 2 milhões de grevistas. Na esfera pública, 11 greves ultrapassaram 100 dias de duração. No total das greves, o maior número de reivindicações se concentrou em reajustes salariais, questões relativas à alimentação e melhores condições de trabalho[117].

---

(113) HORA, Iolanda Silva. *A Greve da PMBA no Ano de 2012 e suas Repercussões no Comportamento Disciplinar da Tropa*. Monografia (Curso de Especialização de Políticas e Gestão em Segurança Pública). Escola de Administração, da Universidade Federal da Bahia, Salvador, 2017. Disponível em: <http://dspace.mj.gov.br/handle/1/4105>. Acesso em: 18 out. 2021.

(114) RELEMBRE como foi a greve da Polícia Militar de 2012. IBahia, Salvador, 16 abr. 2014. Redação *Ibahia*. Disponível em <https://www.ibahia.com/salvador/detalhe/noticia/relembre-como-foi-a-greve-da-policiamilitar-de-2012/>. Acesso em: 18 out. 2021.

(115) LAURIANO, Carolina; AHMED, Marcelo. Polícias Civil, Militar e bombeiros decretam greve no Rio de Janeiro. *G1*, Rio de Janeiro, 9 fev. 2012. Rio de Janeiro. Disponível em: <http://g1.globo.com/rio-de-janeiro/noticia/2012/02/policias-civil-militar-e-bombeiros decretam-greve-no-rio-de-janeiro.html>. Acesso em: 16 out. 2021.

(116) ANDRADE, Wellington Machado. *Militares estaduais:* uma síntese da legislação e das mobilizações após o advento da Constituição Federal de 1988. 2018. Monografia (Aperfeiçoamento/ Especialização em Questão Social pela Perspectiva interdisciplinar) – Universidade Federal do Paraná. 2018. Disponível em: <https://hdl.handle.net/1884/56395>. Acesso em: 18 out. 2021.

(117) DIEESE. 2015, *Estudos e Pesquisas* n. 79: Balanço das greves em 2013. Disponível em: <http://www.dieese.org.br/balancodasgreves/2013/estPesq79balancogreves2013.pdf>. Acesso em: 15 out. 2021.

A greve dos caminhoneiros, organizada pelo Movimento União Brasil Caminhoneiro, teve início em 1º de julho e durou 4 dias, tendo como exigência um subsídio no preço do diesel, a criação da Secretaria Nacional de Transportes Rodoviários de Carga e a isenção de pedágios em todas as estradas. No primeiro dia de greve, 13 rodovias federais foram fechadas e a Advocacia-Geral da União obteve liminar que proibia o bloqueio, sob pena de multa de R$ 10.000,00 por hora de tráfego impedido. Já no segundo dia de greve, alguns caminhoneiros foram presos em Itaúna/MG e, mesmo com decisões judiciais liminares concedidas pelo país, alguns bloqueios permaneceram. A presidenta Dilma Rousseff comunicou que não negociaria com os grevistas(118).

Jornadas de Junho

Para Rosana Pinheiro-Machado, junho de 2013 deve ser, de fato, entendido como jornada, já que se tratou de um processo e não de um ato de um dia. E para compreendê-lo dessa forma, a autora propõe observar as revoltas populares que ocorreram em diversas capitais, tirando o foco de São Paulo, apesar de sua importância, diante da multidão reunida e de sua repercussão. Esse viés colabora para que não pensemos nas jornadas de junho como "uma marcha sem foco, um monstro disforme"(119).

Maceió, Salvador, Recife, Belo Horizonte, Cuiabá e em muitas outras capitais também houve protestos no período de 13 a 20 de junho. Belém foi palco de protestos feministas e LGBTQI+, além de insurreições contra a construção da usina de Belo Monte. Porto Alegre iniciou seus protestos meses antes, em janeiro, também contra o aumento da passagem de ônibus, reunindo coletivos anarquistas, sindicatos e partidos políticos de esquerda, os quais, inclusive, ajuizaram ação contra o aumento e foram vitoriosos, levando milhares de pessoas a comemorar nas ruas em abril. Em maio, a cidade, uma das sedes da Copa do Mundo, também vivenciou um movimento contra o corte de árvores que ocorria em razão de suas obras. Ainda em razão das obras da Copa, a cidade do Rio de Janeiro vivenciou a organização de coletivos por moradia e o direito à cidade, motivada pelos impactos nas comunidades vulneráveis como a retirada de indígenas, pela Polícia Militar, da Aldeia Maracanã. O Rio também foi palco de uma das prisões mais emblemáticas do período, a do catador de recicláveis, Rafael Braga, condenado pela justiça estadual por portar um desinfetante na mochila. Além dele, outros 23 ativistas foram condenados por associação criminosa armada. Os protestos no Rio de Janeiro se estenderam até o final da Copa do Mundo, em 2014(120).

Fora das capitais, o movimento também ganhou as ruas; em um município da Bahia, a população reivindicou um posto de saúde e protestou contra a violência policial. Em Santa

---

(118) MORENO Ana Carolina; TENENTE Luiza; REGADAS Tatiana; FAJARDO Vanessa Fajardo. Greve dos caminhoneiros: diferenças e semelhanças do protesto de 2018 com os de 2013 e 2015. *G1*, 29 maio de 2018. Economia. Disponível em: <https://g1.globo.com/economia/noticia/greve-dos caminhoneiros-diferencas-esemelhancas-do-protesto-de-2018-com-os-de-2013-e-2015.ghtml>. Acesso em: 14 out. 2021.

(119) PINHEIRO-MACHADO, Rosana. *Amanhã vai ser maior:* o que aconteceu com o Brasil e possíveis rotas de fuga para a crise atual. São Paulo: Editora Planeta do Brasil, 2019. p. 29.

(120) *Idem.*

Maria/RS, em junho, a população ecoou um grito por justiça pelos mortos e feridos do incêndio da boate *Kiss*, ocorrido em janeiro(121). Em São Paulo, diante do aumento de 20 centavos na passagem de ônibus, metrô e trem metropolitanos, o Movimento Passe Livre — MPL convocou a população para protestar, por meio das mídias sociais, como já haviam feito em anos anteriores. Logo nos primeiros atos, houve uma aguda contenção policial, o que, na opinião de Marcelo Badaró Mattos, foi o que fez com que "a luta transbordasse as pautas, perfil dos manifestantes e dimensões originais das mobilizações" e, mesmo depois que o aumento foi revogado por prefeitos e governadores de várias cidades e estados, a multidão de pessoas se exacerbou nos atos posteriores(122).

Ainda para Mattos(123), as manifestações alcançaram dimensão em dois eixos primordiais da dominação de classes no Brasil atual: o aparato repressivo usado contra os segmentos precarizados da classe operária e contra os movimentos sociais organizados, e a ideologia dominante, amplificada pela grande mídia, o que contribuiu para que o movimento popular pendesse à direita, junto com o papel cumprido por dirigentes sindicais e representantes políticos do PT e de partidos aliados, canalizando as expectativas e frustrações e conclamando a população contra a corrupção, contra os políticos, rechaçando os partidos de esquerda, ao mesmo tempo em que atuavam em uma clivagem entre os cidadãos ordeiros, que defendiam a melhoria do país e os vândalos, que depredavam e enfrentavam a polícia.

> No dia 17 de junho, já durante a manhã, um misto de ansiedade e desconfiança se alastrava, perturbando nossos sentidos em relação aos protestos. Do 4º para o 5º ato, constatou-se uma mudança radical de postura no discurso da grande mídia. De baderneiros, passamos a cidadãos exercendo o direito de manifestação.(124)

O 5º ato de protesto adquiriu proporções históricas, sendo noticiado entusiasticamente pela grande mídia. O *slogan* "o gigante acordou" surgiu como bandeira, além de uma ampla pauta de reivindicações. Apareceram, também, os autodeclarados "nacionalistas", bandeiras do Brasil e anti-partidários, que exigiam que não fossem desfraldadas bandeiras de partidos políticos e agremiações de esquerda, que deveriam ser expulsos das manifestações, assim como o próprio MPL, visto como um partido político. Mesmo assim, a participação

---

(121) PINHEIRO-MACHADO, Rosana. *Amanhã vai ser maior:* o que aconteceu com o Brasil e possíveis rotas de fuga para a crise atual. São Paulo: Editora Planeta do Brasil, 2019, p. 29.

(122) MATTOS, Marcelo Badaró. A multidão nas ruas: construir a saída de esquerda para a crise política, antes que a reação imprima sua direção. *Correio da Cidadania*, 25 jun. 2013a. Disponível em: <https://www.correiocidadania.com.br/index.php?option=com_content&view=article&id=8528:submanchete250613&catid=63:brasil-nas-ruas&Itemid=200>. Acesso em: 14 out. 2021.

(123) *Idem.*

(124) OLIVEIRA, L. A.; Souza, Rafael de ; SCHINCARIOL, R. ; FIGUEIREDO, Clara F. . O aviso de incêndio soou: A esquerda diante do "gigante verde-amarelo". *Brasil de Fato*, São Paulo, 24 jun. 2013.

nos movimentos, em mais de 100 cidades brasileiras, chegou a aproximadamente, chegou a aproximadamente um milhão e meio de pessoas[(125)].

O movimento se intensificou ainda mais nos locais e dias de jogos da Copa das Confederações. Bombas e balas de borracha foram disparadas pela polícia militar nas grandes cidades com um saldo de dezenas de feridos. Em uma manifestação que reuniu 20 mil pessoas, em Ribeirão Preto/SP, um jovem foi morto atropelado e outras 12 pessoas ficaram feridas[(126)].

Para Alves, tratou-se de um movimento de revolta do precariado (jovens escolarizados desempregados ou em relações de trabalho e vida precárias), mas não se resumindo apenas a essa camada social, porque outras se juntaram aos protestos, quando a exposição da grande mídia se intensificou. A classe média, íntima da mídia conservadora, "esterelizou" o movimento social do precariado, tornando um movimento patriótico de ocupação das ruas, com caráter de oposição de direita ao governo de Dilma Rousseff. Porém, Alves (2013) aponta aspectos subjetivos de frações do precariado[(127)]:

> Entretanto, apesar disso, carregam no peito contradições candentes oriundas de sua posição objetiva de classe. Isto é, embora cultivem aspirações fetichistas de consumo e adotem o individualismo competitivo próprio do *ethos* burguês, estão profundamente imersos na condição de proletariedade. Por isso, o sentimento moral imediato de parcelas amplas do precariado é a indignação.[(128)]

Para Rosana Pinheiro-Machado, o país estava fervendo por uma potência progressista e democrática, considerando a virada autoritária da direita uma trágica ironia[(129)], ou como registrou Jorge Luiz Souto Maior, cuidou-se de uma grande oportunidade perdida pelo governo petista e um expressivo afastamento das bases históricas do partido e de uma juventude insatisfeita com os serviços públicos e carente de empregos[(130)].

4.12. O ano de 2014

Não foi publicado boletim com balanço das greves referente aos anos de 2014 e 2015 pelo DIEESE. Sem prejuízo, o ano é marcado pela realização da Copa do Mundo de futebol masculino, cujas obras foram marcadas pelo superfaturamento, terceirização dos contratos de trabalho, meio ambiente laboral inseguro, ocorrência de acidentes de trabalho típicos, alguns

---

(125) OLIVEIRA, L. A.; Souza, Rafael de ; SCHINCARIOL, R. ; FIGUEIREDO, Clara F. O aviso de incêndio soou: A esquerda diante do "gigante verde-amarelo". *Brasil de Fato*, São Paulo, 24 jun. 2013..

(126) UM morre e 12 ficam feridos durante protesto em Ribeirão Preto. *G1*, Ribeirão e Franca. 20 jun. 2013. Disponível em: <https://g1.globo.com/sp/ribeirao-preto-franca/noticia/2013/06/um-morre-e-12-ficam-feridos-durante-protesto-em-ribeirao-veja-video.html>. Acesso em: 14 out. 2021.

(127) ALVES, Giovanni. A revolta do precariado. *Blog* da *Boitempo*, 22 jul. 2013. Disponível em: <http://blogdaboitempo.com.br/2013/07/22/o-que-e-o-precariado/>. Acesso em: 14 out. 2021.

(128) *Idem*.

(129) PINHEIRO-MACHADO. *Op. cit.*

(130) SOUTO MAIOR, Jorge Luiz. *História do Direito do Trabalho no Brasil:* curso de direito do trabalho: vol. I: parte 2. São Paulo: LTr, 2017. capítulo IX.

fatais e, fundamentalmente, mobilizações de trabalhadores e trabalhadoras. Uma greve simbólica ocorrida naquele ano no carnaval do Rio de Janeiro espalhou-se para outros grandes municípios do país, como Porto Alegre e Belo Horizonte; trata-se da mobilização realizada por trabalhadores e trabalhadoras da COMLURB, companhia municipal de limpeza urbana, mais conhecida como *greve dos garis*.

A copa de futebol de 2014 e seu evento teste, a Copa das Confederações, de 2013, foi o mais destacado de uma série de grandes eventos internacionais recebidos pelo Brasil no período, além dos Jogos Pan-Americanos de 2007 e das Olimpíadas e Paraolimpíadas de 2016, na cidade do Rio de Janeiro. Relata Jorge Luiz Souto Maior que as obras de infraestrutura para a copa de 2014 causaram desocupação de moradias de mais de 170 mil famílias[(131)]. Palavras de ordem contra os gastos com as obras já estavam nas ruas desde as *jornadas de junho* e continuaram em 2014, com forte repressão estatal, a exemplo de ordens de prisão preventiva de ativistas e militantes, em flagrante arbitrariedade das autoridades públicas. De outro lado, o poder público assegurava que os interesses comerciais privados da *Fédération Internationale de Football Association* — FIFA e das grandes empresas envolvidas não corressem riscos, seja pela isenção tributária e garantia de monopólio de vendas em áreas de raio de 2 km dos estádios em dias de jogos para *fanfests*, ou ainda por a Justiça do Trabalho instituir um regime de plantão excepcional para apreciar de imediato qualquer movimentação sindical. A Copa do Mundo de 2014 sequer foi positiva para o mercado de trabalho, pois houve criação de postos de trabalho em grande parte terceirizados e precarizados e, por outro lado, foi permitido o trabalho voluntário de aproximadamente 33 mil pessoas, número injustificado para um empreendimento lucrativo desse porte. Até abril de 2012, em oito das doze obras dos estádios para o evento houve greves, totalizando 92 dias de paralisação; somente nas obras do estádio do Maracanã houve um total de 24 dias de paralisação.

A *greve dos garis* de 2014 desponta às vésperas do carnaval e ocorre ao largo da atuação do sindicato, que não encampou a luta por melhores salários, há 3 anos sem reajuste. Assim, de 28 de fevereiro a 8 de março o trabalho foi paralisado, recebendo grande visibilidade acompanhada de forte reação dos órgãos de repressão atuantes no Rio de Janeiro, não obstante o apoio popular ao movimento paredista. Em 1º de março é judicializado o conflito e a COMLURB obtêm decisão liminar determinando o imediato retorno ao trabalho, sob pena de multa de R$ 25.000,00 por dia de descumprimento. Em 3 de março, as trabalhadoras e os trabalhadores rejeitam o acordo negociado entre o sindicato profissional e a empresa e deliberam a continuidade da greve, razão pela qual, no dia seguinte, o órgão do Tribunal Regional do Trabalho da 1ª Região é novamente provocado e profere decisão dobrando o valor da multa diária e determinando ainda a suspensão do pagamento dos salários e autorizando o uso de força policial para assegurar o retorno dos serviços. Em carta dirigida

(131) SOUTO MAIOR, Jorge Luiz. *História do Direito do Trabalho no Brasil:* curso de direito do trabalho: vol. I: parte 2. São Paulo: LTr, 2017. p. 446 e ss. As informações sobre a Copa do Mundo de 2014 deste parágrafo foram extraídas da mesma fonte.

à população, trabalhadoras e trabalhadores da COMLURB explicaram, dentre outros, que não contavam com a participação do sindicato, de acordo com trecho a seguir transcrito(132):

> 3 – A direção do sindicato abandonou a pauta de reivindicação da categoria quando aceitou as imposições do Prefeito Eduardo Paes sem o consentimento dos trabalhadores trazendo indignação dentro de toda a categoria aonde se iniciou o processo da greve.
>
> 4 – A direção do sindicato traiu a categoria também quando recuou da greve de advertência de um dia no dia 1º de março, mostrando que não está ao lado da categoria. O maior absurdo é que isso ocorreu em meio ao nosso dissídio e sem que os advogados do sindicato e a estrutura de nossa entidade fosse colocada a serviço de nossa luta.

A força da *greve dos garis* de 2014 e o apoio popular ao movimento fizeram com que o governo municipal e o judiciário recuassem, intermediando o conflito com expressa participação da comissão de grevistas na mesa junto com o sindicato, que negociou as cláusulas do acordo coletivo para encerrar a paralisação em 8 de março

com mais benefícios que os acordos firmados nos dias anteriores sem consulta aos trabalhadores e às trabalhadoras da COMLURB e por eles e elas rejeitados em assembleia. No ano seguinte, ocorreu nova paralisação dos serviços entre os dias 12 e 20 de março, contando com uma adesão ainda maior de trabalhadores e trabalhadoras, porém o empregador e os poderes públicos prepararam-se com antecedência, lançando mão de planos de contingência para a hipótese de paralisação do recolhimento do lixo urbano durante o carnaval de 2015.

Ajuizado Dissídio Coletivo de Greve junto ao Tribunal Regional do Trabalho da 1ª Região, foi designada audiência de conciliação para 13 de março e deferido provimento liminar determinando a suspensão da greve sob pena de multa de R$ 100.000,00 por dia de descumprimento e autorizando a presença da polícia militar para assegurar a saída dos caminhões da garagem da empresa em prejuízo dos piquetes, e em audiência foi modificada a decisão para determinar a manutenção de 75% dos postos de trabalho, mantida a multa diária de cem mil reais, postergando o julgamento sobre a abusividade da greve de 2015 para sessão de julgamento, pautada para 23 de março. Antes disso, em 20 de março, assembleia dos trabalhadores e das trabalhadoras acolheu a proposta da COMLURB e deliberou pelo encerramento da greve, motivo pelo qual o Tribunal Regional do Trabalho da 1ª Região extingue o processo sem julgamento do mérito sobre a alegação de abusividade da greve. A empresa recorre dessa decisão para o Tribunal Superior do Trabalho que conhece do apelo e declara a abusividade do movimento paredista em decisão de 15 de agosto de 2016, com aplicação de multa pelo descumprimento da ordem judicial. Ao mesmo tempo, o empregador promove demissões de trabalhadoras e trabalhadores que participaram das mobilizações e troca de chefias, buscando desarticular e desencorajar novas paralisações.

---

(132) Disponível em: <http://www.aeba.org.br/banco_arquivo/pdf/carta_aberta_garisaeba900dd2d6d05.pdf>. Acesso em: 14 jan. 2022.

4.13. O ano de 2015

Lembrando que não houve divulgação do balanço das greves de 2015 pelo DIEESE, destacamos o movimento de caminhoneiros, que fizeram diversos protestos durante o ano (18 fevereiro a 3 de março, 22 e 23 de abril e 9 a 11 de novembro), alcançando 12 estados e identificados 119 pontos de bloqueios por todo o país. As palavras de ordem iam de protestos contra o preço do *diesel* e condições de trabalho ao *impeachment* da presidenta Dilma Rousseff. Em resposta, em 25 de fevereiro o governo federal se comprometeu a sancionar a *Lei dos Caminhoneiros*, deixar de reajustar o *diesel* durante seis meses, além de facilitar o financiamento para aquisição de caminhões. Mais de 140 prisões foram efetuadas e em 3 de março a lei foi sancionada sem vetos, determinando pedágio gratuito por eixo suspenso para caminhões vazios, perdão de multas por excesso de peso dos últimos dois anos, exigência de exames toxicológicos na admissão e desligamento, ampliação dos pontos de parada para caminhoneiros e permissão para trabalho de doze horas seguidas, com quatro extraordinárias, se previsto em acordo coletivo(133).

Outra greve que chamou a atenção foi a dos petroleiros, iniciada em 1º de novembro, 20 anos depois da famosa greve de 1995, com duração de 20 dias e participação de quarenta mil trabalhadores. O movimento grevista na Petrobras ocorreu durante as ações que culminaram no *impeachment* da presidenta Dilma Rousseff, tendo como bandeira a defesa de direitos conquistados e contrariedade à privatização da empresa(134). A pauta de reivindicações, denominada *Pauta pelo Brasil*, girava em torno da crítica a venda de ativos, cortes de investimentos, insegurança, redução de efetivos, demissões em massa, interrupção de obras e cancelamento de projetos, bem como se prestou para marcar posição contra a privatização da empresa e a favor da preservação de direitos(135).

Segundo o Sindicato dos Petroleiros da Bahia — SINDIPETRO, trabalhadores e trabalhadoras buscaram evitar os cortes e os desinvestimentos previstos no *Plano de Negócios e Gestão 2015-2019*, no centro dos ataques ao pré-Sal pela operação *Lava Jato* e por grupos políticos e econômicos visando a reverter o regime de outorgas com participação obrigatória da companhia. A adesão massiva de todos os sindicatos da Federação Única dos Petroleiros — FUP reuniu diferentes gerações de trabalhadores e trabalhadoras em torno desta pauta unificada, sendo implementadas algumas de suas propostas ao longo dos últimos anos, persistindo a mobilização em 2020, em continuidade da greve de 2015, na luta contra as privatizações da empresa(136).

---

(133) MORENO *et. al. Op. cit.*

(134) DIEESE. *Balanço de greves* — especial. 2021. Disponível em: <https://www.dieese.org.br/balanco dasgreves/2020/especialbalancoGreves2020.html>. Acesso em: 16 out. 2021.

(135) GREVE: de que lado você está? *FUP – Federação Única dos Petroleiros.* 1º nov. 2015. Disponível em: <https://www.fup.org.br/greve-2015/item/18407-greve-de-que-lado-voce esta>. Acesso em: 19 out. 2021.

(136) CINCO anos da greve em que os petroleiros disputaram os rumos da Petrobrás com uma Pauta pelo Brasil. *Sindipetro – Sindicato dos Petroleiros da Bahia*, Nazaré, 5 nov. 2020. Notícias. Disponível em: <http://www.sindipetroba.org.br/2019/cinco-anos-da-greve-em-que-os-petroleiros-disputaram-os-rumos-da-petrobras-com-uma-pauta-pelo-brasil/>. Acesso em: 19 out. 2021.

4.14. O ano de 2016

Em 2016, foram registradas 2.093 greves, compreendendo 1.100 relativas ao setor público, 986 na esfera privada e sete que englobam trabalhadores de ambas as esferas. Do total, 615 greves foram de advertência — consideradas aqueles em que se anuncia antecipadamente o tempo de paralisação —, as demais foram por tempo indeterminado[137].

O boletim do DIEESE com o balanço das greves de 2016 destaca, no setor privado, paralisações nas áreas de transporte coletivo de passageiros, de asseio, limpeza e conservação, de vigilância, além de trabalhadores na saúde (entidades filantrópicas, majoritariamente) e bancários. Outrossim, nas greves acompanhadas chamou a atenção a parcela de trabalhadoras e trabalhadores terceirizados envolvidos nas paralisações. O DIEESE identificou que expressiva parcela das paralisações ocorreu no âmbito da empresa, do local de trabalho, e não da categoria, sendo grande parcela das greves solucionada por negociação direta sem a intermediação do Poder Judiciário[138].

Por fim, não podemos deixar de registrar as mobilizações de estudantes secundaristas e universitários ocorridas no ano de 2016, alcançando até 21 estados da federação e o Distrito Federal[139], aprofundando-se no segundo semestre com a implantação das políticas de austeridade fiscal do projeto *Ponte para o Futuro*, programa do MDB para implementação após o golpe consumado pelo processo de *impeachment*.

5. Breve discussão sobre o papel dos sindicatos

Durante a primeira revolução industrial, na Inglaterra, disseminam-se associações sindicais para defesa coletiva de trabalhadoras e trabalhadores[140], que se internacionalizam na esteira do avanço do capitalismo e, por força da combatividade da classe operária e o potencial disruptivo do conflito *capital x trabalho*, acabam de um modo ou outro compatibilizados com a ordem jurídica interna[141]. Entretanto, dessa circunstância não se pode concluir que os sindicatos consistem nas únicas organizações de massa da classe operária, pois não se ignora a existência de outras formas de representação coletiva de interesses de trabalhadoras e trabalhadores. Exemplos históricos não faltam, como os conselhos de soldados e operários da Alemanha e da Rússia das primeiras décadas do século XX, as comissões de fábrica no norte da Itália nos anos 20, além dos órgãos nascidos da auto-organização da classe operária

(137) DIEESE. 2017, *Estudos e Pesquisas n. 84:* Balanço das greves em 2013. Disponível em: <https://www.dieese.org.br/balancodasgreves/2016/estPesq84balancogreves2016.html>. Acesso em: 15 out. 2021.

(138) DIEESE, 2017, *cit.*, p. 20-21.

(139) Disponível em: <https://g1.globo.com/educacao/noticia/pelo-menos-21-estados-tem-escolas-e- institutos-ocupados-por-estudantes.html>. Acesso em: 16 jan. 2022.

(140) AROUCA, José Carlos. *Curso Básico de Direito Sindical:* da CLT à reforma trabalhista de 2017 (Lei n. 13.467). 6. ed. São Paulo: LTr, 2017. p. 11.

(141) Uma definição jurídica nos é dada pelo professor Ronaldo Lima dos Santos, para quem os sindicatos podem ser definidos como "[...] associações permanentes e institucionalmente estruturadas para a tutela e coordenação de interesses profissionais e econômicos, individuais e coletivos, dos seus membros [...]" (SANTOS, Ronaldo Lima dos. *Sindicatos e Ações Coletivas:* acesso à justiça, jurisdição coletiva e tutela dos interesses difusos, coletivos e individuais homogêneos. 5. ed. São Paulo: LTr, 2019. p. 26).

com as mais variadas finalidades e sob condições que não podem estar determinadas de antemão[(142)]. De suma importância é o resgate do caráter democrático dos organismos de representação e defesa da classe operária. Igualmente, o momento histórico em que aparecem os sindicatos é determinante da sua constituição, como escreveu Leon Trotsky[(143)]:

Os sindicatos criados pela classe operária durante o período do desenvolvimento pacífico do capitalismo representavam organizações operárias destinadas a lutar pelo aumento dos salários dos operários, pela redução da jornada de trabalho e pela melhoria das condições do trabalho assalariado.

Com a marcha do capitalismo para o imperialismo, congregando o capital bancário e o industrial em capital financeiro, agora centralizados de uma forma inédita, efeitos são produzidos nos órgãos da classe proletária, "O capitalismo monopolista [segundo Leon Trotsky] não se baseia na concorrência e na livre iniciativa privada, mas numa direção centralizada."[(144)]. Prossegue o líder bolchevique[(145)]:

> [...] os sindicatos, atualmente, não podem ser simplesmente os órgãos da democracia como na época do capitalismo concorrencial e já não podem ser politicamente neutros, ou seja, limitar-se a servir às necessidades cotidianas da classe operária. [...] A neutralidade dos sindicatos é absoluta e irreversivelmente coisa do passado. Desapareceu junto com a livre democracia burguesa.

Partindo do conceito de *crise orgânica*, como elaborado por Antonio Gramsci, conclui-se que os sindicatos compunham o bloco que exercia o consenso na época do *fordismo*, que entra em crise na década de setenta – o Estado, assim, não se limita aos órgãos burocráticos e de repressão, mas abrange os órgãos de hegemonia, o que acaba por ampliar a noção de Estado[(146)]. No Brasil, os governos petistas podem ter representado um réquiem do projeto desenvolvimentista de conciliação de classes. No momento posterior à crise financeira de 2008 e com a retomada acelerada de políticas neoliberais desde 2014 — portanto, antes do processo de *impeachment* da presidenta Dilma Rousseff, em 2016 —, os efeitos da crise e da diminuição das margens de lucros são descarregados nas costas da classe operária. Para

(142) Por exemplo, nas manifestações populares que varrem o Chile em 2019, na região de Antofagasta surgiu pela auto-organização de operários, operárias, funcionalismo e estudantes o "Comitê de Emergência e Abrigo de Antofagasta". Disponível em <https://www.esquerdadiario.com.br/Antofagasta-Chile-Com-novo-comite-Area-Clinica-e-expandido-se-para-novos-setores-mobilizacao>. Acesso em: 16 jan. 2022

(143) TROTSKY, Leon. *Sobre os Sindicatos*. 3. ed. 1. reimpr. São Paulo: Sundermann, 2020. p. 151.

(144) *Ibidem*, p. 70.

(145) *Ibidem*, p. 70-1.

(146) "Verifica se uma situação complexa na qual, embora tendo perdido o consenso, a classe dominante conserva autoridade, pela qual não é mais dirigente. Ao mesmo tempo, a classe dominada adquire certa quota de consenso, mas não possui autoridade pela qual seria já dirigente. Contexto em que se desenvolve uma dialética que não se refere a uma pura e simples relação baseada na força, mas numa dinâmica que gira em torno do nexo força-consenso." (LIGUORI, Guido; VOZA, Pasquale. *Dicionário Gramsciano:* (1926-1937). São Paulo: Boitempo, 2017. p. 163).

Leon Trotsky, a desintegração do capitalismo significava, também, "[...] uma ameaça direta e imediata à democracia, sem a qual os sindicatos não podem existir."(147).

Nesse passo, salientamos a análise de Fernanda Montagner, para quem "[...] a maior divisão da classe trabalhadora entre setores precarizados e efetivos, a expansão e a heterogeneidade da classe e a urbanização em massa colocaram novos problemas para a criação de consenso pelo Estado e o movimento operário.". Na perspectiva da conciliação resultado da integração do organismo sindical à estrutura estatal, os governos petistas enfrentaram a desarticulação da hegemonia então produzida por esse arranjo, demonstrando a insatisfação popular que "[...] a burguesia já não é mais capaz de governar via métodos tradicionais. Dessa forma, também a relação entre os sindicatos e o governo que existiu nos anos petistas já não pode se sustentar."(148).

A crise de representatividade atinge toda a estrutura estatal e, desse modo, chega também aos sindicatos. Isso não significa que se deve abandonar a organização sindical, ou que ela esteja superada nas circunstâncias atuais do capitalismo. Pelo contrário, entendemos correta a advertência de Leon Trotsky, segundo quem: "O erro fundamental desse tipo de intenção está em reduzir o grande problema político de como libertar as massas da influência da burocracia sindical a experiências organizativas"(149).

Há problemas de organização coletiva de trabalhadores e trabalhadoras de diversos setores do mercado de trabalho na atualidade, os quais a superação do sindicato como agremiações de massa não oferece resposta. Esse é o caso das pessoas que trabalham na economia informal, ou que ocupam postos de trabalho precarizados. No mapa histórico das mobilizações sindicais durante o período em exame, diversas das características e métodos de luta registrados expressam muitas vezes a desconexão entre as bases representadas pela entidade e a direção sindical profissionalizada e burocratizada, como se constata no relato das greves no setor da construção civil. Nas palavras de Danilo Uler Corregliano(150):

> Se cresceram os postos de trabalho na construção civil, acirraram-se as contradições. Resultado desses grandes projetos de desenvolvimento, os anos de 2011 e 2012 foram sacudidos por uma onda grevista da construção civil; abrangendo os estados do Pará, Ceará, Rondônia, Pernambuco, Rio de Janeiro e nas obras dos estádios da Copa do Mundo de 2014, os operários da construção civil colocaram-se como um dos setores mais dinâmicos da luta de classes naquela conjuntura.

(147) TROTSKY, Leon. *Sobre os Sindicatos*. 3. ed. 1. reimpr. São Paulo: Sundermann, 2020. p. 59.

(148) MONTAGNER, Fernanda. Os sindicatos no governo Bolsonaro: e o rearranjo do estado integral. In. URBANO, Edson (Org.). *Ponto de Mutação*. São Paulo: Iskra, 2019. p. 108.

(149) TROTSKY, Leon. *Sobre os Sindicatos*. 3. ed. 1. reimpr. São Paulo: Sundermann, 2020. p. 43.

(150) CORREGLIANO, Danilo Uler. *O Direito e as Greves por Fora*. Belo Horizonte: RTM, 2020. p. 87.

A contradição referida apresentou-se com nitidez nas paralisações nos canteiros de obras de Jirau/RO, Santo Antônio/RO e Belo Monte/PA, ocorridas à parte da direção sindical que, em alguns casos, se posicionou expressamente contra a greve deliberada por seus representados e representadas. O sindicalismo tem profundas raízes no campo da construção civil, o que não impediu que as greves *desbordassem* e *transbordassem* as entidades de representação em um cenário de crescimento no número de trabalhadoras e trabalhadores empregados, ainda que nas franjas da categoria profissional. Por outro lado, o conflito entre classes que *desborde* o sindicato e *transborde* sua capacidade de organização também se manifesta em setores com pouca experiência e tradição sindicais.

Finalmente, embora o número de greves tenha crescido a partir de 2013, no que Danilo Uler Corregliano traçou como 2º ciclo grevista brasileiro, na quase totalidade dos casos o conflito explode no local de trabalho ou na empresa em reação à perseguição de líderes sindicais pela patronal, inadimplemento de obrigações contratuais e/ou negociadas previstas em acordo coletivo de trabalho, ou ainda em atitudes diante de acidentes de trabalho. Ademais, a paralisação dos serviços tem se reduzido no total de dias parados, avançando, porém, nas mobilizações de advertência e em paralisações pontuais durante a jornada de trabalho, o que resulta num expressivo número de horas de trabalho paralisadas.

6. Conclusão

Em síntese, a vitória do PT nas quatro eleições presidenciais que se seguiram a 2002 expressou uma contradição que não encontrou solução, à medida que as expectativas de adoção de políticas sociais e assistenciais e de abandono de políticas de austeridade — projetos ademais rejeitados nas eleições —, não foram concretizadas e na realidade ocorreu, na melhor das hipóteses, uma redução no ritmo de desconstrução dos direitos da classe operária. Ao mesmo tempo foi constatado o distanciamento das direções políticas, sindicais e estudantis das suas bases, disputadas com a direita nas ruas desde 2013. O governo não conseguiu responder aos interesses e reivindicações da juventude e da classe operária que as *jornadas de junho* veicularam, especialmente o descontentamento com as perspectivas de acesso ao mercado de trabalho, acompanhado de sérios problemas de segurança pública e infraestrutura de serviços.

A dinâmica social e política da sociedade brasileira que se desenvolve no interior da divisão internacional do trabalho e que conecta a economia doméstica aos circuitos internacionais de valorização do capital financeiro constituem determinantes objetivas das demandas dos trabalhadores e das trabalhadoras que se mobilizaram no período, seja a partir de sua entidade de representação sindical, seja contra a sua diretoria, conforme indicamos nos casos concretos examinados.

Do ponto de vista estatal, a repressão às mobilizações da classe operária e das massas persistiu no período examinado, registrando-se outrossim a ampliação indiscriminada da terceirização nos órgãos da administração pública, que na prática fragiliza uma defesa organizada do conjunto das trabalhadoras e dos trabalhadores contra essa prática que precariza os postos de trabalho, abrindo caminho para sua aceitação na atividade final dos empreendimentos privados, para além de funções auxiliares. A ampliação da terceirização acompanhada da sua adoção como fato consumado contribui decisivamente para a cisão da classe proletária em efetivos e terceirizados, reforçada pelo evidente viés racial e de gênero na ocupação desses postos de trabalho precarizados.

A reduzida representatividade sindical nos quadros do capitalismo monopolista está inserida na *crise orgânica* do bloco histórico que exerceu hegemonia durante o *fordismo* e, descartada a hipótese de superação do sindicato como órgão de representação e defesa da classe operária, desponta o problema de como unificar do ponto de vista sindical amplos setores informais e precarizados, que cresceram significativamente depois do golpe de 2016, sem ficar limitado a demandas econômicas exclusivamente, considerando a superação do capitalismo concorrencial no imperialismo.

Essa questão é central se se pensar que as eleições nacionais de 2022 podem trazer novamente ao executivo federal o PT e seu quadro histórico de maior relevo, Luis Inácio Lula da Silva, já num contexto diferente da inserção brasileira na economia internacional em relação àquele havida nas eleições de 2002 e com alto índice de desemprego e desalento, capacidade ociosa e acentuação do processos de desindustrialização, com a saída de montadoras de veículos há anos instaladas no Brasil, como a *Ford*, anunciada em 11 de janeiro de 2021(151).

7. Referências bibliográficas(152)

ADASCALITEI, Dragos; Pignatti Morano, Clemente. Labour market reforms since the crisis: drivers and consequences. International Labour Office, Research Department. Geneva: ILO, 2015 (*Research Department working paper*; No. 5).

ALVES, Giovanni. A revolta do precariado. *Blog da Boitempo*, 22 jul. 2013. Disponível em: <http://blogdaboitempo.com.br/2013/07/22/o-que-e-o-precariado/>. Acesso em: 14 out. 2021.

ANDRADE, Wellington Machado. *Militares estaduais:* uma síntese da legislação e das mobilizações após o advento da Constituição Federal de 1988. 2018. Monografia (Aperfeiçoamento/Especialização em Questão Social pela Perspectiva interdisciplinar) – Universidade Federal do Paraná. 2018. Disponível em: <https://hdl.handle.net/1884/56395>. Acesso em: 18 out. 2021.

ARO, Christiano. ADEPESP. 16/10 — Um dia para não ser esquecido. *Youtube*, 12 nov. 2018. Disponível em: <https://youtu.be/RMqY9UHPJp0>. Acesso em: 28 set. 2021.

AROUCA, José Carlos. *Curso Básico de Direito Sindical:* da CLT à reforma trabalhista de 2017 (Lei n. 13.467). 6. ed. São Paulo: LTr, 2018.

BABOIN, José Carlos de Carvalho. *A Greve como Limite do Direito e o Direito como Limite da Greve:* a historicidade da positivação. 2020. Tese (Doutorado em Direito do Trabalho) – Faculdade de Direito, Universidade de São Paulo, São Paulo, 2020.

---

(151) Disponível em: <https://g1.globo.com/economia/noticia/2021/01/12/ford-fecha-fabricas-no-brasil-veja-perguntas-e-respostas.ghtml>. Acesso em: 06 jun 2022.

(152) Foram registrados aqui os textos e obras consultadas para elaboração do artigo, sendo que as fontes na *internet* referentes a notícias de jornal e de outros periódicos de comunicação de massas foram indicadas em notas de rodapé ao longo do texto e por uma questão de espaço não foram arroladas neste item.

______. *O tratamento jurisprudencial da greve política no Brasil.* 2013. Dissertação (Mestrado em Direito do Trabalho) – Faculdade de Direito, Universidade de São Paulo, São Paulo, 2013.

BELLUZZO, Luiz Gonzaga. *O Capital e suas Metamorfoses*. 1. reimpr. São Paulo: Editora UNESP, 2013.

CARVALHO, Laura. *Valsa Brasileira:* do boom ao caos econômico. Todavia. Edição do *Kindle*.

CAMPOS, C. V. As relações entre o movimento sindical e os governos petistas (2003-2016). *Temáticas*, Campinas, SP, v. 27, n. 53, p. 185–224, 2019. Disponível em: <https://econtents.bc.unicamp.br/inpec/index.php/tematicas/article/view/11606>. Acesso em: 20 set. 2021.

CORREGLIANO, Danilo Uler. *O Sistema de Controle Judicial do Movimento Grevista no Brasil:* da greve dos petroleiros em 1995 aos dias atuais. Dissertação (Mestrado em Direito do Trabalho): Faculdade de Direito da Universidade de São Paulo, São Paulo, 2014.

______. *O Direito e as Greves por Fora.* Belo Horizonte: RTM, 2020.

CRUZ, Diego. 2011: o ano em que os professores foram à luta. *PSTU*, 23 nov. 2011. Notícias. Disponível em: <https://www.pstu.org.br/2011-o-ano-em-que-os-professores-foram-a-luta/>. Acesso em: 14 out. 2021.

DIEESE. 2006. *Estudos e Pesquisas n. 20:* Balanço das greves em 2005. Disponível em <https://www.dieese.org.br/balancodasgreves/2005/estpesq20_greves2005.html>. Acesso em: 15 out. 2021.

______. 2007, *Estudos e Pesquisas n. 27:* Balanço das greves no primeiro semestre de 2006. Disponível em: <https://www.dieese.org.br/balancodasgreves/2006/estpesq27_greves2006_1sem.html>. Acesso em: 20 out. 2021.

______. 2008. *Estudos e Pesquisas n. 41:* Balanço das greves em 2007. Disponível em: <https://www.dieese.org.br/balancodasgreves/2007/estPesq41Greves2007/index.html?page= 2>. Acesso em: 15 out. 2021.

______. 2009. *Estudos e Pesquisas n. 45:* Balanço das greves em 2008. Disponível em: <https://www.dieese.org.br/balancodasgreves/2008/estPesq45balancoGreves2008.html>. Acesso em: 21 out. 2021.

______. 2012a. *Estudos e Pesquisas n. 60:* Balanço das greves em 2009 e 2010. Disponível em: <https://www.dieese.org.br/balancodasgreves/2010/estPesq60balGreves20092010.html>. Acesso em: 22 out. 2021.

______. 2012b. *Estudos e Pesquisas n. 63:* Balanço das greves em 2010-2011. Disponível em: <https://www.dieese.org.br/balancodasgreves/2011/estPesq63balGreves2010_2011.html>. Acesso em: 22 out. 2021.

______. *2013. Estudos e Pesquisas n. 66:* Balanço das greves em 2012. Disponível em: <https://www.dieese.org.br/balancodasgreves/2012/estPesq66balancogreves2012.html>. Acesso em: 30 out. 2021.

______. *2015, Estudos e Pesquisas n. 79:* Balanço das greves em 2013. Disponível em <http://www.dieese.org.br/balancodasgreves/2013/estPesq79balancogreves2013.pdf>. Acesso em: 15 out. 2021.

______. *2017, Estudos e Pesquisas n. 84:* Balanço das greves em 2016. Disponível em <https://www.dieese.org.br/balancodasgreves/2016/estPesq84balancogreves2016.html>. Acesso em: 15 out. 2021.

______. *2019, Estudos e Pesquisas n. 89:* Balanço das greves em 2018. Disponível em <https://www.dieese.org.br/balancodasgreves/2018/estPesq89balancoGreves2018.html>. Acesso em: 15 out. 2021.

______. *2021, Balanço de greves — especial.* Disponível em: <https://www.dieese.org.br/balancodasgreves/2020/especialbalancoGreves2020.html>. Acesso em: 16 out. 2021.

FERNANDES, Luis Eduardo da Rocha Maia; CASSIN, Marcia Pereira da Silva. Os governos petistas e a conciliação de classe: breve balanço e perspectivas para as políticas sociais. In: *Revista Praia Vermelha*, Rio de Janeiro, v. 28, n. 1, p. 13-41, 2018.

GREVE: de que lado você está? *FUP—Federação Única dos Petroleiros*. 1º nov. 2015. Disponível em: <https://www.fup.org.br/greve-2015/item/18407-greve-de-que-lado-voce-esta>. Acesso em: 19 out. 2021.

GREVE da polícia civil completa dez anos. *SIPESP*, São Paulo, 18 out. 2018. Disponível em: <http://sipesp.org.br/greve-da-policia-civil-completa-dez-anos/>. Acesso em: 28 set. 2021.

HARNECKER, Marta. *Conceitos Elementais do Materialismo Histórico*. São Paulo: Global Editora e Distribuidora, 1983.

HORA, Iolanda Silva. *A Greve da PMBA no Ano de 2012 e suas Repercussões no Comportamento Disciplinar da Tropa*. Monografia (Curso de Especialização de Políticas e Gestão em Segurança Pública). Escola de Administração, da Universidade Federal da Bahia, Salvador, 2017. Disponível em: <http://dspace.mj.gov.br/handle/1/4105>. Acesso em: 18 out. 2021.

LIGUORI, Guido; VOZA, Pasquale. *Dicionário Gramsciano:* (1926-1937). São Paulo: Boitempo, 2017.

MACIEL, D. *A crise atual no Brasil*. 2015. Disponível em: <http://marxismo21.org/wpcontent/uploads/2015/05/Conjuntura-David-Maciel.pdf>. Acesso em: 27 out. 2021.

MARCELINO, Paula. Sindicalismo e neodesenvolvimentismo: analisando as greves entre 2003 e 2013 no Brasil. *Tempo Social* [*on-line*]. 2017, v. 29, n. 3, p. 201-27. Disponível em: <https://doi.org/10.11606/0103-2070.ts.2017.125952>. Acesso em: 8 set. 2021.

MATTOS, Marcelo Badaró. A multidão nas ruas: construir a saída de esquerda para a crise política, antes que a reação imprima sua direção. *Correio da Cidadania*, 25 jun. 2013a. Disponível em: <https://www.correiocidadania.com.br/index.php?option=com_content&view=article&id=8528:submanchete250613&catid=63:brasil-nas-ruas&Itemid=200>. Acesso em: 14 out. 2021.

______. *Dez anos de governo petista e a consolidação da dominação burguesa no Brasil*. 2013b. Disponível em: <http://marxismo21.org/10-anos-de-governos-do-pt-natureza-declasses-e-neoliberalismo>. Acesso em: 06 jun. 2015.

MELGAÇO, Gabriel Pitta Pinheiro de Souza. *Uma história do direito, a partir da luta do movimento SOS Bombeiros, no Rio de Janeiro durante o ano de 2011*. 2016. 167 f. Dissertação (Mestrado em Direito Civil Constitucional; Direito da Cidade; Direito Internacional e Integração Econômica; Direi) – Universidade do Estado do Rio de Janeiro, Rio de Janeiro, 2016.

MONTAGNER, Fernanda. Os sindicatos no governo Bolsonaro: e o rearranjo do estado integral. URBANO, Edison (Org.). *Brasil:* ponto de mutação. Ananindeua: Itacaiúnas, 2019. p. 103-10.

NORONHA , Eduardo. Ciclo de greves, transição política e estabilização: Brasil, 1978-2007. 2009. *Lua Nova*, 76: p. 119 – 168.

NOSSA, Leonencio. Sindicato Nacional confirma trégua na greve da Anvisa. *Sinagências*, Brasília, 29 abr. 2006. Notícias. Disponível em: <https://sinagencias.org.br/noticias/sindicato-nacional-confirma-tregua-na-greve-da-anvisa/>. Acesso em: 20 out. 2021.

OLIVEIRA, L. A.; Souza, Rafael de; SCHINCARIOL, R. ; FIGUEIREDO, Clara F. O aviso de incêndio soou: a esquerda diante do "gigante verde-amarelo". *Brasil de Fato*, São Paulo, 24 jun. 2013.

PINHEIRO-MACHADO, Rosana. *Amanhã vai ser maior:* o que aconteceu com o Brasil e possíveis rotas de fuga para a crise atual. São Paulo: Editora Planeta do Brasil, 2019.

PINASSI, Maria Orlanda. *O PT e os trabalhadores brasileiros:* lutas, conciliação, desregulamentação. 2013. Disponível em: <http://marxismo21.org/10-anos-de-governos-do-pt-natureza-de-classes-e--neoliberalismo>. Acesso em: 15 jul. 2013.

PINHEIRO, Pedro Henrique. *A greve dos metroviários de São Paulo de 2006 e as dificuldades do poder judiciário na afirmação da greve como direito fundamental*. 2015. 60 f. Monografia (Bacharelado em Direito) – Universidade de Brasília, Brasília, 2015.

PINTO, João Alberto da Costa. Os significados históricos da greve dos professores nas universidades federais em 2012. *Germinal:* marxismo e educação em debate, Salvador, v. 4, n. 2, p. 58-68, dez. 2012.

RAMALHO, José Ricardo e RODRIGUES, Iram Jácome. Sindicalismo do ABC e a era Lula: contradições e resistências. *Lua Nova:* Revista de Cultura e Política, 2018, n. 104, p. 67-96. Disponível em: <https://doi.org/10.1590/0102-067096/104>. Acesso em: 28 set. 2021.

ROBINSON, William I. The transnational state and the BRICS: a global capitalism perspective, *Third World Quarterly*, 36:1, 2015, p. 1-21.

SANTOS, Ronaldo Lima dos. *Sindicatos e Ações Coletivas:* acesso à justiça, jurisdição coletiva e tutela dos interesses difusos, coletivos e individuais homogêneos. 5. ed. São Paulo: LTr, 2019.

SARTORI, Vitor Bartoletti. *O Direito e o Estado Czarista de encontro com a comuna rural russa:* uma análise da possibilidade de "uma revolução russa" a partir de Marx e

Engels. BATISTA, Flávio Roberto; MACHADO, Gustavo Seferian Scheffer Machado (Orgs.). *Revolução Russa, Estado e Direito*. São Paulo: Dobradura Editorial, 2017. p. 15-51.

SILVA, Guilherme José Mota. *Os frutos da resistência:* sindicalismo e luta dos assalariados da fruticultura irrigada no submédio São Francisco. 221f. Dissertação (Mestrado). Programa de Pós-Graduação em Ciências Sociais, Centro de Humanidades, Universidade Federal de Campina Grande, Campina Grande/PB. Brasil, 2016.

SILVA, Sayonara Grillo Coutinho Leonardo da; GONDIM, Thiago Patrício. Conflitos Coletivos de Trabalho: Implicações Institucionais e Evidências Empíricas Sobre a Greve dos Bombeiros Militares do estado do Rio de Janeiro. *Revista da Faculdade Mineira de Direito*, Belo Horizonte, v. 20, n. 39, p. 28-60, out./abr. 2017. Disponível em: <http://200.229.32.55/index.php/Direito/article/view/14331>. Acesso em: 14 out. 2019.

SINTER. Futura e Polícia Militar cometem crimes contra a organização dos trabalhadores. *CTB — Central dos Trabalhadores e Trabalhadoras do Brasil*, 13 out. 2009, Brasil. Disponível em: <https://ctb.org.br/noticias/brasil/sinter-futura-e-pola-militar-cometem-crimes-contra-a-organiza-dos-trabalhadores/>. Acesso em: 22 out. 2021.

SOUTO MAIOR, Jorge Luiz. *História do Direito do Trabalho no Brasil:* curso de direito do trabalho: vol. I: parte 2. São Paulo: LTr, 2017.

______. Os movimentos operários na Primeira República e a influência da revolução russa de 1917. In: BATISTA, Flávio Roberto; MACHADO, Gustavo Seferian Scheffer Machado (Orgs.). *Revolução Russa, Estado e Direito*. São Paulo: Dobradura Editorial, 2017, p. 192-211.

TONELO, Iuri. *No entanto, ela se Move:* a crise de 2008 e a nova dinâmica do capitalismo. São Paulo: Boitempo; Iskra, 2021.

TRABALHADORES da Dell continuam em greve. Sindicato dos metalúrgicos de Campinas e região. *Notícias*. 15 set. 2008. Disponível em: <http://www.metalcampinas.org.br/2008/09/15/trabalhadores-da-dell-continuam-em-greve/>. Acesso em: 29 set. 2021.

TROTSKY, Leon. *Sobre os Sindicatos*. 3. ed. 1. reimpr. São Paulo: Sundermann, 2020.

VALLEY, Saulo. Brasil: Rio Veste Vermelho em Apoio a Bombeiros. *Global Voices*, 11 jun. 2011. Américas. Disponível em: <https://pt.globalvoices.org/2011/06/11/brasil-rio-veste-vermelho-em-apoio-a-bombeiros-grevistas/>. Acesso em: 13 out. 2021.

VINTE anos na defesa dos direitos dos trabalhadores do Judiciário Federal e do MPU. *Revista Fenajufe*. Edição Comemorativa – 20 anos. 2012. Disponível em: <https://www.fenajufe.org.br/images/10-12-2012_fenajufe_final_web.pdf>. Acesso em: 4 nov. 2021.

Recordes de Suor e Sangue na Classe Trabalhadora: A Conjuntura do Período Bolsonarista

Ticiane Lorena Natale(1)

1. O ovo da serpente

Não é possível falar da conjuntura atual como um fenômeno isolado da história recente do país, como se a pandemia da Covid-19 — esta sim uma novidade na história da humanidade – tivesse originado todos os elementos que agora impõem a atual precariedade da situação da classe trabalhadora. Na verdade, se o "passado esmaga os cérebros dos vivos", é preciso voltar se não a 1500 – quando o projeto de colônia de exploração para o Brasil teve início —, ao menos alguns anos na nossa história para que possamos entender o atual *processo* em curso enquanto tal, enquanto um *continuum*.

Assim, para explicar os anos do governo Bolsonaro, é fundamental que eu comece minha exposição com os anos ao redor do golpe de 2016 ao governo Dilma.

1.1. O golpe de 2016

Na história recente pré-pandemia (de 2010 a 2020), o Brasil foi parte de um fenômeno global: houve avanço do neoliberalismo a olhos vistos. Por aqui, houve o aumento de juros, privatizações (como a concessão da exploração do Campo de Libra, a maior reserva petrolífera brasileira, e da construção da Usina de Belo Monte), corte de investimentos, transferência de recursos públicos para o setor privado, desoneração de folhas de pagamento e isenção de impostos a grandes setores industriais e do agronegócio, levando ao recrudescimento dos processos de criminalização de movimentos sociais e flexibilização e retirada de direitos trabalhistas.

Em síntese, o governo de frente popular encabeçado pelo PT buscou a conciliação de classes (não à toa que o lema do governo era "Um país de todos"), fazendo a inclusão de miseráveis e pobres essencialmente por meio do consumo. Assim, supostamente se buscava um "ganha-ganha"; no entanto, no capitalismo, o desejo de um governo não pode abstrair a objetividade da sociedade de classes, cujos interesses necessariamente se contrapõem.

---

(1) Servidora pública estadual. Doutoranda em Direito do Trabalho e Seguridade Social pela FDUSP.

Ao mesmo tempo, e ao contrário do que dizia Edelman[(2)] sobre os direitos trabalhistas na França na década de 1970, a nossa classe trabalhadora não foi capturada por benesses reformistas ou pelo crédito para comprar a linha branca nos anos 2000; foi, na verdade, massacrada pela repressão (o encarceramento em massa e genocídio da população negra, especialmente travestida de guerra às drogas, se mantiveram) e desorganizada pelas burocracias sindicais — muitas cooptadas pelo próprio governo — que venderam parte da sua base com o aceite de terceirizações e quetais, para que não perdessem poder.

Assim, sem a contrapressão/resistência necessária da classe trabalhadora, houve aumento da superexploração do trabalho e espoliação de riquezas.

No entanto, é fundamental reconhecer que houve significativos avanços para quem sempre esteve marginalizado — essencialmente, negros(as) e indígenas (com o avanço de demarcação de terras, por exemplo) — o que, para um país de estrutura fundiária ainda colonial e pautada no racismo estrutural[(3)], representou um crime inaceitável.

E, apesar de ter havido também aumento da reação ao neoliberalismo — com a ascensão de movimentos sociais (de moradia, feministas, contra as obras da Copa, contra a carestia de vida etc.) e greves — com a falta de unidade da esquerda e aumento de contradições do PT, a direita foi ganhando espaço. Assim, quando setores conservadores reagiram, não houve organização suficiente da classe trabalhadora para suportar seus ataques não só materiais, como também ideológicos.

Assim, pela morosidade e até certa resistência a aplicar integralmente o ajuste fiscal exigido pelo mercado financeiro e pela burguesia nacional e internacional, veio o golpe ao governo petista de 2016, que depôs a primeira e única presidenta mulher na nossa história.

É importante destacar que *o governo petista*, assim, *não caiu pelos seus defeitos no embate ideológico* — não ter feito reformas profundas, ter se apoiado na estrutura fundiária excludente com investimentos no agronegócio e etc. — *mas justamente pelas suas qualidades.* De fato, a implementação de cotas raciais, o aumento universidades federais e de médicos negros(as) (em boa parte vindos de um país que se reivindica socialista), a criação do estatuto das empregadas domésticas, o fato de a própria presidenta ser mulher, a legalização do casamento homoafetivo, entre outros avanços em direitos humanos, foram transformados em violação da tradicional vida dos "cidadãos direitos".

Justamente esses avanços que foram utilizados ideologicamente pela direita para alimentar o fascismo de todos nós quando na ausência de uma contrapressão de solidariedade da classe — a lógica da competição de indivíduos, todos portadores de mercadorias, que precisam ir ao mercado vender sua mercadoria — somada à acumulação flexível que, ao invés de unir a classe, leva a uma situação de "cada um por si"; além de importantes elementos materiais, devido ao rebaixamento geral das condições de vida, com intenso *dumping* social, fragilidade da economia — pouco endógena — e o crescimento do desemprego.

---

(2) EDELMAN, Bernard. *A legalização da classe operária.* São Paulo: Boitempo, 2016.

(3) ALMEIDA, Silvio. *Racismo Estrutural.* São Paulo: Jandaíra, 2019.

Além disso, havia o discurso da corrupção como única explicação para o fato de um país tão rico ter índices tão ruins de educação, saúde e segurança. E, se corrupção não se comprovasse, com o sistema de justiça num amplo acordo nacional — "com o Supremo, com tudo [...]"[(4)] — seria possível criá-la.

Como resultado do golpe, houve um avanço qualitativo do neoliberalismo, com a revogação não só dos avanços do governo petista, mas aprofundamento das violações à Constituição de 1988 (que já vinham ocorrendo, embora mais lentamente) e o retorno de figuras pré-democratização, quase numa tentativa de fazer o Brasil retornar 50 anos em 5. Assim, conquistas históricas da classe trabalhadora foram demolidas em praticamente uma "canetada", como a aprovação, em poucos meses, da "Reforma" Trabalhista de 2017[(5)] pelo então presidente Michel Temer.

1.2. Eleições de 2018 e a continuidade do golpe

O projeto da burguesia para eleições de 2018 foi justamente continuar o projeto de Brasil "colonial" do golpe de 2016, retirando direitos, suor, riquezas naturais, terras de minorias políticas e tudo o mais que fosse possível.

Para tanto, era preciso fazer a retirada "juridicamente controlada"[(6)] de Lula das eleições de 2018 pela Lava Jato e Supremo Tribunal Federal. Assim, Lula foi preso, aprofundando o descrédito na esquerda por parte das massas.

No entanto, a própria direita tradicional, depois de alimentar o monstro do fascismo, não conseguiu controlá-lo. Houve o ascenso da extrema direita, com um programa político de armamento individual e elitizado, militarização do poder, desprezo à ideia de sujeito de direito universal (direitos humanos) e à democracia formal[(7)].

1.3. A eleição de Bolsonaro e uma abstração

Jair Messias Bolsonaro foi eleito[(8)] com um projeto econômico ultraliberal, assim como o do golpe e de Michel Temer; mas o primeiro também tinha uma agenda própria, abertamente fascista.

---

(4) A SOLUÇÃO mais fácil era botar o Michel. *El País*, 24 maio 2016. Disponível em: <https://brasil.elpais.com/brasil/2016/05/24/politica/1464058275_603687.html>. Acesso em: 02 jan. 2022.

(5) SOUTO MAIOR, Jorge Luiz. *Conjuntura política brasileira sob perspectiva trabalhista* — A hora da sensatez. Belo Horizonte: RTM, 2019.

(6) SOUTO MAIOR, Jorge Luiz. A esquerda atônita e aturdida! *A Terra é Redonda*, São Paulo, 19 set. 2021. Disponível em: <https://aterraeredonda.com.br/a-esquerda-atonita-e-aturdida/?utm_term=2021-09-19&doing_wp_cron=1642486540.0340259075164794921875>. Acesso em: 17 jan. 2022.

(7) Esses elementos de fascistização só são interessantes para a burguesia de conjunto quando necessária uma resposta à radicalização da classe trabalhadora (HIRSCH, 2010), o que estava longe de ser o caso do Brasil naquele momento. Sobre a relação da burguesia com a democracia, conferir HIRSCH, Joachim. *Teoria materialista do Estado*. Rio de Janeiro: Revan, 2010.

(8) Apesar da ascensão *aparentemente* meteórica de Bolsonaro (em Natale (2020), eu mostro que o ovo da serpente do bolsonarismo já havia sido botado muito antes no seio da classe trabalhadora), ele não teve uma vitória acachapante: Bolsonaro teve quase 58 milhões de votos e Haddad teve pouco mais de 47 milhões (uma diferença de exatos 10.756.941 votos). Mais de 31 milhões de brasileiros(as) se abstiveram (ausentes) e os brancos e nulos somaram exatos 11.094.698 votos.

Muito embora não seja possível dizer que a maior parte da população era fascista para assim abraçar o programa bolsonarista, havia muitos elementos materiais em todo o globo que levavam à sua vitória, especialmente a escalada do autoritarismo. O aumento do autoritarismo não é só uma reação ao neoliberalismo, como defende boa parte da literatura de esquerda. Tampouco é apenas o convencimento da massa por um projeto conservador. Não à toa que a eleição de Bolsonaro foi no mesmo ano do assassinato da vereadora negra e de esquerda Marielle Franco. Há um fio que percorre todos esses processos: a fragilização da forma jurídica frente a determinadas condições materiais de reprodução do capital.

Ao falar das violações à ordem jurídica, David Harvey lembra Rosa Luxemburgo, para a qual havia dois aspectos sobre a acumulação do capital:

> Um deles concerne ao mercado de bens e ao lugar em que é produzida a mais-valia — a fábrica, a mina, a propriedade agrícola. Vista desta ótica, a acumulação é um processo econômico puro, tendo como fase mais importante uma transação entre o capitalista e o trabalhador assalariado... Aqui, *ao menos formalmente, a paz, a propriedade e a igualdade prevalecem*, e foi necessária a aguda dialética da análise científica para a revelar que o direito de propriedade se transforma, no curso da acumulação, em apropriação da propriedade alheia, que a troca de mercadorias se torna exploração e a igualdade vem a ser regime de classe. O outro aspecto da acumulação do capital se refere às relações entre o capitalismo e modos de produção não capitalistas, que começam a surgir no cenário internacional. *Seus métodos predominantes são a política colonial, um sistema internacional de empréstimos — uma política de interesses — e a guerra. Exibem-se abertamente a força, a fraude, a opressão, a pilhagem, sem nenhum esforço para ocultá-las*, e é preciso esforço para discernir nesse emaranhado de violência política e lutas pelo poder as leis férreas do processo econômico.(9)

Harvey, por sua vez, amplia a teoria de Luxemburgo dizendo que o segundo processo de acumulação — que ele chama de acumulação via espoliação — se dá inclusive dentro do capitalismo(10) sendo parte da sua dialética. No entanto, entendo que tal processo de acumulação, embora seja parte da natureza bárbara do capitalismo, gera crises, as quais podem levar à sua destruição.

Assim, entendo que há duas grandes contradições que geram fissuras na forma jurídica (que se pauta em sujeitos de direito, equivalentes, o que viabiliza a figura do valor das mercadorias como sendo equivalente ao trabalho humano ali posto) e, consequentemente, ao capitalismo: o capital portador de juros e a superexploração do trabalho. Ambos buscam *burlar o valor*: o primeiro porque se pauta numa expectativa futura de produção (ainda uma

---

(9) LUXEMBURGO, 1968 *apud* HARVEY, David. *O novo imperialismo*. 3. ed. São Paulo: Edições Loyola, 2009. p. 115. (grifos meus)

(10) HARVEY, David. *O novo imperialismo*. 3. ed. São Paulo: Edições Loyola, 2009.

ficção) e o segundo porque consiste numa exploração que não respeita a equivalência do valor da mercadoria força de trabalho, inviabilizando sua reprodução[(11)].

Assim, ao romperem com a equivalência do valor, rompem consequentemente com a figura sujeito de direito e com as necessidades materiais de democracia (paridade de condições aos portadores de mercadorias). Relembre-se que a forma jurídica não é mera regra de convivência em sociedade; mas noção de equivalência reflexa ao valor — assim, histórica e intrinsicamente ligada ao modo de produção econômico[(12)]. E, muito embora ela tenha viabilizado a exploração capitalista (criando as bases para a abstração do trabalho e, consequentemente, o valor), foi também da forma jurídica que emanaram os direitos humanos[(13)], pois todos precisam ser guardiões de mercadorias (mesmo que só da mercadoria força de trabalho). Daí decorre a dialética do direito e, inclusive, a permeabilidade do seu conteúdo para melhoria das condições da classe trabalhadora quando de agudização da luta de classes, como o direito do trabalho.

Após a apresentação da teoria acima, abstração que decorre justamente das contradições da realidade e de seu esmiuçamento, posso enfim apresentar os elementos da conjuntura sem que sejam meros dados ou fatos "neutros". Cada dado é determinado pelos diversos fatores que aqui se abordou como parte de um projeto, qual seja, aumentar a supexploração do trabalho[(14)] e a acumulação por espoliação. Assim, nos termos do método materialista histórico-dialético, é possível apresentar não a aparência, mas a essência da realidade — o concreto pensado.

2. A ascensão do autoritarismo

Como dito anteriormente, o neoliberalismo na periferia global se dá essencialmente para a superexploração do trabalho. E o controle social por parte do Estado, por sua vez, se dá não por meio de direitos, mas pela repressão[(15)].

No entanto, muito embora a violência e a superexploração sejam uma realidade de séculos no país — essencialmente para negras(os), indígenas e pobres de modo geral —, agora com o Bolsonaro e seu projeto global fascista, ela passou a ser aprofundada (ainda

(11) MARINI, Ruy Mauro. Dialética da Dependência. 10. ed. Cidade do México: Editora Era, 1990. In: TRASPADINI, Roberta; STEDILE, João Pedro (Orgs.). *Ruy Mauro Marini:* vida e obra. São Paulo: Expressão Popular, 2011. Segundo a Teoria Marxista da Dependência, inicialmente desenvolvida por Ruy Mauro Marini, a superexploração é um mecanismo de transferência de valor da periferia para o centro global, a qual pode se utilizar dos expedientes do prolongamento da jornada de trabalho (mais-valia absoluta), da intensificação do trabalho e da redução do fundo de consumo do(a) trabalhador(a). No entanto, entendo que hoje a superexploração se disseminou para todo o globo, alimentando-se do gradiente de capital entre as diversas periferias e centros.

(12) PACHUKANIS, Evgeni. *A teoria geral do direito e o marxismo e ensaios escolhidos (1921-1929).* São Paulo: Sundermann, 2017.

(13) MARX, Karl. *O capital:* crítica da economia política. Livro I – O processo de produção do capital. São Paulo: Boitempo, 2013.

(14) SOUTO MAIOR, Jorge Luiz; NATALE, Ticiane Lorena. E querem mais. *Carta Capital*, São Paulo, 8 dez. 2021. Disponível em: <https://www.cartacapital.com.br/economia/e-querem-mais/>. Acesso em: 02 jan. 2022.

(15) TAYLOR, Ian R. *Crime in context:* a critical criminology of market societies. Cambridge: Polity, 2013.

mais nesses setores vulneráveis), tornando-se inclusive legal e legítimo o que outrora não o era. Legal porque o que era violação da lei — o que poderia ser objeto de denúncia, gerar indenização etc. — se torna permitido. Um exemplo é a enorme quantidade de pessoas que podem manter armas de fogo em casa, inclusive fuzis (o que favorece as milícias do Rio de Janeiro, por exemplo), após sucessivos decretos da União. E também se torna legítimo pela ideologia que ataca a dignidade da pessoa humana (base da igualdade do sujeito de direito) e divide as pessoas entre aquelas que merecem morrer/ser torturadas e aquelas que merecem se ver livres destas, a qual é disseminada pelo próprio Chefe de Estado.

Outro exemplo é a transparência nas informações e fiscalização de mortes violentas. Nesse sentido, apesar da redução da taxa de homicídios em 21,5% em 2019 (comparação com o ano anterior), houve um expressivo aumento de mortes violentas por causas indeterminadas (35,2%), sendo esse aumento de 232% no Rio de Janeiro, 185% no Acre e 178% em Rondônia(16).

Além disso, a violência no campo aumentou em 2019, quando foram registrados uma média de cinco conflitos por dia, o maior número em 10 anos(17).

E estes dados impactam mais fortemente negros, negras e indígenas, com um abismo entre os números de assassinatos dessas populações frente à população branca. A média do risco relativo de homicídios por cor/raça no Brasil em 2019 foi de 2,6, sendo que em Alagoas esse risco chegou a 42,9. Em 2019, os negros (soma dos pretos e pardos da classificação do IBGE) representaram 77% das vítimas de homicídios; no mesmo ano, 66% das mulheres assassinadas no Brasil eram negras(18).

Destaque-se que o racismo é um fator bastante relevante para a violência e superexploração do trabalho, o que se reflete em todos os dados que separam brancos(as) e não brancos(as). Nesse sentido, explica Lélia Gonzalez(19): "Pressionado pela polícia, de um lado, e pelas péssimas condições de vida, do outro, o negro oferece a sua força de trabalho por qualquer preço no mercado de trabalho".

No mais, quando verificamos apenas o fator "gênero", também se nota o crescimento expressivo dos registros de mortes violentas por causas indeterminadas de mulheres, que tiveram incremento de 35,2% de 2018 para 2019(20).

No verso dessa moeda de crescente violência contra setores vulneráveis e de criminalização de pessoas e corpos está a militarização de cargos civis na burocracia estatal, com um

(16) CERQUEIRA, Daniel et al. Atlas da Violência 2021. São Paulo: FBSP, 2021. Disponível em: <https://www.ipea.gov.br/atlasviolencia/arquivos/artigos/1375-atlasdaviolencia2021completo.pdf>. Acesso em: 16 jan. 2022.

(17) *Idem*.

(18) *Idem*.

(19) GONZALEZ, Lélia. O Movimento Negro na última década. In: GONZALEZ, Lélia; HASENBALG, Carlos Alfredo. *Lugar de negro*. Rio de Janeiro: Marco Zero, 1982. p. 16.

(20) CERQUEIRA, Daniel *et al*. *Atlas da Violência 2021*. São Paulo: FBSP, 2021. Disponível em: <https://www.ipea.gov.br/atlasviolencia/arquivos/artigos/1375-atlasdaviolencia2021completo.pdf>. Acesso em: 16 jan. 2022.

crescimento do fenômeno de 102,22% em comparação com 2016 (segundo dados de 2022), com 8 textos normativos nesse sentido apenas desde a chegada de Bolsonaro ao poder(21).

Em resumo, nota-se um aumento da violência sob um discurso acolhido pelo Estado, inclusive entre a população mais vulnerável que nunca pôde gozar de uma democracia, com efetivação de direitos, participação política e, até mesmo, liberdade e igualdade (direitos humanos básicos, de primeira geração). O avanço do autoritarismo, a passos largos, é um elemento fascista que, por sua vez, demonstra basicamente o avanço da barbárie capitalista e da fragilização da forma jurídica. E tal violência é fundamental para a implementação do projeto de superexploração do trabalho.

3. O mundo do trabalho em 2019

O ano começou com o maior acidente de trabalho já registrado na história do país: em 25 de janeiro de 2019, houve o rompimento da Mina do Feijão em Brumadinho (MG), da Vale, deixando 262 mortos e 8 desaparecidos. Desses, 250 eram trabalhadores(as), sendo uma boa parte de terceirizados(as).

No mesmo ano, a classe trabalhadora de conjunto teve uma leve melhora nos índices de desemprego: se em 2018 a taxa média havia sido de 12,3%, em 2019 foi de 11,9% (uma queda na média anual de 215 mil desempregados)(22). Por outro lado, ela perdeu diversos direitos: o governo ultraneoliberal de Bolsonaro (por Paulo Guedes, ministro da Economia, ansiado por ele como nosso Pinochet) editou uma nova "reforma" trabalhista, com a MP n. 905/2019 (criando o "contrato 'verde e amarelo'"), voltada para a precarização das condições de trabalho de jovens de 18 a 29 anos (este segmento da população, aliás, representa quase um terço dos vínculos de trabalho no Brasil). A nova medida reduzia o fundo de consumo da força de trabalho (com redução de remuneração) e flexibilizava a jornada, reduzia a proteção social e ao trabalho e também reduzia a fiscalização dos locais de trabalho, entre outras medidas, revogando 86 itens da Consolidação das Leis do Trabalho(23).

---

(21) BASILIO, Ana Luiza. Pesquisadora critica aumento de militares em cargos civis sob Bolsonaro: 'Disfunção da democracia'. *Carta Capital*, São Paulo, 30 maio 2022. Disponível em: <https://www.cartacapital.com.br/politica/pesquisadora-critica-aumento-de-militares-em-cargos-civis-sob-bolsonaro-disfuncao-da-democracia/>. Acesso em: 06 jun. 2022.

(22) ABDALA, Vitor; BRASIL, Cristina Índio do. Taxa de desemprego cai no país e fecha 2019 em 11,9%. *Agência Brasil*, Rio de Janeiro, 31 jan. 2020. Disponível em: <https://agenciabrasil.ebc.com.br/economia/noticia/2020-01/taxa-de-desemprego-no-pais-fecha-2019-em-119>. Acesso em: 16 jan. 2022. Em dados gerais do IBGE sobre o mercado de trabalho no período, entre a população ocupada, 44,8 milhões estavam no setor formal e 43,4 milhões no setor informal. Entre as pessoas em ocupações informais, 47,4% eram negros(as) e 34,5% eram brancos(as). O rendimento médio mensal foi de R$ 2.335,00 trabalhador com carteira e R$ 1.511,00 sem carteira; o salário mínimo nominal do ano era de R$ 998,00, porém o salário mínimo necessário à época era acima de 4 mil reais, segundo o Dieese, demonstrando que a média do rendimento dos(as) trabalhadores(as) esteve abaixo do valor da mercadoria força de trabalho. DIEESE. *Pesquisa nacional da Cesta Básica de Alimentos*. Salário mínimo nominal e necessário. Disponível em: <https://www.dieese.org.br/analisecestabasica/salarioMinimo.html>. Acesso em: 06 jun. 2022.

(23) DIEESE. *Nota Técnica*. O novo desmonte dos direitos trabalhistas: a MP n. 905/2019. Dieese, São Paulo, 2019. Disponível em: <https://www.dieese.org.br/notatecnica/2019/notaTec215MP905.html>. Acesso em: 5 jan. 2022.

E, ainda em 2019, foi aprovada a *"Reforma" da Previdência, um outro duro golpe* na classe trabalhadora ao reduzir a sua proteção social, ainda mais numa era em que ela se torna cada vez mais necessária em virtude da flexibilização do trabalho e, consequentemente, da imprevisibilidade do sustento de quem não possui nada, senão sua força de trabalho para vender. Esta "reforma" (que também é, em essência, uma deformação das condições sociais), por exemplo, acabou com a Aposentadoria por Tempo de Contribuição, afetando sobremaneira quem começa a trabalhar mais cedo – em geral, pessoas mais pobres, com menos oportunidades de estudo e qualificação e que representam uma ampla parcela da população. Dados de 2015 mostram que 44,2% dos(as) ocupados(as) começaram a trabalhar antes dos 14 anos de idade. E 90,1% dos(as) ocupados(as) começaram a trabalhar até os 19 anos de idade(24).

Outra medida foi a redução drástica da pensão por morte devida por dependente, o que rapidamente mostrou seus efeitos nefastos para centenas de milhares de pessoas que perderam seus entes queridos e provedores na pandemia.

De modo geral, a "Reforma" da Previdência mais não fez do que uma política de ódio àqueles(as) que não mais serviam como mercadoria força de trabalho, especialmente à população idosa.

4. A chegada da Covid-19 e seu impacto na classe trabalhadora

Com o surgimento do vírus da Covid-19, houve uma alteração abrupta nos rumos do neoliberalismo. Boa parte dos países centrais tiveram que recuar nos ataques à classe trabalhadora devido à necessidade de isolamento social e, consequentemente, à inviabilidade dos(as) trabalhadores(as) continuarem vendendo sua força de trabalho fora de casa. Assim, tais governos passaram a distribuir renda para que seus cidadãos ficassem em casa, bem como ajudaram pequenos e médios negócios, fizeram investimentos, entre outras medidas de suporte à economia.

Já em muitos países periféricos o descaso do governo em sustentar seus cidadãos fez com que o neoliberalismo continuasse avançando mesmo após a pandemia. De fato, alguém teria que pagar a conta da transferência de renda operada na Europa e EUA — com a transferência de valor criado nos países pobres — e também garantir seus bens de consumo. Pior: em alguns países *a calamidade foi vista como oportunidade* (como Klein(25) já denunciava em situações similares) de uma retirada ainda maior de direitos, como um dos próprios ministros definiu como momento de "passar a boiada"(26).

(24) CARNEIRO, Luciana; COSTA, Daiane; GULLINO, Daniel. No Brasil, 44% começam a trabalhar antes dos 14 anos. *CEERT*, 12 dez. 2016. Disponível em: <https://ceert.org.br/noticias/crianca-adolescente/14779/no-brasil-44-comecam-a-trabalhar-antes-dos-14-anos>. Acesso em: 02 jan. 2022.

(25) KLEIN, Naomi. *A Doutrina do Choque:* a ascensão do capitalismo de desastre. Rio de Janeiro: Nova Fronteira, 2008.

(26) MINISTRO do Meio Ambiente defende passar a 'boiada' e 'mudar' regras enquanto atenção da mídia está voltada para a Covid-19. *G1*, São Paulo, 22 maio 2020. Disponível em: <https://g1.globo.com/politica/noticia/2020/05/22/ministro-do-meio-ambiente-defende-passar-a-boiada-e-mudar-regramento-e-simplificar-normas.ghtml>.

De todo modo, fato é que no Brasil, a inércia do governo bolsonarista levou à disjuntiva "ficar em casa e salvar vidas" e "fechar a economia e morrer de fome". Assim, em pesquisa do PoderData de junho de 2021, 43% afirmou que não pôde trabalhar de casa em nenhum momento da pandemia; 35% trabalhou de casa em algum momento (17% desses já haviam voltado ao trabalho presencial à época) e 22% não responderam(27).

Como resultado, o país esteve longe de salvar vidas como poderia — pelo contrário, em dados de maio de 2022, o Brasil estava em quinto lugar no *ranking* global de excesso de mortes(28) — e viu a fome crescer espantosamente.

4.1. Mortes, desemprego e fome

"E daí?"

Bolsonaro, 2020.

Não se pode precisar ao certo se Jair Messias Bolsonaro e sua equipe seguiam a política malthusiana (para a qual a melhor forma de acabar com a pobreza seria matando os pobres) ou se apenas queria polarizar politicamente o debate se juntando à minoria negacionista de chefes de Estado. Fato é que, quando da chegada do coronavírus, suas medidas levaram ao caos sanitário, social e econômico.

Assim, em 1º de junho de 2022, chegamos à marca de 666.848 (seiscentos e sessenta e seis mil e oitocentos e quarenta e oito) mortes em virtude da COVID-19 no Brasil, as quais, pela ora omissão, ora caos deliberadamente gerado pelo governo federal (como o incentivo à aglomeração em espaços públicos), pode-se dizer que eram *mortes evitáveis*. Em abril de 2021, o país chegou a registrar mais de 4.000 (quatro mil) mortes num mesmo dia, como numa guerra(29).

Focalizando apenas o setor formal, segundo dados do Caged e do Novo Caged, os setores em que morreram mais trabalhadores(as) foram aqueles entendidos como essenciais. No transporte rodoviário de carga, em 2019 houve 679 mortes a mais do que no ano anterior. Na construção de edifícios, foram 443 mortes a mais. Os demais setores que se destacaram foram condomínios prediais; comércio varejista de mercadorias em geral, com predominância de produtos alimentícios (supermercados); limpeza em prédios e em domicílios; atividades de atendimento hospitalar (exceto pronto-socorro e unidades para atendimento a urgências);

(27) PLIGHER, Pedro. PoderData: 43% não fizeram home office na pandemia. *Poder360*, Brasília, 25 jun. 2021. Disponível em: <https://www.poder360.com.br/brasil/poderdata-43-nao-fizeram-home-office-na-pandemia/>. Acesso em: 5 jan. 2022.

(28) GOTLIB, Jéssica. Covid-19: Brasil está entre países com maior mortalidade em excesso, diz OMS. *Correio Braziliense*, 05 maio 2022. Disponível em: <https://www.correiobraziliense.com.br/brasil/2022/05/5005653-covid-19-brasil-esta-entre-paises-com-maior-mortalidade-em-excesso-diz-oms.html>. Acesso em: 02 jun. 2022. O *ranking* foi feito pela OMS, a qual ainda revelou que o número de mortes no Brasil é, na verdade, três vezes maior do que os dados oficiais, utilizando-se também do método de análise do excesso de mortes no período.

(29) Mortes e casos de coronavírus nos estados. *G1*, São Paulo, 17 jan. 2022. Disponível em: <https://especiais.g1.globo.com/bemestar/coronavirus/estados-brasil-mortes-casos-media-movel/>. Acesso em: 17 jan. 2022.

atividades de vigilância e segurança privada; transporte rodoviário coletivo de passageiros; administração pública em geral; restaurantes e similares. Note-se que são setores cujos empregos são em geral desvalorizados, mal remunerados e que são ocupados por negros e negras, muito embora sejam essenciais para as atividades básicas humanas.

Essa diferença entre 2019 e 2020 foi bastante expressiva especialmente em maio de 2020 (pico da pandemia em 2020 no país) e teve uma redução significativa quando o Auxílio Emergencial foi regularizado. No entanto, a diferença de mortes ("excedente de mortes") voltou a subir em dezembro, quando da redução das medidas de distanciamento social, do surgimento de uma nova variante e com a população ainda sem acesso à vacinação. Assim, um levantamento o Ministério do Trabalho e da Previdência constatou que houve um aumento de 70,3% nos desligamentos por motivos de morte nos oito primeiros meses de 2021[30].

O setor informal em específico, por sua própria natureza, não oferece dados exatos. No entanto, estudo realizado pela UFRJ (Universidade Federal do Rio de Janeiro) em parceria com o IRD (Instituto Francês de Pesquisa e Desenvolvimento) constatou que as cidades com maior quantidade de trabalhadores informais foram as mais afetadas pela pandemia de Covid-19 no Brasil. Os(as) pesquisadores(as) observaram que, para cada 10 pontos percentuais de informais a mais na população, a taxa de contágio aumenta em 29% e a taxa de mortalidade pela doença cresce, em média, 38%[31].

Isso demonstra que, quanto mais flexibilização/liberdade para a exploração da mão de obra (mesmo em casos em que não há subordinação direta do trabalho), há mais pobreza e, consequentemente, piores índices de saúde e moradia, elementos essenciais para fugir do vírus durante a pandemia. Nesse sentido, o Mapa da Desigualdade de 2021 (ano-base 2020) mostrou, por exemplo, que só no município de São Paulo era possível verificar uma diferença de até 20 anos na média de idade ao morrer entre um bairro "nobre" do centro expandido (80,9 anos no Alto de Pinheiros) e um bairro periférico do extremo leste (58,3 anos em Cidade Tiradentes)[32].

Convém lembrar, mais uma vez, que todas as estatísticas são atravessadas, ainda, pelas desigualdades de gênero e raça (as quais também levam boa parcela da população para a pobreza e piores condições de vida), determinando quem vive ou morre nestes tempos pandêmicos.

---

(30) CAVALLINI, Marta. Em ano de pandemia, desligamentos por morte saltam 70%; motoristas de caminhão, faxineiros e vendedores lideram registros. *G1*, São Paulo, 02 out. 2021. Disponível em: <https://g1.globo.com/trabalho-e-carreira/noticia/2021/10/02/em-ano-de-pandemia-desligamentos-por-morte-saltam-70percent-motoristas-de-caminhao-faxineiros-e-vendedores-lideram-registros.ghtml>. Acesso em: 16 jan. 2022.

(31) AGÊNCIA SINDICAL. Pesquisa mostra que trabalho informal eleva casos da Covid-19. *Agência Sindical*, São Paulo, 13 out. 2020. Disponível em: <https://www.agenciasindical.com.br/pesquisa-mostra-que-trabalho-informal-eleva-contagio-e-morte-por-covid-19-no-brasil/>. Acesso em: 15 jan. 2022.

(32) As próprias condições de acessibilidade à internet, para a realização do trabalho remoto e distanciamento social refletem as diferenças entre centro e periferia: também em São Paulo, registrou-se uma desigualdade de 2.513 vezes de acesso à internet móvel por área (distribuição de antenas de internet móvel por km^2), segundo dados da REDE NOSSA SÃO PAULO. *Mapa da Desigualdade 2021*. Disponível em: <https://www.nossasaopaulo.org.br/wp-content/uploads/2021/10/Mapa-Da-Desigualdade-2021_Mapas.pdf>. Acesso em: 3 dez. 2021.

Assim, dados da Rede de Pesquisa Solidária de 2020, "entre agentes de saúde e do meio ambiente, as mulheres brancas tiveram quase o triplo de risco de morrer de Covid-19 que homens brancos" (172% maior que entre eles); "e, para homens negros, o perigo é 146% maior". Nesse sentido, entre os(as) profissionais que alimentam linhas de produção, "uma mulher negra tem mais que o dobro de risco de morrer por Covid-19 do que um homem branco". Comparando com homens brancos, "o risco de um homem negro dessa profissão morrer por Covid-19 é 67% maior; o de uma mulher branca é 95% maior; o de uma mulher negra, 146%". A desigualdade também se impõe nos setores mais "privilegiados" da classe trabalhadora: "em carreiras tradicionais de ensino superior, risco de um homem negro morrer é 45% maior que o de um homem branco"[(33)].

Ademais, sem grande esforço do governo para garantir o emprego, o desemprego cresceu assustadoramente. Somando desocupados, subocupados por insuficiência de horas trabalhadas e pessoas na força de trabalho potencial, a taxa de subutilização da força de trabalho chegou a 29% no início de 2021[(34)]. Em abril de 2021, só a taxa de desemprego estava em 14,7%, o auge da série histórica (desde 2012)[(35)], muito embora essa taxa tenha refluído no final do mesmo ano e agora se mantenha estável em 11,1%[(36)]. O maior impulsionador dos novos postos de trabalho foi o setor informal[(37)], o que ajuda a explicar a queda na renda de quase 9% em um ano no país[(38)].

E, apesar do auxílio, de março para 2020 a março de 2022, houve uma alta de 22,8% na taxa de extrema pobreza no Brasil: o país chegou a 17,5 milhões de famílias vivendo com até R$ 105 por mês[(39)].

Desse modo, a insegurança alimentar grave, isto é, a fome, passou de 10,3 milhões de antes da pandemia para 19,1 milhões de brasileiros ao final de 2020 (dobro do que havia em

---

(33) GUIMARÃES, Hellen; BUONO, Renata. O país onde ser negro ou mulher é comorbidade. *Piauí*, São Paulo, 04 out. 2020. Disponível em: <https://piaui.folha.uol.com.br/o-pais-onde-ser-negro-ou-mulher-e-uma-comorbidade/>. Acesso em: 8 dez. 2021.

(34) DIEESE. *Boletim de Conjuntura n. 29*. Dieese, São Paulo, jun./jul. 2021. Disponível em: <https://www.dieese.org.br/boletimdeconjuntura/2021/boletimconjuntura29.pdf>. Acesso em: 16 jan. 2022.

(35) SOARES, Gabriella. Desemprego recua para 12,1% e atinge 12,9 milhões de pessoas. *Poder 360*, 28 dez. 2021. Disponível em: <https://www.poder360.com.br/economia/desemprego-recua-para-121-e-atinge-129-milhoes-de-pessoas/>. Acesso em: 16 jan. 2022.

(36) Esse fenômeno foi sentido no mundo como um todo: só em 2021, 125 milhões de empregos em tempo integral foram perdidos. As mulheres, como discutiremos mais adiante, foram as maiores atingidas: "Em 2021, havia 13 milhões a menos de mulheres empregadas em comparação a 2019, enquanto o emprego dos homens voltou aos níveis de 2019". OXFAM. Lucrando com a dor. *Oxfam.org*, 23 maio 2022. Disponível em: <www.oxfam.org>. Acesso em: 05 jun. 2022.

(37) SOARES, *Op. cit.*

(38) VIECELI, Leonardo. Taxa de desemprego é a menor desde 2016, mas renda cai 8,8% em um ano. *Folha de S. Paulo*, São Paulo, 31 mar. 2022. Disponível em: <https://www1.folha.uol.com.br/mercado/2022/03/taxa-de-desemprego-e-a-menor-desde-2016-mas-renda-cai-88-em-um-ano.shtml>. Acesso em: 05 jun. 2022.

(39) BRASIL ECONÔMICO. Número de famílias em extrema pobreza salta 1,8 milhão em 2022. *IG Economia*, 9 maio 2022. Disponível em: <https://economia.ig.com.br/2022-05-09/familias-extrema-pobreza-2022.html>. Acesso em: 05 jun. 2022.

2009)[40] e tal situação alarmante ficou ainda mais grave um ano e meio depois: em junho de 2022, são 33,1 milhões de pessoas sem ter o que comer[41]. Chegamos ao fundo do poço.

Por outro lado, houve aumento expressivo da concentração de capital e de renda: 22 brasileiros entraram ou retornaram à lista de pessoas com pelo menos 1 bilhão de dólares em patrimônio, em 2021. No total, são 65 brasileiros na lista[42] e 2.668 em todo o mundo (573 a mais do que no início de 2020); o patrimônio desses bilionários teve um aumento total de "US$ 3,78 trilhões (42%) durante a pandemia da Covid-19"[43].

4.2. Superexploração durante o "fique em casa"

Quando falamos de superexploração, também falamos de aumento da intensidade ou do desgaste no trabalho (um dos mecanismos abordados por Ruy Mauro Marini (2011)). Um fenômeno bem concreto dessa intensificação do trabalho se deu via trabalho remoto, ocupando todo o cotidiano da classe trabalhadora.

Assim, o trabalho restrito ao lar durante a pandemia acabou com a divisão entre vida doméstica e trabalho remunerado, facilitando inclusive as violações às leis trabalhistas e piorando as condições laborais. Um exemplo foi o aumento na produtividade de um funcionário em *home office* de 15% a 30%[44]. Se para o capital esse é um dado para se comemorar, para a classe trabalhadora isso significa intensificação do trabalho (redução de pausas durante o trabalho) e/ou prolongamento da jornada de trabalho (mais-valia absoluta). Houve ainda um aumento da fiscalização (e consequente perseguição) sobre trabalhadores(as): 44% já trabalha em locais com política de segurança corporativa sobre uso de smartphones e tablets[45].

E para além da perda do espaço de lazer e de descanso (o que já é um problema que pode levar ao adoecimento mental), há ainda o desafio de conciliar e até realizar, ao mesmo tempo, o serviço doméstico não remunerado e o trabalho remunerado.

De fato, com o fechamento de escolas e educandários para contenção do Coronavírus, o trabalho doméstico (trabalho não remunerado) cresceu, ficando a cargo especialmente das mulheres. Assim, praticamente todo o trabalho de cuidados passou a ser doméstico, de forma

---

(40) BERNARDES, Gabriela. Fome: número de pessoas que sofrem com insegurança alimentar grave sobe 85%. *Correio Braziliense*, Brasília, 07 fev. 2022. Disponível: <https://www.correiobraziliense.com.br/brasil/2022/02/4983170-fome-numero-de-pessoas-que-sofrem-com-inseguranca-alimentar-grave-sobe-85.html>. Acesso em: 05 jun. 2022.

(41) PENSSAN. *II Inquérito Nacional sobre Insegurança Alimentar no Contexto da Pandemia da Covid-19 no Brasil*. São Paulo: Fundação Friedrich Ebert; Rede PENSSAN, 2022.

(42) DIEESE. *Boletim de Conjuntura n. 29*. Dieese, São Paulo, jun./jul. 2021. Disponível em: <https://www.dieese.org.br/boletimdeconjuntura/2021/boletimconjuntura29.pdf>. Acesso em: 16 jan. 2022.

(43) OXFAM. Lucrando com a dor. *Oxfam.org*, 23 maio 2022. Disponível em: <www.oxfam.org>. Acesso em: 05 jun. 2022.

(44) GOEKING, Weruska. *'Home office'* deve crescer 30% após crise de coronavírus, aponta FGV. *Valor Investe*, São Paulo, 14 abr. 2020. Disponível em: <https://valorinveste.globo.com/objetivo/empreenda-se/noticia/2020/04/14/home-office-deve-crescer-30percent-apos-crise-de-coronavirus-aponta-fgv.ghtml>. Acesso em: 10 jan. 2022.

(45) COVID-19 muda regras do *home office* e isso pode gerar riscos às empresas. *Kaspersky*, 5 mar. 2020. Disponível em: <https://www.kaspersky.com.br/about/press-releases/2020_covid-19-muda-regras-do-home-office-e-isso-pode-gerar-riscos-s-empresas>. Acesso em: 5 jan. 2022.

não remunerada e de forma sexuada; além de ter crescido pelo aumento da quantidade de doentes: em 2020, 50% das mulheres brasileiras passaram a cuidar de alguém na pandemia; sendo 52% das mulheres negras, 46% das mulheres brancas e 50% das indígenas ou amarelas(46).

Com todo este quadro, segundo a CEPAL, houve um retrocesso de mais de uma década nos avanços alcançados pelas mulheres em termos de participação no mercado de trabalho(47).

Ademais, as mulheres foram fortemente atingidas pelo desemprego. De fato, boa parte daquelas que estavam ocupadas em trabalhos remunerados acabou saindo do emprego, seja por falta de quem cuidar dos filhos, seja porque foram demitidas pelos seus empregadores: em 2021, elas contavam 1,6 milhão a menos. Muitas acabaram saindo da força de trabalho (aquelas que não buscaram ocupação e que não trabalharam): 925 mil eram negras e 189 mil não negras (no período de 2019 a 2021)(48).

E, apenas em 2020, é possível notar que as mulheres perderam inclusive postos de trabalho informais: em 2019, eram 13,5 milhões de mulheres no setor; em 2020, restaram 10,8 milhões. Tais dados não incluem o emprego doméstico, no qual houve uma redução de 1,6 milhões de mulheres no setor (sendo aproximadamente uma redução de 400 mil com carteira assinada e 1,1 milhão sem carteira)(49).

No mais, destacando-se o fator raça, em 2020, 58% das mulheres desempregadas eram negras, 2,5% indígenas e amarelas e 39% eram brancas(50). Enquanto a taxa de desocupação por cor/raça em 2019 era de 11,1% entre a população não negra e 17,1% entre a negra, em 2021 essa taxa cresceu para 12,5% para o primeiro grupo e para 18,9% entre a negra(51). Assim, houve piora na situação geral e, mais ainda, na relação entre os grupos — aumento da desigualdade.

Isto é assim porque, como ensina a socióloga Suelaine Carneiro, "raça e sexo são categorias que justificam discriminações e subalternidades, construídas historicamente e que produzem desigualdades, utilizadas como justificativas para as assimetrias sociais" e, de fato,

---

(46) SOF. Sem parar: o trabalho e a vida das mulheres na pandemia. *Sof.org*, 2020. Disponível em: <https://mulheresnapandemia.sof.org.br/wp-content/uploads/2020/08/Relatorio_Pesquisa_SemParar.pdf>. Acesso em: 5 dez. 2021.

(47) COMISSÃO ECONÔMICA PARA A AMÉRICA LATINA E O CARIBE. A pandemia da Covid-19 gerou um retrocesso de mais de uma década nos níveis de participação no mercado de trabalho das mulheres na região. *CEPAL.org*, Santiago, 10 fev. 2021. Disponível em: <https://www.cepal.org/pt-br/comunicados/pandemia-covid-19-gerou-retrocesso-mais-decada-niveis-participacao-mercado-trabalho>. Acesso em: 05 jun. 2022.

(48) DIEESE. *Boletim Especial 8 de março Dia da Mulher*. Dieese, São Paulo, 07 mar. 2022. Disponível em: <https://www.dieese.org.br/boletimespecial/2022/mulher.html>. Acesso em: 05 jun. 2022.

(49) DIEESE. *Brasil:* a inserção das mulheres no mercado de trabalho. Dieese, São Paulo, 2020. Disponível em: <https://www.dieese.org.br/outraspublicacoes/2021/graficosMulheresBrasilRegioes2021.html>. Acesso em: 16 jan. 2022.

(50) DIEESE. *Brasil:* a inserção das mulheres no mercado de trabalho. Dieese, São Paulo, 2020. Disponível em: <https://www.dieese.org.br/outraspublicacoes/2021/graficosMulheresBrasilRegioes2021.html>. Acesso em: 16 jan. 2022.

(51) DIEESE. *Boletim Especial 8 de março Dia da Mulher*. Dieese, São Paulo, 07 mar. 2022. Disponível em: <https://www.dieese.org.br/boletimespecial/2022/mulher.html>. Acesso em: 05 jun. 2022.

os dados aqui apresentados comprovam que "mulheres negras estão em situação de maior vulnerabilidade em todos os âmbitos sociais"[(52)], sendo as mais superexploradas.

No mais, pode-se falar ainda de um aumento do valor da mercadoria força de trabalho, isto é, no aumento de bens e serviços necessários ao mínimo para a reprodução da força de trabalho, isto é, sobrevivência do(a) trabalhador(a). Nesse sentido, passou a ser de vital importância o acesso não só a bens de higiene e segurança, como máscaras, álcool e sabão; mas também o acesso à energia, internet e computador para trabalhar de casa. Mais: devido à inflação, os bens "tradicionais" da cesta básica ficaram muito mais caros, mas não houve a devida reposição da inflação nos salários e, muito menos, salários próximos ao mínimo necessário. Desse modo, pode-se dizer que houve também superexploração por assalto ao fundo de consumo dos(as) trabalhadores(as), impactando de modo mais agudo as brancas, negros e, especialmente, negras[(53)].

Convém lembrar que, nesses tempos de morte, o governo federal apenas foi liberar um auxílio à população após muita pressão da oposição no Congresso e, até mesmo, apoio de parte da elite (como a TV Globo) às medidas de sustentação material ao "fique em casa". Durante 16 meses, o auxílio emergencial pagou 16 parcelas entre 2020 (abril a dezembro) e 2021 (abril a outubro). Foram 5 parcelas de R$ 600,00 (R$ 1,2 mil para mães solo) e 4 parcelas de R$ 300,00 (R$ 600,00 para mães solo) em 2020 para cerca de 68 milhões de pessoas; e as parcelas de 2021 ficaram entre R$ 150,00 e R$ 375,00, para um número menor de pessoas (39,2 milhões)[(54)]. Em novembro, o governo federal criou o Auxílio Brasil, substituindo o Bolsa Família em definitivo, para famílias em situação de pobreza e de extrema pobreza, com valores que variam de R$ 400,00 a R$ 500,00, beneficiando mais de 18 milhões de pessoas em maio de 2022.

Tal distribuição de renda tem sido fundamental para que a boa parte da população não morra de fome; no entanto, esteve muito aquém da garantia do mínimo necessário. De fato, conforme o DIEESE e sua Pesquisa Nacional de Cesta Básica de Alimentos, o salário mínimo necessário em dezembro de 2020 era de R$ 5.304,90, em dezembro de 2021, de R$ 5.800,98 e, em abril de 2022, de R$ 6.754,33 — valores que aumentam vertiginosamente devido à inflação recorde, o que reafirma a superexploração do(a) trabalhador(a) brasileiro(a), incapaz de viver dignamente. De forma pouco menos dramática, esteve muito aquém, ainda, o salário mínimo nominal (R$ 1.045,00 em 2020, R$ 1.100,00 em 2021 e R$ 1.212,00 em 2022)[(55)].

---

(52) CARNEIRO, Suelaine. *Mulheres Negras e Violência Doméstica:* decodificando os números. 1. ed. São Paulo: Geledés Instituto da Mulher Negra, 2017.

(53) DIEESE. *Brasil:* a inserção das mulheres no mercado de trabalho. Dieese, São Paulo, 2020. Disponível em: <https://www.dieese.org.br/outraspublicacoes/2021/graficosMulheresBrasilRegioes2021.html>. Acesso em: 16 jan. 2022.

(54) MÁXIMO, Welton. Caixa encerra pagamento do auxílio emergencial por sete meses. *Agência Brasil*, 31 out. 2021. Disponível em: <https://agenciabrasil.ebc.com.br/economia/noticia/2021-10/caixa-encerra-pagamento-do-auxilio-emergencial-apos-sete-meses#:~:text=Criado%20em%20abril%20do%20ano,2%20mil%20para%20m%C3%A3es%20solteiras>. Acesso em: 02 jan. 2022.

(55) DIEESE. *Pesquisa nacional da Cesta Básica de Alimentos.* Salário mínimo nominal e necessário. Disponível em: <https://www.dieese.org.br/analisecestabasica/salarioMinimo.html>. Acesso em: 17 jan. 2022.

4.3. Algumas considerações políticas sobre o pós-vacina — "novo" normal, velha exploração

Com o atraso da vacinação no país, houve aumento da pressão sobre Bolsonaro não só da população de modo geral, mas também da burguesia. Assim que começou a vacinação no país, ela avançou rapidamente, graças à adesão da população; à cultura de vacinação; ao medo de medidas restritivas de direitos, como a demissão por justa causa; e à capilaridade da rede de saúde do SUS. No entanto, apesar do avanço da vacinação, como se pôde ver nos dados supracitados de óbitos, o retorno generalizado ao trabalho presencial — com consequente reabertura do comércio e também das atividades sociais — fez com que os números de mortes explodissem em 2021.

Com a ampla vacinação da população e a "estabilização" da crise do coronavírus (por ora, temos 83,13% da população vacinada com ao menos a 1ª dose da vacina[(56)]), a direita o mercado retornaram ao seu *modus operandi* flertando com o bolsonarismo para as eleições de 2022, para que o "perigo vermelho" não retorne. Ao mesmo tempo, a situação do Brasil continua se agravando. Apenas focalizando o fator econômico, as taxas médias reais de crescimento do PIB na década de 2011 a 2020 foi de negativa (0,1%)[(57)]; a pior taxa média desde 1901 havia sido entre 1981 e 1990, chamada pelos economistas como "década perdida", em que ela foi de 1,6% do PIB[(58)].

Já a esquerda organizada, mesmo diante da maior crise econômica e social da história recente, "decide esperar"[(59)]; fica, assim, refém de qualquer programa político que Lula vier a apresentar na chapa de conciliação de classes (novamente!) com Geraldo Alckimin (ex-PSDB), mas agora sem grandes ilusões. Espera-se com essa chapa, que pode ganhar as eleições ainda no 1º turno segundo as pesquisas de intenção de voto em meados de 2022, apenas não andar ainda mais para trás com a possibilidade de perda total da democracia e dos direitos sociais num eventual novo governo bolsonarista — pela via eleitoral ou não, já que as possibilidades de um (novo) golpe estão cada vez mais candentes. De todo modo, independentemente da direita e da esquerda, a realidade urge por mudanças já que, como diria Betinho, quem tem fome, tem pressa[(60)].

---

(56) Mapa da vacinação contra Covid-19 no Brasil. *G1*. Disponível em: <https://especiais.g1.globo.com/bemestar/vacina/2021/mapa-brasil-vacina-covid/>. Acesso em: 06 jun. 2022.

(57) A título de comparação, América Latina e Caribe em seu conjunto registrou uma taxa de 4%. BALASSIANO, Marcel. Década cada vez mais perdida na economia brasileira e comparações internacionais. *FGV*, São Paulo, 02 jul. 2020. Disponível em: <https://portal.fgv.br/artigos/decada-cada-vez-mais-perdida-economia-brasileira-e-comparacoes-internacionais>. Acesso em: 3 dez. 2021.

(58) BALASSIANO, *idem*.

(59) SOUTO MAIOR, Jorge Luiz. A esquerda atônita e aturdida! *A Terra é Redonda*, São Paulo, 19 set. 2021. Disponível em: <https://aterraeredonda.com.br/a-esquerda-atonita-e-aturdida/?utm_term=2021-09-19&doing_wp_cron=1642486540.0340259075164794921875>. Acesso em: 17 jan. 2022.

(60) Souza, Herbert *apud* PENSSAN. *II Inquérito Nacional sobre Insegurança Alimentar no Contexto da Pandemia da Covid-19 no Brasil*. São Paulo: Fundação Friedrich Ebert; Rede PENSSAN, 2022.

Referências bibliográficas

ABDALA, Vitor; BRASIL, Cristina Índio do. Taxa de desemprego cai no país e fecha 2019 em 11,9%. *Agência Brasil*, Rio de Janeiro, 31 jan. 2020. Disponível em: <https://agenciabrasil.ebc.com.br/economia/noticia/2020-01/taxa-de-desemprego-no-pais-fecha-2019-em-119>. Acesso em: 16 jan. 2022.

AGÊNCIA SINDICAL. Pesquisa mostra que trabalho informal eleva casos de Covid-19. *Agência Sindical*, São Paulo, 13 out. 2020. Disponível em: <https://www.agenciasindical.com.br/pesquisa-mostra-que-trabalho-informal-eleva-contagio-e-morte-por-covid-19-no-brasil/>. Acesso em: 15 jan. 2022.

ALMEIDA, Silvio. *Racismo Estrutural*. São Paulo: Jandaíra, 2019.

A SOLUÇÃO mais fácil era botar o Michel. *El País*, 24 maio 2016. Disponível em: <https://brasil.elpais.com/brasil/2016/05/24/politica/1464058275_603687.html>. Acesso em: 02 jan. 2022.

BALASSIANO, Marcel. Década cada vez mais perdida na economia brasileira e comparações internacionais. *FGV*, São Paulo, 02 jul. 2020. Disponível em: <https://portal.fgv.br/artigos/decada-cada-vez-mais-perdida-economia-brasileira-e-comparacoes-internacionais>. Acesso em: 3 dez. 2021.

BASILIO, Ana Luiza. Pesquisadora critica aumento de militares em cargos civis sob Bolsonaro: 'Disfunção da democracia'. *CartaCapital*, São Paulo, 30 maio 2022. Disponível em: <https://www.cartacapital.com.br/politica/pesquisadora-critica-aumento-de-militares-em-cargos-civis-sob-bolsonaro-disfuncao-da-democracia/>. Acesso em: 06 jun. 2022.

BERNARDES, Gabriela. Fome: número de pessoas que sofrem com insegurança alimentar grave sobe 85%. *Correio Braziliense*, Brasília, 07 fev. 2022. Disponível em: <https://www.correiobraziliense.com.br/brasil/2022/02/4983170-fome-numero-de-pessoas-que-sofrem-com-inseguranca-alimentar-grave-sobe-85.html>. Acesso em: 05 jun. 2022.

BRASIL ECONÔMICO. Número de famílias em extrema pobreza salta 1,8 milhão em 2022. *IG Economia*, 9 maio 2022. Disponível em: <https://economia.ig.com.br/2022-05-09/familias-extrema-pobreza-2022.html>. Acesso em: 05 jun. 2022.

CARNEIRO, Luciana; COSTA, Daiane; GULLINO, Daniel. No Brasil, 44% começam a trabalhar antes dos 14 anos. *CEERT*, 12 dez. 2016. Disponível em: <https://ceert.org.br/noticias/crianca-adolescente/14779/no-brasil-44-comecam-a-trabalhar-antes-dos-14-anos>. Acesso em: 02 jan. 2022.

CARNEIRO, Suelaine. *Mulheres Negras e Violência Doméstica:* decodificando os números. 1. ed. São Paulo: Geledés Instituto da Mulher Negra, 2017.

CAVALLINI, Marta. Em ano de pandemia, desligamentos por morte saltam 70%; motoristas de caminhão, faxineiros e vendedores lideram registros. *G1*, São Paulo, 02 out. 2021. Disponível em: <https://g1.globo.com/trabalho-e-carreira/noticia/2021/10/02/em-ano-de-pandemia-desligamentos-por-morte-saltam-70percent-motoristas-de-caminhao-faxineiros-e-vendedores-lideram-registros.ghtml. Acesso em: 16 jan. 2022.

CERQUEIRA, Daniel et al. *Atlas da Violência 2021*. São Paulo: FBSP, 2021. Disponível em: <https://www.ipea.gov.br/atlasviolencia/arquivos/artigos/1375-atlasdaviolencia2021completo.pdf>. Acesso em: 16 jan. 2022.

COMISSÃO ECONÔMICA PARA A AMÉRICA LATINA E O CARIBE. A pandemia da Covid-19 gerou um retrocesso de mais de uma década nos níveis de participação no mercado de trabalho das mulheres na região. *CEPAL.org*, Santiago, 10 fev. 2021. Disponível em: <https://www.

cepal.org/pt-br/comunicados/pandemia-covid-19-gerou-retrocesso-mais-decada-niveis-participacao-mercado-trabalho>. Acesso em: 05 jun. 2022.

COVID-19 muda regras do home office e isso pode gerar riscos às empresas. *Kaspersky*, 5 mar. 2020. Disponível em: <https://www.kaspersky.com.br/about/press-releases/2020_covid-19-muda-regras-do-home-office-e-isso-pode-gerar-riscos-s-empresas>. Acesso em: 5 jan. 2022.

DIEESE. Nota Técnica. O novo desmonte dos direitos trabalhistas: a MP n. 905/2019. *Dieese*, São Paulo, 2019. Disponível em: <https://www.dieese.org.br/notatecnica/2019/notaTec215MP905.html>. Acesso em: 5 jan. 2022.

______. *Brasil:* a inserção das mulheres no mercado de trabalho. Dieese, São Paulo, 2020. Disponível em: <https://www.dieese.org.br/outraspublicacoes/2021/graficosMulheresBrasilRegioes2021.html>. Acesso em: 16 jan. 2022.

______. *Boletim de Conjuntura n. 29*. Dieese, São Paulo, jun./jul. 2021. Disponível em: <https://www.dieese.org.br/boletimdeconjuntura/2021/boletimconjuntura29.pdf>. Acesso em: 16 jan. 2022.

______. *Pesquisa nacional da Cesta Básica de Alimentos*. Salário mínimo nominal e necessário. Disponível em: <https://www.dieese.org.br/analisecestabasica/salarioMinimo.html>. Acesso em: 06 jun. 2022.

______. *Boletim Especial 8 de março Dia da Mulher*. Dieese, São Paulo, 07 mar. 2022. Disponível em: <https://www.dieese.org.br/boletimespecial/2022/mulher.html>. Acesso em: 05 jun. 2022.

EDELMAN, Bernard. *A legalização da classe operária*. São Paulo: Boitempo, 2016.

G1. Mortes e casos de coronavírus nos estados. *G1*, São Paulo, 17 jan. 2022. Disponível em: <https://especiais.g1.globo.com/bemestar/coronavirus/estados-brasil-mortes-casos-media-movel/>. Acesso em: 17 jan. 2022.

G1. *Mapa da vacinação contra Covid-19 no Brasil*. Disponível em: <https://especiais.g1.globo.com/bemestar/vacina/2021/mapa-brasil-vacina-covid/>. Acesso em: 06 jun. 2022.

GAZETA DO POVO. *Covid-19 no mundo:* mortes por milhão de habitantes. Disponível em: <https://infograficos.gazetadopovo.com.br/saude/ranking-do-coronavirus-por-paises-mortes-por-milhao/>. Acesso em: 17 jan. 2022.

GOEKING, Weruska. *'Home office'* deve crescer 30% após crise de coronavírus, aponta FGV. *Valor Investe*, São Paulo, 14 abr. 2020. Disponível em: <https://valorinveste.globo.com/objetivo/empreenda-se/noticia/2020/04/14/home-office-deve-crescer-30percent-apos-crise-de-coronavirus-aponta-fgv.ghtml>. Acesso em: 10 jan. 2022.

GONZALEZ, Lélia. O Movimento Negro na última década. In: GONZALEZ, Lélia; HASENBALG, Carlos Alfredo. *Lugar de negro*. Rio de Janeiro: Marco Zero, 1982.

GUIMARÃES, Hellen; BUONO, Renata. O país onde ser negro ou mulher é comorbidade. *Piauí*, São Paulo, 04 out. 2020. Disponível em: <https://piaui.folha.uol.com.br/o-pais-onde-ser-negro-ou-mulher-e-uma-comorbidade/>. Acesso em: 8 dez. 2021.

HARVEY, David. *Condição pós-moderna*. Uma pesquisa sobre as origens da mudança cultural. 17. ed. São Paulo: Edições Loyola, 2008.

HARVEY, David. *O novo imperialismo*. 3. ed. São Paulo: Edições Loyola, 2009.

HIRSCH, Joachim. *Teoria materialista do Estado*. Rio de Janeiro: Revan, 2010.

IBGE. *Indicadores IBGE*. Pnad Contínua. Nov. a jan. 2021. Disponível em: <https://ftp.ibge.gov.br/Trabalho_e_Rendimento/Pesquisa_Nacional_por_Amostra_de_Domicilios_continua/Mensal/Fasciculos_Indicadores_IBGE/pnadc_202101_Publicacao.pdf>. Acesso em: 5 jan. 2022.

KLEIN, Naomi. *A Doutrina do Choque:* a ascensão do capitalismo de desastre. Rio de Janeiro: Nova Fronteira, 2008.

MARINI, Ruy Mauro. Dialética da Dependência. 10. ed. Cidade do México: Editora Era, 1990. In: TRASPADINI, Roberta; STEDILE, João Pedro (Orgs.). *Ruy Mauro Marini:* vida e obra. São Paulo: Expressão Popular, 2011.

MARX, Karl. *O capital:* crítica da economia política. Livro I – O processo de produção do capital. São Paulo: Boitempo, 2013.

MÁXIMO, Welton. Caixa encerra pagamento do auxílio emergencial por sete meses. *Agência Brasil*, 31 out. 2021. Disponível em: <https://agenciabrasil.ebc.com.br/economia/noticia/2021-10/caixa-encerra-pagamento-do-auxilio-emergencial-apos-sete-meses#:~:text=Criado%20em%20abril%20do%20ano,2%20mil%20para%20m%C3%A3es%20solteiras>. Acesso em: 02 jan. 2022.

MINISTRO do Meio Ambiente defende passar a 'boiada' e 'mudar' regras enquanto atenção da mídia está voltada para a Covid-19. *G1*, São Paulo, 22 maio 2020. https://g1.globo.com/politica/noticia/2020/05/22/ministro-do-meio-ambiente-defende-passar-a-boiada-e-mudar-regramento-e-simplificar-normas.ghtml>.

OXFAM. Lucrando com a dor. *Oxfam.org*, 23 maio 2022. Disponível em: <www.oxfam.org>. Acesso em: 05 jun. 2022.

PACHUKANIS, Evgeni. *A teoria geral do direito e o marxismo e ensaios escolhidos (1921-1929)*. São Paulo: Sundermann, 2017.

PENSSAN. *II Inquérito Nacional sobre Insegurança Alimentar no Contexto da Pandemia da Covid-19 no Brasil*. São Paulo: Fundação Friedrich Ebert; Rede PENSSAN, 2022.

PLIGHER, Pedro. PoderData: 43% não fizeram *home office* na pandemia. *Poder360*, Brasília, 25 jun. 2021. Disponível em: <https://www.poder360.com.br/brasil/poderdata-43-nao-fizeram-home-office-na-pandemia/>. Acesso em: 5 jan. 2022.

REDE NOSSA SÃO PAULO. *Mapa da Desigualdade 2021*. Disponível em: <https://www.nossasaopaulo.org.br/wp-content/uploads/2021/10/Mapa-Da-Desigualdade-2021_Mapas.pdf>. Acesso em: 3 dez. 2021.

SOARES, Gabriella. Desemprego recua para 12,1% e atinge 12,9 milhões de pessoas. *Poder 360*, 28 dez. 2021. Disponível em: <https://www.poder360.com.br/economia/desemprego-recua-para-121-e-atinge-129-milhoes-de-pessoas/>. Acesso em: 16 jan. 2022.

SOF. Sem parar: o trabalho e a vida das mulheres na pandemia. *Sof.org*, 2020. Disponível em: <https://mulheresnapandemia.sof.org.br/wp-content/uploads/2020/08/Relatorio_Pesquisa_SemParar.pdf>. Acesso em: 5 dez. 2021.

SOUTO MAIOR, Jorge Luiz. *Conjuntura política brasileira sob perspectiva trabalhista* — A hora da sensatez. Belo Horizonte: RTM, 2019.

SOUTO MAIOR, Jorge Luiz. A esquerda atônita e aturdida! *A Terra é Redonda*, São Paulo, 19 set. 2021. Disponível em: <https://aterraeredonda.com.br/a-esquerda-atonita-e-aturdida/?utm_term=-2021-09-19&doing_wp_cron=1642486540.0340259075164794921875>. Acesso em: 17 jan. 2022.

SOUTO MAIOR, Jorge Luiz; NATALE, Ticiane Lorena. E querem mais. *Carta Capital*, São Paulo, 8 dez. 2021. Disponível em: <https://www.cartacapital.com.br/economia/e-querem-mais/>. Acesso em: 02 jan. 2022.

TAYLOR, Ian R. *Crime in context:* a critical criminology of market societies. Cambridge: Polity, 2013.

VIECELI, Leonardo. Taxa de desemprego é a menor desde 2016, mas renda cai 8,8% em um ano. *Folha de S. Paulo*, São Paulo, 31 mar. 2022. Disponível em: <https://www1.folha.uol.com.br/mercado/2022/03/taxa-de-desemprego-e-a-menor-desde-2016-mas-renda-cai-88-em-um-ano.shtml>. Acesso em: 05 jun. 2022.

Uma Análise das Greves sob o Governo de Jair Bolsonaro: Entre a Necessidade da Resistência e a Consciência da Derrota

Glória Trogo[1]

1. Introdução

O presente artigo busca analisar as greves e mobilizações sociais no período compreendido entre 2018 e 2020 no Brasil. Para tal utilizaremos como fontes o Balanço Anual das Greves publicado pelo Dieese, a grande mídia e a imprensa dos sindicatos e centrais sindicais.

Nosso objeto de estudo está em movimento e, como juristas e defensores da democracia e dos direitos sociais, somos parte da resistência nos tempos sombrios que o Brasil ainda atravessa. Como pesquisadores do direito do trabalho, sabemos que as lutas sociais são o grande laboratório da história, e que nelas se formam as vitórias e as derrotas da classe trabalhadora. Novas leis mais progressistas e garantistas são forjadas, ou se consolidam retiradas e ataques aos direitos.[2]

Nas greves sanitárias de 2020 e 2021[3], a classe trabalhadora defendeu não apenas a vida do trabalhador grevista, mas sobretudo a saúde pública e o bem estar de toda a sociedade. É sob este olhar, profundamente coletivo e solidário, que mobilizações como o breque dos *Apps*[4], a greve dos correios[5], dos rodoviários e metroviários, dos garis, os protestos dos profissionais da saúde, e um longo etc. compuseram uma luta da qual todos nós nos beneficiamos, direta ou indiretamente.

---

(1) Especialista em Direito Público pela PUC-Minas. Mestranda na USP em Direito do Trabalho e advogada trabalhista.

(2) SEFERIAN, Gustavo (2021). Direito do Trabalho Vivo. *Revista Teoria Jurídica Contemporânea*, vol. 6, UFRJ, Rio de Janeiro. Disponível em: <https://revistas.ufrj.br/index.php/rjur/article/view/e41926/24119>. Acesso em: 10 jan. 2022.

(3) DIEESE – Departamento Intersindical de Estatísticas e Estudos Socioeconômicos (2021). *Estudos e Pesquisas n. 99*. Balanço das Greves em 2020. Disponível em: <https://www.dieese.org.br/balancodasgreves/2021/estPesq99greves2021.html>. Acxesso em: 10 jan. 2022.

(4) LE MONDE DIPLOMATIQUE BRASIL (2020). DELGADO, Gabriela. CARVALHO, Bruna. 2020. *Breque dos Apps:* direito de resistência na era digital. 27 jul. 2020. Disponível em: <https://diplomatique.org.br/breque-apps-direito-de-resistencia-na-era-digital/>. Acesso em: 10 jan. 2022.

(5) SP BANCÁRIOS (2020). *O que a greve dos Correios nos evidenciou.* Disponível em: <https://spbancarios.com.br/10/2020/o-que-greve-dos-correios-nos-evidenciou-0>. Acesso em: 10 jan. 2022.

Nosso tempo está marcado por contrarreformas. A dinâmica das greves é parte disso e a consciência da derrota é importante para que os próximos passos sejam traçados. Este estudo mostra em números e dados uma das dimensões do refluxo que vivemos. Ao mesmo tempo, é nosso objetivo dar visibilidade aos importantes movimentos de resistência que ocorreram nos últimos anos, especialmente porque tiveram lugar em situações muito adversas. Não se pretende aqui fazer uma análise da economia, e das condições da luta política e social no Brasil, mas, complementando outros artigos deste livro restringir-se a uma a uma análise das referidas greves.

2. Uma drástica diminuição do número de greves, tanto na esfera pública quanto na esfera privada

No ano de 2018 foram registradas 1.453 greves no Brasil, número que confirma uma forte tendência de queda registrada desde 2016[(6)], o que se acentua fortemente no recorte dos três anos (2018 a 2020) que este artigo busca analisar, quando se chega a 649 greves em 2020 (Dieese, 2021).

Número total de greves na esfera pública e privada

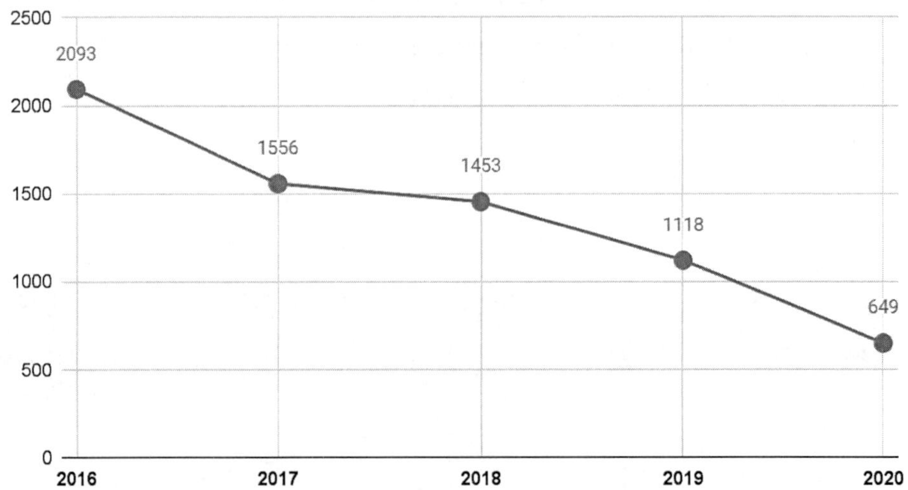

No gráfico acima retomamos os números desde 2016 para que se possa ter uma noção de perspectiva. O ano de 2016 representou um recorde histórico, maior inclusive do que a década de 80, com 2093 greves, sendo precedido de um aumento gradual no número de mobilizações paredistas desde 2004, tendo-se observado também um salto qualitativo entre 2011 e 2016. A exposição dos dados a partir de 2016 justifica-se por ser este um ano-chave, marcando uma mudança radical de sentido.

(6) DIEESE – Departamento Intersindical de Estatísticas e Estudos Socioeconômicos. (2019). *Estudos e Pesquisas n. 89*. Balanço das Greves em 2018. Disponível em: <https://www.dieese.org.br/balancodasgreves/2018/estPesq89balancoGreves2018.html>. Acesso em: 10 jan. 2022.

No *Balanço de Greves de 2018*, publicado em *Estudos e Pesquisas n. 89*, o Dieese (2019, p. 31) publicou o gráfico da série histórica desde 1983:

GRÁFICO 1
Número de Greves
Brasil, 1983 a 2018

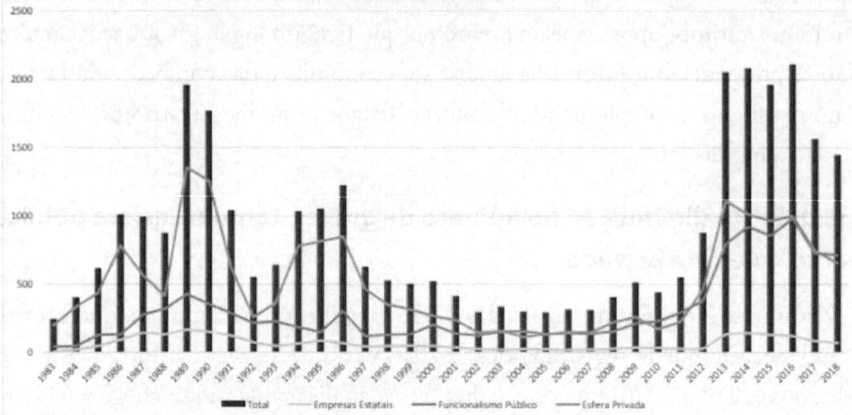

Fonte: DIEESE. SAG-DIEESE – Sistema de Acompanhamento de Greves

Ainda com o foco no período compreendido entre 2018 e 2020, a perspectiva histórica apresenta-se como um dos recursos para melhor explicitar nosso objeto de estudo.

O número de horas paradas também confirma a mesma tendência:

Número total horas paradas nas greves

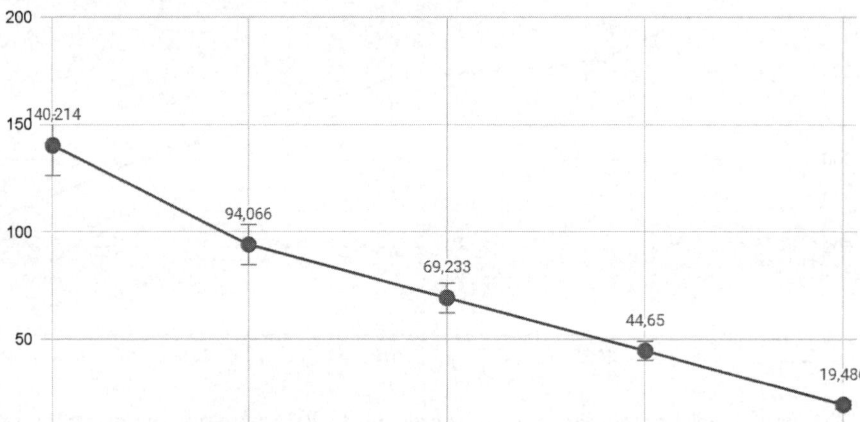

Isso nos permite concluir que o período é marcado por uma **forte diminuição do nível de mobilização da classe trabalhadora em seu local de trabalho**, evidenciada pela queda significativa do número de greves e de horas paradas.

3. Um aumento substancial das greves defensivas

O estudo das motivações das greves também é um dos indicadores importantes para a análise de determinado período. O Dieese divide essas motivações em quatro categorias:

defensivas, propositivas, de protesto e de solidariedade. Para cada tipo de greve, o conjunto de reivindicações é analisado e classificado, de acordo com essas categorias. Assim, são consideradas defensivas as greves que *se caracterizam pela defesa de condições de trabalho vigentes, pelo respeito a condições mínimas de trabalho, saúde e segurança ou contra o descumprimento de direitos estabelecidos em acordo, convenção coletiva ou legislação.* Já as greves propositivas *são as que propõem novas conquistas ou ampliação das já asseguradas.* As que *ultrapassam o âmbito das relações de trabalho* são classificadas como greves de protesto. Importante levar em consideração que uma mesma greve pode enquadrar-se em diversas e distintas classificações.(7)

Uma das características marcantes do período analisado é um aumento significativo da presença de reivindicações defensivas na pauta das greves.

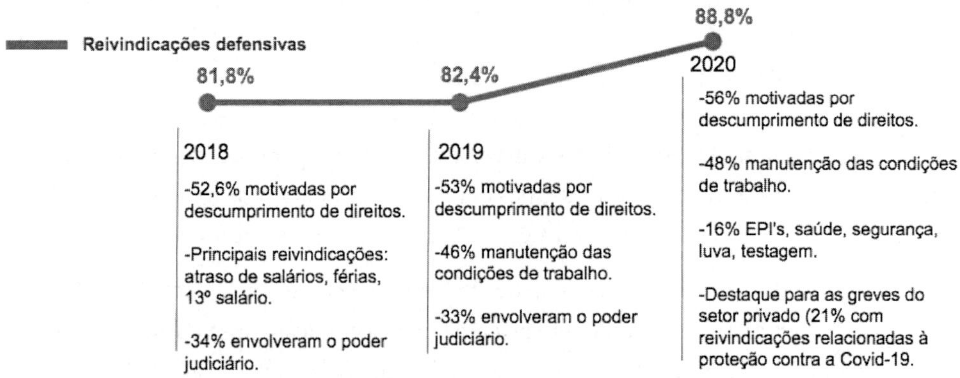

Em 2018(8), 81,8% das greves incluíram pautas defensivas entre as suas reivindicações; entre elas, 52,6% eram relacionadas ao descumprimento de direitos, e 43,4% referiam-se à manutenção das condições vigentes. As pautas propositivas aparecem em 39,4% das greves(9). Em 2019 e 2020, estes números oscilam, confirmando a tendência de ampliação das pautas defensivas, que representaram 82,4% e 88,8%, nos anos de 2019 e 2020, respectivamente (Dieese, 2020, pág. 5; 2021, pág. 6). Greves pelo mínimo, como a dos Petroleiros, cujo ponto central era tentar negociar com o Governo, ou como a dos trabalhadores dos Correios, os quais almejavam manter o seu acordo coletivo, foram a regra e não a exceção.

Coerentes com esta dinâmica, as reivindicações propositivas decresceram continuamente, representando 39,4% em 2018; 36,4% das greves em 2019 e 21,9%, em 2020(10). Portanto, fica

(7) DIEESE – Departamento Intersindical de Estatísticas e Estudos Socioeconômicos. (2019). *Estudos e Pesquisas n. 89.* Balanço das Greves em 2018. Disponível em: <https://www.dieese.org.br/balancodasgreves/2018/estPesq89balancoGreves2018.html>. Acesso em: 10 jan. 2022, p. 5.

(8) DIEESE – Departamento Intersindical de Estatísticas e Estudos Socioeconômicos. (2018). *Estudos e Pesquisas n. 87.* Balanço das Greves em 2017. Disponível em: <https://www.dieese.org.br/balancodasgreves/2017/estPesq87balancoGreves2017.pdf>. Acesso em: 10 jan. 2022.

(9) DIEESE – Departamento Intersindical de Estatísticas e Estudos Socioeconômicos. (2019). *Estudos e Pesquisas n. 89.* Balanço das Greves em 2018. Disponível em: <https://www.dieese.org.br/balancodasgreves/2018/estPesq89balancoGreves2018.html>. Acesso em: 10 jan. 2022, p. 5.

(10) DIEESE – Departamento Intersindical de Estatísticas e Estudos Socioeconômicos. (2019). *Estudos e Pesquisas n. 89.* Balanço das Greves em 2018. Disponível em: <https://www.dieese.org.br/balancodasgreves/2018/estPesq89balancoGreves2018.html>. Acesso em: 10 jan. 2022, p. 5; Dieese, 2020, p. 5; Dieese, 2021, p. 6.

evidente a ofensiva da classe burguesa contra a classe trabalhadora, eliminando a possibilidade de conquistas sociais, a expectativa de uma vida melhor do que a experimentada anteriormente, cláusulas que sequer se incluem na pauta dos grevistas. Mas qual era o padrão anterior? Estamos falando de mudança de que grau?

> Para comparação, a presença de reivindicações de caráter ofensivo nos dez anos compreendidos pelos dados do Dieese (2004-2013) era de 68,2%. Na proporção inversa, houve um predomínio da presença de reivindicações de caráter defensivo nas greves ocorridas durante o período de governo de fhc (1995-2002): 71% das greves daquele período reclamavam a manutenção de condições contratuais já existentes e/ou denunciavam o não respeito às leis e aos acordos estabelecidos (Dieese, 2006, p. 19).[11][12]

As reivindicações propositivas caíram muito se comparadas ao período de 2004 e 2013, e, ainda mais grave, as reivindicações defensivas ampliaram-se após a década de 1990. Isso nos dá a dimensão do grau de retrocesso do momento presente.

As reivindicações de protesto aparecem em 14,7% das greves em 2018, 19,8% em 2019 e 12,2% em 2020[13]. A explicação principal para a elevação desse número em 2019 certamente tem relação com a reforma previdenciária, aprovada com a Emenda Constitucional n. 103, em novembro de 2019. Das 1.118 greves ocorridas em 2019 e analisadas pelo Dieese, 20, 2% tinham em sua pauta de reivindicações a luta contra a reforma da previdência.[14]

No comparativo histórico é possível perceber que o aumento das reivindicações defensivas se deu a partir de 2012, quando vicejaram as reivindicações complexas e as pautas múltiplas. A partir daí se afirmou e aprofundou a tendência a uma pauta simples, reduzida e quase somente defensiva. Entretanto, há dois períodos nitidamente diferentes, entre 2012 e 2016[15], em que o número de greves, de dias parados e de grevistas era crescente. Alguns

---

(11) DIEESE – Departamento Intersindical de Estatísticas e Estudos Socioeconômicos. (2017). *Estudos e Pesquisas n. 84*. Balanço das Greves em 2016. Disponível em: <https://www.dieese.org.br/balancodasgreves/2016/estPesq84balancogreves2016.html>. Acesso em: 10 jan. 2022.

(12) MARCELINO, Paula (2017). Sindicalismo e neodesenvolvimentismo. Analisando as greves entre 2003 e 2013 no Brasil. *Revista Tempo Social*, revista de sociologia da USP, v. 29, n. 3. Disponível em: <https://www.revistas.usp.br/ts/article/view/125952/136340>. Acesso em: 10 jan. 2022.

(13) DIEESE – Departamento Intersindical de Estatísticas e Estudos Socioeconômicos. (2019). *Estudos e Pesquisas n. 89*. Balanço das Greves em 2018. Disponível em: <https://www.dieese.org.br/balancodasgreves/2018/estPesq89balancoGreves2018.html>. Acesso em: 10 jan. 2022.

(14) ROSSI, Marina; ALESSI, Gil; BETIM, Felipe. Greve tem adesão parcial e segue toada crítica contra a Previdência e o Governo Bolsonaro. *El Pais*, 14 jun. 2019. Disponível em: <https://brasil.elpais.com/brasil/2019/06/14/politica/1560535520_728346.html>. Acesso em: 10 jan. 2022.

(15) DIEESE – Departamento Intersindical de Estatísticas e Estudos Socioeconômicos. (2017). *Estudos e Pesquisas n. 84*. Balanço das Greves em 2016. Disponível em: <https://www.dieese.org.br/balancodasgreves/2016/estPesq84balancogreves2016.html>. Acesso em: 10 jan. 2022.

analistas apontam que o crescimento de reivindicações defensivas entre 2012 e 2015[16] ainda tinha relação com o aumento expressivo no número de greves ocorrido neste período, categorias que historicamente têm nível de organização mais baixo se mobilizaram, setores que antes suportavam perdas mais intensas as contestaram por meio das greves, apontando para as reivindicações defensivas num momento favorável aos trabalhadores.[17]

A partir de 2016 a ampliação das reivindicações defensivas ocorre progressivamente, na medida em que diminui o número total de greves, indicando com nitidez o período de refluxo das lutas sindicais. Esta conjuntura adversa para a classe trabalhadora, marcada por derrotas, retiradas de direitos e ofensiva ideológica da burguesia, pode ser confirmada por vários outros elementos, compondo um cenário mais global de ofensiva do capital sobre o trabalho.

A ocorrência de greves defensivas é uma característica que também se repetiu na década de 1990, período de queda do número geral de greves, sendo que a média anual do período foi de 900 greves (Dieese, 2006). A relação entre as greves defensivas e períodos adversos para a classe trabalhadora nos parece evidente.

A queda da atividade grevista no Brasil na década de 1990 foi grande quando comparada com a década de 1980. (...) Porém, essas greves possuíam características bastante específicas, próprias de uma conjuntura adversa para os trabalhadores: eram greves defensivas, ou seja, greves cujos objetivos prioritários eram lutar contra o descumprimento de acordos ou leis, contra atrasos de salários e pela manutenção de direitos já conquistados.[18]

Essas características se repetiram em 2018 e 2019, porém o número total de greves em 2020 foi ainda menor do que a média da década de 1990. Assim, os números, ao menos no que diz respeito ao nível de mobilização da classe trabalhadora, nosso objeto de estudo, parecem indicar uma fase pior do que a vivida no auge do neoliberalismo no Brasil. A hipótese do ultraneoliberalismo, conceito que tem sido usado por alguns autores para se referir ao Brasil de Bolsonaro nos parece adequada:

> Convertido em ultraneoliberalismo, o capitalismo neoliberal, em sua sanha de tudo retirar, já não tem nada a oferecer em troca. Agora, a "contrapartida" oferecida ao pauperismo é mais pauperismo. Agora, a "contrapartida" oferecida aos grupos historicamente excluídos e desfavorecidos é mais exclusão e mais

---

(16) DIEESE (Departamento Intersindical de Estatísticas e Estudos Socioeconômicos). (2015). *Estudos e Pesquisas n. 79:* Balanço das greves em 2013. Disponível em: <https://www.dieese.org.br/balancodasgreves/2013/estPesq79balancogreves2013.pdf>. Acesso em: 10 jan. 2022.

(17) LINHARES, Rodrigo (2015). As Greves de 2011 a 2013. Pag 97-112. *Revista Ciências do Trabalho*, n. 5, São Paulo. Disponível em: <https://rct.dieese.org.br/index.php/rct/article/view/97/pdf>. Acesso em: 10 jan. 2022.

(18) MARCELINO, Paula (2017). Sindicalismo e neodesenvolvimentismo. Analisando as greves entre 2003 e 2013 no Brasil. *Revista Tempo Social*, revista de sociologia da USP, v. 29, n. 3. Disponível em: <https://www.revistas.usp.br/ts/article/view/125952/136340>. Acesso em: 10 jan. 2022.

desfavorecimento. Agora, a "contrapartida" oferecida ao fim prático dos direitos humanos são mais humanos negros e pobres mortos.[19]

Entretanto, se é verdade que a tendência à diminuição do número de greves já existia desde 2016, não se pode negar que 2020 foi um ano totalmente atípico. A pandemia trouxe uma realidade totalmente nova, e as consequências das escolhas desastrosas do Presidente da República e do Ministro da Saúde infelizmente ainda se farão sentir, negativamente, por muitos anos.

4. A inversão de uma dinâmica: greves no setor privado superam as greves do setor público

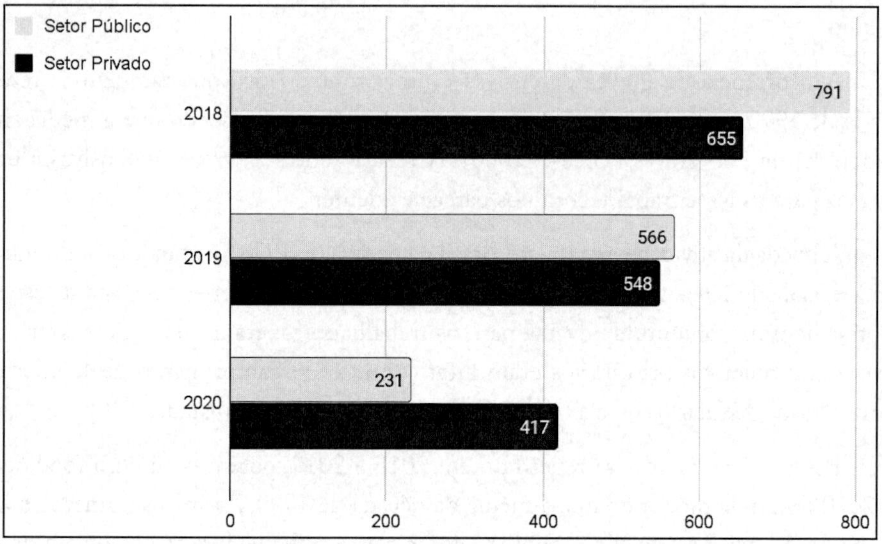

No período escolhido para análise neste artigo, os trabalhadores da esfera privada foram ganhando mais preponderância quanto ao número total de greves a cada ano, até que em 2020 as greves do setor privado foram maiores (414) em número do que as do setor público (231). O número de horas paradas também revelou a mesma dinâmica: 56% das horas paradas nas greves de 2020 corresponderam a paralisações na esfera privada, e 44% corresponderam a paralisações na esfera pública.

A principal explicação para a mudança ocorrida em 2020 certamente tem relação direta com a pandemia da Covid-19. Como aponta o próprio relatório do Dieese: *o efeito maior do início dos alertas contra a contaminação pelo vírus, em março, sem dúvida foi no sentido de interromper greves importantes em andamento, em especial na Educação.* (Dieese, 2021, pág. 27). No entanto, como a tendência de queda das greves do serviço público monstrou-se muito mais expressiva em comparação com o setor privado nos dois anos anteriores à pandemia, o tema exige explicações mais profundas.

---

(19) DEMIER, Felipe. *Crônicas de Dias Desleais:* Ultraneoliberalismo, Neofascismo e Pandemia no Brasil. Rio de Janeiro: Mauad Editora, 2020. p. 38-39. Edição do Kindle.

Sistematizamos os dados dos relatórios do Dieese para que se possam visualizar em uma única tabela os números relacionados aos funcionários públicos e aos trabalhadores das empresas estatais:

Ano	Número de Greves	Funcionalismo Público				Estatais	Número total de greves no setor público
		Federal	Estadual	Municipal	Multinível		
2018	1453	20	166	532	—	73	791
2019	1118	10	181	328	4	43	566
2020	649	5	68	118	1	39	231

É possível constatar que houve uma queda significativa no número de greves do serviço público em todos os segmentos. Dentre as causas que explicam esta redução, excetuando a pandemia e, portanto, analisando somente 2018 e 2019, podemos citar: a mudança de governo em novembro de 2018, com a vitória do candidato de extrema direita que atacou os servidores públicos em diversos discursos; o fato da figura do patrão e do presidente se confundirem no caso dos funcionários públicos federais e dos empregados públicos; a regulamentação das greves do funcionalismo público em 2016 por decisão do STF, com ameaça de processo por prevaricação dos chefes que não efetuassem o corte de ponto; as derrotas com a aprovação da Emenda Constitucional 95 em 2017; a mudança na direção das estatais, com uma forte reestruturação interna, entre outros fatores mais gerais que certamente contribuíram para o decrescimento das greves do funcionalismo público e das estatais. Não pretendemos aqui esgotar esta questão, o que envolveria um estudo mais profundo, mas apenas elencar hipóteses de trabalho.

Em 2020, a explicação está evidentemente relacionada com a pandemia, sendo possível listar ao longo deste ano alguns fatores que contribuíram para a não ocorrência de movimentos paredistas: o fechamento das escolas durante a maior parte do ano de 2020; o trabalho remoto, modalidade mais frequente entre os funcionários públicos que na esfera privada; as dificuldades de organização sindical provocadas pela crise sanitária; o luto pela perda de entes queridos; o medo da contaminação, entre outros. No próximo tópico deste artigo, desenvolvemos a análise dos movimentos grevistas que ocorreram durante a crise sanitária.

Após analisarmos mais detidamente os dados oriundos do setor público, no sentido de buscar entender a queda acentuada do número de greves, buscaremos levantar as causas da queda menos acentuada das greves na esfera privada, justamente entre trabalhadores sem estabilidade no emprego e mais suscetíveis às oscilações da economia e à repressão patronal.

Ano	Número de Greves	Setor Privado				Número total de greves no setor privado
		Comércio	Indústria	Serviços	Outros	
2018	1453	6	155	490	4	655
2019	1118	3	118	427	0	548
2020	649	1	89	326	1	417

O fato de a maioria dos trabalhadores do setor privado não ter se afastado do trabalho presencial em nenhum momento na pandemia é um dado importante na busca de explicações para a queda menos acentuada no número de greves no setor privado. Outro fator relevante é que uma combinação deste dado com os números analisados no tópico anterior sobre as motivações das greves nos leva à conclusão de que a maioria dessas mobilizações tiveram relação direta com situações-limite, envolvendo pagamento de salários em atraso, descumprimento explícito de direitos, redução salarial etc.

A duração dessas greves também corrobora com esta hipótese de greve em situação-limite, dado trazido no parágrafo anterior. Em 2018, 2019 e 2020 repetiu-se e se acentuou um padrão ligado à duração das greves no setor privado: 60% encerraram-se no mesmo dia em que foram deflagradas e menos de 10% se alongaram por mais de 10 dias. Não por acaso, a reivindicação que aparece com mais destaque, abrangendo cerca de 60% das greves nos três anos, é o atraso de salário, de férias, do 13º ou do vale salarial.

Principais reivindicações das greves na esfera privada no Brasil

2018 – Atraso de salário, de férias, do 13º salário ou do vale salarial – 58%

2019 – Atraso de salário, de férias, do 13º salário ou do vale salarial – 63%

2020 – Atraso de salário, de férias, do 13º salário ou do vale salarial – 57,8

Os dados mostram nitidamente que os direitos básicos no Brasil seguem sendo abertamente descumpridos, o que leva os trabalhadores a recorrerem à greve para garanti-los. O tempo parece dar razão aos críticos da reforma trabalhista que afirmavam trazer a Lei n. 13.467/17 mais precarização, informalidade e descumprimento de direitos.

5. Pandemia: a greve dos trabalhadores dos serviços essenciais e a greve sanitária

O primeiro caso de coronavírus no Brasil foi confirmado em fevereiro de 2020, e já no dia 20 de março daquele ano o Decreto Legislativo n. 6 reconheceu o Estado de Calamidade Pública. Apesar de muitos instrumentos legislativos referirem-se ao isolamento social, este só se tornou uma realidade para uma minoria da população. Uma pesquisa feita em junho de 2021 revelou que 43% dos trabalhadores não puderam trabalhar em casa em nenhum momento,[20] 18% ainda trabalham em casa e 17% trabalham em formato híbrido, (Poder 360, 2021) percentuais indicativos de que a exposição da força de trabalho brasileira ao vírus foi bastante expressiva.

As alterações legislativas também favoreceram acordos de redução de salário e suspensão de contrato de trabalho. Entre abril e dezembro de 2020, 9,8 milhões de trabalhadores foram envolvidos em acordos de redução do salário ou suspensão do contrato.[21]

---

(20) PODER 360 (2021). PLIGHER, Pedro. *PoderData:* 43% não fizeram *home office* na pandemia. 25 jun. 2021. Disponível em: <https://www.poder360.com.br/brasil/poderdata-43-nao-fizeram-home-office-na-pandemia/>. Acesso em: 10 jan. 2022.

(21) Veja como fica o salário com nova redução de jornada do trabalhador. *Folha de S. Paulo*, 02 maio 2021. Disponível em: <https://agora.folha.uol.com.br/grana/2021/05/veja-como-fica-o-salario-com-nova-reducao-de-jornada-do-trabalhador.shtml, >. Acesso em: 10 jan. 2022.

Evidentemente a pandemia significou uma forte retração no número de greves, afetando diretamente a capacidade de mobilização da classe trabalhadora. Entretanto, reconhecido este fato, queremos dar notoriedade aos movimentos paredistas que ocorreram em 2020, fazendo parte essencial da luta pela vida da classe trabalhadora. Entre os meses de março e agosto de 2020 as reivindicações de saúde e segurança cresceram de modo expressivo na pauta das greves, enquanto neste mesmo período as reivindicações de reajuste salarial caíram, revelando a gravidade do momento (DIESSE, 2021). *"Entro em greve para não morrer mais ninguém"* foi a frase de uma trabalhadora da limpeza urbana de São Paulo (ARAÚJO, Matheus. 2021), indicando uma das marcas dessas lutas de resistência. O bem a ser protegido não é individual ou corporativo da categoria, o objeto do direito é a saúde de todos, a greve sanitária é uma luta para que ninguém morra.

Houve inúmeras greves sanitárias, mobilizações cujo eixo central era a luta pela preservação da vida. Vamos abordá-las em três blocos: as greves sanitárias na esfera privada, do funcionalismo público e dos trabalhadores das estatais.

Na esfera privada, o setor de serviços foi responsável por 50,2% das greves em 2020. O grande destaque foram os trabalhadores do transporte coletivo urbano (rodoviários), que deflagraram 196 greves no primeiro ano da pandemia no Brasil. O atraso de salários esteve entre as principais reivindicações. Mas as condições de segurança, EPIs, testagem etc também tiveram muito destaque. No transporte e na limpeza urbana foi frequente a greve pela vacina, na busca da alocação desses trabalhadores com prioridade na fila da vacinação.(22)

O Breque dos *Apps* — movimento grevista de abrangência nacional que ocorreu em 2020 — foi expressão da organização e resistência desses trabalhadores que exercem sua função sob condições extremamente precárias. Se é verdade que o motoboy sempre existiu, a mudança qualitativa agora é a intensidade, a precarização e a informalidade da categoria, que trabalha para grandes multinacionais sem nenhum direito regulamentado.

No funcionalismo público, as greves sanitárias da educação foram parte fundamental na preservação da vida dos professores, crianças e adolescentes. A maioria delas ocorreu em 2021, no debate sobre o retorno às aulas presenciais.

Nas estatais, o tema mais frequente na pauta de mobilizações em 2020 foi a necessidade de implementação de medidas sanitárias de proteção contra o coronavírus. Em 56% das greves, este item constou das reivindicações. Os trabalhadores dos Correios se destacaram neste segmento, deflagrando 20 greves em 2020, 17 delas exigindo medidas sanitárias para a proteção contra o contágio por Covid-19. Mesmo sendo parte do serviço essencial, esta categoria foi fortemente atacada em 2020: mais de 70 cláusulas deste acordo coletivo deixaram de valer ou foram reduzidas, culminando com 36 dias de greve no mês de agosto de 2020, quando os trabalhadores dos Correios experimentaram uma forte derrota econômica por decisão judicial.

---

(22) ARAUJO, Mateus. Entro em greve para não morrer mais ninguém, diz gari sobre paralisação. *UOL*, 13 jun. 2021. Disponível em: <https://tab.uol.com.br/noticias/redacao/2021/06/13/vacina-dos-garis-entro-em-greve-para-nao-morrer-mais-ninguem.htm>. Acesso em: 10 jan. 2022.

O ponto comum é que todos esses trabalhadores são responsáveis por serviços que nunca pararam, mas conseguiram organizar movimentos para ter acesso à EPI´s básicos como máscaras, luvas, álcool gel etc. Ainda que nem todas essas mobilizações se autointitulem greves sanitárias, acreditamos ser este o caráter presente e seria pertinente sua classificação como tal. O direito à greve sanitária articula diversas esferas, tanto individual, quanto coletiva, porque é uma greve pela vida, que envolve não apenas a proteção do bem material.

6. Breve resumo de algumas das principais greves e protestos

Neste tópico apresentaremos sob a forma de relatório as principais greves e mobilizações do período, buscando sistematizar suas características, seus objetivos e resultados. Como algumas opções metodológicas exigem explicação, incluímos os protestos na listagem e não apenas as greves, isso porque eles são parte da realidade política e historicamente influenciam e são influenciados pelas greves. Neste período, apesar da redução expressiva do número de greves, houve a presença praticamente constante de mobilizações de rua, cuja base social foi essencialmente uma parcela da classe trabalhadora.

Outra característica do Brasil neste período é que desde 2015, no mínimo, as mobilizações não são monopólio da classe trabalhadora ou da esquerda. Ocorreram inúmeras e massivas mobilizações de direita, não incluídas neste relatório por não consideramos que sejam protestos da classe trabalhadora, embora com reflexos sobre ela. São ações políticas de uma extrema direita, cujo programa é a destruição dos direitos civis, sociais e laborais dos trabalhadores.

6.1. 2018 — Greve dos caminhoneiros

Esta mobilização durou de 21 a 30 de maio. Seu caráter é polêmico e objeto de distintas interpretações, tanto do ponto de vista jurídico, como social. O preço dos combustíveis vinha subindo significativamente desde 2015, de modo que a motivação direta do protesto era legítima. Do ponto de vista social, os caminhoneiros são na sua maioria trabalhadores autônomos, ganham por frete, sem regulamentação mínima de salário, jornada e direitos. No dia 27 de maio de 2018 foi celebrado um acordo entre o Governo Temer e algumas das principais associações que lideraram a greve. Várias das principais reivindicações foram atendidas, sendo a principal delas a redução de 46 centavos no preço por litro do diesel. O processo começa então a refluir, mas algumas entidades não reconhecem o argumento e seguem o movimento radicalizando seu aspecto mais político e ideológico, reivindicando abertamente intervenção militar. Este movimento, especialmente uma segunda fase, foi caracterizado por muitos autores como um lockdown já que houve participação patronal no processo. A crise se estende por mais alguns dias, as forças armadas cumprem um papel central no restabelecimento da distribuição de insumos, destacadamente a gasolina. Apesar das ameaças do Governo, não ocorrem grandes conflitos violentos entre os aparelhos de repressão (forças armadas e polícias militares) e os grevistas.

Greves dos metroviários de São Paulo

Os metroviários de São Paulo fizeram greves nos três anos que estamos analisando. Em 2018 a categoria parou no dia 18 de janeiro com pautas de protesto: contra a privatização da linha 5 lilás e do monotrilho (linha 17-ouro). A greve foi apreciada pela Justiça do Trabalho que determinou que o metrô deveria funcionar com 80% da frota nos horários de pico sob pena de multa de 100 mil reais.[(23)] A licitação foi suspensa no mesmo dia da greve por decisão liminar que apontava irregularidades no processo licitatório.[(24)] Em maio de 2019 também houve mobilização da categoria, porém a greve foi suspensa após negociação no tribunal. Em 2020 houve greve de algumas horas no dia 28 de julho, contra cortes de salário e direitos na pandemia. (*Folha de S. Paulo*, 2020).[(25)] A dinâmica de organização e mobilização da categoria seguiu em 2021.

Greves de trabalhadores da educação

Os trabalhadores da educação foram os protagonistas das greves dos servidores públicos municipais, sendo responsáveis por 274 do total de 532 greves deflagradas neste segmento no ano de 2018. As pautas também foram defensivas, 79% delas incluindo itens de defesa dos direitos e manutenção das condições vigentes[(26)].

Os professores também foram destaque na luta dos servidores estaduais. Uma das pautas centrais foi a defesa da implementação do Piso Nacional do Magistério (Lei n. 11.738, de 16/7/2008).

Ele não!

Ficou conhecido como "Ele não" dois grandes dias de protesto contra Jair Bolsonaro, ocorridos em meio ao processo eleitoral de 2018. Os atos aconteceram no dia 29 de setembro e 20 de outubro. Por sua abrangência e pelo número de participantes, esta foi a principal onda de protestos contra Jair Bolsonaro até o momento. Os atos ocorreram em 26 estados e no Distrito Federal, sendo computadas mobilizações em pelo menos 115 cidades.[(27)]

---

(23) Com greve, linhas de metrô em SP têm operação parcial; rodízio é suspenso. *Folha de S. Paulo*, 18 jan. 2018. Disponível em: <Disponível em: <https://www1.folha.uol.com.br/cotidiano/2018/01/1951373-com-greve-sao-paulo-amanhece-com-estacoes-de-metro-fechadas.shtml?origin=folha >. Acesso em: 10 jan. 2022.

(24) Justiça suspende licitação de linhas do Metrô; funcionários seguem em greve. *Folha de S. Paulo*, 18 jan. 2018. Disponível em: <https://www1.folha.uol.com.br/cotidiano/2018/01/1951444-justica-suspende-licitacao-de-linhas-do-metro-funcionarios-seguem-em-greve.shtml>. Acesso em: 10 jan. 2022.

(25) Metroviários de São Paulo decidem suspender a greve, mas Metrô amanhece com estações fechadas. *Folha de S. Paulo*, 27 jul. 2020. Disponível em: <https://www1.folha.uol.com.br/cotidiano/2020/07/metroviarios-de-sao-paulo-decidem-suspender-a-greve-desta-terca-feira.shtml>. Acesso em: 10 jan. 2022.

(26) DIEESE – Departamento Intersindical de Estatísticas e Estudos Socioeconômicos. (2019). *Estudos e Pesquisas n. 89*. Balanço das Greves em 2018. Disponível em: <https://www.dieese.org.br/balancodasgreves/2018/estPesq89balancoGreves2018.html>. Acesso em: 10 jan. 2022, p 14.

(27) #EleNão: A manifestação histórica liderada por mulheres no Brasil vista por quatro ângulos. *BBC*, 30 set. 2018. Disponível em: <https://www.bbc.com/portuguese/brasil-45700013>. Acesso em: 10 jan. 2022.

6.2. 2019 — Tsunami da Educação

Foram várias as mobilizações nacionais lideradas por uma frente unitária entre sindicatos de professores, CNTE, União Nacional dos Estudantes, Andes — SN, as Frentes Povo sem Medo, Brasil Popular, entre outros movimentos. Os protestos ocorreram em 24 de abril, 15 de maio, 13 de agosto e 02 de outubro.(28)

Greve dos Garis do Rio de Janeiro

Uma greve dos garis foi deflagrada em 22 de abril de 2019, constando do centro da pauta de reivindicações o reajuste de salários e do vale alimentação. Seu desfecho ocorreu em uma conciliação no TRT 1. O movimento grevista foi duramente reprimido, as principais lideranças foram demitidas. Em 2020 e 2021, os garis do Rio de Janeiro denunciaram a falta de condições sanitárias básicas como água e sabão.(29)(30)

Greve Geral contra a reforma da previdência

Em 14 de junho de 2019, uma greve geral, com adesão parcial, envolveu muitos atos de rua e paralisações por todo o país. O movimento ocorreu em pelo menos 300 cidades e foi convocado por todas as centrais sindicais. (EL PAÍS, 2019)

6.3. 2020(31)(32) — Mobilizações de profissionais da saúde

No dia primeiro de maio de 2020, no início da crise sanitária no Brasil, o Sindicato dos Enfermeiros de Brasília convocou um protesto simbólico na Praça dos Três Poderes denunciando a política do Governo Bolsonaro diante da pandemia e as precárias condições de trabalho dos profissionais da saúde.(33)

Greve dos Petroleiros

Uma greve dos Petroleiros foi deflagrada em 1º de fevereiro de 2020 e durou cerca de 20 dias. O movimento exigia que a gestão da Petrobrás cumprisse o Acordo Coletivo de

---

(28) Tsunami da Educação: Protestos acontecem em todos os estados e no DF. *Andes*, 21 de maio de 2019. Disponível em: <https://www.andes.org.br/conteudos/noticia/tsunami-da-educacao-protestos-acontecem-em-todos-os-estados-e-no-dF1>. Acesso em: 10 jan. 2022.

(29) Garis encerram greve no Rio de Janeiro. *Agência Braasil*, 29 abr. 2019. Disponível em: <https://agenciabrasil.ebc.com.br/geral/noticia/2019-04/garis-encerram-greve-no-rio-de-janeiro>. Acesso em: 10 jan. 2022.

(30) RESENHA TRABALHISTA (2020). Programa XIX: Coletores de lixo, limpando a sujeira jurídica. *Youtube*, Disponível em: <https://www.youtube.com/watch?v=RCZsHhMaCeg>. Acesso em: 10 jan. 2022.

(31) DIEESE – Departamento Intersindical de Estatísticas e Estudos Socioeconômicos. (2020). *Estudos e Pesquisas n. 93*. Balanço das Greves em 2019. Disponível em: <https://www.dieese.org.br/balancodasgreves/2019/estPesq93balancoGreves2019.html>. Acesso em: 10 jan. 2022.

(32) DIEESE – Departamento Intersindical de Estatísticas e Estudos Socioeconômicos. (2021a). *Estudos e Pesquisas n. 100*. Balanço das Greves do Primeiro Semestre de 2020. Disponível em: <https://www.dieese.org.br/balancodasgreves/2021/estPesq100greves1sem21.html>. Acesso em: 10 jan. 2022.

(33) MARQUES, Marília. Enfermeiros fazem ato no DF em favor do isolamento social: Estamos morrendo. *G1*, 1º de maio de 2020. Disponível em: <https://g1.globo.com/df/distrito-federal/noticia/2020/05/01/enfermeiros-fazem-ato-no-df-para-reforcar-necessidade-de-isolamento-social-estamos-morrendo-na-luta-contra-a-covid-19.ghtml>. Acesso em: 10 jan. 2022.

Trabalho, suspendesse as demissões dos milhares de trabalhadores da FAFEN Araucária e aplicasse a implantação unilateral das tabelas de turno, do banco de horas e da remuneração variável. A greve teve dimensão nacional. Em termos de dias parados foi o segundo maior movimento da categoria petroleira, tratando-se, entretanto, de uma greve em condições muito defensivas, diante do fechamento da fábrica e da luta pelo cumprimento do acordo coletivo. Houve conquistas parciais, no sentido da negociação das condições da demissão. A greve enfrentou ameaças e punições.[34]

Breque dos *APPs*

O Breque dos *Apps* foi um movimento grevista de trabalhadores por aplicativo. As mobilizações ocorreram nacionalmente no dia 1º e 25 de julho de 2020. Houve outras datas de mobilizações locais, no interior de São Paulo principalmente. Os grevistas protestavam contra a precarização do trabalho do serviço de entrega por aplicativo e por melhores condições de saúde e segurança nas entregas durante a pandemia da Covid-19. Os manifestantes não têm uma representação sindical formal definida, sendo em sua maioria motoristas de moto e bicicleta, os quais realizam entregas através de plataformas virtuais (*Ifood*, *Loggi*, *Uber Eats* e *Rappi*) (DELGADO, 2020).

Greve dos Correios

Em 17 de agosto de 2020 os trabalhadores dos Correios deflagaram uma greve nacional que durou 36 dias. Na pauta de reivindicações estava a luta pelo Acordo Coletivo de Trabalho, não assinado desde o Governo Temer, as condições de saúde e segurança para o trabalho durante a pandemia de Covid-19 e a luta contra a privatização da estatal. A greve foi judicializada e na decisão final *o TST acabou com 50 das 79 cláusulas, que "representam tudo que os trabalhadores da ECT conquistaram ao longo de mais de 35 anos de luta", afirma, em nota, a direção da Federação Nacional dos Trabalhadores em Empresas de Correios e Telégrafos (Fentect)* (SP Bancários, 2020).

Protestos antirracistas

Os protestos antirracistas que ocorreram no Brasil foram parte de uma onda internacional de mobilizações que começou no dia 26 de maio de 2020, na cidade de Mineápolis, nos Estados Unidos. O estopim foi a morte violenta de George Floyd, um homem negro, pela ação de um policial norte americano. A onda de indignação teve repercussões com mobilizações em várias partes do mundo.[35] No Brasil, em pelo menos 20 capitais, ocorreram

(34) AUGUSTO, Pedro (2020). Greve dos petroleiros: Acumular forças e ampliar o debate junto à população e os movimentos sociais. *Esquerda On-Line*, 20 fev. 2020. Disponível em: <https://esquerdaonline.com.br/2020/02/20/greve-dos-petroleiros-acumular-forcas-e-ampliar-o-debate-junto-a-populacao-e-os-movimentos-sociais/>. Acesso em: 10 jan. 2022.

(35) Protestos contra morte de George Floyd se espalham pelo mundo. *Exame*, 31 maio 2020. Disponível em: <https://exame.com/mundo/protestos-contra-morte-de-george-floyd-se-espalham-pelo-mundo-veja-fotos/>. Acesso em: 10 jan. 2022.

protestos contra o racismo e o fascismo, no dia 07 de junho de 2020.[36] No dia 14 de junho, a Coalizão Negra por Direitos lançou o manifesto: Enquanto Houver Racismo não Haverá Democracia, em novos protestos de rua.[37]

Protestos Fora Bolsonaro

Os protestos pelo movimento Fora Bolsonaro foram parte de uma jornada com vários dias de mobilização, dentre os quais destacamos: 07 de junho, 14 de junho, 07 de setembro de 2020. As manifestações foram organizadas pelo Comitê Nacional Fora Bolsonaro, pelas Frente Povo sem Medo e Frente Brasil Popular, por partidos políticos, movimentos sociais, torcidas de futebol[38] e pela Coalizão Negra dos Direitos, entre outros movimentos (UOL, 2020). Em 2021, este movimento se ampliou numa jornada de protestos mais massiva.

7. Conclusão e tendências

A explicação mais profunda para o refluxo do movimento dos trabalhadores no período destacado apresenta múltiplos fatores, valendo ressaltar: a vitória eleitoral de Jair Bolsonaro em 2018; a aprovação de projetos que retiram direitos, com destaque para a Reforma trabalhista em 2017 e a reforma da Previdência em 2019; a crise econômica e os altos índices de desemprego; o aumento da letalidade policial no Brasil; a emergência de uma crise sanitária inédita com a pandemia da Covid-19 e o trauma histórico representado pelas mais de 600 mil vidas perdidas.

O breve resumo dos principais protestos indica que existe algum grau de atividade na classe trabalhadora, que buscou mesmo sob condições muito adversas defender a vida, a saúde e a segurança no trabalho. Um dos objetivos deste artigo é trazer para o primeiro plano esta resistência, que ocorreu tão nítida e enfaticamente neste período.

O balanço anual das greves de 2021 ainda não foi publicado, entretanto o relatório do primeiro semestre nos permite afirmar que algumas tendências se mantêm:

— No primeiro semestre de 2021 ocorreram 366 greves, 69% delas do setor privado. Mantêm-se a tendência geral de queda no número total de greves e a incidência de mais greves no setor privado do que no setor público, o mesmo quadro de 2020.

— 92% das greves incluíram itens de caráter defensivo.

— Muitas greves sanitárias com destaque para o funcionalismo municipal e estadual.

---

(36) Cidades registram protestos em apoio à democracia e contra o racismo. *G1*, 07 jun. 2020. Disponível em: <https://g1.globo.com/politica/noticia/2020/06/07/cidades-registram-protestos-em-apoio-a-democracia-e-contra-o-racismo.ghtml>. Acesso em: 10 jan. 2022.

(37) COALIZÃO NEGRA POR DIREITOS (2020). *Enquanto houver racismo não haverá democracia.* Disponível em: <https://comracismonaohademocracia.org.br/>. Acesso em: 10 jan. 2022.

(38) Wilkson, Adriano. Torcidas antifascistas marcam ato contra Bolsonaro em várias capitais. *UOL*, 02 jun. 2020. Disponível em: <https://www.uol.com.br/esporte/futebol/ultimas-noticias/2020/06/02/torcidas-antifascistas-marcam-ato-contra-bolsonaro-em-varias-capitais.htm>. Acesso em: 10 jan. 2022.

— Mobilizações com caráter político explícito, como por exemplo a reforma administrativa.

— Greves de trabalhadores terceirizados, em geral longas, sem esperança, que exigem pagamentos de salários há meses atrasados.

Merece destaque e estudo as longas greves de trabalhadores terceirizados, muitas delas contra empresas que estão em falência. Na pauta estão verbas rescisórias e muitas vezes meses de salários atrasados. Não se pode dizer que seja uma greve defensiva como as outras, porque, neste caso, nem a chance de manter o emprego está colocada, sendo sugerido pelo Dieese um novo tipo de greve: as greves de desalento.

Concluímos nossa análise do período com a seriedade de encarar a gravidade da derrota que vive a classe trabalhadora e ao mesmo tempo a resiliência no empenho dessas mulheres e homens que, mesmo neste período tão difícil, se organizam e lutam por seus direitos.

Referências bibliográficas:

AGÊNCIA BRASIL (2019). *Garis encerram greve no Rio de Janeiro*. Publicado em 29 abr. 2019. Disponível em: <https://agenciabrasil.ebc.com.br/geral/noticia/2019-04/garis-encerram-greve-no--rio-de-janeiro>. Acesso em: 10 jan. 2022.

ANDES (2019). *Tsunami da Educação:* Protestos acontecem em todos os estados e no DF. Publicado em 21 maio 2019. Disponível em: <https://www.andes.org.br/conteudos/noticia/tsunami-da-educacao-protestos-acontecem-em-todos-os-estados-e-no-dF1>. Acesso em: 10 jan. 2022.

AUGUSTO, Pedro (2020). *Greve dos petroleiros:* Acumular forças e ampliar o debate junto à população e os movimentos sociais. Publicado em 20 fev. 2020. Disponível em: <https://esquerdaonline.com.br/2020/02/20/greve-dos-petroleiros-acumular-forcas-e-ampliar-o-debate-junto-a-populacao-e-os-movimentos-sociais/>. Acesso em: 10 jan. 2022.

BBC (2018). *#EleNão:* A manifestação histórica liderada por mulheres no Brasil vista por quatro ângulos. Publicado em 30 set. 2018. Disponível em: <https://www.bbc.com/portuguese/brasil-45700013>. Acesso em: 10 jan. 2022.

COALIZÃO NEGRA POR DIREITOS (2020). *Enquanto houver racismo não haverá democracia*. Disponível em: <https://comracismonaohademocracia.org.br/>. Acesso em: 10 jan. 2022.

DEMIER, Felipe (2020). *Crônicas de Dias Desleais:* Ultraneoliberalismo, Neofascismo e Pandemia no Brasil. Rio de Janeiro: Mauad Editora. Edição do Kindle. p. 38-39.

DIEESE (Departamento Intersindical de Estatísticas e Estudos Socioeconômicos). (2015). *Estudos e Pesquisas n. 79:* Balanço das greves em 2013. Disponível em: <https://www.dieese.org.br/balancodasgreves/2013/estPesq79balancogreves2013.pdf>. Acesso em: 10 jan. 2022.

______. (2017). *Estudos e Pesquisas n. 84*. Balanço das Greves em 2016. Disponível em: <https://www.dieese.org.br/balancodasgreves/2016/estPesq84balancogreves2016.html>. Acesso em: 10 jan. 2022.

______. (2018). *Estudos e Pesquisas n. 87*. Balanço das Greves em 2017. Disponível em: <https://www.dieese.org.br/balancodasgreves/2017/estPesq87balancoGreves2017.pdf>. Acesso em: 10 jan. 2022.

______. (2019). *Estudos e Pesquisas n. 89*. Balanço das Greves em 2018. Disponível em: <https://www.dieese.org.br/balancodasgreves/2018/estPesq89balancoGreves2018.html>. Acesso em: 10 jan. 2022.

______. (2020). *Estudos e Pesquisas n. 93*. Balanço das Greves em 2019. Disponível em: <https://www.dieese.org.br/balancodasgreves/2019/estPesq93balancoGreves2019.html>. Acesso em: 10 jan. 2022.

______. (2021). *Estudos e Pesquisas n. 99*. Balanço das Greves em 2020. Disponível em: <https://www.dieese.org.br/balancodasgreves/2021/estPesq99greves2021.html>. Acesso em: 10 jan. 2022.

______. (2021a). *Estudos e Pesquisas n. 100*. Balanço das Greves do Primeiro Semestre de 2020. Disponível em: <https://www.dieese.org.br/balancodasgreves/2021/estPesq100greves1sem21.html>. Acesso em: 10 jan. 2022.

EL PAIS (2019). ROSSI, Marina; ALESSI, Gil; BETIM, Felipe. *Greve tem adesão parcial e segue toada crítica contra a Previdência e o Governo Bolsonaro*. Publicado em 14 jun. 2019. Disponível em: <https://brasil.elpais.com/brasil/2019/06/14/politica/1560535520_728346.html>. Acesso em: 10 jan. 2022.

Folha de S. Paulo. (2018). *Com greve, linhas de metrô em SP têm operação parcial;* rodízio é suspenso. Publicado em 18 jan. 2018. Disponível em: Disponível em: <https://www1.folha.uol.com.br/cotidiano/2018/01/1951373-com-greve-sao-paulo-amanhece-com-estacoes-de-metro-fechadas.shtml?origin=folha>. Acesso em: 10 jan. 2022.

______ (2018a). *Justiça suspende licitação de linhas do Metrô;* funcionários seguem em greve. Publicado em 18 jan. 2018. Disponível em: <https://www1.folha.uol.com.br/cotidiano/2018/01/1951444-justica-suspende-licitacao-de-linhas-do-metro-funcionarios-seguem-em-greve.shtml>. Acesso em: 10 jan. 2022.

______ (2020). *Metroviários de São Paulo decidem suspender a greve, mas Metrô amanhece com estações fechadas.* Publicado em 27 jul. 2020. Disponível em: <https://www1.folha.uol.com.br/cotidiano/2020/07/metroviarios-de-sao-paulo-decidem-suspender-a-greve-desta-terca-feira.shtml>. Acesso em: 10 jan. 2022.

______ (2021). *Veja como fica o salário com nova redução de jornada do trabalhador*. Publicado em 02 maio 2021. Disponível em: <https://agora.folha.uol.com.br/grana/2021/05/veja-como-fica-o-salario--com-nova-reducao-de-jornada-do-trabalhador.shtml, >. Acesso em: 10 jan. 2022.

G1 (2020). *Cidades registram protestos em apoio à democracia e contra o racismo*. Publicado em 07 jun. 2020. Disponível em: <https://g1.globo.com/politica/noticia/2020/06/07/cidades-registram-protestos-em-apoio-a-democracia-e-contra-o-racismo.ghtml>. Acesso em: 10 jan. 2022.

______ (2020). MARQUES, Marília. *Enfermeiros fazem ato no DF em favor do isolamento social:* Estamos morrendo. Publicado em 1º maio 2020. Disponível em: <https://g1.globo.com/df/distrito-federal/noticia/2020/05/01/enfermeiros-fazem-ato-no-df-para-reforcar-necessidade-de-isolamento-social-estamos-morrendo-na-luta-contra-a-covid-19.ghtml>. Acesso em: 10 jan. 2022.

EXAME (2020). *Protestos contra morte de George Floyd se espalham pelo mundo*. Publicado em 31 maio 2020. Disponível em: <https://exame.com/mundo/protestos-contra-morte-de-george-floyd-se-espalham-pelo-mundo-veja-fotos/>. Acesso em: 10 jan. 2022.

LE MONDE DIPLOMATIQUE BRASIL (2020). DELGADO, Gabriela. CARVALHO, Bruna. 2020. *Breque dos Apps:* direito de resistência na era digital. Publicado em 27 jul. 2020. Disponível em: <https://diplomatique.org.br/breque-apps-direito-de-resistencia-na-era-digital/>. Acesso em: 10 jan. 2022.

LINHARES, Rodrigo (2015). As Greves de 2011 a 2013. *Revista Ciências do Trabalho*, n. 5, p. 97-112. São Paulo. Disponível em: <https://rct.dieese.org.br/index.php/rct/article/view/97/pdf>. Acesso em: 10 jan. 2022.

MARCELINO, Paula (2017). Sindicalismo e neodesenvolvimentismo. Analisando as greves entre 2003 e 2013 no Brasil. *Revista Tempo Social*, revista de sociologia da USP, v. 29, n. 3. Disponível em: <https://www.revistas.usp.br/ts/article/view/125952/136340>. Acesso em: 10 jan. 2022.

SEFERIAN, Gustavo (2021). Direito do Trabalho Vivo. *Revista Teoria Jurídica Contemporânea*, vol. 6. UFRJ. Rio de Janeiro. Disponível em: <https://revistas.ufrj.br/index.php/rjur/article/view/e41926/24119>. Acesso em: 10 jan. 2022.

RESENHA TRABALHISTA (2020). Programa XIX: Coletores de lixo, limpando a sujeira jurídica. *Youtube*. Disponível em: <https://www.youtube.com/watch?v=RCZsHhMaCeg>. Acesso em: 10 jan. 2022.

SP BANCÁRIOS (2020). *O que a greve dos Correios nos evidenciou*. Disponível em: <https://spbancarios.com.br/10/2020/o-que-greve-dos-correios-nos-evidenciou-0>. Acesso em: 10 jan. 2022.

PODER 360 (2021). PLIGHER, Pedro. *PoderData:* 43% não fizeram home office na pandemia. Publicado em 25 jun. 2021. Disponível em: <https://www.poder360.com.br/brasil/poderdata-43-nao-fizeram-home-office-na-pandemia/>. Acesso em: 10 jan. 2022.

UOL (2021). ARAUJO, Mateus. *Entro em greve para não morrer mais ninguém, diz gari sobre paralisação.* Publicado em 13 jun. 2021. Disponível em: <https://tab.uol.com.br/noticias/redacao/2021/06/13/vacina-dos-garis-entro-em-greve-para-nao-morrer-mais-ninguem.htm>. Acesso em: 10 jan. 2022.

UOL (2020). Wilkson, Adriano. *Torcidas antifascistas marcam ato contra Bolsonaro em várias capitais.* Publicado em 02 jun. 2020. Disponível em: https://www.uol.com.br/esporte/futebol/ultimas-noticias/2020/06/02/torcidas-antifascistas-marcam-ato-contra-bolsonaro-em-varias-capitais.htm>. Acesso em: 10 jan. 2022.

Breve Estudo sobre a Greve Política no Brasil

Priscila Kühl Zoghbi[1]

"Somos filhos da época
e a época é política."
Filhos da Época – Wislawa Szymborska

1. Introdução

A greve é inegavelmente um dos principais instrumentos de pressão dos empregados em relação aos empregadores. Não por acaso, portanto, é objeto recorrente de análises e estudos.

Frente a isso, o presente artigo objetiva analisar o referido instituto par basear o estudo de uma das formas de greve mais discutidas hodiernamente: a greve política.

Para tanto, inicia-se pela análise do trajeto histórico do instituto, tanto do ponto de vista internacional quanto nacional. No item IV serão estudadas as modalidades de greve, tema essencial para o item V, que tratará especificamente da greve política. Por fim, apresentar--se-ão as conclusões.

2. Conceito

O conceito legal de greve nos é fornecido no art. 2º da Lei n. 7.783[2], de 28 de junho de 1989, segundo o qual greve consiste na suspensão de cunho coletivo e pacífico da prestação pessoal de serviços ao empregador, podendo ser realizada de forma total ou parcial.

(1) Doutoranda em Direito do Trabalho pela USP. Mestre é Especialista em Direito do Trabalho pela USP. Advogada.

(2) Art. 2º da Lei n. 7.783: "Para os fins desta Lei, considera-se legítimo exercício do direito de greve a suspensão coletiva, temporária e pacífica, total ou parcial, de prestação pessoal de serviços a empregador".

De acordo com A. M. de Barros, não se deve entender como greve a mera paralisação do trabalho, e sim a cessação temporária do mesmo com a finalidade de impor, ao empregador, a vontade dos empregados.

Ademais, a greve pode dar-se de outra forma que não a paralização, como é o caso da greve *perlée*. Nessa forma de greve tem-se, no lugar da interrupção prestação de serviços, uma recusa no exercício de horas extras ou mesmo o atraso de uma hora dos empregados(3).

M. G. Delgado apresenta um conceito mais abrangente de greve, baseado no texto legal presente no art. 9ª da Constituição da República Federativa do Brasil (CF): "É assegurado o direito de greve, competindo aos trabalhadores decidir sobre a oportunidade de exercê-lo e sobre os interesses que devam por meio dele defender (...)".

Logo, o doutrinador define como greve:

> a paralização coletiva provisória, parcial ou total, das atividades dos trabalhadores em face de seus empregadores ou tomadores de serviços, com o objetivo de exercer-lhes pressão, visando à defesa ou conquista de interesses coletivos, ou com objetivos sociais mais amplos.(4)

Por sua vez, A. M. de Barros leciona que a greve, vista como um fenômeno social coletivo, consiste na: "manifestação visível da atuação dos sindicatos, testando-se nela o grau de consciência de classe e de capacidade de luta que os trabalhadores adquiriram como membros desses grupos secundários"(5).

Para a autora significa dizer que a capacidade de luta está relacionada com a politização a partir do desenvolvimento de um sentimento de solidariedade. Em outras palavras, trata-se de uma "entrega total" dos trabalhadores a fim de superar os interesses individuais em razão do interesse abstrato do grupo.

Via de regra, os conflitos coletivos trabalhistas possuem três principais formas de resolução: i) autocomposição; (ii) heterocomposição e (iii) autotutela. Na esfera da autocomposição situam-se as negociações coletivas. Já na heterocomposição encontra-se o processo judicial. Por fim, a autotutela consiste em um modo de exercício direto de coação realizado pelos particulares. A greve é considerada como um dos principais expoentes da autotutela no âmbito laboral.(6)

Afirma B. R. Zuluaga que a greve, como fenômeno social, decorre da associação dos trabalhadores. Esta, por sua vez, é instrumento para que, a partir da pressão estatal, ocorra o reconhecimento e legitimação dos sindicatos. Com a legitimação das associações, a greve tornou-se uma das formas para obtenção dos objetivos visados pelo sindicato.

---

(3) BARROS, Alice Monteiro de. *Curso de Direito do Trabalho*. 11. ed. São Paulo: LTr, 2017. p. 849.

(4) DELGADO, Mauricio Godinho. *Curso de Direito do Trabalho*. 18. ed. São Paulo: LTr, 2019. p. 1.703.

(5) BARROS, Alice Monteiro de. *Curso de Direito do Trabalho*. 11. ed. São Paulo: LTr, 2017. p. 848.

(6) DELGADO, Mauricio Godinho. *Curso de Direito do Trabalho*. 18. ed. São Paulo: LTr, 2019. p. 1.697. Nesse mesmo sentido, GARCIA, Gustavo Filipe Barbosa. *Curso de Direito do Trabalho*. 11. ed. Rio de Janeiro: Forense, 2017. p. 1.457.

Preconiza E. R. dos Santos que a greve é reconhecida pelos ordenamentos jurídicos modernos e advém do exercício, pelos grupos sociais organizados, da autonomia privada coletiva além de tratar-se de:

> um instrumento de pressão utilizado pelos trabalhadores para compelir os empregadores ao atendimento de seu rol de reivindicações. Um processo dinâmico de negociação coletiva de trabalho não teria qualquer eficácia sem o direito de greve, pois permitiria que os empresários pura e simplesmente se recusassem a negociar, frustrando as pretensões e os interesses dos trabalhadores, sem qualquer tipo de punição.(7)

3. Trajeto histórico

No âmbito internacional o instituto da greve percorreu um penoso caminho até ser reconhecida como direito. Nesse âmbito, B. R. Zuluaga divide o processo histórico da greve em três principais fases: (i) proibição ou ilegalidade; (ii) tolerância e (iii) legalidade e proteção.

Durante a primeira fase a greve poderia ser vista tanto como ilícito civil, decorrente do não cumprimento pelos empregados dos contratos empregatícios, assim como um ilícito penal. Ou seja, ao grevista poderiam ser aplicadas sanções penais.

Já a segunda fase se caracteriza pelo enfraquecimento substancial ou mesmo o fim das repressões penais. No entanto, a greve continua sendo vista como um ilícito civil.

É somente na terceira fase que a greve é consagrada como um direito dos trabalhadores e tem seu exercício garantido.

B. R. Zuluaga adverte ainda que não foram todos os países que consideraram a greve como um delito. Na realidade, é possível citar a Inglaterra e França como expoentes da repressão ao instituto, enquanto a Bélgica e os países americanos acabaram por colocar o assunto à margem.

A explícita distinção entre os tratamentos conferidos pelos países a greve pode ser explicada por meio da análise do nível de desenvolvimento industrial e de proletarização urbana(8).

Na França, o advento, em 1791, da lei *Le Chapelier* tornou clara a repressão a greve, já que a lei proibia toda e qualquer forma de agrupamento de profissional que visasse a defesa dos interesses coletivos. De acordo com o art. 2º do diploma(9):

> Les citoyens d'un même état ou profession, les entrepreneurs, ceux qui ont boutique ouverte, les ouvriers et les compagnons d'un art quelconque, ne pourront, lorsqu'ils se trouveront

(7) SANTOS, Enoque Ribeiro dos. *Fundamentos do Direito coletivo do trabalho nos Estados Unidos da América, na União Europeia, no Mercosul e a experiência sindical brasileira*. 2. ed. Rio de Janeiro: Lumen Juris, 2018. p. 289.

(8) RAMÍREZ ZULUAGA, B. La huelga, un fenómeno social y su problemática jurídica. *Estudios de Derecho*, [*S. l.*], v. 36, n. 92, p. 370–404, 1977. Disponível em: <https://revistas.udea. edu.co/index.php/red/article/view/332765>. Acesso em: 6 jan. 2022.

(9) *Lei Le Chapelier*. Disponível em: <https://books.openedition.org/pul/15476#ftn30>. Acesso em: 07 jan. 2022.

ensemble, se nommer ni président, ni secrétaires, ni syndics, tenir des registres, prendre des arrêtés ou délibérations, former des règlements sur leurs prétendus intérêts communs.[10]

Ainda de acordo com a referida lei, caso sejam tomadas deliberações ou caso realizem convenções, estas seriam consideradas inconstitucionais, porque estariam em desacordo com à liberdade e com a declaração de direitos do homem. Além disso, os envolvidos seriam citados perante o tribunal de polícia, podendo ainda sofrer condenações de 500 livres, suspensão dos direitos de cidadão ativo durante um ano e de participar das assembleias primárias[11].

Na esfera internacional hodierna, a despeito de não existir previsão expressa da Organização Internacional do Trabalho (OIT), o direito a greve está positivado no art. 6º da Carta Social Europeia[12] e no art. 8º do Pacto Social sobre Direitos Econômicos, Sociais e Culturais[13]. Vale ainda citar que o direito a greve está previsto no art. 13 da Carta Comunitária dos Direitos Sociais Fundamentais dos Trabalhadores[14] e na Carta dos Direitos Fundamentais da União Europeia, no art. 28[15].

No que diz respeito ao plano nacional, a trajetória legal do instituto da greve seguiu, grosso modo, o caminho traçado na Europa[16].

---

(10) =[Os cidadãos do mesmo estado ou profissão, os empresários, os donos de loja aberta, os trabalhadores e companheiros de uma arte qualquer, não podem, quando se encontrarem, nomear -se nem presidente, nem secretários, nem síndicos e nem manter registros, nem receber ordens ou deliberações, nem formar regulamentos sobre supostos interesses em comum] Tradução nossa.

(11) Art. 4º da Lei Le Chapelier: «*Si, contre les principes de la liberté et de la Constitution, des citoyens attachés aux mêmes professions, arts et métiers, prenaient des délibérations ou faisaient entre eux des conventions tendant à refuser de concert, ou à n'accorder qu'à un prix déterminé le secours de leur industrie ou de leurs travaux, lesdites délibérations ou conventions, accompagnées ou non du serment, sont déclarées inconstitutionnelles, attentatoires à la liberté et à la déclaration des droits de l'homme, et de nul effet; les corps administratifs et municipaux sont tenus de les déclarer telles. Les auteurs, chefs et instigateurs qui les auront provoquées, rédigées ou présidées seront cités devant le tribunal de police à la requête du procureur de la commune, condamnés chacun à 500 livres d'amende et suspendus pendant un an de l'exercice de tous droits de citoyens actifs et de l'entrée dans les assemblées primaires*».

(12) Art. 6º da Carta Social Europeia: "Com vista a assegurar o exercício efectivo do direito à negociação colectiva, as Partes comprometem-se: (...) 4) O direito dos trabalhadores e dos empregadores a acções colectivas no caso de conflitos de interesses, incluindo o direito de greve, sob reserva das obrigações decorrentes das convenções colectivas em vigor".

(13) Art. 8º do Pacto Social sobre Direitos Econômicos, Sociais e Culturais: "1. Os Estados Partes do presente Pacto comprometem-se a garantir: (...) d) O direito de greve, exercido de conformidade com as leis de cada país."

(14) Art. 13 da Carta Comunitária dos Direitos Sociais Fundamentais dos Trabalhadores "O direito de recorrer a acções colectivas em caso de conflito de interesses inclui o direito de greve, sob reserva das obrigações decorrentes das regulamentações nacionais e das convenções colectivas (...)". Disponível em: <https://op.europa.eu/pt/publication-detail/-/publication/51be16f6-e91d-439d-b4d9-6be041c28122>. Acesso em: 10 jan. 2022.

(15) Art. 28 dos Direitos Fundamentais da União Europeia: "Direito de negociação e de acção colectiva: Os trabalhadores e as entidades patronais, ou as respectivas organizações, têm, de acordo com o direito comunitário e as legislações e práticas nacionais, o direito de negociar e de celebrar convenções colectivas, aos níveis apropriados, bem como de recorrer, em caso de conflito de interesses, a acções colectivas para a defesa dos seus interesses, incluindo a greve". Disponível em: <https://www.europarl.europa.eu/charter/pdf/text_pt.pdf>. Acesso em: 10 jan. 2022.

(16) BARROS, Alice Monteiro de. *Curso de Direito do Trabalho*. 11. ed. São Paulo: LTr, 2017. p. 848.

De acordo com M. G. Delgado, a análise da retrospectiva histórico-jurídica da greve deve estar alinhada com um elemento fundamental: "a afirmação da relação de emprego como vínculo sociojurídico importante no sistema econômico-social do País".

Isso pois, para o autor, somente a partir da visão da relação de emprego como instrumento de ligação entre o sistema produtivo e o trabalhador que se tornou possível o advento do próprio ramo justrabalhista, assim como os elementos destes derivados, como a greve(17).

O primeiro diploma brasileiro que trata sobre a greve foi o Código Penal de 11 de outubro de 1890 (Decreto n. 847), nos arts. 205 e 206:

> Art. 205. Seduzir, ou alliciar, operarios e trabalhadores para deixarem os estabelecimentos em que forem empregados, sob promessa de recompensa, ou ameaça de algum mal: Penas – de prisão cellular por um a três mezes e multa de 200$ a 500$000.
>
> Art. 206. Causar, ou provocar, cessação ou suspensão de trabalho, para impor aos operarios ou patrões augmento ou diminuição de serviço ou salario: Pena – de prisão cellular por um a três mezes.
>
> § 1º Si para esse fim se colligarem os interessados: Pena – aos chefes ou cabeças da colligação, de prisão cellular por dous a seis mezes.
>
> § 2º Si usarem de violencia: Pena – de prisão cellular por seis mezes a um anno, além das mais em que incorrerem pela violencia.(18)

Percebe-se que, nesse primeiro momento, a greve era vista como um ilícito civil, sendo explicitamente criminalizada(19). No entanto, no mesmo ano houve alteração no instituto por meio do Decreto n. 1.162, de 12 de dezembro de 1890:

> **Art. 1º** Os arts. 205 e 206 do Codigo Penal e seus paragraphos ficam assim redigidos:
>
> 1º Desviar operarios e trabalhadores dos estabelecimentos em que forem empregados, por meio de ameaças e constrangimento:
>
> Penas – de prisão cellular por um a tres mezes e de multa de 200$ a 500$000.
>
> 2º Causar ou provocar cessação ou suspensão de trabalho por meio de ameaças ou violencias, para impôr aos operarios ou patrões augmento ou diminuição de serviço ou salario:
>
> Penas – de prisão cellular por um a tres mezes.(20)

A nova redação previa que as cessações ou suspensões de trabalho só seriam consideradas como ilícitos se estas se dessem com a utilização de ameaças ou violência.

---

(17) DELGADO, Mauricio Godinho. *Curso de Direito do Trabalho*. 18. ed. São Paulo: LTr, 2019. p. 1.725.

(18) Arts. 205 e 206 do Código Penal (Decreto n. 847) de 1890. Disponível em: <https://www2.camara.leg.br/legin/fed/decret/1824-1899/decreto-847-11-outubro-1890-503086-publicacaooriginal-1-pe.html>. Acesso em: 07 jan. 2022.

(19) DELGADO, Mauricio Godinho. *Curso de Direito do Trabalho*. 18. ed. São Paulo: LTr, 2019. p. 1.726.

(20) Art. 1º do Decreto n. 1.162. Disponível em: <https://legis.senado.leg.br/norma/391335/publicacao/15630016>. Acesso em: 07 jan. 2022.

Nesse período, M. G. Delgado afirma que a greve, apesar de ainda não ser considerada um direito, poderia ser vista como um fato ou social ou mesmo liberdade.

No entanto, equivoca-se quem acredita que antes legislação do instituto, seja proibindo-a ou não, as greves não eram expressivas. Um dos exemplos que justifica tal afirmativa é a greve dos tipógrafos, ocorrida em 1858.

Nesse sentido, preconiza J. L. Souto Maior:

> Durante algum tempo se insistiu em dizer que as leis trabalhistas não foram precedidas das lutas de corpo e de ideias, como ocorrera na Europa ocidental. O Estado teria se antecipado aos fatos, direcionando conduta nas relações de trabalho, sem que uma reivindicação nesse sentido tivesse ainda emergido da sociedade. Essa visão, mesmo sem a intenção de fazê-lo, abre a porta para a conclusão de que a legislação trabalhista, no Brasil, foi uma "dádiva do Estado", sem relação com a realidade, e que se pode, então, excluí-la pura e simplesmente, como se possuir, ou não, uma legislação do trabalho fosse mera opção governamental.(21)

A Lei n. 38, de 4 de abril de 1935, também conhecida como "lei monstro" definia como crime: "Incitar funccionarios publicos ou servidores do Estado á cessação collectiva, total ou parcial, dos serviços a meu cargo"(22).

O ordenamento jurídico retorna, então, à concepção da greve como ilícito em 1937 (recurso antissocial), sendo seguida por outros diplomas infraconstitucionais(23).

Cita-se nesse sentido o Decreto-lei n. 431, de 18 de maio de 1938, que criminalizava tanto a promoção quanto a participação na greve; o Decreto-lei n. 1.237, de 2 de maior de 1939, no qual são fixadas sanções aos grevistas (suspensão, despedida e prisão) e o Código Penal de 1940(24).

Com o processo de redemocratização ocorrido no Brasil em 1945/1946, o instituto da greve é, pela primeira vez, constitucionalmente previsto como um direito trabalhista, regulado por lei. Surge então o Decreto-lei n. 9.070(25), o qual dispôs sobre a suspensão ou abandono

---

(21) MAIOR, Jorge Luiz Souto. *História do Direito do Trabalho no Brasil:* Curso de Direito do Trabalho. vol. I: parte II. São Paulo: LTr, 2017. p. 126.

(22) Lei n. 38 de 4 de abril de 1935. Disponível em: <http://www.planalto.gov.br/ccivil_03/leis/1930-1949/l0038.htm>. Acesso em: 07 jan. 2022.

(23) DELGADO, Mauricio Godinho. *Curso de Direito do Trabalho*. 18. ed. São Paulo: LTr, 2019. p. 1.726.

(24) Arts. 200 e 201 do código Penal de 1940: "art. 200: Participar de suspensão ou abandono coletivo de trabalho, praticando violência contra pessoa ou contra coisa:Pena – detenção, de um mês a um ano, e multa, além da pena correspondente à violência. Parágrafo único – Para que se considere coletivo o abandono de trabalho é indispensável o concurso de, pelo menos, três empregados. Art. 201: Participar de suspensão ou abandono coletivo de trabalho, provocando a interrupção de obra pública ou serviço de interesse coletivo: Pena – detenção, de seis meses a dois anos, e multa".

(25) Disponível em: <http://www.planalto.gov.br/ccivil_03/decreto-lei/Del9070impressao.htm>. Acesso em: 10 jan. 2022.

coletivo do trabalho. No mesmo ano o art. 158 da Constituição dos Estados Unidos do Brasil, de 18 de setembro de 1946, declarou: "É reconhecido o direito de greve, cujo exercício a lei regulará"[(26)].

No entanto, com o estabelecimento de um regime militar no país, é instituída a Lei de Greve em 1º de junho de 1964 (Decreto n. 4.330)[(27)], a qual revogou o Decreto-lei n. 9.070. Vale frisar que a Lei de Greve foi adotada apenas dois meses após o golpe militar, tendo como objetivo limitar a greve de tal forma a torná-la quase impossível de ser praticada, além de proibir de forma expressa o exercício da greve pelo funcionário público[(28)].

M. G. Delgado afirma que a referida lei "instituía rito cujo cumprimento era considerado inviável pelos sindicalistas[(29)].

A Constituição de 1967, apesar de garantir a greve aos trabalhadores[(30)], proibia que essa ocorresse em serviços públicos e atividade essenciais. Segundo o art. 157 § 7º: "Não será permitida greve nos serviços públicos e atividades essenciais, definidas em lei"[(31)].

De acordo com J. L. Souto Maior, a partir de 1978, ocorreu, no Brasil, uma nova onda de greves. Isso pois, o governo tentou manter o ritmo de crescimento mesmo com o fim do projeto de "milagre econômico" e com os efeitos da crise mundial. Para isso, era essencial que o Brasil fosse um grande importador de petróleo, o que por sua vez, fez aumentar a inflação[(32)].

Frente a essa nova onda de greves, surge o Decreto-lei n. 1.632[(33)], de 4 de agosto de 1978, que limitou o exercício da greve nos serviços públicos e definiu quais seriam as atividades essenciais de interesse da segurança nacional[(34)].

---

(26) Constituição dos Estados Unidos do Brasil (1946). Disponível em: <http://www.planalto.gov.br/ccivil_03/constituicao/constituicao46.htm>. Acesso em: 07 jan. 2022.

(27) Disponível em: <http://www.planalto.gov.br/ccivil_03/leis/1950-1969/l4330.htm#:~:text=LEI%20No%204.330%2C%20DE%201%C2%BA%20DE%20JUNHO%20DE%201964.&text=158%2C%20da%20Constitui%C3%A7%C3%A3o%20Federal.&text=Art%201%C2%BA%20O%20direito%20de%20greve%2C%20reconhecido%20pelo%20art.&text=Art%203%C2%BA%20S%C3%B3%20poder%C3%A3o%20participar,depend%C3%AAncia%20d%C3%AAste%20e%20mediante%20sal%C3%A1rio>. Acesso em: 07 jan. 2022.

(28) MAIOR, Jorge Luiz Souto. *História do Direito do Trabalho no Brasil:* Curso de Direito do Trabalho. vol I: parte II. São Paulo: LTr, 2017. p. 283.

(29) DELGADO, Mauricio Godinho. *Curso de Direito do Trabalho*. 18. ed. São Paulo: LTr, 2019. p. 1.727.

(30) Constituição de 1967, art. 158: "A Constituição assegura aos trabalhadores os seguintes direitos, além de outros que, nos termos da lei, visem à melhoria, de sua condição social: (...) XXI – greve, salvo o disposto no art. 157, § 7º". Disponível em: <http://www.planalto.gov.br/ccivil_03/constituicao/constituicao67.htm>. Acesso em: 07 jan. 2022.

(31) Disponível em: <http://www.planalto.gov.br/ccivil_03/constituicao/constituicao67.htm>. Acesso em: 07 jan. 2022.

(32) MAIOR, Jorge Luiz Souto. *História do Direito do Trabalho no Brasil:* Curso de Direito do Trabalho. vol I: parte II. São Paulo: LTr, 2017. p. 342.

(33) Disponível em: <http://www.planalto.gov.br/ccivil_03/decreto-lei/Del1632impressao.htm>. Acesso em: 08 jan. 2022.

(34) Art 1º São de interesse da segurança nacional, dentre as atividades essenciais em que a greve é proibida pela Constituição, as relativas a serviços de água e esgoto, energia elétrica, petróleo, gás e outros combustíveis, bancos, transportes, comunicações, carga e descarga, hospitais, ambulatórios, maternidades, farmácias e drogarias, bem assim as de indústrias definidas por decreto do Presidente da República.

§ 1º Compreendem-se na definição deste artigo a produção, a distribuição e a comercialização.

Foi apenas com a Constituição de 1988, no art. 9º, que a greve foi reconhecida como direito fundamental coletivo.

Em 28 de junho de 1989 surge a Lei n. 7.783[35] que dispõe sobre o exercício da greve, além de definir as atividades essenciais e regulamentar o atendimento das necessidades inadiáveis da comunidade.

Por fim, a Lei n. 14.197, de 1º de setembro de 2021, define que:

> Art. 359-T. Não constitui crime previsto neste Título a manifestação crítica aos poderes constitucionais nem a atividade jornalística ou a reivindicação de direitos e garantias constitucionais por meio de passeatas, de reuniões, de greves, de aglomerações ou de qualquer outra forma de manifestação política com propósitos sociais.[36]

4. Classificação

Doutrinariamente a greve tende a ser classificada em típica ou atípica. Na primeira encontram-se fins econômicos e profissionais enquanto na segunda os fins buscados relacionam-se com o âmbito político, social ou religioso[37].

Por sua vez, A. M. Nascimento distingue, no que diz respeito aos objetivos da greve, a de cumprimento, que possui como intuito a satisfação de obrigações existentes e a de reivindicação, que busca obter condições novas de trabalho[38].

A. M. de Barros afirma que, fora do âmbito da licitude, encontram-se greves com fins diversos como a greve econômica ou profissional, a de protesto, as de solidariedade ou simpatia e as que implicam em um protesto.

5. Greve Política

Nos interessa, nesse momento, a greve política (último tipo de greve supracitado). Nessa forma de greve é indispensável que haja uma situação conflitiva de caráter trabalhista, consistindo, portanto, em um protesto contra um ato governamental que implique em lesão aos interesses trabalhistas[39].

J. L. U. Cataldo define greve política como um instrumento de pressão frente a autoridade pública, tendo como objetivo obter uma conduta por parte do poder público. Afirma o autor que essa modalidade de greve é uma figura crítica já que é a única que pode estar fora da órbita de cobertura da liberdade sindical.

---

§ 2º Consideram-se igualmente essenciais e de interesse da segurança nacional os serviços públicos federais, estaduais e municipais, de execução direta, indireta, delegada ou concedida, inclusive os do Distrito Federal.

(35) Disponível em: <http://www.planalto.gov.br/ccivil_03/leis/l7783.HTM>. Acesso em: 07 jan. 2022.

(36) Lei n. 14.197. Disponível em: <https://www.in.gov.br/en/web/dou/-/lei-n-14.197-de-1-de-setembro-de-2021-342334198>. Acesso em: 07 jan. 2022.

(37) BARROS, Alice Monteiro de. *Curso de Direito do Trabalho*. 11. ed. São Paulo: LTr, 2017. p. 849.

(38) NASCIMENTO, Amauri Mascaro; NASCIMENTO, Sônia Mascaro. *Curso de Direito do Trabalho:* História e Teoria Geral do Direito do Trabalho: Relações Individuais e Coletivas de Trabalho. 29. ed. São Paulo: Saraiva, 2014. p. 1.461.

(39) BARROS, Alice Monteiro de. *Curso de Direito do Trabalho*. 11. ed. São Paulo: LTr, 2017. p. 850.

Dentro da greve política o autor distingue as que afetam diretamente os interesses dos trabalhadores e as que afetam indiretamente. É a utilização desse critério que permite a diferenciação entre greve política e greve de solidariedade.

Nesse sentido, o *Comité de Libertad Sindical del Consejo de Administración de la OIT*:

> 528. **As greves de natureza puramente política e as greves decididas sistematicamente muito antes das negociações não se enquadram no âmbito dos princípios da liberdade sindical**.
>
> 529. Embora as greves de natureza puramente política não sejam abrangidas pelos princípios da liberdade de associação, os sindicatos devem poder organizar greves de protesto, em particular para criticar a política económica e social do governo. As organizações sindicais devem ter a possibilidade de recorrer a greves de protesto, nomeadamente com vista a exercer a crítica à política económica e social dos governos. (tradução e grifos nossos)(40)

No entanto, o mesmo órgão adverte:

> 170. (...) O Comitê reconheceu, no entanto, que é difícil definir claramente a fronteira que separa o político do puramente sindical. Ele destacou que as duas noções estão entrelaçadas e que é inevitável, e às vezes normal, que as publicações sindicais se posicionem sobre problemas que têm aspectos políticos, bem como sobre problemas puramente econômicos e sociais.

Apesar de cada país possuir uma legislação particular no que diz respeito a greve política, é de fundamental importância analisar o caso italiano. A constitucionalidade do art. 504 do Código Penal Italiano foi objeto de discussão resultando na sentença n. 165/1983.

O art. 504 do referido código tratava do delito de coação pública por meio do fechamento patronal ou pela greve, com o seguinte texto: quando qualquer dos factos previstos no art. 502º for praticado com o objetivo de obrigar a Autoridade a dar ou omitir uma disposição, ou com o objetivo de influenciar as suas deliberações, a pena de prisão até dois anos(41). [tradução nossa]

Decidiu-se, então, que a greve de coação a autoridade pública é lícita, seja qual for sua motivação, desde que não vise subverter a ordem constitucional ou dificultar o livre exercício dos poderes legítimos(42).

---

(40) *"528. Las huelgas de carácter puramente político y las huelgas decididas sistemáticamente mucho tiempo antes de que las negociaciones se lleven a cabo no caen dentro del ámbito de los principios de libertad sindical.*

529. Si bien las huelgas de naturaleza puramente política no están cubiertas por los principios de la libertad sindical, los sindicatos deberían poder organizar huelgas de protesta, en particular para ejercer una crítica contra la política económica y social del gobierno. Las organizaciones sindicales deberían tener la posibilidad de recurrir a huelgas de protesta, en particular con miras a ejercer una crítica con respecto a la política económica y social de los gobiernos".

(41) Art. 504 do Código Penal Italiano: *"Quando alcuno dei fatti preveduti dall'articolo 502 è commesso con lo scopo di costringere l'Autorità a dare o ad omettere un provvedimento, ovvero con lo scopo di influire sulle deliberazioni di essa, si applica la pena della reclusione fino a due anni".* Disponível em: <https://www.brocardi.it/codice-penale/libro-secondo/titolo-viii/capo-i/art504.html>. Acesso em: 14 jan. 2022.

(42) Sentença n. 165/1983: *"(...) rimane pertanto illecito lo sciopero diretto a sovvertire l'ordinamento costituzionale ovvero ad impedire od ostacolare il libero esercizio dei poteri legittimi nei quali si esprime la sovranità popolare (...) dichiara l'illegittimità costituzionale dell'art. 504 cod. penale nella parte in cui punisce lo sciopero il quale ha lo scopo di costringere*

Afirma A. M. De Barros que, no Brasil, não há restrição tanto às greves políticas quanto de solidariedade. No entanto, doutrinariamente têm-se como legítimas as greves que têm interesses que versem sobre criação ou alterações das condições de trabalho.

No entanto, é possível destacar que a Jurisprudência tende a considerar a greve política como abusiva. A título de exemplo, cita-se a decisão proferida pela Sessão de Dissídios Coletivos do Tribunal Superior do Trabalho, a qual julgou a greve realizada pelos empregados das empresas do sistema Eletrobras em razão da privatização do setor. De acordo com o julgado:

A greve é o instrumento de que dispõem os trabalhadores para fazer frente às empresas, quando pretendem a melhora das condições de trabalho ou o cumprimento das obrigações contratuais e quando frustrada a negociação coletiva.

> Assim, num regime concorrencial, ao poder econômico das empresas sobre a remuneração dos trabalhadores se opõe o poder sindical dos trabalhadores sobre a prestação de serviços. As empresas afetadas pela paralisação, ao perderem fatia do mercado devido a essa, verificarão o que lhes é menos gravoso: a perda de receitas e de mercados ou o atendimento às reivindicações obreiras.
>
> Em suma, a greve é, na seara laboral, o que é a guerra na seara política, lembrando o dito de Karl Von Clausewitz: 'A guerra é a política por outros meios, quando falha a diplomacia' ('Da Guerra'). E a negociação coletiva representaria a diplomacia, ou seja, a busca das melhores condições de trabalho por meios pacíficos, já que uma greve incomoda todos: as empresas os trabalhadores e os beneficiários dos bens e serviços prestados pelas empresas e seus trabalhadores.
>
> Ora, se a greve, em matéria laboral, é um direito constitucionalmente garantido, cabendo aos trabalhadores decidirem sobre a oportunidade de exercê-lo e os interesses a serem esgrimidos por meio dela (art. 3º) , então tem-se como subjacente à norma constitucional que o polo passivo do exercício desse direito são as empresas, quer por sofrerem com a paralisação dos serviços, quer por serem as que podem atender às reivindicações obreiras
>
> Nesse sentido, a expressão 'interesses' a serem defendidos diz respeito, obviamente, àqueles que possam ser contrapostos às pretensões patronais de restrição à ampliação de direitos aos empregados.
>
> No caso de uma greve política, como é a hipótese dos autos, em que o objetivo é contestar a política de privatização do governo, especialmente no setor elétrico, a paralisação deixa de ser um direito laboral, para se transformar em modalidade de 'lobby' ou grupo de pressão, como outro qualquer que vise obter ou impedir a normatização legal de determinada questão.
>
> A natureza não trabalhista de uma greve política fica clara na medida em que o polo passivo direto da greve, que são as empresas, não tem como negociar as reivindicações obreiras, pois dirigidas ao poder público.
>
> Assim, verifica-se que o movimento paredista é nitidamente abusivo, pois desvirtua o direito de greve, para transformá-lo em instrumento de manifestação política, no qual saem prejudicadas as empresas e a população que utiliza os serviços paralisados.

---

l'autorità a dare o ad omettere un provvedimento o lo scopo di influire sulle deliberazioni di essa, a meno che non sia diretto a sovvertire l'ordinamento costituzionale ovvero ad impedire o ostacolare il libero esercizio dei poteri legittimi nei quali si esprime la sovranità popolare". Disponível em: <https://www.cortecostituzionale.it/actionSchedaPronuncia.do?param_ecli=ECLI:IT:COST:1983:165>. Acesso em: 14 jan. 2022.

Esta Seção Especializada já se posicionou por diversas vezes no sentido da abusividade de greve política, sendo precedentes desse posicionamento os que se seguem:

(...).

Nesses termos, **julgo procedente** o pedido de **abusividade da greve.**(43)

Seguindo essa mesma visão:

RECURSO ORDINÁRIO EM DISSÍDIO COLETIVO DE GREVE. PARALISAÇÃO COM CARÁTER POLÍTICO. ABUSIVIDADE. A paralisação dos trabalhadores em empresas de transporte coletivo urbano, intermunicipal, interestadual, fretamento e turismo de Juiz de Fora, no dia 28.4.2017, como forma de protesto contra as propostas de reformas trabalhista e previdenciária, representou a adesão da categoria a um movimento convocado por entidades sociais e centrais sindicais, dirigido especificamente aos poderes públicos, não constituindo um meio de ação direta da classe trabalhadora em benefício de seus interesses profissionais. **O entendimento desta Seção Especializada é o de que a greve com nítido caráter político é abusiva, já que não se pode admitir que os empregadores suportassem as consequências da paralisação, quando as pretensões apresentadas não fazem parte da sua esfera de disponibilidade**. Acrescenta-se que declaração de abusividade da greve decorre, também, da não observância às disposições do art. 13 da Lei n. 7.783/1989, segundo as quais, na greve deflagrada em serviços essenciais, o empregador deve ser comunicado com antecedência mínima de 72 horas do início do movimento. Recurso ordinário conhecido e não provido (RO-10504-66.2017.5.03.0000, relatora Ministra: Dora Maria da Costa, Data de Julgamento: 09.04.2018). (g.n.)

A partir da análise dos julgados é possível perceber o tratamento jurisprudencial majoritário conferido a greve política no cenário brasileiro: essa modalidade de greve, a despeito de estar constitucionalmente assegurada, é vista como abusiva, e consequentemente desestimulada no Brasil.

Vale lembrar, nesse ponto, que o ramo do direito do trabalho é norteado por uma série de valores específicos, que assim o caracterizam e o diferenciam. De acordo com J. L. Souto Maior e M. O. G. Correia, seriam eles: "a) o trabalho humano não é uma mercadoria do

---

(43) "EMBARGOS INFRINGENTES. ABUSIVIDADE DA GREVE. NATUREZA POLÍTICA DO MOVIMENTO PAREDISTA. NÃO PROVIDO. A partir da interpretação conferida aos art. 2º e 3º da Lei n. 7.783/1989, extrai-se que a greve consiste no direito dos trabalhadores de suspenderem de forma coletiva, temporária e pacífica, total ou parcial, a prestação de serviços ao empregador, com o fim de forçar o atendimento de suas reivindicações, quando frustrada a negociação coletiva ou verificada a impossibilidade de recursos via arbitral. Trata-se de importante instrumento democrático destinado à resolução de conflitos, cuja titularidade é atribuída à coletividade de trabalhadores. É cediço que a greve possui finalidade profissional, por meio da qual os trabalhadores podem pressionar os empregadores, objetivando a obtenção de prestações de natureza trabalhista ou a manutenção de conquistas anteriores. No caso em análise, a greve deflagrada pelos sindicatos demandados teve por finalidade contestar a política de privatização do governo. Constata-se, por essa razão, que as reivindicações não eram direcionadas ao empregador, mas sim ao Poder Público, de modo que, a despeito de aquele ser diretamente prejudicado pela paralisação, não possui poderes para negociar com os trabalhadores, tampouco para atender às suas postulações. Desse modo, deve ser mantida a declaração de abusividade da greve, porquanto patente a sua natureza política. Embargos Infringentes de que se conhece e a que se nega provimento" (EI-DCG-1000418-66.2018.5.00.0000, Seção Especializada em Dissídios Coletivos, relator Ministro Guilherme Augusto Caputo Bastos, *DEJT* 26.02.2020).

comércio e b) a aplicação das normas trabalhistas serve à melhoria progressiva e constante das condições sociais e econômicas (de vida e de trabalho) do trabalhador"[(44)].

J. C. C. Baboin aponta que o:

> poder normatizador conferido às decisões judiciais trabalhistas só tem sentido dentro da lógica de proteção própria do Direito do Trabalho. Não pode a jurisprudência trabalhista, sob o argumento de limitações econômicas do mercado de capitais, negar efetividade às normas que regem as relações de trabalho e aos princípios do Direito Social. O Direito do Trabalho não pode ser utilizado como instrumento para sua própria negação. O julgador deve utilizar o ordenamento jurídico para extrair os fundamentos que sustentarão seus julgamentos, de modo a promover e efetivar os direitos trabalhistas.[(45)]

De acordo com o autor supracitado, a Jurisprudência deve levar em consideração a lógica estruturante do direito do trabalho, que, por sua vez está intimamente relacionada com a proteção dos trabalhadores. Ora, a declaração judicial de greve política como abusiva diverge claramente não apenas dos princípios norteadores do direito trabalhista como também de um direito constitucionalmente garantido.

6. Conclusões

A partir do presente estudo, é possível perceber que o instituto da greve teve um longo e não linear trajeto até ser considerado como um direito constitucionalmente garantido.

Isso pois, como um dos instrumentos mais expressivos do direito coletivo, a greve é objeto de intensas repressões, de acordo com os interesses do regime estatal em vigor ou do capital. É por essa razão que o exercício de greve foi considerado inicialmente como delito, posteriormente como liberdade até chegar a ser visto como direito.

No entanto, a despeito de estar previsto na Carta Magna sem restrições, estas são estabelecidas em decisões judiciais. Entre as restrições, tem grande importância a declaração da greve política como abusiva. As decisões que reproduzem essa limitação acabam por olvidar dos princípios norteadores do direito do trabalho, como a proteção ao trabalhador. Além disso, essas decisões acabam por inverter o escopo do processo trabalhista: ao invés de ser um instrumento de proteção e asseguramento dos direitos trabalhistas, acaba por se tornar uma forma de repressão e desestímulo ao movimento grevista.

Referência bibliográficas

BABOIN, José Carlos de Carvalho. *O tratamento jurisprudencial da greve política no Brasil.* 2013. Dissertação (Mestrado em Direito do Trabalho) – Faculdade de Direito, Universidade de São Paulo, São Paulo, 2013. doi:10.11606/D.2.2013.tde-10012014-153923>. Acesso em: 14 jan. 2022.

(44) MAIOR, Jorge Luiz Souto; CORREIA, Marcus Orione Gonçalves. O que é o Direito Social. in: CORREIA, Marcus Orione Gonçalves (Org.). *Curso de Direito do Trabalho.* São Paulo: LTr, 2007. vol. 1, p. 27-28.

(45) BABOIN, José Carlos de Carvalho. *O tratamento jurisprudencial da greve política no Brasil.* 2013. Dissertação (Mestrado em Direito do Trabalho) – Faculdade de Direito, Universidade de São Paulo, São Paulo, 2013. doi:10.11606/D.2.2013.tde-10012014-153923. Acesso em: 14 jan. 2022.

BARROS, Alice Monteiro de. *Curso de Direito do Trabalho*. 11. ed. São Paulo: LTr, 2017.

BRASIL. *Constituição dos Estados Unidos do Brasil.* Rio de Janeiro, 1946. Disponível em: <http://www.planalto.gov.br/ccivil_03/constituicao/constituicao46.htm>. Acesso em: 07 jan. 2022.

______. *Constituição da República Federativa do Brasil.* Brasília, 1967. Disponível em: <http://www.planalto.gov.br/ccivil_03/constituicao/constituicao67.htm>. Acesso em: 07 jan. 2022.

______. *Constituição República Federativa do Brasil.* Brasília, 1988. Disponível em: <http://www.planalto.gov.br/ccivil_03/constituicao/constituicao.htm>. Acesso em: 07 jan. 2022.

______. *Decreto n. 847 (Código Penal), de 11 de outubro de 1890.* Disponível em: <https://www2.camara.leg.br/legin/fed/decret/1824-1899/decreto-847-11-outubro-1890-503086-publicacaooriginal-1-pe.html>. Acesso em: 07 jan. 2022.

______. *Decreto n. 1.162, de 12 de dezembro de 1890.* Disponível em: <https://legis.senado.leg.br/norma/391335/publicacao/15630016>. Acesso em: 07 jan. 2022.

______. *Decreto-lei n. 1.632, de 4 de agosto de 1978*. Disponível em: <http://www.planalto.gov.br/ccivil_03/decreto-lei/Del1632impressao.htm>. Acesso em: 08 jan. 2022.

______. *Decreto-lei n. 2.848, de 7 de dezembro de 1940 (Código Penal).* Disponível em: <http://www.planalto.gov.br/ccivil_03/decreto-lei/Del2848compilado.htm>. Acesso em: 10 jan. 2022.

______. *Decreto-lei n. 9.070, de 15 de março de 1946.* Dispõe sobre a suspensão ou abandono coletivo do trabalho e dá outras providências. Disponível em: <http://www.planalto.gov.br/ccivil_03/decreto-lei/Del9070impressao.htm>. Acesso em: 10 jan. 2022.

______. *Lei n. 38, de 4 de abril de 1935*. Define crimes contra a ordem política e social. Disponível em: <http://www.planalto.gov.br/ccivil_03/leis/1930-1949/l0038.htm>. Acesso em: 07 jan. 2022.

______. *Lei n.. 4.330, de 1º de junho de 1964.* Regula o direito de greve, na forma do art. 158, da Constituição Federal. Disponível em: <http://www.planalto.gov.br/ccivil_03/leis/1950-1969/l4330.htm>. Acesso em: 07 jan. 2022.

______. *Lei n. 7.783, de 28 de junho de 1989.* Dispõe sobre o exercício do direito de greve, define as atividades essenciais, regula o atendimento das necessidades inadiáveis da comunidade, e dá outras providências. Disponível em: <http://www.planalto.gov.br/ccivil_03/leis/l7783.HTM>. Acesso em: 07 jan. 2022.

______. *Lei n. 14.197, de 1º de setembro de 2021*. Acrescenta o Título XII na Parte Especial do Decreto-lei n. 2.848, de 7 de dezembro de 1940 (Código Penal), relativo aos crimes contra o Estado Democrático de Direito; e revoga a Lei n. 7.170, de 14 de dezembro de 1983 (Lei de Segurança Nacional), e dispositivo do Decreto-lei n. 3.688, de 3 de outubro de 1941 (Lei das Contravenções Penais). Disponível em: <https://www.in.gov.br/en/web/dou/-/lei-n-14.197-de-1-de-setembro-de-2021-342334198>. Acesso em: 07 jan. 2022.

BEDOYA, María Rocío Bedoya. *Negociación Colectiva*. In: GRAU, Antonio Baylos; CORREIA, Marcus Orione Gonçalves (Orgs.), *Curso de Direito do Trabalho*. São Paulo: LTr, 2007. vol. 1.

DELGADO, Mauricio Godinho. *Curso de Direito do Trabalho*. 18. ed. São Paulo: LTr, 2019.

FRANÇA. *Lei Le Chapelier*. Disponível em: <https://books.openedition.org/pul/15476#ftn30>. Acesso em: 07 jan. 2022.

GARCIA, Gustavo Filipe Barbosa. *Curso de Direito do Trabalho*. 11. ed. Rio de Janeiro: Forense, 2017.

NASCIMENTO, Amauri Mascaro; NASCIMENTO, Sônia Mascaro. *Curso de Direito do Trabalho:* História e Teoria Geral do Direito do Trabalho: Relações Individuais e Coletivas de Trabalho. 29. ed. São Paulo: Saraiva, 2014.

RAMÍREZ ZULUAGA, B. La huelga, un fenómeno social y su problemática jurídica. *Estudios de Derecho*, [*S. l.*], v. 36, n. 92, p. 370–404, 1977. Disponível em: <https://revistas.udea. edu.co/index.php/red/article/view/332765>. Acesso em: 6 jan. 2022.

SANTOS, Enoque Ribeiro dos. *Fundamentos do Direito coletivo do trabalho nos Estados Unidos da América, na União Europeia, no Mercosul e a experiência sindical brasileira*. 2. ed. Rio de Janeiro: Lumen Juris, 2018.

SOUTO MAIOR, Jorge Luiz. *História do Direito do Trabalho no Brasil:* Curso de Direito do Trabalho. vol I: parte II. São Paulo: LTr, 2017.

______; CORREIA, Marcus Orione Gonçalves. *O que é o Direito Social.* In: MORAES FILHO, Evaristo de; MORAES, Antonio Carlos Flores de. *Introdução ao Direito do Trabalho*. São Paulo: LTr, 2014.

THOMÉ, Candy Florencio; SCHWARZ, Rodrigo García. *Diccionario Internacional de Derecho del Trabajo y de la Seguridad Social.* Valencia: Tirant to Blanch, 2014.

Greve de Trabalhadores em Plataformas de Aplicativos: Necessidade de Uma Nova Morfologia do Direito Fundamental de Greve

Francisco Gérson Marques de Lima[1]

Gabriel Lima Valentim[2]

1. Introdução

O ex-presidente brasileiro Washington Luiz, ao referir-se aos movimentos coletivos que incomodavam seu governo, de 1926 a 1930, pretensamente cunhou a expressão "a questão social é caso de polícia". Essa célebre frase é representativa de como grande parte dos políticos e juristas da época tratavam a resistência dos trabalhadores em uma era antes do surgimento do Direito do Trabalho como ramo jurídico autônomo, ou seja, como um assunto alheio ao direito, que merecia apenas atenção da polícia na repressão a esses movimentos. Washington Luiz não inovou, apenas ecoou o sentimento patriarcal.

Com a estruturação do Direito do Trabalho, a posterior consagração do direito de greve na Constituição de 1946 e o fortalecimento desse direito pela Constituição de 1988, a "questão social", ou seja, a resistência dos trabalhadores, deixou definitivamente de ser "caso de polícia" e passou a ser considerada um direito fundamental.

Apesar disso, por vários motivos que serão analisados neste artigo, muitas greves deflagradas por trabalhadores na contemporaneidade são consideradas, novamente, como "casos de polícia", por estarem à margem do manto permissivo do direito de greve.

Os trabalhadores de aplicativos do Brasil, por exemplo, vêm realizando várias paralisações coletivas desde 2018, de maior e menor porte, sem qualquer proteção justrabalhista, o que deixa estes profissionais vulneráveis a ações antissindicais de seus empregadores e, mesmo, de outros agentes (públicos e privados).

(1) Doutor (pós-doc.). Professor na Universidade Federal do Ceará. Subprocurador-Geral do Trabalho. Tutor do GRUPE-Grupo de Estudos em Direito do Trabalho.

(2) Mestre e doutorando em Direito pela Universidade Federal do Ceará (UFC). Pesquisador. Membro do GRUPE — Grupo de Estudos em Direito do Trabalho.

A falta de proteção à greve desses trabalhadores está baseada no fato de se encontrarem à margem do próprio Direito do Trabalho tradicional, já que, geralmente, não são considerados empregados. Todavia, um fator importante que este artigo pretende abordar é que a atual configuração legal e jurisprudencial do direito de greve, se encarada estrita e literalmente, é incompatível com a organização coletiva dos trabalhadores em plataformas de aplicativos, destacados aqui os uberizados. Ou seja, mesmo em um cenário hipotético onde os trabalhadores de aplicativos estejam inseridos no Direito do Trabalho, na condição de empregados, a atual configuração do direito de greve faz com que os movimentos coletivos desses trabalhadores continuem ineficazes. Como, então, construir um direito de greve adaptado a essa classe trabalhadora moderna?

O objetivo deste estudo é, analisando as greves de trabalhadores de aplicativos nacionais e internacionais, demonstrar e compreender o descompasso entre a regulamentação em torno da greve com a morfologia do trabalho uberizado, apresentando propostas para um direito de greve metodologicamente renovado. Destacaram-se, aqui, os uberizados, mas, na verdade, as bases teóricas ora lançadas se aplicam aos trabalhadores em plataformas de aplicativos em geral. O termo uberizado, assim, não restringe a categoria apenas aos trabalhadores da empresa *Uber*, mas, sim, significa uma categoria, no sentido lato sensu, de obreiros que laboram por plataformas e sistema digital semelhantes ao da referida empresa.

Este estudo se justifica não só pela importância social da categoria dos trabalhadores de aplicativos, que hoje abrangem mais de um milhão de profissionais no Brasil, mas também pela expansão do fenômeno denominado uberização do trabalho nas mais diversas categorias profissionais. A uberização acabou se transformando em uma palavra que significa forma própria de organização de trabalho por meio de plataforma de aplicativo com características peculiares. O trabalho realizado por meio de aplicativos é possível já se perceber nas categorias de médicos, advogados, enfermeiros, empregadas domésticas, professores etc. Assim, buscar um direito de greve adequado para esses trabalhadores é construir um direito de greve adequado ao futuro do trabalho.

Para desenvolver este estudo, o artigo é dividido em duas partes. Na primeira, pretende-se desenvolver a historicidade do direito de greve, contextualizando seu surgimento no auge do fordismo, do Estado de bem-estar social e do "operário massa". O objetivo deste tópico não é realizar uma longa construção histórica do direito de greve, o que não seria possível no espaço de um artigo, mas apenas apresentar como a greve já teve diversas formas ao longo do tempo, sendo consagrada pelas regulamentações modernas apenas uma espécie deste direito: a greve da era fordista. Na segunda parte, serão desenvolvidas a crise do fordismo e a ascensão das formas de acumulação flexibilizada, onde as peculiaridades do trabalhador contemporâneo o diferenciam do trabalhador fordista, apresentando, ainda, a categoria dos trabalhadores de aplicativos e sua atual configuração no Brasil. Além disso, pretende-se confrontar os ditames da lei de greve e da jurisprudência com o modelo o modelo grevista desta categoria profissional, apresentando propostas para solucionar o descompasso legal entre o direito de greve e os movimentos coletivos dos uberizados.

Pelas fontes e por sua natureza, a pesquisa é de natureza bibliográfica, exploratória, descritiva e interpretativa, de cunho qualitativo, realizada mediante análise bibliográfica e documental, valendo-se da utilização do método dialético e de estudos de caso. A jurisprudência invocada corrobora esta assertiva, além do teor crítico e prospectivo que aqui o tema é enfocado.

2. A historicidade da greve: o direito de greve como fruto da era fordista

2.1. Apontamentos iniciais

Para argumentar sobre a necessidade de se construir um novo direito de greve, bem como apresentar suas características, é essencial, primeiramente, estabelecer a historicidade da greve, ou seja, apresentar como esse movimento é historicamente plural e multiforme. Conforme defende José Carlos Baboin, ao contrário da maioria dos direitos trabalhistas, que obtiveram sua existência social construída através da normatividade jurídica, como férias e horas extras, a positivação da greve surgiu como resposta a este exercício de expressão social dos trabalhadores por ser um fato social juridicamente relevante.(3) O que se pretende desenvolver neste tópico é que, enquanto o direito de greve é um fenômeno historicamente rico, dotado de diversas formas, a legislação em torno do movimento busca proteger apenas determinado tipo de paralisação, surgida em determinada época histórica e carregada da ideologia da época.

Marcio Tulio Viana apresenta, por exemplo, como a própria denominação da greve nos mais diversos países pode explicar um pouco esse caráter multiforme do movimento. Na Inglaterra, o berço do capitalismo e, consequentemente, das greves, ela se chama *"strike"*, que pode significar ao mesmo tempo golpear, atacar e triunfar, sendo um conceito vinculado à realidade do trabalho do início do capitalismo inglês, em um contexto de luta de classes bem mais violento, que envolvia a quebra de máquinas, a sabotagem e até o assassinato de patrões. Na Itália, país de industrialização tardia, greve significa *"sciopero"*, termo que se refere a algum tipo de "recusa" — no caso, a recusa ao trabalho. Já na Espanha, greve é *"huelga"*, termo sinônimo de "intervalo", de descanso, tempo que não se está trabalhando. Na França, a palavra *"grève"* remete à Pláce de la Grève, praça parisiense onde trabalhadores se reuniam.(4) No Brasil, a palavra "parede", que foi um dos primeiros termos utilizados para designar "greve", era empregado comumente para se referir a estudantes que pretendiam "matar aula" — assim, eles estariam "fazendo parede".(5)

Não só isso, mas os sentidos de greve variaram bastante também conforme a própria evolução teórica do movimento operário. Para o anarquista Proudhon, a greve era um fenômeno

(3) BABOIN, José Carlos de Carvalho. *O tratamento jurisprudencial da greve política no Brasil*. São Paulo: FADUSP, 2013. p. 26.

(4) VIANA, Márcio Túlio. Da greve ao boicote: os vários significados e as novas possibilidades das lutas operárias. *Revista Tribunal Regional do Traballho da 3ª Região,* Belo Horizonte, v. 49, n. 79, p. 101-121, jan./jun. 2009.

(5) "Fazer parede; entre estudantes, é não entrar na aula, não fazer a lição do professor; ou unirem-se para qualquer outro ato de insubordinação". *Dicionário da Língua Portugueza composto por Antonio de Moraes Silva.* 6 ed. Curitiba: Ernesto Dias Araujo, 1858.

improdutivo e que deveria ser combatido. Para Marx, um fenômeno importante e eficaz, mas que não deveria ser supervalorizado. Para Bakunin, a greve seria o início de um processo revolucionário. Já para Lênin, a greve seria uma grande escola de guerra revolucionária, mas não a revolução em si. Rosa Luxemburgo radicalizava a visão marxista sobre greve, afirmando que a greve geral era a arma mais poderosa de luta na conquista dos direitos políticos.(6)

Por fim, a organização do trabalho é um fator que afeta bastante a forma como a greve é realizada. A historicidade da greve é, também, um reflexo da historicidade da categoria "trabalho". Da mesma forma que o Direito do Trabalho surgiu para regular um tipo de trabalho específico ínsito a uma época histórica determinada, o denominado trabalho "livre e subordinado", de caráter operário e da era industrial, o direito de greve surgiu para regular um tipo específico de paralisação coletiva de determinada categoria de trabalhadores e de uma época histórica determinada, a era fordista.

2.2. fordismo, o operário-massa e as greves

Constitucionalmente, o direito de greve foi previsto pela primeira vez, no Brasil, na Constituição de 1946; na França, na Constituição de 1946; e, na Itália, na Constituição de 1947. Na maior parte dos países americanos, o direito de greve surgiu principalmente após a Conferência de Chapultepec, de 1945. A consequência disso é que este direito foi pensado e estruturado com base na organização produtiva que prenominava naquela época: a organização taylorista/fordista.

Segundo Ricardo Antunes, os elementos constitutivos básicos desse modelo de organização de trabalho foram a produção em massa, através da linha de montagem e de produtos mais homogêneos; o controle dos tempos e movimentos pelo cronometro taylorista e da produção em série fordista; a existência do trabalho parcelar e pela fragmentação das funções; a separação entre elaboração e execução no processo de trabalho; a existência de unidades fabris concentradas e verticalizadas e pela constituição/consolidação do operário--massa, do trabalhador coletivo fabril.(7) Sobre o surgimento da categoria do operário-massa, Ricardo Antunes leciona:

> Tendo perdido a identidade cultural da era artesanal e manufatureira dos ofícios, esse operário havia se ressocializado de modo relativamente "homogeneizado", quer pela parcelização da indústria taylorista/fordista, pela perda da destreza anterior ou ainda pela desqualificação repetitiva de suas atividades, além das formas de sociabilização ocorridas fora do espaço da fábrica. Isso possibilitou a emergência, em escala ampliada, de um novo proletariado, cuja

(6) ROMÃO, Frederico Lisboa. Da "greve geral de massas" à "greve vaca brava". *REDD — Revista Espaço de Diálogo e Desconexão*, v. 3, 2011, p. 33-45.

(7) ANTUNES, Ricardo. *Adeus ao trabalho?:* ensaio sobre as metamorfoses e a centralidade do mundo do trabalho. São Paulo: Cortez, 1997. p. 25.

forma de sociabilidade industrial, marcada pela massificação, ofereceu as bases para a construção de uma nova identidade e de uma nova forma de consciência de classe.[8]

Ainda segundo o sociólogo da Unicamp, o processo de proletarização e massificação ocorrido durante a vigência do taylorismo/fordismo mostrou-se fortemente contraditório. Esse modelo de organização, ao reduzir a autonomia individual do trabalhador, incentivava nele o desejo dessa dada autonomia.[9] O taylorismo/fordismo realizava uma expropriação intensificada do operário-massa, destituindo-o de qualquer participação na organização do processo de trabalho, que se resumia a uma atividade repetitiva e desprovida de sentido.[10]

Dessa forma, a resistência a essa realidade, em que é tirada do trabalhador a autonomia laboral, emerge como a paralisação do trabalho, onde o operário toma para si o controle da fabricação ou dos meios da produção.

Nesse contexto, a produção em massa e a concentração de unidades fabris em grandes centros industriais foram elementos que auxiliaram a atuação e o fortalecimento sindical nas décadas de auge dessa organização do trabalho. Em centros industriais como o ABC paulista, nas décadas de 1960 e 1970, em que havia uma gigantesca quantidade de operários vivendo e trabalhando em conjunto, a solidariedade classista emergiu com maior fluência, facilitando a organização de grandes greves.

Sindicatos do ABC paulista e de Belo Horizonte,[11] por exemplo, conseguiram, na década de 1970, o feito de lotar grandes estádios com milhares de trabalhadores engajados na luta coletiva, algo impensável na contemporaneidade brasileira. As categorias de trabalhadores metalúrgicos e da construção civil, que envolvem cooperação laboral direta e contato pessoal, foram responsáveis por grandes paralisações, ao lado de outras por ora não mencionadas.

Aliás, até início da década de 1990, aproximadamente, o empresário bem sucedido, no Brasil, era o que possuía muitos empregados, uma vasta folha salarial. Foi nesta estrutura e sob esta ótica que os sindicatos se organizaram.

Esse modelo de organização laboral, todavia, entrou em declínio, tema discorrido no próximo tópico.

2.3. A crise do fordismo, a ascensão das formas de acumulação flexibilizada e o surgimento do trabalho uberizado

Segundo David Harvey, o núcleo essencial do fordismo manteve-se forte até pelo menos meados de 1973. Segundo esse autor, os padrões de vida para a população trabalhadora

---

(8) ANTUNES, Ricardo. *Os sentidos do trabalho:* ensaio sobre a afirmação e a negação do trabalho. 2. ed. São Paulo: Boitempo, 2009. p. 42.

(9) *Ibidem*, p. 43.

(10) *Idem*.

(11) OLIVEIRA, R. C. A greve dos operários da construção civil de Belo Horizonte em 1979: memórias em construção. In: *XII Encontro Regional de História — Anpuh — Rio:* usos do passado, Rio de Janeiro, 2006, p. 05-230.

dos países capitalistas centrais mantiveram relativa estabilidade e os lucros monopólicos também eram estáveis.(12)

Todavia, vários fatores provocaram a crise desse modelo de organização do trabalho. A queda da taxa de lucro, provocada pelo aumento do preço da força de trabalho; a retração do consumo, causada, em grande parte, pelo desemprego estrutural que então se iniciava; a hipertrofia da esfera financeira, que ganhava relativa autonomia frente aos capitais produtivos; a maior concentração de capitais, graças as várias fusões entre as empresas monopolistas e oligopolistas; a crise do Estado do bem-estar social, acarretando a crise fiscal Estado capitalista e a necessidade de retração dos gastos públicos e o incremento acentuado das privatizações, desregulamentações e flexibilizações do processo produtivo são elementos dessa crise.(13)

Em resposta a essa conjuntura, gestou-se a transição do padrão taylorista e fordista para as novas formas de acumulação flexibilizada. Segundo Ricardo Antunes, o capital deflagrou, então, várias transformações no próprio processo produtivo, por meio da constituição das formas de "acumulação flexível, do downsizing, das formas de gestão organizacional, do avanço tecnológico, dos modelos alternativos ao binômio taylorismo/fordismo, em que se destaca especialmente o toyotismo ou o modelo japonês".(14)

A acumulação flexível, segundo Harvey, é marcada por um confronto direto com a rigidez do fordismo. Ela se apoia na flexibilidade dos processos de trabalho, dos mercados de trabalho, dos produtos e padrões de consumo. Caracteriza-se pelo surgimento de setores de produção inteiramente novos, novas maneiras de fornecimento de serviços financeiros, novos mercados e, sobretudo, de taxas altamente intensificadas de inovação comercial, tecnológica e organizacional.(15)

Nesse cenário laboral, percebe-se uma contínua diminuição do proletariado industrial, estável e especializado, herdeiro da era da indústria verticalizada, e o aumento de trabalhadores informais, terceirizados e do setor de serviço.

Além disso, como substituição ao trabalhador de carteira assinada, emergiram várias categorias de trabalho precarizado. O subproletariado moderno, o part time, o novo proletariado dos *McDonald's*, os trabalhadores hifenizados, os trabalhadores terceirizados e precarizados das empresas liofilizadas, os trabalhadores assalariados da chamada "economia informal", além dos trabalhadores desempregados, expulsos do processo produtivo, são exemplos dessas categorias profissionais contemporâneas.(16)

---

(12) HARVEY, David. *Neoliberalismo como destruição criativa.* The Graduate Center — The City University of New York. 2006.

(13) ANTUNES, Ricardo. *Os sentidos do trabalho:* ensaio sobre a afirmação e a negação do trabalho. 2. ed. São Paulo: Boitempo, 2009, p. 31-32.

(14) *Idem.*

(15) HARVEY, David. *Condição pós-moderna:* uma pesquisa sobre as origens da mudança cultural. 12. ed. São Paulo: Edições Loyola, 2005. p. 140.

(16) ANTUNES, Ricardo. *Os sentidos do trabalho,* ob. cit., p. 103.

Emerge, neste contexto, no final dos anos 2000, a categoria profissional central deste artigo: o trabalhador de plataforma digital, mediante uso de aplicativos, aqui representado pelos uberizados. Essa categoria profissional, apesar de abarcar diferentes tipos de trabalho e de trabalhadores, possui algumas características fundamentais:

> 1) contatos *on-line* entre produtores e consumidores; trabalhadores e empresas;
>
> 2) uso de aplicativos ou plataformas para acesso em computador ou instrumentos móveis de comunicação;
>
> 3) uso abrangente de dados digitais para a organização e gestão dessas atividades;
>
> 4) relações estabelecidas por "demanda" (ou seja, que resultam de arranjos por cada produto, desprovidos de segurança jurídica capaz de garantir sua continuidade).(17)

A importância de se colocar essa categoria de trabalhadores como ponto central do trabalho se dá pelos desafios na sua relação de trabalho, ainda nova e em evolução, e por já haver experiências grevistas e de organização coletiva desses profissionais, principalmente encabeçadas pelos entregadores de aplicativo.

Todavia, a mobilização coletiva dos uberizados ainda é um fato historicamente novo, que enfrenta uma série de desafios de ordem social e jurídica.

3. As greves dos uberizados: desafios sociais e jurídicos

Nos dias 28 de março e 1º de abril de 2022, trabalhadores de aplicativo de diversas localidades do Brasil realizaram mais uma mobilização coletiva para reivindicar melhores condições de trabalho. Dentre as diferentes pautas desse movimento descentralizado, que contou com motoristas e entregadores, os trabalhadores reivindicaram reajuste no valor das corridas e entregas, melhor comunicação entre empresa e trabalhador, melhor detalhamento das remunerações e medidas para uma maior segurança no trabalho.

O movimento em questão é apenas um exemplo das várias greves dessa categoria profissional que eclodiram no País desde 2018. Esses movimentos coletivos apresentam aos estudiosos do direito alguns elementos importantes para refletir sobre a construção de um novo Direito do Trabalho e, consequentemente, de um novo direito de greve.

3.1. A acomodação dos uberizados no Direito do Trabalho: a necessidade de reconhecimento da relação de emprego

O ponto de partida de qualquer análise jurídica dos problemas que envolvem esta categoria plural dos trabalhadores de aplicativo é o reconhecimento da relação de emprego entre o trabalhador e a plataforma digital.

---

(17) FILGUEIRAS, V. A.; ANTUNES, Ricardo. Plataformas digitais, Uberização do trabalho e regulação no Capitalismo contemporâneo. *Revista Contracampo*, vol. 39, 2020, p. 27.

Em que pese a existência de diversas modalidades de trabalho entre o profissional e a plataforma, grande parte desses trabalhadores exerce a função com o preenchimento de todos os elementos fático-jurídicos da relação de emprego. O trabalho é exercido de forma pessoal, com o cadastro individualizado nas plataformas, havendo reconhecimento facial antes de iniciar o trabalho e apresentação de documentos pessoais e dados bancários; é oneroso, visto que é repassado aos motoristas 70% a 80% do valor pago pelos passageiros; é um trabalho exercido com subordinação, havendo um monitoramento tecnológico desses trabalhadores, que são, além disso, instigados a cumprir elevadas metas, obrigados a seguir rigorosas regras de conduta e, por fim, o trabalho é exercido por grande parte desses trabalhadores de forma não eventual, os quais, muitas vezes, utilizam as plataformas como principal fonte de renda familiar, senão a única.

Já houve, nesses moldes, reconhecimento pelo TRT-7ª Região (Ceará), por exemplo, no processo 0001539-61.2017.5.07.0009, da relação de emprego entre o trabalhador e a Uber.(18) Mesmo para aqueles trabalhadores em que a não eventualidade não é constatada, o tipo de trabalho exercido por estes profissionais pode se enquadrar na categoria do "empregado intermitente", figura criada pela Reforma Trabalhista (Lei n. 13.467/2017), em que o empregado pode aceitar ou recusar chamada para a prestação de serviço do seu empregador, nutrindo com este, ainda, uma relação de subordinação. O trabalhador, nesta categoria de emprego, não ganha pelo período à disposição do empregador, mas, sim, apenas pelo período em que esteja efetivamente realizando o serviço. O reconhecimento da relação de emprego intermitente de trabalhador de aplicativo também já foi realizado pela jurisprudência nacional, no processo 0011098-61.2019.5.03.0113, pelo TRT-3ª Região.(19)

É interessante constatar, todavia, que a pauta do reconhecimento da relação de emprego não costuma estar entre as reivindicações de uberizados nesses movimentos grevistas. Há uma desinformação, muitas vezes provocada pelos próprios meios de comunicação das plataformas digitais, no sentido de que o reconhecimento da relação de emprego impossibilitaria o empregado de estar vinculado a diferentes aplicativos. Todavia, a "exclusividade", sabe-se bem, não é um pré-requisito da relação de emprego. Cabe aos estudiosos do direito trabalhista e aos sindicatos combaterem essa desinformação junto aos trabalhadores uberizados.

3.2. A necessidade da reconstrução morfológica do direito de greve

Passada a problemática do reconhecimento da relação de emprego, que traria a questão dos trabalhadores de aplicativos para a guarita do Direito do Trabalho, outro assunto emerge:

---

(18) TRT-7ª Região. *Segunda Turma do TRT/CE reconhece vínculo de emprego entre motorista e empresa Uber.* Disponível em: <https://www.trt7.jus.br/index.php?option=com_content&view=article&id=4657:segunda-turma-do-trt-ce-reconhece-vinculo-de-emprego-entre-motorista-e-empresa-uber&catid=152&Itemid=885>. Acesso em: 15 ago. 2022

(19) TRT-3ª Região. *Justiça do Trabalho reconhece relação de emprego entre motorista e Uber, na modalidade intermitente.* 07 maio 2020. Disponível em: <https://portal.trt3.jus.br/internet/conheca-o-trt/comunicacao/noticias-juridicas/jt-mg-reconhece-relacao-de-emprego-entre-motorista-e-uber-na-modalidade-intermitente>. Acesso em: 15 ago. 2022.

como assegurar o direito de greve destes trabalhadores? A atual configuração do direito de greve é suficiente para a proteção do movimento paredista desses profissionais?

Para responder a essas perguntas, deve-se fazer o desenho legal da greve no Brasil, utilizando, principalmente, a Lei de Greve.

3.3. A greve segundo a Lei n. 7.783/89

O direito de greve está regulado pela Lei n. 7.783/1989, denominada "Lei de Greve", contendo 19 artigos, entre os quais um referente ao lockout.

O art. 1º desse diploma legal estabelece que "é assegurado o direito de greve, competindo aos trabalhadores decidir sobre a oportunidade de exercê-lo e sobre os interesses que devam por meio dele defender".

É interessante notar que o artigo replica o art. 9º da Constituição Federal, que deixa exclusivas duas prerrogativas importantíssimas aos trabalhadores: o momento mais oportuno para a paralisação e a escolha dos interesses a defender. A primeira é a liberdade do trabalhador em decidir a oportunidade de exercer a greve, ou seja, o momento mais conveniente para deflagrar o movimento, que pode ser o Natal, o Ano Novo, Dia das Mães etc.[20]

Essa prerrogativa constitucional, que não é limitada pela Lei de Greve, é constantemente negada aos trabalhadores sem um motivo muito claro. O TST declarou a greve dos petroleiros de 2018 como abusiva, dentre outros motivos, por "beirar o oportunismo",[21] como se o oportunismo em uma greve fosse, por si só, uma característica ruim, proibida, negativa ou ilegal.

A mesma Corte consolidou jurisprudência proibitiva de greve política, cujo conceito o Tribunal deixou muito abstrato, ingressando, assim, no que os trabalhadores poderiam entender ser necessário defender por meio da greve. É que a outra prerrogativa conferida pelo art. 9º, CF, é a liberdade reivindicativa dos grevistas, estabelecendo que compete aos trabalhadores decidir sobre os interesses que devam por meio dele defender, o que deveria garantir o direito a greves políticas e de solidariedade, já que a própria Lei de Greve também não limita este aspecto legal. Todavia, ao contrário do postulado legal, a greve política também é constantemente declarada abusiva pelo Tribunal Superior do Trabalho.

Já o art. 2º da Lei de Greve estabelece um modelo legal para que as greves sejam legítimas, enquadrando a conduta dos sindicatos e dos trabalhadores em suportes conceituais dogmáticos:

> Art. 2º Para os fins desta Lei, considera-se legítimo exercício do direito de greve a suspensão coletiva, temporária e pacífica, total ou parcial, de prestação pessoal de serviços a empregador.

---

(20) LIMA, Francisco Gérson Marques de. *Lei de greve anotada:* Lei n.7.783/89. São Paulo: LTr, 2018. p. 12.

(21) SCOCUGLIA, Livia. Greve dos petroleiros beira ao oportunismo, diz TST. *JOTA*. 29 maio 2018. Disponível em: <https://www.jota.info/paywall?redirect_to=//www.jota.info/tributos-eempresas/trabalho/greve-dos-petroleiros-tst-29052018>. Acesso em: 12 ago. 2022.

A greve, então, para ser legítima, deve ser baseada na suspensão do trabalho, o que exclui a proteção a greves em que não ocorre a paralisação da produção, as greves atípicas, como a greve de zelo,[22] a greve ativa,[23] a operação tartaruga, a greve de amabilidade etc.

É interessante perceber que, ao contrário do disposto na lei, a Organização Internacional do Trabalho, na Recopilação de 2018 sobre liberdade sindical, estabelece que as limitações a esses tipos de greves só se justificariam caso elas deixem de ser pacíficas:

784. En cuanto a las modalidades del derecho de huelga denegado a los trabajadores (paralización intempestiva, trabajo a reglamento, huelga de brazos caídos, huelgas de celo, trabajo a ritmo lento, ocupación de la empresa o del centro de trabajo), el Comité consideró que tales limitaciones sólo se justificarían en los casos en que la huelga dejase de ser pacífica.[24]

O art. 3º da Lei de Greve estabelece os pré-requisitos para a deflagração de uma greve (legítima), determinando:

> Art. 3º Frustrada a negociação ou verificada a impossibilidade de recursos via arbitral, é facultada a cessação coletiva do trabalho.
>
> Parágrafo único. A entidade patronal correspondente ou os empregadores diretamente interessados serão notificados, com antecedência mínima de 48 (quarenta e oito) horas, da paralisação.

Vale dizer, o art. 3º da referida Lei dispõe sobre requisitos (caput) e certos procedimentos (parágrafo único) que os sindicatos devem observar para uma deflagração aceita pelo ordenamento. Além destas exigências, a lei impõe, ainda, a aprovação em assembleia, a definição da pauta, a autorização assemblear etc. É o que se constata do seu art. 4º, segundo o qual "caberá à entidade sindical correspondente convocar, na forma do seu estatuto, assembleia geral que definirá as reivindicações da categoria e deliberará sobre a paralisação coletiva da prestação de serviços".

Já o art. 9º reza que, durante a greve, o sindicato ou a comissão de negociação, mediante acordo com a entidade patronal ou diretamente com o empregador, manterá em atividade equipes de empregados com o propósito de assegurar os serviços cuja paralisação resultem em prejuízo irreparável, pela deterioração irreversível de bens, máquinas e equipamentos, bem como a manutenção daqueles essenciais à retomada das atividades da empresa quando da cessação do movimento. E, no art. 11, dispõe sobre a necessidade de se manter as atividades inadiáveis, dentre as essenciais previstas no art. 10.

(22) A greve de *zelo* (operação-padrão) é um movimento que consiste em se dar atenção rigorosa a todas as normas da atividade profissional, o que acaba por retardar, diminuir ou restringir o seu andamento. MELO, Raimundo Simão de. *A greve no direito brasileiro*. 4. ed. São Paulo: LTr, 2017. p. 42.

(23) A greve *ativa*, ao contrário das demais, consiste em acelerar exageradamente o ritmo do trabalho, de modo que a produção saia prejudicada. MELO, Raimundo Simão de. Ob. cit., p. 42.

(24) OIT. A libertad sindical- La libertad sindical. *Recopilación de decisiones del Comité de Libertad Sindical,* Sexta Edición, 2018. Libro. 23 jul. 2018.

Assim, é perceptível que a limitação ao direito de greve se dá em diferentes níveis. A Constituição garante um direito amplo à greve, enquanto a lei captura esse movimento polissêmico e restringe sua proteção para apenas um tipo de greve, que deve, além disso, seguir um determinado rito, que, por si só, já é bastante custoso. Por fim, em outro nível, a jurisprudência, principalmente do Tribunal Superior do Trabalho e do Supremo Tribunal Federal, interpreta essa lei restritivamente, de maneira ainda mais limitante, robustecendo os pré-requisitos legais e criando outros não previstos na legislação e que, na prática, dificultam, inviabilizam ou esvaziam o exercício deste direito coletivo. Uma das medidas de esvaziamento da greve é a definição de percentuais elevados na manutenção da atividade empresarial pelos trabalhadores, como frequentemente ocorre com a determinação pelos tribunais do trabalho para que 70%, 80% e, às vezes, 100% da mão de obra continue laborando. Um enorme contrassenso!

Essas limitações legais, apesar das merecidas críticas recebidas, foram engendradas com base no modelo de trabalho fordista, onde, como já foi analisado, os trabalhadores detinham grande força para deflagrar greves poderosas e ante a facilidade de paralisar a produção, que apresentava diversas fragilidades ao seu funcionamento. Na contemporaneidade, todavia, principalmente em face ao trabalhado uberizado e sob as atuais tecnologias, esse modelo grevista é ineficiente e inadequado. E os requisitos para deflagração de greve não mais são apropriados, quer porque podem inviabilizarem-na, quer porque também são movimentos legítimos dos trabalhadores outras formas de manifestação que não signifiquem, obrigatoriamente, paralisação de suas atividades. Essas manifestações merecem ser tratadas também pela legislação do trabalho, como um dos capítulos de formas organizadas de reivindicação coletiva dos trabalhadores.

3.4. O descompasso entre a Lei de Greve e a greve dos uberizados

O ponto de partida para desenvolver como a regulamentação em torno do direito de greve é ineficaz frente ao trabalho uberizado — como, de resto, dos trabalhadores em plataformas de aplicativos — pode ser feito com base na característica principal da greve realizada em âmbito fordista-taylorista: essencialmente, a paralisação do trabalho. As greves atípicas ficaram em segundo plano, no âmbito do Direito.

Apesar da importância dessa forma de movimento paredista protegido pela Lei de Greve em muitas categorias profissionais, no modelo de trabalho uberizado a paralisação da produção é uma modalidade nem sempre eficaz de fazer greve e, convenha-se, pode ser altamente antipática perante a sociedade (os consumidores). Mais uma vez, o conflito pode ser levado a um campo que não favorece os trabalhadores, aquele em que seu antagonista é o consumidor, com a empresa se passando por vítima da rebelião operária.

A principal razão para essa ineficácia está no algoritmo dos aplicativos. A Uber, por exemplo, possui uma ferramenta de incentivo denominada "preço dinâmico", onde a empresa compensa a alta da demanda por carros em determinados lugares pelo aumento do valor das corridas, incentivando a prestação de serviço nesses horários de maior demanda e pouca oferta. No cenário grevista, a falta de trabalhadores disponíveis no mercado promoveria um aumento do valor das corridas e o consequente incentivo aos fura-greves, acarretando o enfraquecimento do movimento coletivo e mais lucro para a empresa. Ou seja, o propósito de paralisar o serviço e de prejudicar a economia da empresa não é alcançado pelos trabalhadores, os quais, ainda por cima, são facilmente identificáveis e fatalmente punidos, inclusive de forma automática pelo sistema informatizado.

É importante, então, defender uma abertura conceitual do direito de greve ou um novo capítulo das formas de reivindicação ou resistência coletiva, além de uma metodologia apropriada de seu exercício. Conquanto se reconheça a essência do direito fundamental de greve como sendo a liberdade de paralisação coletiva de trabalho,(25) é preciso admitir nas liberdades e direitos da classe operária outros mecanismos de mobilização laboral que possam pressionar as empresas e, inclusive, de lhes causar prejuízos econômicos, o que pode ser provocado de diferentes formas, por meio de piquetes, bloqueios de ruas, operação-padrão, greve à japonesa, manifestações nas redes sociais, denúncias públicas etc. Destarte, deve-se possibilitar aos uberizados um leque maior de táticas disponíveis para causar prejuízos às empresas contratantes.

Outra maneira de mitigar esse problema pode ser encontrada em âmbito internacional. No Chile, por exemplo, o art. 33 da Lei n. 16.625, que diz respeito à atuação sindical, estatui que, uma vez declarada a greve, serão suspensas todas as atividades da empresa ou prédio correspondente ao pessoal em conflito.(26) Essa regra, caso aplicada às greves dos trabalhadores de aplicativo brasileiros, poderia ser uma solução às dificuldades de eficácia da paralisação do serviço em conflitos coletivos. A paralisação seria total, o que forçaria a empresa a abrir negociação com os grevistas. Mas, admita-se, é uma solução de difícil aceitabilidade.

Além disso, pré-requisitos como a notificação prévia, a tentativa de negociação prévia e a votação em assembleia, em que pese possam ser exigências importantes em outros contextos paredistas, também dificultam a eficácia da greve dos uberizados. A fluidez em que essas empresas funcionam é incompatível com um modelo de greve centrado na presença do sindicato, principalmente no modelo brasileiro de unicidade sindical. É incongruência admitir-se que os trabalhadores laborem por meio de plataformas — logo, a comunicação com a empresa e com os colegas não é presencial —, mas as assembleias tenham de ser presenciais. Ou que essas empresas possam contratar trabalhadores substitutos durante a greve ou que possam majorar os preços de seus produtos e serviços em razão da mobilização coletiva de seus trabalhadores. Estas condutas empresariais violam a liberdade de greve, pois promovem o seu esvaziamento. E as punições pelo sistema informatizado, como exclusão de trabalhadores, suspensão de corridas ou redução na pontuação, em razão da participação na greve, é indiscutível conduta antissindical, pois promovem discriminação aos que exerceram um direito constitucional.

(25) LIMA, Francisco Gérson Marques de. *Conflitos coletivos de trabalho:* hermenêutica da greve, enquanto direito colidível com outros direitos fundamentais. Disponível em: <https://d3eihfknihgo3p.cloudfront.net/wp-content/uploads/2020/08/Greve-hermen%C3%AAutica-e-conflitos-de-direitos-fundamentais.pdf>. Acesso em: 19 ago. 2022.

(26) BOUCINHAS FILHO, Jorge. *Direito de greve e democracia.* São Paulo: LTr, 2013. p. 144.

A notificação prévia, exigida pela Lei n. 7.783/89, por exemplo, seria um momento que as plataformas de aplicativo teriam tempo para se resguardar estruturalmente de qualquer efeito que greve possa vir a ter. A interpretação dessa exigência pode ser feita razoavelmente de modo a proibir qualquer ato da empresa que, neste lapso temporal, inviabilize a paralisação ou que ameace os trabalhadores, ficando aberta, porém, a via autocompositiva para resolver o conflito.

As empresas de plataformas de aplicativos devem ser compelidas a ter um canal apto à comunicação com seus trabalhadores, tanto individual quanto coletivamente. A não ser assim, o diálogo com os sindicatos obreiros pode ficar prejudicado, violando as vias pacíficas de prevenção e de resolução de conflitos.

Na prática, em movimentos paredistas dos uberizados, as plataformas digitais utilizam os dias anteriores às greves para aceitar em seus aplicativos grandes quantidades de novos profissionais, enchendo o mercado de novos motoristas e entregadores, de modo que os efeitos econômicos de uma greve dificilmente são notados. Além disso, as empresas de aplicativo podem bloquear motoristas e entregadores ativos no movimento paredista para desmobilizar o movimento coletivo. Outra ação temida pelos trabalhadores é o "shadowban", em que a empresa não bloqueia o usuário, mas deixa de oferecer serviço para o profissional cadastrado. A notificação prévia de 48 horas é tempo suficiente para a empresa se utilizar de todos esses meios para desmobilizar um movimento paredista.

Já sobre a tentativa de negociação e a votação em assembleia, a enorme quantidade de aplicativos, o fato de esses trabalhadores estarem vinculados a várias plataformas ao mesmo tempo e a questão da existência de diversas categorias de profissionais diferentes dentro das plataformas digitais, tendo que realizar greves em conjunto, prejudicam o preenchimento desses pré-requisitos legais.

Em que pese a utilização da nomenclatura "trabalhadores de aplicativo" como uma classe una, há uma diversidade desses tipos de trabalhadores, em virtude das peculiaridades das diversas plataformas digitais, cada uma com seus problemas. Por isso, cada classe desses trabalhadores carrega seus próprios anseios e suas próprias reivindicações, além de que a forma de comportamento dos aplicativos, conquanto tenham suas bases comuns, precisa de adequar às peculiaridades dos serviços.

Há a diferença óbvia entre motoristas e entregadores, por exemplo. Há também o conflito entre entregadores que conduzem bicicleta e os que dirigem motocicleta. E, mesmo, entre estes e os que realizam entregas a pé ou por outros modos de locomoção.

Há, inclusive, diferentes categorias de trabalhadores dentro de um mesmo aplicativo. No *iFood*, por exemplo, ao se cadastrar nos aplicativos de entrega, o trabalhador pode escolher entre dois sistemas de organização do trabalho: o "Nuvem" e o "OL". No modelo "Nuvem", o trabalhador loga e trabalha nos dias, horários e tempo que "quiser", recebendo por cada entrega realizada. Já o entregador "OL" fica vinculado a um Operador Logístico. Este entregador possui horários específicos a cumprir e tem um dia de folga na semana, acertada com seu Operador Logístico, recebendo, além disso, um valor por cada período em que fica à disposição deste operador, mesmo que não faça entrega alguma. A própria categoria do trabalhador OL, todavia, também possui ramificações. Há o OL Sub-Praça, que trabalha apenas em determinada região da cidade, e o OL Livre, que pode realizar entregas em qualquer região da cidade. Ou seja, categorias diferentes, com relações diferentes com a plataforma. A construção de uma luta coletiva, com reivindicações conjuntas, em uma categoria tão plural, é um grande obstáculo a ser superado.

Portanto, o preenchimento dos pré-requisitos da tentativa de negociação prévia e da votação em assembleia pode ser uma tarefa difícil, até porque algumas empresas que controlam os aplicativos e que usam suas facilidades não se situam no país ou seus representantes são difíceis de encontrar. Já os movimentos grevistas dos trabalhadores de aplicativos são normalmente um fenômeno social plural, contendo diferentes empregadores, categorias de trabalhadores e reivindicações, todos facilmente contactáveis pelas empresas que os contratam.

Um direito de greve adaptado para essa categoria profissional seria um direito sem muitos pré-requisitos, ou seja, um direito que possa ser exercido sem muitas complicações jurídicas e burocracias sindicais.

A importância dessa abertura jurídica do direito de greve se dá para proteger esses trabalhadores de atos antissindicais protagonizados por plataformas de aplicativo, como os bloqueios e campanhas de difamação(27) de grevistas protagonizadas pelas plataformas.

Além disso, a relevância em abrir conceitualmente o direito de greve se deve pela expansão da uberização para diversos setores profissionais. Desse modo, a ineficácia da "greve tradicional" já pode ser verificada em diversas categorias de trabalhadores. O grande número de greves que ainda ocorrem no país: segundo o Departamento Intersindical de Estatística e Estudos Socioeconômicos (DIEESE), 721 greves apenas em 2021,(28) não quer dizer que haja uma grande liberdade nas deflagrações de movimentos grevistas no País, mas significa que há a liberdade de produzir greves ineficazes, movimentos tão domesticados pelos ditames legais que são incapazes de efetivamente solucionar, pelo menos no médio prazo, o conflito social que fez o movimento surgir. Não há uma grande liberdade para greve, mas sim para o "grevismo".(29)

É necessário, então, reconstruir o direito de greve. Deve-se seguir o caminho defendido pela Profª. Drª. Lívia Mendes Moreira Miraglia, em sua obra a "Morfologia do Direito do Trabalho na Atualidade", onde a autora defende que o Direito do Trabalho deve refletir a realidade social de determinada época, pois só assim ele será capaz de ser instrumento efetivo

(27) LEVY, Clarissa. A máquina oculta de propaganda do *iFood*. *Agência Pública*. 19 ago. 2022. Disponível em: <https://apublica.org/2022/04/a-maquina-oculta-de-propaganda-do-ifood/>. Acesso em: 15 ago. 2022.

(28) DIEESE. Departamento Intersindical de estatísticas e estudos socioeconômicos. *Balanço das greves de 2021*, n. 102, 4 jul. 2022. Comparativamente aos anos anteriores, este número vem caindo notavelmente.

(29) Segundo Francisco Gérson Marques de Lima, o grevismo é "a crônica paralisação, muitas vezes anuais, quase como um costume ou dever, repetindo-se a lenga-lenga entre trabalhadores e empresários". LIMA, Francisco Gérson Marques de. *Greve:* Um direito antipático. Fortaleza: Premius, 2014. p. 16.

de justiça social, devendo descentralizar-se para abranger o maior número possível de trabalhadores excluídos".[30] O direito de greve deve ser, assim, capaz de incorporar em seu manto protetivo diferentes formas de greve.

A greve, apesar de ser um direito antipático, é um direito fundamental importantíssimo, sendo um direito social de 2ª dimensão e, ao mesmo tempo, um direito fundamental de 3ª dimensão, já que é também um instrumento político que pode ser utilizado para discutir a democracia. Além disso, funciona como garantia constitucional, já que serve para viabilizar direitos vilipendiados[31].

Se o Direito do Trabalho surgiu como produto de grandes greves operárias dos séculos XIX e XX, a chave para a superação da crise enfrentada por esse ramo do direito pode estar nas greves dos uberizados do século XXI.

4. Considerações finais

A uberização, denominação que acabou abrangendo as diversas formas de trabalho por plataformas de aplicativos, é um dos principais tema da contemporaneidade, ante a precarização que ocasiona e os desafios ao Direito do Trabalho. É essencial que a comunidade sindical e jurídica investigue esse fenômeno e todos os seus contornos.

As greves, nessas ambiências, precisam ser repensadas e, certamente, a Lei n. 7.783/89 não se ajusta às situações sob comento, pois exige muitas formalidades inadequadas à celeridade do mundo digital.

A paralisação do trabalho, em que pese a importância ainda presente em diversas categorias, nem sempre é forma eficaz de greve em um mundo baseado na exploração do trabalho uberizado, em que a empresa pode incentivar os "fura-greves" por meio do "preço dinâmico".

Certas exigências impostas pela Lei de Greve, no Brasil, fragiliza o direito de paralisação, de mobilização e de reivindicação dos trabalhadores de aplicativos.

A tentativa de negociação prévia e a necessidade de votação em Assembleia também são pré-requisitos difíceis de serem satisfeitos em uma categoria tão plural quanto a dos uberizados. Esse modelo de exercício do direito de greve baseado na forte presença do sindicato, em que pese a importância ainda presente em diversas categorias, não é uma adequado em uma realidade trabalhista tão plural quanto a dos uberizados. Para ajustar a Lei de Greve à realidade do trabalho por aplicativo, deve-se entender que a via autocompositiva está encerrada ou frustrada simplesmente pelo fato de a empresa não responder às manifestações de seus trabalhadores, realizadas nos próprios aplicativos ou em canais de comunicação interna.

(30) MIRAGLIA, Lívia Mendes Moreira. Morfologia do direito do trabalho na atualidade: um diagnóstico acerca das relações de trabalho e emprego. In: REIS, Daniela Muradas; MELLO, Roberta Santas de; COURA, Solange Barbosa de Castro (Orgs.). *Trabalho e justiça social:* um tributo a Mauricio Godinho Delgado. São Paulo: LTr, 2013. p. 45.

(31) LIMA, Francisco Gérson Marques de. *Greve:* Um direito antipático. Fortaleza: Premius, 2014. p. 64.

Por fim, em que pese esse esboço inicial para a construção de uma nova metodologia do exercício do direito de greve, esse tema possui uma amplitude que ultrapassa o espaço de um artigo. O movimento dos trabalhadores contemporâneos, de diferentes formas, reivindica a abertura conceitual do direito de greve e de outras manifestações da organização coletiva dos trabalhadores. Greves selvagens, greves de solidariedade e greves políticas são outros exemplos de movimentos paredistas cada vez mais presentes no cotidiano da classe trabalhadora e que demandam a construção de uma nova morfologia do direito de greve. Tema a ser desenvolvido com mais profundidade em estudos futuros.

Referências bibliograficas

ANTUNES, Ricardo. *Adeus ao trabalho?:* ensaio sobre as metamorfoses e a centralidade do mundo do trabalho. São Paulo: Cortez, 1997.

BABOIN, José Carlos de Carvalho. *O tratamento jurisprudencial da greve política no Brasil.* São Paulo: (FADUSP) Faculdade de Direito da Universidade de São Paulo, 2013.

BOUCINHAS FILHO, Jorge. *Direito de greve e democracia.* São Paulo. LTr, 2013.

DIEESE. Departamento Intersindical de estatísticas e estudos socioeconômicos. *Balanço das greves de 2021*, n. 102, 4 jul. 2022.

FILGUEIRAS, V. A.; ANTUNES, R. Plataformas digitais, Uberização do trabalho e regulação no Capitalismo contemporâneo. *Revista Contracampo*. v. 39, 2020, p. 27.

HARVEY, David. *Condição pós-moderna:* uma pesquisa sobre as origens da mudança cultural. 12. ed. São Paulo: Edições Loyola, 2005.

______. *Neoliberalismo como destruição criativa.* The Graduate Center — The City University of New York. 2006.

LEVY, Clarissa. A máquina oculta de propaganda do *iFood. Agência Pública.* 19 ago. 2022. Disponível em: <https://apublica.org/2022/04/a-maquina-oculta-de-propaganda-do-ifood/>. Acesso em: 15 ago. 2022.

LIMA, Francisco Gérson Marques de. *Greve:* Um direito antipático. Fortaleza: Premius, 2014.

______. *Lei de greve anotada:* Lei n.7.783/89. São Paulo: LTr, 2018.

______. *Conflitos coletivos de trabalho:* hermenêutica da greve, enquanto direito colidível com outros direitos fundamentais. Disponível em: <https://d3eihfknihgo3p.cloudfront.net/wp-content/uploads/2020/08/Greve-hermen%C3%AAutica-e-conflitos-de-direitos-fundamentais.pdf>. Acesso em: 19 ago. 2022.

MELO, Raimundo Simão de. *A greve no direito brasileiro*. 4 ed. São Paulo: Ltr, 2017.

MIRAGLIA, Lívia Mendes Moreira. Morfologia do direito do trabalho na atualidade: um diagnóstico acerca das relações de trabalho e emprego. In: REIS, Daniela Muradas; MELLO, Roberta Santas de; COURA, Solange Barbosa de Castro (Orgs.). *Trabalho e justiça social:* um tributo a Mauricio Godinho Delgado. São Paulo: LTr, 2013.

OIT. A libertad sindical — La libertad sindical. Recopilación de decisiones del Comité de Libertad Sindical, Sexta edición, 2018. Libro. 23 jul. 2018.

OLIVEIRA, R. C. A greve dos operários da construção civil de Belo Horizonte em 1979: memórias em construção. In: *XII Encontro Regional de História — Anpuh — Rio:* usos do passado. Rio de Janeiro, 2006.

ROMÃO, Frederico Lisboa. Da "greve geral de massas" à "greve vaca brava". *REDD — Revista Espaço de Diálogo e Desconexão*, vol. 3, p. 33-45, 2011.

SCOCUGLIA, Livia. Greve dos petroleiros beira ao oportunismo, diz TST. *JOTA*. 29 maio 2018. Disponível em: <https://www.jota.info/paywall?redirect_to=//www.jota.info/tributos-eempresas/trabalho/greve-dos-petroleiros-tst-29052018>. Acesso em: 12 ago. 2022.

TRT-3ª Região. *Justiça do Trabalho reconhece relação de emprego entre motorista e* Uber, *na modalidade intermitente*. 07 maio 2020. Disponível em: <https://portal.trt3.jus.br/internet/conheca-o-trt/comunicacao/noticias-juridicas/jt-mg-reconhece-relacao-de-emprego-entre-motorista-e-uber-na-modalidade-intermitente>. Acesso em: 15 ago. 2022

TRT-7ª Região. *Segunda Turma do TRT/CE reconhece vínculo de emprego entre motorista e empresa* Uber. Disponível em: <https://www.trt7.jus.br/index.php?option=com_content&view=article&id=4657:segunda-turma-do-trt-ce-reconhece-vinculo-de-emprego-entre-motorista=-e-empresa-uber&catid-152&Itemid=885>. Acesso em: 15 ago. 2022.

VIANA, Márcio Túlio. Da greve ao boicote: os vários significados e as novas possibilidades das lutas operárias. *Revista do Tribunal Regional do Trabalho da 3ª Região*, Belo Horizonte, v. 49, n. 79, p. 101-121, jan./jun. 2009.

Existe Um Direito do Greve no Brasil?

Jorge Luiz Souto Maior[1]
José Carlos de Carvalho Baboin[2]

Historicamente a greve no Estado brasileiro foi criminalizada, vigendo uma cultura de aversão ao instituto. Por longo período a legislação brasileira expressou a aversão ao direito de greve, criminalizando seu exercício. O presente livro, construído coletivamente por pesquisadoras e pesquisadores do Direito do Trabalho, busca trazer a história não contada da greve no Brasil para possibilitar uma análise aprofundada do desenvolvimento do Direito de greve e confrontar erros — históricos e jurídicos — que tanto cercam o tema.

Em decorrência desses erros tão comuns na interpretação da matéria por parte de juristas e magistrados surge um questionamento: existe Direito de Greve no Brasil? Ora, à primeira vista a pergunta pode parecer despropositada, já que o Direito de Greve é um direito constitucional, garantido pelo art. 9º da Lei Maior. Entretanto, a aparência fornecida pela constitucionalização só se configura em efetiva existência diante da garantia de exercício desse direito na realidade concreta. E é esse esforço científico que buscamos apreender.

Na Constituição Federal de 1988, que representa o marco da tentativa de redemocratização das instituições do país e que só foi possível em decorrência do advento das greves iniciadas no final da década de 70, os direitos dos trabalhadores ganharam posição privilegiada, inscritos que foram no Título dos Direitos e Garantias Fundamentais, com especial relevo para o direito de greve.

Nos termos do art. 9º da Constituição Federal:

> Art. 9º É assegurado o direito de greve, competindo aos trabalhadores decidir sobre a oportunidade de exercê-lo e sobre os interesses que devam por meio dele defender.

Verdade que a própria Constituição estabeleceu que "a lei definirá os serviços ou atividades essenciais e disporá sobre o atendimento das necessidades inadiáveis da comunidade" (§ 1º.) e que "os abusos cometidos sujeitam os responsáveis às penas da lei".

---

(1) Professor associado da Faculdade de Direito do Largo São Francisco – Universidade de São Paulo. Desembargador do Tribunal Regional do Trabalho da 15ª Região

(2) Mestre em Direito Social pela Universidade Paris Panthéon-Sorbone. Mestre e Doutor pela Universidade de São Paulo.

Parece óbvio, no entanto, que essas especificações atribuídas à lei não poderiam ser postas em um plano de maior relevância que o próprio exercício da greve. Em outras palavras, as delimitações legais, para atender necessidades inadiáveis e para coibir abusos, não podem ser vistas com um alcance tal que inviabilize o exercício do direito de greve.

A aversão cultural à greve, difundida por setores da grande mídia, infelizmente invadiu a doutrina e a jurisprudência trabalhista e o que se tem visto, por tempos, foi um posicionamento bastante restritivo quanto ao direito de greve, que sequer permitiu ver que a Lei n. 7.783/89, que regulou a greve com o parâmetro neoliberal instaurado a partir daquele ano, trouxe inúmeras restrições inconstitucionais à greve. Mas o pior mesmo foi a consagração de uma interpretação à lei de greve mais restritiva que a própria lei.

O que se verifica, presentemente, é a necessidade em avançar na compreensão do direito de greve dentro de uma realidade ainda repleta de agressões ao seu exercício e que precisam, portanto, ser enfrentadas e superadas, vez que não correspondem às previsões normativas constitucionais sobre o assunto e ao tratamento que lhe é dado no direito internacional.

A Constituição da República Federativa do Brasil nenhuma referência faz à possibilidade do Judiciário julgar a greve, declarando-a ilegal ou abusiva. Admissão dessa interferência do Judiciário veio na Lei n. 7.783/89 (art. 8º.). Ocorre que se tem dado à lei uma interpretação bastante extensiva que serve unicamente para mitigar o conteúdo imperativo do direito de greve.

Nos termos da referida lei, deflagrada a greve compete à entidade empregadora manter diálogo com os trabalhadores e não valer-se da via judicial para que esta dirima o conflito.

Preceitua o art. 9º da Lei n. 7.783/89 que "Durante a greve, o sindicato ou a comissão de negociação, mediante acordo com a entidade patronal ou diretamente com o empregador, manterá em atividade equipes de empregados com o propósito de assegurar os serviços cuja paralisação resulte em prejuízo irreparável, pela deterioração irreversível de bens, máquinas e equipamentos, bem como a manutenção daqueles essenciais à retomada das atividades da empresa quando da cessação do movimento".

Ainda, em seu art. 11 que "Nos serviços ou atividades essenciais, os sindicatos, os empregadores e os trabalhadores ficam obrigados, de comum acordo, a garantir, durante a greve, a prestação dos serviços indispensáveis ao atendimento das necessidades inadiáveis da comunidade", esclarecendo no parágrafo único que "São necessidades inadiáveis, da comunidade aquelas que, não atendidas, coloquem em perigo iminente a sobrevivência, a saúde ou a segurança da população".

Resta claro, portanto, que deflagrada a greve, que é um direito dos trabalhadores, cumpre a estes e ao empregador, de comum acordo, definirem como serão realizadas as atividades inadiáveis ou, ainda essenciais. As responsabilidades pelo efeito da greve não podem, portanto, ser atribuídas unicamente aos trabalhadores, até porque esses estão no exercício de um direito. Aos empregadores também são atribuídas responsabilidades e a primeira delas é a de abrir negociação com os trabalhadores, inclusive para definir como será dada continuidade às atividades produtivas ou o atendimento as atividades essenciais.

Ainda que haja a iminência de um risco de dano à população em virtude da greve, cabe ao Judiciário chamar à responsabilidade a entidade patronal e não dar guarida à sua pretensão unilateral de acabar com a greve por meio da via judicial, o que já traz em si o vício do descumprimento da obrigação legal de negociação, que atinge, também, a continuação da sua atividade.

Mesmo em atividades consideradas essenciais pertence, logicamente, ao conjunto dos trabalhadores o conhecimento quanto à melhor forma de se dar continuidade às atividades, sendo certo que, pressupostamente, os trabalhadores grevistas têm plena ciência da importância do trabalho que executam, sendo que seu objetivo é o de retomarem as atividades o mais rápido possível, com as melhoras vislumbradas, é claro, até porque fazer greve, em geral, dá muito mais trabalho do que trabalhar.

No Brasil, no entanto, o que se tem visto é que muitos empregadores do setor público ingressam com ação na Justiça mesmo antes que a greve seja deflagrada e obtém do Judiciário (Justiça do Trabalho ou Justiça Comum) uma decisão, de natureza cautelar, impondo aos trabalhadores limites quase intransponíveis para o exercício do direito de greve, sob o argumento de estarem protegendo a "sociedade", buscando, ainda, que o aparato policial, para cumprimento da decisão judicial, seja utilizado para reprimir, duramente, os trabalhadores em greve.

Além das empresas, muitas vezes é o próprio Ministério Público do Trabalho que intenta Dissídio de Greve, pelo qual pleiteia e obtém medida liminar que determina aos trabalhadores a manutenção dos serviços em percentuais que praticamente anulam a greve.

1. As restrições e proibições judiciais ao exercício do direito de greve

Em várias situações os trabalhadores têm sofrido restrições advindas de decisões judiciais que confrontam flagrantemente as previsões legais sobre o direito de greve, culminando, em alguns casos, em verdadeira proibição do exercício do Direito de greve.

Um exemplo marcante é o caso das trabalhadoras e trabalhadores do Judiciário Federal no Estado de São Paulo em 2014. Por estarem há nove anos sem reposição das perdas inflacionárias, no aguardo, ainda da aprovação do novo plano de cargos e salários, a categoria profissional deliberou por deflagrar movimento grevista a partir do dia 30 de setembro de 2014. A União Federal demandou contra o Sindicato para que fosse impedido de deflagrar a greve em relação aos servidores da Justiça Eleitoral, com pedido de cominação de multa diária de R$ 500.000,00 em caso de descumprimento por parte do sindicato ou dos servidores, ao argumento do perigo à continuidade dos serviços públicos, dada a proximidade do primeiro turno das eleições de 2014. O Tribunal Regional Federal de São Paulo proferiu decisão liminar em 28.09.2014, domingo, proibindo a realização da greve, sob pena de multa diária de R$ 300.000,00 a ser paga em regime de solidariedade entre sindicato e servidores.

Uma categoria que também é alvo constante dessas limitações judiciais é a dos metroviários. Ao menor sinal de paralização das atividades, cautelares são deferidas impondo a manutenção dos serviços. É o caso das trabalhadoras e trabalhadores Metroviários do Estado de Pernambuco. Em 2009, através da Ação Cautelar Inominada n. 00263-2009-000-06-00-2, foi deferida a liminar pleiteada para ordenar aos trabalhadores a manutenção durante o movimento paredista o efetivo mínimo de 30% (trinta por cento) dos serviços de transporte metroviário, sob pena de multa diária no valor de R$ 1.000,00 (um mil reais), o que inviabilizaria totalmente a efetividade da greve. Já na greve de 2012, através da Ação Cautelar Inominada (processo n. 0000196-60.2012.5.06.0000), ajuizada pela Companhia Brasileira de Trens Urbanos — CBTU, o Tribunal Regional do Trabalho de Pernambuco concedeu parcialmente a medida liminar requerida para determinar a manutenção de 50% dos serviços de transporte metroviário pelos grevistas, nos horários de maior movimento (pico) e de 30% nos horários de menor movimento, sob pena de multa diária de R$ 5.000,00 (cinco mil reais).

Note-se que houve uma progressão na limitação do exercício do direito de greve. Essa progressão continuou na greve de 2014 através da Ação Cautelar Inominada (processo n. 0000082-53.2014.5.06.0000), ajuizada pela Companhia Brasileira de Trens Urbanos — CBTU, pretendendo a proibição de movimento grevista deflagrado em fevereiro, em razão do descumprimento de Acordo Coletivo de Trabalho. O Tribunal Regional do Trabalho de Pernambuco concedeu a medida liminar pretendida pela empresa, preventivamente, sem ouvir os trabalhadores, determinando a manutenção dos serviços em sua integralidade, ou seja, proibiu a greve, sob pena de multa diária de R$ 800.000,00 (oitocentos mil reais) ao Sindicato dos Metroviários de Pernambuco (Sindmetro). A medida teve severos impactos sobre a categoria profissional. O SINDMETRO (Sindicato dos Trabalhadores metroviários no estado de Pernambuco) havia cumprido todos os preceitos legais para deflagração da greve, em atendimento a Lei n. 7783/1989. A medida liminar obrigou os trabalhadores a mudarem sua pauta e assumirem a discussão a respeito do teor da medida judicial em tela, objetivando negociar a retirada da multa que inviabilizaria totalmente o prosseguimento das atividades sindicais. Ainda em 2014, na Ação Cautelar Inominada n. 0000452-32.2014.5.06.0000, a medida liminar pretendida pela empresa (CBTU) foi deferida pelo Tribunal Regional do Trabalho de Pernambuco, determinando a operação normal dos trens no horário de pico, que vai das 5h às 9h e das 16h às 20h, de segunda a sexta-feira, e das 5h às 13h aos sábados, sob pena de multa diária de R$ 800.000,00 (oitocentos mil reais).

Casos similares são corriqueiros nos Tribunais. Em São Paulo, é reiterada a conduta da Companhia do Metropolitano em encerrar as negociações salariais sem atender as reivindicações postuladas pelos trabalhadores e judicializar o conflito coletivo. A empresa, cujo acionista majoritário é o Estado de São Paulo, nega a efetividade da garantia à negociação coletiva, pilastra da liberdade sindical, uma vez sistematicamente não negocia e se utiliza do Judiciário, obtendo medidas liminares restritivas / proibitivas ao exercício do direito de greve e, havendo a superação pela categoria profissional, do ilícito óbice imposto ao exercício regular do direito, acomoda-se no seio do Poder Normativo da Justiça do Trabalho, que defere reposições mínimas e decreta o fim da greve.

Em suas ações, a Companhia do Metropolitano pleiteia medida proibitiva ao exercício do direito de greve, com a determinação de manutenção de 70% das atividades em horários de vale e 100% das atividades nos horários de pico, compreendidos das 6h às 9h e das 16h às 19h. Pleiteia, ainda, a determinação para que compareça, à assembleia dos trabalhadores, oficial de justiça a fim de "apurar a conduta dos dirigentes sindicais". O Tribunal Regional do trabalho, via de regra, defere as medidas pleiteadas pela empresa, impondo aos trabalhadores, geralmente, a manutenção de 70% das atividades em horários de vale e 100% das atividades nos horários de pico, compreendidos das 6h às 9h e das 16h às 19h, o que flagrantemente representa uma negativa ao direito de greve e a legitimação da conduta patronal, que dá ombros aos princípios mais elementares dessa Organização. O Ministério Público do Trabalho, no mesmo sentido, na ocorrência de deflagração de movimento grevista, ajuíza Dissídio de Greve pleiteando medidas que na prática inviabilizam totalmente o exercício da garantia constitucional[(3)].

A limitação ao Direito de greve se deu inclusive por vias administrativas do Poder Judiciário. Sem receber a recomposição salarial, garantida no inciso X, do art. 37, da Constituição Federal, os servidores do Judiciário Federal entraram em greve em 2015. Atendendo Pedido Providências formulado por associações de advogados, o Conselho Nacional de Justiça, que não possui poder jurisdicional, acabou determinando que os Presidentes dos Tribunais Regionais do Trabalho formalizassem o corte de ponto dos servidores em greve (CNJ – Pedido de Providências – 0003835-98.2015.2.00.000[(4)]).

2. A proibição dos piquetes, manifestações, intervenção em assembleias e o uso dos "fura greve"

As ações das empresas e Estado brasileiro direcionadas a impedir o exercício do direito de greve não se restringem as medidas proibitivas/restritivas, para, supostamente, garantir as "atividades essenciais". São adotadas também outras estratégias, sem respaldo legal, como a utilização dos "fura greves", de interditos proibitórios e até de intervenção em assembleias com o intuito de frustrar o exercício do direito de greve pelos trabalhadores.

Lembre-se que, legalmente falando, há uma impossibilidade de o empregador manter sua atividade em funcionamento, passando por cima do dever de negociar, valendo-se de mecanismos de pressão e do trabalho dos "fura-greves". Para a lei (art. 9º da Lei n. 7.783/89), a tentativa do empregador de manter-se funcionando normalmente sem negociar com os trabalhadores em greve, valendo-se das posições individualizadas dos ditos "fura-greves", representa ato ilícito, que afronta o direito de greve.

(3) Ver: Ação Cautelar Inominada n. 2010700-39.2011.5.02.0000, Dissídio Coletivo de Greve n. 2011500-67.2011.5.02.0000; Ação Cautelar Inominada n. 0004592-91.2012.5.020000; Ação Cautelar Inominada n. 0005305-32.2013.5.02.0000; Ação Cautelar Inominada n. 1000718-13.2014.5.02.0000; Dissídio de Greve ajuizado pelo MPT n. 1000801-29.2014.5.02.0000; Dissídio de Greve ajuizado pelo Metrô n. 1000806-51.2014.5.02.0000; Dissídio Coletivo ajuizado pelo Metrô n.: 1000807-36.2014.5.02.0000; Ação Cautelar Inominada n. 1000765-50.2015.5.02.0000.

(4) A decisão do CNJ valeu uma nota da Associação Juízes para a Democracia intitulada "Em favor do direito de greve e contra o corte de ponto dos servidores da Justiça Federal". Nota disponível em: <https://www.ajd.org.br/documentos/cidadania/601-25em-favor-do-direito-de-greve-e-contra-o-corte-de-ponto-dos-servidores-da-justica-federal>. Acesso em: 15 jul. 2022.

Qualquer tipo de ameaça ao grevista ou promessa de prêmio ou promoção aos não grevistas constitui ato antissindical, tal como definido na Convenção n. 98 da OIT (ratificada pelo Brasil, em 1952). Conforme preceitua o § 2º do art. 6º da Lei de Greve, "É vedado às empresas adotar meios para constranger o empregado ao comparecimento ao trabalho, bem como capazes de frustrar a divulgação do movimento".

Interessante que quando se pretende favorecer o argumento do fura-greve fala-se em direito de ir e vir, mas pouco se importa com a legalidade estrita, que inibe esse direito individual diante da deflagração do direito coletivo de greve, e nenhuma referência se faz com a posição jurídica da greve como direito fundamental. Além disso, para abafar a greve, o próprio direito de ir e vir dos grevistas é negado, como se verifica em diversos casos nos quais se proibiram os trabalhadores de fazerem suas manifestações.

Os piquetes se justificam para que se faça prevalecer, em concreto, o legítimo e efetivo exercício do direito de greve, na medida em que se veja ameaçado por atos ilícitos do empregador, que se valendo de pressão aberta ou velada com relação aos grevistas e sugerindo premiações aos que não aderirem à greve, tenta destruir a greve sem se dispor ao necessário diálogo com os trabalhadores, sendo certo que o diálogo somente adquire nível de equilíbrio quando os que se situam em posição de inferioridade buscam a ação coletiva.

O art. 6º, I, §§ 1º e 3º da Lei de Greve são muito claros em permitir aos trabalhadores a realização de piquetes, desde que não "violem ou constranja direitos e garantias fundamentais de outrem", mas "outrem" não são trabalhadores da mesma categoria pois a greve, sendo uma deliberação coletiva, deve ser respeitada por todos. O exercício do direito de ir e vir de trabalhadores não grevistas de fato não existe no caso, podendo eles, em concreto, irem e virem para onde bem quiserem, mas não adentrarem o local de trabalho.

Quando se diz que os grevistas não podem impedir o acesso ao local de trabalho da mesma forma não se está referindo a outros trabalhadores da mesma categoria, até porque o próprio empregador está impedido de dar continuidade a suas atividades por meio do trabalho dos não grevistas, como já visto.

A greve, como instituto jurídico de natureza coletiva e quem deve definir como os serviços inadiáveis serão executados, conforme dispõe a lei, é o sindicato (ou a comissão de negociação), mediante acordo com a entidade patronal ou diretamente com o empregador. Não será, portanto, o empregador, sozinho, que deliberará a respeito junto com os denominados empregados "fura-greves". A manutenção das atividades do empregador, com incentivos pessoais a um pequeno número de empregados, que, individualmente, resolvem trabalhar em vez de respeitar a deliberação coletiva dos trabalhadores, constitui uma ilegalidade, uma frustração fraudulenta ao exercício legítimo do direito de greve.

Dentro deste contexto, a atuação dos trabalhadores em greve de impedir que o "fura-greve" adentre o local de trabalho, ou seja, a realização do conhecido "piquete," constitui parte essencial do exercício do direito de greve, que pode ser vista, inclusive, como um ato de defesa diante da ilegalidade que o "fura-greve" pretende realizar. Não obstante, tem sido objeto de sistemática violação pelo Estado brasileiro e empresas.

No setor bancário, são conhecidas as ações possessórias (interditos proibitórios) ajuizadas pelas instituições financeiras com o intuito de impedir a ação de grevistas aos arredores das agências, ações estas que tem o intuito de aliciar trabalhadores ao movimento grevista.

A prática é tão recorrente que foi editada a Súmula Vinculante n. 23 pelo Supremo Tribunal Federal[5] que fixou a competência para o processamento e julgamento dos interditos proibitórios ajuizados por instituições privadas em decorrência do exercício do direito de greve pelos trabalhadores da iniciativa privada.

O Tribunal Superior do Trabalho reconheceu o caráter antissindical da conduta dos bancos, condenando-os, em Ação Civil Pública ajuizada pelo Sindicato dos Trabalhadores Bancários de Belo Horizonte e região, ao pagamento de indenização por dano moral coletivo:

> RECURSO DE REVISTA – AJUIZAMENTO SIMULTÂNEO DE INTERDITOS PROIBITÓRIOS – GREVE – CONDUTA ANTISSINDICAL – ABUSO DE DIREITO – INDENIZAÇÃO – DANO MORAL COLETIVO. Os interditos possessórios são ações hábeis a provocar o Estado no intuito de se promover a defesa da posse que tenha sido tomada, perturbada ou, ao menos, ameaçada. No caso dos autos, os réus impetraram vinte e um interditos proibitórios, tendo como suposto receio a iminência de moléstia à posse provocada pelos movimentos grevistas deflagrados pelos trabalhadores dos réus. A ordem constitucional brasileira, em sua evolução histórica, caminhou, de forma não linear, em torno de três acepções acerca do conceito de greve: "fato socialmente danoso (delito), socialmente indiferente (liberdade) ou fato socialmente útil (direito)". Na Constituição Federal de 1988 ocorre, pela primeira vez, a elevação do direito de greve como direito fundamental, consagrando-o, desta via, como elemento definidor e legitimador de toda a ordem jurídica positiva. A garantia ao direito de greve deve ser interpretada no contexto de afirmação ao princípio da liberdade sindical e seu sistema e mecanismos de proteção, sendo que o sistema de proteção da tutela da liberdade sindical contra atos antissindicais transborda a ordem nacional e encontra abrigo no sistema internacional de direitos humanos trabalhistas. A impetração de interditos proibitórios, independentemente do sucesso ou insucesso das ações, representa, em si, a tentativa de inviabilizar a livre participação dos trabalhadores em atos reivindicatórios ou de manifestação política e ideológica, o que implica em ofensa ao princípio da liberdade sindical e faz incidir o sistema de proteção contra atos antissindicais, notadamente, o art. 1º da Convenção n. 98 da Organização Internacional do Trabalho. Portanto, utilizar de ações judicias, na forma realizada pelos réus, em que se partiu da presunção de abusos a serem cometidos pelos grevistas, requisito particular do instituto do interdito proibitório, atenta contra os princípios concernentes ao direito de greve e configura ato antissindical, consubstanciando abuso do direito de ação, sendo devida a reparação do dano moral suportado pelos trabalhadores da categoria representada pelo Sindicato autor. Recurso de revista conhecido e provido. (Rel. Ministro Augusto César Leite de Carvalho. SDI-I. PROCESSO N. TST-RR-253840-90.2006.5.03.0140)

Não obstante os sensíveis avanços obtidos com a sistemática denúncia da conduta antissindical das instituições financeiras, os interditos proibitórios ainda vêm sendo utilizados por Bancos, Estado e outras instituições com o intuito de impedir o exercício do direito de greve, mesmo que as atuações dos grevistas, para convencimento dos demais trabalhadores nos piquetes, sejam pacíficas, obstando até mesmo o direito de manifestação.

---

(5) "A Justiça do Trabalho é competente para processar e julgar ação possessória ajuizada em decorrência do exercício do direito de greve pelos trabalhadores da iniciativa privada."

Podem ser apontadas como exemplos dessas medidas liminares, deferidas em autos de ações possessórias ajuizadas para proibir a greve dos professores estaduais em 2015: a) Processo n. 1004825-91.2015.8.26.0309, 1ª Vara Cível – Foro de Jundiaí, Juiz Luiz Antonio de Campos Júnior; b) Processo n. 1001962-61.2015.8.26.0278, 2ª Vara Cível – Foro de Itaquaquecetuba, Juiz Alexandre Muñoz; c) Processo 1006747-08.2015.8.26.0071, 5ª Vara Cível – Foro de Bauru, Juiz João Augusto Garcia).

Há ainda casos de repressão direta a líderes sindicais, como o que ocorreu com o dirigente sindical José Batista Neto, que em 2015 foi detido e autuado em flagrante por "atentado contra a liberdade de trabalho, desobediência à ordem judicial, paralisação de trabalho de interesse coletivo e por atentado contra a segurança de outro meio de transporte" durante uma manifestação em apoio a greve dos trabalhadores rodoviários de Fortaleza/CE, em estado de greve.[6]

José Batista, representante da CSP-Conlutas, realizava no momento de sua arbitrária detenção, uma manifestação de apoio aos trabalhadores rodoviários, o que é um direito assegurado a qualquer cidadão de livre expressão de pensamento.

Vale destacar que tal fato ocorreu em extremidade oposta ao local da paralisação e que não houve qualquer impedimento para a saída ou entrada dos ônibus ao terminal. Não obstante, o trabalhador foi detido e autuado por suposto descumprimento de determinação judicial, e o carro de som do Sindicato, apreendido.

A decisão judicial foi prolatada pelo juiz José Maria Coelho Filho, da 1ª Vara do Trabalho do Ceará, em ação ajuizada pelo Sindiônibus (sindicato patronal), com o seguinte teor:

> Assim, concedo a medida pleiteada, em caráter liminar, determinando que o requerido se abstenha de efetuar qualquer bloqueio, total ou parcial, das vias de acesso às garagens das empresas filiadas ao requerente, bem como aos terminais de integração de ônibus — EM UM RAIO DE 200 (DUZENTOS) METROS — e se abstenha de impedir a livre circulação dos veículos de propriedade dessas empresas filiadas ao sindicato requerente, sob pena de, em caso de descumprimento, incidir multa diária no montante de R$50.000,00. Determino, ainda, a expedição de ofício ao Secretário de Segurança Pública do estado do Ceará para fornecer policiamento ostensivo perante as garagens das empresas e junto aos terminais de integração.

Referida decisão ocasionou a prisão do sindicalista e tem servido para criminalizar os piquetes da categoria profissional.

Se não bastassem tais restrições, há ainda histórico de intervenção em assembleias de trabalhadores, como é o caso do comparecimento de oficiais de justiça em assembleia de trabalhadores para apurar a conduta de dirigentes sindicais após determinação do Tribunal Regional do Trabalho de São Paulo.

---

(6) Disponível em: <http://cspconlutas.org.br/2015/06/dirigente-da-cspconlutas-ce-e-preso-durante-manifestacao-de-trabalhadores/>. Acesso em: 11 jul. 2022.

Na noite de 20 de maio de 2015, oficiais da Justiça do Trabalho de São Paulo compareceram à sede do Sindicato dos Metroviários de São Paulo, durante a assembleia da categoria, a fim de verificar qual seria a conduta dos trabalhadores frente aos termos de medida liminar prolatada nos autos da Ação Cautelar Inominada em que figurava como requente a Companhia do Metropolitano de São Paulo — METRÔ, processo 1000765-50.2015.5.02.0000, decisão que teve o seguinte teor:

> Assim, considerando que a Requerente presta serviço essencial e indispensável ao atendimento da comunidade, e que a motivação da anunciada greve não envolve mora salarial nem descumprimento de qualquer obrigação contratual, DEFIRO a liminar requerida pela Companhia do Metropolitano de São Paulo — Metrô, para determinar aos EMPREGADOS que, na hipótese de deflagração de greve, mantenham, nos horários compreendidos entre 6h e 9h, e das 16h às 19h, o contingente de trabalhadores necessário para assegurar 100% (cem por cento) da operação das linhas do metrô, uma vez que percentual inferior implicaria sérios transtornos aos usuários, em especial aos trabalhadores que se utilizam dessa espécie de transporte nos horários de pico. Nos demais horários deverão ser assegurados 70% (setenta por cento) das atividades operacionais normais. O descumprimento desta ordem judicial culminará na aplicação de multa diária de R$ 100.000,00 (cem mil reais), a ser revertida em favor de uma entidade social a ser oportunamente indicada por este E. Tribunal. <u>Por cautela, desde já fica determinada a constatação por Oficial de Justiça, junto ao Centro de Controle Operacional do Metrô, localizado na Rua Vergueiro, 1200, bairro do Paraíso, a partir da zero hora do dia 21.05.2015, e enquanto perdurar o movimento, com acompanhamento do supervisor responsável, junto à Assembleia dos Trabalhadores a ser realizada no dia 20.05.2015, às 18h30, nas dependências da sede da entidade sindical, a fim de apurar a conduta dos dirigentes sindicais em relação à presente ordem judicial, noticiando, ainda, o resultado da Assembleia quanto à deflagração ou não do movimento paredista.</u> Assim, DEFIRO A LIMINAR REQUERIDA. Intimem-se com urgência. Após, encaminhem-se os autos ao Núcleo Permanente de Métodos Consensuais de Solução de Conflitos Coletivos deste E. Tribunal a fim de que seja realizada audiência de conciliação. São Paulo, 20 de maio de 2015. MAURO VIGNOTTO – Desembargador relator – Seção de Dissídios Coletivos. (grifamos)

Os oficiais de justiça acompanharam atentamente a assembleia dos trabalhadores, inclusive as manifestações de cada dirigente sindical e de cada trabalhador presente, lavrando auto de constatação por determinação da Justiça do Trabalho.

Requer atenção o fato de que, antes mesmo que houvesse deliberação por greve, atendendo a pretensão patronal, a Justiça do Trabalho efetivamente proibiu seu exercício, violando o disposto pelo art. 9º da Constituição Federal, e ainda, por intermédio dos Oficiais de Justiça, fez-se presente na assembleia para apurar a conduta de dirigentes sindicais sem sequer lhes possibilitar o exercício da ampla defesa e contraditório, inserindo o Estado na assembleia dos trabalhadores, o que remonta a uma prática dos militares durante a ditadura, vilipendiando liberdades democráticas indissociáveis do Estado Democrático de Direito, em afronta direta e literal ao disposto pelos arts. 5º, IV, XVII, 8º, I, cláusulas pétreas.

A mesma conduta foi adotada em outra decisão proferida no âmbito do E. Tribunal Regional do Trabalho da Segunda Região durante a greve de 2014, determinando o comparecimento de oficiais de justiça à assembleia dos trabalhadores para apurar a conduta de dirigentes sindicais (autos do DCG 1000801-29.2014.5.02.0000).

A presença do Estado em assembleias é vedada pelo art. 8º, II da CF/88, bem como, a apuração de conduta de quem quer que seja, sem lhe ser oportunizada a ampla defesa e o contraditório, encontra óbice no disposto pelo art. 5º, III, LIV e LV, entre outros fundamentos.

É evidente que a presença ostensiva do aparato estatal exerce um papel intimidatório. Sua presença na assembleia dos trabalhadores cerceia a livre manifestação dos presentes, o debate aberto, político, e a adoção das medidas mais apropriadas segundo entenda a coletividade dos trabalhadores.

3. O uso de força policial contra grevistas

Além das ações pautadas no abuso do poder diretivo, tais como ameaças de punição ou promessas de promoção aos "fura greves", assim como o emprego e ações judiciais com o intuito de proibir a realização de greves e a manifestação de grevistas, o Estado tem empregado força policial contra trabalhadores e trabalhadoras em greve, tratando-os como criminosos e punindo-os sem o necessário devido processo legal, sendo certo que a medida visa coibir o movimento grevista.

Pelos parâmetros legais não é possível obrigar os trabalhadores a retornarem ao trabalho, mesmo no caso de atividades essenciais, pois como preconizado pelo art.12 da Lei de Greve, não se chegando ao comum acordo, cumpre ao Poder Público assegurar a prestação dos serviços indispensáveis e não conduzir os trabalhadores, manu militaris, aos postos de trabalho.

Mesmo no caso da greve interferir em direitos fundamentais de terceiros, como preconizam os §§ 1º e 3º do art. 6º, o que se tem como efeito é a existência de um conflito de direitos, que se resolve em contenda judicial, e não pela via do "exercício arbitrário das próprias razões", que, inclusive, constitui crime, conforme definido no art. 345, do Código Penal, sendo certo, ainda, que no conflito de direitos há que se dar prevalência ao exercício do direito de greve, pois no Direito do Trabalho a normatividade coletiva supera a individual, a não ser quando esta seja mais favorável. Recorde-se que é a partir dessas premissas que se tem entendido imprópria a interposição de interdito proibitório contra piquetes.

Assim, não é função da Polícia Militar intervir em conflito trabalhista e definir arbitrariamente que direito deve prevalecer, reprimindo um interesse juridicamente garantido, acolhendo o abstrato direito de ir e vir e tratando trabalhadores como criminosos.

Verificam-se, em várias greves, ataques violentos ordenados à "tropa de choque" da Polícia Militar, o que constitui grave ilegalidade, sendo que nesses atos de violência ferem-se direitos de personalidade dos trabalhadores, com o gravame de ser a Polícia Militar diretamente ligada ao chefe do Poder Executivo contra o qual a greve tantas vezes se realiza.

Aliás, é impressionante como o Estado consegue organizar todo um aparato policial para cumprir ordem judicial que interessa ao governante (ou ao grande capital) e não age de forma nem mesmo parecida quando se trata de conferir efetividade a direitos, também judicialmente declarados, dos trabalhadores e dos movimentos sociais em geral.

a) Professores do Paraná

Os professores da rede estadual e de servidores públicos do Paraná protagonizaram uma histórica e longa greve contra mudanças na previdência, que seriam impostas pelo então governador do Estado, Beto Richa.

Em fevereiro de 2014, o governador havia encaminhado um pacote de medidas, inclusive o da ParanaPrevidência, mas foi obrigado a recuar após a manifestação de mais de 50 mil servidores pelas ruas de Curitiba. No dia votação, o prédio da Assembleia foi ocupado por mais de 1,5 mil manifestantes, obrigando os deputados a abandonarem o plenário para se reunir no restaurante da Casa. No dia 29 de abril de 2014, por determinação da Justiça, a pedido do governador Beto Richa (PSDB), os professores foram proibidos de acompanhar a votação do projeto de lei que mudaria o custeio do Fundo de Previdência do Estado.

Os professores e servidores do Estado do Paraná mantiveram-se mobilizados durante toda a semana, realizando atos e manifestações públicas diariamente. No dia da votação da proposta do Governador que sugeria, entre outras medidas, que os mais de 34 mil aposentados com mais de 73 anos e que não contribuíram com o Fundo Previdenciário passassem a receber seus benefícios não mais do governo, mas da previdência do Estado, o que provocaria um enorme furo na poupança previdenciária dos servidores (cerca de 7,5 bilhões de reais até o fim do mandato do referido governador). Os grevistas ocuparam as ruas das imediações do Palácio Iguaçu, sede do Executivo e da Assembleia Legislativa do Paraná.

Os mais de 2 mil policiais militares que cercavam os prédios desde a tarde do último sábado reagiram às manifestações dos professores, que ocupavam as ruas e praça desde segunda-feira e que pela atuação dos policiais foram impedidos de entrar no plenário da Assembleia para acompanhar a votação do projeto de lei que mexe na previdência estadual.

Não bastasse isso, por volta das 15 horas, policiais lançaram bombas de gás lacrimogêneo, balas de borracha e jatos d'água contra os manifestantes. Segundo informações trazidas em jornais, mais de 200 pessoas foram feridas, sendo 8 em estado grave. Outros 56 foram encaminhados aos hospitais da cidade. Uma sala foi improvisada na sede da Prefeitura de Curitiba para ser usada como pronto socorro. Entre os feridos, estiveram quatro jornalistas, sendo um cinegrafista da *TV Bandeirantes*, que foi atacado por um cão da raça pitbull, treinado para ser violento, da Polícia Militar(7).

b) Trabalhadores metroviários de São Paulo

Os trabalhadores metroviários de São Paulo deflagraram greve em 05 de maio de 2014, movimento que perdurou até 09 de maio de 2014.

É tradicional na categoria profissional, a organização de ações pacíficas de convencimento, com o deslocamento de grupos de grevistas às Estações para dialogar com os trabalhadores não

---

(7) Disponíveis em: <http://www.cartacapital.com.br/sociedade/um-dia-triste-para-os-professores-do-parana-506.html> e <http://www.gazetadopovo.com.br/vida-publica/embate-entre-a-policia-militar-e-os-servidores-termina-com-213-feridos-74r8he7lqqkc14k4v1i84m118> Acessos em: 08 jun. 2022.

grevistas, e convencê-los da importância de aderirem ao movimento. Essa é uma prática recorrente na categoria.

No dia 06 de junho de 2015, quando estavam na estação Ana Rosa dialogando com os trabalhadores não grevistas, a Tropa de Choque da Polícia Militar foi acionada e atou violentamente contra os grevistas para retirá-los da Estação, dispensando-os com cassetetes e bombas de gás(8).

Os depoimentos das testemunhas do próprio Metrô relatam que não houve uso de violência ou coação pelos grevistas, não tendo havido, ademais, desde a chegada dos grevistas na estação (as 3h40 da manhã), qualquer autuação em flagrante, o que evidencia a ausência de razões para a ação da Tropa de Choque.

c) Greve Geral de 2017

No dia 28 de abril de 2017, diversas categorias profissionais realizaram uma paralização contra a então denominada "reforma trabalhista", que buscava alterar profundamente normas de proteção aos trabalhadores. Milhares de pessoas, em diversas cidades, organizaram protestos pacíficos para visibilizar o movimento grevista.

Em São Paulo, cerca de 70 mil pessoas se reuniram no Largo da Batata e prosseguiram em caminhada até a casa do então presidente Michel Temer. A polícia militar se fez presente a todo momento, cercando o local de concentração antes do horário agendado para início e dispersando o ato com bombas e gás de pimenta antes de chegar ao destino final.

Por volta das 17h, policiais militares armados, sem identificação e sem mandado judicial invadiram a sede do Sindicato dos Bancários de São Paulo, Osasco e Região intimidaram os manifestantes com revistas abusivas e ameaças de prisão, que só cessaram após a chegada de advogados ao local.

Na cidade de São Paulo, 36 pessoas foram detidas nos protestos.

4. Corte de ponto — retenção salarial como mecanismo de controle do movimento grevista e retaliação dos trabalhadores

Do ponto de vista conceitual, a perda do salário só se justifica em caso de falta não justificada ao trabalho e é mais que evidente que a ausência da execução de trabalho, decorrente do exercício do direito de greve, está justificada pelo próprio exercício do direito constitucional da greve, pois, conceitualmente, a greve é a paralisação do trabalho.

A lei de greve, além disso, é uma lei especial e que se insere na órbita do Direito Coletivo do Trabalho. Não é tecnicamente correto, portanto, do ponto de vista da lógica hermenêutica, buscar o sentido de um artigo dessa lei a partir de fórmulas doutrinárias imprecisas voltadas a situações genéricas, construídas no âmbito do Direito Individual.

---

(8) Disponível em: <http://www1.folha.uol.com.br/poder/2014/06/1465999-pm-usa-bombas-para-expulsar-grevistas-de-estacao-do-metro-em-sp.shtml ; http://www.brasildefato.com.br/node/28795>. Acesso em: 08 jun. 2022.

Os efeitos jurídicos atribuídos a cada situação fática em que não há prestação de serviço por parte do empregado e o contrato permanece vigente devem ser definidos em lei e quanto a isso não há qualquer divergência. Ora, a Lei n. 7.783/89 não trata dos efeitos salariais da greve, deixando a questão, expressamente, para o âmbito da negociação coletiva ou para eventual decisão da Justiça do Trabalho.

Não obstante, sendo a greve um direito fundamental não se pode conceber que o seu exercício implique o sacrifício de outro direito fundamental, o da própria sobrevivência. Mesmo interpretação menos favorável aos trabalhadores deixa claro que somente há desconto de salário em greve declarada ilegal ou abusiva.

No âmbito da OIT, não há posicionamento que autorize o desconto. A OIT é demasiadamente favorável à autonomia negocial entre as partes, algo bem normal no direito coletivo do trabalho internacional, mais por uma dificuldade de estabelecer regras possíveis de serem aplicadas a todos os países — um patamar mínimo exigível — do que por uma ânsia flexibilizadora. Assim, as Ementas 655 a 657 seguem no sentido de que a questão do salário deve ser preferencialmente objeto de negociação entre as partes. Logo, não há nada autorizando o pagamento de salários nem autorizando o desconto.

De todo modo, a normativa da OIT deixa claro que o desconto de salários não pode representar uma sanção aos trabalhadores, como se pode interpretar do teor da Ementa 655, quando diz que se deve buscar o desenvolvimento harmonioso das relações profissionais. A Ementa 656 dispõe, ademais, que esse desconto deve ser objeto de acordo entre as partes. Logo, inexiste qualquer autorização para descontos unilaterais por parte do empregador.

Um dos casos mais emblemáticos em relação a essa problemática foi o das professoras e professores do Estado de São Paulo, que enfrentaram uma greve de 92 dias. A greve foi iniciada em 13 de março de 2015. No mês de abril, começaram os descontos salariais. Em junho, muitos professores e professoras não receberam salário, o que trouxe risco alimentar aos grevistas e suas famílias. A situação perdurou até o fim da greve, entre decisões judiciais que determinavam o pagamento de salários, seguidas de decisões alcançadas pelo Governo que autorizavam o corte de ponto. Por fim, a greve foi encerrada. Na assembleia que deliberou pelo encerramento da greve, Maria Izabel Azevedo Noronha, a Bebel, presidente da APEOESP declarou que "A resistência não pode ir além da sobrevivência dos professores"[(9)]. É notório, portanto, que o Governo do Estado de São Paulo reteve os salários dos grevistas como forma de persuadi-los a encerrar a greve.

Entretanto, o STF, no julgamento do RE n. 693.456 em 2016, com repercussão geral reconhecida, decidiu que "A administração pública deve proceder ao desconto dos dias de paralisação decorrentes do exercício do direito de greve pelos servidores públicos, em virtude da suspensão do vínculo funcional que dela decorre, permitida a compensação em caso de acordo. O desconto será, contudo, incabível se ficar demonstrado que a greve foi provocada

(9) Disponível em: <http://www.redebrasilatual.com.br/trabalho/2015/06/professores-decretam-o-fim-da-greve-em-sao-paulo-2736.html>. Acesso em: 15 jul. 2022.

por conduta ilícita do Poder Público"[(10)]. Dessa maneira, o judiciário legitimou o emprego do corte de ponto como mecanismo de pressão contra os grevistas, posicionando-se de maneira instrumental para inviabilização do exercício do Direito de greve.

5. As represálias aos grevistas

É bastante óbvio que o trabalhador não pode ser punido pelo exercício do direito de greve. A Convenção 98 da OIT, ratificada pelo Brasil, dispõe que "os trabalhadores deverão gozar de proteção adequada contra quaisquer atos atentatórios à liberdade sindical em matéria de emprego". O princípio pode ser identificado, igualmente, na Lei de greve, ao estabelecer que "É vedado às empresas adotar meios para constranger o empregado ao comparecimento ao trabalho, bem como capazes de frustrar a divulgação do movimento" (§ 2º, do art. 6º). Neste contexto, qualquer ato do empregador que tende a minar o direito de greve deve ser severamente coibido pelo direito, pois este visa a garantir o exercício do direito de greve, para que o princípio democrático seja concretizado nas relações de trabalho, pois só a greve permite um diálogo em paridade de condições entre os empregadores e seus empregados.

Na análise das condutas assumidas pelos trabalhadores em greve, notadamente daqueles que encabeçam o movimento, vale uma observação de natureza metodológica, que deve guiar a racionalidade social e jurídica sobre a greve. Durante a greve, com extensão para todas as situações presentes e futuras que a ela se relacionam, os direitos e as obrigações que foram estabelecidos para a estabilização das relações individuais de trabalho não têm aplicação, com a mesma potencialidade, durante a greve, pois o direito não existe em tese e não incide no vácuo.

Ora, as atitudes dos trabalhadores, no exercício da greve ou na construção da consciência coletiva para se implementar uma luta coletiva por melhores condições de trabalho, não podem ser avaliadas como se estivessem em momento de conflito contido. Não é racional pressupor que dirigentes sindicais ou líderes do movimento se dirijam aos demais trabalhadores neste momento de tensão sem exprimir palavras de ordem, sem proferir discursos inflados e sem a demonstração de que seus atos correspondem às suas falas. Se nem mesmo nas discussões no Congresso, no Supremo, nas Assembleias Legislativas o tom é, digamos assim, nobre e cordial, ainda que as manifestações sejam antecedidas por um "vossa excelência", por que o deveriam ser as que se proferem em caminhões de som por ocasião de uma greve?

---

(10) Note-se que em decisão anterior, proferida em outubro de 2013 na Reclamação n. 16.535 o Min. Luiz Fux, reformando decisão do Tribunal de Justiça do Rio (TJ-RJ) no que tange ao corte de ponto dos professores da rede estadual em greve, definiu: "A decisão reclamada, autorizativa do governo fluminense a cortar o ponto e efetuar os descontos dos profissionais da educação estadual, desestimula e desencoraja, ainda que de forma oblíqua, a livre manifestação do direito de greve pelos servidores, verdadeira garantia fundamental". Entretanto, no julgamento do RE 693456 no ano de 2016, o Min. Fux, reconhecendo que o corte de salários é um meio eficaz de inibir o exercício do Direito de greve, apontou em seu voto: "Nós estamos num momento muito difícil, um momento em que se avizinham deflagrações de greve. Então é preciso estabelecer aqui alguns critérios para que nós não permitamos que se possa parar o Brasil. Eu tomei conhecimento de que, num estado de alta representatividade, não haverá repasse para o pagamento do salário dos empregados. Então essa greve, segundo o que já se viu aqui, será legal, mas é possível que, num momento de crise, em que não se tem condição de atender a todas as reivindicações, surjam as greves".

O modo como tem sido entendida juridicamente a greve confere, ademais, uma posição extremamente cômoda ao empregador, sendo que a greve seria, exatamente, para retirá-lo dessa zona de conforto. Sem uma visão em torno da efetividade do direito de greve, basta ao empregador se recusar a atender as reivindicações dos trabalhadores e a negociar para que todo o peso do momento recaia sobre os trabalhadores em greve, sendo que ainda conta, primeiro, com os "fura-greves", a quem, conforme se costuma dizer, há o direito de ir e vir para adentrar no ambiente de trabalho e continuar trabalhando normalmente e, segundo, com a força policial, que se coloca em favor de garantir esse pretenso direito e também o suposto direito do empregador de continuar em franca atividade. Não se esqueça que aos empregadores ainda tem sido conferida a possibilidade de minar os efeitos da greve mediante a utilização, cada vez mais ampla, da terceirização.

Nesse contexto totalmente desviado daquilo que seria o ideal, qual seja, de um direito sendo utilizado para garantir a greve, os trabalhadores em greve acabam experimentando, pelo exercício da greve, um momento de enormes sacrifícios pessoais e de extrema insegurança jurídica.

Com efeito, diante de tantas adversidades, ao tentarem levar adiante o movimento de greve, com discursos inflamados e ações de piquetes, necessárias para impedir o cometimento da ilegalidade dos fura-greves, os trabalhadores em greve se veem obrigados a um enfrentamento com outros colegas de trabalho e não raro com a Polícia Militar e é exatamente neste instante que se completa a inversão de valores, pois quando os trabalhadores de fato estão sendo coibidos de exercer o direito de greve e buscam se defender passam a ser tomados por agressores, como se fossem eles os agressores da ordem jurídica.

Então, por atos praticados na dinâmica de uma luta, que vai ao ponto do enfrentamento em razão das estratégias silenciosas do empregador de repressão ao movimento, os trabalhadores em greve são punidos por meio de uma compreensão invertida da ordem jurídica e pela aplicação de normas que se direcionam a realidades estáticas e não ao momento de efervescência do conflito, o que representa, em concreto, negar a própria essência do direito de greve, que deve ser entendido como o direito de expressão do conflito entre o capital e o trabalho para viabilizar uma forma democrática de reconstrução do conjunto normativo que estabelece obrigações ao capital pelo permissivo da exploração do trabalho.

Esse pressuposto de análise, que é necessário para melhor compreender os atos praticados pelos trabalhadores na dinâmica de uma greve, não pode ser afastado nem mesmo diante de uma decisão judicial determinando o fim da greve, até porque, no fundo, as decisões judiciais que buscam cessar a greve sem eliminar o conflito ferem a lógica do comportamento humano e a própria essência do direito de greve, ainda mais quando tais decisões são dadas liminarmente sem considerar as peculiaridades próprias do serviço e da origem do conflito.

Sem a redução do elemento momentaneamente potencializador do conflito, sem avaliação da responsabilidade do empregador em não negociar, em desrespeitar os direitos dos trabalhadores, em tentar manter-se em funcionamento durante a greve com utilização de terceirizados e incentivos aos fura-greves, qualquer decisão judicial que apenas culpa os trabalhadores pelo conflito e pelos eventuais prejuízos à população acaba constituindo uma nova agressão ao direito de greve e tende a ser inserida na própria dinâmica do conflito, que é a de uma luta social para avanço da ordem jurídica, repita-se, e se verá, por isso mesmo, sob o risco de sofrer abalo em sua autoridade.

A jurisprudência trabalhista admite, é verdade, a dispensa por justa causa no caso de participação em greve declarada abusiva ou ilegal, mas esse efeito, conforme prevê essa mesma jurisprudência, depende da individualização da conduta, exigindo-se uma participação ativa e a prática de atos que possam, em si, quebrar, de forma indelével, o vínculo de boa-fé, extrapolando, pois, a própria greve, uma vez que a ordem jurídica internacional é bastante rígida quanto à rejeição de qualquer prática do empregador que possa se aproximar de uma discriminação sindical.

Essa noção está muito clara no entendimento do TST, no sentido de que: "A simples adesão ao movimento paredista não constitui falta grave, porquanto somente atos de violência desencadeados por força desta paralisação conduzem ao reconhecimento da justa causa" (RR n. 546.287/99, relator desig. Ronaldo José Lopes Leal) e de forma ainda menos restritiva no STF: "A simples adesão à greve não constitui falta grave" (Súmula n. 316).

Pela simples ausência ao trabalho, no caso da greve declarada ilegal e, assim mesmo, somente depois de transitada em julgado a decisão, o empregador, portanto, poderia, no máximo, efetuar o desconto dos salários, sendo que uma justa causa somente adviria pelo abandono do emprego, que exige um completo desinteresse pela continuidade no trabalho (art. 482, da CLT), do que não se trata, evidentemente.

Não obstante, as demissões de punições a grevistas são recorrentes:

a) Demissões de grevistas

Durante a greve dos trabalhadores do Instituto Brasileiro de Geografia e Estatística (IBGE) em 2014 houve a demissão de 200 (duzentos) trabalhadores temporários (grevistas), o que fere, frontalmente, o direito de greve[(11)].

Também em 2014, após oito dias de greve organizada e liderada pelos trabalhadores, sem o apoio da direção do sindicato profissional, os garis da cidade do Rio de Janeiro alcançaram 37% de aumento no salário base, reajuste no ticket de alimentação e a garantia de que nenhum trabalhador seria demitido, já que durante a greve a Companhia Municipal de Limpeza Urbana (Comlurb) já havia ameaçado os trabalhadores com 300 (trezentas) demissões[(12)].

Passada a greve, que trouxe visibilidade a um dos setores mais precarizados e marginalizados da classe trabalhadora, as lideranças do movimento sofreram diversas represálias, com

(11) Disponível em: <http://www1.folha.uol.com.br/mercado/2014/07/1490470-demissao-de-temporarios-prejudica-solucao-para-greve-no-ibge.shtml>. Acesso em: 15 jul. 2022.

(12) Disponível em: <http://g1.globo.com/rio-de-janeiro/noticia/2014/03/comlurb-abre-processo-para-demitir-garis-que-fizeram-paralisacao-no-rio.html>. Acesso em: 15 jul. 2022.

transferências injustificadas dos postos de trabalho, irregularidades em processo eleitoral de CIPAs, o que demonstra a ação da empresa para dificultar a permanência desses trabalhadores no emprego.

Em 2015, os trabalhadores deflagraram nova greve, ante a intransigência da empresa, que oferecia apenas 3% de reajuste salarial. Com a greve, os trabalhadores alcançaram o reajuste de 8%. Durante a greve houve a contratação irregular de mão de obra para substituir os grevistas. Eduardo Paes, Prefeito da cidade do Rio de Janeiro, declarou: "Se montar uma barraquinha no Comperj, consigo 18 mil garis"(13).

A afirmação faz alusão às milhares de demissões feitas no Complexo Petroquímico do Rio de Janeiro (Comperj). A ideia de desmoralizar os garis, fazendo com que parecessem descartáveis, fez com que os demitidos do Comperj mantivessem a solidariedade à luta dos funcionários da limpeza.

Paes chegou a colocar jovens e idosos para realizar o trabalho de limpeza. Sem nenhum Equipamento de Proteção Individual (EPI), sequer usando luvas, e sem nenhum treinamento. Homens e mulheres foram mandados à limpeza das ruas sem atenção às normas de saúde para furar a greve dos trabalhadores garis.

Os garis em greve logo passaram a receber mensagens e telefonemas com ameaças de demissão. Foi ajuizado Interdito Proibitório, determinando que as lideranças grevistas permanecessem distantes 500 metros das gerências de limpeza, para impedir que chegassem aos trabalhadores. A violência foi tanta que, em nome desse Interdito Proibitório, guardas municipais atacaram Célio Gari, um dos líderes da greve, quando este tentava falar aos companheiros na gerência localizada no Flamengo.

A retaliação, ainda mais dura, não tardou. Após a greve, cerca de 20 trabalhadores que lideraram o movimento grevista foram demitidos por justa causa.

No comunicado de demissão recebido por Bruno, um dos líderes grevistas, assim como por outros representantes do movimento grevista, a Comlurb citou que o trabalhador se ausentou sem justificativa em ao menos sete oportunidades no mês de março e que os grevistas desrespeitaram decisão judicial do TRT (Tribunal Regional do Trabalho), que declarou liminarmente a abusividade e a ilegalidade da greve. Disse ainda que o trabalhador "comandou, incentivou e participou de piquetes e ações para coagir e forçar os demais empregados a aderir à greve ilegal", sem qualquer prova das acusações.

Nas ações judiciais promovidas para pleitear a reintegração desses trabalhadores, a empresa não nega a dispensa coletiva, fato que evidencia ter sido motivado pela greve, traduzindo-se como conduta antissindical.

A Companhia do Metropolitano de São Paulo — METRÔ adota a mesma conduta, com demissões e retaliação sistemáticas em decorrência do exercício do direito de greve.

---

(13) Disponível em: <http://www1.folha.uol.com.br/cotidiano/2015/03/1602389-se-montar-uma-barraquinha-no-comperj-consigo-18-mil-garis-diz-paes.shtml>. Acesso em: 15 jul. 2022.

Em 2007, ocorreu a demissão de 61 grevistas, já considerada conduta antissindical por esta Organização, no julgamento do Caso n. 2.646. Até o momento, a Companhia do Metropolitano de São Paulo nega-se a reconhecer a recomendação da OIT. Em 2014, o METRÔ reiterou sua conduta, demitindo 42 trabalhadores metroviários em retaliação ao movimento grevista. Além disso, impôs transferências injustificadas, proibiu ostensivamente a adesão dos trabalhadores à campanha pela readmissão dos demitidos, impôs avaliações de desempenho negativas aos trabalhadores sob a assertiva de terem aderido ao movimento grevista, o que se traduz como prejuízo salarial e funcional.

b) Processos administrativos e outras medidas de retaliação

Os trabalhadores da Universidade de São Paulo também têm sofrido diversos processos administrativos, todos motivados pela participação em atividades da greve, como piquetes e ocupações pacíficas.

O centro das acusações realizadas contra os trabalhadores nos processos administrativos que buscam sua punição e até demissão, corresponde a criminalização das ações necessárias e inerentes ao exercício do direito de greve, logo, são criminalização não por outra razão além de aderirem a greves.

Além disso, também ocorreram demissões no âmbito da categoria. Em 2008, o dirigente sindical Brandão, com mais de 20 anos de trabalho foi demitido.(14) Em 2014, após a greve, foi instaurado Inquérito Judicial para Apuração de falta grave pretendendo a demissão de mais um dirigente sindical.

Na UFABC — Universidade Federal do ABC, após uma mobilização de um setor de trabalhadores da UFABC, contra o assédio moral e condições de trabalho muito ruins, a universidade abriu um Processo Administrativo Disciplinar (PAD) para investigar a conduta do chefe assediador, mas também de cerca de um terço dos trabalhadores que se mobilizaram. Foi enviada, inclusive, uma denúncia à Polícia Federal e ao Ministério Público contra os servidores por suposta formação de quadrilha, classificando sob tal tipo a organização dos trabalhadores em reuniões para preparar as ações de mobilização, como assembleias, atos, panfletos, contra o assédio moral sofrido na Universidade etc.

Não contente, ao ver que os servidores acusados se apoiavam no Sindicato dos Trabalhadores da Universidade Federal do ABC (SinTUFABC) e argumentavam que sua ação foi sindical e não uma insubordinação à chefia, a comissão investigadora resolveu incluir os coordenadores gerais do sindicato como acusados, também por insubordinação. Dentre os 23 acusados, oito (incluindo seis coordenadores do SinTUFABC) podem ser demitidos e outras punições podem ser aplicadas aos demais.(15)

---

(14) Disponível em: <http://caf.fflch.usp.br/forum/demissao-do-brandao>. Acesso em: 04 jun. 2022.

(15) Disponível em: <http://www.peticaopublica.com.br/pview.aspx?pi=BR61690>.

6. Precedentes de punição do Estado Brasileiro

Por causa desses recorrentes ataques ao direito de greve, o Estado brasileiro já foi, várias vezes, reprimido pela Organização Internacional do Trabalho.

No Caso n. 1839, julgado pelo Comitê de Liberdade Sindical, tratando da greve dos petroleiros de 1995, o governo brasileiro foi criticado pelas dispensas de 59 trabalhadores grevistas (que, posteriormente, acabaram sendo reintegrados) e pelas multas que o Tribunal Superior do Trabalho impôs ao sindicato em razão de não ter providenciado o retorno às atividades após a declaração da ilegalidade da greve.

Em 2007, quando professores, dirigentes do Sindicato Nacional dos Docentes do Ensino Superior (ANDES), ligados a várias universidades — Universidade Metodista de Piracicaba (UNIMEP), Universidade Católica de Brasília (UCB), Faculdade do Vale do Ipojuca (FAVIP) e Faculdade de Caldas Novas (GO) — foram dispensados após participação em atividade grevista, novamente, o Brasil foi advertido pela OIT.

Lembre-se, ainda, da condenação do Brasil junto ao Comitê de Liberdade Sindical, ocorrida em 2009, em função das dispensas arbitrárias feitas pelos governos do Rio de Janeiro e de São Paulo por ocasião de greves dos trabalhadores metroviários (Caso n. 2.646).

A reiteração na conduta deve ser considerada pelo Comitê na análise dos casos, uma vez que revela a profundidade do problema na sociedade brasileira, ensejando a atuação dessa Organização na cultura jurídica, política e executiva, de tolerância às greves, aos movimentos sindicais e verdadeira promoção da liberdade sindical.

7. Caracterização da conduta antissindical

Como se vê, pratica-se, no Brasil, um recorrente atentado à classe trabalhadora. A greve é criminalizada; grevistas são demitidos, têm seus salários cortados, sofrem processos judiciais, administrativos e criminais; os sindicatos sofrem intervenção judicial, com a proibição ao exercício do direito de greve, bloqueio financeiro e proibição de manifestações públicas; oficiais de justiça comparecem em assembleias de trabalhadores para apurar sua conduta; o Estado se utiliza de duro aparato repressivo contra os trabalhadores, empregando força policial para impedir manifestações e piquetes pacíficos; os trabalhadores são impedidos de se reunirem em seus locais de trabalho.

E estes são apenas alguns exemplos que evidenciam a cultura opressora e avessa à greve que tem sido propagada na sociedade brasileira. O fato é que conduta tem se tornado cada vez mais presente, transbordando os limites da disputa democrática e distanciando a classe trabalhadora brasileira do ideário de liberdade sindical e de democracia.

As repercussões são nefastas e de maior gravidade no momento de crise econômica em que há uma ação conjunta de governos e da classe patronal para reduzir direitos dos trabalhadores que, inclusive, culminou na Lei n. 13.467, de 13 de julho de 2017, que efetuou profundas e terríveis alterações nas normas de proteção ao trabalho.

O princípio da liberdade sindical, bem como todos os direitos que dele decorrem, está amplamente consagrado pelo Direito Internacional do Trabalho e precedentes desse Comitê. Nesse sentido os artigos XX, 1. e 2 e XXIII, 1 a 4 da Declaração Universal dos Direitos Humanos e art. 16 da Convenção Americana de Direitos Humanos de 1969 (Pacto de San José da Costa Rica).

Consequência direta da Liberdade Sindical é o direito de greve, conforme reafirmado pelo Comitê de Liberdade Sindical da OIT (Recompilação de 2006):

> 523. El derecho de huelga es corolario indisociable del derecho de sindicación protegido por el Convenio núm. 87. (Véase 311.º informe, caso núm. 1954, párrafo 405)

Desta forma, é possível afirmar que o direito de greve decorre da liberdade sindical, do direito dos trabalhadores de se associarem em sindicatos com vistas a atingirem objetivos concretos ligados aos seus interesses.

O direito de greve, decorrência direta da liberdade sindical, é essencial para a democracia e para a fixação de condições racionais de uso da força de trabalho humana.

Não à toa o pensamento histórico e social evoluiu para o reconhecimento de que a liberdade sindical é um direito humano fundamental, e nesse sentido, a greve expressa a experiência em torno da necessidade de se conferir algum poder aos trabalhadores para que possam resistir à superexploração e possam, também, alcançar avanços sociais e econômicos.

Vale reiterar que o Comitê de Liberdade Sindical reconhece o direito de greve como essencial à liberdade sindical:

> 131. El derecho de huelga y el derecho a organizar reuniones sindicales son elementos esenciales del derecho sindical, por lo que las medidas adoptadas por las autoridades para hacer respetar la legalidad no deberían tener por efecto impedir a los sindicatos organizar reuniones con ocasión de los confl ictos de trabajo. (Véase Recopilación de 1996, párrafo 131.)
>
> 520. El Comité ha estimado siempre que el derecho de huelga es uno de los derechos fundamentales de los trabajadores y de sus organizaciones únicamente en la medida en que constituya un medio de defensa de sus intereses económicos. (Véanse Recopilación de 1996, párrafo 473; 336.º informe, caso núm. 2324, párrafo 282; y 338.º informe, caso núm. 2407, párrafo 491.)
>
> 521. El Comité ha reconocido siempre el derecho de huelga como un derecho legítimo al que pueden recurrir los trabajadores y sus organizaciones en defensa de sus intereses económicos y sociales. (Véanse Recopilación de 1996, párrafo 474 y, por ejemplo 302.º informe, caso núm. 1809, párrafo 381; 304.º informe, caso núm. 1863, párrafo 356; 307.º informe, caso núm. 1850, párrafo 120; 308.º informe, caso núm. 1900, párrafo 183; 311.er informe, caso núm. 1934, párrafo 126; 324.º informe, caso núm. 2072, párrafo 587; 327.º informe, caso núm. 1581, párrafo 111; 328.º informe, caso núm. 2116, párrafo 368; 332.º informe, caso núm. 2258, párrafo 522 y 335.º informe, caso núm. 2305, párrafo 505.)

> 522. El derecho de huelga de los trabajadores y sus organizaciones constituye uno de los medios esenciales de que disponen para promover y defender sus interesses profesionales. (Véanse Recopilación de 1996, párrafo 475 y, por ejemplo 299.º informe, caso núm. 1687, párrafo 457; 300.º informe, caso núm. 1799, párrafo 207; 306.º informe, caso núm. 1884, párrafo 695; 308.º informe, caso núm. 1934, párrafo 131; 310.º informe, caso núm. 1928, párrafo 176; 316.º informe, caso núm. 1930, párrafo 365; 327.º informe, caso núm. 1581, párrafo 111; 330.º informe, caso núm. 2196, párrafo 304; 335.º informe, caso núm. 2257, párrafo 466; 336.º informe, caso núm. 2340, párrafo 645 y 337.º informe, caso núm. 2365, párrafo 1665.)
>
> 523. El derecho de huelga es corolario indisociable del derecho de sindicación protegido por el Convenio núm. 87. (Véase 311.º informe, caso núm. 1954, párrafo 405)

É evidente, portanto, a tutela jurídica ao direito de greve, e o reconhecimento de que este decorre da própria liberdade sindical, elevada ao patamar de direito humano fundamental, cuja indispensabilidade é indiscutível numa ordem econômica e social centralizada no trabalho. Como consagrado pelo Supremo Tribunal Federal, a ordem jurídica serve para garantir a greve e não para puni-la (Mandado de Injunção n. 712, Min. relator Eros Roberto Grau).

Os mecanismos e ações para assegurar a efetividade da greve são tutelados tanto quanto o próprio direito de greve, do contrário, esvaziar-se-ia por completo a garantia constitucional.

Assim, atos considerados excessivos ou irregulares em momentos pacíficos, adotados com a devida ponderação, sem excessos, não podem ser tomados como ilícitos no momento de greve, pois dizem respeito à sua própria dinâmica, e são necessários à concretude do direito.

O direito de greve sem uma proteção aos trabalhadores, e mais, sem o reconhecimento de seus mecanismos e dinâmicas como parte do direito, representa negar, em concreto, a existência do direito de greve.

As condutas antissindicais, ademais, violam as preposições contidas na Convenções da OIT n. 87, arts. 2, 3 e 11, n. 98, art. 1º, n. 135, arts. 1º e 3º, n. 151, art. 4, n. 158 arts. 4. 5 e 8 e na Declaração sobre Princípios e Direitos fundamentais no Trabalho.

Sobre a dispensa em massa, na forma verificada quanto aos trabalhadores Garis do Rio de Janeiro, Trabalhadores do IBGE e metroviários de São Paulo, esse Colendo Comitê já firmou o seguinte entendimento:

> 674. Las detenciones y los despidos em massa de huelguistas implican graves riesgos de abusos y um peligro serio para la libertad sindical. Las autoridades competentes deberian recibir instrucciones apropriadas para que eviten los riesgos que essas detenciones o despidos puedan representar pra la libertad sindical." (Vease Reconpilacion de 1996, parrafo 604; 304º informe, caso num. 1719, párrafo 414; 326º informe, caso num. 2105, parráfo 445 y 338º informe, caso num. 2364, párrafo 977)

A detenção de dirigentes sindicais, no exercício de duas prerrogativas, bem como, a ação policial desmedida, com o intuito de inviabilizar a atividade sindical, da mesma maneira é refutada por essa Organização:

> 61. La detención de dirigentes de organizaciones de trabajadores y de empleadores por actividades relacionadas con el ejercicio de los derechos sindicales es contraria a los principios de la libertad sindical. (Véanse Recopilación de 1996, párrafos 69 y 72; 302.º informe, caso núm. 1824, párrafo 155, caso núm. 1849, párrafo 213, caso núm. 1773, párrafo 476; 304.º informe, caso núm. 1850, párrafo 211, caso núm. 1865, párrafo 245; 305.º informe, caso núm. 1773, párrafo 369; 307.º informe, caso núm. 1864, párrafo 432; 308.º informe, caso núm. 1920, párrafo 524 y 334.º informe, caso núm. 2249, párrafo 866.)
>
> 643. El recurso a la policía para romper una huelga constituye una violación de los derechos sindicales. (Véase 304.º informe, caso núm. 1863, párrafo 361.)

8. Conclusão

Resta evidenciado, nestes termos, que as práticas adotadas na realidade brasileira, na atuação jurídica, judicial e policial, representam clara violação ao princípio da liberdade sindical, do direito de greve, dos precedentes desse Comitê, bem como dos tratados, convenções e princípios da Organização Internacional do Trabalho.

As condutas acima elencadas evidenciam que há uma política de Estado para criminalizar a luta e a resistência dos trabalhadores, o que é mais grave quando se tem um contexto no qual a classe trabalhadora brasileira se vê fortemente ameaçada pelos mecanismos de precarização do emprego.

O presente livro busca jogar luz nas atuações grevistas ao longo de nossa história, de forma a contar histórias essenciais que foram apagadas em nome da construção de uma hegemonia jurídica de enfraquecimento do Direito de Greve,

Contar essas histórias é primordial para que o país não regresse aos tempos em que se fazia "legal" a chamada Lei do Delito de Greve, eis que os trabalhadores encontram-se diante de uma preocupante e tênue passagem de sua história, em que a ameaça de estrangulamento da atuação sindical é real.

Vale lembrar que neste contexto de esfacelamento das instituições democráticas por meio da força do argumento econômico da crise, as trabalhadoras e trabalhadores em greve — do passado, do presente e do futuro — ao lutar por direitos, não militam apenas por si, mas por toda a cidadania e pela democracia, e o fazer por meio da greve e não raro contra o próprio direito de greve.

Referências bibliográficas

BABOIN, José Carlos de Carvalho. *A greve como limite do Direito e o Direito como limite da greve:* a historicidade da positivação. (Tese de Doutorado). Faculdade de Direito da Universidade de São Paulo, 2020.

CORREGLIANO, Danilo Uler. *O Direito e as Greves por fora*. Belo Horizonte: RTM, 2020.

COUTINHO, Grijalbo Fernandes. *O direito do trabalho flexibilizado por FHC e Lula*. São Paulo: LTr, 2009.

SILVA, Sayonara Grillo Coutinho Leonardo da. *Relações Coletivas de Trabalho:* configurações institucionais no Brasil contemporâneo. São Paulo: LTr, 2008.

SOUTO MAIOR, Jorge Luiz. *Curso de Direito do Trabalho* — Teoria Geral do Direito do Trabalho, Volume 1 – Parte 1. São Paulo: LTr, 2011.

______. *A ilegalidade do corte de salários dos trabalhadores em greve*. Disponível em: <https://www.jorgesoutomaior.com/uploads/5/3/9/1/53916439/a_ilegalidade_do_corte_de_sal%C3%A1rios_dos_trabalhadores_em_greve.pdf>. Acesso em: 08 jul. 2020.

VIANA, Márcio Túlio. *Direito de Resistência*. São Paulo: LTr, 1996.

__________. Da greve ao boicote: os vários sentidos e as novas possibilidades das lutas operárias. In: BARBATO, Maria Rosaria (Org.). *Lutar para quê?* Da greve às ocupações: Um debate contemporâneo sobre o direito de Resistência. Belo Horizonte: Editora RTM, 2017. p. 20. Disponível em: <www.trt3.jus.br>.

OIT. *Libertad sindical:* Recopilación de decisiones y princípios del Comité de Libertad Sindical del Consejo de Administración de la OIT. Quinta edición (revisada). Genebra: Oficina Internacional del Trabajo, 2006.